외국인을 위한 한국어 문법과 표현

중급

조사 · 표현 · 어미

외국인을 위한 한국어 문법과 표현(중급)

This Edition was published by Jipmoondang in 2019, Seoul, Korea.

Korean Grammar & Expressions for Foreigners

외국인을 위한

한국어 문법과 표현

중급 | 조사 · 표현 · 어미

양명희 이선웅 안경화 김재욱

집문당

저자 소개

양명희 | 중앙대학교 국어국문학과 교수

이선웅 | 경희대학교 외국어대학 한국어학과 교수

안경화 | 서울대학교 언어교육원 대우부교수

김재욱 | 한국외국어대학교 교육대학원 외국어로서의 한국어교육 전공 교수

외국인을 위한 한국어 문법과 표현(중급)

2018년 9월 10일 1판 1쇄
2023년 8월 30일 2판 1쇄

저자 | 양명희 · 이선웅 · 안경화 · 김재욱
발행인 | 임동규
발행처 | **(주)집문당**
등록 | 1971. 3. 23. 제2012-000069호
주소 | 03134 서울시 종로구 돈화문로 82, 5층
전화 | +82-1811-7567
이메일 | sale@jipmoon.com
홈페이지 | www.jipmoon.com

ISBN 978-89-303-1946-1 94700
ISBN 978-89-303-1944-7(세트)

가격 38,000원

(주)집문당 이순신돋움체B (저작권자 아산시, 무료글꼴)

머리말

외국인을 위한 한국어 문법 수업에서는 무엇을 가르쳐야 할까? 예를 들어 '이/가'와 '은/는'을 가르칠 때 무엇을 어떻게 가르쳐야 할까? 이 책은 한국어를 가르치는 한국어 교사들에게 도움이 되는 한국어 문법 교육 내용을 제공하기 위해 기획되었다. 국어 문법 지식만으로는 해결되지 않는 한국어 문법의 교수 내용이 무엇이며 이를 어떻게 가르쳐야 하는지를 체계적으로 정리하여 한국어 교사뿐 아니라 한국어교육 문법 연구자들에게도 도움이 되고자 하였다.

연구자들은 최신 국어 문법 연구 성과를 바탕으로 하고 현장의 한국어 수업 현장을 고려하여, 한국어 초 · 중급 문법 수업에서 다루어야 할 문법과 표현 항목의 교육 내용을 의미와 용법, 예문, 형태 정보, 제약 정보, 문장 구성 정보, 유사 문법 등으로 나누어 체계적으로 기술하였다. 한국어 교사들이 한국어 문법을 가르치는 데 필요한 문법 정보를 최대한 간결하게 정리하였고, 풍부한 예문을 통해 문법과 표현의 의미와 용법을 이해하도록 하였으며, 초급 문법 항목과 중급 문법 항목도 재정련을 하였다.

이 책의 기반이 된 것은 삼십여 명의 국어 문법 이론가, 한국어 교사와 한국어교육 연구자들이 참여한 국립국어원의 "한국어 문법 · 표현 교육 내용 개발 연구"의 결과물이다. 공동 집필자이기도 한 안경화(서울대), 김재욱(한국외대), 정선화(중앙대), 유해준(서원대) 교수가 중심이 되어 문법 교육 내용의 틀을 짰고, 이선웅(경희대) 교수는 국어 문법 학자의 관점에서 집필 내용을 검토해 주었다. 그리고 김선효(중국 문화대), 이정화, 서경숙(이상 서울대), 이현주(경희대), 고예진, 김지연, 이지용, 이찬희, 박미은(이상 중앙대) 등 한국어 교사들이 어렵고 힘든 1차 집필에 참여해 줬다.

두 해에 걸쳐 한국어 교사들을 대상으로 설문조사를 하였고 그 결과를 집필에 반영하려고 노력하였지만 충분히 만족시킬 만한 결과물을 냈다고 생각하지 않는다. 이는 모두 연구 책임자의 부족함 때문인데 이 부족한 부분들을 숨기거나 가리지 않고 이 책에서 모두 보였다. 앞으로 젊고 열정 있는 한국어교육 연구자들이 이 부족한 부분을 모두 채워 주리라 믿는다.

'외국인을 위한 한국어 문법과 표현'이 출간되는 데는 국립국어원의 민현식, 송철의 원장님을 비롯하여 여러 연구원 선생님들의 도움이 컸다. 이 자리를 빌려 감사의 말씀을 전한다. 그리고 이 책과 더불어 국립국어원의 '한국어교수학습샘터'에 올라 있는 문법 · 표현 내용 검색도 많이 이용해 주었으면 한다. 이 책에 없는 내용, 등급별 목록 비교표나 중국어권 학습자를 위한 도움말이 있어 한국어교육뿐 아니라 한국어교육 연구에도 적지 않게 도움이 될 것이라 생각한다.

마지막으로 백여 년 만의 더운 여름 날씨에 교정 보고 부지런히 연락하느라 고생한 집문당의 전정아 선생님과 이 책의 출판을 기꺼이 해 준 임동규 사장님께 감사 인사 드린다.

2016년 12월
저자

중급 합본을 내며

2016년 이 책을 출간하면서 여러 사람의 노고가 담긴 이 책을 한국어교사나 학습자들이 알아봐 주지 않으면 어쩌나 하는 걱정을 했다. 만으로 2년이 지난 후 초판을 찍고 다시 재판을 찍게 되었다. 4권으로 나누었던 책을 초급과 중급 2권으로 묶었고, 오자를 잡고 잘못된 것을 찾아 수정을 조금 했다. 책의 내용을 다시 보며 이런 일을 혼자 하는 것은 불가능하다는 생각이 들었다. 다시금 이 일을 같이 한 동료 교수님들, 선배, 후배, 제자들에게 고맙다는 인사를 꼭 해야겠다는 생각이 들어 짧게나마 감사와 축하의 글을 쓴다. 고마워요.

일러두기

1. 이 책은 외국어로서의 한국어 학습자 및 교사를 위한 문법 · 표현 항목의 내용 기술을 목적으로 한 책으로서, '초급 조사 · 표현 · 어미', '중급 조사 · 표현 · 어미'로 구성된 총 2권의 시리즈 중 한 권이다.

2. 학습자의 수준에 따른 초급, 중급의 문법 · 표현 항목은 국립국어원의 「국제 통용 한국어교육 표준 모형 개발」 I (2010), Ⅱ (2011)의 수준별 문법 항목을 바탕으로 부분적으로 수정하였다.

3. 한국어 학습자 및 교사에게 필요한 문법 · 표현 내용 기술을 위해 사전식 기술을 따르지 않고, 교수 및 학습에 필요한 의미 및 용법 설명과 다양한 유형의 예문, 자주 나오는 학습자 오류와 그에 대한 설명, 혼동하기 쉬운 타 문법 · 표현 항목과의 비교 · 대조, 교수자가 해당 문법 · 표현 항목에 대한 교수를 시작하는 방법 등을 중심으로 구성하였다.

[이 책의 구성 및 내용]

❶ 표제어

(1) '대표형-이형태-관련형-핵심적 의미'의 순서로 기술하였다.

(2) 이형태는 [ ] 속에서 제시하였다. (예) 이[가]

(3) 이형태는 아니지만 관련된 형태를 보일 때에는 이형태 뒤의 { } 속에서 제시하였다. (예) 이든[든]{이든지[든지]}

(4) 핵심적 의미가 둘 이상 있을 때에는 1), 2)와 같이 구분하여 기술하였다. (예) 과1), 과2)

(5) 동일한 범주에 동일한 형태가 둘 이상 있는 경우에는 어깨번호를 붙여

구분하였다. 그러나 연결어미 '-어'와 종결어미 '-어'와 같이 동일한 형태이더라도 동일한 범주가 아닌 항목들에 대해서는 어깨번호를 붙이지 않았다.

❷ 의미 및 용법

(1) 표제어에서 보인 의미 단위에 따라 1), 2)와 같이 구분되어 기술하였다.

(2) 문법론의 전문어 사용을 최소화하고 간결하게 설명하도록 하였다.

❸ 예문

(1) 담화 예문과 문장 예문으로 나누어 제시하였다.

(2) 해당 문법 항목이 자주 사용되는 구어 담화 혹은 문어 텍스트 예문을 먼저 보여 줌으로써 상황에 맞게 문법 항목을 사용할 수 있도록 하였다.

(3) 문장 예문은 문법 항목의 연습을 위해 다양한 결합 관계를 드러낼 수 있도록 하였다.

❹ 형태 정보

(1) 해당 급에서 많이 사용되는 어휘와의 결합형을 규칙화하여 기술하였다. 해당 문법 · 표현 항목으로 문장을 만들기 위한 기초이다.

(2) 어간의 형태가 변하는 불규칙 활용 정보는 별도로 기술하였다.

❺ 문장 구성 정보

(1) 해당 항목으로 어떤 문장을 구성할 수 있는지를 제시하였다.

(2) 자주 같이 사용되는 부사나 서술어, 문법 항목 등을 예문과 함께 기술하였다.

❻ 제약 정보

(1) 문장을 구성하는 데 제약으로 설명해야 하는 내용을 기술하였다.

(2) 학습자가 해당 제약 정보를 모를 경우 오류가 발생할 수 있는 경우를 기술하였다.

❼ 확장

(1) 해당 급에서 가르치거나 배우지는 않지만 알아두면 좋을 추가적 용법,

해당 급 이상의 용법 혹은 관련형의 용법을 기술하였다.

(2) 고급 용법은 사전식으로 의미를 세분화하지 않고 교수 · 학습 시 필요한 용법을 단위로 하여 제시하였다.

❽ 유사 문법

(1) 교사나 학습자들이 혼동하기 쉬운 유사한 문법 · 표현 항목들 간의 공통점과 차이점을 간결한 설명과 예문 제시를 통해 쉽게 이해하도록 하였다.

(2) 유사 문법 · 표현 항목은 해당 급이 아닌 다른 등급에서 가르치는 경우도 기술하였다.

❾ 이렇게 도입해 보세요

(1) 특히 초보 한국어 교사를 위한 것으로서, 교사가 문법 항목을 교수할 때 그 항목을 도입하기에 적절한 상황을 보여 주도록 하였다.

(2) 교실 내 환경, 교수자와 학습자의 경험 및 상황을 이용하거나 그림이나 사진을 이용하여 도입을 할 수 있도록 하였다.

❿ 기타

(1) 각 필드별로 상세한 보충이 필요한 경우 + 기호를 사용하여 설명을 덧붙였다.

(2) 문장 뒤에 사용된 (?), (??)는 자연스럽지 않은 문장을 뜻하며 물음표가 많을수록 어색한 문장이다.

목차

머리말 v
일러두기 vii

조사

같이 2
같이 …2
대로 7
대로1) …7
대로2) …10
만큼 13
만큼 …13
보고 17
보고 …17
뿐 21
뿐 …21
아[야] 25
아 …25
요 28
요 …28
으로부터[로부터] 31
으로부터 …31
이고[고] 35
이고 …35
이나마[나마] 40
이나마 …40
이든[든]{이든지[든지]} 44
이든 …44
이든가[든가] 50
이든가 …50
이라고[라고]{이라[라]} 54
이라고 …54

이란[란] 58
이란 …58
이며[며]{하며, 이다[다]} 62
이며 …62
이면[면] 66
이면 …66
이야[야] 70
이야 …70
치고 74
치고1) …74
치고2) …77
커녕{은커녕, 는커녕, ㄴ커녕} 80
커녕 …80

표현

-게 하다 86
-게 하다1) …86
-게 하다2) …93
-고 나다 96
-고 나다 …96
-고 말다 101
-고 말다 …101
-고 보다 106
-고 보다 …106
-고 싶어 하다 112
-고 싶어 하다 …112
-고 해서 116
-고 해서 …116
-기 위해{-기 위한} 122
-기 위해 …122
-나 보다 128
-나 보다 …128
-나 싶다 134
-나 싶다 …134

-는 김에{-은 김에[-ㄴ 김에]} 139
–는 김에 …139
-는다거나[2][-ㄴ다거나[2]/-다거나[2]/-라거나[2]] 144
–는다거나[2] …144
-는 대로[-은 대로[1][-ㄴ 대로[1]]]{-은 대로[2][-ㄴ 대로[2]]} 149
–는 대로1) …149
–는 대로2) …155
-는 대신에[-은 대신에[1][-ㄴ 대신에[1]]]{-은 대신에[2][-ㄴ 대신에[2]]} 160
–는 대신에1) …160
–는 대신에2) …164
-는 만큼 169
–는 만큼1) …169
–는 만큼2) …175
-는 바람에 179
–는 바람에 …179
-는 반면에[-은 반면에[1][-ㄴ 반면에[1]]]{-은 반면에[2][-ㄴ 반면에[2]]} 186
–는 반면에 …186
-는 사이에[-은 사이에[-ㄴ 사이에]] 193
–는 사이에 …193
-는 줄[-은 줄[-ㄴ 줄]/-을 줄[-ㄹ 줄]] 199
–는 줄 …199
-는 탓에[-은 탓에/-ㄴ 탓에] 204
–는 탓에 …204
-는 한{-은 한[-ㄴ 한]} 213
–는 한 …213
-으려고 들다[-려고 들다] 219
–으려고 들다 …219
만 같아도 224
만 같아도 …224
만 아니면 228
만 아니면 …228
-어 가다[-아 가다/-여 가다] 231
–어 가다 …231
-어 가지고[-아 가지고/-여 가지고] 236
–어 가지고1) …236
–어 가지고2) …241
-어 놓다[-아 놓다/-여 놓다] 246
–어 놓다 …246

-어 대다[-아 대다/-여 대다] 252
-어 대다 …252
-어 두다[-아 두다/-여 두다] 256
-어 두다 …256
-어 드리다[-아 드리다/-여 드리다] 261
-어 드리다 …261
-어 버리다[-아 버리다/-여 버리다] 266
-어 버리다 …266
-어서인지[-아서인지/-여서인지] 271
-어서인지 …271
-어야겠-[-아야겠-/-여야겠-] 276
-어야겠-1) …276
-어야겠-2) …280
-어 오다[-아 오다/-여 오다] 285
-어 오다 …285
-어지다[-아지다/-여지다] 289
-어지다1) …289
-어지다2) …294
에 대하여[에 대해]{에 대해서}{에 대한} 299
에 대하여 …299
에 따라{에 따라서}{에 따른} 303
에 따라 …303
에 비하여[에 비해]{에 비해서}{에 비하면} 307
에 비하여 …307
에 의하면 311
에 의하면 …311
-으라니[-라니] 315
-으라니1) …315
-으라니2) …319
으로 인하여[로 인하여/으로 인해/로 인해]
{으로 인해서[로 인해서]}{으로 인한[로 인한]} 323
으로 인하여 …323
-으면 안 되다[-면 안 되다] 327
-으면 안 되다1) …327
-으면 안 되다2) …332
-으면 좋겠다[-면 좋겠다] 336
-으면 좋겠다 …336

-은 결과[-ㄴ 결과] 341
-은 결과 …341
-은 다음에[-ㄴ 다음에] 346
-은 다음에 …346
-을 따름이다[-ㄹ 따름이다]{-을 뿐이다/-ㄹ 뿐이다} 352
-을 따름이다 …352
-을 테니[-ㄹ 테니]{-을 테니까[-ㄹ 테니까]} 357
-을 테니1) …357
-을 테니2) …361
-을 텐데[-ㄹ 텐데]{-을 텐데요/-ㄹ 텐데요} 366
-을 텐데 …366

선어말어미

-었었-[-았었-/-였었-] 372
-었었- …372

연결어미

-거니와 378
-거니와 …378
-거든{거들랑} 383
-거든 …383
-고도 388
-고도 …388
-고서 393
-고서 …393
-고자 398
-고자 …398
-기에 404
-기에 …404
-느라고{-느라} 412
-느라고 …412
-는다거나[1][-ㄴ다거나[1], -다거나[1], -라거나[1]] 418
-는다거나[1] …418

-는다고[-ㄴ다고, -다고, -라고] 423
-는다고 …423
-는다면 [-ㄴ다면, -다면, -라면] 428
-는다면 …428
-다가²{-다³} 433
-다가² …433
-다시피 438
-다시피 …438
-더니 442
-더니1) …442
-더니2) …447
-더니3) …451
-더라도 456
-더라도 …456
-던데 460
-던데 …460
-도록 464
-도록1) …464
-도록2) …468
-든지{-든} 471
-든지 …471
-듯이 476
-듯이 …476
-어다가[-아다가/-여다가]{-어다/-아다/-여다} 480
-어다가 …480
-어도[-아도/-여도] 485
-어도 …485
-어야[-아야/-여야] 491
-어야1) …491
-어야2) …497
-어야지[-아야지/-여야지] 501
-어야지 …501
-었더니[-았더니/-였더니] 507
-었더니1) …507
-었더니2) …511
-었더니3) …514
-으나[-나] 520
-으나 …520

-으니[-니] 526
-으니1) …526
-으니2) …533
-으니3) …536
-으므로[-므로] 539
-으므로 …539
-을래야[-ㄹ래야] 546
-을래야 …546
-자마자{-자} 550
-자마자 …550

전성어미

-던 556
-던 …556

종결어미

-거든{-거든요} 562
-거든 …562
-게{-게요} 566
-게1) …566
-게2) …570
-고{-고요} 574
-고 …574
-나요 577
-나요 …577
-는구나[-구나] 581
-는구나 …581
-는다[-ㄴ다, -다] 587
-는다 …587
-는다니[-ㄴ다니, -다니, -라니] 591
-는다니 …591

-는다면서[-ㄴ다면서, -다면서, -라면서] 595
{-는다면서요, -다면서요, -라면서요} 595
-는다면서 …595
-니[-으니] 600
-니 …600
-더군{-더군요} 604
-더군 …604
-더라 609
-더라 …609
-던데{-던데요} 614
-던데 …614
-어라[-아라/-여라] 619
-어라 …619
-어야지[-아야지/-여야지]{-어야지요[-아야지요/-여야지요]} 624
-어야지 …624
-을걸[-ㄹ걸]{-을걸요[-ㄹ걸요]} 630
-을걸 …630
-자 635
-자 …635
-잖아{-잖아요} 640
-잖아 …640

찾아보기 644

조 사

같이

비슷하거나 같은 정도임을 나타내는 조사.

같이 (명사에 붙어) 어떤 대상이 앞말이 보이는 전형적인 특징과 비슷하거나 같음을 표현할 때 사용한다.

예문

(1) 가: 겨울인데 날이 따뜻하네요.
나: 네, 겨울인데 봄**같이** 따뜻해요.
가: 봄은 또 여름**같이** 덥고요.
나: 날씨가 점점 이상해져서 걱정이에요.

(2) 가: 아키라 씨는 한국어를 정말 잘하는 것 같아요.
나: 맞아요, 한국 사람**같이** 잘해요.
가: 저도 아키라 씨처럼 한국어를 잘했으면 좋겠어요.
나: 흐엉 씨도 잘해요.

나나 씨는 웃을 때 아이**같이** 귀여워요.
제주도는 그림**같이** 아름다워요.
배나무에 눈**같이** 하얀 꽃이 피었습니다.
우리 언니는 남자**같이** 씩씩해요.
우리 아버지는 마음이 바다**같이** 넓으세요.
저도 저 가수**같이** 노래를 잘했으면 좋겠어요.
아이가 인형**같이** 예뻐요.
두 사람이 형제**같이** 친하게 지내요.
그 사람은 시계**같이** 정확한 사람이니까 약속에 늦지 마세요.
우리 할머니는 소녀**같이** 부끄럼이 많으십니다.

+ '같이'는 어떤 대상이 다른 것과 상태나 특성이 비슷하거나 같음을 나타내는 부사격조사이다. '겨울인데 봄같이 따뜻하다'고 하는 것은 겨울이지만 날씨가 봄과 비슷하다는 것, 즉 그 정도로 따뜻하다는 의미를 나타낸다.

형태 정보

① 명사 끝음절의 받침 유무에 관계없이 '같이'를 쓴다.

예) 여름 + 같이 → 여름같이　　인형 + 같이 → 인형같이
눈 + 같이 → 눈같이　　요리사 + 같이 → 요리사같이
자매 + 같이 → 자매같이　　시계 + 같이 → 시계같이

①	받침 ○	+ 같이	여름같이, 인형같이, 눈같이
	받침 ×	+ 같이	요리사같이, 자매같이, 시계같이

확장

① 부사격조사 '와/과'나, 여럿을 나타내는 말(모두, 다)과 함께 쓰여 '함께' 또는 '다름없이'의 뜻으로 쓰인다. 이때 사용되는 '같이'는 명사 뒤에 붙는 조사가 아니고 부사이므로 앞말과 띄어 써야 한다. 또한 이때 '같이'는 '처럼'으로 바꾸어 쓸 수 없다.

예) 주말에 친구와 **같이**(=함께) 재미있게 놀았어요. (o) / 주말에 친구와**처럼** 재미있게 놀았어요. (x)
모두 **같이**(=함께) 가요. (o) / 모두**처럼** 가요. (x)
모든 일이 계획과 **같이**(=다름없이) 진행되고 있다. (o) / 모든 일이 계획과**처럼** 진행되고 있다. (x)

② 형용사 '같다'의 활용형 '같은'은 'N 같은 N'의 구성으로 사용되어 비유의 의미를 갖는다. 학습자들이 조사 '같이'와 '처럼'이 대치되어 사용된다는 것을 과적용하여 'N처럼 N' 형태의 오류를 자주 범하기도 한다.

예) 다음 주에도 여름 **같은** 봄 날씨가 계속될 것으로 예상됩니다.
그 사람은 저한테 동생 **같은** 존재예요.
사과 **같은** 내 얼굴 예쁘기도 하지요.
저도 민수 씨 **같은** 사람이 좋아요. / 저도 민수 씨처럼 사람이 좋아요. (x)

③ 때를 나타내는 일부 명사에 붙어 그 시간을 강조하는 뜻을 나타낸다.

예) 새벽**같이** 어디에 가는 거야? (o) / 새벽처럼 어디에 가는 거야? (x)
매일**같이** 공부만 해야 해서 너무 피곤해요. (o) / 매일처럼 공부만 해야 해서 너무 피곤해요. (x)

+ '새벽같이 어디에 간다'는 것은 '새벽과 무엇이 비슷하거나 같다'는 뜻이 아니라 새벽이라는 시간을 강조하여 이렇게 이른 새벽에 어디에 가느냐고 묻는 것이다. 마찬가지로 매일같이 공부만 한다는 것은 매일과 비슷하다는 것이 아니라 매일매일 공부한다는 것을 강조해 말하는 것이다. 이 경우 '같이'를 '처럼'으로 바꾸면 어색하다.

유사 문법

① '같이', '처럼'

<table>
<tr><th>같이</th><th>처럼</th></tr>
<tr><td colspan="2">· 앞말이 보이는 모양이나 전형적인 특징과 비슷함을 나타낸다.
예) 수지 씨 얼굴이 사과같이 빨개요. / 수지 씨 얼굴이 사과처럼 빨개요.
선생님같이 훌륭한 선생님이 되고 싶어요. / 선생님처럼 훌륭한 선생님이 되고 싶어요.</td></tr>
<tr><td>· 앞말이 보이는 전형적인 어떤 특징과 유사함을 나타낸다.
예) 선생님 말씀같이 시험이 어려웠어요. (?)
언니의 예상같이 오늘은 날씨가 더웠어요. (?)</td><td>· 앞말이 지시하는 대상과 유사함을 나타낸다.
예) 선생님 말씀처럼 시험이 어려웠어요.
언니의 예상처럼 오늘은 날씨가 더웠어요.</td></tr>
</table>

+ '선생님의 말씀같이'가 어색한 것은 '같이'가 앞말의 전형적인 특징과 같음을 나타내는데 '선생님같이'의 경우 선생님의 전형성을 생각할 수 있지만 '선생님의 말씀같이'에서는 '선생님 말씀'의 전형적인 특징을 알 수 없기 때문이다. 이에 반하여 '처럼'의 경우 앞에 지시하는 대상의 드러난 특징과 유사함을 나타내기 때문에 '선생님 말씀처럼'은 '선생님이 하신 말씀과 유사하게'라는 의미이므로 자연스럽다.

+ '같이'는 큰 의미 차이 없이 조사 '처럼'과 바꿔 쓸 수 있다. 대부분의 지도서에서도 '처럼'과 '같이'를 구분 없이 기술하고 있다. 그러나 '불같이 화를 내다', '새처럼 날고 싶다' 등과 같이 비유적인 표현이 굳어져 사용되는 경우는 '처럼'과 '같이'를 바꾸어 사용하면 자연스럽지 않다. 학생들에게 둘의 차이보다는 유사함을 이해할 수 있도록 안내한다.

② '같이', '만큼'

<table>
<tr><th>같이</th><th>만큼</th></tr>
<tr><td colspan="2">· 비슷한 두 대상을 비교할 때 사용한다.</td></tr>
<tr><td>· 비교나 비유 둘 다 사용한다.
예) 집이 운동장같이 넓다. (o) (비교)
선생님이 꽃같이 아름답다. (o) (비유)</td><td>· 주로 비교할 때 사용한다.
예) 집이 운동장만큼 넓다. (o) (비교)
선생님이 꽃만큼 아름답다. (?)</td></tr>
</table>

+ '같이'가 비슷한 두 대상을 비교하면서 '같은 정도로'의 뜻을 나타낼 때 '만큼'으로 바꿔 사용할 수 있다.

+ '만큼'은 앞말과 비슷한 정도나 한도를 나타내는 의미를 갖고 있기 때문에 '선생님이 꽃같이 아름답다.'와 같이 비유의 의미로 사용될 때 '만큼'으로 대치하면 어색하다.

③ '같이', '처럼', '만큼'

같이, 처럼	만큼
· 비슷한 두 대상을 비교할 때 사용한다.	
· 비교나 비유 표현에 모두 사용할 수 있다. 예) 동생도 형**같이/처럼** 크다. (o) 선생님이 꽃**같이/처럼** 아름답다. (o) 아키라는 번개**같이/처럼** 빨리 달린다. (o)	· 주로 비교할 때 사용하며, 비유 표현에 사용하면 어색하다. 예) 동생도 형**만큼** 크다. (o) 선생님이 꽃**만큼** 아름답다. (?) 아키라는 번개**만큼** 빨리 달린다. (?)
· 보조사 '은', '도'와의 결합이 자연스럽지 않다. 예) 동생도 형**같이**는/**처럼**은 크다. (?) 선생님이 꽃**같이**도/**처럼**도 아름답다. (x)	· 보조사 '은', '도'와 결합할 수 있다. 예) 동생도 형**만큼**은 크다. (o) 형인데 동생**만큼**도 가족 생각을 안 한다. (o)

\+ '같이'와 '처럼'이 비슷한 두 대상을 비교하면서 그중 하나를 나타내는 말에 붙어 사용할 때 '만큼'으로 바꿔 사용할 수 있다. 그러나 이때도 의미가 다른 경우가 있다.

예) ㄱ. 수지 씨는 토끼**같이** 귀가 길다.
ㄴ. 수지 씨는 토끼**만큼** 귀가 길다.

(ㄱ)의 '토끼같이 귀가 길다'는 것은 다른 사람보다 긴 편이라는 것을 강조하는 표현으로 토끼보다 훨씬 짧은 귀에도 사용할 수 있다. 그러나 (ㄴ)의 '토끼만큼 귀가 길다'는 것은 귀의 길이가 토끼와 비슷하다는 것이 되므로 약간의 의미 차이가 있다.

\+ '불같이 화를 내다', '눈처럼 깨끗하다'와 같이 굳어진 비유 표현은 '만큼'으로 바꾸어 쓸 경우 어색하다.

\+ '만큼'은 앞말과 비슷한 정도나 한도를 나타내는 의미를 갖고 있기 때문에 '아키라 씨가 번개같이/처럼 빨리 달린다'와 같이 비유의 의미로 사용될 때 '처럼'이나 '같이' 대신 '만큼'으로 대치하면 어색하다. '번개만큼 빨리 달린다'는 것은 번개와 같은 정도로 빠르게 달린다는 의미인데 사람이 번개와 같은 정도로 빠를 수는 없기 때문에 어색하게 느껴진다.

이렇게 도입해 보세요

(1) 교사: (가족사진 중 형제나 자매를 가리키며) 이 두 사람은 얼굴이 비슷하지요? 어떤 사이일까요?

학생: 네, 형제인 것 같아요.

교사: 네, 맞아요. 형제예요.

(형제 아니지만 비슷한 두 친구 사진 보여 주며) 이 사람들은 형제가 아니에요. 친한 친구예요. 얼굴이 어때요?

학생: 얼굴이 비슷해요.

교사: 네, 두 사람은 친구지만 얼굴이 형제 같아요. 형제**같이** 닮았어요.

(2) 교사: (무서운 인상의 선생님 옆에 호랑이 사진) 이 선생님 별명이 호랑이 선생님이에요. 왜 호랑이 선생님일까요?

학생: 무서운 선생님이에요.

교사: 네, 맞아요. 이 선생님은 호랑이**같이** 무서워요.

+ '같이'를 도입할 때 모양이나 특징이 비슷한 두 대상의 사진이나 그림을 활용하면 자연스럽게 그 의미를 인지시킬 수 있다. 사진이나 그림을 통해서 공통 속성이 있다는 것을 인지시킨 후 마지막에 교사가 '같이'를 사용하여 문장을 완성하여 제시함으로써 학생들이 목표 문법 '같이'를 이해하도록 돕는다.

대로

1) 앞에 오는 말에 **근거**하거나 2) 따로따로 **구별**됨을 나타내는 조사.

대로1) (명사에 붙어) 뒤에 나오는 행동이나 상태가 앞말에 근거하거나 앞말의 내용과 달라짐이 없음을 나타낸다.

예문

(1) 가: 내일부터 좀 일찍 오세요.
나: 네.
가: 전에도 말했는데 왜 계속 지각해요?
나: 죄송합니다. 앞으로는 선생님 말씀**대로** 일찍 오겠습니다.

(2) 가: 민수야, 텔레비전 그만 보고 시험공부 좀 해라.
나: 네. 그런데 아빠, 이번 시험 잘 보면 아이패드 사 주다고 약속하셨어요?
가: 그래.
나: 정말 사 주셔야 돼요. 전에도 약속 안 지키셨잖아요.
가: 이번에는 약속**대로** 아이패드 꼭 사 줄게.

우리는 계획**대로** 유럽으로 배낭여행을 갔다.
부모님께 사실**대로** 말씀 드렸어요.
아키라 씨 말**대로** 일본은 정말 덥더라고요.
저 사람을 법**대로** 처벌해 주세요.
설명서**대로** 했는데도 세탁기가 안 돌아가요.
선생님 충고**대로** 열심히 공부하기로 했어요.
왜 시간표**대로** 수업을 운영하지 않는 거죠?
의사의 조언**대로** 매일 운동을 해야겠어요.
시킨 일을 다 했으니 계약**대로** 100만 원을 주세요.
어머니께 배운 방식**대로** 만들었는데 맛이 없어요.

+ '대로1)'은 앞말에 근거하여 달라짐이 없음을 나타내는 보조사이다. '계획대로 유럽으로 배낭여행을 갔다'고 하는 것은 미리 계획한 내용에 준하여 다름이 없이, 즉 계획한 바와 같이 유럽으로 여행을 갔다는 것이다.

형태 정보

① 명사 끝음절의 받침 유무에 관계없이 '대로'를 쓴다.

예) 약속 + 대로 → 약속대로　　생각 + 대로 → 생각대로
법 + 대로 → 법대로　　충고 + 대로 → 충고대로
설명서 + 대로 → 설명서대로　　너 + 대로 → 너대로

①	받침 ○	+ 대로	약속대로, 생각대로, 법대로
	받침 ×	+ 대로	충고대로, 설명서대로, 너대로

문장 구성 정보

① '대로'가 앞말에 준하여 다름이 없다는 사실을 나타낼 때 '대로' 앞에 오는 말은 '약속, 말, 말씀, 사실, 설명서, 책, 법' 등 근거가 될 만한 내용이나 사실 등을 나타내는 명사에 한한다.

예) 약속**대로** 자전거 사 줄게.
설명서**대로** 했어요.
말씀**대로** 준비하겠습니다.
아키라**대로** 하겠습니다. (x)
저 집**대로** 수리하고 싶어요. (x)

+ 위에서 '아키라대로'라는 것이 어색한 것은 아키라의 무엇과 다름이 없다는 것인지 알 수 없기 때문이다. '저 집대로 수리하고 싶다'고 하는 것도 역시 무엇과 다름이 없는지 근거가 될 수 있는 기준이 불분명하기 때문에 어색하다.

확장

① 관형사형 어미 '-은, -는, -을' 뒤에 쓰여 '어떤 모양이나 상태와 같이'의 뜻으로 쓰이는 '대로'는 의존명사이므로 조사 '대로'와 달리 앞말과 띄어 쓴다.

예) 어제 본 **대로** 말할게요.
제가 하는 **대로** 그대로 따라하세요.
좋을 **대로** 하세요.

② 의존명사 '대로'가 '어떤 모양이나 상태와 같이'라는 의미이므로 '앞말에 준하여 다름없이'라는 조사 '대로1)'로 대치하여 바꾸어 쓸 수 있는 경우도 있다.

예) 약속한 **대로** 자전거 사 줄게. = 약속**대로** 자전거 사 줄게.
설명서에서 읽은 **대로** 했어요. = 설명서**대로** 했어요.

이렇게 도입해 보세요

(1) 교사: (복권을 사서 당첨이 되면 돈을 나누기로 했다가 문제된 사건을 보여 주며)
친구하고 같이 복권을 샀어요. 돈을 받으면 똑같이 나누기로 약속했어요.
그런데 정말 복권이 당첨되었어요.

학생: 돈을 나누었어요?

교사: 아니요. 약속했지만 친구가 약속을 지키지 않았어요.

학생: 그래서 어떻게 했어요?

교사: 돈을 주기로 약속했으니까, 약속**대로** 돈을 달라고 이야기했어요. 그래도 돈을 주지 않았어요.

학생: 그래서요?

교사: 법**대로** 하겠다고 고소했어요.

(2) 교사: 올해 1월 1일에 어떤 결심을 했어요? 선생님은 매일 운동하기로 했어요.

학생1: 저는 공부 열심히 하기로 했어요.

학생2: 저는 담배를 안 피우기로 했어요.

교사: 그래요? 결심을 지켰어요?

학생1: 아니요.

학생2: 네, 담배를 끊었어요.

교사: ㅇㅇ 씨는 새해 결심**대로** 담배를 끊었네요. 정말 대단해요. ㅁㅁ 씨는 새해 결심**대로** 공부를 열심히 하세요. 지금부터 해도 괜찮아요.

+ 앞말에 준하여 다름없다는 뜻의 '대로1)'을 도입할 때 상황이나 그림을 활용하여 자연스럽게 의미를 인지시킬 수 있다. 약속한 내용을 구체적으로 이야기하고 약속한 내용을 지키는 것에 대해 '약속대로'라는 것으로 표현할 수 있음을 알려 주면 앞에 나오는 것에 준하여 다름없다는 것을 이해할 수 있다.

대로2) (명사에 붙어) 서로 따로따로 구별됨을 나타낸다.

예문

(1) 가: 재활용 쓰레기를 한 번에 버리지 말고 분리해서 버리세요.
나: 아, 새로 이사를 와서 잘 몰랐습니다. 어떻게 분리하면 되나요?
가: 종이는 종이**대로** 플라스틱은 플라스틱**대로** 캔은 캔**대로** 분리해서 버리세요.
나: 네, 조심하겠습니다.

(2) 가: 책 정리 중이에요?
나: 네, 안 보는 책 좀 버리려고요.
가: 도와 드릴까요?
나: 도와주시면 저야 감사하지요.
가: 어떻게 정리하면 돼요?
나: 한국어 책은 한국어 책**대로** 영어 책은 영어 책**대로** 정리하면 돼요.

큰 아이는 큰 아이**대로** 작은 아이는 작은 아이**대로** 옷을 사달라고 졸랐다.

신발을 그렇게 색깔별로 정리하지 말고 운동화는 운동화**대로** 구두는 구두**대로** 정리하는 게 좋을 것 같아요.

딸은 딸**대로** 예쁘고 아들은 아들**대로** 예쁘니까 딸을 낳든 아들을 낳든 상관없어요.

한라산은 여름은 여름**대로** 겨울은 겨울**대로** 아름다우니까 아무 때나 가도 돼요.

학생 식당에서는 밥을 먹고 나서 숟가락은 숟가락**대로** 젓가락은 젓가락**대로** 따로 반납 통에 넣어야 해요.

너도 힘들었겠지만 나는 나**대로** 고민하느라고 잠도 못 잤어.

큰 것은 큰 것**대로** 따로 모아 놓으세요.

저희 집은 식구가 많아서 어른은 어른**대로** 아이는 아이**대로** 나누어서 밥을 먹어요.

겨울옷은 겨울옷**대로** 여름옷은 여름옷**대로** 따로 정리하세요.

시간이 안 맞으니까 만나서 가지 말고 너는 너**대로** 나는 나**대로** 가서 거기에서 만나자.

+ '대로2)'는 따로따로 구별됨을 나타내는 보조사이다. '큰 아이는 큰 아이대로 작은 아이는 작은 아이대로 옷을 사달라고 졸랐다'고 하는 것은 큰 아이 따로, 작은 아이 따로 각각 졸랐다는 사실을 이야기한다.

형태 정보

앞의 '대로1)'을 참고한다.

문장 구성 정보

① '대로'가 따로 구별된다는 의미로 사용될 때는 '~은 ~대로, ~은 ~대로'의 구성으로 쓰인다.

예) 너**는** 너**대로** 나**는** 나**대로** 따로 상관하지 말자.
운동화**는** 운동화**대로** 구두**는** 구두**대로** 정리하세요.
큰 것**은** 큰 것**대로** 따로 모아 주세요.

+ '대로'가 따로따로 구별된다는 의미로 사용될 때는 대부분 대조의 의미를 나타내는 보조사 '은'과 함께 쓰여 'A는 A대로 B는 B대로'의 구성으로 쓰이는데, 'B는 B대로' 부분을 전제하고 있다고 판단할 수 있는 경우라면 뒷부분을 생략하고 'A는 A대로'의 형태로도 쓸 수 있다. 즉, 위의 예문에서 '큰 것은 큰 것대로 모아 달라'고 하는 것은 '큰 것'과 '다른 것', 또는 '큰 것'과 '작은 것'을 따로따로 구별하라는 것을 전제하고 있으므로 자연스러운 문장이 된다.

이렇게 도입해 보세요

(1) 교사: (잘 정리된 책장을 몇 가지 보여 주면서) 사람마다 책을 정리하는 방식이 다른 것 같아요. 여러분은 책을 어떻게 정리해요?

학생: 한국어 책, 영어 책 이렇게요.

교사: 아, 한국어 책은 한국어 책**대로** 영어 책은 영어 책**대로** 정리하는군요. (색깔별로 서재를 정리한 사진을 보여 주며) 이 사람은 책을 좀 다르게 정리했어요. 어떻게 정리한 것 같아요?

학생: 색깔에 따라 정리했어요.

교사: 맞아요. 파란색 책은 파란색 책**대로** 노란색 책은 노란색 책**대로** 책을 색깔별로 정리했어요.

(2) 교사: (잘 정리된 옷장을 보여 주면서) 선생님이 주말에 옷 정리를 했어요. 여러분은 옷을 어떻게 정리해요?

학생: 겨울옷, 여름옷 이렇게 정리해요.

교사: 네, 선생님도 겨울옷은 겨울옷**대로**, 여름옷은 여름옷**대로** 정리했어요. 그리고 또 티셔츠는 티셔츠**대로** 바지는 바지**대로** 정리했어요.

+ 따로따로 구별된다는 뜻의 '대로2)'를 도입할 때 그림이나 상황 설명을 통해서 자연스럽게 의미를 인지시킬 수 있다. 겨울옷과 여름옷, 하의와 상의, 과일과 야채 등 범주별로 분리되는 것들을 보여 주면서 '따로따로'의 뜻을 인지시킬 수 있다.

만큼

앞말과 **비슷한 정도**임을 나타내는 조사.

만큼 (명사에 붙어) 뒤에 나오는 행동이나 상태가 앞말과 비슷한 정도임을 나타낸다.

예문

(1) 가: 한국에서 어디가 제일 아름다워요?
나: 제주도가 제일 아름다워요.
가: 맞아요. 제주도**만큼** 아름다운 곳은 없는 것 같아요.

(2) 가: 엄마, 나 사랑해?
나: 그럼, 물론이지.
가: 얼마나 사랑하는데?
나: 하늘**만큼** 땅**만큼** 사랑하지.
가: 나도 엄마를 이 세상에서 제일 사랑해.

동생도 형**만큼** 키가 커요.

저도 엄마**만큼** 요리를 잘해요.

가족**만큼** 편한 관계는 없는 것 같아요.

제가 수지 씨를 얼마**만큼** 사랑하는지 아세요?

서양 배는 한국 배**만큼** 맛있지 않아요.

우리 아이**만큼** 거짓말 못하는 사람도 없어요.

저도 선생님**만큼** 한국어를 잘했으면 좋겠어요.

아키라 씨**만큼** 한국어를 잘하는 사람도 없는 것 같아요.

형인데 동생**만큼**도 가족 생각을 안 해요.

이 옷은 그 옷**만큼**은 비싸지 않아요.

+ '만큼'은 뒤에 오는 것이 앞말과 비슷한 정도임을 나타낼 때 사용하는 보조사이다. '동생도 형만큼 키가 크다'는 것은 동생의 키가 형과 비슷한 정도라는 의미를 나타낸다.

+ 보조사 '은'이나 '도'와 결합한 형태인 '만큼은', '만큼도'의 형태도 사용된다. '이 옷은 그 옷만큼은 비싸지 않다'는 것은 보조사 '은'을 결합하여 이 옷과 그 옷의 대조적인 성격을 강하게 표현하고 있다.

형태 정보

① 명사 끝음절의 받침 유무에 관계없이 '만큼'을 쓴다.

예) 가족 + 만큼 → 가족만큼　　하늘 + 만큼 → 하늘만큼　　동생 + 만큼 → 동생만큼
　　아이 + 만큼 → 아이만큼　　너 + 만큼 → 너만큼　　영어 + 만큼 → 영어만큼

①	받침 ○	+ 만큼	가족만큼, 하늘만큼, 동생만큼
	받침 ×	+ 만큼	아이만큼, 너만큼, 영어만큼

제약 정보

① 정도의 판단이 필요 없는, 분명한 분량을 나타내는 명사에는 쓰이지 않는다.

예) 아저씨, 떡볶이 오백 원**만큼** 주세요. (x)
　　아저씨, 떡볶이 저도 저 사람**만큼** 주세요. (o)
　　물 한 잔**만큼** 주세요. (x)
　　맥주 한 병**만큼** 주세요. (x)

+ '오백 원'은 정도를 판단해야 하는 말이 아니기 때문에 '만큼'과 함께 사용하면 어색하다. 반면 '저 사람만큼'이라고 하는 것은 '저 사람이 산 정도의 양'을 달라는 것으로 해석되어 사용이 가능하다.

+ '물 한 잔'이라든지 '맥주 한 병'도 모두 정해진 분량이 있는 것으로, 화자가 정도성을 판단할 필요가 없으므로 '만큼'이 사용되면 어색한 표현이 된다.

② 어느 정도인지를 묻기 위해 의문 대명사 '얼마'에 '만큼'을 결합한 형태인 '얼마만큼'을 사용할 수 있다. 단, 비슷한 의미이지만 부사인 '얼마나'에 '만큼'을 결합한 '얼마나만큼'은 사용할 수 없다.

예) 제가 얼마**만큼** 그이를 사랑하는지 아세요? (o)
　　제가 얼마나**만큼** 그이를 사랑하는지 아세요? (x)

확장

① 어미 '-은, -는, -을' 뒤에 '만큼'이 쓰여 조사 '만큼'과 같은 의미, 즉 앞말과 비슷한 정도임을 나타내기도 하는데, 이때는 관형어 뒤에 사용되므로 조사가 아닌 의존명사이고 앞말과 띄어 써야 한다.

예) 어제 일을 생각하면 죽고 싶을 **만큼** 창피해요.
　　들어 갈 수 없을 **만큼** 물이 차요.
　　주는 **만큼**만 받아오세요.
　　노력한 **만큼** 좋은 결과가 있을 거예요.

유사 문법

① '만큼', '처럼', '같이'

만큼	처럼, 같이
· 비슷한 두 대상을 비교할 때 사용한다.	
· 주로 비교할 때 사용하며, 비유 표현에 사용하면 어색하다. 예) 동생도 형**만큼** 크다. (o) 선생님이 꽃**만큼** 아름답다. (?) 아키라는 번개**만큼** 빨리 달린다. (?)	· 비교나 비유 표현에 모두 사용할 수 있다. 예) 동생도 형**처럼**/**같이** 크다. (o) 선생님이 꽃**처럼**/**같이** 아름답다. (o) 아키라는 번개**처럼**/**같이** 빨리 달린다. (o)
· 보조사 '은', '도'와 결합할 수 있다. 예) 동생도 형**만큼**은 크다. (o) 형인데 동생**만큼**도 가족 생각을 안 한다. (o)	· 보조사 '은', '도'와의 결합이 자연스럽지 않다. 예) 동생도 형**처럼**은/**같이**는 크다. (?) 선생님이 꽃**처럼**도/**같이**도 아름답다. (x)

+ '처럼'과 '같이'가 비슷한 두 대상을 비교하면서 그중 하나를 나타내는 말에 붙어 사용할 때 '만큼'으로 바꿔 사용할 수 있다. 그러나 이때도 의미가 다른 경우가 있다.

  예) ㄱ. 수지 씨는 토끼**만큼** 귀가 길다.
  ㄴ. 수지 씨는 토끼**처럼** 귀가 길다.

  (ㄱ)의 '토끼만큼 귀가 길다'는 것은 귀의 길이가 토끼와 비슷하다는 뜻이고, (ㄴ)의 '토끼처럼 귀가 길다'는 것은 다른 사람보다 긴 편이라는 것을 강조하는 표현으로 토끼보다 훨씬 짧은 귀에도 사용할 수 있다.

+ '만큼'은 앞말과 비슷한 정도나 한도를 나타내는 의미를 갖고 있기 때문에 '아키라 씨가 번개같이/처럼 빨리 달린다'와 같이 비유의 의미로 사용될 때 '처럼'이나 '같이' 대신 '만큼'으로 대치하면 어색하다. '번개만큼 빨리 달린다'는 것은 번개와 같은 정도로 빠르게 달린다는 의미인데 사람이 번개와 같은 정도로 빠를 수는 없기 때문에 어색하게 느껴진다.

+ '불같이 화를 내다', '눈처럼 깨끗하다'와 같이 굳어진 비유 표현은 '만큼'으로 바꾸어 쓸 경우 어색하다.

② **'만큼', '같이'**

만큼	같이
· 비슷한 두 대상을 비교할 때 사용한다.	
· 주로 비교할 때 사용한다. 예) 집이 운동장**만큼** 넓다. (o) (비교) 선생님이 꽃**만큼** 아름답다. (?)	· 비교나 비유 둘 다 사용한다. 예) 집이 운동장**같이** 넓다. (o) (비교) 선생님이 꽃**같이** 아름답다. (o) (비유)

+ '같이'가 비슷한 두 대상을 비교하면서 '같은 정도로'의 뜻을 나타낼 때 '만큼'으로 바꿔 사용할 수 있다.

+ '만큼'은 앞말과 비슷한 정도나 한도를 나타내는 의미를 갖고 있기 때문에 '선생님이 꽃같이 아름답다.'와 같이 비유의 의미로 사용될 때 '만큼'으로 대치하면 어색하다.

이렇게 도입해 보세요

(1) 교사: (티셔츠 그림이나 사진을 보이면서) 이 옷은 50만 원이에요. 싸요, 비싸요?
학생: 티셔츠인데 오십만 원이요? 너무 비싸요.
교사: (가격이 가려진 더 비싸 보이는 티셔츠 사진 보이면서) 이 옷은 얼마일까요?
학생: 오십만 원이요.
교사: (가격표 48만 원을 보이면서) 맞아요. 이 옷은 비싸요. 이 옷도 아까 그 옷**만큼** 비싸요. 이 백화점은 비싼 옷만 파는 백화점인 것 같아요.

(2) 교사: (키 차이가 있는 형제 그림 보여 주며, 형은 190센티미터이고 동생은 175센티미터임.) 형과 동생이에요. 형은 키가 아주 커요. 동생도 키가 커요?
학생: 아니요.
교사: 네, 동생도 아주 작은 것은 아니지만 형**만큼** 크지는 않아요.

+ '만큼'을 도입할 때 같은 정도임을 보여 줄 수 있는 그림이나 행동을 제시하면 비슷한 정도를 나타내는 말임을 자연스럽게 인지시킬 수 있다. 가격이 거의 비슷한 옷을 보여 주면서 학생들에게 가격을 예측해 보게 하고 비슷하게 예측하면 이 옷도 아까 그 옷만큼 비싸다든지, 또는 차이가 나는 형제의 사진을 보여 주면서 동생은 형만큼 크지 않다든지 하는 예를 들어 '만큼'이 비슷한 정도를 비교하는 데 사용하는 조사라는 것을 알 수 있도록 한다.

보고

행위의 영향을 받는 **대상**임을 나타내는 조사.

보고 (명사에 붙어) 행위의 영향을 받는 대상임을 나타낸다. 주로 구어에서 사용한다.

예문

(1) 가: 누구**보고** 하는 말이에요?
나: 영수 씨 들으라고 하는 말이에요.
가: 그래요? 저는 저**보고** 하는 말인 줄 알았어요.

(2) 가: 친구 숙제를 왜 유진 씨가 하세요?
나: 친구가 저**보고** 도와달라고 했어요.
가: 그래요? 숙제는 자기가 해야 되니까 도와주지 마세요.
나: 그래도 저**보고** 도와달라고 하는데 안 도와주기가 좀 그래서요.

유진 씨가 친구**보고** 바보라고 했어요.

친구가 나**보고** 늦지 말라고 했어요.

누구**보고** 잘못했다는 거야?

너, 자꾸 우리 개**보고** 욕하지 마.

수지 씨가 저**보고** 같이 등산 가자고 했어요.

아이**보고** 담배를 사오라고 시켰다.

누가 너**보고** 그런 일을 하게 했어?

다 저 때문에 일어난 일인데 누구**보고** 해결해 달라고 하겠어요.

애니 씨**보고** 내일 몇 시에 만날 수 있는지 물어 봐.

선생님께서 저**보고**는 이 일을 하라고 시키셨어요.

+ '보고'는 사람이나 동물이 행위의 영향을 받는 대상임을 나타낼 때 사용하는 부사격조사이다. '보고'의 이러한 쓰임은 '한테'와 같은데 다른 점이 있다면 '한테'는 '주다, 가르치다, 보내다, 전화하다, 말하다, 던지다, 전하다, 선물하다' 등의 서술어와 두루 사용될 수 있는 데 반해 '보고'는 주로 말을 한 대상이거나 시킴을 받는 대상임을 나타낼 때에만 쓰인다.

형태 정보

① 명사 끝음절의 받침 유무에 관계없이 '보고'를 쓴다.

예) 학생 + 보고 → 학생보고 　　부모님 + 보고 → 부모님보고
동생 + 보고 → 동생보고 　　친구 + 보고 → 친구보고
나 + 보고 → 나보고 　　고양이 + 보고 → 고양이보고

①	받침 ○	+ 보고	학생보고, 부모님보고, 동생보고
	받침 ×	+ 보고	친구보고, 나보고, 고양이보고

제약 정보

① '말하다'류, '시키다'류 외의 동사와는 같이 사용되지 않는다.

예) 친구가 저**보고/한테** 같이 등산가자고 했어요. (o)
엄마가 동생**보고/한테** 공부 열심히 하라고 말씀하셨어요. (o)
할머니는 저**보고/한테** 책을 읽히셨어요. (o)
선생님께서 저**보고/한테** 책을 정리하게 하셨어요. (o)
수지 씨가 동생**한테** 전화해요. (o)
수지 씨가 동생**보고** 전화해요. (x)
왕밍 씨가 고양이**한테** 생선을 줘요. (o)
왕밍 씨가 고양이**보고** 생선을 줘요. (x)

+ '보고'는 '한테'와 동일한 의미를 지니나 '보고'의 경우 서술어 제약이 있다. 위의 예문들에서 볼 수 있는 것처럼 '한테'는 '말하다'류, '시키다'류 동사 외에도 '전화하다, 주다, 팔다, 보내다' 등 방향성을 가지는 대부분의 동사와 함께 쓰일 수 있으나 '보고'는 그렇지 않다.

+ '말하다'류의 동사에는 간접 인용 표현(-다고 하다, -자고 하다, -라고 하다 등)이 포함되며, '시키다'류 동사에는 '읽히다' 같은 사동사, '-게 하다, -도록 하다' 같은 사동 표현이 포함된다.

② 말한 내용의 인용 없이 단순히 '누구에게 말하다'의 의미로 '누구보고 말하다' 형태로 사용하면 부자연스럽다.

예) 친구가 저**보고/한테** 같이 등산가자고 이야기했어요. (o)
친구가 저**보고** 이야기했어요. (??) / 친구가 저**한테** 이야기했어요. (o)
민수**보고** 물어보세요. (??) / 민수**한테** 물어보세요. (o)

+ '한테'의 경우는 '친구가 저한테 이야기했어요.'와 같이 이야기한 내용을 밝히지 않아도 문장이 자연스러운 데 반해 '보고'의 경우는 '친구가 저보고 같이 등산가자고 이야기했어요.'와 같이 인용하는 내용이 들어가야 자연스럽다.

유사 문법

① '보고', '더러', '한테'

보고, 더러	한테
· 행위의 영향을 받는 사람임을 나타낸다.	
· 주로 인용 구문에서 말하는 행위와 관계된 '말하다, 묻다, 요청하다, 권하다' 등의 동사나 '-게 하다, -도록 하다' 등의 일부 표현과 사용된다. 예) 앤디가 수지**보고/더러** 가자고 말했다. (o) 수지가 앤디**보고/더러** 청소하게 했다. (o) 수지가 앤디**보고/더러** 전화를 걸었다. (x)	· 특별한 제약 없이 행위의 영향을 받는 사람임을 나타낸다. 예) 앤디가 수지**한테** 가자고 말했다. (o) 수지가 앤디**한테** 청소하게 했다. (o) 수지가 앤디**한테** 전화를 걸었다. (o)

+ '더러'와 '보고'는 '한테'로 교체하여 사용할 수 있지만 '한테'는 '더러'와 '보고'로 교체하여 사용할 수 없는 경우가 있다.

② '보고', '더러', '에게'

보고, 더러	에게
· 행위의 영향을 받는 사람임을 나타낸다.	
· 주로 말할 때 쓴다.	· 말할 때나 글을 쓸 때 모두 쓴다.
· '말하다, 시키다'류 동사와 같이 쓰인다. 예) 친구가 나**보고/더러** 가자고 말했다. (o) 형이 동생**보고/더러** 청소하라고 시켰다. (o) 아키라가 민수**보고/더러** 전화를 걸었다. (x)	· '말하다, 시키다'류 동사 외에 '주다, 전화하다, 팔다, 보내다' 등 방향성이 있는 동사들과 폭넓게 쓰인다. 예) 친구가 나**에게** 가자고 말했다. (o) 형이 동생**에게** 청소하라고 시켰다. (o) 아키라가 민수**에게** 전화를 걸었다. (o)

+ '보고'와 '더러'는 '에게'로 교체하여 사용할 수 있지만, '에게'는 '보고'와 '더러'로 교체하여 사용할 수 없는 경우가 있다.

③ '보고', '더러'

보고	더러
· 행위의 영향을 받는 사람임을 나타내며, 모두 구어에 쓰인다. · '말하다, 시키다'류 동사와 같이 쓰인다.	
· 선행 명사가 사람이나 동물이어야 한다. 예) 엄마가 너**보고** 청소하라고 했어. (o) 아기가 말**보고** 소라고 했다. (o)	· 선행 명사가 언제나 사람이어야 한다. 예) 엄마가 너**더러** 청소하라고 했어. (o) 아기가 말**더러** 소라고 했다. (x)

+ '보고'와 '더러'는 거의 모든 문장에서 교체하여 사용할 수 있지만, 선행 명사가 동물일 때는 '더러'를 쓰지 않는다.

이렇게 도입해 보세요

(1) 교사: (어려움에 처한 올리브가 뽀빠이를 부르는 만화 그림을 보여 주며)
여러분, 올리브는 위험할 때 누구한테 도와달라고 해요?
학생: 뽀빠이한테요.
교사: 네, 올리브는 위험할 때 뽀빠이한테, 뽀빠이**보고** 도와달라고 해요.

(2) 교사: (앤디가 동생에게 심부름시키는 그림을 보여 주며) 앤디 씨가 누구한테 물을 가져오라고 했어요?
학생: 동생한테요.
교사: 네, 앤디 씨는 동생한테, 동생**보고** 물을 가져오라고 시켰어요.

+ '보고'를 도입할 때 선수 문법 '한테'와 상황 그림을 활용하여 학생들의 의미 이해를 도울 수 있다. 학생이 '한테'를 이용해서 대답할 만한 상황 그림을 주고 학생이 '한테'를 이용하여 발화한 문장을 교사가 다시 목표 문법인 '보고'로 바꾸어 줌으로써 사용 맥락을 이해할 수 있도록 돕는다.

뿐

그것만이고 **더 없음**을 나타내는 조사.

뿐 (명사나 부사에 붙어) 앞말 외에는 더 없음을 나타낸다.

예문

(1) 가: 시험을 잘 볼 수 있을지 걱정이에요.
나: 믿을 건 노력**뿐**이니까 열심히 하세요.
가: 노력만 하면 될까요?
나: 그럼요. 노력만 하면 시험을 못 볼 리가 없어요.

(2) 가: 남대문 시장이 한국에서 유명한 시장인가요?
나: 그럼요. 한국에서**뿐**만 아니라 세계적으로도 유명해요.
가: 그래요? 그럼 남대문 시장에 꼭 가 봐야겠네요.

제가 할 수 있는 외국어는 일본어**뿐**이에요. 하루 종일 아이 걱정**뿐**이었습니다.

지금 내가 믿을 수 있는 사람은 우리 부모님**뿐**이다.

지금 가진 돈이 만 원**뿐**인데 부산까지 갈 수 있을까요?

지금 먹어도 되는 건 물**뿐**이에요. 다른 음식은 드시지 마세요.

이런 상황에서 우리가 할 수 있는 건 기다리는 것**뿐**이에요.

어제 학교에 안 온 사람은 민수 씨**뿐**이 아니에요.

레이첼 씨는 수영**뿐** 아니라 농구도 잘해요.

이 벌레는 사람에게**뿐**만 아니라 동물에게도 위험하다.

제주도는 국내**뿐**만 아니라 해외에서도 유명한 관광지이다.

+ '뿐'은 앞의 것 외에는 다른 것이 없음을 나타내는 보조사이다. '시험을 잘 볼 수 있을지 걱정이에요.'의 대답으로 제시된 '믿을 건 노력뿐이니까 열심히 하세요.'라고 하는 것은 '시험을 위해서 할 수 있는 것은 노력 외에는 없다'는 의미를 나타낸다.

+ '뿐'은 '뿐(만) 아니라'의 형태로 쓰여 앞말 외에 다른 것이 더 있음을 강조하여 말할 때 사용한다.

형태 정보

① 명사 끝음절의 받침 유무에 관계없이 '뿐'을 쓴다.

예) 가족 + 뿐 → 가족뿐　　　이것 + 뿐 → 이것뿐
　　연필 + 뿐 → 연필뿐　　　친구 + 뿐 → 친구뿐
　　영어 + 뿐 → 영어뿐　　　너 + 뿐 → 너뿐

①	받침 ○	+ 뿐	가족뿐, 이것뿐, 연필뿐
	받침 ×	+ 뿐	친구뿐, 영어뿐, 너뿐

문장 구성 정보

① 그것만이고 더 없음을 나타낼 때는 서술격조사 '이다'와 결합한 형태인 '뿐이다', '뿐 아니다'의 형태로 쓰인다.

예) 내가 사랑하는 사람은 너**뿐**이야.
　　지금 내가 할 수 있는 일은 기다리는 것**뿐**입니다.
　　엄마는 항상 가족 걱정**뿐**이세요.
　　이 식당은 메뉴가 두 가지**뿐**이지만 음식이 정말 맛있어요.
　　걱정하지 마. 시험 못 본 사람이 너**뿐** 아니야.
　　오늘 지각한 사람이 민수 씨**뿐** 아니에요. 다섯 명이나 돼요.

② 앞말에 제한되지 않고 다른 것이 더 있음을 나타낼 때는 'N뿐(만) 아니라'의 형태로 쓰이며 앞말에 제한되지 않고 다른 것이 더 있음을 강조하는 표현으로 사용된다.

예) 아키라 씨는 영어**뿐**만 아니라 몽골어도 잘한다.
　　그 소식을 듣고 그의 가족**뿐**만 아니라 친구들도 아주 기뻐했다.

확장

① 앞말에 제한되지 않고 다른 것이 더 있음을 나타내는 'N뿐(만) 아니라'의 구성에서는 앞부분에 나오는 것이 뒷부분에 더해지는 것보다 더 기본적인 요인이어야 자연스러운 문장이 된다. 아키라가 잘하는 외국어에 대해서 설명하면서 '아키라 씨는 몽골어뿐만 아니라 영어도 잘한다.'로 순서를 바꾸면 다소 어색하게 느껴지는 것은 영어를 잘하는 것이 더 일반적인 상황이기 때문이다.

예) 아키라 씨는 영어**뿐**만 아니라 몽골어도 잘한다. (o)
　　아키라 씨는 몽골어**뿐**만 아니라 영어도 잘한다. (??)
　　그 소식을 듣고 그의 가족**뿐**만 아니라 친구들도 아주 기뻐했다. (o)
　　그 소식을 듣고 그의 친구들**뿐**만 아니라 가족도 아주 기뻐했다. (??)

② 어미 '-을' 뒤에 쓰여 조사 '뿐'과 같은 의미, 즉 앞말 이외에 더는 없음을 나타내기도 하는데 이때는 조사가 아닌 의존명사이므로 앞말과 띄어 쓴다.

예) 어제 일을 생각하면 창피**할 뿐**이에요.
레이첼은 공부를 잘**할 뿐**만 아니라 놀기도 잘한다.
이 도시는 교통이 복잡**할 뿐**만 아니라 공기도 나쁘다.
이 가게 과일은 싱싱**할 뿐**만 아니라 값도 싸다.

유사 문법

① **'뿐', '만', '밖에'**

뿐	만	밖에
· 앞에 오는 말에 한정됨을 나타낸다.		
· 뒤에 '이다'나 '이 아니다'만 온다. 예) 흐엉 씨가 잘 먹는 것은 고기**뿐**이다. (o)	· 뒤에 긍정과 부정을 나타내는 말을 모두 쓸 수 있다. 예) 흐엉 씨가 고기**만** 잘 먹어요. (o) 흐엉 씨가 고기**만** 안 먹어요. (o)	· 뒤에 반드시 부정을 나타내는 말을 쓴다. 예) 흐엉 씨가 고기**밖에** 안 먹어요. (o) 흐엉 씨가 고기**밖에** 잘 먹어요. (x)

+ '뿐'이 제한의 의미로 쓰일 때는 항상 '뿐이다'의 형태로 쓰인다.

+ '만'은 앞에 있는 것이 유일하다는 것을 강조하지만 뒤에 긍정, 부정이 모두 올 수 있으며 '밖에'를 사용했을 때와 어감의 차이가 있다.

예) 냉장고에 물만 있어요.
냉장고에 물밖에 없어요.

냉장고에 '물밖에 없다'고 하면 냉장고에 있어야 할 다른 것이 하나도 없다는 것이 강조되고, '물만 있다'고 하면 물의 존재가 강조되어 화자의 불만 등은 드러나지 않는다.

+ '밖에'는 항상 '없다, 모르다, 안 V, 못 V' 등과 같이 부정을 나타내는 말과 함께 쓰여, 앞에 오는 명사만 그러함을 강조한다.

이렇게 도입해 보세요

(1) 교사: (드라마나 영화의 바람둥이 인물을 소개하며) 이 사람은 한 사람만 사랑해요?
학생: 아니요. 여자 친구가 많아요.
교사: 네. 맞아요.
(드라마나 영화에 나오는 순정남을 소개하며)
하지만 이 사람은 한 사람만 사랑해요.
이 사람이 사랑하는 사람은 한 사람**뿐**이에요.

(2) 교사: (가수이자 연기자인 연예인 사진을 보여 주며) 이 사람은 노래 잘 불러요?
학생: 네.
교사: 또 뭘 잘해요?
학생: 연기도 잘해요.
교사: 네, 맞아요. 이 사람은 노래**뿐**만 아니라 연기도 잘해요.

+ '뿐'을 도입할 때 선수 문법인 보조사 '만'을 이용하거나 사진이나 그림 또는 상황을 활용하여 그것 외에 다른 것이 없다는 의미를 자연스럽게 인지시킬 수 있다. 사진이나 그림을 보고 학생들이 '만'으로 대답한 것을 다시 교사가 목표 문법 '뿐'을 이용해 같은 내용의 문장을 만들며 도입한다.

+ 도입을 통해 '뿐'의 제한적 의미에 대해 학습자들이 잘 인지하게 되면 '만'을 '뿐'으로 재구성할 때 '한 사람만 사랑해요'를 '한 사람뿐 사랑해요'로 만들 수 있는 것은 아님을 강조한다. 의미상으로 '만'과 '뿐'이 거의 비슷하지만 '뿐'은 항상 '뿐이다, 뿐 아니다'의 형태로만 쓰인다는 것을 강조해 준다.

아[야]

손아랫사람이나 동물을 **부를 때** 사용하는 조사.

아 (사람이나 동물을 나타내는 말 뒤에 붙어) 허물없는 손아랫사람이나 친구, 동물을 부를 때 사용한다. 보통 반말에 사용한다.

예문

(1) 가: 영수**야**, 동생 좀 불러 와.
나: 영철**아**, 엄마가 들어 오래.
다: 형, 알았어. 금방 갈게.

(2) 가: 얘들**아**, 저녁 먹자.
나: 네, 엄마.

유진**아**, 같이 놀자.

두껍**아**, 두껍**아**, 헌집 줄게, 새집 다오.

멍멍**아**, 저리 가.

나비**야**, 나비**야**, 이리 날아오너라.

친구들**아**, 잘 지내니?

야옹**아**, 이리 와 봐.

엄마**야**, 누나**야**, 강변 살자.

민준**아**, 주말에 같이 놀 수 있어?

수지**야**, 지금 뭐해? 시간 있으면 커피 한 잔 하자.

지영**아**, 혹시 이 선생님 전화번호 알면 좀 가르쳐 줘.

+ '아'는 사람이나 동물을 부를 때 사용되는 호격조사이다. 보통 '영철아, 해피야'와 같이 사람이나 동물 이름을 부를 때 많이 사용되지만 '얘들아, 나비야'와 같이 일반 명사에 붙어서 사용되는 경우도 있다. 손아랫사람이나 친구라도 친하지 않으면 사용하기 어렵다.

형태 정보

① 명사의 끝음절에 받침이 있으면 '아'를 쓴다.

예) 지연 + 아 → 지연아
영철 + 아 → 영철아
야옹 + 아 → 야옹아
친구들 + 아 → 친구들아
지영 + 아 → 지영아
민준 + 아 → 민준아

② 명사의 끝음절에 받침이 없으면 '야'를 쓴다.

예) 영수 + 야 → 영수야
나비 + 야 → 나비야
수지 + 야 → 수지야
해피 + 야 → 해피야
누나 + 야 → 누나야
꼬꼬 + 야 → 꼬꼬야

①	받침 ○	+ 아	지연아, 친구들아, 영철아, 지영아, 야옹아, 민준아
②	받침 ×	+ 야	영수야, 해피야, 나비야, 누나야, 수지야, 꼬꼬야

제약 정보

① 주로 손아랫사람을 부를 때 사용하므로 높임말과 사용할 수 없다.

예) 민수**야**, 숙제 좀 하세요. (x)
민수**야**, 숙제 좀 해. (o)
친구들**아**, 같이 놀아요. (x)
친구들**아**, 같이 놀자. (o)

② 손위라도 '누나'나 '형'처럼 반말을 하는 친밀한 사이인 경우 사용될 수 있다. 그러나 반말을 사용하는 친밀한 사이라 하더라도 '이름+아'의 형태로는 사용하지 않는다.

예) 누나**야**, 숙제 좀 도와줘. (o)
형**아**, 숙제 좀 도와줘. (o)
지연**아**, 숙제 좀 도와줘. (x) ('누나' 이름이 '지연'일 때)

+ '지연이'가 손아랫사람일 경우는 괜찮지만 누나일 경우라면 위의 문장과 같이 '지연아'라고 부르지 않는다.

③ 주로 사람이나 동물을 나타내는 말에 붙어 부를 때 사용하지만 시나 노래 등에서 사물을 의인화하여 부를 때도 사용할 수 있다.

예) 바람**아**, 멈추어 다오.
비**야**, 비**야**, 오지 마라.

확장

① 손아랫사람이라고 하더라도 외국인 인명에는 호격 조사 '아'를 사용하지 않는 것이 일반적이다.

예) 아키라**야**, 오늘 같이 놀 수 있어? (??)
아키라, 오늘 같이 놀 수 있어? (o)
줄리앙**아**, 주말에 뭐 할 거야? (??)
줄리앙, 주말에 뭐 할 거야? (o)

이렇게 도입해 보세요

(1) 교사: (친구 집 앞에서 친구를 부르는 아이 그림) 이 아이 이름은 민수예요. 민수는 지금 지연이하고 놀고 싶어요. 민수가 지연이를 부르고 싶어요. 어떻게 부를까요?
학생: 지연~
교사: 한국에서는 친구를 부를 때 "지연" 하지 않고 "지연**아**~" 이렇게 불러요.

(2) 교사: (강아지 사진을 보여 주며) 선생님 강아지예요. 이름은 해피라고 해요. 여러분 나라에서는 강아지를 어떻게 불러요?
학생: (각자 자기 나라에서 강아지 부르는 것을 이야기함.)
교사: 한국에서는 강아지 이름을 불러요. 해피**야**, 이리 와.

+ '아'를 도입할 때 동물이나 사람을 불러야 하는 상황과 제스처를 통해서 부를 때 사용하는 조사임을 인지시킬 수 있다.

+ 모르는 사람은 "저기요", 나이 많은 사람은 "선생님, 사장님, 형, 언니", 친한 손아랫사람은 "이름+아/야" 등으로 구분해서 다양한 호칭어를 같이 소개하면서 도입해도 좋다.

요

청자에 대한 **존대**의 뜻을 나타내는 조사.

요 (명사, 부사, 연결어미 등의 뒤에 붙어) 청자에 대한 존대의 뜻을 나타낸다.

예문

(1) 가: 아키라 씨, 주말에 뭐했어요?
나: 남산에 갔다 왔어요.
가: 아, 남산**요**? 좋았겠네요. 누구하고 갔어요?
나: 동생하고**요**.

(2) 가: 왕밍 씨는 한국 음식 중에서 제일 좋아하는 음식이 뭐예요?
나: 불고기**요**. 아키라 씨는**요**?
가: 저도 불고기를 제일 좋아해요.
나: 그럼 오늘 점심에 같이 불고기 먹어요.

선생님, 오늘 숙제는**요**?

어서**요**. 어서 가요.

빨리**요**. 빨리 읽어 보세요.

뭐라고**요**? 그 사람이 죽었다고**요**?

잘하기는**요**? 할 줄 알기는 하지만 잘하지는 못해요.

여의도 공원**요**? 여의도 공원이 어떤 곳이에요?

음식을 안 남기고 다 먹으면**요** 후식을 드릴게요.

제가**요**? 언제**요**? 저는 그런 말 한 적 없는데요.

아키라 씨는**요** 우리 반에서 한국어를 제일 잘해요.

어디**요**? 서점이 어디 있어요? 안 보이는데요?

+ '요'는 청자를 존대할 때 사용하는 보조사로 '-어, -지, -네' 등의 해체 종결어미에 사용될 뿐 아니라, 명사, 부사, 조사, 연결어미 등에도 폭넓게 사용된다.

+ '동생하고요.'의 예에서 보듯 앞에 있는 말이나 상황을 통해 문장의 일부를 생략해도 충분히 이해할 수 있는 경우 말하고자 하는 주요 성분에 '요'를 붙여 문장 전체의 의미를 전달할 수 있다.

형태 정보

① 앞에 오는 말의 끝음절 받침 유무에 관계없이 '요'를 쓴다.

예) 공원 + 요 → 공원요　　책 + 요 → 책요　　연필 + 요 → 연필요
　바다 + 요 → 바다요　　누가 + 요 → 누가요　　저기 + 요 → 저기요

①	받침 ○	+ 요	공원요, 책요, 연필요
	받침 ×	+ 요	바다요, 누가요, 저기요

문장 구성 정보

① '요'는 격식을 갖추어 말하거나 공식적인 상황보다는 친한 사이에서 편하게 말할 때 사용된다.

예) 아키라라고 해**요**.
　아키라라고 합니다.

+ '아키라라고 해'에 존대를 나타내는 보조사 '요'를 붙인 '아키라라고 해요'의 경우 비공식적인 상황에서 편하게 말할 때 많이 사용되며 공식적인 상황에서는 '-습니다'를 사용하는 것이 일반적이다.

② 보조사 '요'는 해체의 어미 '-어, -지, -네, -거든' 등뿐만 아니라 명사, 부사, 조사, 연결어미 등에 붙어 상대방에 대한 존대의 뜻을 나타낸다.

예) (1) 가: 어제 친구 어디에서 만났어요?
　　나: 여의도**요**.
　(2) 가: 아키라 씨, 밥은 보통 어디에서 먹어요?
　　나: 집에서**요**.
　(3) 가: 무슨 걱정 있어요?
　　나: 왜**요**?

+ '어제 친구 어디에서 만났느냐'는 질문에 '여의도에서 만났어요.'와 같은 완전한 문장으로 대답할 수도 있지만 문장 내용 중에 신정보에 해당하는 '여의도'에 보조사 '요'를 붙여 문장의 내용을 대신할 수 있다.

확장

① 말버릇처럼 할 말을 약간 주저하거나 머뭇거릴 때 사용할 수 있다. 이때 '요'의 억양을 올려 천천히 말하는 경향이 있다.

예) 저는**요** 밥을**요** 아주 잘 먹어요.
　어제**요** 저**요** 한숨도 못 잤어요.

+ 말버릇처럼 사용하는 '요'는 어절 단위로 사용되며, 어절마다 사용하기도 하고 처음 나타나는 어절에만 사용하기도 한다.

이렇게 도입해 보세요

(1) 교사: 아키라 씨, 밍밍 씨, 주말에 뭐 했어요? 두 사람이 이야기해 보세요.
학생: 밍밍 씨, 주말에 뭐 했어요?
학생: 공부했어요. 아키라 씨는 주말에 뭐 했어요?
학생: 친구하고 한강에서 자전거를 탔어요.
교사: 잘했어요. 그런데 아키라 씨가 밍밍 씨에게 먼저 주말에 뭐 했는지 물었어요. 밍밍 씨가 대답하고 다시 같은 질문을 하고 싶어요. 그럴 때는 문장을 다 말하지 않고 '아키라 씨는**요**?' 이렇게 '요'만 붙여서 말할 수 있어요. 친구가 전화해서 '지금 어디 있어요?'하고 물어 보면 '집에 있어요.'라고 말할 수도 있지만 '집에**요**.' 이렇게 말해도 돼요. 앞의 말을 반복하거나 상황을 통해 충분히 알 수 있는 경우 '요'만 붙여서 간단하게 표현할 수 있어요.

(2) 교사: 동생이 오늘 예쁜 옷을 입었어요. 동생에게 예쁘다고 말해 주고 싶어요. 어떻게 말해요?
학생: 오늘 예쁘네. 무슨 일 있어?
교사: 맞아요. 동생에게는 '예쁘네.' 이렇게 말하면 좋아요. 그런데 밍밍 씨가 예쁜 옷을 입었어요. 우리 어떻게 말할까요?
학생: 밍밍 씨, 예쁘네**요**.
교사: 네, 맞아요. 동생이나 친한 친구에게는 '예쁘네.'라고 말하지만 나이가 많거나 높여야 하는 사람에게는 '예쁘네**요**, 예쁘시네**요**.' 이렇게 말해요. 듣는 사람을 높이기 위해 '요'를 붙여서 말할 수 있어요.

+ 앞에 있는 말이나 상황을 통해 생략해도 충분히 이해될 수 있는 경우 문장의 일부를 생략하고 '요'를 붙여 문장 전체의 의미를 전달하는 용법을 설명하기 위해 두 사람이 같은 질문을 하게 하면 좋다. 서로 질문을 하도록 하고 나서 두 번째 질문하는 사람이 같은 질문을 반복하지 말고 '요'를 사용해서 간략하게 말할 수 있음을 설명하면 좋다.

+ (2)는 해체와 해요체를 비교해서 '요'의 기능을 설명한 것이다. '해체'의 종결어미에 '요'를 붙이면 존대의 뜻을 나타내는 '해요'체를 만들 수 있다는 것을 보여서 보조사 '요'의 기능을 도입하고 나서 (1)과 같은 문장 성분의 일부를 생략할 때 사용하는 용법을 설명하면 좋다.

으로부터[로부터]

어떤 행위의 **출발점**이나 어떤 행위가 **비롯되는 대상**임을 나타내는 조사.

으로부터 (명사에 붙어) 어떤 행위나 일이 시작되는 출발점이나 시작점, 대상을 나타낼 때 사용한다.

예문

(1) 가: 제주도에 벚꽃이 피었다고 해요.
나: 서울보다 빨리 피네요.
가: 네, 꽃 소식은 남쪽**으로부터** 올라와요.
나: 아, 단풍은 북쪽**으로부터**, 꽃은 남쪽**으로부터** 시작되는군요.

(2) 가: 김 선생님이 내일부터 학교에 안 나오신다면서요?
나: 저도 어제 친구**로부터** 들었어요. 외국에 가시나 봐요.
가: 아, 가시기 전에 인사를 드렸어야 하는데 인사도 못 드렸어요.
나: 저도 마찬가지예요. 메일이라도 드려야겠어요.

낮에는 바다**로부터** 해풍이 불어서 시원해요.

저는 형**으로부터** 인생을 배웠어요.

이 병은 닭**으로부터** 옮습니다.

아키라 씨가 총장님**으로부터** 상을 받았다.

선생님**으로부터** 이메일이 왔어요.

그 소문이 누구**로부터** 시작되었을까요?

학교**로부터** 합격했다는 연락을 받았어요.

이 일은 지금**으로부터** 30년 전에 일어났다.

우리 학교는 집**으로부터** 너무 멀어서 다니기가 어렵다.

지구는 태양**으로부터** 세 번째로 가까운 위성이다.

유진 씨는 부모님**으로부터** 용돈을 타서 써요.

+ '으로부터'는 어떤 행위나 일이 시작됨을 나타낼 때 사용하는 부사격조사이다. 움직임의 경로를 나타내는 조사 '으로'에 행위의 출발점을 나타내는 조사 '부터'가 결합한 형태이다. '꽃 소식은 남쪽으로부터 올라온다'고 하는 것은 꽃의 개화가 남쪽에서 출발하여 다른 지점으로 이동됨을 나타낸다.

+ '으로부터' 앞에 '사람'이 올 때는 '에게서', '한테서'로 대체가 가능하다. '친구로부터 들었다'는 '친구에게서 들었다'로 바꾸어 쓸 수 있다.

형태 정보

① 명사의 끝음절에 받침이 있으면 '으로부터'를 쓴다.

예) 부모님 + 으로부터 → 부모님으로부터　　닭 + 으로부터 → 닭으로부터
외국 + 으로부터 → 외국으로부터　　북쪽 + 으로부터 → 북쪽으로부터
형 + 으로부터 → 형으로부터　　책 + 으로부터 → 책으로부터

② 명사의 끝음절에 받침이 없거나 'ㄹ' 받침으로 끝나면 '로부터'를 쓴다.

예) 학교 + 로부터 → 학교로부터　　누나 + 로부터 → 누나로부터
나 + 로부터 → 나로부터　　여기 + 로부터 → 여기로부터
하늘 + 로부터 → 하늘로부터　　유월 + 로부터 → 유월로부터

①	받침 ○	+ 으로부터	부모님으로부터, 닭으로부터, 외국으로부터, 북쪽으로부터, 형으로부터, 책으로부터
②	받침 ×	+ 로부터	학교로부터, 누나로부터, 나로부터, 여기로부터
	ㄹ 받침	+ 로부터	하늘로부터, 유월로부터

문장 구성 정보

① 도착점을 나타내는 '까지'와 짝을 이루어 사건의 범위를 표현하기도 한다.

예) 할아버지**로부터** 삼촌까지 모든 친척들에게 세뱃돈을 받았다.
서울**로부터** 제주까지 전국에 비가 내리고 있습니다.
불교는 중국**으로부터** 한국을 거쳐 일본까지 전해졌습니다.

확장

① 맞서는 대상이나 벗어나는 대상을 나타낸다.

예) 오염된 환경**으로부터** 지구를 지켜야 한다.
폭력**으로부터** 모든 인간을 보호해야 한다.
대학을 졸업하며 시험**으로부터** 해방되었다.
나는 올해 회장이라는 막중한 책임**으로부터** 벗어나게 되었다.

유사 문법

① '으로부터', '에게서', '에서2)'

으로부터	에게서	에서2)
· 어떤 행위의 출발점이나 어떤 행위가 비롯되는 대상임을 나타낸다.		
· 출처를 나타내며, 앞에 오는 명사에 특별한 제약이 없이 사람, 동물, 장소, 기관, 시간 등이 올 수 있다. 예) 사장님**으로부터** 월급을 받았어요. (o) 낙타**로부터** 전염병이 옮았다. (o) 중국**으로부터** 종이가 들어왔다. (o) 회사**로부터** 월급을 받았어요. (o) 지금**으로부터** 1년 전에 있었던 일입니다. (o)	· 출처를 나타내며, 앞에 사람이나 동물이 온다. 예) 사장님**에게서** 월급을 받았어요. (o) 낙타**에게서** 전염병이 옮았다. (o) 중국**에게서** 종이가 들어왔다. (x) 회사**에게서** 월급을 받았어요. (x)	· 출처를 나타내며, 앞에 사람이나 동물이 올 수 없고 장소나 기관 등이 온다. 예) 사장님**에서** 월급을 받았어요. (x) 낙타**에서** 전염병이 옮았다. (x) 중국**에서** 종이가 들어왔다. (o) 회사**에서** 월급을 받았어요. (o)
· 뒤에 오는 서술어에 제약이 거의 없다.	· 주로 '받다, 배우다, 듣다, 빌리다' 등의 서술어와 함께 쓴다. 예) 이 시계는 친구**에게서** 받았어요. 이 책은 동생**에게서** 빌렸다.	· 주로 '받다, 배우다, 듣다, 빌리다' 등의 서술어와 함께 쓴다. 예) 이 이야기는 라디오**에서** 들은 거예요. 이 책은 도서관**에서** 빌린 거예요.

② '으로부터', '에게서', '한테서'

으로부터	에게서	한테서
· 어떤 행위의 출발점이나 어떤 행위가 비롯되는 대상임을 나타낸다.		
· 말할 때나 글을 쓸 때 모두 쓰인다.	· 말할 때나 글을 쓸 때 모두 쓰인다.	· 주로 말할 때 쓰인다.
· 앞에 나오는 명사의 제약을 받지 않는다. 예) 사장님**으로부터** 월급을 받았어요. (o) 회사**로부터** 월급을 받았어요. (o) 지금**으로부터** 1년 전에 있었던 일입니다. (o)	· 사람이나 동물에 쓰인다. 예) 사장님**에게서** 월급을 받았어요. (o) 회사**에게서** 월급을 받았어요. (x)	· 사람이나 동물에 쓰인다. 예) 사장님**한테서** 월급을 받았어요. (o) 회사**한테서** 월급을 받았어요. (x)

이렇게 도입해 보세요

(1) 교사: (쉬운 한자를 몇 개 판서하면서) 한자예요. 이 한자를 한국에서 만들었어요?
학생: 아니요. 중국에서 왔어요.
교사: 맞아요. 한자는 중국**으로부터** 왔어요.

(2) 교사: (학생 물건 중 하나 가리키며) 이 시계 왕밍 씨가 샀어요?
학생: 아니요. 부모님이 사 주셨어요.
교사: 아, 부모님**으로부터** 받은 선물이군요.

+ '으로부터'를 도입할 때 선수 문법 '에서'나 '에게서'를 이용해서 동일하게 출처를 나타낸다고 설명할 수도 있고 상황을 통해서 의미를 인지시킬 수도 있다.

+ 상황을 통해서 도입할 경우 한자가 중국에서 들어오고, 부모님이 선물을 주신 것과 같은 상황을 주고 교사가 '으로부터'를 이용하여 문장을 만듦으로써 사용 맥락을 이해할 수 있도록 돕는다.

+ 선수 문법 '에서'나 '에게서'를 이용하여 출처의 의미를 나타내는 것으로 도입할 경우 행위가 비롯되는 출발점이라는 것은 동일하나 '으로부터'가 이동의 경로나 방향이 강조된다고 차이를 설명한다.

이고[고]

둘 이상의 사물을 같은 자격으로 **나열**하여 똑같이 선택함을 나타내는 조사.

이고 (명사 뒤에 붙어) 둘 이상의 사물을 나열하여 같은 자격으로 모두 선택함을 나타낼 때 사용한다.

예문

(1) 가: 커피 엎었어요?
나: 네, 컵을 잘못 드는 바람에 커피를 쏟았어요.
가: 가방 괜찮아요?
나: 아니요. 책**이고**, 공책**이고**, 필통**이고** 다 젖었어요.

(2) 가: 아키라 씨는 정말 한국어를 잘하는 것 같아요.
나: 맞아요. 선생님들도 잘한다고 하셨어요.
가: 학생**이고**, 선생님**이고** 다들 아키라 씨를 칭찬해요.
나: 저도 아키라 씨처럼 한국어를 잘했으면 좋겠어요.

민수는 이번 시험에서 수학**이고** 과학**이고** 잘 본 게 하나도 없어요.

입맛이 없으니 밥**이고** 빵**이고** 다 먹기 싫어요.

집에 불이 나서 옷**이고** 신발**이고** 모두 다 타 버렸어요.

민수 씨는 사장**이고** 부사장**이고** 할 거 없이 모두 칭찬하는 사원입니다.

저는 운동은 뭐든지 다 좋아해요. 축구**고** 야구**고** 농구**고** 다 재미있어요.

저는 닭고기**고** 돼지고기**고** 소고기**고** 간에 고기라면 다 좋아해요.

돈**이고** 뭐**고** 다 필요 없으니까 없었던 일로 합시다.

그 사람은 무엇**이고** 다 잘 먹어요.

소방관들은 불이 난 곳이면 어디**고** 달려갑니다.

오빠는 어떤 것**이고** 상관없다고 했으니까 이걸로 사자.

+ '이고'는 둘 이상의 사물을 같은 자격으로 이어 모두 선택함을 나타낼 때 사용한다. 뒤에 '다, 모두, 간에, 할 거 없이' 등의 표현과 자주 결합하여 사용된다.

+ '무엇, 누구, 언제, 어디' 등의 대명사에 붙을 경우 '가리지 않고 전부'의 뜻이 있다.

형태 정보

① 명사의 끝음절에 받침이 있으면 '이고'를 쓴다.

예) 책 + 이고 → 책이고　　돈 + 이고 → 돈이고　　우정 + 이고 → 우정이고
　　집 + 이고 → 집이고　　믿음 + 이고 → 믿음이고　　말 + 이고 → 말이고

② 명사의 끝음절에 받침이 없으면 '고'를 쓴다.

예) 친구 + 고 → 친구고　　축구 + 고 → 축구고　　학교 + 고 → 학교고
　　영어 + 고 → 영어고　　누구 + 고 → 부모고　　언제 + 고 → 언제고

①	받침 ○	+ 이고	책이고, 돈이고, 우정이고, 집이고, 믿음이고, 말이고
②	받침 ×	+ 고	친구고, 축구고, 학교고, 영어고, 누구고, 언제고

문장 구성 정보

① 연결되는 항목을 모두 선택한다는 의미를 강조하기 위해서 '다, 모두, 전부, 간에' 등과 함께 쓰이는 경우가 많다.

예) 돈**이고** 뭐**고** 다 필요 없어요.
　　청소**고** 빨래**고** 설거지**고** 모두 제가 할게요.
　　책**이고** 공책**이고** 간에 다 갖다 버리세요.

+ '돈이고 뭐고 다 필요 없다'고 하는 것은 돈도 다른 어떤 것도 필요 없다는 뜻인데 빠짐없이 모두 필요 없음을 강조하기 위해 부사 '다'를 사용하고 있다. '책이고 공책이고 간에 다 버리라'고 하는 것은 어떤 조건에 해당하든지 모두 버리라는 뜻이다. 조건에 관계없이 모두라는 의미를 강조하기 위해 '간에'를 함께 사용하고 있다.

② 둘 이상의 명사나 부사를 연결하여 나열하지만 앞에 '무엇, 언제, 어디, 누구, 아무' 등과 같은 의문대명사나 부정(不定)대명사가 오는 경우 하나의 명사 뒤에도 '이고'를 사용할 수 있다. 구체적으로 나열되지는 않았지만 다른 것의 나열을 함축하고 있기 때문이다. 이 경우 '이고'는 '모두 가리지 않고 전부'의 뜻을 가진다.

예) 무엇**이고** 다 잘 먹으니까 걱정하지 마세요.
　　바빠서 여행을 전혀 못 가요. 어디**고** 가기만 해도 좋을 거 같아요.
　　저도 언제**고** 꼭 한번 그 나라에 가 보고 싶어요.

+ '무엇이고 다 잘 먹는다'고 하는 것은 A이고 B이고 C이고 할 것 없이 다 잘 먹음을 함축하고 있다. 마찬가지로 '어디고 가기만 해도 좋겠다'고 하는 것은 서울이고 부산이고 가까운 곳이고 먼 곳이고 할 거 없이 가기만 하면 전부 다 좋다는 뜻이다. 끝으로 '언제고 꼭 가 보고 싶다'고 하는 것은 가까운 미래고 먼 미래고 할 것 없이 언젠가는 꼭 한번 가 보고 싶다는 뜻이다.

③ 앞에 '무슨 N, 어떤 N, 어느 N'이 오는 경우에도 하나의 명사 뒤에 사용이 가능하다. 이 역시 구체적으로 나열되지는 않았지만 다른 것의 나열을 함축하고 있기 때문이다. 이 경우 '이고'는 '모두 가리지 않고 전부'의 뜻을 나타낸다.

예) 민수 씨는 무슨 일**이고** 열심히 해요.
아키라는 어떤 음식**이고** 맛있게 먹어요.
어느 집**이고** 걱정이 있어요.

+ '무슨 일이고 열심히 한다'는 것은 큰일이든 작은 일이든 그 어떤 일도 다 열심히 한다는 뜻이다.

제약 정보

① 영어에서 명사를 나열할 때는 쉼표(,)를 사용하고 마지막 항목 바로 앞에만 접속사 'and'를 넣어 주는 것과 달리 한국어에서는 대등하게 이어지는 모든 명사 뒤에 '이고'를 넣는다.

예) 올해는 날씨가 좋아서 사과**고** 배**고** 귤**이고** 다 맛있다. (o)
올해는 날씨가 좋아서 사과, 배, 귤이고 다 맛있다. (x)

② '과'로 나열할 때와 달리 마지막에 연결되는 항목 뒤에도 접속조사 '이고'를 넣는다.

예) 저는 과일은 사과**고** 배**고** 귤**이고** 다 좋아해요. (o)
저는 과일은 사과**고** 배**고** 귤을 다 좋아해요. (x)
저는 과일은 사과**와** 배**와** 귤을 다 좋아해요. (o)
저는 과일은 사과**와** 배**와** 귤**과** 다 좋아해요. (x)

+ '과'로 접속할 경우는 마지막에 나열되는 항목에 '과'가 붙지 않아야 하지만 '이고'로 접속할 경우에는 마지막 항목까지 '이고'가 붙어야 한다.

+ '과일은 사과고 배고 귤이고 다 좋아해요'라고 하는 것은 세 가지 모두 다 좋아하는 것은 물론이고 세 가지에 국한되지 않고 다른 과일도 좋아할 가능성이 있음을 뜻한다. 이에 반하여 '과일은 사과와 배와 귤을 다 좋아해요'라고 하는 것은 '이고'의 경우와 달리 좋아하는 과일이 세 가지로 국한되는 느낌이 강하다.

유사 문법

① '이고', '이며', '이다', '하며', '이든', '이든지'

<table>
<tr><th>이고</th><th>이며, 이다, 하며</th><th>이든, 이든지</th></tr>
<tr><td colspan="3">· 두 항목 이상을 나열할 때 사용한다.
예) 수지는 낮이고 밤이고 열심히 공부를 한다.
수지는 낮이며 밤이며 열심히 공부를 한다.
수지는 낮이든 밤이든 열심히 공부를 한다.</td></tr>
<tr><td>· 연결되는 항목 간에 배제적인 선택의 의미가 없다.
예) 영수는 눈이고 코고 아버지를 꼭 닮았다.</td><td>· 연결되는 항목 간에 배제적인 선택의 의미가 없다.
예) 영수는 눈이며 코며 아버지를 꼭 닮았다.</td><td>· 연결되는 항목 간에 배제적인 선택의 의미가 있다.
예) 영수는 눈이든 코든 아버지를 닮았다.</td></tr>
<tr><td>· '무엇, 언제, 어디, 누구, 아무' 등과 같은 의문대명사 뒤에 사용할 수 있다.
예) 무엇이고 물어보세요. (o)
저는 언제고 다 좋아요. (o)</td><td>· '무엇, 언제, 어디, 누구, 아무' 등과 같은 의문대명사 뒤에 사용할 수 없다.
예) 무엇이며 물어보세요. (x)
언제하며 다 좋아요. (x)</td><td>· '무엇, 언제, 어디, 누구, 아무' 등과 같은 의문대명사가 오는 경우 하나의 명사 뒤에도 사용할 수 있다.
예) 무엇이든 물어보세요. (o)
언제든지 좋아요. (o)</td></tr>
</table>

+ '눈이고 코고 아버지를 닮았다', '눈이며 코며 아버지를 닮았다'는 눈과 코가 다 닮았다는 뜻이며, '눈이든 코든 아버지를 닮았다'는 아버지를 닮은 부분이 눈인지 코인지 모르지만(어떤 것이어도 상관없음) 아버지를 닮았다는 뜻이다.

이렇게 도입해 보세요

(1) 교사: 여러분, 운동 좋아해요?

학생: 네.

교사: 어떤 운동을 좋아해요?

학생: 야구를 좋아해요.

교사: 야구만 좋아해요?

학생: 아니요, 농구도 좋아해요.

교사: 그래요? 선생님도 운동 좋아해요. 수영, 야구, 축구 다 좋아해요. 수영**이고** 야구**고** 축구**고** 다 좋아해서 주말마다 항상 운동을 해요. 선생님은 수영만 좋아하는 것이 아니에요. 수영도 야구도 축구도 모두 좋아해요. '이고'는 이렇게 여러 가지 모두를 함께 말할 때 사용해요.

(2) 교사: 요즘 선생님 너무 피곤해요.

학생: 왜요? 선생님?

교사: 친한 친구가 남자 친구하고 싸웠대요. 그래서 새벽**이고** 낮**이고** 밤**이고** 자꾸 선생님한테 전화해서 고민을 이야기해요. 선생님 친구가 낮에만 전화하는 것이 아니고 새벽에도 전화해요. 밤에도 전화해요. 항상 전화해서 힘들어요. '이고'는 이렇게 예로 든 여러 가지 모두가 그렇다는 것을 나타내요.

+ '이고'를 도입할 때 나열되는 여러 가지 모두가 선택되는 것을 예로 드는 것이 좋다. 이때 선호도의 차이가 없이 좋아하는 것들의 예를 들어, 연결되는 항목의 순서는 중요하지 않음을 보인다.

+ '이고'를 도입하면서 선수 문법인 조사 '도'를 이용할 수 있다. 먼저 어떤 조건에 해당되는 것들의 예를 들면서 A도 B도 C도 다 해당된다는 것을 말한다. 그 문장을 다시 'A이고 B이고 C이고'를 사용해서 바꾸어 줌으로써 나열되는 항목 모두가 선호도나 중요도의 차이 없이 어떤 조건에 해당된다는 것을 보여줄 수 있다.

이나마[나마]

부족한 정도이지만 **아쉬운 정도**로 받아들임을 나타내는 조사.

이나마 (명사나 부사에 붙어) 마음에 들지 않거나 부족하지만 아쉬운 대로 받아들임을 나타낼 때 사용한다.

예문

(1) 가: 배고픈데 밥 좀 주세요.
나: 밥이 없는데 어떡하죠? 이 빵**이나마** 드시겠어요?
가: 네, 빵도 괜찮아요.
나: 죄송해요. 밥을 못 해 드려서.

(2) 가: 집들이에 와 주셔서 감사해요.
나: 네, 부자 되세요. 집이 조용하고 참 좋네요.
가: 좋기는요. 좋지는 않지만 안 좋은 집**이나마** 우리 집이 있어서 정말 좋아요.
나: 맞아요. 자기 집이 최고지요.

빈말**이나마** 칭찬해 줘서 고마워.

적은 돈**이나마** 도움이 되기를 바랍니다.

사업은 망했지만 몸**이나마** 건강해서 다행이에요.

여행 갈 시간이 없으니까 가까운 공원**이나마** 다녀와야겠어요.

못 만날 줄 알았는데 얼굴**이나마** 볼 수 있어서 다행이에요.

선생님 덕분에 잠깐 동안**이나마** 걱정을 잊을 수 있었습니다.

소나기가 와서 잠시**나마** 시원하네요.

이렇게**나마** 소식을 들어서 정말 기쁩니다.

조금**이나마** 너를 이해하게 되어 다행이야.

전화로**나마** 네 목소리를 들으니 기분이 좋아졌어.

방학에**나마** 고향에 가서 부모님을 뵐 수 있어 다행이다.

+ '이나마'는 앞에 나온 조건이 부족하거나 충분하게 만족스럽지는 않지만 그런대로 받아들임을 나타내는 보조사이다. 밥을 요청한 사람에게 '빵이나마 드시겠어요?' 하고 물어보는 것은 요청한 밥이 빵에 비해 마음에 들지 않고 부족하지만 받아들일 수 있겠는지를 물어보는 것이다.

+ 조사가 명사에 붙을 수 있다는 것은 잘 알고 있지만 부사에 붙을 수 있다는 것은 잘 모르는 학습자가 많으므로 예문을 들 때 '잠시나마, 이렇게나마, 조금이나마' 등을 반드시 언급하는 것이 좋다.

형태 정보

① 명사의 끝음절에 받침이 있으면 '이나마'를 쓴다.

예) 식당 + 이나마 → 식당이나마　　　　말 + 이나마 → 말이나마
공원 + 이나마 → 공원이나마　　　　집 + 이나마 → 집이나마
빵 + 이나마 → 빵이나마　　　　며칠 + 이나마 → 며칠이나마

② 명사의 끝음절에 받침이 없으면 '나마'를 쓴다.

예) 사과 + 나마 → 사과나마　　　　날씨 + 나마 → 날씨나마
학교 + 나마 → 학교나마　　　　하루 + 나마 → 하루나마
너 + 나마 → 너나마　　　　전화 + 나마 → 전화나마

①	받침 ○	+ 이나마	식당이나마, 말이나마, 공원이나마, 집이나마, 빵이나마, 며칠이나마
②	받침 ×	+ 나마	사과나마, 날씨나마, 학교나마, 하루나마, 너나마, 전화나마

문장 구성 정보

① 부사격 조사 '에서, 까지, 으로' 등과 결합할 수 있다.

예) 전화로**나마** 네 목소리를 들으니 기분이 좋아졌어.
왜 집에서도 정장을 입고 있어요? 집에서**나마** 편한 옷 입고 편하게 쉬세요.

가: 왜 친구하고 서울에서 만나서 같이 안 가고 부산에서 만나요?
나: 친구하고 같이 가면 좀 불편해서요. 부산까지**나마** 편하게 가고 싶어요.

② 다른 사람을 평가할 때 사용하면 공손성이 결여되어 어색한 문장이 된다.

예) 아키라 씨, 80점**이나마** 맞아서 다행이네요. (??)

가: 아키라 씨, 시험 잘 봤어요?
나: 아니요. 그래도 80점**이나마** 맞아서 다행이에요. (o)

+ 위의 예문에서 아키라의 시험 점수에 대해서 아키라 자신이 '80점이나마'라고 하는 것은 괜찮지만 다른 사람이 아키라에게 직접 말을 걸면서 아키라가 '80점이나마' 받았다고 하면 어색하다. '이나마' 앞에 쓰인 명사가 만족스럽지 않은 것이라는 의미로, 청자 앞에서 청자에 대한 평가로 '이나마'를 사용하면 공손하지 않은 말이 되기 때문이다.

확장

① 동일한 형태지만 다른 역할을 하는 부사 '이나마'와 구분해서 사용해야 한다. 부사 '이나마'는 부족하고 모자라기는 하지만 그런 정도쯤인 것이 다행이라는 의미로, 대명사 '이'에 보조사 '나마'가 결합한 것이다. '이나마' 앞에 명사나 다른 부사가 오지 않는다.

예) **이나마** 없었더라면 어떻게 되었을까?
큰 사고가 났는데 다리만 다쳤으니 **이나마** 다행이에요.
우리 사회가 **이나마** 발전할 수 있었던 것은 여러분의 노력 덕분입니다.

유사 문법

① **'이나마', '이라도'**

이나마	이라도
·앞에 오는 것이 만족할 만한 상태는 아니지만 그런대로 받아들일 만함을 나타낸다.	
·차선의 선택이라기보다 받아들이기에 조금 부족한 조건임을 강조한다. 예) 잠시**나마** 쉴 수 있어서 다행이에요. (o) 밥이 없는데 빵**이나마** 드시겠어요? (o) 밥이 없으면 라면**이나마** 주세요. (??) 여름 방학인데 설악산**이나마** 놀러 가야지. (x)	·차선의 선택임을 나타낸다. 예) 잠시**라도** 쉴 수 있어서 다행이에요. (o) 밥이 없는데 빵**이라도** 드시겠어요? (o) 밥이 없으면 라면**이라도** 주세요. (o) 여름 방학인데 설악산**이라도** 놀러 가야지. (o)

+ '이나마'는 받아들이기에 부족한 조건이라는 점에서 조사 '이라도'와 바꿔 쓸 수 있다. 그러나 '이나마'의 경우가 부족한 조건이라는 것이 더 강조되는 측면이 있다. 따라서 상대에 대해서 평가하거나 상대에게 요청하면서 '이나마'를 사용하면 어색하다.

+ '밥이 없으면 라면이라도 주세요'라고 하는 것은 밥이 제일 좋지만 차선의 선택으로 라면도 괜찮다는 뜻이 강한데 '라면이나마 달라'고 하는 것은 상대가 제공한 조건인 라면에 대한 불만족스러움이 강조되기 때문에 공손성이 결여되어 어색한 문장이 된다.

이렇게 도입해 보세요

(1) 교사: (더운 날씨를 보여 주는 하루 동안의 기온 그래프 또는 더워 보이는 풍경의 사진을 보여 주며) 요즘 낮에 날씨가 너무 더워요. 밤에는 어때요?

학생: 밤에는 덥지 않아요.

교사: 네. 낮에는 정말 덥지만 밤에는 덥지 않아서 다행이에요. 하루 종일 안 더우면 좋겠지만 밤**이나마** 덥지 않아서 다행이에요.

(2) 교사: (냉장고에 물이 없는 그림. 우유는 있음.) 지금 목이 몹시 마른데 물이 없어요.

학생: 우유 드세요.

교사: 선생님은 우유를 별로 좋아하지 않아요. 하지만 물이 없으니 우유**나마** 먹어야겠어요.

+ '이나마'를 도입할 때 사진이나 그림을 활용하거나 상황 예문을 들어 만족스러운 상황은 아니지만 그 정도라도 수용한다는 의미를 인지시킬 수 있다. 원하는 것을 완전히 충족할 수 있는 상황은 아니지만 받아들일 수 있는 정도임을 강조할 수 있도록 '낮에는 덥지만'이라든지 '우유를 별로 좋아하지 않지만'과 같은 불만족한 점을 앞 절에 넣어서 도입하는 것이 좋다.

이든[든]{이든지[든지]}

어떤 것을 선택하여도 차이가 없는 둘 이상을 **나열**하는 조사.

이든 (명사나 부사 뒤에 붙어) 어떤 것을 선택하여도 차이가 없는 둘 이상을 나열하여 연결할 때 사용한다.

예문

(1) 가: 임신했다면서요? 축하해요.
나: 고맙습니다.
가: 아들인지 딸인지 아세요?
나: 아니요. 몰라요. 하지만 아들**이든** 딸**이든** 전 둘 다 좋아요.

(2) 가: 우리 언제 만날까요?
나: 전 바쁘지 않으니까 민수 씨가 정하세요.
가: 그럼 내일이 좋아요? 모레가 좋아요?
나: 내일**이든** 모레**든** 상관없어요.

저는 고기**든** 채소**든** 다 잘 먹어요.

밥**이든** 빵**이든** 먹을 거 있으면 좀 주세요.

축구**든** 야구**든** 운동은 다 재미있는 거 같아요.

낮**이든** 밤**이든** 그렇게 공부만 하다가는 병 나겠어요.

노래**든** 운동**이든** 뭐**든** 잘하는 거 하나만 있으면 좋겠어요.

우유**든** 주스**든** 냉장고에 있는 음료수 아무거나 가져다 먹어라.

힘든 일이 있으면 언제**든** 연락 주세요.

저는 어디**든지** 좋으니까 민수 씨가 편한 장소에서 만나기로 해요.

민수 씨는 천재인 거 같아요. 물어보면 무엇**이든지** 모르는 게 없어요.

+ '이든'은 어떤 것을 선택하여도 차이가 없음을 나타내는 접속조사로 두 개 이상의 명사나 부사를 대등하게 이어 준다.

+ '무엇, 누구, 언제, 어디' 등의 대명사에 붙을 경우 '가리지 않고 전부'의 뜻이 있다.

+ '이든', '이든지'는 의미와 용법에 차이가 없어 바꾸어 써도 무방하다. '이든지'는 문어에 더 많이 사용된다.

형태 정보

① 명사의 끝음절에 받침이 있으면 '이든'을 쓴다.

예) 책 + 이든 → 책이든　　돈 + 이든 → 돈이든　　우정 + 이든 → 우정이든
　　집 + 이든 → 집이든　　믿음 + 이든 → 믿음이든　　말 + 이든 → 말이든

② 명사의 끝음절에 받침이 없으면 '든'을 쓴다.

예) 친구 + 든 → 친구든　　축구 + 든 → 축구든　　학교 + 든 → 학교든
　　영어 + 든 → 영어든　　부모 + 든 → 부모든　　언제 + 든 → 언제든

①	받침 ○	+ 이든	책이든, 돈이든, 우정이든, 집이든, 믿음이든, 말이든
②	받침 ×	+ 든	친구든, 축구든, 학교든, 영어든, 부모든, 언제든

+ '이든지'도 '이든'과 동일한 규칙에 따른다.

문장 구성 정보

① 둘 이상의 명사나 부사를 연결하여 나열하지만 앞에 '무엇, 언제, 어디, 누구' 등과 같은 대명사가 오는 경우 하나의 명사 뒤에도 '이든'을 사용할 수 있다. 구체적으로 나열되지는 않았지만 다른 것의 나열을 함축하고 있기 때문이다. 이 경우 '이든'은 '모두 가리지 않고 전부' 또는 '언제나'의 뜻을 가진다.

예) 무엇**이든** 물어보세요.
　　언제**든지** 좋아요.

+ '무엇이든 물어보라'고 하는 것은 A든 B든 C든 다 괜찮음을 함축하고 있다. 마찬가지로 '언제든지 좋다'고 하는 것은 오늘이든 내일이든 언제나 다 좋다는 뜻이다.

② 앞에 '무슨 N, 어떤 N, 어느 N'이 오는 경우에도 하나의 명사 뒤에 사용 가능하다. 이 역시 구체적으로 나열되지는 않았지만 다른 것의 나열을 함축하고 있기 때문이다. 이 경우 '이든' 역시 '모두 가리지 않고 전부'의 뜻을 나타낸다.

예) 민수 씨는 무슨 일**이든** 열심히 해요.
　　아키라는 어떤 음식**이든** 맛있게 먹어요.
　　어느 집**이든** 걱정이 있어요.

+ '무슨 일이든 열심히 한다'는 것은 회사 일이든, 심부름이든, 집안일이든 다 열심히 한다는 뜻이다. 마찬가지로 '어떤 음식이든 잘 먹는다'고 하는 것은 매운 음식이든 단 음식이든 다 잘 먹는다는 뜻이다.

제약 정보

① 영어에서 명사를 나열할 때 쉼표(,)로 나열하고 마지막 항목 바로 앞에만 접속사 'and'를 넣어주는 것과 달리 한국어에서는 대등하게 이어지는 모든 명사 뒤에 '이든'을 넣는다.

예) 올해는 날씨가 좋아서 사과**든** 배**든** 귤**이든** 다 맛있다. (o)
올해는 날씨가 좋아서 사과, 배, 귤이든 다 맛있다. (x)

② '과'로 나열할 때와 달리 마지막에 연결되는 항목 뒤에도 접속조사 '이든'을 넣는다.

예) 저는 과일은 사과**든** 배**든** 귤**이든** 다 좋아해요. (o)
저는 과일은 사과**든** 배**든** 귤을 다 좋아해요. (x)
저는 과일은 사과**와** 배**와** 귤을 다 좋아해요. (o)
저는 과일은 사과**와** 배**와** 귤**과** 다 좋아해요. (x)

+ '과'로 접속할 경우는 마지막에 나열되는 항목에 '과'가 붙지 않아야 하지만 '이든'으로 접속할 경우에는 마지막 항목까지 '이든'이 붙어야 한다.

+ '과일은 사과든 배든 귤이든 다 좋아한다'는 것은 세 가지 모두 다 좋아한다는 것을 나타냄과 동시에 세 가지에 국한되지 않고 다른 과일도 좋아할 가능성이 있음을 함축한다. 이에 반하여 '과일은 사과와 배와 귤을 다 좋아해요'라고 하는 것은 좋아하는 과일이 세 가지로 국한되는 느낌이 '이든'의 경우보다 훨씬 더 강하다.

유사 문법

① '이든', '이든지', '이나1)'

<table>
<tr><th>이든, 이든지</th><th>이나1)</th></tr>
<tr><td colspan="2">· 무엇을 선택하든 차이가 없는 항목들을 연결하여 나열한다.
예) 아침에는 보통 빵이든 과일이든 우유든 냉장고에 있는 거 아무거나 찾아 먹어요.
아침에는 보통 빵이나 과일이나 우유나 냉장고에 있는 거 아무거나 찾아 먹어요.</td></tr>
<tr><td>· 두 항목을 연결하여 사용할 때 격조사의 결합이 어색하다.
예) 아침에는 보통 빵이든 과일을 먹어요. (x)
봄이든 가을에 여행을 한번 가야겠어요. (x)</td><td>· 두 항목을 연결하여 사용할 때 격조사의 결합이 자연스럽다.
예) 아침에는 보통 빵이나 과일을 먹어요. (o)
봄이나 가을에 여행을 한번 가야겠어요. (o)</td></tr>
<tr><td>· '언제, 어디'에 '이든', '이든지'가 붙은 '언제든(언제든지), 어디든(어디든지)'은 '어떠한 경우, 어떠한 시간이라고 하더라도'라는 의미로 사용되며 문장 종결에 제약이 없다.
예) 언제든지 좋아요.
언제든지 웃어요?
언제든지 오세요.</td><td>· '언제, 어디'에 '이나'가 붙은 '언제나, 어디나'는 '언제든(언제든지)'과 달리 명령문, 청유문에는 잘 사용되지 않는다.
예) 언제나 좋아요.
언제나 웃어요?
언제나 오세요. (?)</td></tr>
</table>

+ '언제든지' 뒤에 명령문, 평서문, 의문문 등 다양한 문장을 자유롭게 사용할 수 있다. '언제나'는 '항상'의 의미가 강조되며 '언제든지'는 '어떠한 경우, 어떠한 시간이라고 하더라도'라는 의미가 강조된다. 따라서 '언제나'는 명령문, 청유문에 사용하면 어색한 경우가 많다. '어디나' 역시 '언제나'처럼 명령문, 청유문에 쓰이기 어렵다.

② **'이든', '이든지', '이든가'**

이든, 이든지	이든가
· 무엇을 선택하든 차이가 없는 말을 연결하여 나열한다. 예) 아침에는 보통 빵**이든** 과일**이든** 우유**든** 냉장고에 있는 것을 찾아 먹어요. 아침에는 보통 빵**이든가** 과일**이든가** 우유**든가** 냉장고에 있는 것을 찾아 먹어요.	
· '언제', '무엇' 등에 '이든'이 붙은 '언제든', '무엇이든'은 명령문, 청유문에 사용할 수 있다. 예) 언제**든** 오세요. (o) 무엇**이든** 물어봅시다. (o)	· '언제', '무엇' 등에 '이든가'가 붙은 '언제든가', '무엇이든가'는 명령문, 청유문에 사용되지 않는다. 예) 언제**든가** 오세요. (?) 무엇**이든가** 물어봅시다. (?)

+ '빵이든 과일이든 우유든 냉장고에 있는 것'에 해당하는 것은 어떤 것이든 상관없이 먹는다는 뜻으로 나열되는 항목의 어떤 것이 선택되어도 전혀 상관없다. 이때 '이든'을 '이든가'로 바꾸어 써도 의미 변화가 없다.

+ '이든'은 어떤 것을 구분하지 않는다는 것이 강조된다. 예컨대 '언제나'의 경우처럼 '항상'의 의미가 강조되며, '언제든가'는 '항상'이라는 의미가 강조되지 않고 '어떠한 경우 어떠한 시간이라고 하더라도'라는 개별 시간이 강조된다. 따라서 '언제든가'는 명령문, 청유문에 사용하면 어색한 경우가 많다.

③ **'이든', '이든지', '이며', '이다', '하며'**

이든, 이든지	이며, 이다, 하며
· 두 항목 이상을 나열할 때 사용한다. 예) 수지는 낮**이든** 밤**이든** 열심히 공부를 한다. 수지는 낮**이며** 밤**이며** 열심히 공부를 한다.	
· 연결되는 항목 간에 배제적인 선택의 의미가 있다. 예) 영수는 눈**이든** 코**든** 아버지를 닮았다.	· 연결되는 항목 간에 배제적인 선택의 의미가 없다. 예) 영수는 눈**이며** 코**며** 아버지를 꼭 닮았다.
· '무엇, 언제, 어디, 누구' 등과 같은 대명사가 오는 경우 하나의 명사 뒤에도 사용할 수 있다. 예) 무엇**이든** 물어보세요. (o) 언제**든지** 좋아요. (o)	· '무엇, 언제, 어디, 누구' 등과 같은 대명사 뒤에 사용할 수 없다. 예) 무엇**이며** 물어보세요. (x) 언제**며** 다 좋아요. (x)

+ '눈이며 코며 아버지를 닮았다'는 눈과 코가 다 닮았다는 뜻이며, '눈이든 코든 아버지를 닮았다'는 아버지를 닮은 부분이 눈인지 코인지 모르지만(어떤 것이어도 상관없음) 아버지를 닮았다는 뜻이다.

이렇게 도입해 보세요

(1) 교사: 방학에 뭐 할 거예요?
학생: 여행 갈 거예요.
교사: 어디로 갈 거예요?
학생: 설악산으로 가려고요.
교사: 바다는 안 좋아해요?
학생: 저는 바다보다 산을 좋아해요.
교사: 그래요? 저는 바다, 산 모두 좋아해요. 저도 산**이든** 바다**든** 어디**든지** 여행 가고 싶네요. 선생님은 산에 가도 좋고 바다에 가도 좋아요. 산이나 바다 아니고 다른 곳에 가도 좋아요. 이렇게 '이든, 이든지'는 어떤 것을 선택해도 차이가 없음을 나타낼 때 사용해요.

(2) 교사: 시험 끝났으니까 주말에 만나서 노래방에 가요. 몇 시쯤이 좋아요?
학생: 선생님은 몇 시가 좋으세요?
교사: 11시도 좋고 12시도 좋고 1시도 2시도 다 좋아요. 토요일에는 종일 시간이 있어요. 토요일은 오전**이든** 오후**든** 언제**든** 다 되니까 여러분이 좋은 시간으로 정하세요.

+ '이든'을 도입할 때 나열되는 여러 가지 중 어떤 것을 선택해도 차이가 없는 항목들을 예로 드는 것이 좋다. 선호도의 차이가 없는 것들을 예로 들어 연결 순서가 중요하지 않음을 보이면, '이든'이 어떤 것을 선택해도 차이가 없는 명사들을 연결하는 데 사용된다는 것을 보일 수 있다.

+ '이든'을 도입하면서 선수 문법인 조사 '도'를 이용할 수 있다. 먼저 어떤 조건에 해당되는 것들의 예를 들면서 A도 B도 C도 다 해당된다는 것을 말한다. 그 문장을 다시 'A이든 B이든 C이든'을 사용해서 바꾸어 줌으로써 나열되는 항목 어떤 것도 선호도나 중요도의 차이 없이 어떤 조건에 해당된다는 것을 보여줄 수 있다.

이든가[든가]

어떤 것을 선택하여도 차이가 없는 둘 이상을 **나열**하는 조사.

이든가 (명사나 부사 뒤에 붙어) 어떤 것을 선택하여도 차이가 없는 둘 이상을 나열하여 연결할 때 사용한다.

예문

(1) 가: 언제 만날까요?
나: 저는 다음 주는 다 괜찮아요.
가: 저도 괜찮으니까 금요일**이든가** 토요일**이든가** 편한 시간으로 정하세요.
나: 그럼, 토요일 점심에 보는 게 어때요?
가: 네, 그럼 토요일 12시에 학교 앞 커피숍에서 만나요.

(2) 가: 민수 씨 생일인데 어떤 선물이 좋을까요?
나: 글쎄요? 민수 씨는 독서가 취미니까 책이 어때요?
가: 어떤 책이 좋을까요?
나: 역사책**이든가** 소설책**이든가** 다 좋을 것 같아요.

밥**이든가** 빵**이든가** 아무거라도 먹을 거 있으면 좀 주세요.

낮**이든가** 밤**이든가** 아무 때나 편한 시간에 오세요.

저도 노래**든가** 운동**이든가** 뭐든 잘하는 거 하나만 있으면 좋겠어요.

이 길은 밤에 혼자 다니기가 무서워요. 그래서 저는 친구**든가** 언니**든가** 항상 누구랑 같이 다녀요.

우리 학교 운동장에는 축구**든가** 야구**든가**를 하면서 노는 아이들이 항상 있어요.

냉장고 열어보면 음료수가 많이 있어요. 우유**든가** 주스**든가** 아무거나 꺼내 드세요.

우리 중에 누구**든가** 한 사람은 남아 있어야 해요.

저는 어디**든가** 상관없으니까 민수 씨 편한 대로 정하세요.

민수 씨는 천재인거 같아요. 어떤 것**이든가** 모르는 게 없어요.

둘 중 어느 것**이든가** 선택하지 않을 수 없어요.

+ '이든가'는 어떤 것을 선택하여도 차이가 없음을 나타내는 접속조사로 두 개 이상의 명사를 대등하게 이어 준다.
+ '무엇, 누구, 언제, 어디' 등의 대명사에 붙을 경우 '가리지 않고 전부'의 뜻이 있다.
+ '이든가'는 '이든'과 의미와 용법에 차이가 없어 바꾸어 써도 무방하다. '이든가'는 '이든'에 비해 사용 빈도가 낮다.

형태 정보

① 명사의 끝음절에 받침이 있으면 '이든가'를 쓴다.

예) 책 + 이든가 → 책이든가
우정 + 이든가 → 우정이든가
말 + 이든가 → 말이든가
돈 + 이든가 → 돈이든가
집 + 이든가 → 집이든가
지하철 + 이든가 → 지하철이든가

② 명사의 끝음절에 받침이 없으면 '든가'를 쓴다.

예) 친구 + 든가 → 친구든가
학교 + 든가 → 학교든가
부모 + 든가 → 부모든가
축구 + 든가 → 축구든가
영어 + 든가 → 영어든가
언제 + 든가 → 언제든가

①	받침 ○	+ 이든가	책이든가, 돈이든가, 우정이든가, 집이든가, 말이든가, 지하철이든가
②	받침 ×	+ 든가	친구든가, 축구든가, 학교든가, 영어든가, 부모든가, 언제든가

문장 구성 정보

① 둘 이상의 명사나 부사를 연결하여 나열하지만 앞에 '무엇, 언제, 어디, 누구' 등과 같은 대명사가 오는 경우 하나의 명사 뒤에도 '이든가'를 사용할 수 있다. 구체적으로 나열되지는 않았지만 다른 것의 나열을 함축하고 있기 때문이다. 이 경우 '이든가'는 '모두 가리지 않고 전부' 또는 '언제나'의 뜻을 가진다.

예) 그 사람은 무엇**이든가** 항상 열심히 해요.
다음 주는 언제**든가** 다 좋아요.

+ '무엇이든가 열심히 한다'고 하는 것은 A든가 B든가 C든가 할 것 없이 다 열심히 함을 함축하고 있다. 마찬가지로 '언제든가 다 좋다'고 하는 것은 월요일이든가 화요일이든가 무슨 요일이든가 다 좋다는 뜻이다.

② 앞에 '무슨 N, 어떤 N, 어느 N'이 오는 경우에도 하나의 명사 뒤에 사용이 가능하다. 이 역시 구체적으로 나열되지는 않았지만 다른 것의 나열을 함축하고 있기 때문이다. 이 경우 '이든가' 역시 '모두 가리지 않고 전부'의 뜻을 나타낸다.

예) 민수 씨는 무슨 일**이든가** 열심히 해요.
아키라는 어떤 음식**이든가** 맛있게 먹어요.
어느 집**이든가** 걱정이 있어요.

+ '무슨 일이든가 열심히 한다'는 것은 회사일이든가, 심부름이든가, 집안일이든가 다 열심히 한다는 것을 함축하고 있다. 마찬가지로 '어떤 음식이든가 잘 먹는다'고 하는 것은 매운 음식이든가 단 음식이든가 어떤 음식도 다 잘 먹는다는 뜻이다.

제약 정보

① 영어에서 명사를 나열할 때는 쉼표(,)로 나열하고 마지막 항목 바로 앞에만 접속사 'and'를 넣어주는 것과 달리 한국어에서는 대등하게 이어지는 모든 명사 뒤에 '이든가'를 넣는다.

예) 올해는 날씨가 좋아서 사과**든가** 배**든가** 귤**이든가** 다 맛있다. (o)
올해는 날씨가 좋아서 사과, 배, 귤이든가 다 맛있다. (x)

② '과'로 나열할 때와 달리 마지막에 연결되는 항목 뒤에도 접속조사 '이든가'를 넣는다.

예) 저는 과일은 사과**든가** 배**든가** 귤**이든가** 다 좋아해요. (o)
저는 과일은 사과**든가** 배**든가** 귤을 다 좋아해요. (x)
저는 과일은 사과**와** 배**와** 귤을 다 좋아해요. (o)
저는 과일은 사과**와** 배**와** 귤**과** 다 좋아해요. (x)

+ '과'로 접속할 경우는 마지막에 나열되는 항목에는 '과'가 붙지 않아야 하지만 '이든가'로 접속할 경우에는 마지막 항목까지 '이든가'가 붙어야 한다.

+ '과일은 사과든가 배든가 귤이든가 다 좋아한다'는 것은 세 가지 모두 다 좋아한다는 것을 나타냄과 동시에 세 가지에 국한되지 않고 다른 과일도 좋아할 가능성이 있음을 함축한다. 이에 반하여 '과일은 사과와 배와 귤을 다 좋아해요'라고 하는 것은 좋아하는 과일이 세 가지로 국한되는 느낌이 '이든가'의 경우보다 훨씬 더 강하다.

유사 문법

① **'이든가', '이든', '이든지'**

이든가	이든, 이든지
· 무엇을 선택하든 차이가 없는 말을 연결하여 나열한다. 예) 아침에는 보통 빵**이든** 과일**이든** 우유**든** 냉장고에 있는 것을 찾아 먹어요. 아침에는 보통 빵**이든가** 과일**이든가** 우유**든가** 냉장고에 있는 것을 찾아 먹어요.	
· '언제', '무엇' 등에 '이든가'가 붙은 '언제든가', '무엇이든가'는 명령문, 청유문에 사용되지 않는다. 예) 언제**든가** 오세요. (?) 무엇**이든가** 물어봅시다. (?)	· '언제', '무엇' 등에 '이든'이 붙은 '언제든', '무엇이든'은 명령문, 청유문에 사용할 수 있다. 예) 언제**든** 오세요. (o) 무엇**이든** 물어봅시다. (o)

+ '빵이든 과일이든 우유든 냉장고에 있는 것'에 해당하는 것은 어떤 것이든 상관없이 먹는다는 뜻으로 나열되는 항목의 어떤 것이 선택되어도 전혀 상관없다. 이때 '이든'을 '이든가'로 바꾸어 써도 의미 변화가 없다.

+ '이든'은 어떤 것을 구분하지 않는다는 것이 강조된다. 예컨대 '언제나'의 경우처럼 '항상'의 의미가 강조되며, '언제든가'는 '항상'이라는 의미가 강조되지 않고 '어떠한 경우 어떠한 시간이라고 하더라도'라는 개별 시간이 강조된다. 따라서 '언제든가'는 명령문, 청유문에 사용하면 어색한 경우가 많다.

이렇게 도입해 보세요

(1) 교사: 방학에 뭐 할 거예요?
학생: 여행 갈 거예요.
교사: 어디로 갈 거예요?
학생: 경주에 갈 거예요.
교사: 선생님은 유럽 여행 갈 거예요.
학생: 어느 나라에 가실 거예요?
교사: 아직 모르겠어요. 독일도 좋고 영국도 좋고 프랑스도 좋고 다 좋을 것 같아요. 독일**이든가** 영국**이든가** 프랑스**든가** 유럽에 있는 나라 어디**든가** 가려고 해요. 이렇게 '이든가'는 어떤 것을 선택해도 차이가 없음을 나타내요. 독일에 가도 영국에 가도 프랑스에 가도 차이가 없이 다 좋다는 뜻이에요.

(2) 교사: 여러분 토요일에 같이 영화 보러 갈까요? 몇 시쯤이 좋아요?
학생: 선생님은 몇 시가 좋으세요?
교사: 오전도 좋고 오후도 좋고 다 좋아요. 이번 토요일에는 하루 종일 시간이 있어요. 토요일은 몇 시**든가** 다 되니까 여러분이 좋은 시간으로 정하세요.

+ '이든가'를 도입할 때 나열되는 여러 가지 중 어떤 것을 선택해도 차이가 없는 항목을 예로 드는 것이 좋다. 선호도의 차이가 없는 예를 들어, 연결 순서가 중요하지 않음을 보이면, '이든가'가 어떤 것을 선택해도 차이가 없는 명사들을 연결하는 데 사용된다는 것을 보일 수 있다.

+ '이든가'를 도입하면서 선수 문법인 조사 '도'를 이용할 수 있다. 먼저 어떤 조건에 해당되는 것들의 예를 들면서 A도 B도 C도 다 해당된다는 것을 말한다. 그 문장을 다시 'A이든가 B이든가 C이든가'를 사용해서 바꾸어 줌으로써 나열되는 항목 어떤 것도 선호도나 중요도의 차이 없이 어떤 조건에 해당된다는 것을 보여줄 수 있다.

+ '이든가'를 도입하면서 선수 문법인 조사 '이든지'를 이용할 수 있다. 어떤 것을 선택해도 차이가 없다는 점에서 동일하며 사용 빈도가 '이든지'보다 떨어짐을 언급해 준다. 이때 대부분의 경우 '이든지'를 '이든가'로 대치할 수 있지만 '언제든지 오세요, 무엇이든지 물어보세요'를 '언제든가 오세요, 무엇이든가 물어보세요'로 바꾸면 어색함을 지적한다.

이라고[라고]{이라[라]}

앞에 오는 말이 **직접 인용**됨을 나타내는 조사.

이라고 어떤 말을 직접 인용함을 나타낸다. 특정한 글귀나 다른 사람이 한 말을 그대로 옮길 때 사용한다.

예문

(1) 가: 선생님, 한국에서는 남편을 어떻게 불러요?
나: 사람마다 달라요. 선생님은 "여보!"**라고** 해요.
가: 흐엉 씨 나라에서는 어떻게 불러요?
나: 사람마다 다른데 이름을 부르는 사람도 많아요.

(2) 가: 학교 앞에서 담배 피워도 돼요?
나: 안 돼요. 표지판 못 봤어요?
가: 무슨 표지판이요?
나: '금연 구역'**이라고** 하는 표지판이 붙어 있잖아요. '금연 구역'**이라고** 하는 말은 담배를 피울 수 없는 곳이라는 뜻이에요.

우리 엄마는 밥 먹을 때마다 "맛있게 먹으렴."**이라고** 말씀하신다.

학생들이 복도에서 시끄럽게 떠들어서 교실 문 앞에 '수업 중'**이라고** 써서 붙여 두었다.

군부대 앞에는 '일반인 출입 금지 구역'**이라고** 쓰여 있다.

선생님께서 "내일은 여덟 시까지 학교에 와야 함"**이라고** 칠판에 쓰셨다

나이가 많은 형을 부를 때는 '형님'**이라고** 해요.

선생님께서는 항상 학생들에게 "공부를 열심히 해야 해요"**라고** 말씀하신다.

불이 나면 "불이야!"**라고** 큰 소리로 말해야 돼요.

안녕하세요. 토머스 에디슨입니다. 토머스**라고** 불러 주세요.

'감사합니다'를 중국어로 뭐**라고** 해요?

설날에는 "새해 복 많이 받으세요."**라고** 인사합니다.

우정이란 '믿고 도와주는 것'**이라** 생각해요.

+ '이라고'는 다른 사람이 말하거나 쓴 것을 옮겨 말할 때 사용하는 조사로, 내용을 그대로 옮겨 말한다는 것을 보이기 위해 인용되는 문장에 따옴표를 사용한다. 이때 문장을 100% 그대로 옮겨 올 때는 큰따옴표, 문장의 일부나 글귀 등을 가져올 때는 작은따옴표를 사용하는 것이 일반적이다.

+ '이라고'는 '이라'로, '라고'는 '라'로 줄여 쓸 수 있다.

형태 정보

① 앞에 오는 말의 끝음절에 받침이 있으면 '이라고'를 쓴다.

예) 병원 + 이라고 → 병원이라고
금연 + 이라고 → 금연이라고
수업 중 + 이라고 → 수업 중이라고
가족 + 이라고 → 가족이라고
형 + 이라고 → 형이라고
말 + 이라고 → 말이라고

② 앞에 오는 말의 끝음절에 받침이 없으면 '라고'를 쓴다.

예) 사랑해요 + 라고 → 사랑해요라고
불이야 + 라고 → 불이야라고
감사합니다 + 라고 → 감사합니다라고
엄마 + 라고 → 엄마라고
여보 + 라고 → 여보라고
주차 금지 + 라고 → 주차 금지라고

①	받침 ○	+ 이라고	병원이라고, 가족이라고, 금연이라고, 형이라고, 수업 중이라고, 말이라고
②	받침 ×	+ 라고	사랑해요라고, 엄마라고, 불이야라고, 여보라고, 감사합니다라고, 주차 금지라고

문장 구성 정보

① 다른 사람의 말을 그대로 옮겨 오거나 자신의 생각을 나타낼 때 사용하기 때문에 '말하다, 이야기하다, 묻다'의 인용 동사와 주로 사용된다.

예) 우리 선생님은 저만 보면 "공부해."**라고** 말해요.
그 사람은 항상 "바빠서 오늘 점심도 못 먹었어요."**라고** 이야기해요.
나이가 많은 사람에게 나이를 물을 때에는 "연세가 어떻게 되세요?"**라고** 말해야 해요.

+ 선생님이 하시는 말씀 "공부해."를 그대로 가져오기 위해 인용을 나타내는 조사 '라고'를 사용하고 있다.

② 누가 어떤 것을 무엇으로 부를 때 '무엇으로'에 해당하는 말 뒤에 사용한다.

예) 우리 아빠는 나를 "공주님!"**이라고** 불러요.
한국에서는 이렇게 생긴 것을 '테이블'**이라고** 하지 않고 '식탁'**이라고** 해요.
안녕하세요. '스도 아키라'**라고** 합니다. '아키라'**라고** 불러 주세요.

+ 아빠가 딸을 부르는 애칭을 소개하면서 아버지가 부르는 말 "공주님"을 그대로 인용하기 위해 조사 '이라고'를 사용하고 있다. 두 번째 문장에서는 어떤 것의 명칭을 소개하기 위해 한국어로 불리는 말이 '식탁'이라는 것을 제시하면서 인용 조사 '이라고'를 사용하고 있다. 세 번째 문장에서는 자기소개를 하는 과정에서 자기 이름이 불리는 발음을 그대로 옮겨 적으면서 조사 '이라고'가 포함된 '이라고 합니다'라는 표현을 사용하고 있다. 이런 식의 자기 이름 소개는 주로 공식적인 상황에서 사용된다.

유사 문법

① '이라고', '하고'(인용)

<table>
<tr><th>이라고</th><th>하고(인용)</th></tr>
<tr><td colspan="2">· 다른 사람이 한 말을 그대로 옮겨 전달할 때 사용한다.
· '말하다, 묻다, 생각하다' 등과 같은 인용 동사와 주로 사용된다.
예) 그 사람은 자기가 잘못하지 않아도 항상 "미안해요."라고 말한다.
그 사람은 자기가 잘못하지 않아도 항상 "미안해요." 하고 말한다.</td></tr>
<tr><td>· 혼자 생각한 것을 말하는 것처럼 표현할 때 쓸 수 없다.
예) 나는 '시험을 잘 봐야지'라고 결심했다. (x)</td><td>· 혼자 생각한 것을 말하는 것처럼 표현할 때 쓸 수 있다.
예) 나는 '시험을 잘 봐야지' 하고 결심했다. (o)</td></tr>
<tr><td>· 어떤 소리를 내는 것에 대해 묘사할 때 사용할 수 없다.
예) 개가 "멍멍"이라고 짖었다. (x)</td><td>· 어떤 소리를 내는 것에 대해 묘사할 때 사용할 수 있다.
예) 개가 "멍멍" 하고 짖었다. (o)</td></tr>
<tr><td>· 자기 이름을 소개할 때 사용할 수 있다.
예) 저는 김민수라고 합니다. (o)</td><td>· 자기 이름을 소개할 때 사용할 수 없다.
예) 저는 김민수 하고 합니다. (x)</td></tr>
<tr><td>· 앞말이 직접 인용되는 말임을 나타내는 조사로 앞말에 붙여 쓴다.
예) 그가 "지금 갈게요."라고 말했다. (o)</td><td>· 동사 '하다'의 활용형으로 앞말과 띄어 쓴다.
예) 그가 "지금 갈게요." 하고 말했다. (o)</td></tr>
</table>

이렇게 도입해 보세요

(1) 교사: 여러분, 한국에서 설날에 어떻게 인사하는지 아세요?

학생1: 해피 설날?

교사: 아, 해피 설날이 아니고 한국에서는 설날에 세배를 하면서 "새해 복 많이 받으세요."**라고** 인사해요. 여러분 나라에서는 새해에 뭐라고 인사해요?

학생2: 중국에서는 "신넨콰일러." 해요.

교사: 아 중국에서는 "신넨콰일러."**라고** 하는군요.

교사: 아까 우리 반 친구가 한 말을 선생님이 그대로 말할 때 '라고'를 사용했어요. 오늘 공부하는 '라고'는 다른 사람이 한 말을 그대로 다시 이야기할 때 사용해요.

(2) 교사: ㅇㅇ 씨, 오늘 점심에 뭐 먹을 거예요?

학생: 김밥하고 라면 먹을 거예요.

교사: 네, ㅇㅇ 씨는 방금 선생님에게 "김밥하고 라면 먹을 거예요."**라고** 말했어요. 선생님이 수업할 때 무슨 말 많이 해요?

학생: 여기 보세요. 잘했어요.

교사: 네, 선생님이 여러분에게 "여기 보세요."**라고** 말해요. 또 "잘했어요." **라고** 말해요. '라고'는 다른 사람이 한 말을 그대로 다시 옮길 때 사용해요.

+ '이라고'를 도입할 때 학생 입에서 나온 문장을 교사가 다시 그대로 인용하는 과정을 통해 의미를 인지시킬 수 있다.

+ 경우에 따라서 직접 인용에 사용하는 '하고'를 배웠다면 선수 문법을 이용해 도입하고 차이가 나는 부분만을 설명해 주는 것도 가능하다.

이란[란]

어떤 대상을 특별히 들어 **화제로 삼음**을 나타내는 조사.

이란 (명사에 붙어) 설명하고자 하는 어떤 대상을 화제로 삼아 이야기할 때 사용한다.

예문

(1) 가: 사랑은 정말 어려운 것 같아요.
나: 왜요? 여자 친구랑 무슨 일 있었어요?
가: 여자 친구가 왜 화를 내는지 정말 이해할 수가 없어요.
나: 사랑**이란** 이해할 수 없는 일도 이해해 주는 거 아닐까요?

(2) 가: 진정한 친구**란** 뭐라고 생각하세요?
나: 진정한 친구**란** 어려울 때 도와주는 사람이 아닐까요?
가: 저는 진정한 친구**란** 믿어 주는 친구라고 생각해요.
나: 맞아요. 세상 사람이 다 나를 못 믿어도 끝까지 믿어 주는 친구, 그게 바로 진정한 친구겠지요.

책**이란** 마음의 양식이다.

사람**이란** 겉모습만으로 판단해서는 안 된다.

생신**이란** 생일의 높임말이다.

우정**이란** 믿고 도와주는 것이라고 생각해요.

동요**란** 어린이들을 위해 만든 노래이다.

좋은 부모**란** 어떤 사람일까?

말**이란** 듣기에 따라 다를 수 있으니 함부로 하면 안 돼요.

돈**이란** 있으면 나중에 벌어도 되지만 공부는 지금 안 하면 안 돼요.

이번 토론회의 주제는 '학교**란** 무엇인가?' 입니다.

참다운 봉사**란** 도와주는 것이 아니라 함께하는 것이다.

+ '이란'은 화제를 강조할 때 사용하는 보조사로, 주어 자리에 온다. '책이란 마음의 양식이다.'는 '책은 마음의 양식이다.'로 바꾸어 말할 수 있는데 '은'을 사용하는 것보다 '이란'을 사용하면 화제가 더 강조되는 경향이 있다.

형태 정보

① 명사의 끝음절에 받침이 있으면 '이란'을 쓴다.

예) 사랑 + 이란 → 사랑이란
우정 + 이란 → 우정이란
믿음 + 이란 → 믿음이란
돈 + 이란 → 돈이란
삶 + 이란 → 삶이란
말 + 이란 → 말이란

② 명사의 끝음절에 받침이 없으면 '란'을 쓴다.

예) 친구 + 란 → 친구란
학교 + 란 → 학교란
부모 + 란 → 부모란
봉사 + 란 → 봉사란
동요 + 란 → 동요란
커피 + 란 → 커피란

①	받침 ○	+ 이란	사랑이란, 돈이란, 우정이란, 삶이란, 믿음이란, 말이란
②	받침 ×	+ 란	친구란, 봉사란, 학교란, 동요란, 부모란, 커피란

제약 정보

① 어떤 주제를 화제로 삼아 이야기할 때 사용한다. 따라서 어떤 것을 지정하여 이야기하는 문장에는 사용할 수 없다.

예) 병원**이란** 환자를 치료하는 곳이지 장사하는 곳이 아니다. (o)
여기는 병원이다. (o)
여기**란** 병원이다. (x)
여기는 아픈 사람들이 치료 받는 곳이다. (o)
여기**란** 아픈 사람들이 치료 받는 곳이다. (x)
저 사람은 한국 사람이다. (o)
저 사람**이란** 한국 사람이다. (x)
우리 선생님은 김 선생님이다. (o)
우리 선생님**이란** 김 선생님이다. (x)

+ 화제에 대해서 정의하거나 설명하는 문장이 아닌 '여기는 병원이다.'와 같이 단순하게 지정하는 문장에는 '이란'을 사용할 수 없다. 뒤에 '아픈 사람들이 치료 받는 곳이다'와 같이 설명하는 내용이 나오더라도 앞에 '여기'와 같이 특정한 것을 가리키는 지시대명사가 쓰인 경우 '이란'을 사용하면 어색한 문장이 된다.

② 보조사이지만 다른 조사와 결합하지 않는다.

예) 사랑**이란**도 끌림이다. (x)
커피**란**이 여유다. (x)

유사 문법

① **'이란', '은'**

이란	은
· 문장의 주제를 나타낼 때 사용되며 주어의 위치에 온다. 예) 책**은** 마음의 양식이다. (o) 책**이란** 마음의 양식이다. (o)	
· 주어 자리에만 온다. 예) 사랑**이란** 아낌없이 주는 것이다.	· 주어 자리뿐 아니라 목적어, 부사어 자리에도 온다. 예) 나**는** 빵**은** 먹는다. 영희**는** 오늘 학교**는** 안 간다.
· 대조의 기능이 없다. 예) 철수가 축구**란** 잘한다. (x)	· 대조의 기능이 있다. 예) 철수가 축구**는** 잘한다. (o)
· 단순한 지정을 나타내는 문장에는 사용할 수 없다. 예) 생신**이란** 생일의 높임말이다. (o) 여기**란** 학교입니다. (x) 저**란** 마이클입니다. (x)	· 앞에 오는 주제에 특별한 제약이 없다. 예) 생신**은** 생일의 높임말이다. (o) 여기**는** 학교입니다. (o) 저**는** 마이클입니다. (o)

이렇게 도입해 보세요

(1) 교사: (로미오와 줄리엣이나 사랑에 관한 슬픈 이야기를 보여 주고) 사랑이 뭐라고 생각하세요?

학생1: 글쎄요. 사랑은 아무도 막을 수 없는 것 같아요.

교사: 아, ○○ 씨는 사랑**이란** 아무도 막을 수 없는 거라고 생각하는군요. □□ 씨는 어떻게 생각하세요?

학생2: 저는 사랑은 다 주는 것이라고 생각해요.

교사: □□ 씨는 사랑**이란** 다 주는 것이라고 생각하는군요.

학생3: 선생님은요?

교사: 저는 사랑**이란** 선생님이라고 생각해요. 우리는 사랑하면서 많이 배우게 되니까요. '이란'은 말하려고 하는 것을 강조할 때 사용해요. '은'보다 주제가 더 강조되고 어떤 것을 해설할 때 자주 사용돼요.

(2) 교사: 동요가 무엇인지 아세요?

학생: 아니요.

교사: 동화는 알아요?

학생: 아이들이 읽는 거요.

교사: 맞아요. 동화는 어린이들을 위해 지은 이야기고 동요**란** 아이들을 위해 만든 노래를 말해요.

+ '이란'을 도입할 때 이미 앞에서 배운 주제의 '은'을 이용할 수 있다. '은'으로 학생들이 주관적인 정의를 내리는 문장을 만들면 다시 '이란'을 이용해 문장을 다시 발화해 준다. '은'과 '이란'은 주제를 강조한다는 점에서 동일하지만 '이란'이 주제가 좀 더 강조되는 느낌이 있으며, 사전적인 정의와 같은 일반론으로 이야기할 때는 '은'을 쓰는 것이 더 자연스러움을 알려 준다.

+ '이란'을 도입할 때 학생들이 잘 모르는 개념이나 어휘를 주고 질문을 하면 그것을 설명하면서 '이란'을 사용하는 방식으로도 도입할 수 있다. 이때 '이란'으로 설명되는 주제는 '은'으로 바꾸어 쓸 수 있지만 '이란'을 사용할 때 해설하는 느낌이 더욱 강조되는 경향이 있다.

이며[며]{하며, 이다[다]}

여러 사물을 같은 자격으로 이어 주면서 예를 들거나 대등하게 **나열**하는 조사.

이며 (명사 뒤에 붙어) 여러 사물을 같은 자격으로 대등하게 이어주는 조사로, 주로 나열하거나 예를 들 때 사용한다. 주로 구어에 사용한다.

예문

(1) 가: 모레 유럽 여행 떠나신다면서요?
나: 네, 그런데 아직 짐을 못 쌌어요.
가: 15일 동안 여행하시려면 짐도 많겠어요.
나: 네, 옷**이며** 라면**이며** 비상약**이며** 가져가야 할 게 너무 많아 걱정이에요.

(2) 가: 주말에도 못 쉬셨나 봐요. 피곤해 보이세요.
나: 네, 주말에도 청소**며** 빨래**며** 요리**며** 할 일이 많아서 못 쉬었어요.
가: 저도 주말에 집안일을 했어요.
나: 집안일은 정말 해도 해도 끝이 없는 것 같아요.

수학**이며** 영어**며** 과학**이며** 공부할 게 정말 많아요.
이사했더니 옷**이며** 신발**이며** 책**이며** 정리할 게 진짜 많아요.
며칠 전에 가방을 분실해서 신분증**이며** 돈**이며** 열쇠**며** 중요한 물건들을 많이 잃어버렸어요.
아이가 눈**이며** 코**며** 입**이며** 아빠를 꼭 빼닮았네요.
할머니 생신 상을 차리려고 과일**이며** 채소**며** 고기**며** 장을 많이 봤어요.
다이어트를 하려면 과자**며** 초콜릿**이며** 사탕**이며** 이런 단 것들을 먹지 마세요.
민수 씨는 김치**며** 찌개**며** 못 하는 음식이 없네요.
올해는 날씨가 좋아서 쌀**하며** 과일**하며** 모두 풍년이에요.
집에 오자마자 밥**이다** 떡**이다** 잔뜩 먹었더니 저녁 생각이 없어요.
요즘은 피아노**다** 태권도**다** 영어**다** 배우는 게 많아서 아이들이 아주 바빠요.

+ '이며'는 두 개 이상의 명사를 대등하게 이어 나열해 준다.

+ '이며', '하며', '이다'는 의미와 용법에 차이가 거의 없어 바꾸어 써도 무방하다. '이다'의 사용 빈도가 다른 것에 비해 떨어진다.

형태 정보

① 명사의 끝음절에 받침이 있으면 '이며'를 쓴다.

예) 책 + 이며 → 책이며　　집 + 이며 → 집이며　　가방 + 이며 → 가방이며
우산 + 이며 → 우산이며　　물 + 이며 → 물이며　　말 + 이며 → 말이며

② 명사의 끝음절에 받침이 없으면 '며'를 쓴다.

예) 친구 + 며 → 친구며　　축구 + 며 → 축구며　　학교 + 며 → 학교며
영어 + 며 → 영어며　　우유 + 며 → 우유며　　노래 + 며 → 노래며

①	받침 ○	+ 이며	책이며, 집이며, 가방이며, 우산이며, 물이며, 말이며
②	받침 ×	+ 며	친구며, 축구며, 학교며, 영어며, 우유며, 노래며

+ '이다'도 '이며'와 동일한 규칙에 따른다.

③ 명사 끝음절의 받침 유무에 관계없이 '하며'를 쓴다.

예) 책 + 하며 → 책하며　　옷 + 하며 → 옷하며　　물 + 하며 → 물하며
과자 + 하며 → 과자하며　　우유 + 하며 → 우유하며　　친구 + 하며 → 선물하며

①	받침 ○	+ 하며	책하며, 옷하며, 물하며
	받침 ×	+ 하며	과자하며, 우유하며, 친구하며

제약 정보

① 영어에서 나열할 때는 접속사 쉼표(,)로 나열하고 마지막 항목 바로 앞에만 'and'를 넣어 주는 것과 달리 한국어에서는 대등하게 이어지는 모든 명사 뒤에 '이며'를 넣어 준다.

예) 올해는 날씨가 좋아서 사과**며** 배**며** 귤**이며** 다 맛있다. (o)
올해는 날씨가 좋아서 사과, 배, 귤이며 다 맛있다. (x)

② '과'로 나열할 때와 달리 마지막에 연결되는 항목 뒤에도 접속조사 '이며'를 넣어 준다.

예) 저는 과일은 사과**며** 배**며** 귤**이며** 다 좋아해요. (o)　　저는 과일은 사과**며** 배**며** 귤을 다 좋아해요. (x)
저는 과일은 사과**와** 배**와** 귤을 다 좋아해요. (o)　　저는 과일은 사과**와** 배**와** 귤**과** 다 좋아해요. (x)

+ '과'로 접속할 경우 마지막에 나열되는 항목에는 '과'가 붙지 않아야 하지만 '이며'로 접속할 경우에는 마지막 항목까지 '이며'가 붙어야 한다.

+ '과일은 사과며 배며 귤이며 다 좋아해요'라고 하는 것은 세 가지 모두 다 좋아한다는 것을 나타냄과 동시에 세 가지에 국한되지 않고 다른 과일도 좋아할 가능성이 있음을 함축한다. 이에 반하여 '과일은 사과와 배와 귤을 다 좋아해요'라고 하는 것은 '이며'의 경우보다 좋아하는 과일이 세 가지로 국한되는 느낌이 훨씬 더 강하다.

유사 문법

① '이며', '이다', '하며', '이든', '이든지'

<table>
<tr><th>이며, 이다, 하며</th><th>이든, 이든지</th></tr>
<tr><td colspan="2">· 두 항목 이상을 나열할 때 사용한다.
예) 수지는 낮이며 밤이며 열심히 공부를 한다.
수지는 낮이든 밤이든 열심히 공부를 한다.</td></tr>
<tr><td>· 연결되는 항목 간에 배제적인 선택의 의미가 없다.
예) 영수는 눈이며 코며 아버지를 꼭 닮았다.</td><td>· 연결되는 항목 간에 배제적인 선택의 의미가 있다.
예) 영수는 눈이든 코든 아버지를 닮았다.</td></tr>
<tr><td>· '무엇, 언제, 어디, 누구' 등과 같은 대명사 뒤에 사용할 수 없다.
예) 무엇이며 물어보세요. (x)
언제며 다 좋아요. (x)</td><td>· '무엇, 언제, 어디, 누구' 등과 같은 대명사가 오는 경우 하나의 명사 뒤에도 사용할 수 있다.
예) 무엇이든 물어보세요. (o)
언제든지 좋아요. (o)</td></tr>
</table>

+ '눈이며 코며 아버지를 닮았다'는 눈과 코가 다 닮았다는 뜻이며, '눈이든 코든 아버지를 닮았다'는 아버지를 닮은 부분이 눈인지 코인지 모르지만(어떤 것이어도 상관없음) 아버지를 닮았다는 뜻이다.

② '이며', '이다', '하며', '이고'

<table>
<tr><th>이며, 이다, 하며</th><th>이고</th></tr>
<tr><td colspan="2">· 두 항목 이상을 나열할 때 사용한다.
예) 수지는 낮이며 밤이며 열심히 공부를 한다.
수지는 낮이고 밤이고 열심히 공부를 한다.
· 연결되는 항목 간에 배제적인 선택의 의미가 없다.
예) 영수는 눈이며 코며 아버지를 꼭 닮았다.
영수는 눈이고 코고 아버지를 꼭 닮았다.</td></tr>
<tr><td>· '무엇, 언제, 어디, 누구, 아무' 등과 같은 의문대명사 뒤에 사용할 수 없다.
예) 무엇이며 물어보세요. (x)
언제하며 다 좋아요. (x)</td><td>· '무엇, 언제, 어디, 누구, 아무' 등과 같은 의문대명사 뒤에 사용할 수 있다.
예) 무엇이고 물어보세요. (o)
저는 언제고 다 좋아요. (o)</td></tr>
</table>

이렇게 도입해 보세요

(1) 교사: ㅇㅇ 씨는 누구 닮았어요?
학생: 엄마 닮았어요.
교사: 눈, 코, 입 중에서 어디가 비슷해요?
학생: 눈, 코, 입 모두 닮았어요.
교사: 그래요? 눈**이며** 코**며** 입**이며** 모두 엄마를 닮았군요. '이며'는 하나가 아니고 여러 가지를 예로 들 때 사용하면 좋아요. 마이클 씨가 눈**하고** 코**하고** 입이 모두 엄마를 닮았어요. 눈, 코, 입 이렇게 두 개 이상의 명사를 예로 들어 보여 줄 때 '이며, 하며, 이다'를 사용해요.

(2) 교사: 여러분, 한국 음식이 입에 맞아요?
학생: 네.
교사: 어떤 음식을 좋아해요? 좋아하는 음식 몇 가지만 이야기해 보세요.
학생: 삼계탕, 비빔밥, 불고기, 냉면….
교사: 그래요? 삼계탕도 비빔밥도 불고기도 냉면도 다 좋아해요? 지금 아키라 씨가 좋아하는 한국 음식을 여러 가지 말했어요. 아키라 씨는 삼계탕**이며** 비빔밥**이며** 불고기**며** 냉면**이며** 다 좋아해요. 여러 가지 명사를 이어서 말할 때 '이며, 하며, 이다'를 사용할 수 있어요.

+ '이며'를 도입할 때 나열되는 여러 가지가 동일한 자격을 가지는 것을 예로 드는 것이 좋다. 중요도나 선호도의 차이가 없는 것들을 예로 들어 항목의 연결 순서는 중요하지 않음을 보이면서 접속하면 '이며'로 나열되는 항목들이 대등하게 연결된다는 것을 쉽게 보일 수 있다.

+ '이며'를 도입하면서 선수 문법인 조사 '도'를 이용할 수 있다. 먼저 어떤 조건에 해당되는 것들의 예를 들면서 A도 B도 C도 다 해당된다는 것을 말한다. 그 문장을 다시 'A이며 B이며 C이며'를 사용해서 바꾸어 줌으로써 나열되는 항목 어떤 것도 선호도나 중요도의 차이 없이 어떤 조건에 해당된다는 것을 보여줄 수 있다.

+ 만약 '이고'를 먼저 배웠다면 '이고'를 이용하여 도입한다.

이면[면]

어떤 것을 **지정**하여 **예로 들 때** 쓰는 조사.

이면 (명사 뒤에 붙어) 둘 이상의 사물을 이어서 예를 들 때 말하고자 하는 바를 좀 더 강조하기 위해 사용한다.

예문

(1) 가: 우리 아이는 공부를 못하는데 민수는 공부를 잘해서 좋겠어요.
나: 아니에요. 잘하기는요.
가: 민수는 수학**이면** 수학, 영어**면** 영어 못하는 게 없는 것 같아요.
나: 공부는 잘하는데 몸이 약해서 늘 걱정이에요.

(2) 가: 생일 선물로 뭐 사 줄까?
나: 글쎄….
가: 화장품? 아님 영화 보여 줄까?
나: 화장품은 아직 있고, 보고 싶은 영화는 다음 달에 개봉해.
가: 아르바이트해서 받은 돈 있어. 화장품**이면** 화장품, 영화**면** 영화 다 좋으니까 필요한 거 있으면 언제든 말해.

이 식당은 냉면**이면** 냉면, 갈비탕**이면** 갈비탕 맛없는 음식이 없어요.

요즘 정말 바빠요. 평일**이면** 평일, 주말**이면** 주말 안 바쁜 날이 없어요.

우리 아이는 운동**이면** 운동, 공부**면** 공부 잘하는 게 하나 없어 걱정이에요.

이 백화점에는 가방**이면** 가방, 시계**면** 시계 모두 비싼 물건뿐이다.

그 사람은 외모**면** 외모, 성격**이면** 성격 어느 것 하나 부족한 게 없으니 인기가 많은 것 같아요.

요리**면** 요리, 청소**면** 청소 안 힘든 집안일이 없는 거 같아요.

저희 회사는 모기**면** 모기, 파리**면** 파리 어떤 벌레도 모두 잡아 드립니다.

아키라는 농구**면** 농구, 탁구**면** 탁구 못하는 운동이 없어요.

저 사람은 영어**면** 영어, 중국어**면** 중국어 못하는 외국어가 없어요.

우리 선생님은 한국 노래**면** 한국 노래, 팝송**이면** 팝송 모르는 노래가 없어요.

+ '이면'은 어떤 것을 지정하여 예로 들 때 사용하는 보조사이다. '수학이면 수학, 영어면 영어 못하는 게 없다'고 하는 것은 수학과 영어를 예로 들어 말하자면 뒤의 내용과 같다는 것이다. 즉 두 가지 예가 모두 잘하는 범주에 든다는 것이고, 지정하여 두 가지를 말하지만 이것 외에도 많은 것을 잘한다는 것을 함축하고 있다.

형태 정보

① 명사의 끝음절에 받침이 있으면 '이면'을 쓴다.

예) 과학 + 이면 → 과학이면　　춤 + 이면 → 춤이면
밥 + 이면 → 밥이면　　운동 + 이면 → 운동이면
책 + 이면 → 책이면　　겨울 + 이면 → 겨울이면

② 명사의 끝음절에 받침이 없으면 '면'을 쓴다.

예) 영어 + 면 → 영어면　　청소 + 면 → 청소면
축구 + 면 → 축구면　　노래 + 면 → 노래면
쓰기 + 면 → 쓰기면　　학교 + 면 → 학교면

①	받침 ○	+ 이면	과학이면, 춤이면, 밥이면, 운동이면, 책이면, 겨울이면
②	받침 ×	+ 면	영어면, 청소면, 축구면, 노래면, 쓰기면, 학교면

문장 구성 정보

① 지정하여 예로 드는 것이 'A이면 A, B이면 B'의 형태로 고정된다

예) 우리 아이는 운동**이면** 운동, 공부**면** 공부 못하는 게 하나도 없어요. (o)
우리 아이는 운동**이면** 공부, 공부**면** 운동 못하는 게 하나도 없어요. (x)

+ '이면'으로 연결되는 두 명사는 두 세트로 구성되는 것이 일반적이며 'A이면 A, B이면 B'의 형태로 고정되어 사용된다. 접속조사의 경우처럼 이어지는 순서를 바꾸어 'A이면 B, B이면 A'의 형태로 사용할 수 없다.

② 지정하여 예로 드는 것이 두 가지 이상이 되어야 한다. 즉, 'A이면 A' 한 세트만으로는 사용되지 않는다.

예) 우리 아이는 운동**이면** 운동, 공부**면** 공부 못하는 게 하나도 없어요. (o)
우리 아이는 운동**이면** 운동 못하는 게 하나도 없어요. (x)

+ '이면'으로 예로 드는 명사는 두 세트 이상으로 구성되는 것이 일반적이며 'A이면 A' 한 세트의 형태로 사용할 수 없다.

③ 지정하여 예로 드는 것이 'A이면 A, B이면 B' 두 세트로 구성되는 것이 일반적이지만 'A이면 A, B이면 B, C이면 C'의 세 세트로 구성되는 경우도 간혹 있다.

예) 그 가수는 춤**이면** 춤, 노래**면** 노래 못하는 게 하나도 없어요.
그 가수는 춤**이면** 춤, 노래**면** 노래, 연기**면** 연기 못하는 게 하나도 없어요.

+ 그 가수가 잘하는 것을 예로 들어 춤과 노래를 말하고 다른 것도 모두 잘한다는 뜻으로 못하는 게 하나도 없다고 해도 되지만 잘하는 것의 구체적인 정보를 더 많이 주기 위해 예를 세 가지 이상 들어 주는 경우도 있다.

④ 지정하여 예로 드는 것이 뒤에 오는 내용과 부합하며 예를 들지 않은 다른 것들도 여기에 해당되는 것이 많다는 것이 강조되기 때문에 뒤에 오는 문장에는 예외적인 것이 없음을 강조하기 위한 '~는 게 하나도 없다', '모두/전부' 등과 같이 전체를 아우르는 조건이 주로 나온다.

예) 우리 아이는 운동**이면** 운동, 공부**면** 공부 못하는 게 하나도 없어요. (o)
우리 아이는 운동**이면** 운동, 공부**면** 공부 잘하는 게 많아요. (??)
우리 아이는 운동**이면** 운동, 공부**면** 공부 모두 잘해요. (o)
이 백화점에는 가방**이면** 가방, 시계**면** 시계 모두 비싼 물건뿐이다. (o)
이 백화점에는 가방**이면** 가방, 시계**면** 시계 비싼 물건이 많아요. (??)
이 백화점에는 가방**이면** 가방, 시계**면** 시계 안 비싼 물건이 하나도 없어요. (o)

+ '운동이면 운동, 공부면 공부 못하는 게 하나도 없다'는 것은 거의 모든 분야를 잘한다는 것을 강조하는 뜻이다. 그런데 이때 '못하는 게 없다'는 문장을 단순 긍정문으로 바꾸어 '잘하는 게 많다'고 하면 매우 어색해진다. 이는 예외 없이 다 잘한다는 뜻이 강조되지 않기 때문이다. 마찬가지로 어떤 백화점의 물건이 모두 비싸다는 것을 강조하기 위해 '모두 비싼 물건뿐이다'라고 한 것을 단순 긍정문인 '비싼 물건이 많다'라고 하면 매우 어색하다.

이렇게 도입해 보세요

(1) 교사: (인기 있는 가수이자 연기자의 사진을 보여 주며) 이 사람 알아요? 이 사람이 뭘 잘해요?

학생: 노래를 잘해요.

학생: 춤도 잘 춰요.

학생: 영화에도 나왔어요.

교사: 맞아요. 이 사람은 노래, 춤, 연기 어느 것 하나 못하는 게 없어요. 이 사람은 노래**면** 노래, 춤**이면** 춤, 연기**면** 연기, 어느 것 하나 못하는 게 없어요. 그래서 선생님은 이 사람을 좋아해요.

(2) 교사: 한국어 공부 어때요?

학생: 재미있지만 어려워요.

교사: 쓰기, 듣기, 읽기, 말하기 중에서 뭐가 제일 어려워요?

학생: 다 어려워요.

교사: 맞아요. 외국어 공부는 쓰기, 듣기, 읽기, 말하기 모두 어려워요. 외국어 공부는 쓰기**면** 쓰기, 말하기**면** 말하기 어느 것 하나 쉬운 게 없어요.

+ '이면'을 도입할 때 누구나 동의할 수 있는 내용으로 도입하는 게 좋다. 어느 것 하나 못하는 것이 없는 다재다능한 가수를 예로 들어 그 사람이 잘하는 것 중의 한두 가지를 예로 들어 말할 때 '이면'을 사용할 수 있음을 보여 준다. 이때 예로 드는 것은 단순한 예에 불과하고 예의 내용보다는 뒤에 오는 문장, 즉 어느 것 하나 못하는 게 없다는 사실이 강조된다.

이야[야]

강조의 뜻을 나타내는 조사.

이야 (명사나 부사, 어미 뒤에 붙어) 당연히 그러하고 더 말할 나위가 없다는 뜻으로 강조하고자 할 때 사용한다.

예문

(1) 가: 민수가 시험을 못 봐서 속상해요.
나: 그래요? 민수는 수학도 잘하고 똑똑하잖아요.
가: 수학**이야** 잘하지요. 그런데 국어 시험을 얼마나 못 봤는지 몰라요.

(2) 가: 유진아, 바빠? 안 바쁘면 나 좀 도와줘.
나: 언니, 나 지금 바빠. 청소해야 돼.
가: 청소**야** 나중에 하면 되잖아. 이것 좀 도와줘.
나: 알았어. 그럼 이따가 청소 도와줘야 돼. 알았지?

전화**야** 할 수 있지만 편지는 못 할 것 같아요.

라면**이야** 잘 끓이지. 다른 요리를 못해서 문제지.

형**이야** 책 읽는 것을 좋아하니까 도서관에 자주 가겠지.

돈**이야** 나중에 벌어도 되지만 공부는 지금 안 하면 안 돼요.

이 정도**야** 저도 혼자 들 수 있으니까 걱정하지 마세요.

어제**야** 바빠서 못 갔지만 오늘은 갈 수 있어.

복습을 매일 하지는 못하지만 가끔**이야** 합니다.

잘 찾아보세요. 아직 어린 아이인데 멀리**야** 갔겠어요?

노래를 잘**이야** 못하지만 할 수는 있습니다.

서울에서**야** 여기가 제일 아름답지요.

+ '이야'는 강조할 때 사용하는 보조사이다. '수학이야 잘한다'고 하는 것은 수학이라고 하면 말할 것도 없이 당연히 잘한다는 뜻이다. 그런데 이때 수학을 제외한 다른 것도 다 잘하는 것은 아니라는 것이 암시된다.

+ '이야'는 명사뿐 아니라 '가끔, 멀리, 잘'과 같은 부사를 강조할 때도 사용되며, '서울에서야'와 같이 특정한 조사 뒤에 결합하기도 한다.

형태 정보

① 명사의 끝음절에 받침이 있으면 '이야'를 쓴다.

예) 과학 + 이야 → 과학이야　　친구들 + 이야 → 친구들이야
밥 + 이야 → 밥이야　　운동 + 이야 → 운동이야
책 + 이야 → 책이야　　돈 + 이야 → 돈이야

② 명사의 끝음절에 받침이 없으면 '야'를 쓴다.

예) 영어 + 야 → 영어야　　청소 + 야 → 청소야
축구 + 야 → 축구야　　노래 + 야 → 노래야
나 + 야 → 나야　　학교 + 야 → 학교야

①	받침 ○	+ 이야	과학이야, 친구들이야, 밥이야, 운동이야, 책이야, 돈이야
②	받침 ×	+ 야	영어야, 청소야, 축구야, 노래야, 나야, 학교야

문장 구성 정보

① 강한 대조의 의미를 나타낼 때는 '이야'를 반복해서 사용하지 않고 뒤에 오는 절에 대조를 나타내는 보조사 '은'을 사용하는 것이 일반적이다.

예) 저 가수는 춤**이야** 잘 추지만 노래**는** 잘 못해. (o)
저 가수는 춤**이야** 잘 추지만 노래**야** 잘 못해. (x)
우리 아이는 영어**야** 잘 하지만 수학**은** 엉망이에요. (o)
우리 아이는 영어**야** 잘 하지만 수학**이야** 엉망이에요. (x)

+ '춤이야 잘 추지만 노래는 잘 못한다'는 것은 춤과 대조적으로 노래 실력은 형편없다는 뜻이다. 그런데 이때 춤과 노래 실력을 대조하기 위하여 '이야'를 반복적으로 사용할 수는 없다. 대조적인 내용으로 수반되는 뒤 절의 경우 보조사 '은'을 사용하는 것이 자연스럽다.

제약 정보

① 대조적인 의미가 있기 때문에 대조적인 내용이 뒤에 오지 않더라도 대조적인 내용을 암시한다. 따라서 대조적인 의미가 전혀 담기지 않은 단순 강조에는 사용될 수 없다.

예) 우리 아이가 농구**야** 잘하지요. (o) (다른 것을 못할 경우)
이 식당은 김치**야** 정말 맛있어요. (x) (다른 음식도 맛있는 경우)
이 식당은 김치가 정말 맛있어요. (o)

+ '우리 아이가 농구야 잘한다'는 것은 다른 것은 잘 못한다는 사실을 암시하기 때문에 뒤에 대조적인 내용이 나오지 않아도 자연스럽다. 그런데 '이 식당은 김치가 정말 맛있다'와 같이 대조적인 내용이 필요하지 않은 단순 강조의 의미는 '이야'를 사용하여 바꾸면 어색하다. '김치가 정말 맛있다'는 것은 다른 음식의 맛을 짐작할 어떠한 근거도 제공하지 않고 김치 맛을 강조하고 있는 반면 '이 식당은 김치야 정말 맛있다'고 하면 다른 것은 맛이 별로라는 내용을 암시하기 때문이다.

확장

① 조사 '에서, 부터, 까지, 에게, 한테' 등과 결합할 수 있다.

예) 서울<u>에서</u>**야** 여기가 가장 아름답지.
여기<u>부터</u>**야** 잘 아니까 혼자 갈 수 있어.
내일<u>까지</u>**야** 못 하겠지만 주말까지는 할 수 있어요.
동생<u>에게</u>**야** 잘 해요. 언니한테 함부로 해서 그렇지.

+ 조사 '에서, 부터, 까지, 에게, 한테' 등과 결합할 때 '에서야'와 같이 '이야'가 조사 뒤에 붙는다.

이렇게 도입해 보세요

(1) 교사: (인기 있는 그룹의 사진을 보이면서) 누가 춤을 제일 잘 춰요?
　학생: ○○요.
　교사: 맞아요. 춤은 ○○이 제일 잘 추지요. 노래도 잘해요?
　학생: 아니요. 노래는 잘 못해요.
　교사: 그래요. 춤**이야** ○○이 제일 잘 춰요. 그렇지만 노래는 잘 못해요. '이야'는 당연히 그렇다는 뜻으로 사용해요. 우리 반에서 누가 제일 키가 크지요?
　학생: 키**야** ㅁㅁ가 제일 크지요.

(2) 교사: (수업을 안 듣고 다른 행동을 하는 학생에게) 수업 안 듣고 뭐 해요?
　학생: 단어 찾아요.
　교사: 단어**야** 쉬는 시간에 찾으면 되지요. 단어 찾지 말고 수업 들으세요.

+ '이야'를 도입할 때 누구나 동의할 수 있는 내용으로 도입하는 게 좋다. 춤은 잘 추지만 노래는 잘 못하는 것으로 유명한 가수를 예로 들어 춤이라고 하면 당연히 잘 춘다고 말할 수 있지만 노래는 못한다는 것을 강조해서 말할 때 "춤이야 잘 추지만 노래는 잘 못해요."와 같이 말할 수 있음을 보여 준다.

치고

1) 그 전체가 **예외 없이** 2) 그중에서는 **예외적**임을 나타내는 조사.

치고1) (명사에 붙어) 그 전체가 예외 없이 모두 뒤의 내용과 같음을 나타낼 때 사용한다.

예문

(1) 가: 우리 애가 사탕을 너무 좋아해서 걱정이에요.
나: 아이**치고** 사탕 싫어하는 아이 못 봤어요.
가: 이가 썩어 큰일이에요.

(2) 가: 무슨 걱정 있어요?
나: 어젯밤에 부모님이 심하게 싸우셔서 좀 걱정돼요.
가: 괜찮을 거예요. 부부**치고** 안 싸우는 사람이 어디 있겠어요?

학생**치고** 공부 좋아하는 사람 없다.
아이**치고** 병원 가기 좋아하는 아이 봤어요?
유진 씨 얘기**치고** 믿을 만한 거 있어요?
사람**치고** 돈 싫어하는 사람 없습니다.
한국 사람**치고** 김치 싫어하는 사람 없다.
이 식당 음식**치고** 맛있는 거 있어요?
회사 다니는 엄마**치고** 안 바쁜 사람 있어요?
브라질 사람**치고** 축구 못하는 사람 없습니다.
다른 사람 욕하는 사람**치고** 잘되는 사람 없어요.
남자**치고** 예쁜 여자 안 좋아하는 사람 없지 않아요?

+ '치고1)'은 일반적으로 생각할 때 앞 명사가 예외 없이 뒤에 오는 내용과 같음을 나타내는 보조사이다. '아이치고 사탕 싫어하는 아이 못 봤어요.'에서 앞 명사 '아이'는 특정한 아이 한 명이 아니라 일반적인 아이를 말하는 것으로 아이라고 하면 뒤의 내용, 사탕을 싫어하지 않는다는 사실에 잘 들어맞는다는 것을 나타낸다.

형태 정보

① 명사 끝음절의 받침 유무에 관계없이 '치고'를 쓴다.

예) 학생 + 치고 → 학생치고　　사람 + 치고 → 사람치고
동생 + 치고 → 동생치고　　아이 + 치고 → 아이치고
남자 + 치고 → 남자치고　　부부 + 치고 → 부부치고

①	받침 ○	+ 치고	학생치고, 사람치고, 동생치고
	받침 ×	+ 치고	아이치고, 남자치고, 부부치고

문장 구성 정보

① 뒤에 부정적인 내용을 나타내는 말이나 수사의문문과 함께 쓴다.

예) 사람**치고** 돈 싫어하는 사람 없다. (o)
사람**치고** 돈 싫어하는 사람 있다. (x)
아이들**치고** 안 싸우는 아이가 어디 있겠어요? (o)
아이들**치고** 안 싸우는 아이가 많아요. (x)

+ 뒤에 부정적 내용이나 수사의문문을 같이 써서 '치고1)' 앞에 오는 명사가 뒤의 오는 조건에 예외 없음이 강조된다.

확장

① '치고1)'을 강조하기 위해 보조사 '치고서'를 사용하기도 한다.

예) 한국 사람**치고/치고서** 김치 싫어하는 사람 없다.
부모**치고/치고서** 자식 사랑하지 않는 사람이 있겠어요?
학생**치고/치고서** 공부 좋아하는 사람 없습니다.

이렇게 도입해 보세요

(1) 교사: 한국 사람들은 밥 먹을 때 항상 무엇을 같이 먹지요?

학생: 김치요.

교사: 한국 사람 중에 김치 싫어하는 사람이 있을까요?

학생: 아니요.

교사: 네, 맞아요. 한국 사람은 모두 김치 좋아해요. 한국 사람**치고** 김치 싫어하는 사람 없어요. '치고'는 이처럼 예외가 없음을 나타낼 때 사용해요.

(2) 교사: (공부하기 싫어서 책상 앞에서 멍하게 있는 초등학생 아이 사진을 보여주며) 이 아이는 공부를 좋아할까요?

학생: 아니요.

교사: 네, 공부하는 것을 아주 싫어해요. 아이**치고** 공부를 좋아하는 아이는 없어요. 그래서 숙제도 안 해요. 아이들 중에서 숙제를 좋아하는 아이가 있을까요?

학생: 아니요. 아이들은 모두 숙제를 싫어해요.

교사: 맞아요. 아이**치고** 숙제 좋아하는 아이는 없는 것 같아요.

+ '치고1)'을 도입할 때 일반적인 경향이 드러나는 그림이나 상황을 예로 들어 학생들의 의미 이해를 도울 수 있다. 한국 사람들은 김치를 모두 좋아한다든지, 아이들은 공부하기를 싫어한다든지 숙제를 싫어한다든지 하는 사실이 일반적이라는 것에 학생들이 동의하면, 교사가 그 문장을 '치고'로 바꾸어 줌으로써 '치고'의 문법적 의미를 맥락을 통해 이해할 수 있도록 돕는다.

치고2) (명사에 붙어) 뒤의 내용이 앞의 명사의 경우는 예외적임을 나타낸다. 앞 명사에 대해 일반적으로 가지고 있는 생각과 뒤의 내용이 좀 다른 것임을 나타낼 때 사용한다.

예문

(1) 가: 저 선수는 키가 별로 크지 않네요.
나: 맞아요. 저 사람은 농구 선수**치고** 키가 작은 편이에요.

(2) 가: 한국어 정말 잘하시네요.
나: 뭘요. 한국어 잘하려면 아직 멀었어요.
가: 아니에요. 6개월 배운 사람**치고** 정말 잘하시는 거예요.

오늘은 겨울 날씨**치고** 정말 따뜻하네요.

우리 언니는 많이 먹는 거**치고** 살이 안 쪄요.

학생 식당 음식**치고** 비싸네요.

제 남자 친구는 남자**치고** 요리를 잘 해요.

우리 아이는 아이**치고** 매운 음식을 잘 먹는 편이에요.

그 사람은 가수**치고** 노래를 너무 못하는 것 같아요.

작은 회사**치고** 그 회사처럼 월급을 많이 주는 회사는 없다.

저 사람은 축구 선수**치고**는 달리기를 잘 못해요.

그 사람은 유치원 선생님**치고**는 친절하지 않은 것 같아요.

백화점 세일 기간**치고**는 사람이 많지 않네요.

+ '치고2)'는 앞 명사에 대한 일반적인 생각과 조금 다른 예외적인 상황임을 나타내는 보조사이다. '농구 선수치고 키가 작다'라고 하는 것은 농구 선수들이 키가 큰 것이 일반적이지만 언급하는 선수의 경우 키가 작아서 예외적이라는 것이 강조된다.

+ 일반적인 예와 다르다는 예외성을 강조하기 위해 '저 사람은 축구 선수치고는 달리기를 잘 못해요.'처럼 보조사 '는'과 결합한 형태인 '치고는'을 사용할 수 있다.

형태 정보

앞의 '치고1)'을 참고한다.

제약 정보

① '치고1)'과 달리 뒤에 부정적인 내용을 나타내는 문장이나 수사의문문이 올 필요가 없다.

예) 공부 안 한 거**치고** 시험을 잘 봤어요.
공부 열심히 한 거**치고** 시험을 못 봤어요.

+ '치고2)'는 뒤에 오는 내용이 앞의 명사의 경우 예외적인 경우임을 나타내므로 뒤에 수사의문문이 올 수 없으며, 긍정적이거나 부정적인 내용이 모두 올 수 있다.

+ '치고2)'가 사용될 때 앞의 내용은 일반적 내용이고 뒤의 내용은 앞의 내용과 상반되는 내용이다. 위의 예에서 '공부 안 하다'는 일반적 내용이고 '시험을 잘 보다'는 공부 안하면 시험을 잘 볼 수 없기 때문에 상반된 내용이라고 할 수 있다.

확장

① '치고2)'는 보조사 '는'과 결합할 수 있으며 '는'과 결합하면 일반적인 경향과 다르다는 예외성을 더욱 강조할 수 있다.

예) 우리 아이는 아이**치고는** 잘 뛰는 편이다.
오늘은 여름**치곤** 덥지 않네요.
공부 안 한 거**치곤** 시험을 잘 봤어요.

+ '치고2)'에 보조사 '는'이 결합한 경우 줄여서 '치곤'의 형태로 사용할 수 있다.

이렇게 도입해 보세요

(1) 교사: 축구 선수들은 보통 키가 커요?
　학생: 네, 키가 큰 편이에요.
　교사: (축구 선수들 사이에 키 작은 메시 사진 보여 주며) 이 선수는 어때요?
　학생: 키가 작아요.
　교사: 맞아요. 메시 선수는 축구 선수인 것을 생각해 보면, 메시 선수는 축구 선수**치고** 키가 작은 편이에요.

(2) 교사: 학생 식당 음식 어때요?
　학생1: 싸요.
　학생2: 맛없어요.
　교사: (특식 메뉴 삼계탕 등을 언급하거나 비싼 음식 사진 보이며) 이건 어때요?
　학생1: 비싸요.
　학생2: 맛있어요.
　교사: 삼계탕은 학생 식당 음식**치고** 비싼 편이에요. 또 이렇게 말해요. 삼계탕은 학생 식당 음식**치고** 맛있어요.

+ '치고2)'를 도입할 때 운동선수들은 키가 크다든지 학생 식당 음식은 싸다든지 하는 어떤 사물이나 사람에 대해 일반적으로 학생들이 공통적으로 하고 있는 생각을 묻고 예외적인 예를 들어 줌으로써 학생들이 '치고2)'의 의미를 자연스럽게 이해할 수 있도록 유도한다.

커녕{은커녕, 는커녕, ㄴ커녕}

어떤 것을 **부정**하는 것은 물론이고 그것보다 못한 것도 부정됨을 나타내는 조사.

커녕 (명사나 부사 뒤에 붙어) 앞의 것은 말할 것도 없이 그보다 덜한 것이나 못한 것까지도 부정할 때 사용한다.

예문

(1) 가: 점심 먹었어요?
나: 점심**커녕** 아침도 못 먹었어요.
가: 무슨 일 있어요?
나: 오늘은 너무 바빠서 밥 먹을 시간이 없었어요.

(2) 가: 우산 가져왔어?
나: 아니. 우산은 왜?
가: 일기예보에서 비 온다고 했거든.
나: 일기예보는 안 맞을 때가 많아. 비**커녕** 구름도 없는데, 뭐.

시험공부**커녕** 아직 숙제도 못했어요.

빨린**커녕** 천천히도 못 걷겠다.

100점**은커녕** 50점도 못 받을 거 같아요.

저축**커녕** 겨우겨우 먹고 살기만 해요.

폭우**는커녕** 이슬비도 안 왔어요.

시간이 없어서 밥**은커녕** 우유도 못 마셨어요.

민수는 부모님 말씀**커녕** 선생님 말씀도 안 듣는 아이다.

대학교**는커녕** 고등학교도 졸업하지 못했어요.

미안해 하기**는커녕** 화를 내서 정말 당황했어요.

집에서**커녕** 학교에서도 공부를 안 하니 어떻게 공부를 잘하겠어요?

+ '커녕'은 앞의 것은 말할 필요도 없이 부정하며 뒤에 오는 것도 부정됨을 나타내는 보조사이다. 보조사 '은/는'과 결합하여 '은커녕, 는커녕'의 형태로 자주 쓰인다. 받침 없는 명사나 부사 뒤에 사용되는 '는커녕'은 '빨린커녕'처럼 'ㄴ커녕'으로 줄여 쓸 수 있다.

형태 정보

① 명사 끝음절의 받침 유무에 관계없이 '커녕'을 쓴다.

예) 밥 + 커녕 → 밥커녕　　용돈 + 커녕 → 용돈커녕
지하철 + 커녕 → 지하철커녕　　공부 + 커녕 → 공부커녕
아이 + 커녕 → 아이커녕　　비 + 커녕 → 비커녕

①	받침 ○	+ 커녕	밥커녕, 용돈커녕, 지하철커녕
	받침 ×	+ 커녕	공부커녕, 아이커녕, 비커녕

② 강조를 위해 보조사 '은'과 결합할 때는 받침이 있으면 '은커녕', 받침이 없으면 '는커녕'이 사용된다.

①	받침 ○	+ 은커녕	밥은커녕, 용돈은커녕, 지하철은커녕
②	받침 ×	+ 는커녕	공부는커녕, 아이는커녕, 비는커녕

+ '는커녕'은 앞 말에 받침이 없으면 '공분커녕'과 같이 'ㄴ커녕'으로 줄여 쓸 수 있다.

문장 구성 정보

① 앞의 것뿐만 아니라 뒤의 것도 부정되는 상황에 쓰이는 조사이기 때문에 추가의 의미를 나타내는 보조사 '도'나 불만족한 선택을 나타내는 '이라도', '조차' 등과 같이 쓰이는 경우가 많다.

예) 시험공부**커녕** 아직 숙제도 못했어요.
100점**커녕** 70점이라도 받았으면 좋겠어요.
시간이 없어서 밥**은커녕** 물조차 못 마셨어요.

+ '시험공부커녕 아직 숙제도 못했다'는 것은 부정적인 상황이 시험공부를 못한 것에 그치지 않고 숙제를 못한 것도 있음을 나타낸다.

② 부정적인 상황에 쓰이며, 뒤에 긍정적인 내용이 올 경우 어색하다.

예) 프랑스어**커녕** 영어도 못합니다. (o)
프랑스어커녕 영어도 잘합니다. (x)

③ 앞에 오는 명사와 뒤에 오는 명사의 순서가 바뀌면 어색한 경우가 많다.

예) 된장찌개**커녕** 라면도 못 끓인다. (o)
라면**커녕** 된장찌개도 못 끓인다. (?)

+ '된장찌개커녕 라면도 못 끓인다.'라는 것은 음식의 수준을 생각하면 된장찌개보다는 라면이 더 쉽고 그것조차도 못한다는 것을 강조하는 것이다. 앞의 예보다 더 쉬운 뒤의 예까지도 못한다는 것을 강조하는 것이므로 라면과 된장찌개의 순서를 바꾸면, 라면 끓이는 것이 된장찌개 끓이는 것보다 어렵다는 뜻이 되므로 의미적으로 어색한 문장이 된다.

확장

① '앞의 내용이 아니라 오히려 뒤의 내용이 됨'의 뜻을 나타내기도 하는데 이 경우는 앞의 내용만 부정된다.

예) 상**은커녕** 벌을 받았다.
축하**는커녕** 야단만 맞았다.

유사 문법

① '커녕', '는 고사하고', '는 말할 것도 없고'

<table>
<tr><th>커녕</th><th>는 고사하고</th><th>는 말할 것도 없고</th></tr>
<tr><td colspan="3">· 앞에 오는 내용은 말할 필요도 없이 그러함을 강조한다.</td></tr>
<tr><td colspan="2">· 부정적인 상황에만 쓰인다.

예) 된장찌개커녕 라면도 못 끓인다. (o)
= 된장찌개는 고사하고 라면도 못 끓인다. (o)
된장찌개커녕 라면도 끓일 줄 안다. / 잘 끓인다. (x)
= 된장찌개는 고사하고 라면도 끓일 줄 안다. / 잘 끓인다. (x)</td><td>· 부정적인 상황과 긍정적인 상황에 모두 사용할 수 있다.
예) 된장찌개는 말할 것도 없고 라면도 못 끓인다. (o)
라면은 말할 것도 없고 된장찌개도 끓일 줄 안다. / 잘 끓인다. (o)</td></tr>
</table>

+ '는 말할 것도 없고'는 못하는 것에 대해 말하는 부정적인 상황에서는 둘 중 어려운 것이 앞에 오며, 잘하는 것에 대해 말하는 긍정적인 상황에서는 둘 중에서 쉬운 것이 앞에 온다.

이렇게 도입해 보세요

(1) 교사: (열심히 공부하는 학생의 그림을 보여 주며) 이 학생이 시험공부를 열심히 하고 있어요. 친구도 안 만나고 매일매일 도서관에서 열심히 공부해요. 그런데 어제 시험을 봤어요. 시험에서 몇 점 받았을까요?

학생: 100점이요.

학생: 90점이요.

교사: (F 학점을 받고 슬퍼하는 그림을 보여 주며) 100점**커녕** 70점도 못 받아서 진급을 못하게 되었어요. '커녕'은 앞의 것은 물론이고 뒤의 것도 부정할 때 사용해요.

(2) 교사: 여러분, 한국 음식 만들 줄 아세요?

학생: 네, 불고기를 만들 줄 알아요.

학생: 김치찌개를 만들어 봤어요.

교사: 우와, 대단해요. 선생님은 한국 사람인데도 김치찌개를 못 만들어요. 당연히 불고기도 못 만들고요. 한국 사람이지만 불고기**커녕** 김치찌개도 못 만들어요.

+ '커녕'을 도입할 때 부정적인 내용을 예로 들고 그것에 누구나 동의할 수 있는 가장 기본적인 보기 두 가지를 이용하면 좋다. 공부를 열심히 했는데도 100점을 못 받은 것은 물론이고 70점도 못 받은 것을 예로 들어, '커녕'이 앞에 이야기한 것은 말할 것도 없이 뒤의 예도 부정됨을 표현할 때 사용하는 조사임을 이해하도록 한다. 또 한국 사람이라면 누구나 만들 수 있을 거라고 생각하는 김치찌개와 조금 더 만들기 어려운 불고기를 예로 들어 불고기를 못 만드는 것은 물론이고 가장 쉬운 음식이라고 할 수 있는 김치찌개조차 못 만든다는 것을 예로 든다.

표 현

-게 하다

1) 어떤 일을 **시키거나 허용함** 2) **어떤 상태가 되도록 만듦** 등을 나타내는 표현.

-게 하다1) (동사에 붙어) 다른 사람에게 어떤 행위를 시키거나 허락할 때, 또는 어떤 사물이 어떤 작동을 하도록 만들 때 사용한다.

예문

(1) 가: 줄리아 씨, 왜 매일 도서관에 가요?
나: 선생님께서 매일 2시간씩 한국어를 **공부하게 하셨어요**.
가: 공부를 도서관에 앉아서만 해요? 그럼 재미가 없잖아요.
나: 선생님께서 한국 드라마나 영화도 자주 **보게 하세요**.

(2) 가: 수지 엄마, 아이들을 몇 시까지 **놀게 할까요**?
나: 8시까지요.
가: 너무 늦지 않을까요? 내일 학교도 가야 하는데….
나: 그럼 너무 늦지 않게 7시까지만 **놀게 해요**.

너무 더워서 학생들에게 창문을 **열게 했어요**. 아이가 피곤해 할 때는 일찍 **자게 하세요**.
선배님이 저희에게 매일 신문을 **읽게 하셨어요**. 앤디 씨에게 매일 뉴스를 **듣게 하세요**.
제가 남자 친구를 **화나게 해서** 남자 친구가 먼저 가 버렸어요.
흐엉 씨를 문밖에서 너무 오래 **기다리게 하지** 마세요.
선생님께서는 줄리아 씨를 말하기 대회에 **나가게 하실** 거예요.
어젯밤에는 너무 늦어서 학생들을 **돌아가게 했어요**.
복도에서는 신발 소리가 **나지 않게 해** 주십시오.
영화관에서는 휴대폰이 **울리지 않게 해** 주시면 감사하겠습니다.
이렇게 멀리 **오시게 해서** 죄송합니다.

+ '-게 하다1)'은 다른 사람이 어떤 일을 하도록 만들거나 시키는 사동의 의미를 지니므로 '더워서 학생들에게 창문을 열게 했어요.', '아이가 피곤해 할 때는 일찍 자게 하세요.', '앤디 씨에게 매일 뉴스를 듣게 하세요.' 등은 모두 어떤 행위를 시키는 사동의 의미를 나타낸다. 또한 '아이들을 몇 시까지 놀게

할까요?', '7시까지만 놀게 해요.'는 허용의 의미를 나타낸다. '너무 오래 기다리게 하지 마세요.'는 듣는 사람에게 흐엉 씨를 기다리게 만들지 말라고 하는 것이며, '제가 남자 친구를 화나게 했어요.'도 주어인 자신이 남자 친구를 화나게 만들었음을 의미하여 의도적으로 시킨 것은 아니지만 결과적으로 어떠한 행동을 하도록 만듦을 나타낸다.

+ '휴대폰이 울리지 않게 해 주시면 감사하겠습니다.', '복도에서는 신발 소리가 나지 않게 해 주십시오.' 등과 같은 관습적인 쓰임에서 사물이 대상이 되기도 한다. 한편 '이렇게 멀리 오시게 해서 죄송합니다.'와 같이 관습적으로 사용되어 상대방을 멀리 오도록 시켰거나 어쩔 수 없는 상황으로 그러한 행위를 하게 만들어서 죄송하다는 의미를 나타낸다.

형태 정보

① 동사 어간 끝음절의 받침 유무에 관계없이 '-게 하다'를 쓴다.

예) 씻- + -게 하다 → 씻게 하다
먹- + -게 하다 → 먹게 하다
가- + -게 하다 → 가게 하다
살- + -게 하다 → 살게 하다
만들- + -게 하다 → 만들게 하다
앉- + -게 하다 → 앉게 하다
보- + -게 하다 → 보게 하다
사- + -게 하다 → 사게 하다
알- + -게 하다 → 알게 하다

①	받침 ○	+ -게 하다	씻게 하다, 앉게 하다, 먹게 하다
	받침 ×	+ -게 하다	보게 하다, 가게 하다, 사게 하다
	ㄹ 받침	+ -게 하다	살게 하다, 알게 하다, 만들게 하다

문장 구성 정보

① 'N1+이 N2+이/을/에게/한테 V+-게 하다'의 구성으로 사용한다.

예) 엄마가 아이가 의자에 **앉게 한다.**
엄마가 아이를 의자에 **앉게 한다.**
엄마가 아이에게 우유를 **마시게 한다.**
엄마가 아이한테 우유를 **마시게 한다.**
엄마가 아이를 우유를 **마시게 한다.**
엄마가 아이가 우유를 **마시게 한다.**

+ 자동사일 때는 일을 시키는 대상에 '를/가'가 결합하고, 타동사일 때는 '에게/한테/하여금/를/가' 모두 결합이 가능하다.

+ N1은 행위의 주체, 즉 일을 시키거나 허락하는 사람이나 사물이 되고, N2는 일을 시키는 대상으로 일을 직접 수행하는 사람이나 사물이 된다.

+ N1과 N2는 생략되기도 한다.

예) (내가) 친구에게 운전을 **하게 했어요.**
친구가 (나에게) 설거지를 **하게 했어요.**

② 부정문은 '-게 하지 않다', '안 -게 하다'로 쓴다. '안 -게 하다'는 주로 구어에서 사용한다.

예) 엄마가 아이에게 만화책을 **보게 하지 않아요.** (o)
엄마가 아이에게 만화책을 **안 보게 해요.** (o)

③ 시키는 주체인 N1을 높일 때는 '-게 하시다'로 쓰며, 대상인 N2를 높일 때는 '-시게 하다'로 쓴다.

예) 아버지께서 저를 일찍 **자게 했어요.** (x)
아버지께서 저를 일찍 **자게 하셨어요.** (o)
제가 할아버지를 일찍 **자게 했어요.** (x)
제가 할아버지를 일찍 **주무시게 했어요.** (o)
아버지께서 할아버지를 일찍 **주무시게 했어요.** (x)
아버지께서 할아버지를 일찍 **주무시게 하셨어요.** (o)

제약 정보

① 과거는 '하다'에 '-었/았-'을 붙여 쓴다. '-게' 앞에 '-었/았-'을 붙이지 않는다.

예) 선생님께서 학생에게 책을 **가져왔게 하세요.** (x)
선생님께서 학생에게 책을 **가져왔게 하셨어요.** (x)
선생님께서 학생에게 책을 **가져오게 하셨어요.** (o)

확장

① 대상이 동작을 하도록 주어가 직접적으로 행동하거나 말을 통해 간접적으로 시킨다는 두 가지 의미를 지니는데, 주로 간접적으로 시킨다는 의미로 사용된다.

예) 선생님께서 학생에게 책을 **보게 해요**. (간접적)
선생님께서 학생들을 **공부하게 해요**. (간접적)
엄마가 아이들이 나가지 **못하게 해요**. (직접적/간접적)
엄마가 아이들을 싸우지 **못하게 해요**. (직접적/간접적)

② '사동사+-게 하다'의 형태로 쓰여 이중 사동의 의미를 나타내기도 한다.

예) 할머니께서 내가 동생에게 약을 **먹이게 했다**.
선생님께서 반장한테 시험 날짜를 **알리게 하셨어요**.
왕밍이 미도리에게 줄리아를 **깨우게 했어요**.

③ 특별한 의미를 더해 주는 보조사 '는', '도', '만' 등을 '-게'와 함께 쓸 수 있다.

예) 비가 와도 창문을 **열게는 해** 주세요.
아이를 충분히 **놀게도 하고 쉬게도 하세요**.
아이가 **먹게만 하지** 말고 치우는 것을 **돕게도 하세요**.

④ '-게 하다'를 강조하기 위해서 '-게끔 하다'를 사용하기도 한다.

예) 화면을 멀리서도 **보게 해** 주세요.
= 화면을 멀리서도 **보게끔 해** 주세요.
수업 시간에 졸지 **않게 해** 주세요.
= 수업 시간에 졸지 **않게끔 해** 주세요.

⑤ 주체가 대상에게 어떤 일을 하도록 허락한다는 의미로 확장되어 사용되기도 한다.

예) 선생님, 화장실에 **다녀오게 해** 주세요.
우리 엄마는 밤 12시까지 텔레비전을 **보게 해 주신다**.
줄리아 씨가 왕밍 씨가 휴대폰을 빌려 **쓰게 해** 줬어요.

+ 허락의 의미를 강조하여 나타내기 위해 '-어 주다'와 결합하여 '-게 해 주다'의 구성으로 자주 사용된다.

⑥ 대상이 사람이 아닌 경우에는 대상이 운영되거나 움직이게 한다는 의미로 사용된다.

예) 시간이 늦었지만 교수님께서는 토론이 계속 **진행되게 하셨다**.
왕밍이 라디오가 다시 **켜지게 했다**.

유사 문법

① '-게 하다1)', '-게 만들다'

<table>
<tr><th>-게 하다1)</th><th>-게 만들다</th></tr>
<tr><td colspan="2">· 어떤 일을 시킴을 나타낸다.
예) 아이에게 교실을 청소하게 했다.
아이에게 교실을 청소하게 만들었다.</td></tr>
<tr><td>· 어떤 일이 행해지도록 간접적으로 영향을 주었다는 의미로 주로 사용된다.
예) 아이가 김치를 먹게 했어요.
(아이가 김치를 먹도록 시킴)</td><td>· 어떠한 상황이 되도록 조장했다는 의미가 보다 강하다.
예) 아이가 김치를 먹게 만들었어요.
(아이가 김치를 먹지 않을 수 없는 상황을 만들어 먹도록 만듦)</td></tr>
<tr><td>· 허용의 의미로 사용된다.
예) TV를 보게 해 주세요. (o)
오늘 친구랑 늦게까지 놀게 해 주세요. (o)</td><td>· 허용의 의미로 사용되면 어색하다.
예) TV를 보게 만들어 주세요. (?)
오늘 친구랑 늦게까지 놀게 만들어 주세요. (?)</td></tr>
</table>

+ '-게 하다1)'은 간접적으로 그렇게 되도록 지시했다는 의미이며 '-게 만들다'는 '만들다'의 어휘적인 영향으로 직접적이고 적극적으로 그렇게 되도록 상황을 이끌었다는 의미가 강하게 나타난다.

② '-게 하다1)', '-도록 하다'

<table>
<tr><th>-게 하다1)</th><th>-도록 하다</th></tr>
<tr><td colspan="2">· 어떤 일을 시키거나 허락함을 나타낸다.
예) 엄마가 언니를 일찍 일어나게 하셨다.
엄마가 언니를 일찍 일어나도록 하셨다.</td></tr>
<tr><td>· 청자에게 어떠한 행동을 직접 시키는 경우에는 사용할 수 없다.
예) 식사 후에 아이스크림을 먹게 해라.
(청자가 다른 누군가에게 식사 후 아이스크림을 먹게 해야 함)</td><td>· 청자에게 어떠한 행동을 직접 시키는 경우에도 사용한다.
예) 식사 후에 아이스크림을 먹도록 해라.
(청자 <u>스스로</u>가 식사 후에 아이스크림을 먹어야 함)</td></tr>
<tr><td>· 화자 자신이 어떠한 행위를 하겠다는 의지의 의미로는 사용할 수 없다.
예) 식사 후에 아이스크림을 먹게 하겠습니다.
(화자는 다른 누군가에게 식사 후 아이스크림을 먹게 해야 함)</td><td>· 화자 자신이 어떠한 행위를 하겠다는 의지로 사용할 수 있다.
예) 식사 후에 아이스크림을 먹도록 하겠습니다.
(화자 <u>스스로</u>가 식사 후에 아이스크림을 먹겠다고 결심함)</td></tr>
</table>

③ '-게 하다1)', '-이-, -히-, -리-, -기-, -우-, -구-, -추-'

<table>
<tr><th>-게 하다1)</th><th>-이-, -히-, -리-, -기-, -우-, -구-, -추-</th></tr>
<tr><td colspan="2">· 어떤 일을 시킴을 나타낸다.
예) 아이를 일찍 자게 했다.
아이를 일찍 재웠다.</td></tr>
<tr><td>· 대상이 행동을 하도록 주어는 간접적으로 지시하는 의미를 나타낸다.
예) 엄마가 아이에게 옷을 입게 해요.
(아이가 옷을 입음/ 엄마가 시킴)
아빠가 아이에게 책을 읽게 해요.
(아이가 책을 읽음/ 아빠가 시킴)</td><td>· 주로 주어가 직접 행동하여 어떤 행동을 하도록 한다는 의미를 나타낸다.
예) 엄마가 아이에게 옷을 입혀요.
(엄마가 옷을 입힘/ 엄마가 행동함)
아빠가 아이에게 책을 읽혀요.
(아이가 책을 읽음/ 아빠가 시킴)</td></tr>
<tr><td>· '-게 하다1)'은 모든 동사와 결합하여 사동의 의미를 나타낼 수 있다.</td><td>· 일부 동사에만 결합된다.</td></tr>
</table>

+ 동사의 의미적 특성에 따라 '읽히다', '읽게 하다'와 같이 둘 다 간접적으로 시키는 의미를 나타내기도 한다.

이렇게 도입해 보세요

(1) 교사: 왕밍 씨, 창문을 닫으세요.
학생: 네.
교사: 여러분, 누가 창문을 닫았어요?
학생: 왕밍 씨요.
교사: 누가 왕밍 씨에게 창문을 닫으라고 했어요?
학생: 선생님이요.
교사: 선생님이 왕밍 씨에게 "창문을 닫으세요."라고 했어요. 선생님이 왕밍 씨에게 창문을 **닫게 했어요**.

(2) 교사: (책을 보고 졸려 하는 시늉을 하며) 줄리아 씨, 이 책이 재미있을 것 같아요?
학생: 아니요, 재미없을 것 같아요.
교사: 네, 이 책이 재미없어요. 그래서 이 책을 보면 선생님이 졸려요. 이 책이 선생님을 졸리게 만들었어요. 이 책이 선생님을 **졸리게 했어요**.

+ (1)과 같이 교실에서 학습자에게 명령하는 상황을 통해 '-게 하다1)'이 가지는 사동의 의미를 설명할 수 있다. 이때 명령을 하는 주체와 명령을 수행하는 대상에 대한 제시를 명시적으로 해야 한다.

+ (2)는 사물을 주어로 하는 상황이며, 사물이 어떠한 행동을 하도록 만들었음을 설명하기 위해 활용할 수 있다. 의도적으로 시키지는 않았지만 어떠한 행동을 하도록 만드는 경우에도 '-게 하다1)'을 사용할 수 있음을 설명한다.

–게 하다2) (형용사에 붙어) 어떤 사물이 어떤 상태가 되도록 만듦을 나타낸다.

예문

(1) 가: 흐엉 씨, 왜 울고 있어요?
나: 이 영화가 저를 **슬프게 해요**.
가: 무슨 내용인데요?
나: 전쟁이 나서 가족과 헤어지는 내용이에요.

(2) 가: 선생님, 내일 면접시험을 봐요.
나: 그래요? 평소대로 하면 잘할 수 있을 거예요.
가: 감사합니다. 하지만 준비를 많이 못 해서 긴장이 돼요.
나: 긴장하지 말고 마음을 **편하게 하세요**.

지하철에서 **시끄럽게 하면** 안 됩니다.
잠을 잘 때에는 방을 **어둡게 하세요**.
운동은 저를 **건강하게 합니다**.
요리는 **맛있게 하는** 게 중요해요.
바람이 날씨를 더 **춥게 해요**.
비가 공기를 **깨끗하게 해요**.
이별이 제 가슴은 **아프게 합니다**.
맛있는 냄새가 우리를 더 **배고프게 해요**.
더워서 머리를 **짧게 했어요**.
더운 여름일수록 몸을 **따뜻하게 하고** 휴식을 충분히 취해야 한다.

+ '-게 하다2)'는 '-게 하다1)'과 달리 형용사와 결합하므로 시킨다는 의미와 호응될 수가 없다. 따라서 어떠한 상태가 되도록 만들었다는 의미로 사용되므로 '이 영화가 저를 슬프게 해요.'는 주어인 영화로 인해 내가 슬픈 상태에 이르렀다는 의미이고, '마음을 편하게 하세요.'는 주어인 청차에게 마음이 편하게 되도록 만들라는 의미이다.

형태 정보

① 형용사 어간 끝음절의 받침 유무에 관계없이 '-게 하다'를 쓴다.

예) 어둡- + -게 하다 → 어둡게 하다
작- + -게 하다 → 작게 하다
아프- + -게 하다 → 아프게 하다
깨끗하- + -게 하다 → 깨끗하게 하다
밝- + -게 하다 → 밝게 하다
길- + -게 하다 → 길게 하다
크- + -게 하다 → 크게 하다
행복하- + -게 하다 → 행복하게 하다

①	받침 ○	+ -게 하다	어둡게 하다, 밝게 하다, 작게 하다, 길게 하다
	받침 ×	+ -게 하다	아프게 하다, 크게 하다, 깨끗하게 하다, 행복하게 하다

+ 앞의 '-게 하다1)'과 달리 형용사와만 결합하므로 이에 주의한다.

문장 구성 정보

① 'N1+이 N2+을 V+-게 하다'의 유형으로 사용한다.

예) 엄마는 아이를 **행복하게 한다**.
이 음악이 나를 **슬프게 한다**.
오늘 날씨가 기분을 **우울하게 한다**.

② 부정문은 '-게 하지 않다', '안 -게 하다'로 쓴다. '안 -게 하다'는 주로 구어에서 사용한다.

예) 돈이 저를 **행복하게 안 해요**. (x)
돈이 저를 **행복하게 하지 않아요**. (o)
돈이 저를 **안 행복하게 해요**. (o)

③ 과거는 '하다'에 '-었/았-'을 붙여 쓴다. '-게' 앞에 '-었-'을 붙이지 않는다.

예) 클래식 음악이 마음을 **편했게 해요**. (x)
클래식 음악이 마음을 **편했게 했어요**. (x)
클래식 음악이 마음을 **편하게 했어요**. (o)

확장

① 특별한 의미를 더해 주는 보조사 '는', '도', '만' 등을 '-게'와 함께 쓸 수 있다.

예) 하이힐은 다리를 **예쁘게는 하지만 건강하게는 하지** 못해요.
아이는 부모를 **기쁘게도 하고 슬프게도 합니다.**
동생은 나를 **귀찮게만 해요.**

② '-게 하다'를 강조하기 위해서 '-게끔 하다'를 사용하기도 한다.

예) 휴대폰은 우리의 생활을 매우 **편리하게 해** 줍니다.
= 휴대폰은 우리의 생활을 매우 **편리하게끔 해** 줍니다.
이 영화가 나를 더 **슬프게 한다.**
= 이 영화가 나를 더 **슬프게끔 한다.**

이렇게 도입해 보세요

(1) 교사: (작은 목소리로) 여러분, 제 목소리가 잘 들려요?
학생: 아니요, 잘 안 들려요.
교사: (작은 목소리로) 목소리를 어떻게 할까요?
학생: 크게요.
교사: (큰 목소리로) 목소리를 크게 만들어요. 목소리를 **크게 해요.** (작은 목소리로) 목소리를 작게 만들어요. 목소리를 **작게 해요.** '-게 하다'는 어떻게 만든다는 뜻이에요.

(2) 교사: 미도리 씨는 언제 기분이 좋아요?
학생: 맛있는 음식을 먹을 때 기분이 좋아요.
교사: 맛있는 음식이 미도리 씨 기분을 좋게 만들어요. 맛있는 음식이 미도리 씨 기분을 **좋게 해요.** 저는 쇼핑을 하면 기분이 좋아요. 쇼핑이 기분을 좋게 만들어요. 쇼핑이 기분을 **좋게 해요.**

+ (1)과 (2)를 통해 '-게 하다2)'가 형용사와 결합하여 어떤 상태 및 상황이 되도록 만든다는 의미를 설명할 수 있다. (1)은 교사가 주어가 되어 교실에서 만들어 낼 수 있는 상황을 가지고 의미를 설명하며, (2)에서는 '기분을 좋거나 나쁘게 만드는 것'에 해당하는 행위를 다양하게 활용하여 '-게 하다2)'의 의미를 설명한다.

-고 나다

어떤 **행위를 끝냄**을 나타내는 표현.

-고 나다 (동사에 붙어) 앞 절의 행위를 끝내고 뒤 절의 행위를 하거나 어떤 상황이 이루어짐을 나타낸다. 주로 '-고 나서, -고 나니, -고 나면' 등과 같은 형태로 문장에서 사용된다.

예문

(1) 가: 왕밍 씨, 중국에 언제 돌아갈 거예요?
나: 한국어를 다 **배우고 나서** 돌아갈 거예요.
가: 한국어를 다 배우는 데 얼마나 걸려요?
나: 제 목표는 2년 안에 한국어를 다 배우는 거예요.

(2) 가: 수지 씨, 도서관에 언제 갈 거예요?
나: 선생님을 **만나고 난** 뒤에 갈 거예요.
가: 그럼 저 먼저 가 있을게요. 선생님 만나고 오세요.
나: 선생님을 **만나고 나면** 너무 늦어서 도서관에 못 갈 것 같아요.

아이를 **낳고 나니** 부모님의 마음을 알게 되었습니다.

먼저 영화를 **보고 나서** 쇼핑을 합시다.

흐엉 씨도 이 책을 **읽고 나면** 생각이 달라질 거예요.

몇 시간 동안 노래를 **부르고 나니** 배가 고파요.

수업이 **끝나고 나서** 놀러 가자.

낮잠을 **자고 나니** 기분이 좋아졌어요.

도서관에 책을 **반납하고 나면** 대출이 가능해질 거예요.

한국에 대해 **알고 나면** 한국어를 더 좋아하게 될 거예요.

버스에서 **내리고 나서** 지갑을 잃어버린 걸 알았어요.

건강을 **잃어버리고 나니까** 건강의 소중함을 알겠습니다.

+ '-고 나다'는 연결어미 '-어서', '-으면', '-으니' 등과 결합하여 '-고 나서', '-고 나면', '-고 나니'의 형태로 쓰인다. '-고 나서'는 '먼저 영화를 보고 나서 쇼핑을 합시다.', '한국어를 다 배우고 나서 돌아갈 거예요.'로, '-고 나면'은 '커피를 마시고 나면 괜찮을 거예요.', '이 책을 읽고 나면 생각이 달라질 거예요.'로, '-고 나니'는 '노래를 부르고 나니 배가 고파요.', '낮잠을 자고 나니 기분이 좋아졌어요.'와 같이 사용하여 앞 절의 행위가 끝나고 뒤 절의 내용이 이루어짐을 나타낸다.

+ '-고 나다'는 기본형으로, 실생활에서 '-고 나다'의 형태로 사용되지 않는다.

형태 정보

① 동사 어간 끝음절의 받침 유무에 관계없이 '-고 나다'를 쓴다.

예) 찾- + -고 나다 → 찾고 나다　　앉- + -고 나다 → 앉고 나다
만들- + -고 나다 → 만들고 나다　　보- + -고 나다 → 보고 나다
가- + -고 나다 → 가고 나다　　사- + -고 나다 → 사고 나다

①	받침 ○	+ -고 나다	찾고 나다, 앉고 나다, 만들고 나다
	받침 ×	+ -고 나다	보고 나다, 가고 나다, 사고 나다

+ '-고 나다'는 동사와 결합하고, 어떤 동사가 와도 형태가 변하지 않음을 주의한다.

문장 구성 정보

① 항상 연결어미와 결합하여 문장을 구성하므로 종결어미가 붙을 수 없다. 주로 '-고 나서', '-고 나면', '-고 난 뒤/후', '-고 나니' 등의 구성으로 사용한다.

예) 공부를 **하고 났어요.** (x)
그와 **헤어지고 났어요.** (x)
먼저 일을 **마치고 나세요.** (x)
기차에 **타고 나서** 잠이 들었다. (o)
기차에 **타고 나면** 밥을 먹을 거예요. (o)
기차에 **타고 난 뒤** 화장실에 갔다. (o)
기차에 **타고 나니** 배가 고팠다. (o)

+ '-고 나다'와 결합한 '-어서', '-으면', '-은 뒤/후', '-으니' 각각의 의미를 고려하여 뒤 절의 내용을 구성해야 함에 유의한다.

② 높임 표현 '-시-'와 결합한다. '-시-'는 '-고'와 결합한다.

예) 아버지께서 뉴스를 **들으시고 나서** 출근을 하십니다. (o)
아버지께서 뉴스를 **듣고 나셔서** 출근을 하십니다. (x)
사장님께서 **출근하시고 나면** 회의를 할 거예요. (o)
사장님께서 **출근하고 나시면** 회의를 할 거예요. (x)

제약 정보

① 형용사와는 결합하지 않는다.

예) 날씨가 **춥고 나니** 겨울이 될 거예요. (x)
슬프고 나니 기쁘다. (x)
교실이 **더럽고 나니** 청소를 했어요. (x)

+ 형용사에 '-어지다'가 붙으면 동사가 되므로 결합이 가능하다.

② 과거를 나타내는 '-었-'과 결합하지 않고, 미래 · 추측을 나타내는 '-겠-'과도 결합하지 않는다.

예) 드라마를 **봤고 나서** 식사를 했어요. (x)
드라마를 **보고 났어서** 식사를 했어요. (x)
드라마를 **보고 나서** 식사를 했어요. (o)
드라마를 **보겠고 나서** 식사를 하겠어요. (x)
드라마를 **보고 나겠어서** 식사를 하겠어요. (x)
드라마를 **보고 나서** 식사를 하겠어요. (o)

+ '-고 나다'는 어떤 행위의 완료라는 의미가 이미 내포되어 있기 때문에 시제를 나타내는 형태와 결합하면 어색해진다.

확장

① '-고 나서'에 특별한 의미를 더해 주는 보조사가 붙어 '-고 나서야', '-고 나서부터', '-고 나서까지'로 사용하기도 한다.

예) 그와 **헤어지고 나서야** 행복할 수 있었다.
그와 **헤어지고 나서부터** 불행해졌다.
그와 **헤어지고 나서까지** 그의 생일을 기억하다니 대단해요.

+ 보조사가 결합하면 앞선 행위가 이루어진 시간을 강조하게 된다.

유사 문법

① '-고 나다', '-고 보다'

<table>
<tr><th>-고 나다</th><th>-고 보다</th></tr>
<tr><td colspan="2">· 어떤 일을 끝냈음을 나타낸다. '-으니, -으면'의 구성으로 사용될 수 있다.
예) 쇼핑을 하고 나니 기분이 좋아졌다. (o)
쇼핑을 하고 보니 기분이 좋아졌다. (o)
그 사람을 만나고 나면 생각이 달라질 거예요. (o)
그 사람을 만나고 보면 생각이 달라질 거예요. (o)</td></tr>
<tr><td>· 뒤 절에 행위가 일어난 후에 순차적으로 알게 되거나 행하게 되는 내용이 온다.
예) 정신없이 공부를 하고 나니 저녁이 되었다.
부모님을 떠나고 나니 비로소 어른이 될 수 있었다.</td><td>· 뒤 절에 행위가 일어난 후에 새삼 깨닫게 된 내용이 온다.
예) 정신없이 밥을 먹고 보니 다이어트 중임을 깨달았다.
부모님을 떠나고 보니 부모님의 소중함을 알게 되었다.</td></tr>
<tr><td>· 뒤 절 없이 사용할 수 없다.
예) 먼저 약속을 잡고 나자. (x)</td><td>· 뒤 절 없이 사용할 수 있다.
예) 먼저 약속을 잡고 보자. (o)</td></tr>
<tr><td>· '-어서'의 구성으로 사용될 수 있다.
예) 낮잠을 자고 나서 일을 합시다. (o)</td><td>· '-어서'의 구성으로 사용될 수 없다.
예) 낮잠을 자고 봐서 일을 합시다. (x)</td></tr>
</table>

+ '-고 나다'는 종결형으로는 전혀 사용되지 않는 데 비해 '-고 보다'는 종결형으로 사용되기도 함에 주의해야 한다.

이렇게 도입해 보세요

(1) 교사: 여러분, 왕밍 씨는 지금 수업을 들어요.
왕밍 씨, 수업을 들은 후에 뭘 할 거예요?
학생: 밥을 먹을 거예요.
교사: 왕밍 씨는 수업을 들은 후에 밥을 먹을 거예요. 수업을 **듣고 나서** 밥을 먹을 거예요. 줄리아 씨는 수업 후에 뭘 할 거예요?
학생: 저는 도서관에 갈 거예요.
교사: 줄리아 씨는 수업 후에 도서관에 갈 거예요. 수업을 **듣고 나서** 도서관에 갈 거예요. '-고 나서'는 어떤 일이 끝나고, 그 후에 또 다른 일을 할 때 써요.

(2) 교사: 저는 아침에 밥을 먹어요. 그리고 이를 닦아요. 흐엉 씨도 밥을 먹은 후에 이를 닦아요?
학생: 아니요. 저는 이를 닦은 후에 밥을 먹어요.
교사: 흐엉 씨는 이를 **닦고 나서** 밥을 먹어요. 저는 밥을 먼저 먹어요. 그 다음에 이를 닦아요. 밥을 **먹고 나서** 이를 닦아요.

+ (1)은 '-고 나다'가 앞 절의 행위를 마친 후에 뒤 절의 행위를 한다는 순차적 의미를 명시적으로 제시하기 위한 방법이다. 교사가 수업을 듣고 무엇을 할 것인지를 물어본 후 뒤 절을 '-고 나다'로 연결하여 제시하는 것이다. 앞 절의 행위를 끝낸다는 의미를 강조하기 위해 초급에서 학습한 '수업을 들은 후에', '수업 후에'를 사용한다.

+ (2)에서는 문장 카드를 보여 주거나 이에 맞는 그림 카드를 활용하여 일을 마치는 순서대로 문장을 만들어 가시적으로 보여 줄 수도 있다.

밥을 먹어요 ⇒ 이를 닦아요 ⇒ 옷을 입어요 ⇒ 신문을 봐요
저는 밥을 **먹고 나서** 이를 닦아요. 이를 **닦고 나서** 옷을 입어요. 옷을 **입고 나서** 신문을 봐요.

-고 말다

어떤 일이 **결국 일어났거나** 어떤 일을 **어렵게 이루어 냄**을 나타내는 표현.

-고 말다 (동사에 붙어) 어떤 일이 의도하지 않은 상태에서 결과적으로 일어났음을 나타내며, 기대와 다르게 일이 진행되어 안타깝거나 만족스러운 느낌, 어떤 일을 힘들게 이루어 냈다는 의미를 표현할 때 사용한다.

예문

(1) 가: 왕밍 씨, 여자 친구와 잘 지내요?
나: 아니요, 여자 친구와 **헤어지고 말았어요.**
가: 무슨 일이 있었어요?
나: 성격이 서로 달라서 자주 싸웠거든요.

(2) 가: 어제 몇 시까지 공부했어요?
나: 어제 피곤해서 일찍 잤어요.
가: 저도 어제 너무 피곤해서 9시에 **잠이 들고 말았어요.**
나: 우리 오늘부터는 시험공부를 열심히 합시다.

선물 받은 화분의 꽃이 결국 **죽고 말았어요.**

그 가방이 너무 예뻐서 결국 **사고 말았어요.**

제가 처음으로 김치를 **만들고 말았어요.**

부모님께서 결국 **이혼하고 말았어요.**

동생이랑 또 **싸우고 말았어요.**

결국 이 일을 다 **해 내고 말았어요.**

늦게 일어나서 지각을 **하고 말았어요.**

술을 마시지 않기로 결심했지만 술을 **마시고 말았습니다.**

우리나라 축구팀이 계속 지다가 마지막에 결국 **이기고 말았어요.**

할아버지께서 병을 이기지 못하고 결국 **돌아가시고 마셨습니다.**

+ 일을 끝냈다는 완료의 의미를 나타내는 '-고 말다'는 주로 과거를 나타내는 '-았-'이 붙어 '-고 말았다'의 형태로 쓴다. '여자 친구와 헤어지고 말았어요.', '너무 피곤해서 9시에 자고 말았어요.', '꽃이 결국 죽고 말았어요.' 등은 기대와 다르게 일이 진행되어 안타깝거나 아쉬움을 나타내고 있다. 이에 비해 '결국 이 일을 다 해 내고 말았어요.', '우리나라 축구팀이 계속 지다가 마지막에 결국 이기고 말았어요.' 등은 어려운 상황에서 일을 이루어 만족스러움을 표현하고 있다. '-고 말다' 자체가 가지는 의미는 일을 마무리하는 완료의 의미를 지니지만, 사용하는 상황에 따라 그것이 긍정적인지 부정적인지가 결정되는 것에 주의한다.

형태 정보

① 동사 어간 끝음절의 받침 유무에 관계없이 '-고 말다'를 쓴다.

예) 찾- + -고 말다 → 찾고 말다
먹- + -고 말다 → 먹고 말다
가- + -고 말다 → 가고 말다
사- + -고 말다 → 사고 말다
읽- + -고 말다 → 읽고 말다
받- + -고 말다 → 받고 말다
공부하- + -고 말다 → 공부하고 말다
자- + -고 말다 → 자고 말다

①	받침 ○	+ -고 말다	찾고 말다, 읽고 말다, 먹고 말다, 받고 말다
	받침 ×	+ -고 말다	가고 말다, 공부하고 말다, 사고 말다, 자고 말다

+ '-고 말다'는 동사와 결합하고, 어떤 동사가 와도 형태가 변하지 않음을 주의한다.

문장 구성 정보

① '결국, 끝내, 마침내'와 자주 결합하여 사용된다.

예) 아버지께서는 결국 암으로 **돌아가시고 말았습니다**.
그렇게 소중하게 여기던 어머니의 집을 끝내 **뺏기고 말았어요**.
헤어진 가족들은 통일이 되어서 마침내 **만나고 말았어요**.

+ 끝을 의미하는 표현과 어떤 일의 결과를 의미하는 '-고 말다'의 의미가 유사하여 끝이라는 의미를 더욱 강하게 나타내게 된다.

제약 정보

① 형용사와 결합하지 않는다.

예) 저는 **예쁘고 말았어요**. (x)
기분이 **좋고 말아요**. (x)
그와 헤어져서 **슬프고 말아요**. (x)

+ 형용사에 '-어지다'가 붙으면 동사가 되므로 결합이 가능하다.

② 과거의 '-었-'과 미래 · 추측의 '-겠-'은 '말다'에 붙여 쓴다. '-고' 앞에 붙이지 않는다.

예) 약속을 **어겼고 말아요**. (x)
약속을 **어겼고 말았어요**. (x)
약속을 **어기고 말았어요**. (o)
약속을 **지키겠고 말아요**. (x)
약속을 **지키겠고 말겠어요**. (x)
약속을 **지키고 말겠어요**. (o)

확장

① 의지를 나타내는 '-겠-'이 붙으면 어떤 일을 이루려는 주어의 강력한 의지를 나타내는 의미로 사용된다.

예) 내년에는 한국어 시험 4급에 **합격하고 말겠어요.**
이번 게임에서는 반드시 **이기고 말겠다.**
오늘 이 책을 다 **읽고 말겠어요.**
무슨 일이 있어도 내일 새벽에 **일어나고 말겠다.**

+ '-고 말다'의 원래 의미는 '어떤 일을 이루다'는 뜻이므로 의지의 '-겠-'이 붙으면 어떤 일을 이루겠다는 일에 대한 강력한 의지를 나타낸다. 결과적으로 '-고 말았다'는 어떤 일이 일어나서 안타깝거나 어떤 일을 이루어서 만족스럽다는 의미로, '-고 말겠다'는 어떤 일을 이루려는 의지를 나타낼 때 사용된다.

+ '-고 말겠다'가 의지를 나타낼 때에는 말하는 사람이 주어가 되어야 한다.

예) 저는 한국어 시험에 **합격하고 말겠어요.** (o)
앤디 씨도 한국어 시험에 **합격하고 말겠어요.** (x)
나는 이번 게임에서 반드시 **이기고 말겠다.** (o)
너는 이번 게임에서 반드시 **이기고 밀겠다.** (x)

+ '반드시, 꼭' 등의 부사와 자주 결합하여 사용된다.

예) 저는 반드시 세계일주를 **하고 말겠어요.**
저는 이번 방학에 수영을 꼭 **배우고 말겠어요.**

② 조사 '야'와 결합하여 강조의 뜻을 더해 준다.

예) 영수는 의사가 되겠다던 꿈을 **이루고야 말았습니다.**
나는 내 딸을 **만나고야 말겠어요.**

유사 문법

① '-고 말다', '-어 버리다'

-고 말다	-어 버리다
· 어떤 일이 일어남을 나타낸다.	
· 대체로 의도적인 행위에 대해 쓰지 않는다. 부가적으로 원하지 않은 일이 일어난 데에 대한 안타까움을 나타낸다. 예) 꽃병을 **깨고 말았다.** (일부러 깨지 않음) 사고로 그가 크게 **다치고 말았다.** (안타까움) 밤을 새워 일을 다 **하고 말았다.** (?) (일을 다 하는 것을 의도하지 않았는데 다 했다는 의미이므로 어색함) 그가 떠나고 **말았다.** 결국 오늘도 지각을 **하고 말았다.** 살을 빼야 하는데 과식을 **하고 말았다.**	· 1인칭 주어에서는 의도적으로 그 행위를 했음을 나타낸다. 부가적으로 부담스러운 일을 끝낸 데에 대해 시원한 느낌을 나타내기도 한다. 3인칭 주어에서는 주로 원하지 않았던 결과가 되었음을 나타낸다. 예) 꽃병을 **깨 버렸다.** (일부러 깸) 사고로 그가 크게 **다쳐 버렸다.** (?) 밤을 새워 일을 다 **해 버렸다.** (시원한 느낌) 김장을 **끝내 버렸더니** 마음이 편해요. 시험을 **봐 버리니** 속이 시원해요. 그가 떠나 **버렸다.** (원하지 않은 결과)
· 의지의 '-겠-'과 함께 쓰여 강한 의지를 나타낸다. 예) 원하는 대학에 **들어가고 말겠다.** 이 원수를 기필코 **갚고 말겠다.** 오늘 밤 안으로 이 일을 다 **끝내고 말겠어.** (o)	· '-어 버리다'는 어떤 일을 해치운다는 의미가 있기 때문에 의지의 '-겠-'과 함께 쓰일 때 어색한 경우가 있다. 예) 원하는 대학에 **들어가 버리겠다.** (?) 이 원수를 기필코 **갚아 버리겠다.** (?) 오늘 밤 안으로 이 일을 다 **끝내 버리겠어.** (o)
· 명령문이나 청유문에 잘 사용되지 않는다. 예) 담배를 **끊고 마.** (x) 담배를 **끊고 마세요.** (x)	· 명령문이나 청유문에 사용된다. 예) 담배를 **끊어 버려.** (o) 담배를 **끊어 버리세요.** (o)

+ '-고 말다'와 '-어 버리다'는 어떤 일이 일어났음을 나타내지만 일이 일어난 사실 자체에 중심을 두지 않고 일로 인하여 발생된 상황과 이에서 파생되는 감정을 나타낼 때 사용된다.

이렇게 도입해 보세요

(1) 교사: 여러분, 어제 저녁에 뭘 먹었어요?
　학생1: 불고기를 먹었어요.
　학생2: 피자를 먹었어요. 선생님은요?
　교사: 저는 다이어트 중이에요. 그런데 배가 고파서 저녁 늦게 라면을 2개나 먹었어요. 안 먹으려고 노력했어요. 계속 참았어요. 그렇지만 결국 먹었어요. 결국 라면을 **먹고 말았어요.**

(2) 교사: (실망한 표정을 한 사람의 사진을 보여 주며)
　이 사람은 너무 슬퍼 보여요. 왜 그럴까요?
　학생1: 여자 친구와 헤어졌어요.
　학생2: 시험을 못 봤어요.
　교사: 네, 맞아요. 시험에 떨어졌어요. 이 사람은 시험에 합격하고 싶어 해요. 어떻게 해야 할까요?
　학생: 공부를 열심히 해야 해요.
　교사: 그래서 이 사람은 시험에 합격하려고 열심히 공부했어요. 잠도 잘 자지 않고 놀지도 않고 공부만 했어요.
　(행복한 표정을 한 사람의 사진을 보여 주며) 그래서 결국 시험에 합격했어요. 시험에 **합격하고 말았어요.**

+ (1)은 하지 말아야 할 행동을 결국 하게 되어 안타까워하는 상황에서 '-고 말다'가 사용되는 것을 보여 주고 있다. 위에서 제시한 상황 외에도 수업 시간에 자면 안 되는 상황임을 설명해 주고, 그러함에도 너무 졸려서 결국 자게 되는 상황을 제시할 수도 있다.

+ (2)는 어렵거나 힘든 상황을 극복하고 어떤 일을 성취하여 만족스러워하는 상황에서 '-고 말다'가 사용되는 것을 보여주고 있다. 어려운 상황과 그것을 극복해 낸 결과를 그림 카드를 이용하여 보여 주면 더 효과적으로 의미를 제시할 수 있다.

-고 보다

앞말이 뜻하는 **행동을 하고 남**을 나타내는 표현.

-고 보다 (동사에 붙어) 1) '-고 보자/봅시다' 등의 구성으로 쓰여 앞으로의 일은 나중에 생각하고 어떤 일을 먼저 할 것을 제안함을 나타낸다.
2) '-고 보니, -고 보면'의 구성으로 쓰여 앞말이 뜻하는 행동을 한 후 뒤의 내용을 받아들이거나 새롭게 깨닫게 됨을 나타날 때 사용한다.

예문

(1) 가: 시험공부할 게 너무 많아서 걱정이야.
나: 밤을 새워 공부하면 다 할 수 있을 거야.
가: 아니야, 밤을 새워도 다 못 할 것 같아. 어쩌지?
나: 걱정만 하지 말고 일단 공부를 **시작하고 보자**.

(2) 가: 왕밍 씨, 여자 친구 있어요?
나: 아니요, 그런데 그건 왜 물어요?
가: 제 친구 한 명 만나 볼래요?
나: 글쎄요, 여자 친구 사귈 생각을 해 본 적이 없어서요.
가: 그러지 말고 한번 만나 보세요. **만나고 보면** 생각이 달라질 거예요.

배고픈데 일단 밥부터 **먹고 봅시다**.
늦었으니까 우선 영화표부터 **사고 보자**.
듣고 보니 네 말이 맞는 말 같아.
도서관에 **도착하고 보니** 휴관일이었다.
물건을 **사고 보니** 고장 나 있었어요.
회사 일은 나중에 생각하고 일단 병부터 **낫고 봐야지**.
알고 보니 왕밍 씨와 제가 같은 고향 사람이었어요.
시험을 **끝내고 보면** 그동안 연습한 결과에 대해 알 수 있을 거예요.
아이를 **낳고 보면** 부모의 마음에 대해 알 수 있습니다.
다른 건 나중에 생각하고 사람부터 **살리고 봅시다**.

\+ '-고 보다'는 어떤 행위를 우선 한 뒤에 그다음 일을 생각하거나 그와 관련된 결과를 알게 되거나 함을 의미한다. 종결형에 사용될 때는 주로 '-고 보자, -고 봅시다' 구성으로 사용되는데 '배고픈데 일단 밥

부터 먹고 봅시다.'는 배가 고프니까 밥을 먼저 먹고 그다음 일을 생각하자는 의미이고, '늦었으니까 우선 영화표부터 사고 보자.'는 시간이 없으니 영화표를 먼저 사고 그다음 일을 생각하자는 의미이다. '-고 보니, -고 보면'처럼 연결형으로 사용될 때는 앞의 일을 하고 난 후 뒤의 일을 알게 됨을 의미하는데, '듣고 보니 네 말이 맞는 말 같아.'는 그전에는 몰랐는데 상대방의 말을 들은 후에 상대방의 말이 옳다는 생각이 들었다는 의미이다. '아이를 낳고 보면 부모의 마음에 대해 알 수 있습니다.'는 아이를 낳은 후 부모의 마음을 알게 되었다는 의미이다.

형태 정보

① 동사 어간 끝음절의 받침 유무에 관계없이 '-고 보다'를 쓴다.

예) 찾- + -고 보다 → 찾고 보다　　읽- + -고 보다 → 읽고 보다
먹- + -고 보다 → 먹고 보다　　가- + -고 보다 → 가고 보다
사- + -고 보다 → 사고 보다　　하- + -고 보다 → 하고 보다

①	받침 ○	+ -고 보다	찾고 보다, 읽고 보다, 먹고 보다
	받침 ×	+ -고 보다	가고 보다, 사고 보다, 하고 보다

문장 구성 정보

① '-고 보다'의 '보다'가 '눈으로 본다'는 의미로 사용되기도 하므로 이를 구별할 수 있어야 한다.

예) 신문은 청소를 **하고 보세요**.
텔레비전은 식사를 **하고 보는** 게 좋다.
영화는 산책을 **하고 보자**.

+ 예문의 '보다'는 보조동사가 아니라 본동사로 사용된 예로 '-고 보다'의 '보다'와는 의미가 다르다. 위의 예문은 앞의 행위를 끝낸 후에 뒤의 '보는' 행위를 한다는 뜻으로 '-고 보다' 표현에 해당하는 문장은 아니다.

② 부정문 '-지 않고 보다', '안 -고 보다'의 형태로 거의 쓰지 않는다.

예) 우선 영화표를 **사지 않고 보자**. (??)
우선 영화표를 **안 사고 보자**. (??)
밥을 **먹지 않고 보니** 배가 고파요. (??)
밥을 **안 먹고 보니** 배가 고파요. (??)

+ '-고 보다'가 '어떤 행동을 하고 남'이라는 의미를 나타내므로 행동 자체를 부정하는 부정문으로 쓰면 어색하다.

제약 정보

① 일반적으로 형용사와 결합하지 않지만, 다음 예처럼 형용사가 변화의 의미를 지닐 때 '-고 보다' 구성이 가능하다.

예) 날이 **차고 보니** 겉옷을 입고 오지 않은 게 후회됐다. (o)
저녁밥을 먹고 배가 **부르고 보니** 저녁 약속이 있었다는 게 생각났다. (o)

② 일반적으로 형용사와 결합하지 않지만, '-고 봐야 한다' 구성으로 쓰여 형용사가 가리키는 성질을 주어가 갖는 것이 좋다는 의미로 사용될 때 형용사와 결합할 수 있다.

예) 시험은 나중에 생각하고 일단 **예쁘고 봐요**. (x)
여자는 **예쁘고 봐야 한다**. (o)
남자는 마음이 **넓고 봐야 한다**. (o)
요리사는 음식을 **잘하고 봐야 한다**. (o)

③ 과거 '-었-', 미래 · 추측의 '-겠-'과 결합하지 않는다.

예) 물부터 **마셨고 보자**. (x)
물부터 **마셨고 보니** 살 것 같았다. (x)
물부터 **마시고 봤니** 살 것 같았다. (x)
물부터 **마시겠고 보자**. (x)
물부터 **마시겠고 보니** 살 것 같다. (x)
물부터 **마시고 보겠으니** 살 것 같다. (x)

확장

① '-고 볼 일이다'의 구성으로 쓰여 어떤 일을 특히 먼저 하는 것이 중요하다는 의미로 사용된다.

예) 수지가 그렇게 공부를 잘하더니 좋은 회사에 취직해서 좋은 남편까지 만났다네요. 그러니까 공부는 **잘하고 볼 일이에요**.
왕밍이 길에서 캐스팅이 되어 영화배우가 되었다고 해요. 사람은 왕밍처럼 **잘생기고 볼 일이에요**.
요즘 잠을 푹 잤더니 머리 아픈 게 다 나아서 이제는 약을 먹지 않아도 돼요. 머리가 아플 때는 잠부터 푹 **자고 볼 일인** 것 같아요.

+ 해야 할 일이라는 뜻의 '볼일'과 혼동하지 않도록 주의한다.

유사 문법

① '-고 보다', '-고 나다'

<table>
<tr><th>-고 보다</th><th>-고 나다</th></tr>
<tr><td colspan="2">· 어떤 일을 끝냈음을 나타낸다. '-으니, -으면'의 구성으로 사용될 수 있다.
예) 쇼핑을 하고 보니 기분이 좋아졌다. (o)
쇼핑을 하고 나니 기분이 좋아졌다. (o)
그 사람을 만나고 보면 생각이 달라질 거예요. (o)
그 사람을 만나고 나면 생각이 달라질 거예요. (o)</td></tr>
<tr><td>· 뒤 절 없이 사용할 수 있다.
예) 먼저 약속을 잡고 보자. (o)</td><td>· 뒤 절 없이 사용할 수 없다.
예) 먼저 약속을 잡고 나자. (x)</td></tr>
<tr><td>· '-어서'의 구성으로 사용될 수 없다.
예) 낮잠을 자고 봐서 일을 합시다. (x)</td><td>· '-어서'의 구성으로 사용될 수 있다.
예) 낮잠을 자고 나서 일을 합시다. (o)</td></tr>
</table>

+ '-고 나다'는 종결형으로는 전혀 사용되지 않는 데 비해 '-고 보다'는 종결형으로 사용되기도 하므로 주의해야 한다.

이렇게 도입해 보세요

(1) 교사: 여러분, 한국에 온 지 얼마나 됐어요?

학생1: 1년이요.

학생2: 6개월이요.

교사: 한국에 처음 왔을 때 기억나요? 그때와 비교해서 지금 한국어를 얼마나 잘하게 되었는지 생각해 보세요. 그리고 그때와 비교해서 한국에 대해 많이 알게 됐는지 생각해 보세요. 한국어 공부를 했더니 한국에 대해서도 잘 알게 됐나요?

학생: 네, 한국어 공부를 하면서 한국에 대해서 더 많이 알게 됐어요.

교사: 그래요. 한국어를 공부했어요. 그리고 한국에 대해서도 잘 알게 됐다는 것을 알게 됐어요. 한국어를 **공부하고 보니** 한국에 대해서 잘 알게 됐어요. 앞으로 한국어 1년 더 공부할 거예요. 그러면 한국에 대해서 더 많이 알게 될 거예요. 앞으로 한국어를 1년 더 **공부하고 보면** 한국에 대해서 더 많이 알게 될 거예요.

(2) 교사: (컵에 든 음료를 마신 후, 깜짝 놀라며) 물인 줄 알고 마셨는데 물이 아니에요.

학생: 그럼 뭐예요?

교사: 물인 줄 알고 마셨어요. 마신 후에 알게 됐어요. 물이 아니라 주스였어요. **마시고 보니** 주스였어요.

(3) 교사: 여러분, 배가 너무 고파요. 여러분은 괜찮아요?

학생: 저희도 배가 고파요.

교사: 그럼 수업 후에 같이 햄버거 먹으러 갈까요?

학생: 네, 좋아요.

교사: 배가 고프니까 수업 후에 햄버거를 먹으러 갑시다. 그렇지만 지금은 일단 수업을 해야 해요. 지금은 수업 시간이니까 나가서 햄버거를 먹을 수 없어요. 지금은 배가 고파도 수업을 할 수밖에 없어요. 배가 고파도 일단 수업을 **하고 봅시다**.

+ (1)은 학생들의 체험을 주제로 '-고 보다'의 의미를 인지하도록 한 것이다. 한국어를 공부하면 한국에 대해서 많이 알게 된다는 사실에 대한 경험을 물어본다. 그 후에 '-고 보니', '-고 보면' 등을 제시한다. 이 부분을 설명할 때 교사는 몸짓과 말로 '한국어 공부를 했어요.', '공부하기 전에는 몰랐어요.', '그 다음에 알게 됐어요.', '한국에 대해 내가 잘 알고 있어요.' 라는 문장을 설명하여 '-고 보다'의 의미를 쉽게 파악할 수 있도록 도와주는 것이 효과적이다.

+ (2)에서는 교사가 물을 마시며 '물 마셔야지.'라고 혼잣말을 하는 것도 좋다. 이렇게 물을 마신 후, 깜짝 놀라는 표정을 지으며 '물이 아니네요. 물인 줄 알았어요. 그래서 마셨어요. 그런데 물이 아니었어요. 주스였어요. 마시고 보니 주스였어요.'라고 말해 '-고 보니'의 의미를 파악하도록 실감나게 제시해 주는 게 효과적이다.

+ (3)은 다른 것을 하고 싶지만 지금은 그것을 당장 할 수 없는 상황을 도입하여 학생들에게 '-고 봅시다'의 의미를 제시하는 방법이다.

-고 싶어 하다

다른 사람의 희망을 나타내는 표현.

-고 싶어 하다 (동사에 붙어) 말하는 사람이 아닌 다른 사람이 하기를 원하거나 바라는 것을 나타낸다. 주로 다른 사람의 계획이나 취향 또는 선호하는 바를 전달할 때 사용한다.

예문

(1) 가: 요즘 한국 요리를 배우고 있어요.
나: 정말 재미있겠어요.
가: 줄리아 씨도 같이 배우러 갈래요? 혼자 다니니까 좀 심심해서요.
나: 아니요, 저는 요리하는 것을 좋아하지 않아요. 흐엉 씨가 한국 요리를 **배우고 싶어 해요**. 흐엉 씨에게 물어보는 게 어때요?
가: 그럼, 흐엉 씨에게 물어봐야겠어요.

(2) 가: 앤디 씨, 요즘에도 왕밍 씨가 한국어 공부를 열심히 해요?
나: 네, 정말 열심히 해요.
가: 왕밍 씨는 한국어를 정말 좋아하나 봐요.
나: 네, 맞아요. 그래서 왕밍 씨는 고향에 돌아가면 한국어 교사가 **되고 싶어 해요**.

앤디 씨가 김치를 **먹고 싶어 해요**.
제 동생도 이 가방을 **갖고 싶어 했어요**.
손님이 이 물건을 **바꾸고 싶어 합니다**.
왕밍은 고향에 **돌아가고 싶어 해요**.
수지 씨도 명동에서 **만나고 싶어 해요**.
흐엉이 더 **자고 싶어 해요**.
아이들이 놀이터에서 더 **놀고 싶어 합니다**.
학생들이 여행을 **떠나고 싶어 해요**.
선생님께서 **쉬고 싶어 하세요**.
부모님께서 저와 함께 **살고 싶어 하십니다**.

+ '-고 싶어 하다'는 말하는 사람이 아닌 주어의 희망을 나타내므로 '앤디 씨가 김치를 먹고 싶어 해요.', '흐엉이 더 자고 싶어 해요.', '손님이 이 물건을 바꾸고 싶어 합니다.', '선생님께서 쉬고 싶어 하세요.', '부모님께서 저와 함께 살고 싶어 하십니다.'와 같이 희망의 주체를 밝혀 사용한다.

+ 말하는 사람의 희망을 나타내는 '-고 싶다'와 혼동하여 사용하는 경우가 많으므로 주어에 따라 달리 사용됨을 주의한다.

형태 정보

① 동사 어간 끝음절의 받침 유무에 관계없이 '-고 싶어 하다'를 쓴다.

예) 찾- + -고 싶어 하다 → 찾고 싶어 하다
살- + -고 싶어 하다 → 살고 싶어 하다
사- + -고 싶어 하다 → 사고 싶어 하다
읽- + -고 싶어 하다 → 읽고 싶어 하다
가- + -고 싶어 하다 → 가고 싶어 하다
자- + -고 싶어 하다 → 자고 싶어 하다

①	받침 ○	+ -고 싶어 하다	찾고 싶어 하다, 읽고 싶어 하다, 살고 싶어 하다
	받침 ×	+ -고 싶어 하다	가고 싶어 하다, 사고 싶어 하다, 자고 싶어 하다

+ '-고 싶어 하다'는 동사와 결합하고, 어떤 동사가 와도 형태가 변하지 않음을 주의한다.

문장 구성 정보

① 부정문은 '안 -고 싶어 하다', '-지 않고 싶어 하다', '-고 싶어 하지 않다'로 쓴다.

예) 흐엉은 쇼핑을 **하고 안 싶어 해요.** (x)
흐엉은 쇼핑을 **안 하고 싶어 해요.** (o)
흐엉은 쇼핑을 **하지 않고 싶어 해요.** (o)
흐엉은 쇼핑을 **하고 싶어 하지 않아요.** (o)

② 과거는 '-고 싶어 했다'로 쓴다. '-고' 앞에 '-었-'을 붙이지 않는다.

예) 줄리아도 김치찌개를 **먹었고 싶어 해요.** (x)
줄리아도 김치찌개를 **먹었고 싶어 했어요.** (x)
줄리아도 김치찌개를 **먹고 싶어 했어요.** (o)

③ 추측의 '-겠-'과 함께 쓸 때, 현재나 미래 사실에 대한 추측은 '-고 싶어 하겠다', 과거 사실에 대한 추측은 '-고 싶어 했겠다'로 쓴다.

예) 앤디 씨도 한국어를 **배우고 싶어 하겠어요.**
앤디 씨도 한국어를 **배우고 싶어 했겠어요.**
아이가 엄마를 **보고 싶어 하겠어요.**
아이가 엄마를 **보고 싶어 했겠어요.**

+ 위 문장들은 순서대로 앤디 씨도 현재나 미래에 한국어를 배우고 싶어 할 거라고, 앤디 씨도 과거에 한국어를 배우고 싶어 했을 거라고, 아이가 엄마를 현재나 미래에 보고 싶어 할 거라고, 아이가 엄마를 과거에 보고 싶어 했을 거라고 추측하는 의미를 나타낸다.

제약 정보

① 대부분의 형용사와 결합하지 않는다.

예) 수지는 **예쁘고 싶어 해요**. (x)
영수는 기분이 **좋고 싶어 해요**. (x)
왕밍 씨, **빠르고 싶어 해요**? (x)

+ 형용사에 '-어지다'가 붙으면 동사가 되므로 결합이 가능하다. 이때 '-하다' 형태의 형용사일 경우에는 '-해지고 싶어 하다'로 쓴다.

+ '건강하다, 행복하다' 등의 일부 형용사와는 결합하기도 한다.

예) 누구나 **건강하고 싶어 한다.**
사람들은 늘 **행복하고 싶어 한다.**

② 말하는 사람이 아닌 다른 사람의 바람을 나타낸다.

예) 저는 영화를 **보고 싶어 해요**. (x)
줄리아 씨는 영화를 **보고 싶어 해요**. (o)

확장

① 말하는 사람이 자신을 객관화하여 말하는 특별한 상황에서는 말하는 사람을 주어로 쓰기도 한다. 이때 주로 과거 시제와 결합하여 쓴다.

예) 나도 이 영화를 **보고 싶어 했어.**
나는 어렸을 때 빨리 어른이 **되고 싶어 했어.**
우리는 모두 **성공하고 싶어 합니다.**

유사 문법

① '-고 싶어 하다', '-고 싶다'

-고 싶어 하다	-고 싶다
· 희망을 나타낸다.	
· 말하는 사람이나 듣는 사람이 아닌, 다른 사람이 주어가 된다. 예) 나는 제주도에 **가고 싶어 한다**. (x) 너는 제주도에 **가고 싶어 한다**. (x) 수지는 제주도에 **가고 싶어 한다**. (o)	· 평서문에서는 말하는 사람이, 의문문에서는 듣는 사람이 주어가 된다. 예) 왕밍 씨는 제주도에 **가고 싶어요**. (x) 나는 제주도에 **가고 싶어**. (o) 너는 제주도에 **가고 싶어**? (o)

이렇게 도입해 보세요

(1) 교사: (여행지 사진을 보여 주며) 왕밍 씨, 어디로 여행을 가고 싶어요?
학생1: 저는 제주도에 가고 싶어요.
교사: 줄리아 씨, 왕밍 씨는 제주도에 **가고 싶어 해요**. 줄리아 씨는 어디에 가고 싶어요?
학생2: 저는 경주에 가고 싶어요.
교사: 흐엉 씨, 줄리아 씨는 경주에 **가고 싶어 해요**. 흐엉 씨는 어디에 가고 싶어요?
학생3: 저는 부산에 가고 싶어요. 여러분, 흐엉 씨는 부산에 **가고 싶어 해요**. '-고 싶어 하다'는 다른 사람이 하고 싶은 것을 내가 말할 때 써요.

(2) 교사: 여러분, 고향에 가면 누구를 보고 싶어요?
학생1: 저는 부모님이 보고 싶어요.
교사: 왕밍 씨가 말했어요. '저는 부모님이 보고 싶어요.' 신생님은 이것을 듣고 이렇게 말할 수 있어요. '여러분, 왕밍 씨는 부모님을 **보고 싶어 해요**.'
학생2: 저는 여자 친구가 보고 싶어요.
교사: 흐엉 씨는 말했어요. '저는 여자 친구가 보고 싶어요.' 선생님이 말해요. '여러분, 흐엉 씨는 여자 친구를 **보고 싶어 해요**.'

+ (1)은 학생들에게 자신이 원하는 바를 이야기하게 한 후, 교사가 그 내용을 다른 학생에게 전달해 줌으로써 '-고 싶어 하다'의 의미와 기능을 인식하게 하는 방식이다. 단, '-고 싶다'와 다르게 사용되는 부분에 대해 알아챌 수 있도록 자신의 희망과 다른 사람의 희망을 구별하여 말하는 연습을 시키는 게 좋다. (2)는 학생들에게 보고 싶은 것을 물어본 후에 학생들이 한 말을 그대로 다시 말해 준 뒤, 그것을 교사가 다른 학생들에게 전달해 줄 때는 '-고 싶어 하다'를 사용하여야 함을 보다 명시적으로 보여주는 방식이다.

-고 해서

앞 절이 뒤 절 내용의 **이유 중 하나**임을 나타내는 표현.

-고 해서 (동사나 형용사, '이다, 아니다'에 붙어) 앞 절 내용이 뒤 절 내용의 이유 가운데 하나가 됨을 나타낸다. 어떤 상태나 결과의 이유를 말할 때 사용하며, 이 경우 다른 이유가 더 있을 수 있음을 함축하고 있다.

예문

(1) 가: 왕밍 씨, 주말에 약속 있어요?
나: 아니요, 다음 주가 **시험이고 해서** 도서관에 가려고 해요.
가: 그래요? 저는 수지 씨랑 커피숍에서 공부하기로 했는데, 왕밍 씨도 같이 공부하는 건 어때요?
나: 미안해요. 저는 책도 반납해야 **하고 해서** 도서관에 가야 할 것 같아요.

(2) 가: 수지 씨, 어제 앤디 씨랑 영화 보러 갔어요?
나: 아니요. 다음에 보기로 했어요.
가: 아니, 왜요?
나: 앤디 씨가 약속 시간에 **늦고 해서** 밥만 먹고 헤어졌어요.

밥도 **먹고 해서** 배가 불러요.
배도 **고프고 해서** 라면을 먹었다.
날씨도 **덥고 해서** 수영장에 갈까 해요.
잠도 안 **오고 해서** 책을 읽었다.
시간도 **남고 해서** 영화를 봤어요.
기분도 **좋고 해서** 술을 많이 마셨다.
비도 **내리고 해서** 약속을 취소했어요.
다음날이 **주말이고 해서** 늦게까지 게임을 했어요.
컴퓨터도 고장이 **나고 해서** 숙제를 하지 못했다.
자동차도 새로 **샀고 해서** 드라이브를 할 거예요.
오랜만에 아침에 일찍 **일어났고 해서** 조깅을 했다.

+ '-고 해서'는 앞 절 내용이 뒤 절 내용의 여러 가지 이유 가운데 하나임을 나타낼 때 사용하므로 다음 주가 시험인 것과 책을 반납해야 하는 두 가지 이유와 각각 결합하여 '다음 주가 시험이고 해서 도서관에 갈 거예요.', '책을 반납해야 하고 해서 도서관에 가야 할 것 같아요.'와 같이 쓸 수 있다.

+ 문장 예문에서는 다른 이유들이 명시적으로 제시되지는 않았지만 '날씨도 덥고 해서 수영장에 갈까 해요.'는 날씨가 더운 이유만이 수영장에 가려는 전적인 이유는 아니고 다른 이유도 있지만 일단 날씨가 더운 이유를 들어 수영장에 가야겠다는 의미를 나타낸다. '밥도 먹고 해서 배가 불러요.'는 배가 부른 이유 가운데 밥을 먹은 것 외에 다른 이유도 있겠지만 밥을 먹은 이유를 들어 배가 부른 상황을 나타낸다.

+ '-고 해서'를 사용하여 이유를 제시할 때에는 제시된 이유가 매우 특별하다거나 유일무이한 것임을 나타내는 것이 아니라 비교적 가벼운 이유라는 느낌이 있음에 주의한다.

형태 정보

① 동사 및 형용사 어간 끝음절의 받침 유무에 관계없이 '-고 해서'를 쓴다.

예) 찾- + -고 해서 → 찾고 해서 　 살- + -고 해서 → 살고 해서
좋- + -고 해서 → 좋고 해서 　 무겁- + -고 해서 → 무겁고 해서
가- + -고 해서 → 가고 해서 　 보- + -고 해서 → 보고 해서
느리- + -고 해서 → 느리고 해서 　 사- + -고 해서 → 사고 해서

①	받침 ○	+ -고 해서	찾고 해서, 살고 해서, 좋고 해서, 무겁고 해서
	받침 ×	+ -고 해서	가고 해서, 보고 해서, 느리고 해서, 사고 해서

+ '-고 해서'는 동사 및 형용사와 모두 결합하지만, 어떤 동사나 형용사가 와도 형태가 변하지 않음을 주의한다.

② '이다, 아니다'는 '-고 해서'를 쓴다. 단, '이다' 앞의 명사에 받침이 없으면 주로 '명사+ -고 해서'라고 쓴다.

예) 학생이- + -고 해서→ 학생이고 해서 　 선생님이- + -고 해서→ 선생님이고 해서
과자이- + -고 해서→ 과자이고 해서/과자고 해서 　 종이이- + -고 해서→ 종이이고 해서/종이고 해서
가방이- + -고 해서→ 가방이고 해서 　 아니- + -고 해서→ 아니고 해서

문장 구성 정보

① 부정문은 '안 -고 해서', '-지 않고 해서'로 쓴다.

예) 친구가 약속을 **지키고 안 해서** 다투었다. (x)
친구가 약속을 **지키고 하지 않아서** 다투었다. (x)
친구가 약속을 **안 지키고 해서** 다투었다. (o)
친구가 약속을 **지키지 않고 해서** 다투었다. (o)

② '-고 해서'와 결합하는 주어 및 목적어에 보조사 '도'가 결합하는 경우가 많다.

예) 저도 **유학생이고 해서** 앤디 씨의 마음을 잘 알아요.
오늘은 앤디 씨도 **오고 해서** 기분이 좋아요.
요리도 **하고 해서** 줄리아 씨를 초대했어요.
머리도 **아프고 해서** 잠을 잤다.

+ '-고 해서'가 유일한 이유가 아니라 여러 이유 가운데 하나라는 의미를 함축하고 있으므로 이미 어떤 것이 포함되고 그 위에 더함의 뜻을 나타내는 보조사 '도'가 문장의 다른 곳에서 사용되는 것이 자연스럽다.

제약 정보

① 과거 '-었-', 미래 · 추측의 '-겠-'은 '-고'에 붙여 쓴다.

예) 음식도 **만들었고 했어서** 친구를 초대했다. (x)
음식도 **만들고 했어서** 친구를 초대했다. (x)
음식도 **만들었고 해서** 친구를 초대했다. (o)
눈이 **내리고 하겠어서** 줄리아 씨와 일찍 헤어졌어요. (x)
눈도 **내리겠고 하겠어서** 줄리아 씨와 일찍 헤어졌어요. (x)
눈도 **내리겠고 해서** 줄리아 씨와 일찍 헤어졌어요. (o)

+ '-어서'는 시제를 나타내는 '-었-'이나 '-겠-'과 결합하지 않는다. 그러므로 '-고 해서' 또한 '-고 했어서'나 '-고 하겠어서'의 형태로 쓰지 않는다.

② 뒤 절에 청유문이나 명령문이 올 수 없다.

예) 시력도 **안 좋아지고 해서** 병원에 갑시다. (x)
시력도 **안 좋아지고 해서** 병원에 가세요. (x)
시력도 **안 좋아지고 해서** 병원에 갔어요. (o)
날씨도 **덥고 해서** 바다에 갑시다. (x)
날씨도 **덥고 해서** 바다에 가세요. (x)
날씨도 **덥고 해서** 바다에 갔어요. (o)

+ '-고 하니(까)'를 쓰면 뒤 절에 청유문이나 명령문이 올 수 있다.

예) 교통사고도 **났고 하니** 병원에 갑시다. (o)
교통사고도 **났고 하니** 병원에 가세요. (o)
날씨도 **덥고 하니** 에어컨을 켭시다. (o)
날씨도 **덥고 하니** 에어컨을 켜세요. (o)

확장

① '-고 -고 해서'의 구성으로 뒤 절에 대한 여러 가지 이유 가운데 두 가지 이상의 이유를 나열할 때 사용한다.

예) 식사도 **하고** 후식도 **먹고 해서** 배가 불러요.
눈도 **내리고** 바람도 **불고 해서** 추워요.
왕밍 씨는 공부도 **잘하고** 운동도 **잘하고 해서** 인기가 많아요.
시험도 **끝나고** 시간도 **많고 해서** 여행을 갈 거예요.

② 구어에서는 '-고 해서요'의 형태가 종결 기능으로 사용될 수 있다.

예) 가: 앤디 씨, 수업 끝나고 어디에 가요?
나: 도서관에요.
가: 시험도 끝났는데 도서관에는 왜 가요?
나: 반납할 책도 있고 빌릴 책도 **있고 해서요.**

③ 문어에는 잘 사용되지 않는다. 의미가 함축적이고 불확실한 태도를 나타내고 있기 때문에 구어적 상황에서 주로 사용된다.

예) 가: 수지 씨, 어제 왜 결석했어요?
나: 늦잠도 자고 머리도 **아프고 해서** 그냥 결석해 버렸어요.

+ 결석에 대한 결정적인 이유가 늦잠을 잔 것인지, 머리가 아픈 것인지, 가기 싫었던 것인지, 이 모든 것을 다 합친 것인지 모호하다. 이러한 복잡한 의미를 나타내기 때문에 문어로 사용되었을 경우에는 읽는 사람에게 의미를 정확하게 전달해 주기 어렵다.

유사 문법

① '-고 해서', '-어서1)'

-고 해서	-어서1)
· 앞의 내용이 뒤의 내용에 대한 이유임을 나타낸다. 예) 옷이 **작고 해서** 입을 수 없어요. (o) 옷이 **작아서** 입을 수 없어요. (o)	
· 과거 '-었-', 미래·추측의 '-겠-'과 결합할 수 있다. 예) 비도 **왔고 해서** 나가지 않았다. (o) 비도 **오겠고 해서** 나가지 않았다. (o)	· 과거 '-었-', 미래·추측의 '-겠-'과 결합하지 않는다. 예) 비가 **왔어서** 운동하러 가지 않았다. (x) 비가 **오겠어서** 운동하러 가지 않았다. (x)
· '도'와 함께 쓰여 다른 이유도 있다는 것을 함축한다. 예) 잠도 **안 오고 해서** 게임을 했다. 기분도 **나쁘고 해서** 일찍 자 버렸다.	· 다른 이유의 존재 여부에 대한 언급 없이 하나의 이유만을 제시한다. 예) 잠이 **안 와서** 게임을 했다. 기분이 **나빠서** 일찍 자 버렸다.

+ '-고 해서'와 '-어서1)' 모두 뒤 절에 청유문과 명령문이 올 수 없다.

+ '-고 해서'는 여러 가지 이유 중의 하나임을 의미하므로 '-고 해서'와 함께 쓰이는 주어나 목적어에 보조사 '도'가 결합하는 것이 더 자연스럽다. 이에 비해 '-어서1)'은 추가 이유가 있는 맥락이 아니라면 보조사 '도'가 쓰이지 않는다.

이렇게 도입해 보세요

(1) 교사: 왕밍 씨, 오늘 수업 후에 어디에 갈 거예요?

학생: 집에요.

교사: 왜요?

학생: 배가 고파서요.

교사: 그리고 이유가 또 있어요?

학생: 또 피곤해서요.

교사: 왕밍 씨는 배가 고파요, 피곤해요. 그래서 수업 후에 집에 갈 거예요. 수업 후에 **피곤하고 해서** 집에 갈 거예요. 여러분 저는 오늘 명동에 갈 거예요. 약속이 있어요. 그리고 쇼핑도 해야 해요. 저는 약속도 **있고 해서** 명동에 갈 거예요. '-고 해서'는 여러 가지 이유 중에 하나를 들어 말할 때 써요.

(2) 교사: 흐엉 씨, 방학 때 고향에 갈 거예요?

학생: 아뇨, 한국에 있을 거예요.

교사: 왜요? 고향에 가고 싶지 않아요?

학생: 물론 가고 싶어요. 그런데 한국 여행을 하고 싶어요. 그리고 한국어 공부도 해야 해요.

교사: 흐엉 씨는 방학 때 고향에 가지 않아요. 한국 여행도 **하고 싶고 해서** 한국에 있을 거예요.

+ '-고 해서'를 도입할 때에는 여러 가지 이유를 나열하도록 유도하는 게 좋다. 여러 가지 이유 중에 하나를 선택해서 '-고 해서'를 사용할 수 있음을 이해하도록 한다. 다양한 이유를 나열할 수 있도록 그림 카드나 단어 카드를 보여주면 효과적으로 의미를 파악하고 예문을 생성할 수 있다.

-기 위해(-기 위한)

어떤 상황이나 행동을 하는 **목적**이나 **의도**를 나타내는 표현.

-기 위해 (동사에 붙어) 앞의 행위가 뒤의 상황이나 행동이 발생하게 된 목적이나 의도를 나타낸다.

예문

(1) 가: 페이페이 씨, 오늘 수업이 끝나고 같이 영화 보러 갈까요?
나: 미안해요. 오늘 오후에 아르바이트가 있어요.
가: 페이페이 씨는 아르바이트를 열심히 하는 것 같아요. 왜 아르바이트를 해요?
나: 다음 달에 친구와 제주도에 **가기 위해** 돈을 모으고 있어요.

(2) 가: 앤디 씨, 요즘 흐엉 씨 봤어요?
나: 네, 어제 도서관 앞에서 만났어요.
가: 그래요? 요즘 흐엉 씨를 만나기가 쉽지 않아요. 도서관에서 무엇을 해요?
나: 흐엉 씨는 장학금을 **받기 위해** 도서관에서 매일 공부하고 있어요.

영수 씨가 돈을 **찾기 위해** 은행에 갔어요. 왕밍 씨는 **운동하기 위해** 매일 체육관에 가요.

불우 이웃을 **돕기 위하여** 조금씩 돈을 모읍시다.

수지 씨가 내일 소풍을 **가기 위해** 준비하고 있어요.

지영 씨가 남자친구를 **만나기 위해** 명동에 가요.

민수 씨는 요즘 **시험공부하기 위해** 아침에 도서관에 가요.

저는 주말에 친구와 **놀기 위해** 오늘 숙제를 모두 할 거예요.

수업 시간에 **발표하기 위해** 자료를 만들고 있습니다.

줄리아 씨가 한국어를 **향상시키기 위해** 한국어 일기를 매일 쓰고 있어요.

지난주부터 생일 파티를 **하기 위해** 장소를 알아보고 있어요.

+ '-기 위해'는 앞의 동작이나 행위가 뒤의 상황이나 행동에 대한 목적이나 의도임을 나타낸다. 명사형 어미 '-기'에 동사 '위하다'의 활용형인 '위해'가 결합한 형태이다. '영수 씨가 돈을 찾기 위해 은행에 갔어요.'와 같이, '돈을 찾는 것'이 '은행에 가는 행위의 목적'임을 알 수 있다. '-기 위해'는 목적을 나타내는 부사형 어미(-러, -려고, -고자)처럼 기능한다.

형태 정보

① 동사 어간 끝음절의 받침 유무에 관계없이 '-기 위해'를 쓴다.

예) 먹- + -기 위해 → 먹기 위해　　읽- + -기 위해 → 읽기 위해　　놀- + -기 위해 → 놀기 위해
가- + -기 위해 → 가기 위해　　보- + -기 위해 → 보기 위해　　오- + -기 위해 → 오기 위해

①	받침 ○	+ -기 위해	먹기 위해, 읽기 위해, 놀기 위해
	받침 ×	+ -기 위해	가기 위해, 보기 위해, 오기 위해

문장 구성 정보

① 부정문은 '-지 않기 위해', '안 -기 위해'의 두 가지 형태를 모두 쓸 수 있다.

예) 학교에 **늦지 않기 위해** 아침에 일찍 일어났어요.
= 학교에 **안 늦기 위해** 아침에 일찍 일어났어요.
야식을 **먹지 않기 위해** 밤에 공원에서 운동을 해요.
= 야식을 **안 먹기 위해** 밤에 공원에서 운동을 해요.

② 높임은 '-기 위해'에 '-으시-'를 붙여 '-으시기 위해'로 쓴다.

예) 부모님께서 한국에 **오시기 위해** 방금 비행기를 타셨어요.
사장님께서 **퇴근하시기 위해** 준비하고 계십니다.
할머니께서 음식을 **만드시기 위해** 재료를 사러 시장에 가셨어요.
선생님께서 행사를 **준비하시기 위해** 아침에 일찍 오셨어요.

제약 정보

① 앞 절과 뒤 절의 주어가 같아야 하고, 주로 뒤 절의 주어는 생략한다.

예) 저는 화장품을 **사기 위해** 친구는 백화점에 가요. (x)
저는 화장품을 **사기 위해** (저는) 백화점에 가요. (o)
나는 컴퓨터를 **고치기 위해** 마이클 씨는 서비스센터에 갔어요. (x)
나는 컴퓨터를 **고치기 위해** (나는) 서비스센터에 갔어요. (o)

② 일반적으로 형용사와 결합하지 않는다.

예) 미도리 씨는 **시원하기 위해** 창문을 열었어요. (x)
수지 씨는 기분이 **좋기 위해** 노래를 해요. (x)
줄리아 씨는 **예쁘기 위해** 화장을 했어요. (x)
영수 씨는 키가 **크기 위해** 아침마다 우유를 마셔요. (x)

+ 그러나 일상적인 구어에서는 '예쁘다, 크다'처럼 변화의 의미가 내재된 형용사에 '-기 위해'가 붙어 사용되기도 한다.

③ 과거 '-었-', 미래 · 추측의 '-겠-'과 결합하지 않는다.

예) 저는 어제 친구의 생일 선물을 **샀기 위해** 백화점에 갔어요. (x)
저는 어제 친구의 생일 선물을 **사기 위해** 백화점에 갔어요. (o)
저는 내일 친구의 생일 선물을 **사겠기 위해** 백화점에 갈 거예요. (x)
저는 내일 친구의 생일 선물을 **사기 위해** 백화점에 갈 거예요. (o)

확장

① 공식적인 말이나 글에는 주로 '-기 위하여'로 쓴다.

예) 환경을 **보호하기 위하여** 모든 사람들이 조금씩 노력해야 합니다.
체중을 **유지하기 위하여** 적절한 운동과 식이요법을 같이 하세요.
불우 이웃에게 도움을 **주기 위하여** 많은 사람들이 모금을 했습니다.
사장님과 **이야기하기 위하여** 직원들이 기다리고 있습니다.

② '-기 위한' 구성으로 목적을 나타낼 수 있다. 이때 '-기 위한'의 뒤에는 꾸밈을 받는 명사가 와야 한다.

예) 수업 시간에 **발표하기 위한** 자료를 만들고 있어요.
줄리아 씨가 한국어를 **향상시키기 위한** 방법으로 한국어 일기를 매일 쓰고 있어요.
지난주부터 생일 파티를 **하기 위한** 장소를 알아보고 있어요.

③ 'N+을 위해' 구성으로 목적을 나타낼 수 있다.

예) 어머니는 매일 가족**을 위해** 맛있는 음식을 요리하십니다.
마이클 씨는 건강**을 위해** 하루에 한 시간씩 운동을 합니다.
한국에 오신 부모님**을 위해** 남산타워에 갈 생각이에요.
분티안 씨는 대학 합격**을 위해** 도서관에서 밤늦게까지 열심히 공부해요.

+ 공식적인 말이나 글에서는 'N+을 위하여'로 쓰기도 한다.

예) 내일 시험을 볼 학생들**을 위하여** 교장 선생님께서 격려 말씀을 해 주시겠습니다.
세계 평화**를 위하여** 모든 나라가 노력해야 할 것입니다.

④ '-기 위해'의 의미를 강조하기 위해 '-기 위해서'로 사용한다.

예) 저는 화장품을 **사기 위해서** 백화점에 가요.
나는 컴퓨터를 **고치기 위해서** 서비스센터에 갔어요.
수지는 항공사에 **취직하기 위해서** 영어 학원을 열심히 다니고 있다.

유사 문법

① '-기 위해', '-고자'

-기 위해	-고자
· 어떤 행동의 목적이나 의도를 나타낸다. 예) 한국어를 **잘하기 위해** 열심히 공부합니다. 한국어를 **잘하고자** 열심히 공부합니다.	
· '이다'와 쓸 수 없다. 예) 나는 훌륭한 **선생님이기 위해** 한다. (x) 저희들은 좋은 **부모이기 위해** 노력합니다. (x)	· '이다'와 쓸 수 있다. 예) 나는 훌륭한 **선생님이고자** 한다. (o) 저희들은 좋은 **부모이고자** 노력합니다. (o)
· 어떤 목적을 이루려고 하는 행동이 있어야 하므로 청유문이나 명령문, 당위 표현과 함께 쓸 수 있다. 예) 불우 이웃을 **돕기 위해** 무슨 일이든 시작하자. (o) 불우 이웃을 **돕기 위해** 무슨 일이든 시작해라. (o) 불우 이웃을 **돕기 위해** 무슨 일이든 시작해야 한다. (o)	· 의도를 가지고 있음을 나타내므로 청유문이나 명령문, 당위 표현과는 함께 잘 쓰지 않는다. 예) 불우 이웃을 **돕고자** 무슨 일이든 시작하자. (?) 불우 이웃을 **돕고자** 무슨 일이든 시작해라. (?) 불우 이웃을 **돕고자** 무슨 일이든 시작해야 한다. (?)
· 의도만을 나타낼 경우 쓰지 않는다. 예) 지금부터 회의를 **시작하기 위해** 한다. (x)	· 단순히 의도만을 나타낼 수 있다. 예) 지금부터 회의를 **시작하고자** 한다. (o)
· 격식적·비격식적 말이나 글에서 모두 사용한다. 예) 회장님께서 인사 말씀을 해 **주시기 위해** 회의장으로 들어오고 계십니다. 너를 **만나기 위해** 왔어.	· 주로 격식을 갖춘 말이나 공식적인 장소에서의 대화, 글에서 많이 사용한다. 예) 여러분께 중요한 공지사항을 **알려드리고자** 합니다. 너를 **만나고자** 왔어. (?)

② '-기 위해', '-고자', '-으려고'

-기 위해	-고자	-으려고
· 어떤 행동의 목적이나 의도를 나타낸다. 예) 한국어를 **잘하기 위해** 열심히 공부합니다. 한국어를 **잘하고자** 열심히 공부합니다. 한국어를 **잘하려고** 열심히 공부합니다.		
· '이다'와 쓸 수 없다. 예) 나는 훌륭한 **선생님이기 위해** 한다. (x) 저희들은 좋은 **부모이기 위해** 노력합니다. (x)	· '이다'와 쓸 수 있다. 예) 나는 훌륭한 **선생님이고자** 한다. (o) 저희들은 좋은 **부모이고자** 노력합니다. (o)	· '이다'와 쓸 수 없다. 예) 나는 훌륭한 **선생님이려고** 한다. (x) 저희들은 좋은 **부모이려고** 노력합니다. (x)
· 어떤 목적을 이루려고 하는 행동이 있어야 하므로 청유문이나 명령문, 당위 표현과 함께 쓸 수 있다. 예) 불우 이웃을 **돕기 위해** 무슨 일이든 시작하자. (o) 불우 이웃을 **돕기 위해** 무슨 일이든 시작해라. (o) 불우 이웃을 **돕기 위해** 무슨 일이든 시작해야 한다. (o)	· 의도를 가지고 있음을 나타내므로 청유문이나 명령문, 당위 표현과는 함께 잘 쓰지 않는다. 예) 불우 이웃을 **돕고자** 무슨 일이든 시작하자. (?) 불우 이웃을 **돕고자** 무슨 일이든 시작해라. (?) 불우 이웃을 **돕고자** 무슨 일이든 시작해야 한다. (?)	· 의도를 가지고 있음을 나타내므로 청유문이나 명령문, 당위 표현과는 함께 잘 쓰지 않는다. 예) 불우 이웃을 **도우려고** 무슨 일이든 시작하자. (?) 불우 이웃을 **도우려고** 무슨 일이든 시작해라. (?) 불우 이웃을 **도우려고** 무슨 일이든 시작해야 한다. (?)
· 의도만을 나타낼 경우 쓰지 않는다. 예) 지금부터 회의를 **시작하기 위해** 한다. (x)	· 단순히 의도만을 나타낼 수 있다. 예) 지금부터 회의를 **시작하고자** 한다. (o)	· 단순히 의도만을 나타낼 수 있다. 예) 지금부터 회의를 **시작하려고** 한다. (o)
· 격식적·비격식적 말이나 글에서 모두 사용한다. 예) 회장님께서 인사 말씀을 해 **주시기 위해** 회의장으로 들어오고 계십니다. 너를 **만나기 위해** 왔어.	· 주로 격식을 갖춘 말이나 공식적인 장소에서의 대화, 글에서 많이 사용한다. 예) 여러분께 중요한 공지사항을 **알려드리고자** 합니다. 너를 **만나고자** 왔어. (?)	· 격식적·비격식적 말이나 글에서 모두 사용한다. 예) 지금부터 개표를 **시작하려고** 합니다. 너를 **만나려고** 왔어.

이렇게 도입해 보세요

(1) 교사: 여러분, 올해도 이제 한 달 남았어요. 다음 달이면 벌써 새해예요. 새해에는 무엇을 하고 싶어요?

학생: 저는 여행을 가고 싶어요.

교사: 미도리 씨는 여행을 가고 싶어요. 그러면 어떻게 해야 해요?

학생: 돈을 모아야 해요.

교사: 맞아요. 여행을 가려면 돈이 있어야 해요. 그래서 돈을 모아야 해요. 여행을 **가기 위해** 돈을 모아야 해요. '-기 위해'는 어떤 행위를 하는 목적을 나타낼 때 사용해요.

(2) 교사: 여러분, 오늘은 금요일이에요. 내일이면 주말이에요. 주말에 무엇을 하고 싶어요?

학생: 저는 인사동에 가고 싶어요.

교사: 줄리아 씨는 인사동에 무엇을 하러 가요?

학생: 다음 달에 고향에 갈 거예요. 그래서 부모님께 드릴 선물을 사고 싶어요.

교사: 줄리아 씨는 인사동에 가고 싶어요. 인사동에서 부모님께 드릴 선물을 살 거예요. 줄리아 씨는 부모님께 드릴 선물을 **사기 위해** 인사동에 갈 거예요.

+ '-기 위해'를 도입할 때는 그러한 동작이나 행동을 하는 목적이나 의도를 유도할 수 있는 질문을 하는 것이 좋다. (1)에서와 같이 '돈을 모으는' 행위의 목적은 '여행을 가기 위함'임을 '-기 위해'를 통해 나타낼 수 있다. 또한 (2)에서와 같이 '인사동에 가는 행동'의 의도가 '부모님께 드릴 선물을 사는 것'임을 보여 줄 때 '-기 위해'를 사용할 수 있다.

–나 보다

말하는 사람의 추측의 뜻을 나타내는 표현.

–나 보다 (동사, '있다, 없다'에 붙어) 어떤 사실이나 상황으로 미루어 볼 때 그런 것 같다는 추측을 나타낼 때 사용한다.

예문

(1) 가: 테니스 대회에서 또 우승하셨다고 들었어요.
나: 네, 운이 좋았어요.
가: 테니스를 정말 잘 **치시나 봐요**. 저도 좀 가르쳐 주세요.
나: 네, 다음 연습 때 같이 가요.

(2) 가: 큰 가방을 메신 걸 보니 **여행 가시나 봐요**?
나: 네, 제주도에 가요.

(3) 가: 어디를 그렇게 뛰어 가세요? 급한 일이 **있나 봐요**.
나: 약속 시간이 다 되어서요.

(4) 가: 저 식당은 사람이 항상 많네요.
나: 그러네요. 음식이 정말 **맛있나 봐요**.

미도리 씨는 키가 커서 낮은 신발을 즐겨 **신나 봐요**.
사람들이 우산을 쓴 것을 보니 밖에 **비가 오나 봐요**.
유진 씨는 늘 일등을 한다. 정말 공부를 열심히 **하나 보다**.
비행기가 움직이는 걸 보니까 이제 **출발하나 봐요**.
살이 많이 빠졌네요. 운동을 열심히 **하나 봐요**?
예쁜 옷을 입었네요. 데이트하러 **가나 봐요**?
운동장이 시끄러운 것을 보니 축구 경기가 **시작됐나 봐요**.
밥을 조금만 먹는 것을 보니 입맛이 **없나 봐요**.
할아버지께서 전화를 안 받으세요. 댁에 안 **계시나 봐요**.

+ '-나 보다'는 추측의 근거가 되는 상황이나 사실을 먼저 제시한다. 테니스 대회에서 우승한 것, 큰 가방을 멘 것, 뛰어가는 것 등을 앞에서 제시하고 이를 통해 테니스를 잘 친다는 사실, 여행을 간다는 사실, 급한 일이 있다는 사실을 추측함을 '-나 보다'를 사용하여 나타낼 수 있다.

+ 이때 말하는 사람이 직접 경험한 사실에 대해서는 말하는 사람이 확신이 없더라도 '-나 보다'를 사용하지 않는 것에 주의한다. 말하는 사람이 식당의 음식을 직접 먹어 본 경험이 있는 경우에는 '맛있나 보다'를 사용할 수 없다.

형태 정보

① 동사 어간 끝음절의 받침 유무와 관계없이 '-나 보다'를 쓴다. 단, 'ㄹ' 받침으로 끝날 때는 'ㄹ'이 탈락한다.

예) 찾- + -나 보다 → 찾나 보다
먹- + -나 보다 → 먹나 보다
가- + -나 보다 → 가나 보다
사- + -나 보다 → 사나 보다
만들- + -나 보다 → 만드나 보다
읽- + -나 보다 → 읽나 보다
걷- + -나 보다 → 걷나 보다
공부하- + -나 보다 → 공부하나 보다
살- + -나 보다 → 사나 보다
놀- + -나 보다 → 노나 보다

①	받침 ○, ×	+ -나 보다	찾나 보다, 읽나 보다, 먹나 보다, 걷나 보다, 가나 보다, 공부하나 보다, 사나 보다
	ㄹ 받침	+ -나 보다(어간 'ㄹ' 탈락)	사나 보다, 만드나 보다, 노나 보다

문장 구성 정보

① 추측의 근거가 되는 앞 절에 '-은 걸 보니(까)', '-더니' 등이 결합하여 자주 사용된다.

예) 사람들이 우산을 쓴 것을 보니까 밖에 비가 **오나 봐요**.
어제 늦게 자더니 늦잠을 **자고 있나 봐요**.
급하게 나가는 걸 보니 친구가 **기다리나 봐요**.

② 과거 '-었-', 추측의 '-겠-'과 결합하여 사용한다.

예) 지붕에 눈이 쌓인 것을 보니 밤새 눈이 **왔나 보다**.
밖으로 뛰쳐 나가는 것을 보니까 아무래도 못 **참겠나 봐**.

제약 정보

① 1인칭 주어와는 결합하지 않는다.

예) 저는 집에 **가나 봐요.** (x)
나는 밥을 **먹나 봐요.** (x)
우리는 내일 방학을 **하나 봐요.** (x)

+ 2인칭, 3인칭 주어와만 결합한다. 1인칭 주어를 쓰는 경우는 말하는 사람이 자신을 객관화해서 말할 때에만 가능하다.

예) 내가 어릴 때는 굉장히 **소극적이었나 봐.**
제가 지금 꿈을 꾸고 **있나 봐요.**

② 형용사, '이다, 아니다'는 '-은가 보다(-ㄴ가 보다)'와 결합한다.

예) 불편하다 + -은가 보다 → 불편한가 보다
부끄럽다 + -은가 보다 → 부끄러운가 보다
귀찮다 + -은가 보다 → 귀찮은가 보다
학생이다 + -ㄴ가 보다 → 학생인가 보다
학생이 아니다 + -ㄴ가 보다 → 학생이 아닌가 보다

+ 형용사에 '-었-'이 결합한 경우에는 '-나 보다'와 '-는가 보다'를 다 쓸 수 있다.

예) 수정 씨는 어제 **한가했나 보다/한가했는가 보다.**
이번 시험이 정말 **어려웠나 보다/어려웠는가 보다.**
두 사람이 예전에는 정말 **친했나 보다/친했는가 보다.**

유사 문법

① '-나 보다', '-는 모양이다', '-을 것 같다', '-는 것 같다', '-는 듯하다'

<table>
<tr><th>-나 보다</th><th>-는 모양이다</th><th>-을 것 같다, -는 것 같다</th><th>-는 듯하다</th></tr>
<tr><td colspan="4">· 말하는 사람의 추측을 나타낸다.</td></tr>
<tr><td colspan="2">· 간접적인 경험이나 연관된 상황을 바탕으로 추측해 말할 때 쓴다.
예) 앤디 씨가 테니스를 잘 치나 봐요.
앤디 씨가 테니스를 잘 치는 모양이에요.
(앤디 씨가 테니스를 치는 것을 직접 보지는 않았지만 잘 친다는 이야기를 듣거나 상을 받는 것을 봄)</td><td colspan="2">· 말하는 사람이 직접적으로 경험하거나 간접적으로 경험한 사실 모두에 대해 추측해서 말할 때 사용한다.
예) 따님이 아주 춤을 잘 추는 것 같아요.
따님이 아주 춤을 잘 추는 듯해요.
(듣는 사람의 딸이 춤을 추는 것을 직접 봄)</td></tr>
<tr><td colspan="2">· 알고 있는 사실이나 주변의 상황에 비추어 짐작하는 것이므로 이유가 있는 추측에만 사용된다.
예) 방학이니까 고향에 갔나 봐요.
방학이니까 고향에 간 모양이에요.</td><td colspan="2">· 근거가 있는 추측에도 쓰이지만 '내 생각에는', '내가 보기에는', '왠지' 등과 함께 쓰여 주관적이거나 자신이 없이 말하는 상황에도 쓰인다.
예) 제 생각에 오후에 비가 올 듯해요/올 것 같아요.
왠지 그 사람이 올 듯해요/올 것 같아요.</td></tr>
<tr><td colspan="2">· 추측을 나타내는 의미 이외에 완곡함을 나타낼 때는 쓰이지 않는다.
예) 미안해요. 조금 늦나 봐요.
그 옷은 유진 씨에게 별로 어울리지 않는 모양이에요. (추측의 의미로만 해석된다.)</td><td colspan="2">· 추측 표현의 형태로 말하는 사람의 완곡한 의견을 나타내기도 한다.
예) 미안해요. 조금 늦을 것 같아요.
그 옷은 유진 씨에게 별로 어울리지 않는 듯해요.</td></tr>
<tr><td>· 비격식적인 구어에서 더 많이 사용된다.
예) 엄마, 아기가 자나 봐.</td><td>· 격식적인 문어에서 많이 사용된다.
예) 국회는 법안 통과를 계속 미룰 모양입니다.</td><td>· 문어보다 구어에서 더 많이 쓰인다.
예) 유진 씨, 'ㄹ' 발음을 좀 더 연습해야 할 것 같아요.</td><td>· 구어보다 문어에서 주로 사용된다.
예) 이번 주 주식 거래는 전체적으로 오름세인 듯합니다.</td></tr>
</table>

+ '-나 보다'는 추측의 근거가 있는 경우에만 사용하지만 '-을 것 같다'와 '-는 듯하다'는 추측의 근거가 있는 경우에도 사용하지만 '내 생각에는', '내가 보기에는', '왠지' 등과 함께 말하는 사람의 주관적인 판단을 말할 때와 자신이 없이 말하는 상황에도 자주 사용된다.

+ '-을 것 같다'와 '-는 듯하다'는 말하는 사람의 완곡한 요청이나 거절을 나타낼 때도 사용한다. 추측의 형태로 부드럽게 표현함으로써 단정적으로 말하는 것을 피하려 할 때 사용한다.

+ '-나 보다'는 '-는 모양이다'에 비해 추측의 정도가 약하며, 놀람이나 의심의 정도는 강하다.

예) 비가 **오려나 봐요.** (비가 올 수도 있고 안 올 수도 있음)
비가 **올 모양이에요.** (비가 올 거라는 생각이 더 많음)
도둑이 **들어왔나 봐요.** (도둑이 들어왔는지 궁금하고 놀람)
도둑이 **들어온 모양이에요.** (별로 놀라지 않음, 관조적인 태도)

+ '-나 보다'와 '-은 모양이다'는 추측의 근거가 있다는 점에서 동일하게 쓰인다. '-은 모양이다'는 '-나 보다'에 비해 문어에서 더 많이 쓰여서 자연스러운 대화나 어린아이의 말에는 잘 어울리지 않는다. 또한 '-은 모양이다'는 '-나 보다'에 비해 추측이나 놀람의 강도가 약하게 나타난다. 동일한 상황에서 '도둑이 들어온 모양이에요.'는 '도둑이 들어왔나 봐요.'에 비해 놀람의 정도가 적게 느껴진다.

이렇게 도입해 보세요

(1) 교사: 오늘 왕밍 씨가 안 왔어요. 왜 안 왔을까요?
학생: 아마 여행하고 있을 거예요.
교사: 왜 그렇게 생각해요?
학생: 어제 부모님께서 한국에 오셨다고 들었어요.
교사: 아, 그러면 부모님과 함께 여행을 하고 있을 것 같아요. 왕밍 씨는 부모님과 여행을 **하나 봐요**. '-나 보다'는 추측을 할 때 사용해요.

(2) 교사: 이번 월드컵에서 우승한 나라가 어디예요?
학생: 브라질이 우승했어요.
교사: 브라질이 월드컵에서 여러 번 우승했지요?
학생: 네.
교사: 브라질이 월드컵에서 우승을 여러 번 했습니다. 축구를 잘할까요? 못할까요?
학생: 잘해요.
교사: 월드컵에서 우승을 많이 한 것을 보니 브라질이 축구를 아주 **잘하나 봐요**.

+ (1)은 학생들의 일상적인 생활을 바탕으로 쉽게 미루어 짐작할 수 있는 상황을 제시하여 '-나 보다'를 사용하도록 유도하는 방법이다. 부모님께서 한국에 오셨다는 이야기를 들은 학생들은 왕밍이 '학교에 오지 않은 이유'가 '부모님과 여행 중이기 때문'이라는 것을 쉽게 짐작할 수 있다.

+ (2)는 이미 알고 있는 사실을 바탕으로 새로운 사실을 추측할 때 '-나 보다'가 쓰이는 것을 보여 준다. 브라질이 월드컵 경기에서 여러 번 우승한 사실로 볼 때 브라질이 축구를 잘하는 나라라는 것을 미루어 짐작할 수 있고 이때 '-나 보다'를 이용하여 표현할 수 있음을 보여 주는 방법이다.

-나 싶다

말하는 사람의 **추측이나 회의**를 나타내는 표현.

-나 싶다 (동사, '있다, 없다'에 붙어) 말하는 사람의 주관적인 생각이나 확실하지 않은 추측, 회의나 의심을 단정적이지 않은 태도로 나타낼 때 사용한다.

예문

(1) 가: 오늘 혹시 흐엉 씨 보셨어요?
나: 네, 아까 도서관에서 만났어요.
가: 흐엉 씨는 매일 도서관에 가네요.
나: 네. 그래서 늘 일등을 **하나 싶어요.**

(2) 가: 올여름은 작년보다 더 더운 것 같아요.
나: 점점 더워지는 것 같아요.
가: 환경오염 때문에 매년 지구의 온도가 올라간다고 해요.
나: 한국도 아열대 기후가 **되나 싶어요.**

(3) 가: 얼굴이 안 좋아 보여요. 어디 편찮으세요?
나: 며칠 동안 잠을 잘 못 잤더니 몸살이 **오나 싶어요.**

(4) 가: 어제 친구와 말다툼을 했어요. 사과하고 싶은데 어떻게 할지 모르겠어요.
나: 저런, 속상하시겠어요. 그냥 솔직하게 말하세요.
가: 제가 말을 심하게 **했나 싶어요.**
나: 조금 있다가 전화해 보세요.

(5) 가: 시험 잘 보셨어요?
나: 시험이 너무 어려워서 **통과하겠나 싶어요.**

아기가 건강한 것을 보니 음식을 골고루 **잘 먹나 싶어요.**

까치가 우는 것을 보니 반가운 손님이 **오시나 싶어요.**

저 배우가 요즘 인기가 많아서 텔레비전에 자주 **나오나 싶네요.**

부동산 거래가 활발해지는 것을 보니 경기가 **풀리나 싶습니다.**

매일 운동을 해서 건강하게 **지내나 싶어요.**

동생이 공부는 안 하고 매일 노래만 해서 뭐가 **되려나 싶었는데** 결국 가수가 되었어요.

이번 시험에도 **떨어졌나 싶어서** 결과도 확인하지 않았어요.

애플망고를 언제 또 **먹겠나 싶어** 끼니마다 애플망고를 먹었다.

+ '-나 싶다'는 주로 말하는 사람의 추측을 나타내는 경우가 많은데 '일등을 하는 것', '한국이 아열대 기후가 되는 것', '몸살이 오는 것'을 '-나 싶다'와 함께 사용하여 확실하지 않은 사실을 추측함을 나타내고 있다.

+ '-나 싶다'가 '-었-', '-겠-'과 함께 쓰이면 말하는 사람의 후회나 회의를 나타내는 경우가 많다. 친구와 말다툼을 하면서 말을 심하게 한 것에 대해 '말을 심하게 했나 싶어요.'라고 표현함으로써 자신의 행위에 대해 후회함을 나타내고 있다. 또한 '시험에 통과하겠나 싶다', '애플망고를 먹겠나 싶다'라고 표현하여 시험에 통과하는 것과 애플망고를 먹는 것에 대한 말하는 사람의 회의적인 태도를 나타내고 있다.

형태 정보

① 동사 어간 끝음절의 받침 유무에 관계없이 '-나 싶다'를 쓴다. 단, 'ㄹ' 받침으로 끝날 때는 'ㄹ'이 탈락한다.

예) 찾- + -나 싶다 → 찾나 싶다
먹- + -나 싶다 → 먹나 싶다
가- + -나 싶다 → 가나 싶다
사- + -나 싶다 → 사나 싶다
만들- + -나 싶다 → 만드나 싶다
읽- + -나 싶다 → 읽나 싶다
돕- + -나 싶다 → 돕나 싶다
공부하- + -나 싶다 → 공부하나 싶다
놀- + -나 싶다 → 노나 싶다
살- + -나 싶다 → 사나 싶다

①	받침 ○, ×	+ -나 싶다	찾나 싶다, 읽나 싶다, 먹나 싶다, 돕나 싶다, 가나 싶다, 공부하나 싶다, 사나 싶다
	ㄹ 받침	+ -나 싶다 (어간 'ㄹ'탈락)	노나 싶다, 만드나 싶다, 사나 싶다

문장 구성 정보

① 행위나 상태의 주체를 높일 경우에는 '-시나 싶다'로 쓴다.

예) 할아버지께서는 댁에 안 **계시나 싶다.** (o)
할아버지께서는 댁에 안 **계시나 싶으시다.** (x)
제가 속을 썩여서 부모님께서 **늙으셨나 싶어요.** (o)
제가 속을 썩여서 부모님께서 **늙었나 싶으세요.** (x)
제가 속을 썩여서 부모님께서 **늙으셨나 싶으세요.** (x)

② 과거 '-었-', 미래 · 추측의 '-겠-'과 함께 쓰인다.

예) 어제 내가 수지를 너무 심하게 **꾸중했나 싶다.**
어제 일은 줄리아 씨가 **너무했나 싶어요.**
그 애가 공부를 잘 **하겠나 싶어요.**
이제 출발해서 언제 **도착하겠나 싶어요.**

+ '-었-', '-겠-' 뒤에 붙어 주로 말하는 사람의 후회나 회의 등을 나타낸다.

확장

① 부정 표현과 결합하여 '-지 않나 싶다', '-지 않았나 싶다', '-지 않겠나 싶다'의 형태로 주로 쓰여 '그런 것 같다'는 말하는 사람의 주관적이고 불확실한 생각을 나타낸다.

예) 집에서 만든 음식이 제일 **맛있지 않나 싶어요.** (맛있다고 생각할 때 사용)
어젯밤에 잠을 못 자서 피부가 **나빠지지 않았나 싶어요.** (나빠졌다고 생각할 때 사용)
다음 주 친구의 결혼식에는 **못 가지 않겠나 싶어요.** (못 가겠다고 생각할 때 사용)

② 형용사는 '-은가 싶다'를 쓴다.

예) 불편하다 + -은가 싶다 → 불편한가 싶다
부끄럽다 + -은가 싶다 → 부끄러운가 싶다
귀찮다 + -은가 싶다 → 귀찮은가 싶다

+ 형용사에 '-었-'이 결합하거나 '싶다'에 '-었-, -더-'가 결합한 경우에는 '-나 싶다'를 쓸 수 있다.

예) 수지 씨가 집에 놀러 오다니 어제는 좀 **한가했나 싶다.**
오전이라 매장이 **한가하나 싶었는데** 곧 사람들로 북적거렸다.
흐엉 씨도 시험에 떨어진 걸 보면 이번 시험이 정말 **어려웠나 싶다.**
시험이 정말 **어렵나 싶었는데** 흐엉 씨가 시험에 합격했다.
두 사람이 서로 문자를 주고받은 거 보면 예전에는 정말 **친했나 싶다.**
두 사람이 **친하나 싶더니** 헤어졌다고 한다.

③ '이다, 아니다'는 '-ㄴ가 싶다'를 쓴다.

예) 학생이다 + -ㄴ가 싶다 → 학생인가 싶다
학생이 아니다 + -ㄴ가 싶다 → 학생이 아닌가 싶다

유사 문법

① **'-나 싶다', '-지 싶다'**

-나 싶다	-지 싶다
· 말하는 사람의 확실하지 않은 추측이나 주관적인 판단을 나타낸다. 예) 왕밍 씨가 이번 여름에 중국에 **가나 싶어요.** 왕밍 씨가 이번 여름에 중국에 **가지 싶어요.**	
· 주로 '-지 않나 싶다', '-지 않았나 싶다', '-지 않겠나 싶다'의 형태로 그러함을 나타낼 때 쓰인다. 예) 할머니께서 손자 생일이니까 **오시지 않겠나 싶어요.** (오실 것이다) 시간을 보니 아버지께서는 **퇴근하시지 않았나 싶다.** (퇴근했을 것이다)	· '-지 싶다'의 형태로 화자의 예측이나 추측을 나타낸다. 예) 할머니께서 손자 생일이니까 **오시지 싶어요.** (오실 것이다) 시간을 보니 아버지께서는 **퇴근하셨지 싶다.** (퇴근했을 것이다)
· '-나 싶다'가 '-지 싶다'보다 추측에 대한 확신이 더 약하다. 예) 왕밍 씨가 이번 여름에 중국에 **가나 싶어요.**	· '-지 싶다'가 '-나 싶다'보다 추측에 대한 확신이 더 강하다. 예) 왕밍 씨가 이번 여름에 중국에 **가지 싶어요.**

+ '-나 싶다'가 '-지 싶다'보다 추측에 대한 확신이 더 약하다. '왕밍 씨가 이번 여름에 중국에 가나 싶어요.'는 갈지 안 갈지 잘 모른다는 의미가 있으나 '왕밍 씨가 이번 여름에 중국에 가지 싶어요.'는 갈 가능성이 높을 때 사용한다.

이렇게 도입해 보세요

(1) 교사: 오늘 왕밍 씨가 학교에 왔어요?
학생: 아뇨. 안 왔어요.
교사: 왜 안 왔어요?
학생: 잘 모르겠어요. 아마 자고 있는 것 같아요.
교사: 네, 왕밍 씨가 자고 있는 것 같아요. 왕밍 씨가 자고 **있나 싶어요**. 자고 있는지 잘 모르지만 그렇다고 생각이 될 때 '**-나 싶어요**'로 말해요.

(2) 교사: 여러분, 선생님이 오늘 아주 피곤해요.
학생: 그래요? 왜 피곤하세요?
교사: 어제 운동을 많이 했어요. 그래서 오늘 너무 피곤해요. 갑자기 운동을 너무 많이 **했나 싶어요**.

+ (1)은 말하는 사람의 생각이나 추측을 나타내는 상황에서 '-나 싶다'가 사용된 것이다. 학생들이 쉽게 추측하여 말할 수 있는 주변 상황을 제시하는 것이 도입에 유리하다. 즉 왕밍 씨가 아직 학교에 오지 않은 이유에 대해 질문함으로써 학생들이 쉽게 '자고 있는 상황'을 추측하여 말할 수 있으므로 '-나 싶다'의 의미와 기능에 집중하여 학습할 수 있다. 그러나 왕밍 씨가 자고 있는 것은 사실이 아니라 추측한 것이므로 확실하지 않은 정보를 나타낼 때 '-나 싶다'를 사용할 수 있음을 알려준다.

+ (2)는 말하는 사람이 후회하는 태도를 보일 때 '-나 싶다'가 쓰인 상황을 제시한 것이다. 갑자기 운동을 너무 많이 해서 피곤한 상황을 제시하여 피곤한 상태의 원인이 된 행위에 대해 후회하는 태도를 나타낸다. 이 외에도 학생들이 후회하는 상황을 제시하여 '-나 싶다'를 사용하여 대답하도록 하는 것도 의미 파악에 도움이 된다.

-는 김에{-은 김에[-ㄴ 김에]}

어떤 행위를 주된 목적으로 하면서 **그것을 기회로 다른 행위를 함**을 나타내는 표현.

-는 김에 (동사에 붙어) 앞 절의 행위를 함에 더하여 그 기회에 뒤 절의 다른 행위를 함께함을 나타낸다. 앞 절의 행동이 원래의 목적이지만 앞 절의 행동을 하면서 동시에 다른 행동도 같이함을 나타낼 때 사용한다.

예문

(1) 가: 줄리아 씨, 오늘 오후에 시장에 가려고 하는데 같이 가실래요?
나: 네, 좋아요. 시장에 **가는 김에** 맛있는 음식도 먹어요.
가: 그럼, 무엇을 먹을 건지 잘 생각해 놓으세요.
나: 걱정 마세요. 벌써 다 생각해 놨어요.

(2) 가: 앤디야, 어디에 가?
나: 도서관에 책 좀 반납하러 가는 길이야.
가: 그래? 혹시 **반납하는 김에** 내 책도 같이 반납해 줄 수 있어?
나: 당연히 해 줄 수 있지. 어서 책 줘.

내 컴퓨터 **고치는 김에** 네 것도 고쳐 줄게.

이번 주말에 청소를 **하는 김에** 빨래도 했다.

커피 사러 **가는 김에** 같이 먹을 과자도 샀다.

기왕 **늦은 김에** 밥이나 먹고 천천히 가자.

생각난 김에 수지에게 당장 전화해야겠다.

경복궁을 **구경하는 김에** 시청에도 가 보세요.

앤디 씨, 건강검진 **받는 김에** 저번에 다쳤던 곳까지 검사 받으세요.

수지야, 냉장고에서 물 **꺼내는 김에** 주스도 꺼내 줘.

스파게티를 **만드는 김에** 샐러드도 만들어 줄게요.

세탁소에 옷을 **맡기는 김에** 신발도 맡겼어요.

왕밍, 세탁소에서 옷 **찾는 김에** 내 옷도 같이 찾아줘.

다음 달에 부산에 **가는 김에** 생선회도 실컷 먹어야겠습니다.

+ '-는 김에'는 어떤 행위를 하는 기회에 더불어 다른 행위를 함을 나타내는 부사절이다. 그러므로 앞의 행위와 뒤의 행위는 의미적으로 어느 정도 관련이 있어야 한다. '냉장고에서 물을 꺼내는 김에 주스도 꺼내 줘.', '스파게티를 만드는 김에 샐러드도 만들어 줄게요.', '세탁소에 옷을 맡기는 김에 신발도 맡겼어요.', '청소를 하는 김에 빨래도 했다.' 등의 예문에서 보듯 어떤 행위를 앞서 하는데, 그 기회를 이용하여 할 수 있는 다른 행위를 한다는 의미로 사용된다.

+ '-은 김에(-ㄴ 김에)'는 이미 과거에 일어난 행위를 나타낸다. '기왕 늦은 김에 밥이나 먹고 천천히 가자.'는 이미 늦었으니 이를 기회로 다른 행위, 즉 '밥을 먹고 천천히 가자'고 함을 의미한다. '-은 김에'는 받침 있는 어간 뒤에, '-ㄴ 김에'는 받침 없는 어간 뒤에 사용된다.

형태 정보

① 동사 어간 끝음절의 받침 유무에 관계없이 '-는 김에'를 쓴다. 단, 'ㄹ' 받침으로 끝날 때는 'ㄹ'이 탈락한다.

예) 씻- + -는 김에 → 씻는 김에
먹- + -는 김에 → 먹는 김에
가- + -는 김에 → 가는 김에
살- + -는 김에 → 사는 김에
만들- + -는 김에 → 만드는 김에
읽- + -는 김에 → 읽는 김에
보- + -는 김에 → 보는 김에
사- + -는 김에 → 사는 김에
놀- + -는 김에 → 노는 김에

+ '-는 김에'는 동사 어간의 받침 유무에 상관없이 형태가 달라지지 않는다. 다만 'ㄹ' 받침으로 끝나는 동사의 경우는 'ㄹ'이 탈락함에 주의한다.

①	받침 ○, ×	+ -는 김에	씻는 김에, 읽는 김에, 먹는 김에, 보는 김에, 가는 김에, 사는 김에
	ㄹ 받침	+ -는 김에 (어간 'ㄹ' 탈락)	사는 김에, 노는 김에, 만드는 김에

문장 구성 정보

① 앞 절과 뒤 절의 시제가 같거나 달라도 된다.

예) 부산으로 **출장가는 김에** 친구도 <u>만난다</u>.
부산으로 **출장가는 김에** 친구도 <u>만났다</u>.
부산으로 **출장가는 김에** 친구도 <u>만날 것이다</u>.
부산으로 **출장간 김에** 친구도 <u>만난다</u>.
부산으로 **출장간 김에** 친구도 <u>만났다</u>.
부산으로 **출장간 김에** 친구도 <u>만날 것이다</u>.

② 과거는 '-은/ㄴ 김에'의 형태로 사용되지만, 미래를 나타내는 '-을 김에'의 형태는 사용되지 않는다.

예) 명동에 **간 김에** 쇼핑을 했어요. (o) / 명동에 **가는 김에** 쇼핑을 했어요. (o)
영수를 **만난 김에** 영화를 봤어요. (o) / 영수를 **만나는 김에** 영화를 봤어요. (o)
명동에 **갈 김에** 쇼핑을 할 거예요. (x) / 명동에 **가는 김에** 쇼핑을 할 거예요. (o)
영수를 **만날 김에** 영화를 볼 거예요. (x) / 영수를 **만나는 김에** 영화를 볼 거예요. (o)

+ 뒤 절이 과거일 때 앞 절은 '-은/ㄴ 김에'와 '-는 김에'를 모두 사용할 수 있지만 뒤 절이 추측이나 미래의 의미를 나타낼 때 앞 절에는 '-을 김에'가 올 수 없다.

제약 정보

① 형용사와 결합하지 않는다.

예) 방이 **추운 김에** 옷을 두껍게 입어요. (x)
건강에 **좋은 김에** 운동을 시작하세요. (x)

② 과거 '-었-', 미래 · 추측의 '-겠-'과 결합하지 않는다.

예) 명동에 **갔는 김에** 쇼핑을 했어요. (x)
영수를 **만났는 김에** 영화를 봤어요. (x)
명동에 **가겠는 김에** 쇼핑을 할 거예요. (x)
영수를 **만나겠는 김에** 영화를 보겠어요. (x)
명동에 **간 김에** 쇼핑을 했어요. (o)
영수를 **만나는 김에** 영화를 볼 거예요. (o)

③ 앞 절과 뒤 절의 주어가 같아야 한다.

예) (내가) 찌개를 **끓이는 김에** (내가) 밥을 했다.
(네가) 도서관에 **가는 김에** (네가) 내 책도 빌려줄 수 있어?
왕밍이 마트에 **가는 김에** (왕밍이) 고기를 사다주기로 했어요.

+ 첫 예문의 앞 절과 뒤 절의 주어는 화자이고, 동일하다. 이때 주어는 주로 생략된다. 두 번째 예문은 앞 절은 '너', 즉 청자가 주어이며, 뒤 절도 동일하게 '너'가 주어이며 이 또한 구어에서 생략이 가능하다. 세 번째 예문도 앞 절과 뒤 절의 주어가 왕밍으로 동일하다. 이처럼 '-는 김에'로 연결되는 두 문장의 주어는 같아야 한다.

확장

① 조사 '에'를 생략할 수 없다.

예) **청소하는 김** 빨래도 했다. (x)
청소하는 김에 빨래도 했다. (o)
산책을 **나가는 김** 장을 봐 올게요. (x)
산책을 **나가는 김에** 장을 봐 올게요. (o)

+ 부사절을 이끄는 다른 표현('-는 탓에', '-는 바람에', '-는 동안에', '-는 사이에')과 달리 '-는 김이다', '-는 김으로', 'N 김에' 등의 구성으로 쓸 수 없다. '-는 탓에', '-는 바람에', '-는 동안에', '-는 사이에' 등 유사한 구성들과 비교하여 확장 가능한 구성과 그렇지 못한 구성에 대한 항목별 차이를 구별하여 잘못 사용하지 않도록 주의한다.

유사 문법

① '-는 김에', '-으면서'

-는 김에	-으면서
· '둘 이상의 행위를 함께 함'이라는 의미를 나타낸다. 예) 내 책상을 **닦는 김에** 내 짝 책상도 닦았다. 내 책상을 **닦으면서** 내 짝과 이야기를 나누었다.	
· 어떤 행위가 선행되는데 그 기회에 다른 행위를 한다는 뜻이다. 주요 행위가 앞에 나오고 그 기회에 하는 부수적인 행위가 뒤에 나오므로 앞 절과 뒤 절을 바꾸면 의미가 바뀐다. 예) 내 책상을 **닦는 김에** 내 짝 책상도 닦았다. ≠ 내 짝 책상을 **닦는 김에** 내 책상도 닦았다.	· 두 가지 행위를 겸하여 동시에 한다는 뜻이 강하다. 앞 절과 뒤 절을 바꾸어도 의미가 바뀌지 않는다. 예) 내 책상을 **닦으면서** 내 짝과 이야기를 나누었다. = 내 짝과 이야기를 **나누면서** 내 책상을 닦았다.

+ '-으면서'를 사용한 문장은 '책상을 닦는 행위와 이야기를 하는 행위를 동시에 했다'는 의미로 사용된 것에 비해 '-는 김에'를 사용한 문장은 '내 책상을 닦는 것이 원래 목적이었지만 그 기회에 내 짝의 책상도 더불어 닦아 주었다'는 의미로 사용되었다.

이렇게 도입해 보세요

(1) 교사: 왕밍 씨, 주말에 뭐 할 거예요?

학생: 친구랑 영화를 보기로 했어요.

교사: 왕밍 씨는 영화관에 갈 거예요. 선생님도 표를 예매하러 영화관에 가야 해요. 혹시 선생님 표를 좀 예매해 줄 수 있어요?

학생: 네, 예매해 드릴 수 있어요.

교사: 고마워요. 자, 여러분, 왕밍 씨는 영화를 보러 영화관에 가요. 그리고 선생님 영화표도 예매할 거예요. 왕밍 씨는 영화관에 **가는 김에** 선생님 표도 예매할 거예요. '-는 김에'는 어떤 행위를 할 때 그것을 기회로 또 다른 행위를 할 때 사용해요.

(2) 교사: 줄리아 씨는 방학 때 고향에 다녀왔어요?

학생: 네, 부모님을 만나러 고향에 다녀왔어요.

교사: 고향에 가서 부모님만 만나고 왔어요?

학생: 아니요. 친구들도 만나고 쉬고 왔어요.

교사: 줄리아 씨는 부모님을 만나러 고향에 갔어요. 그런데 고향에 갔으니까 부모님은 물론 만났고 또 친구도 만나고 쉬기도 했어요. 부모님을 만나러 고향에 **간 김에** 친구도 만났어요. 부모님을 만나러 고향에 **간 김에** 푹 쉬기도 했어요.

+ (1)은 교사가 학생에게 어떤 행위를 하는지 물어 보고 나서, 그와 관련된 행위를 하도록 부탁함으로써 '-는 김에'의 의미를 제시하도록 구성하였다. 이때 먼저 교사의 부탁이 우선되는 것이 아니고, 학생들이 교사의 부탁과 상관없이 그 일을 해야 하므로 그와 관련된 질문을 먼저 해야 한다. 그리고 그 기회에 교사의 부탁도 더불어 해줄 수 있는지를 설명하여 혼란스럽지 않도록 해야 함에 주의한다.

+ (2)는 원래 목적을 가지고 어떤 일을 했는데 그와 관련된 다른 일을 하는 상황으로 학습자의 경험을 떠올려 '-는 김에'의 의미를 이해하도록 하고 있다.

-는다거나²[-ㄴ다거나²/-다거나²/-라거나²]

반대되는 어떤 하나를 **선택함**을 나타내는 표현.

-는다거나² (동사나 형용사, '이다, 아니다'에 붙어) 반대되는 사실들 중 하나를 선택함을 나타낸다.

예문

(1) 가: 앤디야, 오늘 우리 집에 가서 숙제 같이 할래?
나: 글쎄….
가: 오늘 무슨 약속 있어?
나: 아니, 그런 건 아닌데….
가: 답답하게 그러지 말고 **간다거나** 못 **간다거나** 빨리 말해 줘.
나: 미안해. 가고는 싶은데 가려면 약속을 하나 취소해야 해서…. 조금만 더 생각해 보고 말해 줄게.

(2) 가: 수지야, 어제 많이 기다렸니? 연락 늦게 해서 미안해.
나: 못 오면 못 온다고 빨리 말을 해야지, 왜 그랬어?
가: 사실은 어제 피곤해서 잠깐 눕는다는 게 그만 자 버렸지 뭐야.
나: 그랬구나. 알람이라도 맞춰놓고 잤어야지. 네가 못 **온다거나 온다거나** 하는 연락이 없어서 2시간이나 기다렸어.

문제의 답이 이게 **맞는다거나 틀리다거나** 하는 것 좀 알았으면 좋겠어요.

줄리아한테 사실을 **말한다거나** 말하지 **않는다거나** 결정을 해야 할 것 아니야.

오늘 저녁에 시간이 **있다거나** 없다고 먼저 얘기해 주세요.

선생님이 결혼을 **했다거나** 안 했다고 하는데 뭐가 맞는 말이에요?

그 사람이 **좋다거나 싫다거나** 하는 네 감정을 솔직히 말해 봐.

저녁을 같이 **먹는다거나** 못 먹는다고 전화로 알려 주세요.

수술을 **받겠다거나** 안 받겠다고 한 달 안에 결정해서 말씀해 주셔야 합니다.

상을 **탄다거나** 못 탄다고 빨리 알려 주시면 감사하겠습니다.

그가 범인인 것이 **사실이라거나** 거짓이라고 말씀해 주셔야죠.

거기가 여기보다 **덥다거나 춥다거나** 말씀해 주셔야 옷을 준비할 수 있을 것 같아요.

+ '-는다거나'는 반대되는 상황을 제시하여 선택을 요구해야 할 때 사용하는 표현으로, '-는다고 하거나'를 줄인 말이다. '문제의 답이 이게 맞는다거나 틀리다거나 하는 것 좀 알았으면 좋겠어요.'는 문제의 답이 맞는지 또는 틀리는지 둘 중 한 가지를 선택하여 알고 싶다는 의미이다. '줄리아한테 사실을 말한다거나 말하지 않는다거나 결정을 해야 할 것 아니야'는 사실을 말하든지 말하지 않든지 한 가지를 결정하라고 따지는 것이다. '오늘 저녁에 시간이 있다거나 없다고 먼저 얘기해 주세요.'는 저녁에 시간이 있는지 또는 없는지에 대해 말해 달라는 것이다. 위의 예문은 모두 반대 상황 가운데 한 가지를 택해야 하는 '-는다거나'의 의미를 나타내고 있다.

+ '-는다거나'는 동사 어간에 받침이 있는 경우에 결합되고, '-ㄴ다거나'는 동사 어간에 받침이 없을 때 결합된다. 형용사에 결합될 때는 '-다거나'가, '이다, 아니다'에 결합될 때는 '-라거나'로 형태가 바뀐다. 동사라도 '-었-, -겠-' 뒤에는 '먹었다거나, 먹겠다거나'처럼 '-다거나'가 온다.

형태 정보

① 동사 어간 끝음절에 받침이 있으면 '-는다거나'를 쓴다. 단, 'ㄹ' 받침으로 끝나는 동사는 제외한다.

예) 씻- + -는다거나 → 씻는다거나　　읽- + -는다거나 → 읽는다거나
먹- + -는다거나 → 먹는다거나　　눕- + -는다거나 → 눕는다거나
잡- + -는다거나 → 잡는다거나　　찾- + -는다거나 → 찾는다거나
남- + -는다거나 → 남는다거나　　앉- + -는다거나 → 앉는다거나

② 동사 어간의 끝음절에 받침이 없거나, 'ㄹ' 받침으로 끝나면 '-ㄴ다거나'를 쓴다.

예) 오- + -ㄴ다거나 → 온다거나　　하- + -ㄴ다거나 → 한다거나
쉬- + -ㄴ다거나 → 쉰다거나　　보- + -ㄴ다거나 → 본다거나
가- + -ㄴ다거나 → 간다거나　　사- + -ㄴ다거나 → 산다거나
살- + -ㄴ다거나 → 산다거나　　놀- + -ㄴ다거나 → 논다거나
만들- + -ㄴ다거나 → 만든다거나

①	받침 ○	+ -는다거나	씻는다거나, 읽는다거나, 먹는다거나, 눕는다거나, 잡는다거나, 찾는다거나, 남는다거나, 앉는다거나
②	받침 ×	+ -ㄴ다거나	온다거나, 한다거나, 쉰다거나, 본다거나, 간다거나, 산다거나
	ㄹ 받침	+ -ㄴ다거나 (어간 'ㄹ' 탈락)	산다거나, 논다거나, 만든다거나

③ 형용사 어간의 끝음절에 받침 유무에 상관없이 '-다거나'를 쓴다.

예) 작- + -다거나 → 작다거나
짧- + -다거나 → 짧다거나
좋- + -다거나 → 좋다거나
크- + -다거나 → 크다거나
싸- + -다거나 → 싸다거나
길- + -다거나 → 길다거나
많- + -다거나 → 많다거나
높- + -다거나 → 높다거나
맑- + -다거나 → 맑다거나
예쁘- + -다거나 → 예쁘다거나
깨끗하- + -다거나 → 깨끗하다거나
멀- + -다거나 → 멀다거나

③	받침 ○	+ -다거나	작다거나, 많다거나, 짧다거나, 높다거나, 좋다거나, 맑다거나
	받침 ×	+ -다거나	크다거나, 예쁘다거나, 싸다거나, 깨끗하다거나
	ㄹ 받침	+ -다거나	길다거나, 멀다거나

④ '이다, 아니다'는 '-라거나'를 쓴다. 단, '이다' 앞의 명사에 받침이 없으면 주로 '명사+-라거나'라고 쓴다.

예) 외국인이- + -라거나 → 외국인이라거나
학교이- + -라거나 → 학교라거나
아니- + -라거나 → 아니라거나
꽃이- + -라거나 → 꽃이라거나
의사이- + -라거나 → 의사라거나

문장 구성 정보

① '-는다거나 -는다거나', '-는다거나 -는다고'의 구성으로 주로 사용된다. 이때 둘은 반대되는 내용이 오며, 긍정형과 부정형이 오는 경우가 많다.

예) 왕밍 씨, 이제는 여행을 **간다거나 못 간다거나** 대답을 확실히 해 주세요.
흐엉, **좋다거나 싫다고** 말 좀 해 줘.
선생님, 내일 시험을 **본다거나** 다음 주에 시험을 **본다거나** 하면 반드시 먼저 알려 주세요.

제약 정보

① 앞 절과 뒤 절의 주어가 같아도 되고 달라도 된다.

예) 제가 장학금을 받게 **된다거나** 받지 **못한다거나** 하는 사실을 (내가) 정확하게 알고 싶어요.
열이 **난다거나** 나지 않는다고 (네가) 간호사에게 알려 주세요.

② 과거 '-었-', 미래 · 추측의 '-겠-'과 결합하여 '-었다거나', '-겠다거나'의 형태로 사용된다.

예) 영수야, 가만히 있지 말고 **알았다거나 몰랐다거나** 하는 대답을 해 봐.
수지가 그날 **만나겠다거나** 안 만나겠다고 결정하면 알려줄게.
흐엉 씨, 이 일을 **하겠다거나** 하지 **못하겠다거나** 빨리 결정 부탁드려요.
수지야, **아팠다거나** 아프지 **않았다거나** 하는 말을 해 줘야 알지.

+ 과거를 '-ㄴ/은다거나'로, 미래를 '-을다거나'의 형태로 쓰지 않는다.

유사 문법

① '-는다거나[2]', '-는다거나[1]'

-는다거나[2]	-는다거나[1]
· '어떤 일을 나열함'을 나타낸다.	
· 반대되는 상황에서 한 가지를 선택함을 나타낸다. 예) 회의에 **참석한다거나** 못 한다고 미리 알려 주십시오. 머리가 **아프다거나** 안 **아프다거나** 하는 걸 정확히 말해 주세요.	· 둘 이상의 행위나 사실을 나열함을 나타내므로, 반대되는 상황이 연결되지 않는다. 예) 방학에 여행을 **간다거나** 아르바이트를 하느라 바쁘다. 철수는 주말에 책을 **읽는다거나** 텔레비전을 보며 휴식을 취한다.

+ '-는다거나[2]'는 대립되는 상황에서만 사용할 수 있으며, 나열의 의미는 연결어미 '-는다거나[1]'로 쓴다.

이렇게 도입해 보세요

(1) 교사: 주말에 다 함께 공연을 보러 갈까요?

학생: 좋아요. / 싫어요.

교사: 모두 시간 괜찮아요? 주말에 공연을 '본다, 보지 않는다'에 대해 손을 들고 결정해 볼까요? 공연을 **본다거나** 보지 **않는다거나** 하는 걸 결정해 볼까요? '-는다거나'는 반대되는 걸 가지고 선택할 때 사용해요.

(2) 교사: 오늘 수업을 쉬는 시간 없이 한꺼번에 하고 일찍 끝낼까요?

학생: 좋아요. / 싫어요.

교사: '쉬어야 한다, 쉬지 않아도 된다'를 다수결로 결정해 주세요. 쉬어야 **한다거나** 쉬지 않아도 **된다거나** 하는 걸 결정해 주세요.

+ (1)과 (2)는 어떤 것에 대한 찬반을 결정하는 상황을 제시함으로써 학습자들이 반대되는 상황을 가지고 선택해야 하는 것을 의미하는 '-는다거나'의 의미를 이해하도록 구성하였다. 상황에 맞게 다양한 찬반 주제를 가지고 도입 활동을 구성할 수 있다.

-는 대로[-은 대로[1][-ㄴ 대로[1]]]{-은 대로[2][-ㄴ 대로[2]]}

1) 어떤 동작이나 상태와 **같은 모양**으로
2) 어떤 일이 일어나고 **곧바로**를 나타내는 표현.

-는 대로1) (동사나 형용사, '있다, 없다, 계시다'에 붙어) '어떤 동작이나 상태와 같은 모양으로'라는 의미를 나타낸다. 앞 절의 동작이나 상태와 같은 모양으로 뒤 절의 동작이나 상태를 나타낼 때 사용한다.

예문

(1) 가: 앤디야, 내년에도 한국에 있을 거야?
나: 응, 내년에 한국에서 취직을 하게 되면 한국에 있고 싶어.
가: 한국에서 취직하려고?
나: 응, 한국에서 취직이 되면 여기에서 계속 살고 싶어. 그래서 열심히 준비하고 있어.
가: 열심히 준비하면 **원하는 대로** 다 될 거야.
나: 고마워. **생각하는 대로** 다 되면 좋겠어.

(2) 가: 줄리아 씨, 면접 시험이 언제예요?
나: 내일이요. 그래서 많이 긴장돼요.
가: 시험이 내일이에요? 정말 긴장되겠어요. 준비는 많이 했어요?
나: 네, 한 달 동안 연습하고 준비했지만 그래도 걱정되고 떨려요.
가: 그렇게 열심히 연습했으면 걱정하지 마세요. **연습한 대로** 하면 문제없을 거예요.

줄리아한테 내가 **말하는 대로** 전해 줘.
선생님이 **만드는 대로** 따라하세요.
선생님이 피아노를 **치는 대로** 따라 쳐 보세요.
이 안경을 쓰고 **보이는 대로** 말씀해 주십시오.
내가 **공부한 대로** 시험 문제가 똑같이 나왔어.
선생님께 **들은 대로** 말해 줄 수 있어요?
수지가 **먹는 대로** 똑같이 먹으면 다이어트에 성공할 거야.
왕밍 씨, 수업 시작했으니까 **급한 대로** 제 책을 같이 보고 나중에 책을 사세요.
날씨가 추우면 **추운 대로** 더우면 **더운 대로** 즐길 수 있는 것들이 많다.
부모님께 **배운 대로** 다른 사람을 배려하는 사람이 되고 싶다.

+ '-는 대로1)'은 어떤 것과 같은 모양으로 다른 것을 한다는 의미를 나타낼 때 사용된다. '수지가 먹는 대로 똑같이 먹으면 다이어트에 성공할 거야.'는 수지가 먹는 행동의 방식이나 먹는 양과 똑같이 먹으면 다이어트에 성공할 거라는 의미이다. '줄리아한테 내가 말하는 대로 전해 줘.'는 줄리아한테 자신이 말하는 내용이나 방식을 동일하게 하여 전해 달라는 의미이다. '선생님이 만드는 대로 따라하세요.'는 선생님이 만드는 방식과 모양을 보고 그것을 따라 만들어 보라는 의미이다. '선생님께 들은 대로 말해 줄 수 있어요?'는 선생님께 들은 것과 내용이나 느낌을 동일하게 말해 달라는 의미이다. 이와 같이 '-는 대로1)'은 앞 절의 행동이나 상황, 방식을 똑같이 반복해야 하거나 전해 줘야 할 때에 사용되는 표현이다.

+ '-는 대로'는 동사에, '-은 대로(-ㄴ 대로)'는 형용사와 결합하며, 동사의 과거를 나타낼 때는 '-은 대로(-ㄴ 대로)'가 결합한다.

형태 정보

① 동사 어간 끝음절의 받침 유무에 관계없이 '-는 대로'를 쓴다. 단, 'ㄹ' 받침으로 끝날 때는 'ㄹ'이 탈락한다.

예) 씻- + -는 대로 → 씻는 대로　　읽- + -는 대로 → 읽는 대로
먹- + -는 대로 → 먹는 대로　　보- + -는 대로 → 보는 대로
가- + -는 대로 → 가는 대로　　사- + -는 대로 → 사는 대로
살- + -는 대로 → 사는 대로　　놀- + -는 대로 → 노는 대로
만들- + -는 대로 → 만드는 대로

①	받침 ○, ×	+ -는 대로	씻는 대로, 읽는 대로, 먹는 대로, 보는 대로, 가는 대로, 사는 대로
	ㄹ 받침	+ -는 대로 (어간 'ㄹ' 탈락)	사는 대로, 노는 대로, 만드는 대로

+ '-는 대로'는 동사 어간의 받침 유무에 상관없이 형태가 달라지지 않는다. 다만 'ㄹ' 받침으로 끝나는 동사의 경우는 'ㄹ'이 탈락함에 주의한다.

② 형용사 어간의 끝음절에 받침이 있으면 '-은 대로'를 쓴다.

예) 작- + -은 대로 → 작은 대로　　많- + -은 대로 → 많은 대로
짧- + -은 대로 → 짧은 대로　　높- + -은 대로 → 높은 대로
좋- + -은 대로 → 좋은 대로　　맑- + -은 대로 → 맑은 대로

③ 형용사 어간의 끝음절에 받침이 없거나 'ㄹ' 받침으로 끝나면 '-ㄴ 대로'를 쓴다.

예) 크- + -ㄴ 대로 → 큰 대로　　　　예쁘- + -ㄴ 대로 → 예쁜 대로
싸- + -ㄴ 대로 → 싼 대로　　　　깨끗하- + -ㄴ 대로 → 깨끗한 대로
길- + -ㄴ 대로 → 긴 대로　　　　멀- + -ㄴ 대로 → 먼 대로

②	받침 ○	+ -은 대로	작은 대로, 많은 대로, 짧은 대로, 높은 대로, 좋은 대로, 많은 대로
③	받침 ×	+ -ㄴ 대로	큰 대로, 예쁜 대로, 싼 대로, 깨끗한 대로
	ㄹ 받침	+ -ㄴ 대로(어간 'ㄹ' 탈락)	긴 대로, 먼 대로

+ '-은 대로'는 형용사 어간의 받침 유무에 따라 형태가 달라지며, 특히 'ㄹ' 받침으로 끝나는 형용사의 경우는 'ㄹ'이 탈락하고 '-ㄴ 대로'가 결합한다. '길은 대로, 멀은 대로'처럼 쓰지 않도록 주의한다.

④ 불규칙

춥-　예) 추우면 **추운 대로** 여행하는 재미가 있어요.

짓-　예) 내가 밥을 하면 엄마가 **지은 대로** 되지 않는다.

하얗-　예) 피부가 하야면 **하얀 대로** 까마면 까만 대로 각각 장점이 있다.

⑤ '있다, 없다'나 '있다, 없다'가 붙어서 만들어진 합성어 '재미있다, 재미없다, 맛있다, 맛없다' 등의 형용사는 '-는'을 붙여 쓴다.

예) 나는 책 읽는 걸 좋아해서, 책이 재미가 없어도 **재미없는 대로** 끝까지 읽는 편이다.
맛없으면 **맛없는 대로** 먹으면 되니까, 걱정하지 마세요.

문장 구성 정보

① 앞 절과 뒤 절의 주어가 같거나 달라도 된다.

예) (내가) 한국어를 **공부한 대로** (내가) 영어 공부도 해 볼 거예요.
네가 **공부하는 대로** 나도 공부해 봤더니 한국어를 잘할 수 있게 됐어.
왕밍이 **공부한 대로** 흐엉도 한국어를 공부해 봤지만 왕밍처럼 한국어를 잘할 수 없었다.

+ 첫 예문의 앞 절과 뒤 절의 주어는 화자이고, 동일하다. 이때 주어는 구어에서는 주로 생략된다. 두 번째 예문의 앞 절은 '너', 즉 청자가 주어이며, 뒤 절은 화자인 '나'가 주어이다. 세 번째 예문은 앞 절과 뒤 절의 주어가 다르다. 이처럼 '-는 대로'로 연결되는 두 문장의 주어는 같아도 되고 달라도 된다.

② 앞 절과 뒤 절의 시제가 같거나 달라도 된다.

예) 네가 **일하는 대로** 나도 일한다.
네가 **일하는 대로** 나도 일했다.
네가 **일하는 대로** 나도 일할 것이다.
네가 **일한 대로** 나도 일한다.
네가 **일한 대로** 나도 일했다.
네가 **일한 대로** 나도 일할 것이다.

③ 과거는 '-은/ㄴ 대로'의 형태로 사용된다.

예) 내가 **기다린 대로** 너는 기다릴 수 없을 거야.
줄리아 씨가 **참은 대로** 흐엉 씨도 참아 보세요.
작년에 제주도 여행을 와서 **다닌 대로** 똑같이 다녀 보자.
선생님이 **말씀하신 대로** 말해 줄 수 있어요?

제약 정보

① 과거 '-었-', 미래 · 추측의 '-겠-'과 결합하지 않는다.

예) 영수가 **알았는 대로** 나도 알았어. (x)
수지가 **피곤했는 대로** 나도 피곤해. (x)
영수가 **알겠는 대로** 나도 알았어. (x)
수지가 **피곤하겠는 대로** 나도 피곤해. (x)

② 앞 절에 부정 표현이 올 수 없다.

예) 영수가 돈을 **쓰지 않는 대로** 나도 돈을 쓰지 않을 거야. (x)
영수가 돈을 **안 쓰는 대로** 나도 돈을 안 쓸 거야. (x)
수지가 **자지 않는 대로** 나도 자지 않았다. (x)
수지가 **안 자는 대로** 나도 안 잤더니 피곤해. (x)

확장

① '-을 대로'의 구성으로 관용적으로 사용하기도 한다.

예) 저도 **참을 대로** 참았어요.
저도 나이 **먹을 대로** 먹었는데, 왜 저한테 반말을 쓰세요?
한국에서 10년이나 살았더니 이제 한국에 대해서 **알 대로** 안다.
한때는 돈을 **쓸 대로** 다 써 본 적이 있었다.
네가 **좋을 대로** 해.
그는 **될 대로** 되라는 식의 책임감 없는 태도를 보였다.

+ '-을 대로'와 결합하는 동사가 뒤 절에 반복되는 형태로, 어떤 것에 대한 행위가 충분하며 충분한 능력이 있음을 나타내고, '-을 만큼'으로 바꿔 쓸 수 있다.

② 명사와 함께 쓰여 앞 말에 근거하거나 달라짐이 없음을 나타낼 수 있다. 이때 '대로'는 조사로 명사에 붙여 쓴다.

예) 엄마 말**대로** 되면 좋겠다.
거짓말 하지 말고 사실**대로** 말해라.
모든 일이 네 생각**대로** 되지는 않을 거야.
선생님께서 성적**대로** 자리를 정해 주셨다.

+ 이때 '대로'는 '만큼'의 의미를 나타내지는 않음에 주의한다.

예) 작년의 더위**대로** 올해도 덥다. (x)
줄리아의 성공**대로** 나도 성공하고 싶다. (x)
노력**대로** 확실한 성공의 방법은 없다. (x)

③ '-던 대로', '-었던 대로'로 과거를 나타낼 수 있다.

예) 언니가 열심히 **공부하던 대로/공부했던 대로** 나도 할 수 있을까?
엄마가 **챙겨주시던 대로/챙겨주셨던 대로** 아빠도 우리를 챙겨주셨다.
열심히 공부하면 **바라던 대로/바랐던 대로** 시험에 합격할 수 있겠어요.
놀이동산에 사람이 많았지만 **많았던 대로** 재미있었다.

④ 형용사와 결합할 때 '-은 대로' 앞에 결합된 형용사가 반복하여 나타나기도 한다.

예) 기분이 나빠도 **나쁜 대로** 참고 있을 수밖에 없었다.
넓은 방은 **넓은 대로** 청소하기 힘들 것 같고, 좁은 방은 **좁은 대로** 답답할 것 같아서 걱정이에요.
저는 밥이 맛없으면 **맛없는 대로** 맛있으면 **맛있는 대로** 잘 먹어요.
농구가 재미없어도 **재미없는 대로** 볼 만하지 않아요?

+ '-으면 -은 대로', '-어도 -은 대로', '-은 사람은 -은 대로' 등의 구성으로 자주 쓰인다.

이렇게 도입해 보세요

(1) 교사: (그림을 그리며) 뭘 그린 것 같아요?
학생: 나무요.
교사: 왕밍 씨, 앞에 나와서 선생님이 그린 그림을 똑같이 따라 그려 보세요.
학생: 네.
교사: 왕밍 씨가 선생님의 그림을 똑같이 따라 그렸어요. 선생님이 **그리는 대로** 왕밍 씨가 그림을 그렸어요.

(2) 교사: 여러분 졸려요? (기지개를 펴며) 저를 따라해 보세요. 선생님이 한 동작을 따라 하니 어때요?
학생: 졸리지 않아요.
교사: 선생님이 한 동작을 따라 하니 졸리지 않아요. 선생님이 **한 대로** 하니 졸리지 않아요.

(3) 교사: 여러분, 떡볶이 좋아해요?
학생: 네.
교사: 떡볶이 맵지 않아요? 매운데 괜찮아요?
학생: 맵지만 괜찮아요. 매워도 맛있어요.
교사: 맵지만 괜찮아요. 매워도 맛있어요. 떡볶이는 맵지만 **매운 대로** 괜찮아요. **매운 대로** 맛있어요.

+ (1)과 (2)는 동사와 결합하는 '-는 대로1)'과 관련한 제시이다. (1)은 교사가 그린 그림을 보고 똑같이 그리도록 하여 사물의 모양을 따라 만들어 내도록 하는 것이다. 이에 비해 (2)는 교사의 동작을 똑같이 따라하도록 하였다. 이러한 활동을 통해 '-는 대로1)'의 동작을 따라 한다는 의미를 이해하도록 할 수 있다.

+ (3)은 형용사와 결합하는 '-는 대로1)'과 관련한 제시이다. 형용사와 결합하여 '현재의 상태와 같은 모양 그대로'라는 의미를 이해할 수 있도록 떡볶이가 맵지만, 매워도 매운 상태 그대로 먹을 수 있고, 맛있다는 상황을 통하여 '-는 대로1)'의 의미를 이해하도록 도울 수 있다.

-는 대로2) (동사에 붙어) 앞 절의 행위가 끝나고 곧바로 다음 행위를 한다는 의미를 나타낼 때 사용한다.

예문

(1) 가: 혹시 이 자리에 있던 가방 못 보셨어요?
나: 가방 놓고 가셨어요? 여기서 못 본 것 같은데요.
가: 그래요? 분명히 여기에다 놓고 간 것 같거든요. 혹시 청소하시다가 찾게 되면 이 번호로 연락 좀 주시겠어요?
나: 네, 그럴게요. 가방을 찾게 되면 **찾는 대로** 바로 알려 드릴게요.

(2) 가: 수지 씨, 왕밍 씨가 요즘 연락이 안 돼요.
나: 왕밍 씨는 고향에 갔는데, 몰랐어요?
가: 그래요? 저는 고향에 간 것도 모르고 매일 전화가 안 돼서 걱정했네요. 방학 과제 하려면 왕밍 씨한테 빌려준 책이 꼭 필요하기도 하고요.
나: 왕밍 씨가 다음 주쯤에 온다고 했으니까 **도착하는 대로** 연락해 보라고 할게요.

수업을 **마치는 대로** 집에 가야 해요.
고향 소식을 **듣는 대로** 저에게도 알려 주세요.
저녁 **먹는 대로** 쇼핑하러 갈까요?
영수가 **들어오는 대로** 연락드릴게요.
학교를 **졸업하는 대로** 결혼하고 싶어요.
방학이 **시작되는 대로** 여행을 떠날 거예요.
비가 **그치는 대로** 집에 돌아가겠습니다.
전화를 **받는 대로** 저한테 알려주시면 감사하겠습니다.
한국어 시험에 **합격하는 대로** 대학 입학 준비를 할 거예요.
돈이 **생기는 대로** 빌린 돈을 먼저 갚을 거예요.

+ '-는 대로2)'는 앞 절의 행위가 끝나는 그 시간을 의미한다. '전화를 받는 대로 저한테 알려 주시면 감사하겠습니다.'는 전화를 받으면 곧바로 알려 달라는 의미이다. '수업을 마치는 대로 집에 가야 해요.'는 수업을 마치자마자 바로 집에 가야 한다는 의미이다. '고향 소식을 듣는 대로 저에게도 알려 주세요.'는 고향 소식을 들으면 바로 알려 달라는 의미이다. 이처럼 '-는 대로2)'는 '어떤 일이 끝나자마자'의 의미로 사용된다.

형태 정보

① 동사 어간 끝음절의 받침 유무에 관계없이 '-는 대로'를 쓴다. 단, 'ㄹ' 받침으로 끝날 때는 'ㄹ'이 탈락한다.

예) 씻- + -는 대로 → 씻는 대로
먹- + -는 대로 → 먹는 대로
가- + -는 대로 → 가는 대로
불- + -는 대로 → 부는 대로
읽- + -는 대로 → 읽는 대로
보- + -는 대로 → 보는 대로
만들- + -는 대로 → 만드는 대로
열- + -는 대로 → 여는 대로

①	받침 ○, ×	+ -는 대로	씻는 대로, 읽는 대로, 먹는 대로, 보는 대로, 가는 대로
	ㄹ 받침	+ -는 대로 (어간 'ㄹ' 탈락)	만드는 대로, 부는 대로, 여는 대로

+ '-는 대로2)'는 동사 어간의 받침 유무에 상관없이 형태가 달라지지 않는다. 다만 'ㄹ' 받침으로 끝나는 동사의 경우는 'ㄹ'이 탈락함에 주의한다.

+ '-는 대로1)'과 달리 형용사와는 결합하지 않음에 주의한다.

문장 구성 정보

① 앞 절과 뒤 절의 주어가 같거나 달라도 된다.

예) (내가) 한국어 수업을 **마치는 대로** (내가) 영어 수업을 들을 거예요.
네가 나한테 빌린 돈을 **갚는 대로** (나는) 차를 살 거야.
사람들이 밥을 **먹는 대로** 흐엉이 설거지를 했다.

+ 첫 예문의 앞 절과 뒤 절의 주어는 화자이고, 동일하다. 이때, 주어는 구어에서는 주로 생략된다. 두 번째 예문의 앞 절은 '너', 즉 청자가 주어이며, 뒤 절은 화자인 '나'가 주어이다. 세 번째 예문은 앞 절과 뒤 절의 주어가 다르다. 이처럼 '-는 대로'로 연결되는 두 문장의 주어는 같아도 되고 달라도 된다.

② 앞 절과 뒤 절의 시제가 같거나 달라도 된다.

예) 흐엉 씨가 **오는 대로** 회의를 시작한다.
흐엉 씨가 **오는 대로** 회의를 시작했다.
흐엉 씨가 **오는 대로** 회의를 시작할 것이다.

제약 정보

① 형용사와 결합하지 않는다.

예) 한국어 공부가 **어려운 대로** 영어 공부가 어렵기 시작했다. (x)
머리가 **아픈 대로** 배도 아팠다. (x)
날씨가 **흐린 대로** 비가 내리기 시작했다. (x)
배가 **고픈 대로** 밥을 먹었다. (x)

② 과거 '-었-', 미래 · 추측의 '-겠-'과 결합하지 않는다.

예) 줄리아가 **도착했는 대로** 밥을 먹었다. (x)
흐엉 씨가 **왔는 대로** 회의를 시작했다. (x)
줄리아 씨가 **도착하겠는 대로** 밥을 먹자. (x)
흐엉 씨가 **오겠는 대로** 회의를 시작할 것이다. (x)

③ '-은/ㄴ 대로', '-을 대로'의 형태로 사용되지 않는다.

예) 줄리아가 **도착한 대로** 밥을 먹었다. (x)
흐엉 씨가 **온 대로** 회의를 시작했다. (x)
줄리아 씨가 **도착할 대로** 밥을 먹자. (x)
흐엉 씨가 **올 대로** 회의를 시작할 것이다. (x)

④ 앞 절에 부정 표현이 올 수 없다.

예) 영수가 **도착하지 않는 대로** 전화 주세요. (x)
수지가 **안 자는 대로** 나도 안 잘 거야. (x)
시험이 **안 끝나는 대로** 잠을 잘 거예요. (x)
비가 **그치지 않는 대로** 집에 있을 거야. (x)

+ 행위를 마쳐야 하는 시간적 의미가 있기 때문에 행위 자체를 부정하는 의미와 결합될 수 없다.

확장

① '어떤 동작이 이루어지는 그때'라는 의미가 '어떤 동작이 이루어지는 때마다', '어떤 동작이 나타나는 하나하나'라는 의미로 확장되어 사용된다.

예) **틈나는 대로** 영어 공부를 할 거예요.
용돈을 **받는 대로** 다 써 버리는 편이다.
발길이 **닿는 대로** 가고 싶다.
할머니께서 **주시는 대로** 다 먹다가는 배탈이 나고 말 거예요.

유사 문법

① '-는 대로2)', '-자마자'

<table>
<tr><th>-는 대로2)</th><th>-자마자</th></tr>
<tr><td colspan="2">· 앞 절의 동작이 이루어지고 곧 다음 절의 동작이 일어남을 나타낸다.
예) 도착하는 대로 연락드리겠습니다.
도착하자마자 연락드리겠습니다.</td></tr>
<tr><td>· 앞뒤의 상황이 우연적인 경우에 사용할 수 없다.
예) 집을 나서는 대로 비가 왔다. (x)
수업이 끝나는 대로 전화벨이 울렸다. (x)</td><td>· 앞뒤의 상황이 우연적인 경우에도 사용할 수 있다.
예) 집을 나서자마자 비가 왔다. (o)
수업이 끝나자마자 전화벨이 울렸다. (o)</td></tr>
<tr><td>· 과거 상황에는 잘 쓰이지 않는다.
예) 어제는 집에 들어가는 대로 잤어요. (x)
어제는 밥을 먹는 대로 이를 닦았어요. (x)</td><td>· 과거 상황에서도 많이 쓰인다.
예) 어제는 집에 들어가자마자 잤어요. (o)
어제는 밥을 먹자마자 이를 닦았어요. (o)</td></tr>
</table>

이렇게 도입해 보세요

(1) 교사: 시험이 끝난 후에 첫 번째로 하고 싶은 게 뭐예요?
학생: 자고 싶어요.
교사: 왕밍 씨는 시험이 끝난 후에 첫 번째로 자고 싶어요. 시험이 **끝나는 대로** 자고 싶어요. 흐엉 씨는 시험이 끝난 다음에 뭐 하고 싶어요?
학생: 저는 게임을 하고 싶어요.
교사: 흐엉 씨는 시험이 끝난 후에 바로 게임을 하고 싶어요. 시험이 **끝나는 대로** 게임을 하고 싶어요. '-는 대로'는 어떤 일 다음에 바로 다른 일을 하는 것을 나타낼 때 써요.

(2) 교사: 줄리아 씨, 언제 결혼하고 싶어요?
학생: 취직하게 되면 바로 결혼하고 싶어요.
교사: 줄리아 씨는 취직한 다음에 바로 결혼하고 싶어요. **취직하는 대로** 결혼하고 싶어요. 수지 씨는요?
학생: 저는 돈을 많이 벌면 결혼할 거예요.
교사: 수지 씨는 돈을 많이 벌면 바로 결혼할 거예요. 돈을 많이 **버는 대로** 결혼할 거예요.

+ (1)은 시험이 끝나면 그다음에 무엇을 하고 싶은지에 대해, 즉 뒤 절의 내용에 대해 물어보며 '-는 대로'의 의미를 이해하도록 하고 있다. 이에 비해 (2)는 앞 절에 해당하는 내용을 물어봄으로써 '-는 대로'의 의미를 이해하도록 돕고 있다.

-는 대신에[-은 대신에[1][-ㄴ 대신에[1]]]{-은 대신에[2][-ㄴ 대신에[2]]}

1) 어떤 행위를 다른 행위로 **대체**하거나
2) 어떤 행위에 대해 **보상함**을 나타내는 표현.

-는 대신에1) (동사에 붙어) 앞 절의 행위를 하지 않고 뒤 절의 행위로 대체함을 나타낼 때 사용한다. 구어에서는 '에'를 생략한 '-는 대신'을 더 많이 사용한다.

예문

(1) 가: 왕밍 씨, 어제 뭐 했어요?
나: 쇼핑하러 백화점에 갔어요.
가: 뭐 샀는데요?
나: 모자요. 그런데 너무 비싸서 **사는 대신에** 구경만 하고 왔어요.

(2) 가: 줄리아 씨, 운동하러 갈래요?
나: 네, 좋아요. 줄넘기를 할까요?
가: 저도 하고 싶은데 줄넘기가 없어요.
나: 그럼 줄넘기를 **하는 대신에** 배드민턴을 할까요?
가: 네, 좋아요.

신문이 없어서 신문을 **읽는 대신에** 잡지를 읽었어요.
사람이 많을 것 같아서 도서관에 **가는 대신에** 집에서 공부했어요.
친구에게 말로 **사과하는 대신에** 편지로 사과했어요.
줄리아랑 오늘 못 **만나는 대신에** 내일 만나려고요.
마트에서 **장보는 대신에** 전통 시장에서 장보는 게 어때요?
그녀는 싫다고 **말하는 대신에** 울어 버렸다.
라디오를 **듣는 대신에** 텔레비전을 봤어요.
일요일에 늦잠을 **자는 대신에** 운동을 하기로 했다.
시험을 잘 보려면 새로운 문제를 **풀어 보는 대신에** 틀렸던 문제를 다시 풀어 보는 게 좋습니다.

+ '-는 대신에1)'은 어떤 행위를 하지 않고 그것을 대체하여 다른 행위를 함을 나타내는 표현이다. 앞 절의 내용은 하기로 되어 있거나 해야 하지만 하지 않는 행위가 와야 하고, 뒤 절의 행위는 앞 절의 행위에 상응하여 대체되는 행위가 와야 한다. '신문을 읽는 대신에 잡지를 읽었어요.'는 신문을 읽지 않고 잡지를 읽었다는 것을 의미한다. '도서관에 가는 대신에 집에서 공부했어요.'는 도서관에 가지 않고 그것을 대체하는 장소인 집에서 공부했음을 나타낸다.

+ '-는 대신에'의 '에'를 생략하고 사용하기도 한다. 주로 구어에서 '에'의 생략이 자유롭다.

형태 정보

① 동사 어간 끝음절의 받침 유무에 관계없이 '-는 대신에'를 붙여 쓴다. 단, 'ㄹ' 받침으로 끝날 때는 'ㄹ'이 탈락한다.

예) 씻- + -는 대신에 → 씻는 대신에
먹- + -는 대신에 → 먹는 대신에
가- + -는 대신에 → 가는 대신에
살- + -는 대신에 → 사는 대신에
만들- + -는 대신에 → 만드는 대신에
읽- + -는 대신에 → 읽는 대신에
보- + -는 대신에 → 보는 대신에
사- + -는 대신에 → 사는 대신에
놀- + -는 대신에 → 노는 대신에

①	받침 ○, ×	+ -는 대신에	씻는 대신에, 읽는 대신에, 먹는 대신에, 보는 대신에, 가는 대신에, 사는 대신에
	ㄹ 받침	+ -는 대신에(어간 'ㄹ' 탈락)	사는 대신에, 노는 대신에, 만드는 대신에

+ '-는 대신에'는 동사 어간의 받침 유무에 상관없이 형태가 달라지지 않는다. 다만 'ㄹ' 받침으로 끝나는 동사의 경우는 'ㄹ'이 탈락함에 주의한다.

문장 구성 정보

① 앞 절에 '-는 대신에'의 형태만 올 수 있다. '-ㄴ 대신에, -은 대신에'는 '-는 대신에2)'의 뜻으로만 사용된다. 문장의 시제는 뒤 절에 나타낸다.

예) 노래를 **하는 대신에** 춤을 춰요.
노래를 **하는 대신에** 춤을 췄어요.
노래를 **하는 대신에** 춤을 출 거예요.

② 앞 절과 뒤 절의 주어가 같아도 되고 달라도 된다.

예) 오늘은 (내가) 밥을 **하는 대신에** (내가) 라면을 끓였다.
엄마가 밥을 **하는 대신에** 내가 라면을 끓였다.
왕밍이 밥을 **하는 대신에** 줄리아가 라면을 끓였다.

+ 첫 예문의 앞 절과 뒤 절의 주어는 화자이고, 동일하다. 이때 주어는 구어에서 주로 생략된다. 두 번째 예문의 앞 절은 '엄마'가 주어이며, 뒤 절은 '나', 즉 화자가 주어인 예이다. 이때는 주어의 생략이 불가능하다. 세 번째 예문은 앞 절과 뒤 절의 주어가 다른 예이다. 이처럼 '-는 대신에'로 연결되는 두 문장의 주어는 같아도 되고 달라도 된다.

제약 정보

① 형용사와 결합하지 않는다.

예) 수지는 얼굴이 **예쁜 대신에** 공부를 못해요. ('-는 대신에2)'의 뜻)
이 집은 방이 **좁은 대신에** 방이 더 많아요. ('-는 대신에2)'의 뜻)
이 식당 음식은 **맛있는 대신에** 많이 기다려야 해요. ('-는 대신에2)'의 뜻)
우리 남편은 키가 **큰 대신에** 저는 키가 작아요. ('-는 대신에2)'의 뜻)

② 과거 '-었-', 미래 · 추측의 '-겠-'과 결합하지 않는다.

예) 낮잠을 **잤는 대신에** 밤에 일찍 자겠다. (x)
연극을 **봤는 대신에** 영화를 볼 거예요. (x)
낮잠을 **자겠는 대신에** 밤에 일찍 자겠다. (x)
연극을 **보겠는 대신에** 영화를 볼 거예요. (x)
낮잠을 **자는 대신에** 밤에 일찍 자겠다. (o)
연극을 **보는 대신에** 영화를 볼 거예요. (o)

확장

① 'N+대신에'의 구성으로도 사용된다.

예) 밥 **대신에** 국수를 먹었어요.
연극 **대신에** 영화를 보러 갔어요.
남자친구 **대신에** 과제를 했다.

이렇게 도입해 보세요

(1) 교사: 밥을 먹고 싶어요. 밥이 없어요. 어떻게 해요?
학생: 빵을 먹어요.
교사: 밥을 먹고 싶은데 밥이 없고 빵이 있어요. 밥을 **먹는 대신에** 빵을 먹어요.
학생: 떡을 먹어요.
교사: 밥을 먹고 싶은데 밥이 없고 떡이 있어요. 밥을 **먹는 대신에** 떡을 먹어요.

(2) 교사: 커피를 마시고 싶어요. 커피가 없어요. 어떻게 해요?
학생: 녹차를 마셔요.
교사: 커피를 마시고 싶은데 커피가 없고 녹차만 있어요. 커피를 **마시는 대신에** 녹차를 마셔요.
학생: 우유를 마셔요.
교사: 커피를 마시고 싶은데 커피가 없고 우유만 있어요. 커피를 **마시는 대신에** 우유를 마셔요.

+ (1)과 (2)는 어떤 상황에서 가장 하고 싶은 것을 제시한 뒤, 그것을 할 수 없을 때 어떤 것으로 대신할 수 있을지에 대해 물음으로써 '-는 대신에1)'의 의미를 이해하도록 하고 있다. 그림 카드를 활용하여 대신할 수 있는 항목들을 제시해 주며, 최선의 것이 아닌 어떠한 것을 대체하는 것임을 인식하도록 돕는다. 무엇보다도 앞 절의 행위가 이루어질 수 없음을 강조하여 '-는 대신에2)'의 의미와 구분하도록 하는 게 중요하다.

-는 대신에2) (동사나 형용사, '있다, 없다, 계시다'에 붙어) 앞 절의 행위에 대한 보상을 나타낸다. 앞 절의 행위를 하고 그것을 뒤 절의 행위로 보상함을 나타낼 때 사용한다. 구어에서는 '에'를 생략한 '-는 대신'을 더 많이 사용한다.

예문

(1) 가: 의사 선생님, 제가 요즘 속이 안 좋아요.
나: 식사를 규칙적으로 하나요?
가: 아니요, 요즘 살이 쪄서 저녁을 먹지 않았어요.
나: 그럼 안 돼요. 저녁도 잘 챙겨 먹어야 속이 편안해져요.
가: 속이 편안해지고 살도 뺄 수 있는 방법이 없을까요?
나: 저녁을 좀 일찍 먹으세요. 그리고 저녁을 많이 **먹는 대신에** 운동을 열심히 하세요.

(2) 가: 언니, 내 숙제 좀 도와줄 수 있어?
나: 아니, 나 지금 청소해야 해.
가: 내가 청소 도와줄게.
나: 청소 **도와주는 대신에** 숙제 도와달라는 거지? 그래 좋아.

내가 고기를 **굽는 대신에** 너는 찌개를 끓여라.
늦게까지 **일한 대신에** 월급을 더 받았다.
비가 많이 와서 **습한 대신에** 공기는 맑아졌다.
비싼 옷을 **산 대신에** 신발은 싼 걸 사야겠다.
설거지는 왕밍이 **하는 대신에** 빨래는 내가 할게요.
이 식당은 음식의 양이 **적은 대신에** 가격이 싸다.
우리 집 강아지는 **예쁜 대신에** 말을 잘 안 듣는다.
힘들게 한국어를 **공부한 대신에** 한국어 시험에 합격했다.
수업이 늦게 **끝난 대신에** 쉬는 시간도 뒤로 늦추겠습니다.
낮잠을 **잔 대신에** 밤에 늦게까지 공부할 수 있을 거예요.

+ '-는 대신에2)'는 '-는 대신에1)'이 어떤 행위를 하지 않고 다른 행위로 대체하는 것에 비해, 어떤 행위를 하거나 할 것에 대한 보상적 행위가 뒤 절에 온다. 따라서 '내가 고기를 굽는 대신에 너는 찌개를 끓여라.'는 내가 고기를 구우니까 이에 대한 보상으로 너는 찌개를 끓이라는 의미이다.

+ '-는 대신에2)'는 '-는 대신에1)'과 달리 '-은 대신에'의 형태로 형용사와 결합하며, 또 '-은 대신에'는 동사에 붙어 과거를 나타낸다. '음식의 양이 적은 대신에 가격이 싸다.'는 음식의 양이 적지만 이에 대한 보상으로 가격이 싸다는 것을 의미한다. '낮잠을 잔 대신에 밤에 늦게까지 공부할 수 있을 거예요.'는 낮잠을 자서 공부하지 못한 행위에 대한 보상으로 밤에 잠을 자지 않고 늦게까지 공부할 수 있다는 것을 의미한다.

+ '-는 대신에'의 '에'를 생략하고 사용하기도 한다. 주로 구어에서 '에'의 생략이 자유롭다.

형태 정보

① 동사 어간 끝음절의 받침 유무에 관계없이 '-는 대신에'를 쓴다. 단, 'ㄹ' 받침으로 끝날 때는 'ㄹ'이 탈락한다.

예) 씻- + -는 대신에 → 씻는 대신에
먹- + -는 대신에 → 먹는 대신에
가- + -는 대신에 → 가는 대신에
살- + -는 대신에 → 사는 대신에
만들- + -는 대신에 → 만드는 대신에
읽- + -는 대신에 → 읽는 대신에
보- + -는 대신에 → 보는 대신에
사- + -는 대신에 → 사는 대신에
놀- + -는 대신에 → 노는 대신에

①	받침 ○, ×	+ -는 대신에	씻는 대신에, 읽는 대신에, 먹는 대신에, 보는 대신에, 가는 대신에, 사는 대신에
	ㄹ 받침	+ -는 대신에 (어간 'ㄹ' 탈락)	사는 대신에, 노는 대신에, 만드는 대신에

+ '-는 대신에'는 동사 어간의 받침 유무에 상관없이 형태가 달라지지 않는다. 다만 'ㄹ' 받침으로 끝나는 동사의 경우는 'ㄹ'이 탈락함에 주의한다.

② 형용사 어간의 끝음절에 받침이 있으면 '-은 대신에'를 쓴다.

예) 작- + -은 대신에 → 작은 대신에
짧- + -은 대신에 → 짧은 대신에
좋- + -은 대신에 → 좋은 대신에
많- + -은 대신에 → 많은 대신에
높- + -은 대신에 → 높은 대신에
맑- + -은 대신에 → 맑은 대신에

③ 형용사 어간의 끝음절에 받침이 없거나 'ㄹ' 받침으로 끝나면 '-ㄴ 대신에'를 쓴다.

예) 크- + -ㄴ 대신에 → 큰 대신에
싸- + -ㄴ 대신에 → 싼 대신에
길- + -ㄴ 대신에 → 긴 대신에
예쁘- + -ㄴ 대신에 → 예쁜 대신에
깨끗하- + -ㄴ 대신에 → 깨끗한 대신에
멀- + -ㄴ 대신에 → 먼 대신에

②	받침 ○	+ -은 대신에	작은 대신에, 많은 대신에, 짧은 대신에, 높은 대신에, 좋은 대신에, 맑은 대신에
③	받침 ×	+ -ㄴ 대신에	큰 대신에, 예쁜 대신에, 싼 대신에, 깨끗한 대신에
	ㄹ 받침	+ -ㄴ 대신에 (어간 'ㄹ' 탈락)	긴 대신에, 먼 대신에

+ '-은 대신에'는 형용사 어간의 받침 유무에 따라 형태가 달라지며, 특히 'ㄹ' 받침으로 끝나는 형용사의 경우는 'ㄹ'이 탈락하고 '-ㄴ 대신에'가 결합한다. '길은 대신에, 멀은 대신에'처럼 쓰지 않도록 주의한다.

④ '있다, 없다'나 '있다, 없다'가 붙어서 만들어진 합성어 '재미있다, 재미없다, 맛있다, 맛없다' 등의 형용사는 '-는 대신에'를 쓴다.

예) 음식이 **맛있는 대신에** 너무 비싸요.
이 영화는 **재미있는 대신에** 너무 길어요.

⑤ 불규칙

덥- 예) 날씨가 **더운 대신에** 습하지 않아요.
짓- 예) 건물을 천천히 **지은 대신에** 튼튼합니다.
까맣- 예) 하늘이 **까만 대신에** 별이 잘 보여요.

문장 구성 정보

① 앞 절과 뒤 절의 주어가 같아도 되고 달라도 된다.

예) (나는) 매일 게임을 **하는 대신에** (나는) 공부도 열심히 해요.
수지가 영어를 **가르쳐주는 대신에** (저는) 수지에게 중국어를 가르쳐줄 거예요.
왕밍이 설거지를 **하는 대신에** 줄리아는 빨래를 할 거예요.

+ 첫 예문의 앞 절과 뒤 절의 주어는 화자이고, 동일하다. 이때, 주어는 구어에서 주로 생략된다. 두 번째 예문의 앞 절은 '수지', 뒤 절은 '나', 즉 화자가 주어인 예이다. 이 또한 구어에서 화자가 주어인 경우 생략이 가능하다. 세 번째 예문은 앞 절과 뒤 절의 주어가 다른 예이다. 이처럼 '-는 대신에'로 연결되는 두 문장의 주어는 같아도 되고 달라도 된다.

② 앞 절과 뒤 절의 시제가 같거나 달라도 된다.

예) 거리가 **먼 대신에** 교통이 편리해서 쉽게 갈 수 있어요.
거리가 **먼 대신에** 교통이 편리해서 쉽게 갈 수 있었어요.
거리가 **먼 대신에** 교통이 편리해서 쉽게 갈 수 있을 거예요.
아기가 낮에 잠을 **자는 대신에** 밤에 잠을 안 자요.
아기가 낮에 잠을 **자는 대신에** 밤에 잠을 안 잤어요.
아기가 낮에 잠을 **자는 대신에** 밤에 잠을 안 잘 거예요.

③ 과거는 '-은/ㄴ 대신에'의 형태로 사용되지만, 미래를 나타내는 '-을 대신에'의 형태는 사용되지 않는다.

예) 어제 일찍 **잔 대신에** 일찍 일어나서 공부를 했다. (o)
늦게까지 **공부한 대신에** 늦게 일어났어요. (o)
내일 일찍 **잘 대신에** 일찍 일어나서 공부를 할 거예요. (x)
늦게까지 **공부할 대신에** 늦게 일어날 거예요. (x)

결합어의 품사	시제 및 형태		예문
동사	현재	-는 대신에	라면을 **먹는 대신에** 1시간 동안 운동하기로 약속했다. 게임을 **하는 대신에** TV를 보지 않기로 했다.
	과거	-은 대신에 -ㄴ 대신에	월급을 조금 **받은 대신에** 일도 조금만 했습니다. 비가 **내린 대신에** 공기가 맑아졌다.
형용사	현재	-은 대신에 -ㄴ 대신에	우리 집은 방이 **좁은 대신에** 거실이 넓어요. 날씨가 **흐린 대신에** 춥지는 않아요.

확장

① 동사 및 형용사에 '-었던 대신에', '-던 대신에'가 붙어 과거를 나타낼 수 있다.

예) **아팠던 대신에** 쉴 수 있어서 좋았어요.
길이 **막히던 대신에** 아름다운 경치를 구경할 수 있었다.

이렇게 도입해 보세요

(1) 교사: 드라마를 밤늦게까지 보느라 잠을 많이 못 자요. 어떻게 해요?

학생: 드라마를 조금만 봐요.

교사: 안 돼요. 드라마를 너무 좋아해요. 어쩌지요?

학생: 그러면 낮에 인터넷으로 봐요.

교사: 드라마를 낮에 **보는 대신에** 잠을 많이 자요. '-는 대신에'는 어떤 행위를 해서 이에 대한 보상으로 뒤의 행위를 할 때 사용해요. 여러분들은 공부를 열심히 **하는 대신에** 보람을 느껴요.

(2) 교사: 커피를 마셔요. 잠이 안 와요. 어떻게 해요?

학생: 커피를 적게 마셔요.

교사: 그렇지만 커피를 너무 좋아해요. 커피를 꼭 마셔야 해요. 다른 방법 없어요?

학생: 그러면 커피를 마시고, 잠이 잘 오도록 운동을 많이 해요.

교사: 커피를 **마시는 대신에** 운동도 많이 해요.

+(1)과 (2)는 문제 상황을 제시하여, 그 문제를 해결하기 위한 방법을 학생들에게 들음으로써 '-는 대신에2)'의 의미를 파악하도록 하는 방법이다. 근본적인 문제점을 바꿀 수는 없으며, 그것을 유지하되 문제점을 보완할 수 있는 다른 방법을 제시하도록 유도하여 '-는 대신에2)'가 가지는 보상의 의미를 파악하도록 하는 것이다. 따라서 (1), (2)에서 학생들이 '드라마를 낮에 봐요', '운동을 해요' 등과 같이 근본적인 문제점에 대한 해결 방안을 제시하도록 유도하는 것이 중요하다.

–는 만큼

1) [–은 만큼[1][–ㄴ 만큼[1]]]{–을 만큼[–ㄹ 만큼]} 정도, 수량이 비슷하거나
2) [–은 만큼[2][–ㄴ 만큼[2]]] 근거나 이유를 나타내는 표현.

–는 만큼1) (동사나 형용사, '있다, 없다, 계시다'에 붙어) 뒤 절이 앞 절과 비슷한 정도나 수량임을 나타낸다.

예문

(1) 가: 앤디야, 어디에 가?
나: 도서관에 가서 책 좀 빌려 보려고.
가: 어제도 도서관에 가던데, 앤디 너는 매일 도서관에 가는 것 같아.
나: 도서관에 가서 전공 공부도 하고 책도 읽다 보면 시간이 금방 가거든.
가: 그래? 나도 네가 **다니는 만큼** 도서관에 다니면 공부를 더 잘할 수 있을 텐데.

(2) 가: 왕밍, 이번 시험에서 흐엉이 1등을 했대.
나: 말도 안 돼. 흐엉이 어떻게 1등을 해?
가: 열심히 공부했으니까 1등을 했지. 왜 말이 안 돼?
나: 흐엉이랑 나랑 같이 시험공부를 했어. 나도 흐엉이 **공부한 만큼** 공부했는데 어떻게 흐엉만 1등을 할 수 있어?

(3) 가: 줄리아 씨, 한국 드라마를 좋아해요?
나: 그럼요. 저는 한국 드라마를 정말 좋아해요.
가: 저도요. 그래서 매일 한국 드라마를 봐요.
나: 저는 드라마 대본을 다 **외울 만큼** 많이 봤어요.

용돈을 **받는 만큼** 돈을 쓸 수 있어요.
돈이 **있는 만큼**만 돈을 쓰세요.
수지가 **예쁜 만큼** 수지 동생도 예뻐요?
김치가 **매운 만큼** 비빔밥도 매워요?
손님이 **오는 만큼** 음식을 준비하세요.
제 방이 **작은 만큼** 흐엉 씨 방도 작아요?
제가 **기쁜 만큼** 줄리아 씨도 기쁠 거예요.
밥을 **먹을 만큼**만 먹고 남기세요.
비가 **내릴 만큼**만 내리고 멈추면 좋겠다.
내가 **힘든 만큼** 너도 힘들어 봐야 내 마음을 알 수 있을 거야.

+ '-는 만큼1)'은 어떤 것과 비슷한 정도나 수량이 됨을 나타낸다. '용돈을 받는 만큼 돈을 쓸 수 있어요.'는 받는 용돈의 정도로만 돈을 쓸 수 있다는 의미이다. '손님이 오는 만큼 음식을 준비하세요.'는 음식의 양을 오는 손님의 수와 비례하여 만들라는 의미이다. '내가 힘든 만큼 너도 힘들어 봐야 내 마음을 알 수 있을 거야.'는 상대방이 자신이 힘이 든 정도와 유사한 정도로 힘들어 봐야 한다는 의미이다.

+ '-는 만큼'은 시제에 따라 '-은 만큼, -을 만큼'으로도 사용되며, 형용사와 결합할 때는 '-은 만큼, -ㄴ 만큼'이 결합하여 '작은 만큼, 예쁜 만큼'처럼 사용한다.

형태 정보

① 동사 어간 끝음절의 받침 유무에 관계없이 '-는 만큼'을 쓴다. 단, 'ㄹ' 받침으로 끝날 때는 'ㄹ'이 탈락한다.

예) 씻- + -는 만큼 → 씻는 만큼
먹- + -는 만큼 → 먹는 만큼
가- + -는 만큼 → 가는 만큼
살- + -는 만큼 → 사는 만큼
만들- + -는 만큼 → 만드는 만큼
읽- + -는 만큼 → 읽는 만큼
보- + -는 만큼 → 보는 만큼
사- + -는 만큼 → 사는 만큼
놀- + -는 만큼 → 노는 만큼

①	받침 ○, ×	+ -는 만큼	씻는 만큼, 읽는 만큼, 먹는 만큼, 보는 만큼, 가는 만큼, 사는 만큼
	ㄹ 받침	+ -는 만큼(어간 'ㄹ' 탈락)	사는 만큼, 노는 만큼, 만드는 만큼

+ '-는 만큼'은 동사 어간의 받침 유무에 상관없이 형태가 달라지지 않는다. 다만 'ㄹ' 받침으로 끝나는 동사의 경우는 'ㄹ'이 탈락함에 주의한다.

② 형용사 어간의 끝음절에 받침이 있으면 '-은 만큼'을 쓴다.

예) 작- + -은 만큼 → 작은 만큼
좋- + -은 만큼 → 좋은 만큼
많- + -은 만큼 → 많은 만큼
맑- + -은 만큼 → 맑은 만큼

③ 형용사 어간의 끝음절에 받침이 없거나 'ㄹ' 받침으로 끝나면 '-ㄴ 만큼'을 쓴다.

예) 깨끗하- + -ㄴ 만큼 → 깨끗한 만큼
길- + -ㄴ 만큼 → 긴 만큼
예쁘- + -ㄴ 만큼 → 예쁜 만큼
멀- + -ㄴ 만큼 → 먼 만큼

②	받침 ○	+ -은 만큼	작은 만큼, 많은 만큼, 좋은 만큼, 맑은 만큼
③	받침 ×	+ -ㄴ 만큼	깨끗한 만큼, 예쁜 만큼
	ㄹ 받침	+ -ㄴ 만큼 (어간 'ㄹ' 탈락)	긴 만큼, 먼 만큼

+ '-은 만큼'은 형용사 어간의 받침 유무에 따라 형태가 달라지며, 특히 'ㄹ' 받침으로 끝나는 형용사의 경우는 'ㄹ'이 탈락하고 '-ㄴ 만큼'이 결합한다. '길은 만큼, 멀은 만큼'처럼 쓰지 않도록 주의한다.

④ 불규칙

춥- 예) 중국이 **추운 만큼** 프랑스도 춥니?

짓- 예) 밥을 **지은 만큼** 손님이 오셔서 다행이다.

파랗- 예) 그곳은 하늘이 **파란 만큼** 바다도 파랗다.

⑤ '있다, 없다'나 '있다, 없다'가 붙어서 만들어진 합성어 '재미있다, 재미없다, 맛있다, 맛없다' 등의 형용사는 '-는 만큼'을 쓴다.

예) 저는 커피가 **맛없는 만큼** 녹차도 맛이 없어요.
농구가 **재미있는 만큼** 축구도 재미있어요?

문장 구성 정보

① 앞 절과 뒤 절의 주어가 같거나 달라도 된다.

예) (내가) 커피를 **좋아하는 만큼** (내가) 녹차도 좋아해요.
네가 커피를 **좋아하는 만큼** 나도 커피를 좋아해.
왕밍이 커피를 **좋아하는 만큼** 흐엉도 커피를 좋아한다.

+ 첫 예문의 앞 절과 뒤 절의 주어는 화자이고, 동일하다. 이때 주어는 구어에서는 주로 생략된다. 두 번째 예문의 앞 절은 '너', 즉 청자가 주어이며, 뒤 절은 화자인 '나'가 주어이다. 세 번째 예문은 앞 절과 뒤 절의 주어가 다르다. 이처럼 '-는 만큼'으로 연결되는 두 문장의 주어는 같아도 되고 달라도 된다.

② 앞 절과 뒤 절의 시제가 같거나 달라도 된다.

예) 네가 **일하는 만큼** 나도 일한다.
네가 **일하는 만큼** 나도 일했다.
네가 **일하는 만큼** 나도 일할 것이다.
네가 **일한 만큼** 나도 일한다.
네가 **일한 만큼** 나도 일했다.
네가 **일한 만큼** 나도 일할 것이다.
네가 **일할 만큼** 나도 일한다.
네가 **일할 만큼** 나도 일했다.
네가 **일할 만큼** 나도 일할 것이다.

③ 과거는 '-은/ㄴ 만큼'의 형태로 사용되며, 미래는 '-을 만큼'의 형태로 사용된다.

예) 내가 **기다린 만큼** 너는 기다릴 수 없을 거야.
줄리아 씨가 **참은 만큼** 흐엉 씨도 참아 보세요.
잠을 너무 많이 자는 것보다 **잘 만큼**만 자는 것이 좋다.
도시락은 **먹을 만큼**만 싸 오세요.

④ '-었던 만큼'으로 과거를 나타낼 수도 있으며 동사 및 형용사가 모두 결합할 수 있다. 형용사의 과거에는 '-은'을 사용하지 않으므로 형용사의 과거는 '-었던 만큼'으로 쓴다.

예) 네가 기분 **나빴던 만큼** 나도 그랬어.
작년에 **더웠던 만큼** 올해도 더우면 큰일인데.
언니가 열심히 **공부했던 만큼** 나도 할 수 있을까?
엄마가 **챙겨주셨던 만큼** 아빠도 우리를 챙겨주세요.

결합어의 품사	시제 및 형태		예문
동사	현재	-는 만큼	한국 사람이 매운 음식을 잘 **먹는 만큼** 중국 사람도 매운 음식을 잘 먹는다. 아키코는 한국어를 **잘하는 만큼** 프랑스어도 잘해요.
	과거	-은 만큼 -ㄴ 만큼	흐엉 씨가 **먹은 만큼** 저도 케이크를 먹을 수 있어요. 그 사람을 **사랑한 만큼** 너를 사랑해.
	미래	-을 만큼 -ㄹ 만큼	지갑을 **찾을 만큼** 찾아 봤지만 찾을 수 없었다. 돈을 **쓸 만큼** 다 써 보고 싶다.
형용사	현재	-은 만큼 -ㄴ 만큼	내 방도 네 방이 **넓은 만큼** 넓어. 네 동생도 네가 **똑똑한 만큼** 똑똑하구나.

제약 정보

① 과거 '-었-', 미래 · 추측의 '-겠-'과 결합하지 않는다.

예) 영수가 **알았는 만큼** 나도 알았어. (x)
수지가 **피곤했는 만큼** 나도 피곤해. (x)
영수가 **알겠는 만큼** 나도 알았어. (x)
수지가 **피곤하겠는 만큼** 나도 피곤해. (x)

확장

① '-는 만큼'에 보조사 '은', '만' 등이 붙을 수 있다.

예) 네가 **하는 만큼**은 나도 할 수 있어.
저도 영수가 아르바이트로 **버는 만큼**은 벌 수 있어요.
수업이 늦게 **끝난 만큼**만 쉬는 시간을 더 주세요.

② 'V-을 만큼 V'의 구성으로 관용적으로 사용하기도 한다.

예) 저도 **참을 만큼** 참았어요.
저도 나이 **먹을 만큼** 먹었는데, 왜 저한테 반말을 쓰세요?
한국에서 10년이나 살다 보니 한국에 대해 **알 만큼**은 알고 있다.
한때는 돈도 **쓸 만큼** 다 써 본 적이 있었다.

+ '-을 만큼'과 결합하는 동사가 뒤 절에 반복되는 형태로, 어떤 것에 대한 행위가 충분하며 충분한 능력이 있음을 의미한다.

③ 'N+만큼'으로 명사와 함께 쓰여 앞 말과 비슷한 정도임을 나타낼 수 있다. 이때 '만큼'은 조사로 명사에 붙여 쓴다.

예) 나도 형**만큼** 키가 크고 싶어요.
저도 줄리아 씨**만큼** 공부를 잘하고 싶어요.
오늘도 어제**만큼** 추울 거예요.
노력**만큼** 확실한 성공의 방법은 없다.

이렇게 도입해 보세요

(1) 교사: 줄리아 씨, 하루에 몇 시간 한국어를 공부해요?
학생: 저는 2시간 정도 한국어 공부를 해요.
교사: 흐엉 씨는요?
학생: 저도 2시간 정도 공부해요.
교사: 줄리아 씨가 하루에 2시간 한국어를 공부해요. 흐엉 씨도 하루에 2시간 한국어를 공부해요. 같은 시간 공부해요. 줄리아 씨가 **공부하는 만큼** 흐엉 씨도 공부해요. '-는 만큼'은 비슷한 정도를 말할 때 써요.

(2) 교사: 왕밍 씨의 고향은 날씨가 어때요?
학생: 여름에는 덥고 겨울에 추워요.
교사: 한국과 비교하면 여름에 어디가 더 더워요?
학생: 한국이랑 비슷한 것 같아요.
교사: 한국이 더운 것과 비슷하게 더워요. 한국이 **더운 만큼** 왕밍 씨 고향도 더워요. '-는 만큼'은 비슷한 정도를 말할 때 써요. 그럼 겨울은 어때요? 어디가 더 추워요?
학생: 한국이 더 추운 것 같아요.
교사: 그러면 한국이 추운 것과 왕밍 씨 고향이 추운 것이 비슷하지 않아요. 한국이 더 추워요. 이 경우에는 '한국이 **추운 만큼** 제 고향은 춥지 않아요'라고 말할 수 있어요.

+ (1)은 동사와 결합하는 '-는 만큼1)'로, (2)는 형용사와 결합하는 '-ㄴ/은 만큼1)'로 구성하였다. '-는 만큼1)'은 앞 절과 수량과 정도가 유사하다는 의미이므로 비교할 대상이 필요하다. 따라서 한국과 고향의 날씨를 비교해서 '-는 만큼1)'의 의미를 제시할 수 있겠다. 마찬가지로 학생들끼리 비교할 수 있는 학습 시간을 가지고 '-는 만큼1)'의 의미를 이해하도록 도울 수 있다.

-는 만큼2) (동사나 형용사, '있다, 없다, 계시다'에 붙어) 앞 절이 뒤 절에 대한 근거를 나타낸다.

예문

(1) 가: 수지 씨, 이번 휴가 때 뭐 할 거예요?
나: 여행을 갈까 해요. 영수 씨는 무슨 계획 있어요?
가: 저는 아직 특별한 계획은 없어요. 그런데 여행 갈 장소는 정했어요?
나: 네, 오랜만에 휴가를 **떠나는 만큼** 해외에 가려고요.

(2) 가: 줄리아 씨, 어제 잃어버렸다던 지갑은 찾았어요?
나: 네, 누가 경비실에 맡겨 놓았지 뭐예요.
가: 정말 다행이에요. 저도 얼마나 걱정했는지 몰라요.
나: 고마워요. 흐엉 씨, 오늘 저녁 같이 먹을래요? 지갑도 **찾은 만큼** 오늘 저녁은 제가 살게요.

이 학교에 **다니는 만큼** 학교를 사랑할 거예요.

방이 **작은 만큼** 물건도 별로 없어요.

이 차는 **비싼 만큼** 성능도 좋아요.

시험이 **끝난 만큼** 오늘은 푹 쉬어야겠다.

오늘은 폭우가 **내리는 만큼** 밖에 나가지 맙시다.

오늘은 약속이 **없는 만큼** 집에 일찍 돌아가야겠어요.

한국어가 **어려운 만큼** 다른 것보다 열심히 공부해야 해요.

방학인 만큼 여행도 다니고, 밀린 공부도 하려고요.

한국으로 여행 **온 만큼** 한국에 대해 더 자세히 알고 싶어요.

장학금을 받게 **된 만큼** 열심히 공부할 거예요.

+ '-는 만큼2)'는 뒤 절에 대한 근거를 제시할 때 쓴다. '방이 작은 만큼 물건도 별로 없어요.'는 방이 작기 때문에 물건이 별로 없다는 의미이다. '이 차는 비싼 만큼 성능도 좋아요.'는 차가 비싸니까 성능도 좋다는 의미이다. '오늘은 약속이 없는 만큼 집에 일찍 돌아가야겠어요.'는 약속이 없으므로 집에 일찍 가겠다는 의미이다. 이처럼 '-는 만큼2)'는 '-는 만큼1)'처럼 어떤 내용의 정도를 나타내는 것이 아니라, 어떤 내용의 근거를 나타내는 의미로 사용된다.

+ '-는 만큼2)'는 시제에 따라 '-은 만큼'으로도 사용되며, 형용사와 결합할 때는 '-은 만큼, -ㄴ 만큼'이 결합하여 '작은 만큼, 비싼 만큼'처럼 사용한다.

형태 정보

① 동사 어간 끝음절의 받침 유무에 관계없이 '-는 만큼'을 쓴다. 단, 'ㄹ' 받침으로 끝날 때는 'ㄹ'이 탈락한다.

예) 씻- + -는 만큼 → 씻는 만큼　　읽- + -는 만큼 → 읽는 만큼
먹- + -는 만큼 → 먹는 만큼　　보- + -는 만큼 → 보는 만큼
가- + -는 만큼 → 가는 만큼　　사- + -는 만큼 → 사는 만큼
살- + -는 만큼 → 사는 만큼　　놀- + -는 만큼 → 노는 만큼
만들- + -는 만큼 → 만드는 만큼

①	받침 ○, ×	+ -는 만큼	씻는 만큼, 읽는 만큼, 먹는 만큼, 보는 만큼, 가는 만큼, 사는 만큼
	ㄹ 받침	+ -는 만큼 (어간 'ㄹ' 탈락)	사는 만큼, 노는 만큼, 만드는 만큼

+ '-는 만큼'은 동사 어간의 받침 유무에 상관없이 형태가 달라지지 않는다. 다만 'ㄹ' 받침으로 끝나는 동사의 경우는 'ㄹ'이 탈락함에 주의한다.

② 형용사 어간의 끝음절에 받침이 있으면 '-은 만큼'을 쓴다.

예) 작- + -은 만큼 → 작은 만큼　　많- + -은 만큼 → 많은 만큼
좋- + -은 만큼 → 좋은 만큼　　맑- + -은 만큼 → 맑은 만큼

③ 형용사 어간의 끝음절에 받침이 없거나 'ㄹ' 받침으로 끝나면 '-ㄴ 만큼'을 쓴다.

예) 깨끗하- + -ㄴ 만큼 → 깨끗한 만큼　　예쁘- + -ㄴ 만큼 → 예쁜 만큼
길- + -ㄴ 만큼 → 긴 만큼　　멀- + -ㄴ 만큼 → 먼 만큼

②	받침 ○	+ -은 만큼	작은 만큼, 많은 만큼, 좋은 만큼, 맑은 만큼
③	받침 ×	+ -ㄴ 만큼	깨끗한 만큼, 예쁜 만큼
	ㄹ 받침	+ -ㄴ 만큼 (어간 'ㄹ' 탈락)	긴 만큼, 먼 만큼

+ '-은 만큼'은 형용사 어간의 받침 유무에 따라 형태가 달라지며, 특히 'ㄹ' 받침으로 끝나는 형용사의 경우는 'ㄹ'이 탈락하고 '-ㄴ'이 결합한다. '길은 만큼, 멀은 만큼'처럼 쓰지 않도록 주의한다.

문장 구성 정보

① 과거는 '-은/ㄴ 만큼'의 형태로 사용되지만, 미래를 나타내는 '-을 만큼'의 형태는 사용되지 않는다.

예) 열심히 **준비한 만큼** 이번 시험은 합격하게 될 거예요.
줄리아 씨가 진심으로 **사과한 만큼** 흐엉 씨도 화가 풀릴 거예요.
그렇게 열심히 **공부할 만큼** 시험이 어려울까요? ('-는 만큼1)'의 뜻)
커피를 5잔이나 **마실 만큼** 졸려요? ('-는 만큼1)'의 뜻)

② '-었던 만큼'으로 과거를 나타낼 수도 있으며 동사 및 형용사가 모두 결합할 수 있다. 형용사의 과거에는 '-은'을 사용하지 않으므로 형용사의 과거는 '-었던 만큼'으로 쓴다.

예) 어제는 엄마가 기분이 **좋으셨던 만큼** 나를 혼내지 않으셨다.
작년에는 너무 **더웠던 만큼** 올해는 덥지 않았으면 좋겠어요.
열심히 **공부했던 만큼** 시험도 잘 볼 수 있을 거예요.
그동안 **어려웠던 만큼** 이제는 좋은 일만 생길 거예요.

확장

① '-는 만큼2)'에 보조사 '은', '만' 등이 붙을 수 없다.

예) 요즘 날씨가 **추운 만큼** 건강 챙기시기 바랍니다. (o)
요즘 날씨가 **추운 만큼**은 건강 챙기시기 바랍니다. (x)
수업이 늦게 **끝난 만큼** 빨리 집에 가고 싶어요. (o)
수업이 늦게 **끝난 만큼**만 빨리 집에 가고 싶어요. (x)

이렇게 도입해 보세요

(1) 교사: 오늘은 금요일이에요. 수업 후에 뭐 할 거예요?

학생: 내일 학교에 안 와요. 그래서 집에 가서 실컷 잘 거예요.

교사: 흐엉 씨는 내일 학교에 안 **오는 만큼** 집에 가서 실컷 잘 거예요. 선생님도 내일 출근을 안 하니까 오늘 친구를 만나 늦게까지 놀 거예요. 내일 출근을 안 **하는 만큼** 오늘 늦게까지 놀 거예요.

(2) 교사: 지난 주말에 날씨가 정말 좋았는데 뭐 했어요?

학생: 한강에 가서 자전거를 탔어요.

교사: 날씨가 정말 좋아서 한강에 가서 자전거를 탔어요. 날씨가 **좋은 만큼** 한강에 가서 자전거를 탔어요. 줄리아 씨는 주말에 뭐 했어요?

학생: 저는 밀린 빨래를 했어요.

교사: 줄리아 씨는 날씨가 좋아서 밀린 빨래를 했어요. 날씨가 **좋은 만큼** 밀린 빨래를 했어요. '-는 만큼'은 어떤 이유를 나타낼 때 써요.

+ (1)은 동사와 결합하는 예를 보여 주고 (2)는 형용사와 결합하는 예를 보여 준다. 이유나 근거를 가지고 이야기할 수 있는 주제를 도입하여 '-는 만큼2)'의 의미를 파악할 수 있도록 한다. (1)의 경우 금요일인 상황으로 한정하여 예시를 제시하였으나, 상황에 맞게 특정한 휴일이 있거나, 휴일이 아닌 평일로 바꾸어 활용할 수 있다.

–는 바람에

부정적인 결과에 대한 **원인이나 까닭**을 나타내는 표현.

–는 바람에 (동사에 붙어) 앞 절의 어떤 원인이나 까닭에 의한 부정적인 결과 또는 예상치 못한 결과가 뒤 절에 나올 때 사용한다. 주로 부정적인 결과의 원인이나 이유를 나타낸다.

예문

(1) 가: 줄리아 씨, 어제 달리기 대회에서 1등 하셨지요?
나: 아뇨, 1등을 못했어요.
가: 왜요? 줄리아 씨가 제일 유력한 1위 후보였잖아요.
나: 뛰다가 **넘어지는 바람에** 1등을 못했어요.

(2) 가: 수지야, 왜 이렇게 늦게 왔어?
나: 정말 미안해.
가: 선생님도 일찍 오셔서 아까부터 기다리셨어.
나: 일찍 오려고 했는데 은행에 **들르는 바람에** 좀 늦었어. 기다리는 사람이 좀 많았거든.

방학 동안 계절학기 수업을 **듣는 바람에** 여행을 못 갔어요.

텔레비전을 3시간이나 **보는 바람에** 숙제를 못 했어요.

스파게티를 **만드는 바람에** 부엌이 엉망이 됐어요.

어제 저녁 마트가 문을 **닫는 바람에** 우유를 못 샀어요.

비싼 옷을 **사는 바람에** 용돈이 다 떨어졌어요.

갑자기 비가 **내리는 바람에** 등산을 하지 못했어요.

어제 술을 많이 **마시는 바람에** 친구와의 약속을 잊어버렸어요.

손님들이 너무 많이 와 **계시는 바람에** 밖으로 나갈 수가 없었어요.

휴대폰을 **잃어버리는 바람에** 전화할 수가 없었어요.

제가 약속을 **어기는 바람에** 미도리 씨가 화가 났어요.

+ '-는 바람에'는 부정적 결과에 대한 원인을 나타내는 표현이다. 위의 두 대화는 이루고자 하는 일이 있었는데 어떤 원인으로 인하여 그것을 이루지 못한 상황으로 부정적 결과에 대한 원인을 '-는 바람에'를 통하여 나타내고 있다. 앞 절의 내용 자체가 부정적인 상황도 있고 부정적이라고 보기 어려운 상황도 있는데 둘 다 부정적 결과에 영향을 끼쳤기 때문에 '-는 바람에'를 사용할 수 있다.

형태 정보

① 동사 어간 끝음절의 받침 유무에 관계없이 '-는 바람에'를 붙여 쓴다. 단, 'ㄹ' 받침으로 끝날 때는 'ㄹ'이 탈락한다.

예) 씻- + -는 바람에 → 씻는 바람에
먹- + -는 바람에 → 먹는 바람에
가- + -는 바람에 → 가는 바람에
팔- + -는 바람에 → 파는 바람에
만들- + -는 바람에 → 만드는 바람에
읽- + -는 바람에 → 읽는 바람에
보- + -는 바람에 → 보는 바람에
사- + -는 바람에 → 사는 바람에
놀- + -는 바람에 → 노는 바람에

①	받침 ○, ×	+ -는 바람에	씻는 바람에, 읽는 바람에, 먹는 바람에, 보는 바람에, 가는 바람에, 사는 바람에
	ㄹ 받침	+ -는 바람에 (어간 'ㄹ' 탈락)	파는 바람에, 노는 바람에, 만드는 바람에

문장 구성 정보

① 앞 절과 뒤 절의 주어가 같아도 되고 달라도 된다.

예) (내가) 12시까지 드라마를 **보는 바람에** (내가) 늦잠을 잤어요.
비가 **오는 바람에** (내가) 산책을 할 수 없다.
왕밍이 약속을 **어기는 바람에** 줄리아가 화가 났어요.

+ 첫 예문의 앞 절과 뒤 절의 주어는 화자이고 동일하다. 이때 주어는 구어에서는 주로 생략된다. 두 번째 예문의 주어는 앞 절은 '비'이고, 뒤 절은 '나', 즉 화자가 주어인 예이다. 이 또한 구어에서 화자가 주어인 경우 생략이 가능하다. 세 번째 예문은 앞 절과 뒤 절의 주어가 다른 예이다. 이처럼 '-는 바람에'로 연결되는 두 절의 주어는 같아도 되고 달라도 된다.

② 뒤 절의 내용, 즉 결과에 해당하는 내용이 주로 부정적이다. 때때로 예상치 못한 결과가 생길 때도 사용한다.

예)

(긍정적 원인) 일찍 **일어나는 바람에**	+	피곤했어요. (부정적 결과)	(o)
(부정적 원인) 늦게 **일어나는 바람에**		오늘도 지각을 했어요. (부정적 결과)	

(부정적 원인) 회사에 **지각하는 바람에**	+	그 사람을 만날 수 있었다. (예상치 못한 긍정적 결과)	(o)

+ 앞 절의 내용 자체가 반드시 부정적이어야 하는 것은 아니다. 즉 앞 절의 내용이 긍정적일 수 있지만 그것이 뒤 절의 결과에 부정적인 영향을 주어야 함에 주의한다.

+ 예상치 못한 결과를 가져올 때, 즉, 부정적 원인이 있었음에도 의외의 긍정적 결과가 생긴 경우에도 사용할 수 있다. 부정적 원인으로 인해 부정적 결과가 아니라 의외의 긍정적 결과가 생긴 상황을 강조하기 위해 '-는 바람에'를 사용한다.

③ 연결 기능만 하고 종결의 기능으로는 사용할 수 없다.

예) 지각을 하게 된 것은 버스가 늦게 도착하는 바람이다. (x)
휴대폰이 고장이 난 것은 휴대폰을 떨어뜨리는 바람이다. (x)

제약 정보

① 형용사와 결합하지 않는다.

예) 비행기에서 자리가 **불편한/불편하는 바람에** 피곤해요. (x)
시험이 **어려운/어렵는 바람에** 성적이 떨어졌어요. (x)

+ 형용사와 결합한다면 '-은 바람에'가 결합하여 '불편한 바람에, 어려운 바람에'와 같이 사용해야 하나 형용사와의 결합이 아예 불가능하다.

② 과거 '-었-', 미래 · 추측의 '-겠-'과 결합하지 않는다.

예) 일찍 **잤는 바람에** 축구 경기를 못 봤어요. (x)
일찍 **자겠는 바람에** 축구 경기를 못 볼 것 같아요. (x)
요즘 일찍 **자는 바람에** 축구 경기를 못 봐요. (o)

+ 의미 용법이 유사한 '-는 탓에'와 달리 '-는 바람에'는 '-은/ㄴ 바람에'의 형태로 사용되지 않는다.

③ 뒤 절에 청유문이나 명령문이 올 수 없다.

예) 배가 **고픈 바람에** 밥을 먹자/먹읍시다/먹을래요?/먹을까요?/먹는 건 어때요? (x)
배가 **고픈 바람에** 밥을 먹어라/먹어/먹어요. (x)

④ '-는 바람에' 뒤 절은 현재와 과거만 올 수 있고 미래 시제는 올 수 없다.

예) 아이가 **우는 바람에** 잠을 자기 어려워요. (o)
아이가 **우는 바람에** 잠을 자기 어려웠어요. (o)
아이가 **우는 바람에** 잠을 자기 어려울 거예요. (x)

확장

① '-는 바람에'의 조사 '에'를 생략할 수 없다.

예) 버스가 늦게 **도착하는 바람** 지각을 하게 됐어요. (x)
버스가 늦게 **도착하는 바람에** 지각을 하게 됐어요. (o)
사고가 **나는 바람** 회의에 참석하지 못했어요. (x)
사고가 **나는 바람에** 회의에 참석하지 못했어요. (o)

유사 문법

① '-는 바람에', '-는 탓에', '-기 때문에', '-는 통에'

-는 바람에	-는 탓에	-기 때문에	-는 통에
· 어떤 일의 이유나 원인이라는 의미를 나타낸다.			
· 과거 '-었-'과 결합하지 않는다. 예) 비가 **왔는 바람에** 여행을 취소했다. (x)	· 과거 '-었-'과 결합하지 않는다. 예) 비가 **왔는 탓에** 여행을 취소했다. (x)	· 과거 '-었-'과 결합한다. 예) 비가 **왔기 때문에** 여행을 취소했다. (o)	· 과거 '-었-'과 결합하지 않는다. 예) 비가 **왔는 통에** 여행을 취소했다. (x)
· '-은 바람에'로 사용하지 않는다. 예) 비가 **온 바람에** 여행이 취소됐다. (x)	· '-은 탓에'로 사용한다. 예) 비가 **온 탓에** 여행이 취소됐다.	· 과거는 '-(었)기 때문에'로 표현한다. 예) 비가 **왔기 때문에** 여행을 취소했다. (o)	· '-은 통에'로 사용한다. 예) 비가 **온 통에** 여행이 취소됐다.
· 주로 앞 절의 내용이 뒤 절의 부정적 결과에 영향을 끼친다. 부정적 원인이 있었음에도 의외의 긍정적 결과가 생긴 경우에도 사용할 수 있다. 예) 비가 **오는 바람에** 여행을 갈 수 없다. (o) 예) 기차가 늦게 **오는 바람에** 기차를 탈 수 있었다. (o)	· 앞 절의 내용이 뒤 절의 부정적 결과에 영향을 끼쳐야 한다. 예) 비가 **오는 탓에** 여행을 갈 수 없다. (o) 예) 기차가 늦게 **온 탓에** 기차를 탈 수 있었다. (x)	· 앞 절과 뒤 절의 내용이 긍정적·부정적인 것과 상관이 없다. 예) 비가 **오기 때문에** 여행을 갈 수 있다. (o) 예) 기차가 늦게 **왔기 때문에** 기차를 탈 수 있었다. (o)	· 앞 절의 내용이 뒤 절의 부정적 결과에 영향을 끼쳐야 한다. 예) 비가 **오는 통에** 여행을 갈 수 없다. (o) 예) 기차가 늦게 **오는 통에** 기차를 탈 수 있었다. (x)

+ 과거를 나타낼 때는 각각 '-는 바람에', '-은 탓에', '-(었)기 때문에', '-은 통에'로 쓴다.

예) 비가 **오는 바람에** 여행이 취소됐다.
비가 **온 탓에** 여행이 취소됐다.
비가 **왔기 때문에** 여행이 취소됐다.
비가 **온 통에** 여행이 취소됐다.

+ '-는 바람에', '-는 탓에', '-기 때문에', '-는 통에' 모두 뒤 절에 청유문이나 명령문이 올 수 없다.

예) 비가 **오는 바람에** 여행을 취소하자. (x)
비가 **오는 탓에** 여행을 취소하자. (x)
비가 **오기 때문에** 여행을 취소하자. (x)
비가 **오기 통에** 여행을 취소하자. (x)

+ '-는 탓에'와 '-기 때문에'는 '-는 탓이다, -는 탓으로, N 탓에', '-기 때문이다, -기 때문으로, N 때문에'의 구성으로 쓸 수 있는 데 비해 '-는 바람에'와 '-는 통에'는 '-는 바람이다(-는 통이다)', '-는 바람으로(-는 통으로)', 'N 바람에(N 통으로)'의 구성으로 쓸 수 없다.

② '-는 바람에', '-는 덕분에'

-는 바람에	-는 덕분에
· 어떤 일의 이유나 원인이라는 의미를 나타낸다.	
· 앞 절이 뒤 절에 주로 부정적 영향을 끼친다. 예) 비가 **오는 바람에** 여행이 취소됐다. (o) 비가 **오는 바람에** 가뭄이 해소됐다. (x)	· 앞 절이 뒤 절에 긍정적 영향을 끼친다. 예) 바람이 **부는 덕분에** 더웠던 날씨가 시원해졌다. (o) 바람이 **부는 덕분에** 날씨가 더 추워졌다. (x)
· 과거의 일에도 '-는 바람에'를 사용한다. 예) 늦게 **일어나는 바람에** 지각을 했다. (o) 늦게 **일어난 바람에** 지각을 했다. (x)	· 과거의 일에는 '-은 덕분에'를 사용한다. 예) 일찍 **잔 덕분에** 일찍 일어났다. (o)
· 'N 바람에'의 구성으로 사용할 수 없다. 예) **태풍 바람에** 여행이 취소됐다. (x)	· 'N 덕분에'의 구성으로 사용할 수 있다. 예) **네 덕분에** 일찍 일어났어. (o)

+ '-는 바람에', '-는 덕분에'는 모두 과거 '-었-'과 결합하지 않으며 뒤 절에 청유문이나 명령문이 올 수 없다.

예) 비가 **왔는 바람에** 여행을 취소했다. (x) 비가 **왔는 덕분에** 여행을 취소했다. (x)
비가 **오는 바람에** 여행을 취소하자. (x) 비가 **오는 덕분에** 여행을 취소하자. (x)

이렇게 도입해 보세요

(1) 교사: 누가 오늘 지각을 했어요?
학생: 제가 지각을 했어요. 늦게 일어나서요.
교사: 왕밍 씨가 늦게 일어나서 지각을 했어요. 늦게 **일어나는 바람에** 지각을 했어요. 또 누가 지각을 했어요?
학생: 저는 버스를 잘못 타서 늦었어요.
교사: 미도리 씨는 버스를 잘못 타서 늦었어요. 버스를 잘못 **타는 바람에** 늦었어요. '-는 바람에'는 좋지 않은 일이 일어났을 때 그 이유를 설명할 때 써요.

(2) 교사: 어제 비가 왔어요. 비가 와서 어땠어요?
학생: 비가 와서 시원했어요.
교사: 네, 수지 씨는 비가 와서 시원했어요. 좋았겠어요. 미도리 씨는요?
학생: 저는 싫었어요. 비가 와서 빨래를 하지 못했어요.
교사: 미도리 씨는 비가 **오는 바람에** 빨래를 하지 못했어요. 그래서 싫었어요.

+ (1)은 학생들에게 부정적인 영향을 끼친 일을 생각하도록 유도하는 상황이다. 누가 지각을 했는지, 왜 지각을 했는지에 대한 질문을 통해 '-는 바람에'를 사용하는 상황에 대해 인식하도록 한다. (2)는 좋은 영향을 끼친 것과 나쁜 영향을 끼친 것을 대비하여 제시하는 방법이다. 이때 과거의 일, 즉 이미 일어난 일에 대한 질문을 해야 함에 주의한다.

+ 부정적 결과를 오른쪽에 판서한 후, 왼쪽에는 그 원인에 대해 제시하도록 하여 의미 관계에 대해 보다 쉽게 파악하도록 지도할 수 있다.

예)

원인, 이유		부정적 결과
늦게 일어났어요. 버스를 잘못 탔어요.	-는 바람에	지각했어요.
비가 왔어요.		빨래를 못했어요.

–는 반면에[–은 반면에[1][–ㄴ 반면에[1]]]{–은 반면에[2][–ㄴ 반면에[2]]}

앞의 내용과 뒤의 내용이 **반대**임을 나타내는 표현.

–는 반면에 (동사나 형용사, '있다, 없다, 계시다'에 붙어) 앞 절의 내용이 뒤 절의 내용과 서로 상반됨을 나타낸다.

예문

(1) 한국은 교통이 편리하여 지하철이나 버스를 이용하여 어디든지 갈 수 있다. 그런데 출근 시간이나 퇴근 시간에는 버스를 타지 않는 것이 좋다. 길이 막혀서 시간이 오래 걸리기 때문이다. 대신 지하철은 길이 막히지 **않는 반면에** 여러 번 갈아타야 하는 불편함이 있다.

(2) 가: 박사님께서는 주말에 주로 무엇을 하십니까?
나: 저는 주말에 주로 미술관에 갑니다.
가: 아, 그러시군요. 보통 사람들은 영화관으로 많이 가는데 미술관으로 가시는 특별한 이유라도 있습니까?
나: 영화관은 **시끄러운 반면에** 미술관은 조용하기 때문에 평소의 스트레스를 풀 수 있는 곳이라고 생각합니다.

동양에서는 주식으로 밥을 **먹는 반면에** 서양에서는 빵을 먹습니다.

흐엉은 성격이 **급한 반면에** 흐엉의 동생은 성격이 급하지 않아요.

이 일은 힘이 **드는 반면에** 돈을 많이 벌 수 있어요.

여름에는 날씨가 **더운 반면에** 겨울에는 날씨가 춥다.

한국의 여름은 습도가 **높은 반면에** 미국의 여름은 습도가 낮다.

수지는 한국어를 **잘하는 반면에** 영어는 못해요.

왕밍은 피아노는 잘 **치는 반면에** 바이올린은 못 켜요.

저는 키가 **작은 반면에** 저희 오빠는 키가 커요.

선생님께서는 커피를 **싫어하는 반면** 차는 좋아하세요.

작년에는 눈이 **내린 반면** 올해는 눈이 많이 오지 않았어요.

지하철을 타면 막히지 **않는 반면에** 버스를 타면 막힐 수도 있다.

대학 진학률은 높아지고 **있는 반면에** 취직률은 낮아지고 있습니다.

+ '-는 반면에'는 반대되는 상황이나 행동을 나타내는 부사절이다. 그러므로 앞 절의 내용과 반대되는 내용이 뒤 절로 연결되어야 한다. 위의 예문에서와 같이 '동양에서는 주식으로 밥을 먹는 반면에'의 뒤 절에는 반대로 '서양에서는 빵을 먹어요'가 연결될 수 있다. '흐엉은 성격이 급한 반면에'의 뒤 절에는 '흐엉의 동생은 성격이 급하지 않아요'가 연결될 수 있다. 반대의 내용이 하나의 주체 가운데에서도 나타날 수 있다. '이 일은 힘이 드는 반면에 돈을 많이 벌 수 있어요.', '수지는 한국어를 잘하는 반면에 영어는 못해요.', '왕밍은 피아노는 잘 치는 반면에 바이올린은 못 켜요.'와 같은 문장은 하나의 주체가 가지는 상반되는 성향을 나타내고 있다.

+ '에'를 생략한 '-는 반면'으로 사용하기도 한다. 이때 '반면' 뒤에 쉼표를 쓰는 것이 보통이다.

형태 정보

① 동사 어간 끝음절의 받침 유무에 관계없이 '-는 반면에'를 붙여 쓴다. 단, 'ㄹ' 받침으로 끝날 때는 'ㄹ'이 탈락한다.

예) 씻- + -는 반면에 → 씻는 반면에
읽- + -는 반면에 → 읽는 반면에
먹- + -는 반면에 → 먹는 반면에
보- + -는 반면에 → 보는 반면에
가- + -는 반면에 → 가는 반면에
사- + -는 반면에 → 사는 반면에
살- + -는 반면에 → 사는 반면에
놀- + -는 반면에 → 노는 반면에
만들- + -는 반면에 → 만드는 반면에

①	받침 ○, ×	+ -는 반면에	씻는 반면에, 읽는 반면에, 먹는 반면에, 보는 반면에, 가는 반면에, 사는 반면에
	ㄹ 받침	+ -는 반면에 (어간 'ㄹ' 탈락)	사는 반면에, 노는 반면에, 만드는 반면에

+ '-는 반면에'는 동사 어간의 받침 유무에 상관없이 형태가 달라지지 않는다. 다만 'ㄹ' 받침으로 끝나는 동사의 경우는 'ㄹ'이 탈락함에 주의한다.

② 형용사 어간의 끝음절에 받침이 있으면 '-은 반면에'를 쓴다.

예) 작- + -은 반면에 → 작은 반면에
많- + -은 반면에 → 많은 반면에
짧- + -은 반면에 → 짧은 반면에
높- + -은 반면에 → 높은 반면에
좋- + -은 반면에 → 좋은 반면에
맑- + -은 반면에 → 맑은 반면에

③ 형용사 어간의 끝음절에 받침이 없거나 'ㄹ' 받침으로 끝나면 '-ㄴ 반면에'를 쓴다.

예) 크- + -ㄴ 반면에 → 큰 반면에
싸- + -ㄴ 반면에 → 싼 반면에
길- + -ㄴ 반면에 → 긴 반면에
예쁘- + -ㄴ 반면에 → 예쁜 반면에
깨끗하- + -ㄴ 반면에 → 깨끗한 반면에
멀- + -ㄴ 반면에 → 먼 반면에

②	받침 ○	+ -은 반면에	작은 반면에, 많은 반면에, 짧은 반면에, 높은 반면에, 좋은 반면에, 맑은 반면에
③	받침 ×	+ -ㄴ 반면에	큰 반면에, 예쁜 반면에, 싼 반면에, 깨끗한 반면에
	ㄹ 받침	+ -ㄴ 반면에 (어간 'ㄹ' 탈락)	긴 반면에, 먼 반면에

+ '-은 반면에'는 형용사 어간의 받침 유무에 따라 형태가 달라지며, 특히 'ㄹ' 받침으로 끝나는 형용사의 경우는 'ㄹ'이 탈락하고 '-ㄴ 반면에'가 결합한다. '길은 반면에, 멀은 반면에'처럼 쓰지 않도록 주의한다.

④ 불규칙

춥- 예) 요즘 아침에는 **추운 반면에** 낮에는 더워요.

짓- 예) 밥은 많이 **지은 반면에** 국은 조금 끓였어요.

까맣- 예) 수지 씨는 머리가 **까만 반면에** 수지 씨 동생은 머리가 갈색이에요.

⑤ '있다, 없다'나 '있다, 없다'가 붙어서 만들어진 합성어 '재미있다, 재미없다, 맛있다, 맛없다' 등의 형용사는 '-는 반면에'를 쓴다.

예) 찌개가 **맛있는 반면에** 반찬은 맛이 없어요.
수학은 **재미없는 반면에** 과학은 재미있어요.

문장 구성 정보

① 앞 절과 뒤 절의 주어가 같아도 되고 달라도 된다.

예) 나는 영어를 **잘하는 반면에** (나는) 수학을 못한다.
철수는 농구를 **좋아하는 반면에** 나는 축구를 좋아해요.
철수가 방학 때 중국에 **가는 반면에** 영희는 일본에 간다.

+ 첫 예문의 앞 절과 뒤 절의 주어는 화자이고, 동일하다. 이때 뒤 절의 주어는 구어에서는 주로 생략된다. 두 번째 예문의 앞 절은 '철수', 뒤 절은 '나', 즉 화자가 주어인 예이다. 세 번째 예문은 앞 절과 뒤 절의 주어가 다르며 화자가 주어가 아닌 예이다. 이처럼 '-는 반면에'로 연결되는 두 문장의 주어는 같아도 되고 달라도 된다.

② 과거는 '-은/ㄴ 반면에'의 형태로 사용되지만, 미래를 나타내는 '-을 반면에'의 형태는 사용되지 않는다.

예) 그는 돈을 많이 **번 반면에** 쉴 수 없었다. (o)
잠을 많이 못 **잔 반면에** 피곤하지는 않았다. (o)
그 일을 하면 돈을 많이 벌 수 **있을 반면에** 쉴 수 없을 거예요. (x)
이 약을 먹으면 잠을 많이 못 **잘 반면에** 피곤하지는 않을 거예요. (x)

결합어의 품사	시제 및 형태		예문
동사	현재	-는 반면에	매운 음식을 잘 **먹는 반면에** 신 음식은 잘 먹지 못해요. 한국어를 **잘하는 반면에** 영어는 못해요.
	과거	-은 반면에 -ㄴ 반면에	잃어버렸던 휴대폰은 **찾은 반면에** 지갑은 찾지 못했어요. 오전에는 폭우가 **내린 반면에** 오후에는 비가 그쳤어요.
형용사	현재	-은 반면에 -ㄴ 반면에	방은 **좁은 반면에** 거실은 넓어요. 집에서 학교가 **가까운 반면에** 교회는 멀어요.

③ '-었던 반면에', '-던 반면에'로 과거를 나타낼 수도 있으며 동사 및 형용사가 모두 결합할 수 있다. 형용사의 과거에는 '-은'을 사용하지 않으므로 형용사의 과거는 '-었던 반면에', '-던 반면에'로 쓴다.

예) 작년에는 살이 쪄서 이 옷을 못 **입었던 반면에** 올해는 살이 빠져서 입을 수 있게 되었다.
어제 형은 열심히 숙제를 **하던 반면에** 동생은 게임만 하고 있더라.
윷놀이는 **재미있던 반면에** 제기차기는 어려워서 재미가 없었다.
휴가 기간 동안 날씨가 **흐렸던 반면에** 비는 오지 않아 다행이었다.

④ 앞 절과 뒤 절의 시제가 같거나 달라도 된다.

예) 공부를 **잘하는 반면에** 운동은 못해요.
공부를 **잘하는 반면에** 운동은 못했어요.
공부를 **잘하는 반면에** 운동은 못할 거예요.
어머니는 아주 **엄하신 반면에** 아버지는 자상하세요.
어머니는 아주 **엄하신 반면에** 아버지는 자상하셨어요.
어머니는 아주 **엄하신 반면에** 아버지는 자상하실 거예요.

제약 정보

① 과거 '-었-', 미래 · 추측의 '-겠-'과 결합하지 않는다.

예) 어릴 때, 저는 일찍 **잤는 반면에** 동생은 늦게까지 안 잤어요. (x)
어릴 때, 저는 일찍 **자는/잔 반면에** 동생은 늦게까지 안 잤어요. (o)
취직을 하면 돈을 많이 **벌겠는 반면에** 제 시간은 없을 것 같아요. (x)
취직을 하면 돈을 많이 **버는 반면에** 제 시간은 없을 것 같아요. (o)

+ 앞 절에 '-는 반면에'가 올 때 뒤 절에 과거, 현재, 미래가 다 올 수 있다. 앞 절에 '-은/ㄴ 반면에'가 올 때 뒤 절에 과거와 현재는 자연스러우나 미래는 자연스럽지 않다.

예) 왕밍은 배우는 것을 **좋아하는 반면에** 흐엉은 배우는 것을 싫어해요. (o)
왕밍은 배우는 것을 **좋아하는 반면에** 흐엉은 배우는 것을 싫어했어요. (o)
왕밍은 배우는 것을 **좋아하는 반면에** 흐엉은 배우는 것을 싫어할 거예요. (o)
왕밍은 배우는 것을 **좋아한 반면에** 흐엉은 배우는 것을 싫어해요. (o)
왕밍은 배우는 것을 **좋아한 반면에** 흐엉은 배우는 것을 싫어했어요. (o)
왕밍은 배우는 것을 **좋아한 반면에** 흐엉은 배우는 것을 싫어할 거예요. (x)

확장

① '-는 반면이다', '-는 반면으로', 'N 반면에' 등의 구성으로 쓸 수 없다.

예) 중국에 비해 한국의 겨울은 **추운 반면이다**. (x)
커피를 **좋아하는 반면으로** 차는 좋아하지 않아요. (x)
작년 **반면에** 올해는 눈이 많이 오지 않았어요. (x)

+ '-는 탓에', '-는 바람에', '-는 동안에', '-는 김에' 등의 비슷한 구성들과 비교하여 확장 가능한 구성과 그렇지 못한 구성에 대한 항목별 차이를 구별하여 잘못 사용하지 않도록 주의한다.

유사 문법

① '-는 반면에', '-지만', '-으나'

-는 반면에	-지만	-으나
· 앞의 내용과 반대되거나 다른 이야기를 이음을 나타낸다.		
· 과거 '-었-', 미래·추측의 '-겠-'과 결합하지 않는다. 예) 서울은 눈이 **왔는 반면에** 부산에는 눈이 오지 않았다. (x) 서울은 눈이 **오겠는 반면에** 부산에는 눈이 오지 않을 거예요. (x)	· 과거 '-었-', 미래·추측의 '-겠-'과 결합한다. 예) 서울은 눈이 **왔지만** 부산에는 눈이 오지 않았다. (o) 서울은 눈이 **오겠지만** 부산에는 눈이 오지 않을 거예요. (o)	· 과거 '-었-', 미래·추측의 '-겠-'과 결합한다. 예) 서울은 눈이 **왔으나** 부산에는 눈이 오지 않았다. (o) 서울은 눈이 **오겠으나** 부산에는 눈이 오지 않을 거예요. (o)
· 앞의 내용에 대한 조건이나 다른 추가적인 정보를 이야기하는 의미로 사용하기 어렵다. 예) 그 휴대폰은 모양도 **예쁜 반면에** 가격도 아주 싸다. (?)	· 앞의 내용에 대한 조건이나 다른 추가적인 정보를 이야기하는 의미로 사용된다. 예) 그 휴대폰은 모양도 **예쁘지만** 가격도 아주 싸다. (o)	· 앞의 내용에 대한 조건이나 다른 추가적인 정보를 이야기하는 의미로 사용할 수 없다. 예) 그 휴대폰은 모양도 **예쁘나** 가격도 아주 싸다. (x)
· 구어에서도 사용되나 격식적인 문어에서 주로 사용된다. 예) 오늘 날씨는 오전에는 **쌀쌀한 반면에** 오후부터는 따뜻해지겠습니다.	· 문어, 구어에서 다 잘 사용된다. 예) 오늘 날씨는 오전에는 **쌀쌀하겠지만** 오후부터는 따뜻해지겠습니다. 한국어는 **재미있지만** 어려워요.	· 구어에서는 잘 사용되지 않는다. 예) 한국어는 **재미있으나** 어려워요. (?)

이렇게 도입해 보세요

(1) 교사: 왕밍 씨는 샤워를 아침에 해요, 저녁에 해요?
학생: 저는 아침에 샤워를 해요.
교사: 선생님은 저녁에 샤워를 해요. 흐엉 씨랑 반대예요. 흐엉 씨는 아침에 **샤워하는 반면에** 선생님은 저녁에 샤워해요. '-는 반면에'는 반대되는 것을 말할 때 써요.

(2) 교사: 줄리아 씨, 취미가 뭐예요?
학생: 저는 운동을 좋아해요.
교사: 운동이요? 저는 운동을 정말 싫어해요. 줄리아 씨랑 선생님은 반대예요. 줄리아 씨는 운동은 좋아하지만 선생님은 운동을 싫어해요. 줄리아 씨는 운동을 **좋아하는 반면에** 선생님은 운동을 싫어해요.

(3) 교사: 여러분, 한국어 공부가 쉬워요?
학생: 아니요, 한국어 공부는 어려워요.
교사: 그러면 한국어 공부가 재미있어요?
학생: 네, 한국어 공부는 재미있어요.
교사: 한국어 공부는 어렵지만 재미있어요. 한국어 공부는 **어려운 반면에** 재미있어요.

+ (1)과 (2)는 학생들과 교사가 반대되는 행동이나 취향을 갖는다는 사실을 가지고 '-는 반면에'의 의미를 제시하도록 구성하였다. 이에 비해 (3)은 주체를 동일하게 구성한 문장으로 '-는 반면에'를 사용하도록 구성하였다.

-는 사이에[-은 사이에[-ㄴ 사이에]]

어떤 상태나 행위가 일어나는 **중간 어느 짧은 시간**의 뜻을 나타내는 표현.

-는 사이에	(동사나 '있다, 없다, 계시다'에 붙어) 앞 절의 행위가 이루어지는 동안에 뒤 절의 행위가 이루어짐을 나타낼 때 사용한다. 구어에서는 '에'를 생략한 '-는 사이'를 사용하기도 한다.

예문

(1) 가: 줄리아, 저번 주에 빌려준 책 가져왔어?
나: 깜박했어. 어쩌지?
가: 큰일이네. 오늘 그 책이 꼭 필요하거든.
나: 그럼 여기서 잠깐 수진 씨와 이야기하고 있을래? **이야기하는 사이에** 얼른 집에 갔다 올게.

(2) 가: 주문하시겠습니까?
나: 피자와 스파게티를 주세요.
가: 20분 기다리셔야 하는데 괜찮으시겠어요?
나: 네, 괜찮아요.
가: 그럼 피자가 **준비되는 사이에** 샐러드를 먼저 드리겠습니다.

가방에서 지갑을 **찾는 사이에** 휴대폰을 떨어뜨렸다.
선생님이 출석을 **부르는 사이에** 겨우 교실에 들어갔어요.
고기를 **굽는 사이에** 찌개를 끓였어요.
친구랑 **이야기하는 사이에** 버스가 지나가 버렸다.
수업 중에 다른 생각을 **하는 사이에** 중요한 부분을 놓치고 말았다.
마트에서 장을 **보는 사이에** 제 차가 없어졌어요.
내가 낮잠을 **자는 사이에** 친구가 왔다 갔어요.
라면을 **끓이고 있는 사이에** 잠이 들어버렸다.
아빠가 엄마가 **없는 사이에** 집안 청소를 하셨다.
아기가 **잠든 사이에** 저도 조금 쉴 수 있었어요.
쉬는 시간에 화장실에 **간 사이에** 수업 시작종이 울렸다.

+ '-는 사이에'는 어떤 행위를 하는 짧은 시간 동안에 뒤 절의 행위가 일어남을 나타내는 표현이다. 앞 절의 내용은 '가방에서 지갑을 찾는 사이에', '출석을 부르는 사이에', '고기를 굽는 사이에' 등과 같이 짧은 시간의 동안을 나타내며 뒤 절의 내용은 각각 '휴대폰을 떨어뜨렸다', '교실에 들어갔다', '찌개를 끓였다'와 같은 행위가 나타난다.

+ 구어에서는 '에'를 생략하고 사용하기도 한다.

형태 정보

① 동사 어간 끝음절의 받침 유무에 관계없이 '-는 사이에'를 붙여 쓴다. 단, 'ㄹ' 받침으로 끝날 때는 'ㄹ'이 탈락한다.

예) 씻- + -는 사이에 → 씻는 사이에
먹- + -는 사이에 → 먹는 사이에
가- + -는 사이에 → 가는 사이에
살- + -는 사이에 → 사는 사이에
만들- + -는 사이에 → 만드는 사이에
읽- + -는 사이에 → 읽는 사이에
보- + -는 사이에 → 보는 사이에
사- + -는 사이에 → 사는 사이에
놀- + -는 사이에 → 노는 사이에

①	받침 ○, ×	+ -는 사이에	씻는 사이에, 읽는 사이에, 먹는 사이에, 보는 사이에, 가는 사이에, 사는 사이에
	ㄹ 받침	+ -는 사이에 (어간 'ㄹ' 탈락)	사는 사이에, 노는 사이에, 만드는 사이에

+ '-는 사이에'는 동사 어간의 받침 유무에 상관없이 형태가 달라지지 않는다. 다만 'ㄹ' 받침으로 끝나는 동사의 경우는 'ㄹ'이 탈락함에 주의한다.

문장 구성 정보

① 앞 절과 뒤 절의 주어가 같아도 되고 달라도 된다.

예) (내가) 찌개를 **끓이는 사이에** (내가) 밥을 했다.
(내가) **쉬는 사이에** 엄마가 청소를 하셨다.
왕밍이 여행을 **가는 사이에** 줄리아도 여행을 갈 거예요.

+ 첫 예문의 앞 절과 뒤 절의 주어는 화자이고, 동일하다. 이때 주어는 구어에서는 주로 생략된다. 두 번째 예문의 앞 절은 '나', 즉 화자가 주어이며 뒤 절은 '엄마'가 주어인 예이다. 이 또한 구어에서 화자가 주어인 경우 생략이 가능하다. 세 번째 예문은 앞 절과 뒤 절의 주어가 다른 예이다. 이처럼 '-는 사이에'로 연결되는 두 문장의 주어는 같아도 되고 달라도 된다.

② 앞 절과 뒤 절의 시제가 같거나 달라도 된다.

예) 아이가 **자는 사이에** 나도 잠을 자요.
아이가 **자는 사이에** 나도 잠을 잤어요.
아이가 **자는 사이에** 나도 잠을 잘 거예요.
아이가 **잔 사이에** 나도 잠을 자요.
아이가 **잔 사이에** 나도 잠을 잤어요.
아이가 **잔 사이에** 나도 잠을 잘 거예요.

③ 과거는 '-은/ㄴ 사이에'의 형태로 사용되지만, 미래를 나타내는 '-을 사이에'의 형태는 사용되지 않는다.

예) 가게에 **간 사이에** 택배가 왔어요. (o)
가게에 **갈 사이에** 택배가 올 거예요. (x)

+ 뒤 절이 과거일 때 앞 절은 '-은/ㄴ 사이에'와 '-는 사이에'를 모두 사용할 수 있는 데 비해 뒤 절이 추측이나 미래의 의미를 나타낼 때 앞 절에 '-을 사이에'가 올 수 없다.

결합어의 품사	시제 및 형태		예문
동사	현재	-는 사이에	밥을 **먹는 사이에** 뉴스가 끝났어요. 내가 게임을 **하는 사이에** 동생은 잠이 들었어요.
	과거	-은 사이에 (-ㄴ 사이에)	내가 집을 **비운 사이에** 도둑이 들어왔어요. 비가 **내린 사이에** 비를 피해서 도서관에 갔어요.

제약 정보

① 형용사와 결합하지 않는다.

예) 날씨가 **추운 사이에** 겨울이 되었다. (x)
약속에 **늦은 사이에** 그는 먼저 가 버렸다. (x)
내가 배가 **아픈 사이에** 엄마가 약을 사 오셨다. (x)

② 과거 '-었-', 미래 · 추측의 '-겠-'과 결합하지 않는다.

예) 낮잠을 **잤는 사이에** 저녁이 되었다. (x)
드라마를 **봤는 사이에** 밤이 되었다. (x)
낮잠을 **자겠는 사이에** 저녁이 될 거예요. (x)
드라마를 **보겠는 사이에** 밤이 될 거예요. (x)
낮잠을 **자는/잔 사이에** 저녁이 되었다. (o)
드라마를 **보는 사이에** 금방 밤이 될 거예요. (o)

확장

① 조사 '에'를 생략할 수 있다.

예) 열심히 **공부하는 사이** 새벽이 되었다.
비가 **내리는 사이** 축제가 끝나 버렸다.

② '-는 사이다', '-는 사이로', 'N 사이에' 등의 구성으로 쓸 수 없다.

예) 둘은 열심히 **공부하는 사이다**. (x)
비가 **내리는 사이로** 축제가 끝나 버렸다. (x)
낮잠 **사이에** 저녁이 되었다. (x)

+ '-는 탓에', '-는 바람에', '-는 동안에', '-는 김에' 등의 비슷한 구성들과 비교하여 확장 가능한 구성과 그렇지 못한 구성에 대한 항목별 차이를 구별하여 잘못 사용하지 않도록 주의한다.

③ '모르는 사이에'와 같이 관용적으로 사용하기도 한다.

예) 나도 **모르는 사이에** 그를 사랑하게 됐다.
나도 **모르는 사이에** 살이 찐다.

④ '눈 깜빡할 사이에, 눈 깜짝할 사이에'와 같이 관용적으로 사용하기도 한다.

예) **눈 깜빡할 사이에** 벌써 방학이 되었네.
눈 깜짝할 사이에 왕밍은 종적도 없이 사라졌다.

+ 이때는 '-을 사이에' 형으로 사용된다.

유사 문법

① '-는 사이에', '-는 동안에'

-는 사이에	-는 동안에
· 어떤 행위를 하는 계속되는 시간이라는 의미를 나타낸다.	
· 어떤 행위가 일어나는 시간의 중간이나 짧은 시간의 사이에 다른 일이 행해짐을 의미한다. 예) 영수가 집을 **비운 사이에** 친구가 왔다가 갔다. (집을 비운 중간에 친구가 왔다가 갔다.) **방심하는 사이에** 사고는 생길 수 있다. (o) 우리는 서울에 **머무르는 사이에** 여러 관광지를 돌아보았다. (??)	· 어떤 행위가 계속되는 전체 시간에 걸쳐 다른 일이 행해짐을 의미한다. 예) 영수가 집을 **비운 동안에** 친구가 와 있었다. (영수가 집을 비운 순간부터 올 때까지 친구가 와 있었다.) **방심하는 동안에** 사고는 생길 수 있다. (??) 우리는 서울에 **머무르는 동안에** 여러 관광지를 돌아보았다. (o)
· 관용적 표현 외에는 '-을 사이에'형으로 사용되지 않는다. 예) 내가 밥 **먹을 사이에** 수지가 청소를 했다. (x)	· '-을 동안에' 형으로 사용된다. 예) 내가 밥 **먹을 동안에** 수지가 청소를 했다. (o)

+ '-는 사이에'는 어떤 행위가 일어나는 시간의 중간이나 짧은 시간의 사이에 다른 일이 행해짐을 의미하는 데 비해, '-는 동안에'는 어떤 행위가 계속되는 전체 시간에 걸쳐 다른 일이 행해짐을 의미한다. 따라서 '방심하는 동안에 사고는 생길 수 있다.', '우리는 서울에 머무르는 사이에 여러 관광지를 돌아보았다.'가 어색하게 느껴지는 것이다.

이렇게 도입해 보세요

(1) 교사: 여러분, 잠깐 기다려 주세요.
(30초 정도 나갔다 온다.)
교사: 왕밍 씨, 선생님을 기다렸어요. 기다릴 때 뭘 했어요?
학생: 책을 봤어요.
교사: 왕밍 씨는 선생님을 기다릴 때 책을 봤어요. 왕밍 씨는 **기다리는 사이에** 책을 봤어요. 앤디 씨는 **기다리는 사이**에 뭘 했어요?
학생: 저는 커피를 마셨어요.
교사: 앤디 씨는 **기다리는 사이에** 커피를 마셨어요.

(2) 교사: 줄리아 씨는 공부하다가 잠깐 쉴 때 뭐 해요?
학생: 저는 음악을 들어요.
교사: 공부하다가 잠깐 쉴 때 음악을 들어요. 잠깐 **쉬는 사이에** 음악을 들어요. 수지 씨는 잠깐 쉴 때 뭐 해요?
학생: 저는 공부하다가 쉴 때 산책을 해요.
교사: 수지 씨는 **쉬는 사이에** 산책을 해요. 선생님은 일을 하다가 **쉬는 사이에** 노래를 들어요.

+ (1)은 그 자리에서 학생들을 잠깐 기다리게 하고 그 시간 동안에 무엇을 했는지 물어봄으로써 '-는 사이에'의 의미를 유추하도록 하는 것이다. 또한 (2)와 같이 구체적인 시간을 나타내는 상황을 제시하여 무엇을 하는지를 물어봄으로써 '-는 사이에'의 의미를 학생들이 이해하도록 도울 수 있다.

-는 줄[-은 줄[-ㄴ 줄]/-을 줄[-ㄹ 줄]]

어떤 **사실**이나 **방법**을 나타내는 표현.

-는 줄 (동사나 형용사, '있다, 없다, 계시다'에 붙어) 어떤 사실이나 방법에 대해 알거나 모른다는 의미를 나타낸다. 주로 뒤에 '알다, 모르다'가 결합되어 사용되며, 방법의 의미일 때는 '-을 줄'의 형태로 사용된다.

예문

(1) 가: 앤디야, 어디에 가?
나: 도서관에 가서 책 좀 빌려 보려고.
가: 오늘 도서관 쉬는데 몰랐어?
나: 정말? 오늘 도서관 문을 **여는 줄** 알았어. 고마워.

(2) 가: 미안하지만 돈 좀 빌려 줄 수 있어요?
나: 네, 얼마나요?
가: 만 원이요. 지갑을 **가져온 줄** 알았는데 놓고 왔어요.
나: 여기 있어요.

(3) 가: 줄리아 씨, 한국 음식 좋아해요?
나: 그럼요. 저는 불고기를 정말 좋아해요.
가: 저도 불고기를 좋아해서 자주 해 먹어요.
나: 불고기를 **만들 줄** 알아요?
가: 네, 처음에는 **어려울 줄** 알았는데 생각보다 어렵지 않아요.

밖에 눈이 **오는 줄** 몰랐어요.

수지가 얼마나 **예쁜 줄** 알아요?

오늘 약속이 **없는 줄** 알았어요.

나는 오늘 시험을 **볼 줄** 알았어.

한국의 은행에서 돈을 **찾을 줄** 모른다.

한국어가 이렇게 **어려울 줄** 몰랐어요.

앤디 씨가 이번에 장학금을 **받는 줄** 몰랐어요.

도둑이 내 가방에서 지갑을 **꺼내는 줄** 모르고 있었다.

힘든 줄 모르고 열심히 청소하다 보니 저녁이 됐다.

저는 방학이 다음 주에 **시작인 줄** 모르고 있었습니다.

+ '-는 줄'은 어떤 사실에 대해 알거나 모른다는 뜻을 나타낼 때 사용하는 명사절이다. 뒤 절에는 항상 '알다', '모르다'가 와야 함에 주의한다. '앤디 씨가 이번에 장학금을 받는 줄 몰랐어요.'는 앤디 씨가 이번에 장학금을 받는다는 사실을 몰랐다는 뜻이다. '힘든 줄 모르고 열심히 청소하다 보니 저녁이 됐다.'는 힘들다는 사실을 모른 채 열심히 일했다는 뜻이다.

+ '-을 줄'은 사실뿐 아니라 방법의 의미로 사용된다. '나는 오늘 시험을 볼 줄 알았어.'는 '오늘 시험을 보게 될 거'라는 사실을 알았다는 뜻으로 이때 '줄'은 사실로 해석되며, '한국의 은행에서 돈을 찾을 줄 모른다.'는 은행에서 돈을 찾는 방법을 모른다는 것으로 이때 '줄'은 방법의 의미로 해석된다.

+ '-는 줄'은 동사와 결합하며, 형용사와 결합할 때는 '-은 줄(-ㄴ 줄)'로 형태가 바뀐다. 과거는 '-은 줄(-ㄴ 줄)', 미래는 '-을 줄(-ㄹ 줄)'이 결합된다.

형태 정보

① 동사 어간 끝음절의 받침 유무에 관계없이 '-는 줄'을 쓴다. 단, 'ㄹ' 받침으로 끝날 때는 'ㄹ'이 탈락한다.

예) 씻- + -는 줄 → 씻는 줄
먹- + -는 줄 → 먹는 줄
가- + -는 줄 → 가는 줄
살- + -는 줄 → 사는 줄
만들- + -는 줄 → 만드는 줄
읽- + -는 줄 → 읽는 줄
보- + -는 줄 → 보는 줄
사- + -는 줄 → 사는 줄
놀- + -는 줄 → 노는 줄

①	받침 ○, ×	+ -는 줄	씻는 줄, 읽는 줄, 먹는 줄, 보는 줄, 가는 줄, 사는 줄
	ㄹ 받침	+ -는 줄 (어간 'ㄹ' 탈락)	사는 줄, 노는 줄, 만드는 줄

+ '-는 줄'은 동사 어간의 받침 유무에 상관없이 형태가 달라지지 않는다. 다만 'ㄹ' 받침으로 끝나는 동사의 경우는 'ㄹ'이 탈락함에 주의한다.

② 형용사 어간의 끝음절에 받침이 있으면 '-은 줄'을 쓴다.

예) 깊- + -은 줄 → 깊은 줄
적- + -은 줄 → 적은 줄
좋- + -은 줄 → 좋은 줄
낡- + -은 줄 → 낡은 줄
높- + -은 줄 → 높은 줄
맑- + -은 줄 → 맑은 줄

③ 형용사 어간의 끝음절에 받침이 없거나 'ㄹ' 받침으로 끝나면 '-ㄴ 줄'을 쓴다. 단, 'ㄹ' 받침으로 끝날 때는 'ㄹ'이 탈락한다.

예) 예쁘- + -ㄴ 줄 → 예쁜 줄
길- + -ㄴ 줄 → 긴 줄
깨끗하- + -ㄴ 줄 → 깨끗한 줄
멀- + -ㄴ 줄 → 먼 줄

②	받침 ○	+ -은 줄	깊은 줄, 낡은 줄, 적은 줄, 높은 줄, 좋은 줄, 맑은 줄
③	받침 ×	+ -ㄴ 줄	예쁜 줄, 깨끗한 줄
	ㄹ 받침	+ -ㄴ 줄 (어간 'ㄹ' 탈락)	긴 줄, 먼 줄

+ '-은 줄'은 형용사 어간의 받침 유무에 따라 형태가 달라지며, 특히 'ㄹ' 받침으로 끝나는 동사, 형용사의 경우는 'ㄹ'이 탈락하고 '-ㄴ 줄'이 결합한다. '길은 줄, 멀은 줄'처럼 쓰지 않도록 주의한다.

④ 불규칙

춥- 예) 날씨가 **추운 줄** 몰랐어요.

짓- 예) 건물을 급하게 **지은 줄** 몰랐다.

파랗- 예) 줄리아 씨의 눈동자가 **파란 줄** 알고 있었다.

⑤ '있다, 없다'나 '있다, 없다'가 붙어서 만들어진 합성어 '재미있다, 재미없다, 맛있다, 맛없다' 등의 형용사는 '-는 줄'을 쓴다.

예) 불고기가 이렇게 **맛있는 줄** 몰랐어요.
이 드라마가 **재미없는 줄** 알았다면, 절대로 보지 않았을 거예요.

문장 구성 정보

① 뒤 절에 주로 '알다', '모르다'가 온다.

예) 수지랑 흐엉이랑 **사귀는 줄** 알았어. (o)
수지랑 흐엉이랑 **사귀는 줄** 생각했어. (x)
지금 비가 **오는 줄** 몰랐어. (o)
지금 비가 **오는 줄** 예상했어. (x)

② 앞 절과 뒤 절의 주어가 같거나 달라도 된다.

예) (내가) 상을 **받을 줄** (내가) 몰랐다.
(네가) 도서관에 **가는 줄** (내가) 몰랐어.
왕밍이 반장이 **된 줄** 흐엉은 몰랐다.

+ 첫 예문의 앞 절과 뒤 절의 주어는 화자이고, 동일하다. 이때 주어는 구어에서 주로 생략된다. 두 번째 예문의 앞 절은 '너', 즉 청자가 주어이며, 뒤 절은 화자인 '나'가 주어이다. 이 또한 구어에서 생략이 가능하다. 세 번째 예문은 앞 절과 뒤 절의 주어가 다르다. 이처럼 '-는 줄'로 연결되는 두 문장의 주어는 같아도 되고 달라도 된다.

③ 앞 절과 뒤 절의 시제가 같거나 달라도 된다.

예) 수지는 철수가 장학금을 **받는 줄** 모른다.
수지는 철수가 장학금을 **받는 줄** 몰랐다.
수지는 철수가 장학금을 **받는 줄** 모를 것이다.
수지는 철수가 장학금을 **받은 줄** 모른다.
수지는 철수가 장학금을 **받은 줄** 몰랐다.
수지는 철수가 장학금을 **받은 줄** 모를 것이다.
수지는 불고기를 **만들 줄** 모른다.
수지는 불고기를 **만들 줄** 몰랐다.
수지는 불고기를 **만들 줄** 모를 것이다.

④ 사실의 의미로 사용되는 '-는 줄 알다/모르다', '-은 줄 알다/모르다', '-을 줄 알다/모르다'는 각각 현재, 과거, 미래(또는 예측) 사실을 나타낸다.

예) 철수가 장학금을 **받는 줄** 알았다. (철수가 장학금을 받는 것으로 알고 있음.)
철수가 장학금을 **받은 줄** 알았다. (철수가 장학금을 이미 받은 것으로 알고 있음.)
철수가 장학금을 **받을 줄** 알았다. (철수가 장학금을 받을 것으로 예측함.)
철수가 장학금을 **받는 줄** 몰랐다. (철수가 장학금을 받는 것을 모르고 있음.)
철수가 장학금을 **받은 줄** 몰랐다. (철수가 장학금을 이미 받은 것을 모르고 있음.)
철수가 장학금을 **받을 줄** 몰랐다. (철수가 장학금을 받을 것을 예측하지 못함.)

제약 정보

① 과거 '-었-'과는 결합하지만, 미래 · 추측의 '-겠-'과는 결합하지 않는다.

예) 너도 명동에 **갔는 줄** 알았어. (o)
너랑 영수랑 **싸웠는 줄** 알았어. (o)
너도 명동에 **가겠는 줄** 알았어. (x)
너랑 영수랑 **싸우겠는 줄** 알았어. (x)

확장

① '-는 줄'에 조사 '로', '을', '은', '만' 등이 붙을 수 있다.

예) 오늘 수업이 빨리 **끝나는 줄**로 알고 있었다.
다음 주가 남자 친구 **생일인 줄**을 모르고 있었다.
한국 음식이 이렇게 **매운 줄**은 몰랐다.
저는 오늘 소풍을 **가는 줄**만 알고, 도시락을 싸 왔어요.

이렇게 도입해 보세요

(1) 교사: 선생님은 용산구에 살아요. 흐엉 씨는 어디에 살아요?
학생: 저는 마포구에 살아요.
교사: 흐엉 씨가 마포구에 살아요? 몰랐어요. 흐엉 씨가 마포구에 사는 사실을 몰랐어요. 흐엉 씨가 마포구에 **사는 줄** 몰랐어요. 흐엉 씨는 선생님이 용산구에 **사는 줄** 알고 있었어요?
학생: 네, 알고 있었어요.
교사: 흐엉 씨는 선생님이 용산구에 사는 사실을 알고 있었어요. 흐엉 씨는 선생님이 용산구에 **사는 줄** 알고 있었어요.

(2) 교사: 왕밍 씨, 숙제 했어요?
학생: 숙제가 있었어요? 몰랐어요.
교사: 왕밍 씨, 숙제가 있었어요. 몰랐어요. 왕밍 씨는 숙제가 있었어요. 그 사실을 몰랐어요. 숙제가 **있는 줄** 몰랐어요. 숙제가 **없는 줄** 알았어요.

(3) 교사: 김치 좋아해요?
학생: 네/아니요.
교사: 김치를 담그는 방법을 알아요?
학생: 네/아니요.
교사: 줄리아 씨는 김치 담그는 방법을 알아요. 김치 **담글 줄** 알아요. 선생님은 김치 담그는 방법을 몰라요. 김치 **담글 줄** 몰라요. '김치 담그는 방법을 알아요/몰라요'를 표현할 때 '-을 줄'을 쓸 수 있어요.

+ (1)과 (2)는 어떠한 사실에 대해 아는지 모르는지를 물어봄으로써 '-는 줄'의 의미를 제시하고 있다. '-는 사실을 알다/모르다'를 '-는 줄 알다/모르다'로 바꾸어 제시하여 학생들이 그 의미를 파악하도록 한다.

+ (3)은 '-을 줄'이 방법의 의미로 사용되는 경우에 대한 내용이다. '-는 방법을 알다/모르다'를 '-을 줄 알다/모르다'로 바꾸어 제시함으로써 학습자가 그 의미를 파악하도록 한다.

-는 탓에[-은 탓에/-ㄴ 탓에]

부정적인 결과에 대한 **원인이나 까닭**을 나타내는 표현.

-는 탓에 (동사나 형용사, '있다, 없다, 계시다'에 붙어) 앞 절이 뒤 절의 부정적인 내용에 대한 원인이나 까닭이 됨을 나타낼 때 사용한다. '-는 탓에'는 동사와 결합하고, '-은 탓에'는 형용사와 결합한다.

예문

(1) 가: 줄리아 씨, 이번 주말에 뭐 해요?
나: 원래 친구와 등산을 하려고 했는데 못 갈 것 같아요.
가: 왜요? 무슨 일이 있어요?
나: 날씨가 **흐린 탓에** 등산이 어려울 것 같아서요.

(2) 가: 왕밍, 오늘 강의에 왜 안 왔어?
나: 아침에 못 일어났어.
가: 왜? 어디 아팠어?
나: 아니, 요즘 늦게 **자는 탓에** 너무 피곤해.

늦게 저녁을 **먹는 탓에** 살이 찌는 것 같아요.

담배를 많이 **피우는 탓에** 건강이 안 좋아요.

앤디는 시력이 **나쁜 탓에** 안경을 쓴다.

요즘 일이 **바쁜 탓에** 운동을 못 했어요.

백화점에 갈 때마다 옷을 **사는 탓에** 옷이 너무 많아요.

명동은 사람이 **많은 탓에** 쇼핑하기가 불편해요.

서울 지리를 잘 **모르는 탓에** 택시를 자주 타는 편이에요.

아이가 게임을 **좋아하는 탓에** 공부를 안 해요.

저는 요리하는 것을 **싫어하는 탓에** 주로 외식을 하는 편이에요.

이곳은 바람이 **센 탓에** 날씨가 더 추운 것 같습니다.

+ '-는 탓에'는 부정적 결과에 대한 원인을 나타내는 표현이다. 이때 앞 절의 내용은 '서울 지리를 잘 모르는 탓에 택시를 자주 타는 편이에요.', '담배를 많이 피우는 탓에 건강이 안 좋아요.' 등과 같이 부정적인 상황일 수도 있고, '아이가 게임을 좋아하는 탓에 공부를 안 해요.'처럼 앞 절의 내용 자체가 부정적이라고 보기 어려운 상황일 수도 있다. 이 두 가지 경우 모두 '-는 탓에'를 사용하여 앞 절의 내용이 부정적 결과에 영향을 끼침을 나타낸다.

+ '-은 탓에(-ㄴ 탓에)'는 형용사와 결합한다. '날씨가 너무 추운 탓에 등산하기가 어려워요.', '명동은 사람이 많은 탓에 쇼핑하기가 불편해요.'와 같이 부정적 결과에 대한 원인을 나타내는 데 '-은 탓에'를 사용한다.

형태 정보

① 동사 어간 끝음절의 받침 유무에 관계없이 '-는 탓에'를 쓴다. 단, 'ㄹ' 받침으로 끝날 때는 'ㄹ'이 탈락한다.

예) 씻- + -는 탓에 → 씻는 탓에
먹- + -는 탓에 → 먹는 탓에
가- + -는 탓에 → 가는 탓에
살- + -는 탓에 → 사는 탓에
만들- + -는 탓에 → 만드는 탓에
읽- + -는 탓에 → 읽는 탓에
보- + -는 탓에 → 보는 탓에
사- + -는 탓에 → 사는 탓에
놀- + -는 탓에 → 노는 탓에

①	받침 ○, ×	+ -는 탓에	씻는 탓에, 읽는 탓에, 먹는 탓에, 보는 탓에, 가는 탓에, 사는 탓에
	ㄹ 받침	+ -는 탓에 (어간 'ㄹ' 탈락)	사는 탓에, 노는 탓에, 만드는 탓에

② 형용사 어간의 끝음절에 받침이 있으면 '-은 탓에'를 쓴다.

예) 작- + -은 탓에 → 작은 탓에
짧- + -은 탓에 → 짧은 탓에
좋- + -은 탓에 → 좋은 탓에
많- + -은 탓에 → 많은 탓에
높- + -은 탓에 → 높은 탓에
맑- + -은 탓에 → 맑은 탓에

③ 형용사 어간의 끝음절에 받침이 없거나 'ㄹ' 받침으로 끝나면 '-ㄴ 탓에'을 쓴다. 단, 'ㄹ' 받침으로 끝날 때는 'ㄹ'이 탈락한다.

예) 크- + -ㄴ 탓에 → 큰 탓에
싸- + -ㄴ 탓에 → 싼 탓에
길- + -ㄴ 탓에 → 긴 탓에
예쁘- + -ㄴ 탓에 → 예쁜 탓에
깨끗하- + -ㄴ 탓에 → 깨끗한 탓에
멀- + -ㄴ 탓에 → 먼 탓에

②	받침 ○	+ -은 탓에	작은 탓에, 많은 탓에, 짧은 탓에, 높은 탓에, 좋은 탓에, 맑은 탓에
③	받침 ×	+ -ㄴ 탓에	큰 탓에, 예쁜 탓에, 싼 탓에, 깨끗한 탓에
	ㄹ 받침	+ -ㄴ 탓에 (어간 'ㄹ' 탈락)	긴 탓에, 먼 탓에

+ '-은 탓에'는 형용사 어간의 받침 유무에 따라 형태가 달라지며, 특히 'ㄹ' 받침으로 끝나는 형용사의 경우는 'ㄹ'이 탈락하고 '-ㄴ 탓에'가 결합한다. '길은 탓에, 멀은 탓에'처럼 쓰지 않도록 주의한다.

④ 불규칙

춥- 예) 날씨가 **추운 탓에** 집에만 있었어요.

짓- 예) 건물을 급하게 **지은 탓에** 튼튼하지 못합니다.

까맣- 예) 수지 씨는 머리가 **까만 탓에** 어려 보여요.

⑤ '있다, 없다'나 '있다, 없다'가 붙어서 만들어진 합성어 '재미있다, 재미없다, 맛있다, 맛없다' 등의 형용사는 '-는 탓에'를 쓴다.

예) 음식이 **맛있는 탓에** 너무 많이 먹었어요.
영화가 **재미없는 탓에** 영화를 보다가 중간에 나왔어요.

문장 구성 정보

① 앞 절과 뒤 절의 주어가 같아도 되고 달라도 된다.

예) (내가) 매일 밤 12시까지 텔레비전을 **보는 탓에** (내가) 늘 늦잠을 자요.
지금 비가 **오는 탓에** (내가) 축구를 할 수 없어요.
왕밍이 방학 때 배낭여행을 **가는 탓에** 줄리아는 왕밍을 만날 수 없어요.

+ 첫 예문의 앞 절과 뒤 절의 주어는 화자이고, 동일하다. 이때 주어는 구어에서는 주로 생략된다. 두 번째 예문은 앞 절은 '비', 뒤 절은 '나', 즉 화자가 주어인 예이다. 이 또한 구어에서 화자가 주어인 경우 생략이 가능하다. 세 번째 예문은 앞 절과 뒤 절의 주어가 다른 예이다. 이처럼 '-는 탓에'로 연결되는 두 문장의 주어는 같아도 되고 달라도 된다.

② 앞 절과 뒤 절의 시제가 같거나 달라도 된다.

예) 아이가 **우는 탓에** 잠을 자기 어려워요.
아이가 **우는 탓에** 잠을 자기 어려웠어요.
아이가 **우는 탓에** 잠을 자기 어려울 거예요.
거리가 **먼 탓에** 갈 수 없어요.
거리가 **먼 탓에** 갈 수 없었어요.
거리가 **먼 탓에** 갈 수 없을 거예요.

③ 동사 과거는 '-은/ㄴ 탓에'의 형태로 사용되지만, 미래를 나타내는 '-을 탓에'의 형태는 사용되지 않는다.

예) 일찍 **잔 탓에** 뉴스를 못 봤어요. (o) / 일찍 **자는 탓에** 뉴스를 못 봤어요. (o)
뉴스를 늦게까지 **본 탓에** 피곤했어요. (o) / 뉴스를 늦게까지 **보는 탓에** 피곤했어요. (o)
일찍 **잘 탓에** 뉴스를 못 볼 것 같아요. (x) / 일찍 **자는 탓에** 뉴스를 못 볼 것 같아요. (o)
왕밍 씨는 뉴스를 늦게까지 **볼 탓에** 피곤할 거예요. (x) / 왕밍 씨는 뉴스를 늦게까지 **보는 탓에** 피곤할 거예요. (o)

+ 뒤 절이 과거일 때 앞 절은 '-은/ㄴ 탓에'와 '-는 탓에'를 모두 사용할 수 있는 데 비해, 뒤 절이 추측이나 미래의 의미를 나타낼 때 앞 절에는 '-을 탓에'가 올 수 없다.

결합어의 품사	시제 및 형태		예문
동사	현재	-는 탓에	라면만 **먹는 탓에** 뚱뚱해졌어요. 게임을 **좋아하는 탓에** 시력이 나빠졌어요.
	과거	-은 탓에 -ㄴ 탓에	커피를 5잔이나 **마신 탓에** 잠을 못 잤어요. 비가 **내린 탓에** 축구 시합이 취소됐어요.
형용사	현재	-은 탓에 -ㄴ 탓에	복도가 **좁은 탓에** 다니기가 어렵네요. 날씨가 **흐린 탓에** 기분도 우울하다.

+ '-었던 탓에', '-던 탓에'로 과거를 나타낼 수도 있으며 동사 및 형용사가 모두 결합할 수 있다. 형용사의 과거에는 '-은'을 사용하지 않으므로 형용사의 과거는 '-었던 탓에', '-던 탓에'로 쓴다.

예) 입- + -었던 탓에/-던 탓에 → 입었던 탓에/입던 탓에
잡- + -았던 탓에/-던 탓에 → 잡았던 탓에/잡던 탓에
재미없- + -었던 탓에/-던 탓에 → 재미없었던 탓에/재미없던 탓에
나쁘- + -았던 탓에/-던 탓에 → 나빴던 탓에/나쁘던 탓에

제약 정보

① 과거 '-었-', 미래 · 추측의 '-겠-'과 결합하지 않는다.

예) 일찍 **잤는 탓에** 드라마를 못 봤어요. (x)
드라마를 늦게까지 **봤는 탓에** 피곤하네요. (x)
일찍 **자겠는 탓에** 드라마를 못 볼 것 같아요. (x)
드라마를 늦게까지 **보겠는 탓에** 피곤할 거예요. (x)
일찍 **자는 탓에** 드라마를 못 봐요. (o)
드라마를 늦게까지 **보는 탓에** 피곤해요. (o)

② 뒤 절의 내용, 즉 결과에 해당하는 내용이 부정적이어야 한다.

예)

<table>
<tr><td>(긍정적 원인) 일찍 일어난 탓에</td><td rowspan="2">+</td><td>피곤해요. (부정적 결과)</td><td rowspan="2">(o)</td></tr>
<tr><td>(부정적 원인) 늦게 일어난 탓에</td><td>오늘도 지각을 했어요. (부정적 결과)</td></tr>
</table>

<table>
<tr><td>(긍정적 원인) 일찍 일어난 탓에</td><td rowspan="2">+</td><td>오늘은 지각을 하지 않았어요. (긍정적 결과)</td><td rowspan="2">(x)</td></tr>
<tr><td>(부정적 원인) 늦게 일어난 탓에</td><td>전혀 피곤하지 않아요. (긍정적 결과)</td></tr>
</table>

+ 앞 절의 내용 자체가 부정적이 되어야 하는 것이 아니다. 즉 앞 절의 내용은 긍정적일 수 있지만 그것이 뒤 절의 결과에 부정적인 영향을 주어야 함에 주의한다.

③ 뒤 절에 청유문이나 명령문이 올 수 없다.

예) 시간이 **없는 탓에** 빨리 밥을 먹자/먹읍시다/먹을래요?/먹을까요?/먹는 건 어때요? (x)
시간이 **없는 탓에** 빨리 밥을 먹어라/먹어/먹어요. (x)
공부할 게 **많은 탓에** 도서관에 가자/갑시다/갈까요?/갈래요?/가는 건 어때요? (x)
공부할 게 **많은 탓에** 도서관에 가라/가/가세요. (x)

확장

① 조사 '에'를 생략할 수 없다.

예) 비가 **내리는 탓에** 축제가 취소됐어요. (o)
비가 **내리는 탓** 축제가 취소됐어요. (x)
커피를 **좋아하는 탓에** 너무 많이 마시게 돼서 걱정이에요. (o)
커피를 **좋아하는 탓** 너무 많이 마시게 돼서 걱정이에요. (x)

② '-는 탓이다', '-는 탓으로'의 구성으로 쓰기도 한다.

예) 살이 찌는 것은 군것질을 많이 **하는 탓이다.**
군것질을 많이 **하는 탓으로** 살이 찐다.
운동을 잘 못하는 것은 열심히 **연습하지 않는 탓이다.**
열심히 **연습하지 않는 탓으로** 운동을 잘 못한다.

+ '-는 탓이다'를 사용하면 이유가 뒤 절에 온다.

예) 저는 술을 **좋아하는 탓에** 건강이 좋지 않습니다.
= 제가 건강이 좋지 않은 것은 술을 **좋아하는 탓입니다.**

③ 'N 탓에', 'N 탓이다'의 구성으로 쓰기도 한다. 명사가 부정적인 결과의 원인이나 이유가 될 때 사용한다.

예) **무더위 탓에** 공부를 할 수가 없다.
교통사고 탓에 길이 막힌다.
네 탓에 우리도 선생님께 혼났어.
왕밍 탓에 지각하고 말았다.
이 모든 게 **네 탓이야.**
여행을 가지 못한 건 **날씨 탓이다.**

유사 문법

① '-는 탓에', '-는 바람에', '-기 때문에', '-는 통에'

-는 탓에	-는 바람에	-기 때문에	-는 통에
· 어떤 일의 이유나 원인이라는 의미를 나타낸다.			
· 과거 '-었-'과 결합하지 않는다. 예) 비가 **왔는 탓에** 여행을 취소했다. (x)	· 과거 '-었-'과 결합하지 않는다. 예) 비가 **왔는 바람에** 여행을 취소했다. (x)	· 과거 '-었-'과 결합한다. 예) 비가 **왔기 때문에** 여행을 취소했다. (o)	· 과거 '-었-'과 결합하지 않는다. 예) 비가 **왔는 통에** 여행을 취소했다. (x)
· '-은 탓에'로 사용한다. 예) 비가 **온 탓에** 여행이 취소됐다.	· '-은 바람에'로 사용하지 않는다. 예) 비가 **온 바람에** 여행이 취소됐다. (x)	· 과거는 '-(었)기 때문에'로 표현한다. 예) 비가 **왔기 때문에** 여행을 취소했다. (o)	· '-은 통에'로 사용한다. 예) 비가 **온 통에** 여행이 취소됐다.
· 앞 절의 내용이 뒤 절의 부정적 결과에 영향을 끼쳐야 한다. 예) 비가 **오는 탓에** 여행을 갈 수 없다. (o) 기차가 늦게 **온 탓에** 기차를 탈 수 있었다. (x)	· 주로 앞 절의 내용이 뒤 절의 부정적 결과에 영향을 끼친다. 부정적 원인이 있었음에도 의외의 긍정적 결과가 생긴 경우에도 사용할 수 있다. 예) 비가 **오는 바람에** 여행을 갈 수 없다. (o) 기차가 늦게 **오는 바람에** 기차를 탈 수 있었다. (o)	· 앞 절과 뒤 절의 내용이 긍정적·부정적인 것과 상관이 없다. 예) 비가 **오기 때문에** 여행을 갈 수 있다. (o) 기차가 늦게 **왔기 때문에** 기차를 탈 수 있었다. (o)	· 앞 절의 내용이 뒤 절의 부정적 결과에 영향을 끼쳐야 한다. 예) 비가 **오는 통에** 여행을 갈 수 없다. (o) 기차가 늦게 **오는 통에** 기차를 탈 수 있었다. (x)

+ 과거를 나타낼 때는 각각 '-은 탓에', '-는 바람에', '-(었)기 때문에', '-은 통에'로 쓴다.

예) 비가 **온 탓에** 여행이 취소됐다.
비가 **오는 바람에** 여행이 취소됐다.
비가 **왔기 때문에** 여행이 취소됐다.
비가 **온 통에** 여행이 취소됐다.

+ '-는 탓에', '-는 바람에', '-기 때문에', '-는 통에' 모두 뒤 절에 청유문이나 명령문이 올 수 없다.

예) 비가 **오는 탓에** 여행을 취소하자. (x)
비가 **오는 바람에** 여행을 취소하자. (x)
비가 **오기 때문에** 여행을 취소하자. (x)
비가 **오기 통에** 여행을 취소하자. (x)

+ '-는 탓에'와 '-기 때문에'는 '-는 탓이다, -는 탓으로, N 탓에', '-기 때문이다, -기 때문으로, N 때문에'의 구성으로 쓸 수 있는 데 비해 '-는 바람에'와 '-는 통에'는 '-는 바람이다(-는 통이다)', '-는 바람으로(-는 통으로)', 'N 바람에(N 통으로)'의 구성으로 쓸 수 없다.

② **'-는 탓에', '-는 덕분에'**

-는 탓에	-는 덕분에
· 어떤 일의 이유나 원인이라는 의미를 나타낸다.	
· 앞 절이 뒤 절에 부정적 영향을 끼친다. 예) 비가 **오는 탓에** 여행이 취소됐다. (o) 비가 **오는 탓에** 가뭄이 해소됐다. (x)	· 앞 절이 뒤 절에 긍정적 영향을 끼친다. 예) 비가 **오는 덕분에** 가뭄이 해소됐다. (o) 비가 **오는 덕분에** 여행이 취소됐다. (x)

+ '-는 탓에', '-는 덕분에'는 모두 과거 '-었-'과 결합하지 않으며 뒤 절에 청유문이나 명령문이 올 수 없다.

예) 비가 **왔는 탓에** 여행을 취소했다. (x) 비가 **왔는 덕분에** 가뭄이 해소됐다. (x)
비가 **오는 탓에** 여행을 <u>취소하자</u>. (x) 비가 **오는 바람에** 여행을 <u>취소하자</u>. (x)

이렇게 도입해 보세요

(1) 교사: 왕밍 씨, 요즘 피곤해 보여요. 무슨 일이 있어요?
학생: 네, 요즘 늦게까지 공부를 해서 피곤해요.
교사: 왕밍 씨는 요즘 늦게까지 공부를 해서 피곤해요. 늦게까지 공부를 **하는 탓에** 피곤해요. 선생님도 요즘 피곤해요.
학생: 왜요?
교사: 저는 요즘 일이 많아서 늦게 퇴근해요. 그래서 피곤해요. 늦게 **퇴근하는 탓에** 피곤해요. '-는 탓에'는 일이 안 좋게 된 것에 대해 이유를 설명할 때 써요.

(2) 교사: 수지 씨는 어느 계절을 좋아해요?

학생: 겨울이요. 눈이 와서요.

교사: 그래요? 저는 겨울을 싫어해요. 눈이 와서요. 눈이 와서 다니기가 불편해요. 수지 씨는 눈이 와서 겨울을 좋아해요. 선생님은 눈이 **오는 탓에** 겨울을 좋아하지 않아요. 좋지 않은 일에 대한 이유를 말할 때 '-는 탓에'를 사용해요. '수지 씨는 눈이 **오는 탓에** 겨울을 좋아해요'라고는 말할 수 없어요.

(3) 교사: 싫어하는 계절이 있어요?

학생: 네, 저는 여름이 싫어요. 너무 더워서요.

교사: 앤디 씨는 너무 **더운 탓에** 여름을 싫어해요. 저는 더운 건 괜찮은데 추운 게 싫어요. 그래서 겨울을 싫어해요. 저는 날씨가 **추운 탓에** 겨울을 싫어해요.

+ (1)은 학생들에게 부정적인 영향을 끼친 일을 생각하도록 유도하는 상황이다. '-는 탓에'는 일이 안 좋게 된 것에 대해 이유를 설명할 때 사용할 수 있음을 인식하도록 하는 것이 중요하다. (2)는 '눈이 온다'는 동일한 사실이 겨울을 좋아하는 이유도 되고 싫어하는 이유도 되는 상황을 동시에 제시하고 부정적인 결과가 생기게 된 원인이 되는 경우에 '-는 탓에'를 사용함을 보여주는 방법이다.

+ (3)은 형용사와 결합하는 '-은 탓에'에 대한 것이다. 겨울을 좋아하지 않는 이유에 대한 (2)와 연결하여 제시할 수 있다.

+ 부정적 결과를 오른쪽에 판서한 후, 왼쪽에는 그 원인에 대해 제시하도록 하여 의미 관계에 대해 보다 쉽게 파악하도록 지도할 수 있다.

예)

원인, 이유	문법	부정적 결과
늦게까지 공부를 해요. 늦게까지 일을 해요.	-는 탓에	요즘 피곤해요.
눈이 많이 와요. 감기에 걸려요.		겨울을 좋아하지 않아요.
날씨가 너무 더워요. 날씨가 너무 추워요.	-은 탓에 -ㄴ 탓에	여름을 좋아하지 않아요. 겨울을 좋아하지 않아요.

-는 한{-은 한[-ㄴ 한]}

조건을 나타내는 표현.

-는 한 (동사나 '있다, 없다, 계시다'에 붙어) 앞 절이 뒤 절의 상태나 행위의 전제, 또는 조건임을 나타낼 때 사용한다.

예문

(1) 가: 매일 아침 학교에 함께 가니까 정말 좋아요.
나: 그렇지요? 저도 심심하지 않고 좋아요.
가: 그런데 언제까지 이렇게 데리러 오실 수 있어요?
나: 제가 이 동네에 **사는 한** 항상 데리러 올게요.

(2) 가: 수학은 어려워서 정말 재미가 없어요. 계속 수학을 공부해야 해요?
나: 그럼, 수학이 기본이니까 안 하면 안 돼.
가: 언제까지 재미없는 수학 공부를 해야 해요?
나: 전공을 바꾸지 **않는 한** 계속해야지.

(3) 가: 줄리아 씨, 무슨 일이 있어요?
나: 요즘 좀 피곤해서요. 항상 기운이 없어요.
가: 그럴수록 운동을 하셔야 해요.
나: 힘들어서 운동은 생각도 못해요.
가: 운동을 **하지 않는 한** 피곤한 건 고칠 수가 없어요.

아직까지 부모님께 용돈을 **받는 한** 독립했다고 할 수 없다.

오늘은 주말이어서 지하철을 **타지 않는 한** 제시간에 도착할 수 없어요.

돈을 그렇게 함부로 **쓰는 한** 돈을 모으기는 힘들다.

우리 모두가 자신의 일처럼 힘을 **합치는 한** 이웃들의 어려움은 쉽게 해결할 수 있어요.

바람이 세게 **부는 한** 비행기가 뜨는 건 불가능해요.

그렇게 담배를 많이 **피우는 한** 건강이 좋아질 수는 없습니다.

열심히 **공부하는 한** 시험에 떨어지는 일은 없을 거예요.

한국어 공부를 **계속하는 한** 한국어를 잊어버리지 않을 거예요.

지금처럼 길이 **막히는 한** 약속 시간을 맞추기는 힘들 것 같아요.

무슨 일이든지 끝까지 포기하지 **않는 한** 성공할 수 있습니다.

+ '-는 한'은 조건을 나타내는 표현이다. 앞 절의 내용은 '부모님께 용돈을 받는 한, 지하철을 타지 않는 한, 돈을 함부로 쓰는 한, 우리 모두가 힘을 합치는 한, 바람이 세게 부는 한, 담배를 많이 피우는 한, 열심히 공부하는 한, 한국어 공부를 계속하는 한, 지금처럼 길이 막히는 한, 무슨 일이든지 끝까지 포기하지 않는 한' 등과 같이 뒤 절이 성립될 수 있는 조건이나 전제를 나타낸다. 즉, 이러한 조건을 바탕으로 이루어질 수 있는 가정적 상황이 뒤 절에 제시된다.

+ 과거를 나타낼 때는 '-은 한(-ㄴ 한)'이 결합한다.

형태 정보

① 동사 어간 끝음절의 받침 유무에 관계없이 '-는 한'을 쓴다. 단, 'ㄹ' 받침으로 끝날 때는 'ㄹ'이 탈락한다.

예) 씻- + -는 한 → 씻는 한
먹- + -는 한 → 먹는 한
가- + -는 한 → 가는 한
살- + -는 한 → 사는 한
만들- + -는 한 → 만드는 한
읽- + -는 한 → 읽는 한
보- + -는 한 → 보는 한
사- + -는 한 → 사는 한
놀- + -는 한 → 노는 한

①	받침 ○, ×	+ -는 한	씻는 한, 읽는 한, 먹는 한, 보는 한, 가는 한, 사는 한
	ㄹ 받침	+ -는 한 (어간 'ㄹ' 탈락)	사는 한, 노는 한, 만드는 한

+ '-는 한'은 동사 어간의 받침 유무에 따라 형태가 달라지지 않는다. 다만 'ㄹ' 받침으로 끝나는 동사의 경우는 'ㄹ'이 탈락함에 주의한다.

② '있다, 없다'나 '있다, 없다'가 붙어서 만들어진 합성어 '재미있다, 재미없다, 맛있다, 맛없다' 등은 '-는'을 붙여 쓴다.

예) 음식이 **맛없는 한** 그 식당은 손님이 없을 수밖에 없어요.
주인공이 유명하지 않아도 영화가 **재미있는 한** 관객이 많을 거예요.

문장 구성 정보

① 앞 절과 뒤 절의 주어가 같아도 되고 달라도 된다.

예) (내가) 매일 밤 12시까지 텔레비전을 **보는 한** (내가) 늦잠을 잘 수밖에 없어요.
비가 이렇게 계속 **오는 한** (내가) 축구를 할 수 없어요.
왕밍이 아르바이트를 계속 **하는 한** 줄리아는 왕밍과 여행을 같이 갈 수 없다.

+ 첫 예문의 앞 절과 뒤 절의 주어는 화자이고, 동일하다. 이때 주어는 구어에서는 주로 생략된다. 두 번째 예문은 앞 절은 '비', 뒤 절은 '나', 즉 화자가 주어인 예이다. 이 또한 구어에서 화자가 주어인 경우 생략이 가능하다. 세 번째 예문은 앞 절과 뒤 절의 주어가 다른 예이다. 이처럼 '-는 한'으로 연결되는 두 문장의 주어는 같아도 되고 달라도 된다.

② 앞 절과 뒤 절의 시제가 같거나 달라도 된다.

예) 내가 함께 **사는 한** 모른 척할 수 없어요. (o)
내가 함께 **사는 한** 모른 척할 수 없었어요. (o)
내가 함께 **사는 한** 모른 척할 수 없을 거예요. (o)
남자 친구와 **헤어진 한** 더 이상 만날 수 없어요. (o)
남자 친구와 **헤어진 한** 더 이상 만날 수 없었어요. (o)
남자 친구와 **헤어진 한** 더 이상 만날 수 없을 거예요. (o)

③ 과거는 '-은/ㄴ 한'의 형태로 사용되지만, 미래를 나타내는 '-을 한'의 형태는 사용되지 않는다.

예) 게임을 안 하겠다고 **약속한 한** 더 이상 할 수 없었다. (o)
쇼핑을 **나온 한** 뭐라도 사야겠다. (o)
커피를 5잔이나 **마실 한** 푹 잘 수 있을 것 같아요. (x)
쇼핑을 **나올 한** 뭐라도 사야겠다. (x)

제약 정보

① 과거 '-었-', 미래 · 추측의 '-겠-'과 결합하지 않는다.

예) 일찍 **잤는 한** 드라마를 볼 수 없어요. (x)
드라마를 늦게까지 **봤는 한** 피곤하지 않을 수 없어요. (x)
일찍 **자겠는 한** 드라마를 볼 수 없을 거예요. (x)
드라마를 늦게까지 **보겠는 한** 피곤하지 않을 수 없어요. (x)
일찍 **자는 한** 드라마를 볼 수 없어요. (o)
드라마를 늦게까지 **보는 한** 피곤하지 않을 수 없어요. (o)

② 뒤 절의 내용은 앞 절의 조건에 대한 추측이나 가정, 믿음이나 의지가 되어야 한다.

예)

열심히 **공부하는 한**	+	성공할 것이다. 성공하지 않을 수 없다. 성공하게 될 것이다. 성공하는 게 당연하다. 성공한다.

확장

① 조사 '은'이 붙을 수 있다.

예) 계속 술을 **좋아하는 한은** 건강해질 수 없을 거예요.
이렇게 계속 눈이 **내리는 한은** 기차가 출발하지 못할 거예요.

+ 조건의 의미를 강조하는 역할을 한다.

+ '-는 한이다', '-는 한으로', '-는 한데', 'N 한' 등의 구성으로 쓸 수 없다. '-는 탓에', '-는 바람에', '-는 동안에', '-는 김에' 등의 비슷한 구성들과 비교하여 확장 가능한 구성과 그렇지 못한 구성에 대한 항목별 차이를 구별하여 잘못 사용하지 않도록 주의한다.

② '될 수 있는 한', '할 수 있는 한', '아는 한', '에 관한 한'과 같이 관용적으로 사용하기도 한다.

예) **될 수 있는 한** 거짓말은 하지 마세요.
제가 **할 수 있는 한** 최선을 다하겠습니다.
흐엉 씨는 내가 **아는 한** 절대 그럴 사람이 아니야.
야구**에 관한 한** 저보다 잘 아는 사람은 없을 거예요.

유사 문법

① '-는 한', '-으면'

-는 한	-으면
· 어떤 일의 조건이라는 의미를 나타낸다.	
· 동사와만 결합한다. 예) 비가 **오는 한** 여행이 취소될 거예요. (o) 날씨가 **맑은 한** 여행을 갈 수 있다. (x)	· 동사, 형용사와 결합한다. 예) 비가 **오면** 여행이 취소될 거예요. (o) 날씨가 **맑으면** 여행을 갈 수 있다. (o)
· 가정의 의미를 나타내지 않는다. 예) 내가 서울에 **사는 한** 당장 갔을 거야. (x) 네가 서울에 **사는 한** 자주 만나야지요. (o) (현재 서울에 살고 있고 그러한 조건하에서는 자주 만나야 한다는 의미.)	· 가정의 의미를 나타낸다. 예) 내가 서울에 **산다면** 당장 갔을 거야. (서울에 살지 않지만 만약 서울에 산다면 당장 갔을 것이라는 가정의 의미.)

+ '-으면'은 뒤 절의 내용이 일어나기 위한 근거나 상황에 대한 조건뿐만이 아니라, 확실하지 않거나 아직 이루어지지 않은 사실을 가정하여 말할 때에도 사용된다.

이렇게 도입해 보세요

(1) 교사: 여러분, 오늘도 정말 열심히 공부를 하셨어요.
학생: 아니에요. 선생님께서 정말 재미있게 잘 가르쳐 주셨어요. 감사합니다.
교사: 여러분이 열심히 공부해요. 그러면 선생님은 계속 한국어를 가르치고 싶어요. 여러분이 열심히 공부하지 않아요. 그러면 선생님은 가르치고 싶지 않아요. 여러분이 지금처럼 열심히 **공부하는 한** 선생님은 한국어를 열심히 가르칠 거예요.

(2) 교사: 줄리아 씨, 한국 음식을 좋아해요?
학생: 네, 한국 음식을 좋아해요.
교사: 김치도 잘 먹어요?
학생: 아니요, 매운 음식은 못 먹어요. 하지만 다른 한국 음식을 잘 먹어요.
교사: 하하하, 김치를 먹지 못하면 한국 음식을 잘 먹는다고 말할 수 없어요. 김치를 **먹지 못하는 한** 한국 음식을 잘 먹는다고 말할 수 없어요. '-는 한'은 '-으면'처럼 조건을 나타내요.

+ (1)에서는 선생님이 열심히 가르칠 수 있는 조건으로 학생들이 열심히 공부하는 조건을 제시하였다. 선행 학습한 '-으면'과 '-는 한'을 교체하여 제시하면 의미를 유추하는 데 도움을 줄 수 있다.

+ (2)는 어떠한 사실에 대해 반드시 필요한 기본 조건에 대해 언급할 때 '-는 한'을 사용하는 상황을 제시하는 것이다. 한국 음식뿐만 아니라 학생들이 여행한 곳에 대한 소재를 활용할 수도 있다. 가령, '명동을 가 보지 않는 한 서울을 가 봤다고 말할 수 없다.'와 같은 형태의 문장을 만들 수도 있다.

-으려고 들다[-려고 들다]

어떤 일을 **적극적으로** 또는 집요하게 **하고자 함**을 나타내는 표현.

-으려고 들다	(동사에 붙어) 어떤 행위를 적극적으로 하고자 함을 나타낸다. 행위를 거침없이 지나치게 또는 집요하게 한다는 의미를 나타낼 때 사용한다.

예문

(1) 가: 줄리아 씨, 무슨 걱정이 있어요?
나: 네, 저번 주에 월급을 받았는데 벌써 다 써 버렸지 뭐예요.
가: 벌써요? 뭘 했는데요?
나: 제가 돈만 있으면 자꾸 옷을 **사려고 들어요**. 안 사려고 해도 새 옷을 보면 사고 싶은 걸 참을 수가 없어요. 어쩌면 좋아요?
가: 큰일이네요. 쇼핑하러 가지 말고 다른 취미를 찾아보세요.

(2) 가: 흐엉, 강아지는 왜 데리고 왔어?
나: 놓고 나오려고 했는데, 자꾸 따라오려고 해서 어쩔 수가 없었어.
가: 어떻게 하지? 도서관에 가서 책을 빌리기로 했잖아.
나: 나는 밖에서 기다리고 있을게. 너 혼자 들어갔다 와.
가: 그럼 내가 다녀온 후에 너도 들어갔다 올래?
나: 그러면 좋겠지만, 강아지가 따라 **들어가려고 들** 거야.

아기가 늦게까지 **놀려고 들어요**.

마이클은 시간만 있으면 **자려고 들어요**.

그 부부는 싸울 때마다 서로 잘못을 **따지려고 든다**.

지하철 자리가 비어서 **앉으려고 들면** 어느새 다른 사람이 그 자리에 앉아 있다.

남자 친구가 제 휴대폰 메시지를 항상 **읽으려고 들어서** 짜증이 나요.

우리 아이가 매일 게임만 **하려 들고** 공부는 안 해요.

그는 컴퓨터가 고장 나기만 하면 **뜯어보려고 든다**.

그는 얘기도 듣기 전에 신경질부터 **내려고 든다**.

두 차가 서로 먼저 **가려고 들다가** 사고가 났다.

그 사실에 대해 너무 **알려고 들지** 마십시오.

+ '-으려고 들다'는 어떤 일을 적극적으로 하고자 함을 나타낸다. '게임만 하려 들고 공부는 안 해요'는 다른 것은 제쳐 두고 게임을 하고자 한다는 뜻이다. '남자 친구가 제 휴대폰 메시지를 항상 읽으려고 들어서 짜증이 나요.'는 남자 친구가 휴대폰 메시지를 읽고자 적극적으로 행동하는 것을 의미한다. '아기가 늦게까지 놀려고 들어요.'는 아기가 늦은 시간까지 놀기 위해 적극적으로 행동한다는 의미이다. 이처럼 '-으려고 들다'는 어떤 행위를 적극적으로 또는 집요하게 하는 것을 의미한다.

형태 정보

① 동사 어간 끝음절에 받침이 있으면 '-으려고 들다'를 쓴다.

예) 씻- + -으려고 들다 → 씻으려고 들다
먹- + -으려고 들다 → 먹으려고 들다
남- + -으려고 들다 → 남으려고 들다
앉- + -으려고 들다 → 앉으려고 들다
잡- + -으려고 들다 → 잡으려고 들다
읽- + -으려고 들다 → 읽으려고 들다

② 동사 어간 끝음절에 받침이 없거나 'ㄹ' 받침으로 끝나면 '-려고 들다'를 쓴다.

예) 가- + -려고 들다 → 가려고 들다
이기- + -려고 들다 → 이기려고 들다
파- + -려고 들다 → 파려고 들다
만들- + -려고 들다 → 만들려고 들다
오- + -려고 들다 → 오려고 들다
자- + -려고 들다 → 자려고 들다
따지- + -려고 들다 → 따지려고 들다
살- + -려고 들다 → 살려고 들다

①	받침 ○	+ -으려고 들다	씻으려고 들다, 앉으려고 들다, 먹으려고 들다, 잡으려고 들다, 남으려고 들다, 읽으려고 들다
②	받침 ×	+ -려고 들다	가려고 들다, 오려고 들다, 이기려고 들다, 자려고 들다, 파려고 들다, 따지려고 들다
	ㄹ 받침	+ -려고 들다	만들려고 들다, 살려고 들다

③ 불규칙

듣- 예) 남편이 내 얘기를 잘 안 **들으려고 들어서** 속상해요.

줍- 예) 땅에 떨어진 것을 **주우려고 들지** 마세요.

짓- 예) 자꾸 새 밥을 **지으려고 들지** 말고 남은 것 먼저 먹어라.

문장 구성 정보

① 부정문은 '-으려고 들지 않다', '안 -으려고 들다', '-지 않으려고 들다'로 쓴다.

예) 아이가 만화책을 **읽으려고 들지 않아요**. (o)
아이가 만화책을 **안 읽으려고 들어요**. (o)
아이가 만화책을 **읽지 않으려고 들어요**. (o)
아이가 만화책을 **읽으려고 안 들어요**. (x)

② '-으려고 들다'의 높임은 '-으시려고 드시다'로 쓸 수 있지만, '-으려고 들다'에는 행동을 지나치게 적극적으로 한다는 부정적인 태도가 포함되어 있기 때문에 높임 표현으로 쓰는 것이 부적절한 경우가 많으니 조심해야 한다.

예) 아버지께서는 매일 밤 일찍 **주무시려고 드세요**. (?)
선생님께서 수업을 더 **하시려고 드십니다**. (?)
할아버지께서 학교에 자꾸 **전화하시려고 드십니다**. (?)

제약 정보

① 형용사와 결합하지 않는다.

예) 얼굴이 **예쁘려고 들어요**. (x)
마음이 **착하려고 든다**. (x)

② '-으려고' 앞에 과거 '-었-', 미래 · 추측의 '-겠-'을 붙이지 않는다. 과거 '-었-'과 미래 · 추측의 '-겠-'은 '들다'에 붙여 쓴다.

예) 아이가 텔레비전을 많이 **봤으려고 들어요**. (x)
아이가 텔레비전을 많이 **봤으려고 들었어요**. (x)
아이가 텔레비전을 많이 **보려고 들었어요**. (o)
아이가 텔레비전을 많이 **보겠으려고 들어요**. (x)
아이가 텔레비전을 많이 **보겠으려고 들겠어요**. (x)
아이가 텔레비전을 많이 **보려고 들겠어요**. (o)

확장

① 보조사 '만'과 함께 쓸 수 있다.

예) 날씨가 시원해졌는데도 형이 에어컨을 자꾸 **켜려고만 들어요.**
아들이 매일 **놀려고만 들어요.**
아이가 **먹으려고만 들어요.**

+ 행위를 집요하게 함을 강조한다.

유사 문법

① '-으려고 들다', '-으려고 하다'

-으려고 들다	-으려고 하다
· 어떤 일을 하고자 하는 의지가 있음을 나타낸다.	
· 어떤 일을 적극적으로 하고자 함을 의미하지만 지나치게 적극적으로 한다는 부정적인 태도를 나타낼 때가 많다. 예) 아이가 반찬은 안 먹고 밥만 **먹으려고 들어서** 걱정이에요.	· 어떤 행위를 하고자 하는 의도를 나타내며, 어떤 일이 일어날 것 같은 상황을 나타낼 때도 사용한다. 예) 저는 선생님이 **되려고 합니다.** 날이 **어두워지려고 한다.**

+ '-으려고 들다'가 어떤 일이 일어날 것 같은 상황을 나타낼 때에는 사람이나 동물이 아닌 무생물이 주어로 쓰인다. 주로 문학적인 표현에서 이와 같이 사용된다.

예) 비가 **쏟아지려고 든다.**
또다시 기분이 **우울해지려고 든다.**

이렇게 도입해 보세요

(1) 교사: (스포츠 경기를 좋아하는 사람, 또는 드라마를 좋아하는 사람 그림을 보여 주며) 이 사람은 스포츠를 좋아해요. 그래서 스포츠 경기를 꼭 봐요. 일이 있어서 좋아하는 축구 경기를 못 보면 어떻게 할까요?

학생: 인터넷 찾아봐요.

교사: 맞아요. 이 사람은 스포츠 경기를 보기 위해 TV도 예약해 놓고 인터넷도 찾아봐요. 그리고 스포츠 뉴스도 꼭 봐요. 열심히 적극적으로 경기를 보려고 노력해요. 스포츠 경기를 다 **보려고 들어요.** '-으려고 들다'는 적극적으로 어떤 일을 하려고 행동한다는 뜻이에요.

(2) 교사: 줄리아 씨, 시험 준비를 잘하고 있어요?

학생: 아니요. 한국어가 너무 어려워서 공부를 해도 잘 모르겠어요.

교사: 하루에 몇 시간 정도 공부를 해요?

학생: 1시간이요.

교사: 따로 공부할 시간이 없으면 한국 드라마나 영화를 자막 없이 보세요. 무슨 뜻인지 계속 생각하면서요. 그러면 한국어가 더 쉬워질 거예요. 한국 친구도 만들려고 노력해 보고, 여기저기 여행도 다니며 적극적으로 이것저것 노력해 보세요. 이렇게 열심히 하려고 하면 못할 게 없어요. 이렇게 열심히 **하려고 들면** 못할 게 없어요.

+ (1)과 (2)는 어떤 일을 이루기 위해 할 수 있는 여러 가지 노력들을 나열하게 한 뒤에 그러한 행위를 합하여 '-으려고 들다'로 쓸 수 있음을 제시하는 것이다.

만 같아도

어떤 시기나 상황을 비교하여 **가정함**을 나타내는 표현.

만 같아도 (명사에 붙어) 어떤 시기나 상황을 비교하거나 가정하여 뒤의 내용을 서술할 때 사용한다. '~이라면'의 뜻이다.

예문

(1) 가: 앤디 씨는 언제 처음으로 휴대폰을 샀어요?
나: 저는 대학생 때 처음 휴대폰을 샀어요.
가: 정말요? 요즘은 초등학생들도 다 휴대폰을 갖고 다니는 것 같아요.
나: 맞아요. 10년 전**만 같아도** 초등학생들이 휴대폰을 갖고 다니는 건 상상도 못했는데 말이에요.

(2) 가: 왜 이렇게 우울해 보여요?
나: 성적표가 나왔는데 성적이 생각보다 좋지 않아요.
가: 왜요? F가 있어요?
나: 아니요, 성적 장학금을 받아야 하는데 0.1점이 모자라요.
가: 제 성적이 왕밍 씨**만 같아도** 걱정이 없을 텐데요.

올해 날씨가 작년**만 같아도** 눈이 많이 오지 않을 거예요.
동생이 형**만 같아도** 공부를 잘할 거예요.
평일**만 같아도** 길이 이렇게 막히지 않을 거예요.
내 방 크기가 여기**만 같아도** 훨씬 넓고 좋을 것 같아요.
어제**만 같아도** 이렇게 힘들지 않았던 것 같아요.
학기 초**만 같아도** 도서관에서 공부하는 학생들이 많아요.
철수 키가 너**만 같아도** 축구 선수를 한다고 했을 거야.
오늘 회의**만 같아도** 직원들의 참여가 매우 활발했습니다.
우리 회사**만 같아도** 1년 안에 그만두는 직원들이 많습니다.
10년 전까지**만 같아도** 한국어를 배우는 외국인들이 많지 않았어요.

+ '만 같아도'는 어떤 시기나 상황을 비교하거나 가정하여 뒤의 상태나 상황을 기술할 때 사용한다. '동생이 형만 같아도 공부를 잘할 거예요.'는 '동생이 형과 같다'는 가정이 성립한다면, '공부를 잘하는 행위'가 이루어질 수 있음을 나타낸다. '10년 전까지만 같아도 한국어를 배우는 외국인들이 많지 않았어요.'는 '10년 전까지'의 시기를 지금과 비교하여 가정하면 '한국어를 배우는 외국인이 많지 않은' 상태였으나, 그때와 비교하면 지금은 '한국어를 배우는 외국인들이 많음'을 뜻한다. 상황을 가정하는 '~이라면'의 뜻으로 해석될 수 있다.

형태 정보

① 명사 끝음절의 받침 유무에 관계없이 '만 같아도'를 쓴다.

예) 지금 + 만 같아도 → 지금만 같아도
학생 + 만 같아도 → 학생만 같아도
어제 + 만 같아도 → 어제만 같아도
오늘 + 만 같아도 → 오늘만 같아도
친구 + 만 같아도 → 친구만 같아도
나 + 만 같아도 → 나만 같아도

①	받침 ○	+ 만 같아도	지금만 같아도, 오늘만 같아도, 학생만 같아도
	받침 ×	+ 만 같아도	친구만 같아도, 어제만 같아도, 나만 같아도

문장 구성 정보

① 앞과 뒤의 상황이 반대인 상황에서도 '만 같아도'를 사용할 수 있는데, 이 경우에는 '만 같아도'의 앞에 시간을 나타내는 말을 자주 사용한다.

예) 지난주**만 같아도** 춥지 않았는데, 오늘은 날씨가 많이 추워졌어요.
작년**만 같아도** 이 옷이 맞았었는데, 올해는 살이 쪘는지 작아요.
아침**만 같아도** 청계천에 사람이 없었는데, 지금은 사람이 너무 많아요.
어렸을 때**만 같아도** 동생이 키가 작았었는데, 지금은 저보다 훨씬 커요.

② 비교의 의미를 확실하게 나타내기 위해 '까지', '으로', '에서'와 같은 조사가 결합하여, '까지만 같아도', '으로만 같아도', '에서만 같아도'로 쓰인다.

예) 이틀 전까지**만 같아도** 흐엉 씨가 한국에 있었어요.
이런 방법으로**만 같아도** 금방 한국어 실력이 좋아질 거예요.
어제 공항에서**만 같아도** 사람이 정말 많았어요.

확장

① 큰 의미 차이 없이 '만 해도', '만 하더라도', '의 경우만 봐도'로 바꿔 쓸 수 있다.

예) 몇 년 전**만 같아도** 자전거로 출퇴근하는 사람들이 별로 없었어요.
= 몇 년 전**만 해도** 자전거로 출퇴근하는 사람들이 별로 없었어요.
= 몇 년 전**만 하더라도** 자전거로 출퇴근하는 사람들이 별로 없었어요.
= 몇 년 전**의 경우만 봐도** 자전거로 출퇴근하는 사람들이 별로 없었어요.
우리 회사**만 같아도** 아침에 운동하는 사람들이 많이 늘었어요.
= 우리 회사**만 해도** 아침에 운동하는 사람들이 많이 늘었어요.
= 우리 회사**만 하더라도** 아침에 운동하는 사람들이 많이 늘었어요.
= 우리 회사**의 경우만 봐도** 아침에 운동하는 사람들이 많이 늘었어요.

이렇게 도입해 보세요

(1) 교사: 여러분, 오늘 날씨가 어때요?

학생: 너무 추워요. 바람이 많이 불어요.

교사: 맞아요. 오늘은 바람이 많이 불고 날씨가 추워요. 어제 날씨는 어땠어요?

학생: 어제는 날씨가 맑고 따뜻했어요.

교사: 네. 어제는 날씨가 맑고 따뜻했어요. 오늘은 추워요. 어제**만 같아도** 맑고 따뜻했지만, 오늘은 바람이 많이 불고 추워요. 날씨가 어제**만 같아도** 산책하기 좋았는데, 오늘은 추워서 밖에 나가고 싶지 않아요. 오늘 날씨가 어제와 같아요. 그러면 산책하기 좋지요? 날씨가 어제**만 같아도** 산책하기 좋지요.

(2) 교사: 여러분, 강원도에 가 봤어요?

학생: 네, 가 봤어요.

교사: 서울과 비교해서 강원도 공기가 어때요?

학생: 서울보다 공기가 좋아요.

교사: 네, 강원도는 서울보다 복잡해요?

학생: 아니요, 복잡하지 않아요.

교사: 맞아요. 서울이 강원도**만 같아도** 공기도 좋고 복잡하지 않아서 살기 좋을 것 같아요. '만 같아도'는 무엇과 비교해서 추측할 때 사용해요. 서울을 강원도와 비교해서 추측하고 있어요.

+ '만 같아도'를 도입할 때는 같은 범위 안에서 비교할 수 있는 상태나 상황을 두 개 이상 제시해 주는 것이 좋다. (1)에서와 같이 교사는 학생에게 오늘 날씨를 물어본 후에, 자연스럽게 어제 날씨도 물어본다. 어제 날씨와 오늘 날씨 두 가지를 제시하고, 이를 '만 같아도'를 사용하여 '어제만 같아도 맑고 따뜻했지만, 오늘은 바람이 많이 불고 추워요.'와 같이 서로 비교할 수 있다.

+ (2)에서도 '서울과 강원도' 두 개의 도시를 제시하여 각각의 특징을 학생들에게 물어본다. '강원도만 같아도 서울보다 공기가 더 좋고 복잡하지 않아요.'와 같이 두 개를 비교하여, 강원도가 공기가 더 좋고 복잡하지 않은 반면에 서울은 그렇지 않음을 '만 같아도'를 사용하여 말할 수 있다.

만 아니면

어떤 상태나 내용이 **벗어날 수 없는 조건이나 이유**임을 나타내는 표현.

만 아니면 (명사에 붙어) 앞의 명사가 가리키는 내용이 피할 수 없는 이유나 조건임을 나타낸다. 앞의 명사가 나타내는 상황 때문에 뒤의 행위를 못하거나 상태가 충족되지 않을 때 사용한다.

예문

(1) 가: 앤디 씨, 삼청동에 가 봤어요?
나: 네, 지난주에 흐엉 씨와 같이 갔어요.
가: 정말요? 저도 가보고 싶어요. 이번 주에 시간이 있으면 저와 같이 가요.
나: 네, 좋아요. 저는 내일**만 아니면** 이번 주에 시간이 많아요.

(2) 가: 왕밍 씨, 영화 좋아해요?
나: 네, 좋아해요. 제 취미가 영화 감상이에요.
가: 저도 영화 좋아해요. 왕밍 씨는 무슨 영화를 좋아해요?
나: 저는 공포 영화**만 아니면** 다 좋아해요.
가: 저는 로맨틱 코미디를 제일 좋아해요.

수지 씨는 공부**만 아니면** 다 잘해요.

제 남자 친구도 키**만 아니면** 모두 완벽해요.

돈**만 아니면** 직장을 그만두고 싶다.

내일 시험**만 아니면** 저도 줄리아 씨의 생일 파티에 가고 싶어요.

금요일**만 아니면** 현우 씨도 같이 만날 수 있을 거예요.

오늘 졸업식**만 아니면** 학교에 별로 가고 싶지 않아요.

아픈 동생**만 아니었으면** 수지는 대학에 다니고 있을 거예요.

연필**만 아니면** 아무거나 사용해서 써도 됩니다.

주말**만 아니면** 어디든 금방 갈 수 있을 텐데요.

나**만 아니면** 된다는 생각 때문에 환경이 오염되었습니다.

+ '만 아니면'은 앞의 상태나 내용이 벗어날 수 없는 조건이나 이유로 작용함을 나타낸다. '만 아니면'은 '오직 그것만을 한정함'을 나타내는 조사 '만'과 '아니다'에 조건을 나타내는 연결어미 '-으면'이 결합한 형태이다. '저는 내일만 아니면 이번 주에 시간이 많아요.'는 이번 주에 시간이 많은데 내일은 그렇지 않음을 뜻한다. 저는 '공포 영화만 아니면 다 좋아해요.'는 공포 영화는 좋아하지 않고 다른 것은 다 좋아한다는 뜻이다.

형태 정보

① 명사 끝음절의 받침 유무에 관계없이 '만 아니면'을 쓴다.

예) 학생 + 만 아니면 → 학생만 아니면
주말 + 만 아니면 → 주말만 아니면
공부 + 만 아니면 → 공부만 아니면
시험 + 만 아니면 → 시험만 아니면
어제 + 만 아니면 → 어제만 아니면
너 + 만 아니면 → 너만 아니면

①	받침 ○	+ 만 아니면	학생만 아니면, 시험만 아니면, 주말만 아니면
	받침 ×	+ 만 아니면	어제만 아니면, 공부만 아니면, 너만 아니면

문장 구성 정보

① '만 아니면 -었을 것이다' 구성으로 사용하여, 과거의 사건에 대한 가정을 나타낸다. '만 아니면'의 뒤 절에 오는 '-었을 것이다'는 과거 사실에 대한 추측을 나타낸다.

예) 부장님**만 아니면** 이미 회사를 그만두었을 거예요. (부장님 때문에 회사를 그만두지 않았다.)
아기 울음소리**만 아니면** 잠을 잘 잤을 거예요. (아기 울음소리 때문에 잠을 잘 자지 못했다.)

제약 정보

① 과거는 '아니다'에 '-었-'을 결합하여, '아니었으면'으로 쓴다. 미래 · 추측의 '-겠-'과 결합하지 않는다.

예) 시험**만 아니었으면** 도서관에 가지 않았을 거예요. (o)
시험**만 아니겠으면** 도서관에 가지 않았을 거예요. (x)
아르바이트**만 아니었으면** 저도 여행을 같이 갔을 거예요. (o)
아르바이트**만 아니겠으면** 저도 여행을 같이 갔을 거예요. (x)

확장

① 큰 의미 차이 없이 '만 아니라면'으로 바꿔 쓸 수 있다.

예) 사람이 많은 곳**만 아니면** 같이 갈 수 있어요.
= 사람이 많은 곳**만 아니라면** 같이 갈 수 있어요.
오늘이 월요일**만 아니면** 저도 파티에 같이 갈 수 있을 텐데요.
= 오늘이 월요일**만 아니라면** 저도 파티에 같이 갈 수 있을 텐데요.

이렇게 도입해 보세요

(1) 교사: 여러분, 한국 음식을 좋아해요?
학생: 네, 좋아해요.
교사: 혹시 한국 음식 중에서 못 먹는 음식이 있어요?
학생: 네, 있어요. 저는 매운 음식을 먹을 수 없어요. 다른 음식은 다 먹을 수 있어요.
교사: 마이클 씨는 매운 음식을 먹을 수 없어요. 다른 음식은 다 먹을 수 있어요. 매운 음식**만 아니면** 다 먹을 수 있어요.

(2) 교사: 요즘 날씨가 좋아요. 우리 언제 같이 등산 갈까요?
학생: 네, 좋아요.
교사: 언제 갈까요? 미도리 씨는 토요일, 일요일 언제가 좋아요.
학생: 토요일 좋아요.
교사: 선생님이 토요일 오전에 약속이 있어요. 그래서 등산을 못 가요. 다른 날은 괜찮아요. 토요일 오전**만 아니면** 등산 갈 수 있어요.

+ '만 아니면'을 도입할 때는 상황을 제시하고 그중에서 학생이 싫어하거나 할 수 없는 것에 대해 질문을 하는 것이 좋다. (1)에서와 같이 '매운 음식만 아니면 다 먹을 수 있어요.'는 모든 음식을 다 먹을 수 있는데 매운 음식은 못 먹는다는 뜻이다. 학생이 '다른 음식은 다 먹을 수 있'지만 '매운 음식은 먹지 못하는' 상황임을 나타낸다. (2)에서도 '토요일 오전만 아니면 등산 갈 수 있어요.'와 같이, '토요일 오전에는 약속이 있기' 때문에 '등산을 갈 수 없는' 상황임을 알 수 있다.

-어 가다[-아 가다/-여 가다]

어떤 동작이나 상태가 계속 **변화**하거나 **진행됨**을 나타내는 표현.

-어 가다 (동사에 붙어) 어떤 동작이나 행위의 상태가 계속 변화하거나 진행되어 감을 나타낸다.

예문

(1) 가: 유진 씨는 아버지와 어머니 중에 누구를 닮았어요?
나: 어렸을 때는 아버지를 닮았다고 들었어요.
가: 지금은 어때요?
나: 자라면서 점점 어머니를 **닮아 가요**.

(2) 가: 흐엉 씨, 연습 문제 다 풀었어요?
나: 아니요. 지금 거의 다 **풀어 가고** 있어요.
가: 그래요? 다하면 저와 같이 답을 맞춰 봐요.

저도 점심을 거의 다 **먹어 가요**.

날씨가 더워지니 꽃이 점점 **시들어 가요**.

올해도 어느새 **저물어 가고** 있다.

처음부터 하나씩 천천히 **배워 가겠습니다**.

마이클 씨가 한국에 산 지도 벌써 5년이 **되어 가요**.

날씨를 **봐 가면서** 여름휴가 계획을 세워야겠어.

면접 시간이 다 **되어 가는데** 아직 수지 씨가 안 왔어요.

지금까지 쌓아 온 것을 **유지해 가는** 것도 쉽지 않아요.

잘 바뀔 것 같지 않던 왕밍 씨가 이제 조금씩 **바뀌어 가고** 있어요.

어제까지 할머니의 병이 **회복되어 가고** 있었어요.

+ '-어 가다'는 어떤 행위나 상태가 목표점을 향해 계속 변화하거나 진행하고 있음을 나타낼 때 사용한다. 이때 '가다' 동사는 본래 지니고 있는 '이동'의 의미를 갖고 있으므로 가까운 미래나 현재에 이루어질 목표를 하나의 기준점으로 가정하고, 그것을 향해 지속적으로 진행하고 있음을 의미한다. '벌써 5년이 되어 가요.'에서처럼 기준점인 5년을 향하여 가고 있음을 나타낼 때 사용하기도 하고, '점심을 거의 다 먹어 가요.', '면접시간이 다 되어 가는데'와 같이 기준점에 도달하기 직전이라는 것을 보여주기 위해 '거의', '다' 등의 상태를 보여줄 수 있는 부사와 함께 쓰이는 경우도 있다. 또한 변화, 진행과 같이 움직임을 표현하기 위해 '점점, 조금씩'과 같은 부사와 함께 사용하기도 한다.

형태 정보

① 동사 어간 끝음절 모음이 'ㅏ, ㅗ'인 경우 '-아 가다'를 쓴다.

예) 닮- + -아 가다 → 닮아 가다 　　 앉- + -아 가다 → 앉아 가다
　 끝나- + -아 가다 → 끝나 가다 　　 보- + -아 가다 → 봐 가다

② 동사 어간 끝음절 모음이 'ㅏ, ㅗ'가 아닌 경우 '-어 가다'를 쓴다.

예) 먹- + -어 가다 → 먹어 가다 　　 만들- + -어 가다 → 만들어 가다
　 되- + -어 가다 → 되어 가다 　　 쉬- + -어 가다 → 쉬어 가다

③ '-하다'가 붙은 동사 어간에는 '-여 가다'를 쓰는데, 흔히 줄여서 '-해 가다'로 쓴다.

예) 변화하- + -여 가다 → 변화해 가다 　　 더하- + -여 가다 → 더해 가다
　 준비하- + -여 가다 → 준비해 가다 　　 유지하- + 여 가다 → 유지해 가다

①	ㅏ, ㅗ	+ -아 가다	닮아 가다, 앉아 가다, 끝나 가다, 봐 가다
②	ㅏ, ㅗ 이외	+ -어 가다	먹어 가다, 만들어 가다, 되어 가다, 쉬어 가다
③	-하다	+ -여 가다 (-해 가다)	변화해 가다, 더해 가다, 준비해 가다, 유지해 가다

④ 불규칙

싣- 　 예) 제가 미도리 씨의 이삿짐을 **실어 가니** 잠시만 기다려 주세요.
굽- 　 예) 고기를 다 **구워 가니** 이제 아이들을 오라고 하세요.
짓- 　 예) 밥을 거의 다 **지어 가니** 모두 식탁에 앉으세요.

문장 구성 정보

① 진행의 의미를 강조하여 나타내기 위해 '거의, 다, 점점, 점차'와 같은 부사가 함께 사용된다.

예) 어렸을 때의 추억이 거의 **사라져 가고** 있어요.
　 줄리아 씨, 저녁 준비가 다 **되어 가요**.
　 할아버지의 상태가 점점/점차 **회복되어 가니** 다행이에요.

② '가다'에 과거 '-었-'과 미래 · 추측의 '-겠-'이 결합한다.

예) 오랜 공사로 인해 강물이 점점 **오염되어 갔다**.
　 지영 씨와 남자 친구가 점점 서로를 **닮아 갔다**.
　 앞으로 한국어를 공부하는 방법에 대해 **알아 가겠다**.
　 열심히 아르바이트를 해서 돈을 조금씩 **모아 가겠다**.

제약 정보

① 형용사와 결합하지 않는다.

예) 11월이 되니 날씨가 점차 **추워 가요.** (x)
크리스마스가 다가오니 명동에 사람이 **많아 가요.** (x)

+ 형용사 뒤에 '-어지다'가 결합하면 동사가 되므로 '-어져 가다' 형태로 쓸 수 있다. '-어져 가다' 뒤에 보조사 '만'을 결합하여 그 의미를 강조할 수 있다.

예) 친구가 보내주는 선물이 점점 **많아 간다.** (x)
친구가 보내주는 선물이 점점 **많아져 간다.** (o)
친구가 보내주는 선물이 점점 **많아져**만 **간다.** (o)
연말이 되니 일이 더 **바빠 가요.** (x)
연말이 되니 일이 더 **바빠져 가요.** (o)
연말이 되니 일이 더 **바빠져**만 **가요.** (o)

+ 상태의 변화나 정도를 나타내는 일부 형용사에 '-어 가다'와 결합하여 상태가 계속 진행되고 있음을 보여줄 수 있다.

예) 흐엉 씨가 고향 음식이 먹고 싶어서 자꾸 **여위어 간다.**
겨울이 다가오니 날이 빠르게 **어두워 간다.**
지구 온난화로 인해 전체 온도가 점점 **높아 간다.**
사이좋은 친구는 같이 건강하게 **늙어 간다.**

확장

① '-어 가면서'나 '-어 가며'의 구성으로 쓰여, 어떤 동작과 동시에 다른 동작을 계속함을 나타낸다.

예) 저는 길을 몰라서 사람들에게 **물어 가면서/물어 가며** 겨우 왔어요.
현우 씨, 물도 **마셔 가면서/마셔 가며** 천천히 드세요.
시간이 없으니 생일 파티를 **준비해 가면서/준비해 가며** 친구들에게 전화해요.
줄리아 씨는 지금 몸무게를 **유지해 가면서/유지해 가며** 운동을 해야 해요.

유사 문법

① '-어 가다', '-고 있다1)'

<table>
<tr><th>-어 가다</th><th>-고 있다1)</th></tr>
<tr><td colspan="2">· 어떤 행위가 진행되고 있음을 나타낸다.
예) 마이클 씨가 열심히 공부하며 한국어 실력을 유지해 간다.
마이클 씨가 열심히 공부하며 한국어 실력을 유지하고 있다.</td></tr>
<tr><td>· 어떤 동작이 목표점을 향해 진행 중임을 나타낸다.
예) 수지 씨가 커피를 거의 다 마셔 간다.</td><td>· 어떤 동작이 그 순간에 진행 중임을 나타낸다.
예) 수지 씨가 커피를 마시고 있다.</td></tr>
</table>

+ '-어 가다'는 말하는 이가 현재 진행하는 동작이 어떤 목표점을 향해 계속하고 있음을 의미한다. 하지만 '-고 있다'는 단순히 어떤 시점에 동작이 이루어지는 중임을 나타낼 때 사용한다.

이렇게 도입해 보세요

(1) 교사: (거의 다 먹은 물병을 보여 주며) 지금 물이 많이 있어요?
학생: 아니요. 물이 별로 없어요.
교사: 그러면, 선생님이 물을 다 마셨어요?
학생: 아니요. 다 마시지 않았어요. 아직 물이 조금 남아 있어요.
교사: 선생님이 지금 물을 마셔요. 조금만 더 마시면 다 마셔요. 거의 다 **마셔 가요.**

(2) 교사: 지금 몇 시예요?
학생: (시계를 보며) 12시 40분이에요.
교사: 오늘 수업이 몇 시에 끝나요?
학생: 수업이 12시 50분에 끝나요.
교사: 수업이 끝나려면 몇 분 남았어요?
학생: 10분 남았어요.
교사: 10분 후에 수업이 끝날 거예요. 곧 수업이 끝나요. 수업이 **끝나 가고** 있어요.

+ (1)과 같이 '물을 마시는 상황'이 현재 이루어지고 있으며, 곧 '물을 다 마시게 되는' 기준점을 향하고 있음을 가시적으로 보여 주면서 '어 가다'의 의미를 설명할 수 있다. 진행 상황을 학생들이 눈으로 직접 볼 수 있는 예들을 제시해 주는 것이 '-어 가다'를 이해하는 데 도움이 된다.

+ (2)와 같이 '수업이 끝나는' 과정 중에 있음을 제시하고, 학습자에게 어떠한 목표점을 향해 진행되고 있는 상황이나 행위를 유도하는 질문을 하면서 '-어 가다'를 도입할 수 있다.

-어 가지고[-아 가지고/-여 가지고]

1) **시간적 선후 관계** 2) **이유나 원인**을 나타내는 표현.

-어 가지고1) (동사에 붙어) 앞의 행위가 먼저 일어난 후에 뒤의 행위가 일어나는 순차적 선후 관계를 나타낸다. 주로 구어에서 사용한다.

예문

(1) 가: 여보세요. 앤디 씨, 저 줄리아예요.
나: 네, 줄리아 씨. 무슨 일이에요?
가: 차가 막혀서 약속 시간에 조금 늦을 것 같아요. 어떻게 하죠?
나: 괜찮아요. 제가 유진 씨에게 **연락해 가지고** 약속 시간을 늦춰 볼게요.

(2) 가: 와~ 생선이 진짜 크네요! 누가 잡았어요?
나: 제가 잡았어요.
가: 이 생선을 어떻게 요리할까요?
나: 집에 가서 **구워 가지고** 가족들과 같이 먹어요.

요리를 하기 전에 야채를 깨끗이 **씻어 가지고** 오세요.

수지 씨는 선물을 **사 가지고** 고향에 돌아가려고 해요.

저는 돈을 빨리 **모아 가지고** 집을 살 거예요.

다음 주가 어머니의 생신이어서 카드를 **써 가지고** 보냈어요.

곧 시험이 있으니 열심히 **공부해 가지고** 가야 해요.

제가 내일 회의 자료를 **준비해 가지고** 발표할까요?

이 냄비에 물을 가득 **부어 가지고** 끓여 보세요.

미도리 씨가 바다에서 예쁜 조개를 **주워 가지고** 목걸이를 만들어요.

식탁 위에 있는 고구마를 **삶아 가지고** 같이 먹읍시다.

갑자기 좋은 생각이 **나 가지고** 칠판에 메모를 했다.

+ '-어 가지고1)'은 어떠한 행동이나 동작을 시간적 순서대로 나타낼 때 사용하는 표현이다. 앞의 행위가 이루어진 다음에 뒤의 행위가 순차적으로 발생하므로 두 행위는 서로 밀접한 관계를 가진다. '저는

돈을 빨리 모아 가지고 집을 살 거예요.'는 앞 절의 '돈을 모으는 행위'를 한 다음에 '집을 사는 행위'가 이루어질 수 있음을 나타낸다. 앞 절의 행위가 이루어지지 않으면, 뒤 절의 행위도 만들어지지 않는다.

+ '-어 가지고1)'은 연결어미 '-어'와 동사 '가지다'의 활용형인 '가지고'가 결합한 표현이다. 주로 구어에서 사용하는데, '-어 가지고' 뒤에서 일시적으로 잠깐 휴지를 두고 이야기하는 것이 일반적이다.

형태 정보

① 동사, 형용사 어간 끝음절 모음이 'ㅏ, ㅗ'인 경우 '-아 가지고'를 쓴다.

예) 앉- + -아 가지고 → 앉아 가지고
놓- + -아 가지고 → 놓아 가지고
사- + -아 가지고 → 사 가지고
오- + -아 가지고 → 와 가지고

② 동사, 형용사 어간 끝음절 모음이 'ㅏ, ㅗ'가 아닌 경우 '-어 가지고'를 쓴다.

예) 먹- + -어 가지고 → 먹어 가지고
쓰- + -어 가지고 → 써 가지고
입- + -어 가지고 → 입어 가지고
마시- +-어 가지고 → 마셔 가지고

③ '-하다'가 붙은 동사, 형용사 어간에는 '-여 가지고'를 쓰는데, 흔히 줄여서 '-해 가지고'로 쓴다.

예) 공부하- + -여 가지고 → 공부해 가지고
준비하- + -여 가지고 → 준비해 가지고
시작하- + -여 가지고 → 시작해 가지고
말하- + -여 가지고 → 말해 가지고

①	ㅏ, ㅗ	+ -아 가지고	앉아 가지고, 사 가지고, 놓아 가지고, 와 가지고
②	ㅏ, ㅗ 이외	+ -어 가지고	먹어 가지고, 입어 가지고, 써 가지고, 마셔 가지고
③	-하다	+ -여 가지고 (-해 가지고)	공부해 가지고, 시작해 가지고, 준비해 가지고, 말해 가지고

④ 불규칙

싣- 예) 줄리아 씨가 짐을 차에 **실어 가지고** 바로 공항에 갔어요.

굽- 예) 오늘 생일 파티를 할 예정이니, 고기를 **구워 가지고** 오세요.

짓- 예) 미도리 씨가 많이 아파서 약국에서 약을 **지어 가지고** 줬어요.

부르- 예) 주말에 부장님께서 저를 회사로 **불러 가지고** 회사에 갈 수밖에 없었어요.

문장 구성 정보

① 동사와만 결합한다. 형용사와 결합할 경우 '-어 가지고2)'(이유)의 의미를 나타낸다.

예) 회사 일이 **많아 가지고** 집에 일찍 갈 수 없어요. ('-어 가지고2)'의 의미)
어제는 너무 **바빠 가지고** 전화를 할 수 없었어요. ('-어 가지고2)'의 의미)
오늘은 날씨가 **좋아 가지고** 공원에 사람이 많아요. ('-어 가지고2)'의 의미)

② 앞 절과 뒤 절은 반드시 순차적으로 이루어지므로 서로 밀접한 관련이 있다. 앞 절의 동작이나 행위 없이는 뒤 절이 이루어질 수 없다.

예) 어제 책을 **사 가지고** 친구에게 선물했어요. (o)
어제 책을 **사 가지고** 친구와 같이 밥을 먹었어요. (x)
과일을 예쁘게 **썰어 가지고** 그릇에 담았어요. (o)
과일을 예쁘게 **썰어 가지고** 텔레비전을 봤어요. (x)

+ '-어 가지고1)'로 연결되는 앞 절과 뒤 절은 서로 밀접하게 관련된 행동이어야 하지만, 앞 절이 뒤 절의 행위에 대한 수단이나 방법, 목적이 되는 것은 아니다. '과일을 썬 후'에 '(그 과일을) 그릇에 담는 행위'와 같이 단지 시간적인 순서와 단계를 나타낸다.

③ 시간에 따른 선후 관계만을 나타낼 때는 '-어 가지고'의 뒤 절에 청유형과 명령형을 사용할 수 있다.

예) 저 의자에 **앉아 가지고** 책을 읽읍시다. (o)
저 의자에 **앉아 가지고** 책을 읽으세요. (o)
저 의자에 **앉아 가지고** 책을 읽었어요. (o)

④ 부정문은 '-지 않아 가지고', '안 -어 가지고'의 두 가지 형태를 모두 쓸 수 있다. '-어 가지고'는 말할 때 주로 쓰므로 '안 -어 가지고'의 형태를 자주 쓴다.

예) 돈을 **모으지 안 가지고** 차를 살 수 없어요. (x)
돈을 **모으지 않아 가지고** 차를 살 수 없어요. (o)
돈을 **안 모아 가지고** 차를 살 수 없어요. (o)

제약 정보

① 앞 절과 뒤 절의 주어가 같아야 하고, 주로 뒤 절의 주어는 생략한다.

예) 나는 어제 김밥을 **만들어 가지고** 친구가 먹었어요. (x)
나는 어제 김밥을 **만들어 가지고** (내가) 먹었어요. (o)
나는 돈을 **모아 가지고** 동생은 차를 샀어요. (x)
나는 돈을 **모아 가지고** (나는) 차를 샀어요. (o)

② 과거 '-었-', 미래 · 추측의 '-겠-'과 결합하지 않는다.

예) 커피를 많이 **마시었어 가지고** 잠을 잘 수 없어요. (x)
커피를 많이 **마시겠어 가지고** 잠을 잘 수 없어요. (x)
커피를 많이 **마셔 가지고** 잠을 잘 수 없어요. (o)

확장

① '-어 가지고'는 '-어' 또는 '-어서'를 강조하여 나타낸 것으로, '어 가지고'를 '-어' 또는 '-어서'와 대치할 수 있다.

예) 영수 씨는 화가 **나 가지고** 집에 가버렸어요.
= 영수 씨는 화가 나서 집에 가버렸어요.
= 영수 씨는 화가 나 집에 가버렸어요.

② '-어 가지고'는 준말인 '-어 갖고'의 형태로 쓸 수 있다.

예) 음식을 예쁘게 **담아 가지고** 냉장고에 넣어 두었어요.
= 음식을 예쁘게 담아 갖고 냉장고에 넣어 두었어요.
선생님이 학생들을 **불러 가지고** 이야기를 하셨어요.
= 선생님이 학생들을 불러 갖고 이야기를 하셨어요.

유사 문법

① '-어 가지고1)', '-어다가'

-어 가지고1)	-어다가
· 앞과 뒤의 행위가 시간 순서에 따라 이루어짐을 나타낸다. 예) 은행에서 돈을 **찾아 가지고** 쇼핑하러 가요. 은행에서 돈을 **찾아다가** 쇼핑하러 가요.	
· 앞 절의 행위가 뒤 절의 행위가 이루어지는 방법이나 수단을 나타낼 수 있다. 예) 삼겹살을 **구워 가지고** 상추에 싸서 먹으면 더 맛있어요. (o) 냄비에 물을 한 컵만 **넣어 가지고** 끓입니다. (o)	· 앞 절의 행위가 뒤 절의 행위가 이루어지는 방법이나 수단의 의미를 나타내지 않는다. 예) 삼겹살을 **구워다가** 상추에 싸서 먹으면 더 맛있어요. (x) 냄비에 물을 한 컵만 **넣어다가** 끓입니다. (x)

+ '-어 가지고'와 '-어다가'는 두 행위가 시간적 선후 관계에 따라 이루어짐을 보여준다는 점에서 공통점을 지닌다. 하지만 '-어다가'는 단순히 앞 절과 뒤 절의 순서를 보여주는 것일 뿐, '-어 가지고'처럼 방법의 의미로 사용되지 않는다는 점에서 차이가 있다.

이렇게 도입해 보세요

(1) 교사: 오늘은 비빔밥 만드는 법을 가르쳐 줄게요.
학생: 네, 비빔밥 좋아요.
교사: 비빔밥에 무슨 재료를 넣어요?
학생: 당근(또는 양파, 오이, 고기, 버섯)을 넣어요.
교사: 맞아요. 먼저 재료들을 모두 썰어요. 그 다음에 고기나 버섯은 프라이팬에 볶아요. 그리고 재료를 그릇에 같이 넣어요. 재료를 **썰어 가지고** 볶아요. **볶아 가지고** 같이 그릇에 넣어요. 그 다음에 밥을 넣고 비벼요. 그릇에 **넣어 가지고** 밥을 넣고 비벼요.

(2) 교사: 내일 소풍을 갈 거예요.
학생: 와~ 좋아요. 어디로 갈 거예요?
교사: 서울타워에 가서 케이블카를 탈 거예요. 지금 봄이라서 경치가 아주 아름다워요. 사진을 찍으면 아주 예쁘게 나올 거예요.
학생: 그럼 카메라가 필요하겠네요.
교사: 네, 카메라를 꼭 준비하세요. 그리고 오세요. 카메라를 **준비해 가지고** 오세요. 예쁘게 사진을 찍으세요. 그리고 선생님께 보여 주세요. 예쁘게 사진을 **찍어 가지고** 선생님께 보여 주세요.

+ '-어 가지고1)'은 두 가지의 일이 순차적으로 연결되어 일어날 때 사용하므로, 도입할 때 두 개의 행위가 순서대로 이루어지는 상황을 설정한다. (1)에서 '재료를 써는 행위'가 이루어진 후에 '재료를 넣는 행위'가 이루어지는 것과 같이, 앞의 행위가 발생한 후에 뒤의 행위가 이루어짐을 '-어 가지고'를 통해 나타낼 수 있다. 더 나아가 '그릇에 넣은 후'에 '밥을 비비는 행위'가 차례대로 이루어짐도 확장해 가면서 보여줄 수 있다. 각각의 행위가 서로 밀접한 관계를 가지고 있으며, 각각의 행위는 순서가 바뀔 수 없음을 주의시킨다.

+ (2)에서도 '카메라를 준비한 후'에 '오는 행위'가 일어나게 됨을 알 수 있다. 그리고 '사진을 찍는 행위' 다음에 '선생님께 보여 주는 행위'가 이루어짐을 보여 주는 것과 같이, 학습자들의 주변에서 쉽게 찾을 수 있는 두 개의 행위가 순차적으로 발생하는 것을 보여주는 질문을 유도한다.

-어 가지고2) (동사나 형용사에 붙어) 앞 절의 행위나 상태가 뒤 절 내용의 이유나 원인이 됨을 나타낸다. 어떤 상태나 상황이 왜 일어나는지에 대해 말할 때 사용하며, 주로 구어에서 쓴다.

예문

(1) 가: 앤디 씨, 어젯밤에 도서관에서 계속 기다렸어요.
나: 미안해요, 왕밍 씨.
가: 그런데 어제 왜 도서관에 안 왔어요?
나: 도서관 문이 **닫혀 가지고** 도서관에 못 들어갔어요.

(2) 가: 흐엉 씨, 오늘 수업이 끝나고 영화를 보러 갈까요?
나: 미안해요. 오늘은 집에 빨리 가고 싶어요.
가: 괜찮아요, 그런데 오늘 왜 집에 빨리 가세요?
나: 어제 잠을 못 **자 가지고** 피곤해요.

줄리아 씨는 **성격이 좋아 가지고** 학교에서 인기가 많아요.

그 가방은 너무 **비싸 가지고** 못 사겠어요.

영수 씨는 어제 비가 많이 **와 가지고** 부산에 못 갔어요.

퇴근 시간이어서 길이 **막혀 가지고** 저녁 식사에 늦었어요.

침대가 너무 **편안해 가지고** 금방 잠이 들었어요.

현우 씨는 아이스크림을 **좋아해 가지고** 하루에 3개씩 먹어요.

선생님의 주소를 **몰라 가지고** 편지를 보낼 수 없었어요.

저는 돈이 **없어 가지고** 어머니의 생신 선물을 못 샀어요.

아버지께서 **바빠 가지고** 졸업식에 오지 않으실 겁니다.

미도리 씨, 어제 많이 **걸어 가지고** 다리가 아프지요?

+ '-어 가지고2)'는 앞 절의 행위나 상태로 인해 뒤 절의 상황이 발생하게 됨을 나타낸다. '퇴근 시간이어서 길이 막혀 가지고 저녁 식사에 늦었어요.'에서 앞 절의 '길이 막히는 상황'은 뒤 절인 '저녁 식사에 늦는 행위'의 원인임을 가리킨다. 이와 같이 '-어 가지고2)'는 앞 절의 행위나 상태가 뒤 절의 행위나 상황이 발생하게 되는 이유나 근거가 됨을 보여준다. 그러므로 앞 절과 뒤 절은 의미상으로 밀접한 관련이 있으며 순서를 바꿔서 사용할 수 없다.

형태 정보

① 동사나 형용사 어간 끝음절 모음이 'ㅏ, ㅗ'인 경우 '-아 가지고'를 쓴다.

예) 찾- + -아 가지고 → 찾아 가지고
바쁘- + -아 가지고 → 바빠 가지고
보- + -아 가지고 → 봐 가지고
작- + -아 가지고 → 작아 가지고
높- + -아 가지고 → 높아 가지고
고프- + -아 가지고 → 고파 가지고

② 동사나 형용사 어간 끝음절 모음이 'ㅏ, ㅗ'가 아닌 경우 '-어 가지고'를 쓴다.

예) 열- + -어 가지고 → 열어 가지고
끄- + -어 가지고 → 꺼 가지고
크- + -어 가지고 → 커 가지고
걸- + -어 가지고 → 걸어 가지고
힘들- + -어 가지고 → 힘들어 가지고
예쁘- + -어 가지고 → 예뻐 가지고

③ '-하다'가 붙은 동사, 형용사 어간에는 '-여 가지고'를 쓰는데, 흔히 줄여서 '-해 가지고'로 쓴다.

예) 운동하- + -여 가지고 → 운동해 가지고
말하- + -여 가지고 → 말해 가지고
조용하- + -여 가지고 → 조용해 가지고
시작하- + -여 가지고 → 시작해 가지고
깨끗하- + -여 가지고 → 깨끗해 가지고
착하- + -여 가지고 → 착해 가지고

①	ㅏ, ㅗ	+ -아 가지고	찾아 가지고, 작아 가지고, 바빠 가지고, 높아 가지고, 봐 가지고, 고파 가지고
②	ㅏ, ㅗ 이외	+ -어 가지고	열어 가지고, 걸어 가지고, 꺼 가지고, 힘들어 가지고, 커 가지고, 예뻐 가지고
③	-하다	+ -여 가지고 (-해 가지고)	운동해 가지고, 시작해 가지고, 말해 가지고, 깨끗해 가지고, 조용해 가지고, 착해 가지고

④ 불규칙

걷- 예) 여행을 가서 너무 많이 **걸어 가지고** 좀 힘들었어요.
덥- 예) 날씨가 **더워 가지고** 에어컨을 틀었어요.
낫- 예) 아키라 씨가 감기가 다 **나아 가지고** 이제 학교에 올 수 있어요.
파랗- 예) 제주도는 바다가 **파래 가지고** 아름다워요.
다르- 예) 저와 남자 친구는 성격이 **달라 가지고** 처음에 자주 싸웠어요.

제약 정보

① 과거 '-었-', 미래 · 추측의 '-겠-'과 결합하지 않는다.

예) 커피를 많이 **마셨어 가지고** 잠을 잘 수 없어요. (x)
커피를 많이 **마시겠어 가지고** 잠을 잘 수 없어요. (x)
커피를 많이 **마셔 가지고** 잠을 잘 수 없어요. (o)

② 원인이나 이유의 뜻을 나타내는 '-어 가지고'의 뒤 절에 청유형과 명령형을 사용하지 않는다.

예) 아키라 씨가 몸이 **아파 가지고** 병원에 갑시다. (x)
아키라 씨가 몸이 **아파 가지고** 병원에 가세요. (x)
아키라 씨가 몸이 **아파 가지고** 병원에 갔어요. (o)

+ 시간에 따른 선후 관계만을 나타내는 '-어 가지고1)'의 뒤 절에 청유형과 명령형을 사용할 수 있다.

예) 저 의자에 **앉아 가지고** 책을 읽읍시다. (o)
저 의자에 **앉아 가지고** 책을 읽으세요. (o)
저 의자에 **앉아 가지고** 책을 읽었어요. (o)

확장

① '-어 가지고'는 '-어' 또는 '-어서'를 강조하여 나타낸 것으로, '어 가지고'를 '-어' 또는 '-어서'와 대치할 수 있다.

예) 영화가 **재미없어 가지고** 중간에 영화관에서 나왔어요.
= 영화가 <u>재미없어서</u> 중간에 영화관에서 나왔어요.
= 영화가 <u>재미없어</u> 중간에 영화관에서 나왔어요.

② '-어 가지고'는 준말인 '-어 갖고'의 형태로 쓸 수 있다.

예) 집이 너무 **시끄러워 가지고** 있을 수가 없어요.
= 집이 너무 <u>시끄러워 갖고</u> 있을 수가 없어요.

유사 문법

① '-어 가지고2)', '-어서1)', '-어²'

-어 가지고2)	-어서1)	-어²
· 앞의 내용이 뒤의 내용에 대한 이유나 원인임을 나타낸다.		
· '이다, 아니다'와 결합하지 않는다. 예) 이것은 내 동생의 **책이어 가지고** 너에게 빌려줄 수 없다. (??)	· '이다, 아니다'와 결합한다. 예) 이것은 내 동생의 **책이어서** 너에게 빌려줄 수 없다. (o)	· '이다, 아니다'와 결합하지 않는다. 예) 이것은 내 동생의 **책이어** 너에게 빌려줄 수 없다. (x)
· 구어에서 많이 사용한다. 예) 요즘 너무 많이 **놀아 가지고** 일이 하기 싫어졌어요. (o) 현대 국가는 국민의 복지에 대한 관심이 **높아 가지고** 그에 따른 법도 많이 만들었습니다. (?)	· 구어와 문어에 관계없이 쓰인다. 예) 요즘 너무 많이 **놀아서** 일이 하기 싫어졌어요. (o) 현대 국가는 국민의 복지에 대한 관심이 **높아서** 그에 따른 법도 많이 만들었습니다. (o)	· 구어와 문어에 관계없이 쓰인다. 예) 요즘 너무 많이 **놀아** 일이 하기 싫어졌어요. (o) 현대 국가는 국민의 복지에 대한 관심이 **높아** 그에 따른 법도 많이 만들었습니다. (o)

이렇게 도입해 보세요

(1) 교사: 여러분은 한국에 왜 왔어요?
학생1: 저는 한국 노래를 좋아해서 왔어요.
학생2: 저는 한국어가 재미있어서 왔어요.
교사: 페이페이 씨는 한국 노래를 좋아해서 한국에 왔어요. 한국 노래를 **좋아해 가지고** 한국에 왔어요. 앤디 씨는 한국어가 재미있어서 한국에 왔어요. 앤디 씨는 한국어가 **재미있어 가지고** 한국에 왔어요.

(2) 교사: 어제 흐엉 씨가 학교에 안 왔어요. 왜 안 왔어요?
학생: 배가 아파서 못 왔어요.
교사: 배가 아팠어요. 그래서 어제 학교에 못 왔어요.
어제 배가 **아파 가지고** 학교에 못 왔어요.

+ '-어 가지고2)'를 도입할 때는 먼저 어떤 상황을 제시하고, 학생들에게 그 상황에 대한 원인이나 이유를 묻는다. 그리고 그 이유에 '-어 가지고'를 결합하여 사용함을 보여 주도록 한다.

+ (1)과 같이 '학생들이 한국에 온 이유'나 (2)에서와 같이 '학생이 학교에 오지 못한 이유'에 대한 질문을 한 후에, '-어 가지고'를 사용하여 원인이나 이유를 나타냄을 보여준다. 이때 학생들이 쉽게 이유나 원인을 말할 수 있는 상황을 제시하여 학생들이 해당 항목의 기능과 의미 학습에 집중할 수 있도록 해야 한다.

-어 놓다[-아 놓다/-여 놓다]

어떤 **행위를 끝내고** 그 결과를 유지함을 나타내는 표현.

-어 놓다 (동사에 붙어) 어떤 행위를 완료한 상태가 변하지 않고 그대로 유지되고 있음을 나타낸다. 행위의 결과가 지속되고 있음을 강조할 때 사용한다.

예문

(1) 가: 지영 씨, 오늘이 어머니의 생신이시죠? 무엇을 준비할 거예요?
나: 네, 저는 맛있는 음식을 만들어 드릴 생각이에요.
가: 그래요? 제가 좀 도와 드릴까요?
나: 괜찮아요. 아침에 재료를 미리 **준비해 놓았어요**.

(2) 가: 다음 주부터 휴일이에요. 아사코 씨는 무엇을 할 거예요?
나: 저는 고향에 다녀오려고 해요.
가: 휴일이라서 비행기 표가 없다는데, 비행기 표는 샀어요?
나: 네, 저는 지난달에 미리 **사 놓았어요**.

어제 줄리아 씨가 알려준 요리 방법을 공책에 **적어 놓았어요**.
교실에 있는 책상부터 **닦아 놓고** 청소를 시작해야겠어요.
이것은 줄리아 씨가 어렸을 때부터 **모아 놓은** 우표예요.
아기가 무서워해서 밤새 불을 **켜 놓았어요**.
저는 어젯밤에 숙제를 다 **해 놓아서** 마음이 편해요.
어머니, 내일 아침에 일찍 출발할 테니 미리 **준비해 놓고** 계세요.
할머니께서 시키신 대로 일단 냄비에 물을 **부어 놓았어요**.
아기가 다음 달에 태어날 예정이라 이름을 미리 **지어 놓아야겠어요**.
어머니께서 이미 저녁을 **차려 놓고** 기다리고 계셨어요.
내일 회의실은 2층으로 **예약해 놓았으니까** 준비해 주세요.

+ '-어 놓다'는 어떤 행위가 끝나고 난 상태나 상황이 변하지 않고 계속 유지되고 있음을 나타낸다. '재료를 모두 준비해 놓았어요.'나 '내일 회의실은 2층으로 예약해 놓았습니다.'와 같이 '재료의 준비나 예약'이 이미 완료되었으며 그 결과가 지금까지 지속되고 있음을 의미한다. 즉, 앞에 이루어진 행위가 변하지 않고 그대로 보존되고 있음을 뜻한다.

형태 정보

① 동사 어간 끝음절 모음이 'ㅏ, ㅗ'인 경우 '-아 놓다'를 쓴다.

예) 찾- + -아 놓다 → 찾아 놓다　　받- + -아 놓다 → 받아 놓다
사- + -아 놓다 → 사 놓다　　오- + -아 놓다 → 와 놓다
보- + -아 놓다 → 봐 놓다　　모으- + -아 놓다 → 모아 놓다

② 동사 어간 끝음절 모음이 'ㅏ, ㅗ'가 아닌 경우 '-어 놓다'를 쓴다.

예) 먹- + -어 놓다 → 먹어 놓다　　넣- + -어 놓다 → 넣어 놓다
열- + -어 놓다 → 열어 놓다　　켜- + -어 놓다 → 켜 놓다
고치+ -어 놓다 → 고쳐 놓다　　만들- + -어 놓다 → 만들어 놓다

③ '-하다'가 붙은 동사 어간에는 '-여 놓다'를 쓰는데, 흔히 줄여서 '-해 놓다'로 쓴다.

예) 준비하- + -여 놓다 → 준비해 놓다　　보관하- + -여 놓다 → 보관해 놓다
공부하- + -여 놓다 → 공부해 놓다　　청소하- + -여 놓다 → 청소해 놓다
전화하- + -여 놓다 → 전화해 놓다　　요리하- + -여 놓다 → 요리해 놓다

①	ㅏ, ㅗ	+ -아 놓다	찾아 놓다, 받아 놓다, 사 놓다, 와 놓다, 봐 놓다, 모아 놓다
②	ㅏ, ㅗ 이외	+ -어 놓다	먹어 놓다, 넣어 놓다, 열어 놓다, 켜 놓다, 고쳐 놓다, 만들어 놓다
③	-하다	+ -여 놓다 (-해 놓다)	준비해 놓다, 보관해 놓다, 공부해 놓다, 청소해 놓다, 전화해 놓다, 요리해 놓다

④ 불규칙

듣-　　예) 선생님의 말씀을 잘 **들어 놓으면** 나중에 분명히 도움이 될 거야.
굽-　　예) 고기를 맛있게 **구워 놓았으니** 빨리 집으로 오세요.
짓-　　예) 작년에 집을 **지어 놓기를** 잘한 것 같아요.
부르-　　예) 부장님께서 아까부터 사람을 **불러 놓고** 아무 말씀이 없으세요.

문장 구성 정보

① 부정문은 '-어 놓지 않다, 안 -어 놓다'로 쓴다.

예) 저는 여기에 자전거를 **세워 안 놓아요**. (x)
저는 여기에 자전거를 **세워 놓지 않아요**. (o)
저는 여기에 자전거를 **안 세워 놓아요**. (o)

② 높임은 '놓다'에 '-시-'를 붙여 '-어 놓으시다'로 쓴다.

예) 어머니께서 제가 잠든 사이에 김밥을 미리 **만들어 놓으셨어요**.
할머니께서 물을 **틀어 놓으신** 것을 깜박 잊어버리셨어요.
선생님께서 교실 문을 **열어 놓으시고** 나가셨어요.

③ '놓다'에 과거 '-었-'과 미래 · 추측 '-겠-'이 결합한다. '-어 놓았다'는 줄여서 '-어 놨다'로 쓴다. '-어 놨다'는 주로 구어에서 사용된다.

예) 친구를 기다리는 동안 미리 커피를 **타 놓았어요/타 놨어요**.
집에 손님이 오신다고 해서 방을 **정리해 놓았어요/정리해 놨어요**.
교실이 더울 것 같으니, 제가 미리 가서 에어컨을 **틀어 놓겠어요**.
내일 소풍을 가기 전에 미리 도시락을 **싸 두겠어요**.

제약 정보

① '-어 놓다'는 동사 '놓다'와 결합하지 않는다.

예) 어젯밤에 분명히 휴대폰을 침대 옆에 **놓아 놓았어요**. (x)
줄리아 씨, 문 앞에 **놓아 놓은** 선물을 봤어요? (x)
지영 씨가 고향에서 온 편지를 책상 위에 **놓아 놓았어요**. (X)

+ 이때 동사 '놓다'는 '-어 두다'와 결합하여 '놓아 두다'로 나타낸다.

예) 아키라 씨가 식탁 위에 꽃병을 **놓아 놓았습니다**. (x)
아키라 씨가 식탁 위에 꽃병을 **놓아 두었습니다**. (o)

확장

① '-어 놓다'가 '-어요, -어서' 등과 결합할 경우 '-어 놔요, -어 놔서'로 줄여서 쓸 수 있다.

예) 여름에는 더워서 항상 문을 **열어 놔요**.
= 여름에는 더워서 항상 문을 열어 놓아요.
줄리아 씨가 입학 서류를 미리 **준비해 놔서** 다행이에요.
= 줄리아 씨가 입학 서류를 미리 준비해 놓아서 다행이에요.

② 주로 형용사와 결합하여 '-어 놓아서', '-어 놓으니' 등의 구성으로 쓴다. 이때 앞의 상태가 유지되고 있음을 나타내며, 앞 절은 뒤 절의 행위나 상태에 대한 원인과 이유를 나타낸다.

예) 자전거가 너무 **비싸 놓으니** 아무도 사지 않는다.
집값만 **높여 놓아서** 살기가 더 힘들다.
영수 씨는 성격이 **느긋해 놓아서** 행동도 답답해 보인다.

+ 주로 앞 절의 상황을 강조하여 말할 때 사용한다.

유사 문법

① '-어 놓다', '-어 두다'

<table>
<tr><th>-어 놓다</th><th>-어 두다</th></tr>
<tr><td colspan="2">· 어떤 행위가 완료된 상태를 그대로 유지하고 있음을 나타낸다.
예) 밤에는 문을 꼭 잠가 놓으세요.
밤에는 문을 꼭 잠가 두세요.</td></tr>
<tr><td>· 다른 일에 미리 대비하기 위한 행동에 사용하는 것이 '-어 두다'에 비해 자연스럽지 않다.
예) 내일 경기를 위해 힘을 아껴 놓읍시다. (??)</td><td>· 다른 일에 미리 대비하기 위해 어떤 행동을 함을 나타낼 때 사용한다.
예) 내일 경기를 위해서 힘을 아껴 둡시다. (o)</td></tr>
<tr><td>· 부정적 의미의 동사와 결합할 수 있다.
예) 그 일은 이미 엎질러 놓은 물이다. (o)
네가 망쳐 놓은 일을 다시 복구하느라 정말 힘들었어. (o)</td><td>· 부정적 의미의 동사와 결합하지 않는다.
예) 그 일은 이미 엎질러 둔 물이다. (x)
네가 망쳐 둔 일을 다시 복구하느라 정말 힘들었어. (x)</td></tr>
<tr><td>· 형용사, '이다'와 결합하여 '-어 놓아서, -어 놓으니'의 구성으로 쓴다.
예) 그 가방은 너무 비싸 놓으니 잘 팔리지가 않는다. (o)</td><td>· 동사와만 결합한다.
예) 그 가방은 너무 비싸 두니 잘 팔리지가 않는다. (x)</td></tr>
</table>

+ '-어 두다'는 후에 나타날 일을 대비하기 위한 것이므로 무책임하거나 부정적인 의미로는 사용하지 않는다.

예) 우리집 강아지가 내가 만든 작품을 다 부숴 **놓았어요**. (o)
우리집 강아지가 내가 만든 작품을 다 부숴 **두었어요**. (?)

② '-어 놓다', '-었-'

<table>
<tr><th>-어 놓다</th><th>-었-</th></tr>
<tr><td colspan="2">· 어떤 행위나 상태가 완료되었음을 나타낸다.
예) 내일 공연 때 실수하지 않기 위해 열심히 연습해 놓았다.
내일 공연 때 실수하지 않기 위해 열심히 연습했다.</td></tr>
<tr><td>· 어떤 행위나 상태가 완료된 후 그대로 지속되고 있음을 강조한다.
예) 마이클 씨가 자전거를 문 옆에 세워 놓았다. (마이클 씨가 자전거를 문 옆에 놓은 사실이 계속 유지되고 있음에 초점을 둠.)</td><td>· 어떤 행위나 상태의 완료를 나타내지만, 그 후 지속되거나 변화하였는지의 여부는 알 수 없다.
예) 마이클 씨가 자전거를 문 옆에 세웠다. (마이클 씨가 자전거를 문 옆에 세웠다는 사실은 알고 있으나, 그 후 다른 상태가 변화하였는지의 여부는 알 수 없음.)</td></tr>
</table>

+ '-어 놓다'는 '세워 놓았다'와 같이 어떤 행위가 완료된 후 그 사실이 계속 유지되고 있음에 초점을 둔다. 그에 반해 '-었-'은 '세웠다'와 같이 단순히 어떤 행위를 했다는 데 초점이 있으며, 그 결과가 계속 유지되는지 또는 변화되는지 그 이후의 일에 대해서는 알 수 없다.

이렇게 도입해 보세요

(1) 교사: 날씨가 너무 더워요.
학생: 네, 정말 더워요. 창문을 좀 열까요?
교사: 네, 창문을 열어요. 그리고 창문을 계속 열고 있어요. 창문을 **열어 놓으세요.**

(2) 교사: (휴대폰 벨소리를 들려주며) 교실에서 휴대폰을 사용해도 될까요?
학생: 아니요. 교실에서는 사용할 수 없어요.
교사: 네, 맞아요. 교실에서는 휴대폰을 끄세요. 계속 끄고 있어요. 휴대폰을 **꺼 놓으세요.**

+ '-어 놓다'는 어떤 행위가 완료된 후 그 결과나 상태가 계속 유지되고 있음을 나타내므로, 먼저 어떤 행위를 하게 하거나 보여준 후에 그 행위의 결과가 계속 지속되고 있는 상황을 제시한다.

+ (1)의 '창문을 연 행위'는 '열어 놓아요'로 표현하여 시간이 지나도 창문을 연 상태가 유지되고 있음을 나타낸다. (2)의 '휴대폰을 계속 끈 상태' 또한 '꺼 놓으세요'로 표현하여 휴대폰을 끈 상태가 계속 지속되고 있으며 다른 행위로의 변화가 없음을 나타낸다.

-어 대다[-아 대다/-여 대다]

어떤 동작이나 행위를 **계속 반복함**을 나타내는 표현.

-어 대다 (동사에 붙어) 어떤 동작이나 행위를 계속하여 지나치게 반복함을 나타낸다. 말하는 사람이 특정 행위에 대해 부정적인 시각을 가지고 있을 때 주로 사용한다.

예문

(1) 가: 흐엉 씨, 안색이 별로 좋지 않아요. 어제 잠을 못 잤어요?
나: 네, 어젯밤에 잠을 조금밖에 못 잤어요.
가: 왜 잠을 자지 못했어요?
나: 옆집 아기가 계속 **울어 대서** 잠을 못 잤어요.

(2) 가: 엄마! 먹을 거 더 없어요?
나: 방금 밥 먹었잖아. 왜 그렇게 **먹어 대니**?
가: 오늘 점심을 조금 먹고 운동을 했더니, 배가 많이 고파서 그래요.

어젯밤부터 마이클 씨가 노래를 **불러 대요.**

왕밍 씨는 미도리 씨만 만나면 **싸워 댄다.**

동생이 한 시간 넘게 소리를 **질러 대고** 있다.

제 아내는 늘 나에게 잔소리를 **해 댑니다.**

줄리아 씨가 자꾸 인터넷 쇼핑으로 옷을 **사 댄다.**

어젯밤에 공원에서 계속 폭죽을 **쏘아 대서** 잠을 한숨도 못 잤다.

수지 씨는 아까부터 남자 친구에게 계속 **전화해 댄다.**

흐엉 씨가 밤낮으로 노래 연습을 **해 대더니** 드디어 가수가 되었다.

유진아, 자꾸 장난감을 사 달라고 **졸라 대지** 마.

영수 씨가 이 말을 들으면 분명히 자기 생각이 맞다고 **우겨 댈 거예요.**

오빠가 어릴 때부터 제 키가 작다고 **놀려 댔어요.**

+ '-어 대다'는 같은 동작이나 행위가 지속적으로 반복하고 있음을 나타내며, 주로 짧은 시간 안에 행위가 반복적으로 이루어질 때 사용한다. '-어 대다'는 정도가 심하다는 뜻을 포함하고 있기 때문에 대부분 부정적인 행위나 상황이 발생하고 있거나 반복적인 행위가 부정적인 결과로 이어질 때 사용한다.

+ '줄리아 씨가 자꾸 인터넷 쇼핑으로 옷을 사 댄다.'에서는 계속적으로 옷을 사는 행위에 대한 말하는 이의 부정적인 시각이 나타난다. '어젯밤에 공원에서 계속 폭죽을 쏘아 대서 잠을 한숨도 못 잤다.'에서는 '폭죽을 쏘는 반복적인 행위'로 인해 '잠을 자지 못하는' 부정적 결과가 나타남을 보여 준다.

+ '-어 대다'가 항상 부정적 행위나 결과로 이어지는 것은 아니다. '흐엉 씨가 밤낮으로 노래 연습을 해 대더니 드디어 가수가 되었다.'와 같이 제한적이기는 하지만, 반복해서 계속 시도한 행위가 긍정적인 결과를 이루었음을 나타낼 때도 사용할 수 있다.

형태 정보

① 동사 어간 끝음절 모음이 'ㅏ, ㅗ'인 경우 '-아 대다'를 쓴다.

예) 찾- + -아 대다 → 찾아 대다　　사- + -아 대다 → 사 대다
　　잡- + -아 대다 → 잡아 대다　　쏘- + -아 대다 → 쏘아 대다

② 동사 어간 끝음절 모음이 'ㅏ, ㅗ'가 아닌 경우 '-어 대다'를 쓴다.

예) 울- + -어 대다 → 울어 대다　　먹- + -어 대다 → 먹어 대다
　　떠들- + -어 대다 → 떠들어 대다　　피우- + -어 대다 → 피워 대다

③ '-하다'가 붙은 동사 어간에는 '-여 대다'를 쓰는데, 흔히 줄여서 '-해 대다'로 쓴다.

예) 계속하- + -여 대다 → 계속해 대다　　비난하- + -여 대다 → 비난해 대다
　　전화하- + -여 대다 → 전화해 대다　　손짓하- + -여 대다 → 손짓해 대다

①	ㅏ, ㅗ	+ -아 대다	찾아 대다, 사 대다, 잡아 대다, 쏘아 대다
②	ㅏ, ㅗ 이외	+ -어 대다	울어 대다, 먹어 대다, 떠들어 대다, 피워 대다
③	-하다	+ -여 대다 (-해 대다)	계속해 대다, 비난해 대다, 전화해 대다, 손짓해 대다

④ 불규칙

묻-　예) 친구가 계속 내 점수를 **물어 대서** 이젠 그 친구를 만나기 싫어졌어요.
굽-　예) 아까부터 아키라 씨가 스테이크를 **구워 대고** 있어요.
짓-　예) 집을 빠르게 **지어 대더니** 결국 무너지고 말았다.
자르-　예) 동생이 종이를 계속 **잘라 대서** 화를 내고 말았다.

문장 구성 정보

① 반복적인 행위를 강조하기 위해 '부터, 계속'과 함께 사용하기도 한다.

예) 이웃집 개가 나만 보면 계속 **짖어 댄다.**
헤어진 남자 친구가 며칠 전부터 밤마다 전화를 **해 대어** 정말 괴롭다.
영수 씨가 여자 친구와 헤어진 후부터 계속 술을 **마셔 댄다.**

② '대다'에 과거 '-었-'과 미래 · 추측의 '-겠-'이 결합한다.

예) 힘이 센 아키라 씨가 무서워서 다들 말은 못 하고 뒤에서 손가락질만 **해 댔다.**
흐엉 씨는 새로 산 가방을 들고 계속 사람들에게 자랑을 **해 댔다.**
집에 가면 형에게 아이스크림을 사 달라고 **졸라 대겠다.**
다음 주가 시험이니 줄리아 씨는 스트레스를 받아서 계속 **먹어 대겠다.**

③ 명령문과 청유문에서 모두 사용할 수 있다.

예) 수업 시간에 친구들과 떠들어 **대지 마라.**
아침부터 소리를 **질러 대지 마.**
힘들게 바다까지 왔는데 신나게 폭죽이나 **쏘아 대자.**
오늘은 기분이 좋으니 마음껏 **먹어 댑시다.**

④ 부정문은 '-어 대지 않다', '안 -어 대다'로 쓴다.

예) 어제 주인에게 혼나더니 이제 강아지가 **짖어 안 댄다.** (x)
어제 주인에게 혼나더니 이제 강아지가 **짖어 대지 않는다.** (o)
어제 주인에게 혼나더니 이제 강아지가 **안 짖어 댄다.** (o)

제약 정보

① 형용사와 결합하지 않는다. '-어 대다'는 행위의 반복을 나타내므로 상태를 뜻하는 형용사와는 의미적으로 어울리지 않는다.

예) 그 가방이 너무 **비싸 대서** 살 수 없다. (x)
수지 씨는 얼굴이 **예뻐 대서** 인기가 많다. (x)
한국어 시험이 작년부터 계속 **어려워 댄다.** (x)

② 주로 부정적인 행위를 나타내는 '-어 대다'는 윗사람에게 사용하면 공손하지 않으므로 사용하지 않는 것이 좋다.

예) 할머니께서 계속 차를 **마셔 대시더니** 배가 아프시다고 한다. (?)
부장님께서는 회의 때마다 그 의견을 계속 **우겨 대신다.** (?)
아버지께서 요즘 집에서 담배를 **피워 대셔서** 목이 아파요. (?)
어머니께서 어제부터 계속 **전화해 대셔서** 피곤해요. (?)

이렇게 도입해 보세요

(1) 교사: 여러분은 스트레스가 있을 때 어떻게 해요?
학생1: 먹어요. 계속 먹어요.
학생2: 자요. 계속 자요.
교사: 네. 스트레스가 있을 때 계속 먹어요. 계속 **먹어 대요**. 스트레스가 있을 때 계속 자요. 계속 **자 대요**.

(2) 교사: 요즘 밤마다 앞집 강아지가 짖어요.
학생: 잠을 못 자겠어요.
교사: 맞아요, 왜 자꾸 짖는지 모르겠어요.
학생: 집에 사람이 없으면 짖어요.
교사: 앞집 강아지가 계속 짖어요. **짖어 대요**. 그래서 잠을 못 자요. '-어 대다'는 같은 행위가 반복되어 좋지 않을 때 자주 써요. 그래서 선생님이나 윗사람의 행위에는 잘 쓰지 않아요.

+ (1), (2)는 학생들에게 부정적인 행위를 계속 반복적으로 하는 경우를 생각할 수 있도록 유도한다. 학생들이 교사가 제시하는 반복적인 행동을 떠올리면서 쉽게 '-어 대다'를 연상할 수 있도록 지도한다.

+ (2)에서는 '-어 대다'가 주로 부정적인 행위를 나타낼 때 사용한다는 점을 설명하며, '-어 대다'가 긍정적 행위의 동사를 사용하는 데에는 제한적임을 주의하도록 한다.

-어 두다[-아 두다/-여 두다]

어떤 **행위를 끝내고** 그 결과를 유지함을 나타내는 표현.

-어 두다 (동사에 붙어) 어떤 행위의 결과가 그대로 유지되고 있음을 나타낸다. 다른 행위를 대비하기 위해 어떤 행위를 할 때 사용한다.

예문

(1) 가: 마이클 씨, 언제 학교에 가요?
나: 저는 9시쯤 갈 거예요. 분티안 씨는요?
가: 저는 오늘 시험이 있어서 일찍 가려고요. 문을 잠가 주시겠어요?
나: 네, 제가 문을 잠글게요. 열쇠는 경비실에 **맡겨 둘게요.**

(2) 가: 지영 씨, 지금 무엇을 하고 계세요?
나: 김장을 하고 있어요.
가: 김장이 뭐예요?
나: 겨울에 먹을 김치를 미리 **담가 두는** 거예요.

줄리아 씨, 집에 아무도 없으니 꼭 문을 **잠가 두세요.**
어머니께서 요리하시는 모습을 잘 **봐 두었다가** 똑같이 해 주세요.
내일 아침 일찍 출발할 예정이니 지금 밥을 많이 **먹어 두어야** 해요.
선생님께서 추천해 주신 책은 시간이 있을 때 미리 **읽어 두어야겠어요.**
앤디 씨, 잠시 차를 여기에 **세워 두어도** 될까요?
시험이 얼마 남지 않았으니, 열심히 **공부해 두세요.**
다음 주가 부모님 생신이어서 미리 선물을 **준비해 두려고요.**
제가 흐엉 씨의 전화번호를 **적어 두었던** 수첩이 여기에 있을 거예요.
수영장에 입장하시기 전에 귀중품은 미리 **맡겨 두시기** 바랍니다.
현우 씨는 회사에 취직하기 전에 미리 자격증을 **따 두었습니다.**

+ '-어 두다'는 앞에 제시된 행위나 상태가 완료되고 난 후 그 결과가 오랜 기간 동안 유지되고 있음을 나타낸다. '경비실에 맡겨 둘게요'에서 '맡기다'라는 행위가 이미 완료되었고, 행위의 결과인 맡긴 상태가 변화하지 않고 그대로 지속되고 있음을 보여준다. 또한 '겨울'을 대비하여 '김치를 미리 담가 두는 것'과 같이 다른 행위나 상황을 위해 미리 대비하는 것을 나타내기도 한다.

형태 정보

① 동사 어간 끝음절 모음이 'ㅏ, ㅗ'인 경우 '-아 두다'를 쓴다.

예) 받- + -아 두다 → 받아 두다
닫- + -아 두다 → 닫아 두다
놓- + -아 두다 → 놓아 두다
맡- + -아 두다 → 맡아 두다
보- + -아 두다 → 봐 두다
모으- + -아 두다 → 모아 두다

② 동사 어간 끝음절 모음이 'ㅏ, ㅗ'가 아닌 경우 '-어 두다'를 쓴다.

예) 읽- + -어 두다 → 읽어 두다
쓰- + -어 두다 → 써 두다
접- + -어 두다 → 접어 두다
세우- + -어 두다 → 세워 두다
만들- + -어 두다 → 만들어 두다
고치- + -어 두다 → 고쳐 두다

③ '-하다'가 붙은 동사 어간에는 '-여 두다'를 쓰는데, 흔히 줄여서 '-해 두다'로 쓴다.

예) 연습하- + -여 두다 → 연습해 두다
준비하- + -여 두다 → 준비해 두다
선물하- + -여 두다 → 선물해 두다
말하- + -여 두다 → 말해 두다
정리하- + -여 두다 → 정리해 두다
이사하- + -여 두다 → 이사해 두다

①	ㅏ, ㅗ	+ -아 두다	받아 두다, 맡아 두다, 닫아 두다, 봐 두다, 놓아 두다, 모아 두다
②	ㅏ, ㅗ 이외	+ -어 두다	읽어 두다, 세워 두다, 써 두다, 만들어 두다, 접어 두다, 고쳐 두다
③	-하다	+ -여 두다 (-해 두다)	연습해 두다, 말해 두다, 준비해 두다, 정리해 두다, 선물해 두다, 이사해 두다

④ 불규칙

듣- 예) 선생님께서 하시는 말씀은 잘 **들어 두는** 것이 좋아요.
굽- 예) 현우 씨가 도착할 때가 된 것 같으니 미리 고기를 **구워 두세요**.
짓- 예) 곧 아기가 태어날 예정이니 이름을 미리 **지어 두면** 좋을 것 같아요.
고르- 예) 책자를 보고 마음에 드는 것을 **골라 두면** 나중에 직원이 물건을 갖다 줍니다.

문장 구성 정보

① 부정문은 '-어 두지 않다, 안 -어 두다'로 쓴다.

예) 줄리아 씨의 주소를 **적어 안 뒀어요**. (x)
　　줄리아 씨의 주소를 **적어 두지 않았어요**. (o)
　　줄리아 씨의 주소를 **안 적어 뒀어요**. (o)

② 높임은 '두다'에 '-시-'를 붙여 '-어 두시다'로 쓴다.

예) 어머니께서 **모아 두신** 돈으로 저에게 자전거를 사 주셨어요.
　　회장님께서 모든 회사 직원들의 이름을 **외워 두셨어요**.
　　할아버지께서는 여행 전에 책을 많이 **읽어 두시는** 습관이 있으세요.

③ '두다'에 과거 '-었-'과 미래 · 추측 '-겠-'이 결합한다. '-어 두었다'는 줄여서 '-어 뒀다'로 쓴다. '-어 뒀다'는 주로 구어에서 사용된다.

예) 제가 어제 지영 씨가 찾던 책을 도서관에서 **빌려 두었어요/빌려 뒀어요**.
　　여름 휴가를 가려고 두 달 전부터 호텔을 **예약해 두었어요/예약해 뒀어요**.
　　내일 아침 일찍 출발하기 위해 오늘밤에 짐을 **챙겨 두겠어요**.
　　좋은 성적을 얻기 위해 미리 **공부해 두겠어요**.

제약 정보

① '-어 두다'는 동사 '두다'와 결합하지 않는다.

예) 미도리 씨는 책상 옆에 가방을 **두어 두었다**. (x)
　　아저씨, 소포를 문 앞에 **두어 두세요**. (x)
　　어머니께서 방금 구운 케이크를 식탁 위에 **두어 두셨다**. (x)

유사 문법

① '-어 두다', '-어 놓다'

<table>
<tr><th>-어 두다</th><th>-어 놓다</th></tr>
<tr><td colspan="2">· 어떤 행위가 완료된 상태를 그대로 유지하고 있음을 나타낸다.
예) 밤에는 문을 꼭 잠가 두세요.
밤에는 문을 꼭 잠가 놓으세요.</td></tr>
<tr><td>· 다른 일에 미리 대비하기 위해 어떤 행동을 함을 나타낼 때 사용한다.
예) 내일 경기를 위해서 힘을 아껴 둡시다. (o)</td><td>· 다른 일에 미리 대비하기 위한 행동에 사용하는 것이 '-어 두다'에 비해 자연스럽지 않다.
예) 내일 경기를 위해 힘을 아껴 놓읍시다. (??)</td></tr>
<tr><td>· 부정적 의미의 동사와 결합하지 않는다.
예) 그 일은 이미 엎질러 둔 물이다. (x)
네가 망쳐 둔 일을 다시 복구하느라 정말 힘들었어. (x)</td><td>· 부정적 의미의 동사와 결합할 수 있다.
예) 그 일은 이미 엎질러 놓은 물이다. (o)
네가 망쳐 놓은 일을 다시 복구하느라 정말 힘들었어. (o)</td></tr>
<tr><td>· 동사와만 결합한다.
예) 그 가방은 너무 비싸 두니 잘 팔리지가 않는다. (x)</td><td>· 형용사, '이다'와 결합하여 '-어 놓아서, -어 놓으니'의 구성으로 쓴다.
예) 그 가방은 너무 비싸 놓으니 잘 팔리지가 않는다. (o)</td></tr>
</table>

+ '-어 두다'는 후에 나타날 일을 대비하기 위한 것이므로 무책임하거나 방관하는 의미로는 사용하지 않는다.

예) 그가 일을 다 망쳐 **놓았어요**. (o)
그가 일을 다 망쳐 **두었어요**. (?)

이렇게 도입해 보세요

(1) 교사: 날씨가 너무 더워요.
학생: 네, 아주 더워요. 에어컨을 켤까요?
교사: 네, 에어컨을 켜세요. 계속 에어컨을 켜고 있어요.
에어컨을 **켜 두세요**. 끄지 마세요.

(2) 교사: 내일이 대학교 면접일이에요. 준비를 많이 했어요?
학생: 아니요, 많이 못 했어요.
교사: 면접 때에 여러 가지 질문을 해요. 그러니까 미리 연습해서 준비하세요.
면접 전에 미리 **연습해 두세요**.

+ (1)에서는 날씨가 더우므로 에어컨을 켜는 행위의 결과가 그대로 지속되는 상황을 제시하여 '-어 두다'의 의미를 파악하게 한다. 이때 어떤 상태의 지속이 가시적으로 이루어져 학생들이 쉽게 인식할 수 있는 것을 예로 드는 것이 설명하는 데 도움이 된다.

+ (2)에서는 면접을 대비하여 '연습해 두세요'와 같이 뒤에 일어날 일이나 상황에 대비하여 미리 어떠한 행위를 완료하여 준비함을 보여 준다. 학생들이 자주 접하는 상황인 '시험을 대비하여 공부해 두세요.', '여행을 위해서 돈을 모아 두세요.' 등과 같은 예를 제시하고, 어떤 상황을 대비하기 위해 무엇을 해야 할 것인가를 '-어 두다'를 사용하여 말하도록 유도한다.

-어 드리다[-아 드리다/-여 드리다]

윗사람을 위하여 **도움을 주는** 어떤 행위를 함을 나타내는 표현.

-어 드리다 (동사에 붙어) 다른 사람을 이롭게 하기 위해 도움이 되는 어떤 행위를 함을 나타낸다. 주로 상대방을 높이거나 윗사람에게 말할 때 사용한다.

예문

(1) 가: 앤디 씨, 혹시 한국어 사전이 있어요?
나: 네, 집에 있어요.
가: 사전 좀 빌려 주시겠어요?
나: 네, 좋아요. 내일 **빌려 드릴게요.**

(2) 가: 줄리아 씨, 요즘 요가를 배운다면서요?
나: 네, 한 달 전부터 배우고 있어요.
가: 저도 요가를 배우고 싶어요.
나: 그럼, 제가 **가르쳐 드릴까요**?

마이클 씨, 남은 음식을 **포장해 드릴게요.**

손님, 무엇을 **도와 드릴까요**?

내일 있을 행사에 대해 **안내해 드립니다.**

부장님께 이 소식을 **전달해 드리겠습니다.**

수지 씨, 시간이 늦었으니 제가 택시를 **잡아 드릴게요.**

날씨가 더워지니 할머니 댁에 에어컨을 **달아 드려야겠어요.**

왕밍 씨, 경치가 멋있는데 제가 사진을 **찍어 드릴까요**?

제가 휴대폰 번호를 **써 드릴** 테니, 언제든지 연락하세요.

부모님께 지영 씨의 남자친구를 **소개해 드리세요.**

어머니 생신을 잊어버려서 선물을 **보내 드리지 못했어요.**

어머니께서 편찮으셔서 약국에서 약을 **지어 드렸어요.**

현우 씨가 어제 지하철에서 할머니의 짐을 **들어 드렸어요.**

+ '-어 드리다'는 다른 사람을 위해 도움을 주는 행위를 할 때 사용되는 표현으로, '택시를 잡아 드릴게요'나 '남은 음식을 포장해 드릴게요'에서처럼 주로 도움을 약속할 때 사용한다. 그리고 '무엇을 도와

드릴까요?'나 '사진을 찍어 드릴까요?'에서처럼 '-어 드릴까요?'는 도움이 필요한지의 여부를 물어 볼 때도 사용한다.

+ '-어 주다'와 같은 의미로 사용되는데 '-어 드리다'는 윗사람에게 도움을 줄 때 사용한다.

형태 정보

① 동사 어간 끝음절 모음이 'ㅏ, ㅗ'인 경우 '-아 드리다'를 쓴다.

예) 찾- + -아 드리다 → 찾아 드리다
놓- + -아 드리다 → 놓아 드리다
사- + -아 드리다 → 사 드리다
보- + -아 드리다 → 봐 드리다

② 동사 어간 끝음절 모음이 'ㅏ, ㅗ'가 아닌 경우 '-어 드리다'를 쓴다.

예) 읽- + -어 드리다 → 읽어 드리다
만들- + -어 드리다 → 만들어 드리다
쓰- + -어 드리다 → 써 드리다
세우- + -어 드리다 → 세워 드리다

③ '-하다'가 붙은 동사 어간에는 '-여 드리다'를 쓰는데, 흔히 줄여서 '-해 드리다'로 쓴다.

예) 축하하- + -여 드리다 → 축하해 드리다
포장하- + -여 드리다 → 포장해 드리다
소개하- + -여 드리다 → 소개해 드리다
안내하- + -여 드리다 → 안내해 드리다

①	ㅏ, ㅗ	+ -아 드리다	찾아 드리다, 사 드리다, 놓아 드리다, 봐 드리다
②	ㅏ, ㅗ 이외	+ -어 드리다	읽어 드리다, 써 드리다, 만들어 드리다, 세워 드리다
③	-하다	+ -여 드리다 (-해 드리다)	축하해 드리다, 소개해 드리다, 포장해 드리다, 안내해 드리다

④ 불규칙

듣- 예) 제가 수지 씨의 이야기를 잘 **들어 드릴게요**.
돕- 예) 저는 어제 김장을 하시던 어머니를 **도와 드렸어요**.
짓- 예) 저는 부모님께 큰 집을 **지어 드릴 거예요**.
부르- 예) 제가 할머니께 노래를 **불러 드릴게요**.

문장 구성 정보

① 부정문은 '-어 드리지 않다, 안 -어 드리다'로 쓴다. 주로 '안 -어 드리다'는 구어에서 사용한다.

예) 할머니께 책을 **읽어 안 드렸다**. (x)
할머니께 책을 **읽어 드리지 않았다**. (o)
할머니께 책을 **안 읽어 드렸다**. (o)

② 다른 사람에게 도움이 필요한지에 대해 의향을 물어볼 때 '-어 드릴까요?'를 사용한다.

예) 아사코 씨, 제가 교실에서 **기다려 드릴까요**?
할머니, 날씨가 더운데 에어컨을 **켜 드릴까요**?
제가 마이클 씨에게 돈을 **빌려 드릴까요**?

③ 지위가 같은 사람에게 말할 때는 '-어 주다'로 쓴다. '-어 드리다'는 '-어 주다'의 높임 표현이다.

예) 영숙아, 내가 가방을 **들어 드릴게**. (x)
영숙아, 내가 가방을 **들어 줄게**. (o)
수진아, 내 숙제 좀 **도와 드려**. (x)
수진아, 내 숙제 좀 **도와줘**. (o)

+ '-어 드릴까요?'에 대한 대답은 말하는 사람 자신이 도움의 대상일 경우에는 '-어 주세요'로 해야 하고, 제3자일 경우 나이가 많거나 신분이 더 높을 경우 '-어 드리세요', 그렇지 않을 경우에는 '-어 주세요'로 쓴다. 학생들이 혼동하여 사용하는 경우가 많으니 이 점에 유의하여 지도해야 한다.

④ '~께/한테/에게 -어 드리다'의 형태로 자주 쓴다.

예) 다음 주에 고향에 계신 부모님<u>께</u> 선물을 **보내 드릴게요**.
제가 지영 씨<u>한테</u> 편지를 **써 드릴게요**.
제가 변호사<u>에게</u> 다시 한번 부탁 **말씀해 드릴게요**.

+ 도움을 받는 대상이 나이가 많거나 지위가 높을 경우 또는 친밀하지 않은 경우 공손함을 나타내기 위해 쓴다.

제약 정보

① 형용사와 결합하지 않는다.

예) 선생님, 제가 교실을 **깨끗해 드릴게요**. (x)
선생님, 제가 교실을 **깨끗하게 해 드릴게요**. (o)
제가 음식을 **맛있어 드릴게요**. (x)
제가 음식을 **맛있게 해 드릴게요**. (o)

+ 형용사와 결합할 수 없으므로 주로 '-게 하다'와 결합하여 '-게 해 드리다'의 형태로 사용할 수 있다.

② 동사 '드리다'와 결합하지 않는다.

예) 어머니 생신 선물로 꽃다발을 **드려 드리겠어요**. (x)
어머니 생신 선물로 꽃다발을 **드리겠어요**. (o)
사장님께서 아침에 오시자마자 서류를 **드려 드리겠습니다**. (x)
사장님께서 아침에 오시자마자 서류를 **드리겠습니다**. (o)

+ 동사 '드리다'의 형태와 '-어 드리다'의 형태가 충돌하여 이중 표현이 되어서 어색하므로 사용하지 않는다.

이렇게 도입해 보세요

(1) 교사: 내일이 선생님의 생일이에요.
학생: 정말요? 저희가 선물을 준비할게요.
교사: 선생님에게 노래를 해 주세요.
학생: 알겠어요. 저희가 노래를 할게요.
교사: 여러분이 내일 저를 위해 노래해 주세요. 여러분이 저에게 '**노래해 드릴게요.**'라고 말해요.

(2) 교사: (교실의 불을 끈 후) 흐엉 씨, 앞이 잘 보여요?
학생: 아니요. 잘 안 보여요.
교사: 그럼 흐엉 씨가 잘 볼 수 있게, 흐엉 씨를 위해서 제가 불을 켤까요? 불을 **켜 드릴까요**?
학생: 네, 불을 켜 주세요.
교사: 네, 불을 **켜 드릴게요.**

+ (1)은 먼저 교사가 도움을 요청하고 그에 대한 답변으로 '-어 드리다'를 사용하도록 유도하는 방법이다. '노래를 해 주세요'라고 하면 '노래를 해 드릴게요'로 답하도록 하여 학습자가 '-어 드릴게요'가 다른 사람에게 도움을 주는 것이라는 의미와 기능을 알 수 있게 한다. 이 외에도 '그림을 그려 주세요', '이야기를 해 주세요', '이름을 써 주세요' 등 다양한 요청 상황을 제시하고 이에 대한 답변을 '-어 드릴게요'를 사용하여 답하도록 지도한다.

+ (2)는 상대방이나 말하는 대상이 불편하거나 어려워서 도움이 필요한 상황을 제시하는 방법이다. 교실을 어둡게 한 후 그러한 상황에서 '흐엉 씨를 위해 불을 켜 드릴까요?'라고 하여 도움이 필요한지의 여부를 물어보는 '-어 드릴까요?'의 의미와 기능을 인식하도록 한다. 이때 도움을 부탁하거나 요청할 경우에는 '-어 드리세요'가 아니라, 주로 '-어 주세요'의 형태로 대답함을 주의시킨다.

-어 버리다[-아 버리다/-여 버리다]

어떤 **행위를 완전히 끝냄**을 나타내는 표현.

-어 버리다	(동사에 붙어) 어떤 행위를 완전히 끝내서 아무것도 남지 않거나 그 일이 어찌할 수 없는 상태로 바뀌었음을 나타낼 때 사용한다.

예문

(1) 가: 줄리아, 오늘 정말 예쁘다. 그 옷이 정말 잘 어울려.
나: 그래? 나한테 잘 어울리니?
가: 응, 옷이 진짜 예쁘다. 어디에서 샀어?
나: 사실은 언니가 사 온 옷을 몰래 입고 **나와 버렸어**.

(2) 가: 이제 옷을 다 샀으니 영화 보러 갈까요?
나: 미안해요. 나는 영화를 못 볼 것 같아요.
가: 아까 쇼핑 후에 영화 보고 싶다고 했잖아요?
나: 옷을 사는 데 돈을 다 **써 버려서** 영화 볼 돈이 없어요.

너무 화가 나서 소리를 **질러 버렸다**.

다음 주 숙제까지 다 **해 버렸다**.

장난 전화가 와서 전화를 **끊어 버렸어요**.

내일이 시험인데 그만 **자 버렸어요**.

배가 너무 고파서 밥솥의 밥을 다 **먹어 버렸다**.

남자 친구가 약속을 잘 안 지켜서 **헤어져 버렸다**.

다리가 너무 아파서 노약자석에 **앉아 버렸어요**.

피곤을 참지 못해 초저녁부터 침대에 **누워 버렸어요**.

아이를 혼내야 하는데, 너무 귀여워서 그만 **웃어 버렸다**.

아버지, 건강에 좋지 않으니 이제 담배를 **끊어 버리세요**.

+ '-어 버리다'는 어떤 일을 다 끝냄을 뜻하며, 그 결과 어찌할 수 없는 상태로 바뀌었음을 나타낼 때 사용한다. '배가 너무 고파서 밥솥의 밥을 다 먹어 버렸다.'는 밥을 다 먹어 밥이 없다는 뜻이 강조되며, '다리가 너무 아파서 노약자석에 앉아 버렸어요.'는 다리가 아파서 노약자석에 앉으면 안 되는데 앉는 행위를 해서 돌이킬 수 없는 실망스러운 결과가 되었음을 뜻한다.

형태 정보

① 동사 어간 끝음절 모음이 'ㅏ, ㅗ'인 경우 '-아 버리다'를 쓴다.

예) 남- + -아 버리다 → 남아 버리다
만나- + -아 버리다 → 만나 버리다
오- + -아 버리다 → 와 버리다
찾- + -아 버리다 → 찾아 버리다
갈- + -아 버리다 → 갈아 버리다
가- + -아 버리다 → 가 버리다

② 동사 어간 끝음절 모음이 'ㅏ, ㅗ'가 아닌 경우 '-어 버리다'를 쓴다.

예) 입- + -어 버리다 → 입어 버리다
서- + -어 버리다 → 서 버리다
그리- + -어 버리다 → 그리어 버리다/그려 버리다
먹- + -어 버리다 → 먹어 버리다
쓰- + -어 버리다 → 써 버리다

③ '-하다'가 붙은 동사 어간에는 '-여 버리다'를 쓰는데, 흔히 줄여서 '해 버리다'로 쓴다.

예) 여행하- + -여 버리다 → 여행해 버리다
연락하- + -여 버리다 → 연락해 버리다
청소하- + -여 버리다 → 청소해 버리다
시작하- + -여 버리다 → 시작해 버리다
공부하- + -여 버리다 → 공부해 버리다
도전하- + -여 버리다 → 도전해 버리다

①	ㅏ, ㅗ	+ -아 버리다	남아 버리다, 찾아 버리다, 만나 버리다, 갈아 버리다, 와 버리다, 가 버리다
②	ㅏ, ㅗ 이외	+ -어 버리다	입어 버리다, 먹어 버리다, 서 버리다, 써 버리다, 그려 버리다
③	-하다	+ -여 버리다 (-해 버리다)	여행해 버리다, 시작해 버리다, 연락해 버리다, 공부해 버리다, 청소해 버리다, 도전해 버리다

문장 구성 정보

① 높임은 '-어 버리시다'로 쓴다.

예) 할아버지께서 그 사실을 전부 **알아 버리셨어**. (o)
선생님께서 교실 청소를 혼자 다 **해 버리셨어**. (o)
아버지께서 나 때문에 화가 **나 버리셨다**. (o)

② '그냥'이나 '다'와 잘 어울려 쓰인다.

예) 머리가 아파서 <u>그냥</u> **자 버렸어요**.
밥 차리기 귀찮아서 <u>그냥</u> **굶어 버렸어요**.
그릇에 남은 거 <u>다</u> **먹어 버려**.
기분이 너무 좋아서 술을 <u>다</u> **마셔 버렸다**.

+ '그냥'은 부담스럽지만 더 이상 고민하지 말고 아무 생각 없이 행위를 끝내야 함을 강조할 때 사용한다. '다'는 행위를 통해 아무것도 남지 않음을 나타낼 때 사용한다.

제약 정보

① 형용사와 결합하지 않는다.

예) 밥을 못 먹어서 배가 **고파 버렸어요.** (x)
저도 한번 **예뻐 버리고** 싶어요. (x)
마이크가 고장 나서 소리가 **작아 버렸다.** (x)
기분이 **나빠 버렸어.** (x)

② 과거 '-었-', 미래 · 추측의 '-겠-'이 '-어' 앞에 붙지 않는다.

예) 이 책까지 다 **읽었어 버려요.** (x)
이 책까지 다 **읽었어 버렸어요.** (x)
이 책까지 다 **읽어 버렸어요.** (o)
이 책까지 다 **읽겠어 버려요.** (x)
이 책까지 다 **읽겠어 버리겠어요.** (x)
이 책까지 다 **읽어 버리겠어요.** (o)

확장

① 행위를 끝낸다는 의미이므로 순간적으로 일어나는 행위를 나타내는 동사(잊다, 도착하다, 열리다 등)와 쓰일 때는 그 행위를 끝낸다는 의미를 강조하게 된다.

예) 지난 일은 다 **잊어버리고** 새로 시작합시다.
기차는 이미 **도착해 버렸다.**
창문을 잘 닫았는데 다시 **열려 버렸어.**

유사 문법

① '-어 버리다', '-고 말다'

<table>
<tr><th>-어 버리다</th><th>-고 말다</th></tr>
<tr><td colspan="2">· 어떤 일이 일어남을 나타낸다.</td></tr>
<tr><td>· 1인칭 주어에서는 의도적으로 그 행위를 했음을 나타낸다. 부가적으로 부담스러운 일을 끝낸 데에 대해 시원한 느낌을 나타내기도 한다. 3인칭 주어에서는 주로 원하지 않았던 결과가 되었음을 나타낸다.
예) 꽃병을 깨 버렸다. (일부러 깸)
사고로 그가 크게 다쳐 버렸다. (?)
밤을 새워 일을 다 해 버렸다. (시원한 느낌)
김장을 끝내 버렸더니 마음이 편해요.
시험을 봐 버리니 속이 시원해요.
그가 떠나 버렸다. (원하지 않은 결과)</td><td>· 대체로 의도적인 행위에 대해 쓰지 않는다. 부가적으로 원하지 않은 일이 일어난 데에 대한 안타까움을 나타낸다.
예) 꽃병을 깨고 말았다. (일부러 깨지 않음)
사고로 그가 크게 다치고 말았다. (안타까움)
밤을 새워 일을 다 하고 말았다. (?) (일을 다 하는 것을 의도하지 않았는데 다 했다는 의미이므로 어색함)
그가 떠나고 말았다.
결국 오늘도 지각을 하고 말았다.
살을 빼야 하는데 과식을 하고 말았다.</td></tr>
<tr><td>· '-어 버리다'는 어떤 일을 해치운다는 의미가 있기 때문에 의지의 '-겠-'과 함께 쓰일 때 어색한 경우가 있다.
예) 원하는 대학에 들어가 버리겠다. (?)
이 원수를 기필코 갚아 버리겠다. (?)
오늘 밤 안으로 이 일을 다 끝내 버리겠어. (o)</td><td>· 의지의 '-겠-'과 함께 쓰여 강한 의지를 나타낸다.
예) 원하는 대학에 들어가고 말겠다.
이 원수를 기필코 갚고 말겠다.
오늘 밤 안으로 이 일을 다 끝내고 말겠어. (o)</td></tr>
<tr><td>· 명령문이나 청유문에 사용된다.
예) 담배를 끊어 버려. (o)
담배를 끊어 버리세요. (o)</td><td>· 명령문이나 청유문에 잘 사용되지 않는다.
예) 담배를 끊고 마. (x)
담배를 끊고 마세요. (x)</td></tr>
</table>

+ '-어 버리다'와 '-고 말다'는 어떤 일이 일어났음을 나타내지만 일이 일어난 사실 자체에 중심을 두지 않고 일로 인하여 발생된 상황과 이에서 파생되는 감정을 나타낼 때 사용된다.

이렇게 도입해 보세요

(1) 교사: 여러분, 용돈이 10만 원이 있어요. 그런데 사고 싶은 옷이 10만 원이에요. 어떻게 할 거예요?

학생: 사면 안 돼요. / 그냥 사요.

교사: 그냥 사요. 그러면 돈이 남지 않아요. 그래도 그 옷을 너무 사고 싶어요. 그래서 옷을 **사 버려요**.

(2) 교사: 선생님이 좋아하는 사람이 있어요. 그 사람에게 좋아한다고 고백을 해야 할까요, 말아야 할까요?

학생: 고백하세요. / 고백하지 마세요.

교사: 용기를 내서 고백하고 싶어요. 고백하지 않으면 마음이 답답해요. 부끄럽지만 고백하면 마음이 시원할 것 같아요. **고백해 버릴까요**?

+ (1)은 어떤 행위를 끝내고 아무것도 남지 않음을 뜻하는 '-어 버리다'를 도입하기 위해 '옷을 사서 가지고 있는 돈이 하나도 남지 않은' 상황을 설정한 예이다. (2)에서는 하기 어려운 행위를 설정하여 이를 하고 난 후 다시 예전 상황으로 돌릴 수 없는 '-어 버리다'의 의미를 이해하도록 한다. 또한 (1), (2)에서 공통적으로 말하는 사람의 심리적 부담 제거의 의미가 있음을 이해시킨다.

-어서인지[-아서인지/-여서인지]

원인이나 **이유**를 **추측**함을 나타내는 표현.

-어서인지 (동사나 형용사, '이다, 아니다'에 붙어) 앞 절의 행위나 상태가 뒤 절의 원인이나 이유라고 추측함을 나타낸다. 그러한 원인이나 이유를 단정적으로 말하기 어려울 때 사용한다.

예문

(1) 가: 앤디 씨, 다음 주 월요일이 벌써 개학이에요.
나: 네, 맞아요. 방학이 얼마 안 남았어요.
가: 방학이 얼마 안 **남아서인지** 저는 요즘 잠이 안 와요.
나: 개학하는 게 좋아서요?
가: 아니요, 공부할 생각을 하니 걱정이 되어서요.

(2) 가: (옷가게에서) 줄리아 씨, 이 옷이 어때요?
나: 음…. 이 원피스는 흐엉 씨에게 별로 어울리지 않는 것 같아요.
가: 그렇죠? 제가 키가 **작아서인지** 원피스는 안 어울려요.
나: 흐엉 씨에게는 이 블라우스가 어울릴 것 같아요. 한번 입어 보세요.

현우 씨는 책을 많이 **읽어서인지** 모르는 것이 없어요.

지영 씨가 남자 친구를 **만나서인지** 기분이 매우 좋아 보였습니다.

어제 등산을 **해서인지** 다리가 너무 아팠어요.

대학교를 **졸업해서인지** 우리 과 친구들을 만날 일이 별로 없어요.

아기가 새로 산 침대에 **누워서인지** 금방 잠이 들었다.

영수 씨가 머리를 짧게 **잘라서인지** 더 어려 보여요.

줄리아 씨는 겁이 **많아서인지** 놀이기구를 별로 좋아하지 않아요.

항상 활발하던 수지 씨가 머리가 **아파서인지** 기운이 없어 보여요.

오늘이 **주말이어서인지** 어디를 가도 길이 너무 막혀요.

퇴근 **시간이어서인지** 지하철에 사람이 많습니다.

+ '-어서인지'는 앞의 행위나 상태가 뒤의 상황에 대한 원인이나 이유라고 추측함을 나타낸다. '방학이 얼마 안 남아서인지', '키가 작아서인지', '주말이어서인지'가 뒤 절의 원인이나 이유임을 단정적으로 말할 수 없지만 추측함을 나타낼 때 사용한다. '-어서인지'는 '원인이나 이유'를 나타내는 연결어미 '-어서'와 '이다'의 활용형인 '인지'가 결합한 형태이다. '방학이 얼마 안 남아서인지 저는 요즘 잠이 안 와요.'에서 '요즘 잠이 안 오는 이유'가 반드시 '방학이 얼마 안 남았기 때문'이라고 확신할 수는 없지만 그런 생각이 들 때 사용한다.

형태 정보

① 동사나 형용사 어간 끝음절 모음이 'ㅏ, ㅗ'인 경우 '-아서인지'를 쓴다.

예) 찾- + -아서인지 → 찾아서인지　　많- + -아서인지 → 많아서인지
좋- + -아서인지 → 좋아서인지　　사- + -아서인지 → 사서인지
가- + -아서인지 → 가서인지　　오- + -아서인지 → 와서인지
아프- + -아서인지 → 아파서인지　　고프- + -아서인지 → 고파서인지

② 동사나 형용사 어간 끝음절 모음이 'ㅏ, ㅗ'가 아닌 경우 '-어서인지'를 쓴다.

예) 먹- + -어서인지 → 먹어서인지　　읽- + -어서인지 → 읽어서인지
쉬- + -어서인지 → 쉬어서인지　　두- + -어서인지 → 두어서인지/둬서인지
슬프- + -어서인지 → 슬퍼서인지　　기쁘- + -어서인지 → 기뻐서인지
막히- + -어서인지 → 막히어서인지/막혀서인지
세- + -어서인지 → 세어서인지/세서인지
보내- + -어서인지 → 보내어서인지/보내서인지

③ '-하다'가 붙은 동사나 형용사 어간에는 '-여서인지'를 쓰는데, 흔히 줄여서 '-해서인지'로 쓴다.

예) 노래하- + -여서인지 → 노래하여서인지/노래해서인지
결혼하- + -여서인지 → 결혼하여서인지/결혼해서인지
피곤하- + -여서인지 → 피곤하여서인지/피곤해서인지
편하- + -여서인지 → 편하여서인지/편해서인지

①	ㅏ, ㅗ	+ -아서인지	찾아서인지, 많아서인지, 좋아서인지, 사서인지, 가서인지, 와서인지, 아파서인지, 고파서인지
②	ㅏ, ㅗ 이외	+ -어서인지	먹어서인지, 읽어서인지, 쉬어서인지, 둬서인지, 슬퍼서인지, 기뻐서인지, 막혀서인지, 세서인지, 보내서인지
③	-하다	+ -여서인지 (-해서인지)	노래해서인지, 결혼해서인지, 피곤해서인지, 편해서인지

④ '이다, 아니다'는 '-어서인지/-라서인지'를 쓴다. 단, '이다' 앞의 명사에 받침이 없으면 '-여서인지'라고 쓴다.

예) 학생이- + -어서인지 → 학생이어서인지/학생이라서인지
책이- + -어서인지 → 책이어서인지/책이라서인지
의사이- + -어서인지 → 의사여서인지/의사라서인지
친구이- + -어서인지 → 친구여서인지/친구라서인지
아니- + -어서인지 → 아니어서인지/아니라서인지

+ '아니어서인지'를 소리 나는 대로 '아니여서인지'라고 쓰면 틀리다.

⑤ 불규칙

듣- 예) 밤에 태풍이 온다는 말을 **들어서인지** 계속 걱정이 되었다.
춥- 예) 날씨가 **추워서인지** 백화점에만 사람들이 많아요.
낫- 예) 이제 감기가 거의 다 **나아서인지** 친구들과 놀러 가고 싶어요.
하얗- 예) 수지가 얼굴이 **하얘서인지** 흰 드레스가 잘 어울렸다.
다르- 예) 저는 동생과 성격이 **달라서인지** 자주 싸우기도 해요.

문장 구성 정보

① 부정문은 '-지 않아서인지', '안 -어서인지'의 두 가지 형태를 모두 쓸 수 있다.

예) 시험이 아직 **끝나지 않아서인지** 도서관에 사람이 많아요.
= 시험이 아직 **안 끝나서인지** 도서관에 사람이 많아요.
오늘 운동을 **하지 않아서인지** 소화가 잘 되지 않아요.
= 오늘 운동을 **안 해서인지** 소화가 잘 되지 않아요.

+ 'N+이어서인지'를 부정할 때는 'N이 아니라서인지/아니어서인지'의 형태로 쓴다.
예) 여름이 **아니라서인지/아니어서인지** 수영장에 사람이 별로 없어요.
최신 컴퓨터가 **아니라서인지/아니어서인지** 컴퓨터 속도가 느려요.
휴가 기간이 **아니라서인지/아니어서인지** 공항에 사람이 많지 않아요.
어머니가 만드신 음식이 **아니라서인지/아니어서인지** 왠지 맛이 없어요.

② 높임은 '-어서인지'에 '-으시-'를 붙여 '-으셔서인지'로 쓴다.

예) 선생님께서는 **책을 많이 읽으셔서인지** 아는 것이 많으시다.
부장님께서 휴가를 **가셔서인지** 다른 직원들도 휴가를 많이 갔어요.
할머니께서 집에 **오셔서인지** 아이들이 매우 좋아해요.
어머니께서 용돈을 **주셔서인지** 줄리아 씨가 기분이 좋아 보여요.

제약 정보

① 과거 '-었-', 미래 · 추측의 '-겠-'과 결합하지 않는다. 뒤 절의 동사나 형용사에 시제를 나타낸다.

예) 남자 친구를 **만났어서인지** 기분이 좋았어요. (x)
남자 친구를 **만나서인지** 기분이 좋았어요. (o)
남자 친구를 **만나겠어서인지** 기분이 좋겠어요. (x)
남자 친구를 **만나서인지** 기분이 좋겠어요. (o)
날씨가 **추웠어서인지** 명동에 사람이 없었어요. (x)
날씨가 **추워서인지** 명동에 사람이 없었어요. (o)
날씨가 **춥겠어서인지** 명동에 사람이 없겠어요. (x)
날씨가 **추워서인지** 명동에 사람이 없겠어요. (o)

확장

① '-어서인지'는 '-어서 그런지'로 바꿔 쓸 수 있으며, 의미적 차이가 거의 없다.

예) 비가 많이 **와서인지** 차가 많이 막혀요.
= 비가 많이 **와서 그런지** 차가 많이 막혀요.
줄리아 씨는 한국 친구들이 **많아서인지** 한국어를 잘해요.
= 줄리아 씨는 한국 친구들이 **많아서 그런지** 한국어를 잘해요.

+ 앞의 상황이나 행동 때문에 그러한 결과가 나타나게 되었음을 추측할 수 있을 때 사용한다.

이렇게 도입해 보세요

(1) 교사: 여러분, 한국 노래를 좋아해요?
학생: 네, 좋아해요. 저는 슈퍼주니어의 노래를 좋아해요.
교사: 미도리 씨는 왜 슈퍼주니어의 노래를 좋아해요?
학생: 잘 모르겠지만 가수가 너무 멋있어요. 그래서 노래도 좋은 것 같아요.
교사: 정말요? 가수가 멋있어요. 그래서 노래도 좋은 것 같아요. 가수가 **멋있어서인지** 노래도 좋은 것 같아요.

(2) 교사: 왕밍 씨, 오늘 옷이 너무 잘 어울려요. 여러분도 그렇게 생각해요?
학생: 네, 잘 어울려요.
교사: 왜 잘 어울린다고 생각해요?
학생: 왕밍 씨는 얼굴이 하얘요. 그래서 파란색 옷이 잘 어울리는 것 같아요.
교사: 선생님도 그런 것 같아요. 왕밍 씨는 얼굴이 하얘요. 파란색이 잘 어울리는 것 같아요. 왕밍 씨는 얼굴이 **하얘서인지** 파란색 옷이 잘 어울리는 것 같아요. 여러분, 이유가 확실하지는 않지만 그런 것 같을 때 '-어서인지'로 말할 수 있어요.

+ '-어서인지'를 도입할 때는 그 상황에 대한 이유나 원인을 유도할 수 있는 질문을 하는 것이 좋다. 단, 너무 명백한 이유를 댈 수 있는 질문은 피해서 하도록 한다. (1)에서와 같이 학생에게 '그 노래를 좋아하는 이유'를 물었을 때 노래 자체에 대한 대답보다는 단지 '가수가 멋있어서'라는 이유를 말함으로써 그러한 이유도 포함이 됨을 추측하여 말하는 상황을 유도한다. (2)에서도 단정적으로 꼭 그러하다고 말할 수는 없지만, '파란색 옷이 잘 어울리는 원인'이 '얼굴이 하얗기 때문'일 것이라는 점을 '-어서인지'를 사용하여 말할 수 있도록 한다.

-어야겠-[-아야겠-/-여야겠-]

1) 어떤 행위나 상황에 대한 **의지** 2) **추측**을 나타내는 표현.

-어야겠-1) (동사에 붙어) 말하는 사람이 어떠한 행위를 할 것이라는 강한 의지를 나타낼 때 사용한다. 주로 구어에서 사용한다.

예문

(1) 가: 줄리아 씨, 오늘 날씨가 어때요?
나: 어제보다 더 추운 것 같아요.
가: 그래요? 오늘은 아무리 불편해도 두꺼운 코트를 **입어야겠네요**.

(2) 가: 민수 씨, 안색이 좋지 않아요. 어디 아파요?
나: 점심을 먹었는데 소화가 되지 않아요.
가: 빨리 약국에 가서 소화제를 사 **먹어야겠어요**.

오늘 저녁에는 꼭 그 책을 다 **읽어야겠어요**.

이번 여름에는 꼭 가족들과 함께 휴가를 **가야겠어요**.

주말에 남자 친구와 같이 그 영화를 **봐야겠어요**.

저는 여기에서 친구를 **기다려야겠으니**, 현우 씨 먼저 가세요.

어제 동생과 싸웠는데, 제가 언니니까 먼저 **사과해야겠어요**.

요즘 살이 많이 쪄서 운동을 열심히 **해야겠어요**.

어머니가 많이 편찮으시니, 저라도 **도와 드려야겠어요**.

머리가 너무 길어서 주말에 머리를 **잘라야겠어요**.

지영 씨, 햇빛이 너무 뜨거워서 모자를 **써야겠어요**.

올해는 작년보다 신제품을 더 많이 **팔아야겠습니다**.

+ '-어야겠-1)'은 연결어미 '-어야'와 미래에 대한 '의지'를 나타내는 선어말어미 '-겠-'이 결합하여 만들어진 표현으로, 말하는 사람이 미래에 어떤 행동이나 동작을 꼭 할 것이라는 강한 의지를 나타낸다. '오늘은 아무리 불편해도 두꺼운 코트를 입어야겠네요.', '이번 여름에는 꼭 가족들과 함께 휴가를 가야겠어요.'에서와 같이 미래(오늘, 이번 여름)에 '두꺼운 코트를 입겠다, 휴가를 가겠다'는 말하는 사람의 의지를 보여준다. 주로 구어에서 쓴다.

형태 정보

① 동사 어간 끝음절 모음이 'ㅏ, ㅗ'인 경우 '-아야겠-'을 쓴다.

예) 받- + -아야겠- + -다 → 받아야겠다
사- + -아야겠- + -다 → 사야겠다
찾- + -아야겠- + -다 → 찾아야겠다
오- + -아야겠- + -다 → 와야겠다

② 동사 어간 끝음절 모음이 'ㅏ, ㅗ'가 아닌 경우 '-어야겠-'을 쓴다.

예) 먹- + -어야겠- + -다 → 먹어야겠다
쓰- + -어야겠- + -다 → 써야겠다
읽- + -어야겠- + -다 → 읽어야겠다
만들- + -어야겠- + -다 → 만들어야겠다

③ '-하다'가 붙은 동사 어간에는 '-여야겠-'을 쓰는데, 흔히 줄여서 '-해야겠-'으로 쓴다.

예) 공부하- + -여야겠- + -다 → 공부해야겠다
운동하- + -여야겠- + -다 → 운동해야겠다
좋아하- + -여야겠- + -다 → 좋아해야겠다
노래하- + -여야겠- + -다 → 노래해야겠다

①	ㅏ, ㅗ	-아야겠-	받아야겠다, 찾아야겠다, 사야겠다, 와야겠다
②	ㅏ, ㅗ 이외	-어야겠-	먹어야겠다, 읽어야겠다, 써야겠다, 만들어야겠다
③	-하다	-여야겠- (-해야겠-)	공부해야겠다, 좋아해야겠다, 운동해야겠다, 노래해야겠다

④ 불규칙

듣- 예) 이번에는 꼭 선생님의 말씀을 잘 **들어야겠어요.**
눕- 예) 아까부터 계속 배가 아파서 침대에 **누워야겠어요.**
짓- 예) 아기가 태어났으니 좋은 이름을 **지어야겠어요.**
부르- 예) 수지 씨의 생일이니 제가 생일 축하 노래를 **불러야겠어요.**

문장 구성 정보

① '꼭/반드시~ -어야겠어요'의 구성으로 주로 사용한다.

예) 부산 바다가 멋있다는데, 이번 여름에는 꼭 **가야겠어요.**
이번 시험에는 반드시 제가 1등을 **해야겠어요.**
밖에 비가 많이 오니 우산을 꼭/반드시 **가져가야겠어요.**

② 부정문은 '-지 않아야겠어요', '안 -어야겠어요'의 두 가지 형태를 모두 쓸 수 있다.

예) 다음 주가 시험이니, 이제 컴퓨터 게임을 **하지 안 해야겠어요.** (x)
다음 주가 시험이니, 이제 컴퓨터 게임을 **하지 않아야겠어요.** (o)
다음 주가 시험이니, 이제 컴퓨터 게임을 **안 해야겠어요.** (o)

제약 정보

① 형용사와 결합하지 않는다.

예) 저는 시험이 끝나니 기분이 **좋아야겠어요**. (x)
눈이 많이 와서 **즐거워야겠어요**. (x)
제가 내일 연주회가 있어서 **예뻐야겠어요**. (x)

+ 말하는 사람이 어떤 행위를 반드시 해야 한다고 생각할 때 사용하는 표현이므로 형용사는 의미상 어울리지 않는다.

② 과거 '-었-'과 결합하지 않는다.

예) 부모님께서 보내주신 소포를 우체국에 가서 받아 **왔어야겠어요**. (x)
부모님께서 보내주신 소포를 우체국에 가서 받아 **와야겠어요**. (o)
어제부터 감기에 걸려서 집에 가서 **쉬었어야겠어요**. (x)
어제부터 감기에 걸려서 집에 가서 **쉬어야겠어요**. (o)

확장

① 문어에서는 주로 '-어야 하겠-'으로 쓴다.

예) 내일은 전 직원들이 지방으로 출장을 **가야 하겠습니다**.
이제부터 희망을 가지고 열심히 **살아야 하겠습니다**.
이 서류를 꼼꼼히 읽고 모두 **숙지해야 하겠습니다**.

유사 문법

① **'-어야겠-1)', '-을 것이다'**

-어야겠-1)	-을 것이다
· 어떤 행위에 대한 말하는 사람의 의지를 나타낸다.	
· '-을 것이-'보다 강하고 확고한 의지를 나타낸다. 예) 저는 오늘 오후에 지방으로 출장을 **가야겠어요**. (오후에 출장을 꼭 가야하며 가지 않으면 안 된다는 의미임.)	· 미래의 행위에 대한 의지가 강하지 않다. 예) 저는 오늘 오후에 지방으로 출장을 **갈 거예요**. (말하는 사람의 의지로 해석할 수도 있으나 오후에 출장을 갈 예정이라는 단순한 사실로도 해석할 수 있음.)

이렇게 도입해 보세요

(1) 교사: 벌써 12시예요. 수업이 끝나면 무엇을 할 거예요?
학생: 배가 고파요. 밥을 먹을 거예요.
교사: 배가 고파서 밥을 먹을 거예요. 밥을 **먹어야겠어요.**

(2) 교사: 내일이 시험이에요. 오늘 무엇을 할 거예요?
학생: 집에 가서 공부할 거예요.
교사: 내일이 시험이어서 집에 가서 꼭 공부해야 해요. **공부해야겠어요.**

+ '-어야겠-'은 미래에 그 행위를 반드시 하겠다는 의지를 나타내는 표현이다. (1)에서는 배가 고프므로 '밥을 먹어야겠다'는 말하는 사람의 의지를 보여주고 있으며, (2)에서는 '내일이 시험'이라는 상황 때문에 반드시 공부를 해야 하고 또, 그럴 것이라는 의지를 나타낸다. 이와 같이 마땅히 그러한 일이 이루어져야 하는 상황을 전제로 하여 학생들에게 미래에 반드시 해야 할 어떤 행위가 무엇인지 그에 대한 질문을 유도하여 다양한 상황을 '-어야겠-'을 통해 표현하도록 한다.

-어야겠-2)	(동사나 형용사에 붙어) 자신의 의견이나 근거를 바탕으로 그러한 상황이 되어야 할 것이라고 추측할 때 사용한다.

예문

(1) 가: 마이클 씨, 가방이 무거워 보여요. 무엇을 갖고 다녀요?
나: 저는 책을 좋아해서 항상 책을 3권 정도 갖고 다녀요.
가: 그렇군요. 마이클 씨의 가방은 **커야겠어요.**

(2) 가: 수지 씨는 이상형이 누구예요?
나: 저는 배우 이민호 씨가 이상형이에요.
가: 정말요? 수지 씨의 남자 친구는 **잘생겨야겠네요.**

하루 만에 한라산 정상에 다녀오려면 체력이 **좋아야겠어요.**

지영 씨, 10시간 넘게 비행기를 타려면 옷을 편하게 **입어야겠지요**?

기차가 방금 떠났으니 다음 기차가 올 때까지 적어도 한 시간은 **기다려야겠어요.**

줄리아 씨가 키가 크니 남자 친구도 키가 **커야겠어요.**

현우 씨가 열심히 공부했으니 당연히 현우 씨가 1등을 **해야겠지요.**

흐엉 씨가 지금보다 한국어를 더 잘하고 싶으면 많이 **연습해야겠어요.**

내일 바다에서 수영하려면 날씨가 오늘보다 **더워야겠어요.**

할머니께서 몸이 불편하셔서 **앉으셔야겠으니** 자리를 좀 마련해 주세요.

아이들 방은 활기찬 분위기를 위해 벽지가 **밝은 색이어야겠어요.**

+ '-어야겠-2)'는 그러한 상황이 되어야 할 것이라는 추측을 나타낸다. '수지 씨의 남자 친구는 잘생겨야겠어요.'와 같이 지금은 '남자 친구가 없는 상황'이지만, 미래에 '남자 친구가 있을 경우'를 전제로 한다면 '그 남자 친구는 잘생겨야 할 것'이라는 추측을 보여준다. 또한 '날씨가 오늘보다 더워야겠어요'에서도 바다에서 수영을 하기 위한 조건으로 날씨가 더워야 할 것이라고 추측할 수 있다.

형태 정보

① 동사나 형용사 어간 끝음절 모음이 'ㅏ, ㅗ'인 경우 '-아야겠-'을 쓴다.

예) 앉- + -아야겠- + -다 → 앉아야겠다　　작- + -아야겠- + -다 → 작아야겠다
가- + -아야겠- + -다 → 가야겠다　　보- + -아야겠- + -다 → 봐야겠다
높- + -아야겠- + -다 → 높아야겠다　　좋- + -아야겠- + -다 → 좋아야겠다

② 동사나 형용사 어간 끝음절 모음이 'ㅏ, ㅗ'가 아닌 경우 '-어야겠-'을 쓴다.

예) 입- + -어야겠- + -다 → 입어야겠다　　벗- + -어야겠- + -다 → 벗어야겠다
쉬- + -어야겠- + -다 → 쉬어야겠다　　힘들- + -어야겠- + -다 → 힘들어야겠다
크- + -어야겠- + -다 → 커야겠다　　예쁘- + -어야겠- + -다 → 예뻐야겠다

③ '-하다'가 붙은 동사 어간에는 '-여야겠-'을 쓰는데, 흔히 줄여서 '-해야겠-'으로 쓴다.

예) 생각하- + -여야겠- + -다 → 생각해야겠다　　취직하- + -여야겠- + -다 → 취직해야겠다
깨끗하- + -여야겠- + -다 → 깨끗해야겠다　　조용하- + -여야겠- + -다 → 조용해야겠다

①	ㅏ, ㅗ	-아야겠-	앉아야겠다, 작아야겠다, 가야겠다, 봐야겠다, 높아야겠다, 좋아야겠다
②	ㅏ, ㅗ 이외	-어야겠-	입어야겠다, 벗어야겠다, 쉬어야겠다, 힘들어야겠다, 커야겠다, 예뻐야겠다
③	-하다	-여야겠- (-해야겠-)	생각해야겠다, 취직해야겠다, 깨끗해야겠다, 조용해야겠다

④ '이다, 아니다'는 '-어야겠-'을 쓴다. 단, '이다' 앞의 명사에 받침이 없으면 주로 '명사+ -여야겠-'을 쓴다.

예) 학생이- + -어야겠- + -다 → 학생이어야겠다
반장- + -이어야겠- + -다 → 반장이어야겠다
의사이- + -어야겠- + -다 → 의사이어야겠다/의사여야겠다
아니- + -어야겠- + -다 → 아니어야겠다

⑤ 불규칙

걷- 예) 내일 학교에서 소풍을 가면 많이 **걸어야겠어요**.
춥- 예) 주말에 스키를 타러 가려면 날씨가 **추워야겠어요**.
낫- 예) 다음 주 휴가 때 바다에 가려면 미도리 씨의 감기가 빨리 **나아야겠어요**.
다르- 예) 토론을 할 때는 찬성과 반대의 의견이 서로 **달라야겠지요**.

문장 구성 정보

① 부정문은 '-지 않아야겠어요', '안 -어야겠어요'의 두 가지 형태를 모두 쓸 수 있다.

예) 할아버지와 같이 가려면 식당이 집에서 **멀지 않아야겠어요./안 멀어야겠어요.**
집에 있는 시간이 많다면 방이 **어둡지 않아야겠어요./안 어두워야겠어요.**
여자 친구와 같이 보려면 영화가 **무섭지 않아야겠어요./안 무서워야겠어요.**

제약 정보

① 과거 '-었-'과 결합하지 않는다.

예) 밤에 동생이 무서워해서 불을 **켰어야겠어요.** (x)
밤에 동생이 무서워해서 불을 **켜야겠어요.** (o)
제가 집에 없으니 소포를 유진 씨가 대신 **받았어야겠어요.** (x)
제가 집에 없으니 소포를 유진 씨가 대신 **받아야겠어요.** (o)

+ '-어야겠-'과 과거의 결합은 과거의 동작이나 상황에 대한 추측이 되므로 사용하지 않는다. '-어야겠-'은 주로 앞으로 일어날 상황에 대한 추측을 나타내는 데 사용한다.

확장

① 수사 의문문의 꼴로 쓰여 말하지 않아도 이미 알고 있는 상황에 대해 따져 묻거나 상황을 확인 또는 강조할 때 사용한다.

예) (내가) 그걸 꼭 말을 **해야겠어**? ('말을 하지 않아도 알고 있을 것이라 생각'하는 경우)
(내가) 거길 꼭 **가야겠어**? ('가고 싶지 않은데 가야 하는지 그 여부에 대해 확인'하는 경우)

② 추측을 나타낼 경우, 의지의 뜻이 결합하여 추측과 의지의 의미가 동시에 나타나는 경우도 있다.

예) 꽃이 피려면 정원에 물을 많이 **줘야겠어요.**
('앞으로 물을 많이 줘야 한다'고 추측함과 동시에 '물을 많이 줄 것'이라는 의지를 설명한다.)
한국에서 성공하기 위해서는 한국어를 열심히 **공부해야겠어요.**
('한국어를 열심히 공부해야 한다'고 추측함과 동시에 '미래에 한국어를 열심히 공부할 것'이라는 의지를 설명한다.)

유사 문법

① '-어야겠-2)', '-을 것이다'

-어야겠-2)	-을 것이다
· 어떤 일이나 상황에 대한 추측을 나타낸다.	
· 추측의 근거가 말하는 사람의 생각이나 판단을 바탕으로 한다. 예) 지영 씨는 남자 친구와 3년 동안 사귀었으니 내년쯤 **결혼해야겠어요.** 어머니께서 편찮으셔서 입원을 **하셔야겠어요.** (곧 일어나는 상황에 대해 말하는 사람이 추측하여 평가함을 나타냄.)	· 추측의 근거가 말하는 이를 포함하여 다른 사람의 생각이나 판단, 일반적 사실에 있다. 예) 지영 씨는 남자 친구와 3년 동안 사귀었으니 내년쯤 **결혼할 거예요.** 어머니께서 편찮으셔서 입원을 **하실 거예요.** (곧 일어날 상황에 대해 일반적으로 추측함.)

이렇게 도입해 보세요

(1) 교사: 내일이 미도리 씨의 생일이에요. 우리 모두 같이 파티를 할까요?
학생: 네, 좋아요. 무엇을 준비할까요?
교사: 파티 음식을 준비하면 좋을 것 같아요. 우리 반에서 누가 요리를 잘해요?
학생: 페이페이 씨가 요리를 잘해요.
교사: 그래요? 그럼 내일 페이페이 씨가 요리를 해요. 그러면 좋겠어요. 페이페이 씨가 음식을 **만들어야겠어요**.

(2) 교사: 앤디 씨는 가족이 몇 명이에요?
학생: 제 가족은 모두 6명이에요. 저와 동생, 그리고 부모님과 할머니, 할아버지가 모두 같이 살아요.
교사: 정말요? 가족이 많네요. 그러면 집이 크면 좋겠어요. 집이 **커야겠어요**.

+ (1)과 같이 교사는 어떤 특정 상황(생일 파티)을 제시하여 앞으로 그렇게 해야 할 것이라고 추측하는 행위(파티 음식 준비, 요리 등)를 학생들에게 질문함으로써 '-어야겠-'의 사용을 유도해 볼 수 있다. 요리를 잘하는 사람은 파티 준비를 위해 '음식을 만들어야겠어요.'라고 표현함을 보여준다.

+ (2)에서는 현재의 상황(지금 앤디 씨가 같이 사는 가족의 수)을 질문하고 이를 근거로 하여 어떤 상황이 그러해야 할 것이라고 추측할 수 있는 답변을 유도하여 '-어야겠-'의 의미와 기능을 익히도록 하는 방법을 사용할 수 있다.

-어 오다[-아 오다/-여 오다]

어떤 동작이나 상태가 계속 **변화**하거나 **진행됨을** 나타내는 표현.

-어 오다 (동사나 일부 형용사에 붙어) 어떤 동작이나 행위의 상태가 지금까지 계속 변화하는 것을 나타내거나 진행되고 있음을 나타낼 때 사용한다.

예문

(1) 가: 수지 씨, 아사코 씨와 언제부터 알았어요?
나: 3년 전부터 알았어요.
가: 그때부터 친하게 지냈어요?
나: 아니요, 한 6개월 전부터 친하게 **지내 오고** 있어요.

(2) 가: 선생님, 언제 처음 한국어를 가르치셨어요?
나: 2009년에 처음 한국어를 가르쳤어요.
가: 지금까지 계속 한국어를 가르치셨어요?
나: 네, 그때부터 지금까지 계속 한국어를 **가르쳐 왔어요.**

지금까지 저는 영희 씨의 이상한 행동을 **참아 왔어요.**

서울 지하철 2호선은 1984년부터 **운행되어 왔습니다.**

날이 **밝아 오니** 이제 출발해야겠어요.

어머니는 10년 전부터 집 뒤에서 토마토를 **키워 오고** 계세요.

흐엉 씨가 1년 전부터 편지를 **보내 와서** 저도 가끔 답장을 해 줍니다.

시험 날이 **가까워 오니** 도서관에 사람이 많아요.

페이페이 씨는 오래전부터 계속 한국 요리를 **연습해 왔어요.**

현우 씨가 한 달 전부터 매일 아침 운동을 **해 왔어요.**

회사에 들어가면서 항상 높은 구두를 **신어 왔더니** 발에 이상이 생겼어요.

줄리아 씨는 처음 한국에 왔을 때부터 외국 친구들을 **도와 왔어요.**

작년부터 **지어 온** 집이 아직 완성이 안 되었어요.

저는 환경 문제에 대해 전부터 계속 **생각해 왔습니다.**

+ '-어 오다'는 어떤 행위나 상태가 과거부터 특정 시점까지 변화하거나 진행되고 있음을 나타낸다. 시작되는 시점을 분명하게 제시하지 않더라도 지금까지 또는 말하는 시점까지 지속되어 왔음을 나타내지만, '1984년부터 운행되어 왔습니다.', '10년 전부터 집 뒤에서 토마토를 키워 오고 계세요.', '1년 전부터 계속 편지를 보내 왔어요.'처럼 과거에 동작이나 상태가 시작되는 시점을 명시적으로 설정하는 경우도 많다. '-어 오다'의 진행은 말하는 사람이 생각하는 어떤 시점까지 행위나 상태가 진행되어 왔음을 나타낸다.

형태 정보

① 동사나 일부 형용사 어간 끝음절 모음이 'ㅏ, ㅗ'인 경우 '-아 오다'를 쓴다.

예) 참- + -아 오다 → 참아 오다
밝- + -아 오다 → 밝아 오다
보- + -아 오다 → 봐 오다
뽑- + -아 오다 → 뽑아 오다
아프- + -아 오다 → 아파 오다

② 동사나 일부 형용사 어간 끝음절 모음이 'ㅏ, ㅗ'가 아닌 경우 '-어 오다'를 쓴다.

예) 읽- + -어 오다 → 읽어 오다
쓰- + -어 오다 → 써 오다
시리- + -어 오다 → 시려 오다
키우- + -어 오다 → 키워 오다
사귀- + -어 오다 → 사귀어 오다

③ '-하다'가 붙은 동사 어간에는 '-여 오다'를 쓰는데, 흔히 줄여서 '-해 오다'로 쓴다.

예) 연습하- + 여 오다 → 연습해 오다
생각하- + -여 오다 → 생각해 오다
발전하- + -여 오다 → 발전해 오다
연구하- + -여 오다 → 연구해 오다

①	ㅏ, ㅗ	+ -아 오다	참아 오다, 뽑아 오다, 밝아 오다, 아파 오다, 봐 오다
②	ㅏ, ㅗ 이외	+ -어 오다	읽어 오다, 키워 오다, 써 오다, 사귀어 오다, 시려 오다
③	-하다	+ -여 오다 (-해 오다)	연습해 오다, 발전해 오다, 생각해 오다, 연구해 오다

④ 불규칙

듣- 예) 저는 어렸을 때부터 예쁘다는 말을 많이 **들어 왔어요**.
돕- 예) 줄리아 씨는 고등학교 때부터 어려운 사람들을 **도와 왔어요**.
짓- 예) 앤디 씨는 3년 전부터 집을 조금씩 **지어 왔어요**.

문장 구성 정보

① '계속 -어 왔다', '~부터 -어 왔다'의 구성으로 사용하여 행위나 상태의 변화가 진행되고 있는 시간을 명시적으로 나타낸다.

예) 왕밍 씨는 한국에 처음 왔을 때부터 계속 강아지를 **키워 왔다**.
흐엉 씨는 3년 전부터 남편과 같이 한국에서 **지내 왔다**.
그 공연은 두 달 전부터 계속 매진을 **기록해 왔다**.

② '오다'에 과거 '-었-'과 추측의 '-겠-'이 결합한다.

예) 어젯밤부터 이웃집에서 떠드는 소리를 **참아 왔다**.
저는 인터넷을 통해 세계 여러 친구들과 계속 **사귀어 왔어요**.
이제 조금만 있으면 날이 **밝아 오겠다**.
오늘 시험은 중요한 시험이니까 학생들이 열심히 **공부해 오겠지요**.

제약 정보

① 일부 형용사와 결합하여 어떠한 상황이나 상태가 시작하여 진행되고 있음을 나타낸다.

예) 드디어 기말 시험이 **가까워 오고** 있다.
이삿짐을 쌀 생각을 하니 벌써 머리가 **아파 온다**.
추운 날씨에 밖에서 친구를 기다리니 코가 **시려 온다**.

② 형용사와 결합하지 않는다.

예) 서울에 사는 사람들이 점점 **많아 온다**. (x)
앤디 씨의 키가 작년보다 더 **커 온다**. (x)
어제보다 지영 씨가 더 **바빠 온다**. (x)
내일 줄리아 씨가 한국을 떠나니 기분이 **나빠 온다**. (x)

③ '오다'를 미래 시제로 표현할 수 없다.

예) 쑤완 씨는 한국에 유학 온 후부터 (지금까지) 잘 **지내 왔다**. (o)
쑤완 씨는 한국에 유학 온 후부터 (지금까지) 잘 **지내 올 것이다**. (x)
20년 동안 교육 문제에 대해 꾸준히 **연구해 온** 지영 씨가 정말 자랑스럽다. (o)
20년 동안 교육 문제에 대해 꾸준히 **연구해 올** 지영 씨가 정말 자랑스럽다. (x)

+ '오다'로 표현되는 진행의 의미는 진행되는 행위의 기준 끝점이 '현재'나 '과거'만 가능하다. '오다'의 의미상 말하는 사람의 현재 시점을 넘어설 수 없기 때문이다. 그러므로 '오다'에 미래 시제를 사용할 수 없다.

+ '-을 거예요'와 결합하는 경우는 과거 사실에 대한 추측을 나타내는 '-어 왔을 거예요' 형태로 사용할 수 있다.

예) 지영 씨와 남자 친구는 아마도 3년 전부터 **사귀어 왔을 거예요**.
정확하게 알지는 못 하지만 그 가게는 오랫동안 **영업을 해 왔을 거예요**.

확장

① 일부 동사와 결합하여 말하는 사람(또는 나)에게 어떤 동작을 취하거나, 어떤 행위나 상태가 말하는 사람에게 발생했음을 나타낸다.

예) 왕밍 씨가 다음 주 시험 문제에 대해 나에게 **물어 왔다**.
남자 친구가 어젯밤부터 나에게 계속 전화를 **걸어 왔다**.
유진 씨가 자꾸 나에게 가방을 **맡겨 왔다**.

이렇게 도입해 보세요

(1) 교사: 한국어를 언제부터 배웠어요?
학생1: 저는 1년 전부터 배웠어요.
학생2: 저는 6개월 전부터 배웠어요.
교사: 한국어를 1년 전부터 배웠어요. 그리고 지금도 배우고 있어요. 1년 전부터 **배워 왔어요**. 6개월 전부터 배웠어요. 그리고 지금도 배우고 있어요. 6개월 전부터 **배워 왔어요**.

(2) 교사: 앤디 씨는 누구와 같이 살아요?
학생: 저는 친구와 같이 살아요.
교사: 언제부터 친구와 같이 지냈어요?
학생: 한국에 처음 왔을 때부터 같이 지냈어요.
교사: 한국에 처음 왔을 때부터 지금까지 계속 같이 지냈어요. 한국에 처음 왔을 때부터 지금까지 친구와 같이 **지내 왔어요**.

+ (1), (2)의 '한국어를 배워 왔어요.', '친구와 같이 지내 왔어요.'는 '이전부터 지금까지 꾸준히 지속하고 있는 행위나 상태'를 나타낸다. 그러므로 '-어 오다'를 도입할 때는 학생들에게 어떤 시점에서부터 지금까지 계속하고 있는 일상적인 행위를 유도하여 학생들이 '-어 오다'의 의미를 쉽게 인식하고 사용할 수 있도록 설명하는 것이 좋다.

-어지다[-아지다/-여지다]

1) 어떤 행위가 **발생하게 됨**을 나타내거나
2) 어떤 상태가 **조금씩 변화하는 과정**을 나타내는 표현.

-어지다1) (동사에 붙어) 어떤 행위가 저절로 또는 외부에 의해 일어나게 되거나 이미 그러한 상태가 됨을 나타낸다.

예문

(1) 가: 흐엉 씨, 무슨 일이 있어요?
나: 네, 휴대폰이 고장난 것 같아요.
가: 그래요? 휴대폰이 어떻게 안 되나요?
나: 어제부터 화면이 안 **켜져요**.

(2) 가: 수지 씨, 조심하세요! 옷에 아이스크림이 묻었어요.
나: 앗! 새 옷인데 어떻게 하지요?
가: 얼른 화장실로 가서 지워 보세요.
나: 네, 잠시만요.
가: (화장실에서 돌아온 수지 씨에게) 어때요? 괜찮은가요?
나: 네, 지영 씨 말대로 바로 화장실에 가서 비누로 닦으니 **지워졌어요**.

마이클 씨의 출국 날짜가 **정해졌어요**?

그 사람의 이야기가 영화로 **만들어졌어요**.

고구마가 **구워질** 동안 잠시 쉬고 계세요.

지금 입맛이 없어서 제가 가장 좋아하는 아이스크림도 안 **먹어져요**.

제가 관심이 없는 것은 아무래도 잘 안 **봐져요**.

아기를 보는 어머니의 눈빛에서 사랑이 **느껴져요**.

조카가 걷는 모습을 보니 저절로 미소가 **지어져요**.

폭우로 정전이 되어서 아직도 불이 **켜지지 않습니다**.

저희 회사는 20개의 부서로 **나누어져 있습니다**.

+ '-어지다1)'은 어떠한 동작이나 행위가 그러한 상태로 저절로 또는 외부적 상황에 의해 이루어짐을 나타낸다. '폭우로 정전이 되어서 아직도 불이 켜지지 않습니다.'와 같이 말하는 사람의 의지와 관계없이 외부적 요인으로 인하여 상황이 저절로 됨을 의미한다. '-어지다1)'은 피동을 제시하는 방법 중 하나이다.

형태 정보

① 동사 어간 끝음절 모음이 'ㅏ, ㅗ'인 경우 '-아지다'를 쓴다.

예) 찾- + -아지다 → 찾아지다　　가- + -아지다 → 가지다
놓- + -아지다 → 놓아지다　　보- + -아지다 → 봐지다

② 동사 어간 끝음절 모음이 'ㅏ, ㅗ'가 아닌 경우 '-어지다'를 쓴다.

예) 읽- + -어지다 → 읽어지다　　만들- + -어지다 → 만들어지다
쓰- + -어지다 → 써지다　　믿- + -어지다 → 믿어지다

③ '-하다'가 붙은 동사 어간에는 '-여지다'를 쓰는데, 흔히 줄여서 '-해지다'로 쓴다.

예) 정하- + -여지다 → 정해지다　　더하- + -여지다 → 더해지다
말하- + -여지다 → 말해지다　　전하- + -여지다 → 전해지다

①	ㅏ, ㅗ	+ -아지다	찾아지다, 가지다, 놓아지다, 봐지다
②	ㅏ, ㅗ 이외	+ -어지다	읽어지다, 만들어지다, 써지다, 믿어지다
③	-하다	+ -여지다 (-해지다)	정해지다, 더해지다, 말해지다, 전해지다

④ 불규칙

굽-　예) 고기가 이미 다 **구워졌으니** 빨리 오세요.

낫-　예) 아사코 씨의 감기가 이제 좀 **나아졌어요**.

문장 구성 정보

① '-어 있다'와 결합하여 어떠한 동작이나 행위가 이미 그러한 상태로 되어서 계속 유지되고 있음을 나타낼 때 자주 사용한다.

예) 어제부터 교실에 불이 계속 **켜져 있어요.**
태풍에 의해 나무가 여기저기 **쓰러져 있어요.**
집 앞에 강아지가 **버려져 있어요.**

② 주로 'N+이/가 -어지다'의 구성으로 쓴다.

예) 만년필로 쓰니 글씨가 더 잘 **써져요.** (o)
만년필로 쓰니 글씨를 더 잘 **써져요.** (x)
어머니가 해주신 음식을 먹으니 어머니의 사랑이 **느껴져요.** (o)
어머니가 해주신 음식을 먹으니 어머니의 사랑을 **느껴져요.** (x)

+ 학습자들이 'N+을/를 -어지다'의 구성으로 쓰지 않도록 주의한다.

③ 부정문은 '-어지지 않다', '안 -어지다'의 두 가지 형태를 모두 쓸 수 있다.

예) 제가 대학교에 합격했다니 **믿어지지 않아요./안 믿어져요.**
어제부터 초인종이 **눌러지지 않아요./안 눌러져요.**
동생이 벽에 낙서한 자국이 **지워지지 않아요./안 지워져요.**

④ '-어지다'에 과거 '-었-'과 미래 · 추측의 '-겠-'이 결합한다.

예) 어머니께서 보내주신 편지에서 어머니의 진심이 **느껴졌다.**
그 건물은 오직 나무로만 **만들어졌다.**
줄리아 씨가 3일 동안 밤을 새면서 일을 하니 곧 **쓰러지겠어요.**

확장

① 피동 접미사가 결합하는 동사에는 사용하지 않았으나, 현실적으로는 피동의 의미를 확실하게 보이기 위해 둘 다 사용하는 경우가 많다.

예) 어둠 속에서도 저 멀리서 불빛이 흐릿하게 보였다. (o)
어둠 속에서도 저 멀리서 불빛이 흐릿하게 **보여졌다.** (o)
어머니와 통화하다가 전화가 끊겼어요. (o)
어머니와 통화하다가 전화가 **끊겨졌어요.** (o)
강물이 두 줄기로 나뉘었어요. (o)
강물이 두 줄기로 **나뉘어졌어요.** (o)

유사 문법

① '-어지다1)', '-게 되다'

-어지다1)	-게 되다
· 어떠한 행위가 저절로 또는 외부의 상황에 의해 변화함을 나타낸다. 예) 우리 팀이 두 개로 **나누어졌다**. 우리 팀을 두 개로 **나누게 되었다**.	
· 타동사와 결합하여 자동사로 사용된다. 예) 올해 새로운 상품이 **만들어졌다**. (조사 '이/가'와 결합함.)	· 타동사와의 결합이 자유롭다. 예) 올해 새로운 상품을 **만들게 되었다**. (조사 '을/를'과 결합함.)
· 일부 동사와는 결합이 자유롭지 못하다. 예) 올해부터 부모님과 함께 서울에서 **살아졌다**. (x)	· 결합하는 동사가 비교적 자유롭다. 예) 올해부터 부모님과 함께 서울에서 **살게 되었다**. (o)

+ '-어지다1)'은 '-게 되다'와 같이 피동의 의미로 사용하나, '-어지다1)'은 타동사와 결합하여 자동사로 사용되므로 조사의 사용에 주의해야 한다.

+ 동사와 결합할 경우 '변화의 과정'이 아니라 '변화의 결과'를 나타내기도 한다. 이때 변화한 결과는 '-게 되다'로 사용한다.

이렇게 도입해 보세요

(1) 교사: (잘 써지지 않는 오래된 펜으로 칠판에 글씨를 쓰면서) 여러분, 글씨가 잘 보여요?

학생: 아뇨, 안 보여요.

교사: 네, 잘 안 보여요. 펜이 오래 되어서 글씨를 못 써요. 글씨가 안 **써져요.** (새로운 펜을 보여 주면서) 그래서 선생님이 새 펜을 샀어요. (판서를 하면서) 어때요?

학생: 잘 돼요. 잘 써요.

교사: 네. 새 펜이 잘 돼요. 글씨를 잘 써요. 글씨가 잘 **써져요.**

(2) 교사: 왕밍 씨, 언제 고향에 가요?

학생: 이번 방학에 고향에 갈 거예요. 빨리 방학이 오면 좋겠어요.

교사: 네, 왕밍 씨는 고향에 빨리 가고 싶어요. 그래서 방학을 기다려요. 방학이 **기다려져요.**

+ (1)은 교실에서 흔히 발생하는 상황을 제시하여 '-어지다'가 사용되는 경우를 보여 준다. '펜이 잘 써지는' 상황과 '펜이 잘 안 써지는' 상황을 학생들이 직접 확인할 수 있도록 하여 '-어지다'의 의미와 기능을 인식하도록 하는 방법이다.

+ (2)는 '방학이 기다려져요.'와 같이 말하는 사람의 의지와는 무관하게 저절로 그러한 상태가 됨을 보여줄 수 있는 질문을 유도하여 설명하는 방법이다. 이때 이미 배운 문형인 '방학을 기다려요.'가 '방학이 기다려져요.'의 형태로 바뀌는 것을 명시적으로 보여주면서, 목적어가 주어로 바뀌면서 조사의 사용이 달라지는 것('을 기다려요'에서 '이 기다려져요'로 바뀌는 것)에 주의를 기울인다.

-어지다2) (형용사에 붙어) 시간이 지남에 따라 조금씩 변화하여 어떤 상태가 되어가는 과정을 나타낸다.

예문

(1) 가: 마이클 씨, 벌써 7월이에요. 날씨가 덥지요?
나: 네, 7월인데 날씨가 너무 더워요.
가: 8월에는 한국 날씨가 어때요?
나: 지금보다 더 더워요. 앞으로 점점 **더워질 거예요**.

(2) 가: 저는 요즘 한국 화장품을 쓰고 있어요. 흐엉 씨는 어떤 화장품을 쓰세요?
나: 저도 한국 화장품을 쓰고 있어요.
가: 그렇군요. 한국 화장품이 가격도 싸고 품질도 좋은 것 같아요.
나: 그런데 요즘 한국 화장품 가격이 점점 **비싸지고 있어요**.

연말이 다가오면 점점 **바빠질 거예요**.

흐엉 씨가 온 후로 교실이 **시끄러워졌어요**.

밤새 눈이 와서 온 세상이 **하얘졌어요**.

이 식당이 방송에 나온 이후로 손님이 **많아졌어요**.

한국에서 오래 살다 보니 이제 한국이 더 **좋아졌어요**.

동생이 우유를 많이 마시더니 갑자기 키가 **커졌어요**.

미도리 씨, 주말 동안 청소를 했는데 방이 좀 **깨끗해졌지요**?

어머니께서 아직도 새로 산 휴대폰에 **익숙해지시지 않았어요**.

새 가구가 들어와서 집 분위기가 완전히 **달라졌어요**.

할머니께서 수술을 받으신 후로 정말 **건강해지셨습니다**.

+ '-어지다2)'는 어떤 상태가 시간이 지남에 따라 조금씩 변화됨을 나타낸다. '이 식당이 방송에 나온 이후로 손님이 많아졌어요.'와 같이 과거 시제로 사용될 경우 비교 대상이 되는 이전의 상태보다 손님이 많은 상태로 변화하였음을 제시한다. '연말이 다가오면 점점 바빠질 거예요.'와 같이 앞으로 다가올 미래(연말)의 변화를 추측함을 나타내기도 한다. '-어지다1)'이 동사와 결합하는 데 반해 '-어지다2)'는 형용사와 결합한다.

형태 정보

① 형용사 어간 끝음절 모음이 'ㅏ, ㅗ'인 경우 '-아지다'를 쓴다.

예) 작- + -아지다 → 작아지다　　많- + -아지다 → 많아지다
　 높- + -아지다 → 높아지다　　좋- + -아지다 → 좋아지다

② 형용사 어간 끝음절 모음이 'ㅏ, ㅗ'가 아닌 경우 '-어지다'를 쓴다.

예) 길- + -어지다 → 길어지다　　적- + -어지다 → 적어지다
　 크- + -어지다 → 커지다　　예쁘- + -어지다 → 예뻐지다

③ '-하다'가 붙은 형용사 어간에는 '-여지다'를 쓰는데, 흔히 줄여서 '-해지다'로 쓴다.

예) 착하- + -여지다 → 착해지다　　날씬하- + -여지다 → 날씬해지다
　 편하- + -여지다 → 편해지다　　친절하- + -여지다 → 친절해지다

①	ㅏ, ㅗ	+ -아지다	작아지다, 많아지다, 높아지다, 좋아지다
②	ㅏ, ㅗ 이외	+ -어지다	길어지다, 적어지다, 커지다, 예뻐지다
③	-하다	+ -여지다 (-해지다)	착해지다, 날씬해지다, 편해지다, 친절해지다

④ 불규칙

덥-　　예) 지난달보다 날씨가 **더워졌어요.**

다르-　예) 작년에 가 보니 고향의 풍경이 많이 **달라졌어요.**

파랗-　예) 날씨가 추워서 수지 씨의 입술이 **파래졌어요.**

문장 구성 정보

① '점점, 차츰, 점차, 차차' 등의 부사와 자주 결합한다.

예) 흐엉 씨의 한국어 실력이 점점 **나아지고 있어요.**
새로운 반의 학생들과 차츰 **친해지는 중이에요.**

+ '-어지다'가 시간의 흐름에 따라 변화하고 있음을 명시적으로 보여주는 '점점, 차츰, 점차, 차차' 등의 부사와 같이 사용하는 경우가 많다. 상황이나 상태가 변화되어 가는 과정을 강조하기 위해 '조금씩 변화함'을 나타내는 부사와 호응 관계를 가진다.

② 주로 'N+이/가 -어지다'의 구성으로 쓴다.

예) 겨울이 되니 밤이 점점 **길어져요.** (o)
겨울이 되니 밤을 점점 **길어져요.** (x)
지영 씨는 술을 마시니 얼굴이 **빨개져요.** (o)
지영 씨는 술을 마시니 얼굴을 **빨개져요.** (x)

+ 학습자들이 'N+을/를 -어지다'의 구성으로 쓰지 않도록 주의한다.

③ 부정문은 '-어지지 않다', '안 -어지다'의 두 가지 형태를 모두 쓸 수 있다.

예) 아무리 좋은 음식을 먹어도 운동을 하지 않으면 **건강해지지 않아요./안 건강해져요.**
새로 산 휴대폰을 아무리 써 봐도 **익숙해지지 않아요./안 익숙해져요.**
아무리 연습을 해도 한국어 발음이 **좋아지지 않아요./안 좋아져요.**

④ '-어지다'에 과거 '-었-'과 미래 · 추측의 '-겠-'이 결합한다.

예) 식탁에 꽃병을 놓으니 집 분위기가 **달라졌어요.**
어렸을 때는 작았던 동생이 갑자기 키가 **커졌어요.**
새로 생긴 식당이 음식도 맛있고 값도 싸서 금방 사람이 **많아지겠어요.**
줄리아 씨가 요즘 밤마다 라면을 먹으니 **뚱뚱해지겠어요.**

제약 정보

① 동사와 결합하지 않는다. 동사와 결합할 경우에는 '-어지다1)'의 의미를 갖는다.

예) 지영 씨가 요리를 잘하니까 식사 때가 **기다려진다.** ('-어지다1)'의 의미)
지영 씨가 요리를 잘하니까 남편이 점점 **뚱뚱해진다.** (o)
마이클 씨와 이야기하다 보니 마이클 씨의 관심이 **느껴져요.** ('-어지다1)'의 의미)
마이클 씨와 이야기하다 보니 마이클 씨가 점점 **좋아져요.** (o)

유사 문법

① '-어지다2)', '-게 되다'

<table>
<tr><th>-어지다2)</th><th>-게 되다</th></tr>
<tr><td colspan="2">· 어떠한 상황이나 상태로의 변화를 나타낸다.
예) 시험을 못 봐서 합격이 어려워졌다.
시험을 못 봐서 합격이 어렵게 되었다.</td></tr>
<tr><td>· 변화하는 과정을 더 강조한다.
예) 아버지가 돌아가시면서 집안 사정이 어려워졌어요.</td><td>· 변화한 결과를 더 강조한다.
예) 할아버지가 돌아가시면서 집안 사정이 어렵게 되었어요.</td></tr>
<tr><td>· 형용사와 결합하여 동사로 사용된다.
예) 과일 값이 비싸졌어요. (o)
마음이 따뜻해졌다. (o)
얼굴이 고와졌다. (o)</td><td>· 일부 형용사와의 결합에 제약을 보인다.
예) 과일 값이 비싸게 되었어요. (x)
마음이 따뜻하게 되었다. (x)
얼굴이 곱게 되었다. (x)</td></tr>
</table>

\+ '-어지다2)'는 어떤 상황이나 상태가 조금씩 변화되어 가는 과정에 초점을 두고 말할 때 사용한다. 그러므로 '점점, 차츰'과 같이 모양이 천천히 변화하는 것을 뜻하는 부사와 함께 사용할 수 있다. 반면에 '-게 되다'는 변화하는 과정이 아니라 변화한 결과에 초점을 두었으므로 '결국, 마침내, 드디어'와 같이 상황의 국면이 이미 변화되었음을 의미하는 부사와 함께 사용한다.

이렇게 도입해 보세요

(1) 교사: (머리가 짧은 사진을 보여 주며) 머리가 어때요?
학생: 머리가 짧아요.
교사: 자, 이제 1년이 지났어요. 머리가 어때요?
학생: 머리가 길어요.
교사: 1년 전에 머리가 짧았어요. 지금은 길어요. 머리가 **길어졌어요**.

(2) 교사: 한국에 언제 왔어요?
학생: 6개월 전에 왔어요.
교사: 그때 한국에 친구가 있었어요?
학생: 아니요. 처음에는 한국에 친구가 한 명도 없었어요.
교사: 지금은 어때요? 친구가 몇 명 있어요?
학생: 지금은 친구가 많아요. 50명도 넘는 것 같아요.
교사: 처음에 친구가 없었어요. 지금은 친구가 많아요. 친구가 **많아졌어요**.

+ '-어지다2)'를 도입할 때는 (1)에서 사진으로 제시한 '머리 길이의 변화'와 같이, 변화되는 상태의 전후가 명확하게 구분되어 학생이 그 차이를 쉽게 인식할 수 있도록 한다. 이때 그림 자료나 사진 또는 실물을 이용하여 상태의 변화나 차이를 시각적으로 제시해 주면 해당 문법의 의미와 기능을 이해하는 데 도움이 된다.

+ (2)와 같이 '처음에 친구가 없었는데 시간이 지나면서 친구가 점점 많아진 상황'처럼 시간이 흐름에 따라 상태가 변화하였음을 나타내는 데 '-어지다2)'를 사용함을 인식시키고 연습한다.

에 대하여[에 대해]{에 대해서}{에 대한}

앞의 내용이 뒤의 상황이나 행동의 **대상이 됨**을 나타내는 표현.

에 대하여	(명사에 붙어) 앞의 내용을 대상으로 하여 뒤의 상황이나 행동이 이루어짐을 나타낸다.

예문

(1) 가: 줄리아 씨, 왜 오늘 학교에 안 왔어요?
나: 어젯밤부터 배가 아파서 학교에 못 갔어요.
가: 그래요? 집에서 약을 먹고 푹 쉬세요.
나: 네, 고마워요. 그런데 오늘 숙제가 뭐예요?
가: 오늘 숙제는 한국의 식사 예절**에 대하여** 조사해 오는 것이에요.

(2) 가: 흐엉 씨, 무슨 이야기를 그렇게 재미있게 했어요?
나: 요즘 새로 보는 드라마**에 대한** 이야기를 했어요.
가: 정말요? 혹시 '별에서 온 그대' 아니에요?
나: 맞아요. 김수현이 정말 멋있어요.

(3) 안녕하십니까? 오늘 뉴스는 최근 급속도로 증가하고 있는 청소년의 흡연율 증가**에 대하여** 말씀드리겠습니다.

왕밍 씨가 외국어 교육**에 대하여** 졸업 논문을 쓰고 있어요.

저는 그 문제**에 대하여** 할 말이 없어요.

오늘 회의에서는 환경 오염의 심각성**에 대하여** 토론할 예정입니다.

지난주에 발생한 화재 사건**에 대하여** 자세히 이야기해 주세요.

다음 주에 볼 토픽 시험**에 대해** 이야기하겠습니다.

영수 씨, 어제 태풍**에 대한** 뉴스를 봤어요?

지금부터 현우 씨가 한국의 전통 문화**에 대한** 설명을 해 줄 거예요.

사람들은 평소에 건강**에 대한** 관심이 별로 없는 것 같아요.

사장님께서 회사의 복지**에 대한** 주요 사항들**에 대해** 발표하고 계십니다.

+ '에 대하여'는 앞의 내용을 대상으로 하여 뒤의 상황이나 행동이 이루어짐을 나타낸다. 조사 '에'와 '대상이나 상대로 삼다'의 뜻을 나타내는 동사 '대하다'가 결합하여 만들어진 표현이다. '왕밍 씨가 외국어 교육에 대하여 졸업 논문을 쓰고 있어요.'는 '외국어 교육'을 대상으로 '졸업 논문을 쓰고 있음'을 나타낸다.

+ '에 대하여'는 줄여서 '에 대해'로 사용하기도 하고, '에 대해서'로 사용하기도 한다. 뒤에 오는 명사를 수식하는 구성으로 '에 대한'을 사용하기도 한다.

+ 주로 구어보다는 문어에 많이 사용되고, 구어에 사용될 경우에는 격식적인 상황이나 뉴스 보도와 같이 인과 관계를 분명하게 드러내야 하는 공식적인 상황에서 주로 사용된다.

형태 정보

① 명사 끝음절의 받침 유무에 관계없이 '에 대하여'를 쓴다. '에 대하여'는 줄여서 '에 대해'로 쓴다.

예) 교육 + 에 대하여 → 교육에 대하여
환경 + 에 대하여 → 환경에 대하여
복지 + 에 대하여 → 복지에 대하여
건강 + 에 대하여 → 건강에 대하여
문제 + 에 대하여 → 문제에 대하여
문화 + 에 대하여 → 문화에 대하여

①	받침 ○	+ 에 대하여	교육에 대하여, 건강에 대하여, 환경에 대하여
	받침 ×	+ 에 대하여	문제에 대하여, 복지에 대하여, 문화에 대하여

문장 구성 정보

① 큰 의미 차이 없이 '에 대해서'로 바꾸어 쓸 수 있다.

예) 흐엉 씨, 이 잡지에서 요즘 유행하는 패션**에 대하여/대해서** 찾아 주세요.
지금부터 한국인의 식습관**에 대하여/대해서** 알아보겠습니다.
어제 앤디 씨가 여러 가지 운동**에 대하여/대해서** 잘 설명해 주었어요.

② '에 대한'은 '에 대한 N'의 구성으로 사용한다.

예) 부모님들은 항상 자녀들의 교육**에 대한** 관심이 많다.
사람들이 새로운 스마트폰**에 대한** 흥미가 높다.
환경 오염 문제**에 대한** 토론회가 내일 진행될 예정입니다.

확장

① '에 대하여, 에 대해, 에 대해서'는 큰 의미 차이 없이 '에 관하여', '에 관해', '에 관해서'로 바꾸어 쓸 수 있다.

예) 백화점과 시장의 가격 차이에 **관하여/관해/관해서** 조사해 오세요.
노인 복지 환경에 **관하여/관해/관해서** 문의드립니다.
한국어 문법에 **관하여/관해/관해서** 토론할 예정입니다.

② '에 대한'은 큰 의미 차이 없이 '에 관한'으로 바꾸어 쓸 수 있다.

예) 부모님들은 항상 자녀들의 교육**에 대한/관한** 관심이 많아요.
사람들이 새로운 스마트폰**에 대한/관한** 흥미가 높다.
환경 오염 문제**에 대한/관한** 토론회가 내일 진행될 예정입니다.

유사 문법

① **'에 대하여', '에 대한', '에 관하여', '에 관한'**

에 대하여, 에 대한	에 관하여, 에 관한
· 앞의 내용을 대상으로 하여 뒤의 상황이나 행동이 이루어짐을 나타낸다. 예) 백화점과 시장의 가격 차이**에 대하여** 조사해 오세요. (o) 백화점과 시장의 가격 차이**에 관하여** 조사해 오세요. (o)	
· 행위의 방향성을 나타낼 수 있다. 예) 사람들은 다른 사람**에 대해서는** 엄격하지만 자신**에 대해서는** 너그러운 경향이 있다. (o) 올해부터 한부모 가정**에 대한** 지원을 강화할 예정이다. (o) 부정 행위를 한 학생**에 대하여** 경고 조치를 했다. (o)	· 행위의 방향성을 나타낼 수 없다. 예) 사람들은 다른 사람에 **관해서는** 엄격하지만 자신**에 관해서는** 너그러운 경향이 있다. (x) 올해부터 한부모 가정**에 관한** 지원을 강화할 예정이다. (x) 부정 행위를 한 학생**에 관하여** 경고 조치를 했다. (x)

이렇게 도입해 보세요

(1) 교사: 여러분, 오늘 말하기 시간에는 한국에서 관심 있는 분야를 이야기할 거예요. 어떤 주제로 이야기하고 싶어요?

학생1: 저는 한국 영화를 이야기하고 싶어요.

학생2: 저는 한국 가수를 이야기하고 싶어요.

교사: 미도리 씨는 한국 영화를 이야기하고 싶어요. 한국 영화**에 대하여** 이야기하고 싶어요. 앤디 씨는 한국 가수를 이야기하고 싶어요. 한국 가수**에 대하여** 이야기하고 싶어요. '에 대하여'는 '어떤 것을 대상으로 하여'라는 뜻이에요.

(2) 교사: 왕밍 씨, 어제 뉴스를 봤어요?

학생: 네, 봤어요.

교사: 어제 뉴스에서 기억이 나는 내용이 있어요?

학생: 네, 어제 뉴스에 인천 아시안 게임이 나왔어요. 여러 선수들이 나와서 이야기했어요.

교사: 어제 뉴스에 인천 아시안 게임이 나왔어요. 여러 선수들이 나와서 인천 아시안 게임**에 대해서** 이야기했어요. 어제 뉴스에 인천 아시안 게임**에 대한** 기사가 나왔어요. '에 대하여'는 어떤 것을 대상으로 하여 뒤의 행위를 한다는 뜻이에요. '에 대한'은 어떤 것을 대상으로 한 무엇을 표현할 때 써요. 뒤에 꼭 꾸밈을 받는 명사가 와야 해요.

+ '에 대하여'를 도입할 때는 대상이나 상대로 삼는 내용을 유도할 수 있는 질문을 하는 것이 좋다. (1)에서와 같이 학생이 이야기하고 싶은 주제를 생각하는 상황을 설정하여 '에 대하여'의 의미를 유도할 수 있다. '한국 영화에 대하여 이야기하고 싶어요.'에서 '이야기하고 싶은 대상'이 '한국 영화'임을 추측할 수 있다. (2)에서도 이야기한 주제를 떠올릴 수 있도록 유도하여, '인천 아시안 게임'을 대상으로 할 때 '에 대하여'를 사용하여 말할 수 있다.

+ '에 대하여'를 이해시키고 난 후 '에 대한' 역시 같은 의미로 사용되나 구성이 달리 사용됨을 설명하면 쉽게 표현을 확장할 수 있다.

에 따라{에 따라서}{에 따른}

어떤 상황이나 사실, **기준**에 **의거함**을 나타내는 표현.

에 따라	(명사에 붙어) 어떤 상황이나 사실, 기준에 의거하여 어떤 행위를 함을 나타낼 때 사용한다.

예문

(1) 가: 왜 경영학을 전공하기로 했어요?
나: 아버지의 뜻**에 따라** 결정했어요.
가: 왕밍 씨의 생각이 더 중요하지 않나요?
나: 아직 제가 잘 몰라서 아버지 말씀을 듣기로 했어요.

(2) 가: 도둑이 잡혔다면서요?
나: 네, 곧 법**에 따라** 처벌을 받을 거래요.

(3) 가: 어떻게 하면 방학을 잘 보낼 수 있을까요?
나: 먼저 계획표를 만들고 그것**에 따라** 생활해 보세요.
가: 알겠습니다. 오늘 당장 방학 계획부터 세워야겠어요.

(4) 가: 요즘 물가가 너무 올라서 걱정이에요.
나: 네, 물가가 오름**에 따라** 서민 경제가 점점 어려워지고 있어요.

대통령은 법과 원칙**에 따라** 국가를 운영할 것을 다짐했다.

서울은 지역**에 따라** 집값의 차이가 크다.

직업은 각자의 적성**에 따라** 신중하게 고르는 것이 좋습니다.

식당 운영의 성공과 실패는 음식의 맛과 서비스**에 따라** 결정된다.

일기예보**에 따라** 여행 일정을 조정할 계획이에요.

같은 재료로 만든 음식이라도 요리사의 솜씨**에 따라** 맛이 달라져요.

언니는 그날그날 기분**에 따라** 행동하는 것이 많이 다르다.

운전 습관**에 따라** 자동차의 연비가 달라진다고 한다.

나이가 들면서 계절**에 따른** 자연의 변화에 관심을 갖게 되었다.

교통 신호를 위반한 형은 교통 법규**에 따른** 벌로 벌금을 내었다.

+ '에 따라'는 기댈 만하거나 기준이 될 만한 명사와 결합하여 그것이 기준이 됨을 표현한다. 왕밍이 자신의 전공을 선택하는 데 아버지의 뜻이 기준이 되었고, 도둑을 처벌하는 데 법이 기준이 됨을 나타내고 있다. 서울의 집값의 차이를 결정하는 기준이 '지역'이므로 '지역'에 '에 따라'를 붙이고, 직업을 고르는 데 중요한 기준이 '적성'이므로 '적성'에 '에 따라'를 붙여서 사용함을 보여 준다. 이와 같이 '에 따라'는 명사와 결합하여 뒤에 오는 내용을 설명하는 기준이나 기댈 수 있는 상황에 의거함을 표현하는 데 사용한다.

+ '에 따라'는 '에 따라서'로 사용하기도 하고, 뒤에 오는 명사를 수식하는 구성으로 '에 따른'을 사용하기도 한다.

형태 정보

① 명사 끝음절의 받침 유무에 관계없이 '에 따라'를 쓴다.

예) 규칙 + 에 따라 → 규칙에 따라　　나이 + 에 따라 → 나이에 따라
사람 + 에 따라 → 사람에 따라　　지위 + 에 따라 → 지위에 따라
법 + 에 따라 → 법에 따라　　업무 + 에 따라 → 업무에 따라

①	받침 ○	+ 에 따라	규칙에 따라, 사람에 따라, 법에 따라
	받침 ×	+ 에 따라	나이에 따라, 지위에 따라, 업무에 따라

문장 구성 정보

① 큰 의미 차이 없이 '에 따라서'로 바꾸어 쓸 수 있다.

예) 줄을 선 **순서에 따라/따라서** 입장하세요.
성적에 따라/따라서 대학 합격 여부가 결정됩니다.
일기예보에 따라/따라서 여행 일정을 조정하겠습니다.

② '에 따른'은 '에 따른 N'의 구성으로 사용한다.

예) 가족들은 고인의 뜻에 따라 불교 의식**에 따른** 장례식을 거행했다.
피부 타입**에 따른** 화장품 선택으로 피부를 잘 가꾸어 주어야 한다.
환경부는 환경 오염**에 따른** 환경 정책을 5년에 한 번씩 수립한다.

확장

① 동사나 형용사가 앞에 올 때는 의문사와 함께 'V-(느)냐에 따라(서)', 'A-(으)냐에 따라(서)'의 형태로 사용한다.

예) 언제 **예약하느냐에 따라** 요금이 달라져요.
유학을 **어디로 가느냐에 따라** 준비할 시험이 결정됩니다.
일이 얼마나 **많으냐에 따라** 근무 시간이 달라집니다.

유사 문법

① **'에 따라', '에 의하여'**

에 따라	에 의하여
· 앞의 내용이 뒤 절의 기준이 되거나 제한함을 나타낸다. 예) 그 사기꾼은 **법에 따라** 처벌될 것입니다. 그 사기꾼은 **법에 의하여** 처벌될 것입니다.	
· 어떤 사람이나 행위가 뒤 절의 주체가 되거나 수단 또는 방법이 될 경우에 사용할 수 없다. 예) 철수**에 따라** 모든 문제가 해결되었다. (x) 그는 투표**에 따라** 반장으로 뽑혔다. (x)	· 어떤 사람이나 행위가 뒤 절의 주체가 되거나 수단 또는 방법이 됨을 나타낸다. 예) 철수**에 의하여** 모든 문제가 해결되었다. (o) 그는 투표**에 의하여** 반장으로 뽑혔다. (o)
· '에 따라'의 뒤 절은 피동의 형태로만 사용되는 것은 아니다. 예) 장군의 결정**에 따라** 전쟁의 방향이 결정되었다. 시험 결과**에 따라** 유학 여부를 결정하겠다.	· '에 의하여'의 뒤 절은 주로 피동의 형태가 사용된다. 예) 장군의 결정**에 의하여** 전쟁의 방향이 결정되었다. 시험 결과**에 의하여** 유학 여부가 결정된다.

이렇게 도입해 보세요

(1) 교사: 여러분, 피자 좋아해요?
학생: 네. 아주 좋아해요.
교사: 피자 가격이 어때요?
학생1: 비싸요.
학생2: 싸요.
교사: 어떤 것은 비싸요. 어떤 것은 싸요. 무엇 때문에 가격이 달라요?
학생: 큰 것은 비싸요.
교사: 네. 큰 것은 비싸요. 작은 것은 싸요. 크기가 다르면 가격이 달라요. **크기에 따라** 가격이 달라요. 종류가 다르면 가격이 달라요. **종류에 따라** 가격이 달라요.

(2) 교사: 화장실에 사람이 많습니다. 줄을 서지 않고 앞으로 가도 돼요?
학생: 아니요. 안 돼요.
교사: 그럼 어떻게 해야 해요?
학생: 줄을 서야 해요.
교사: 네, 줄을 서서 순서대로 들어가야 해요. **순서에 따라** 화장실을 사용해야 합니다. 먼저 와서 줄을 섰어요. 먼저 사용해요. 나중에 와서 줄을 섰어요. 나중에 사용해요. **순서에 따라** 화장실에 들어갈 수 있어요.

+ (1)은 학생들이 잘 알고 있는 기준을 예를 들어 '에 따라'의 의미를 인식할 수 있도록 한 예이다. 학생들이 자주 먹는 음식의 가격이 다른 이유를 말하도록 유도하여 그것이 기준이 되면 '-에 따라'를 붙여서 사용할 수 있음을 보여 준다. 음식의 종류를 다양하게 제시하여 연습시키는 것도 좋다.

+ (2)는 화장실을 사용할 때 줄을 서서 순서대로 사용해야 하는 상황을 제시하고 이때 기준이 되는 '순서'에 '-에 따라'를 붙여서 사용함을 알려 준다. 이 외에도 사회나 학교에서 지켜야 할 일들이 무엇인지 말하게 하고 '법에 따라', '선생님 말씀에 따라', '규칙에 따라' 등으로 확장하여 연습시킬 수 있다.

에 비하여[에 비해]{에 비해서}{에 비하면}

비교의 대상 또는 기준을 나타내는 표현.

에 비하여 (명사에 붙어) 앞의 명사가 비교의 대상 또는 기준이 되어 뒤 내용과 같은 평가가 있음을 나타낼 때 사용한다.

예문

(1) 가: 미도리 씨, 시험 잘 봤어요?
나: 아뇨, 잘 못 봤어요.
가: 무슨 과목이 어려웠어요?
나: 다른 **과목에 비하여** 쓰기가 어려웠어요.

(2) 가: 흐엉 씨, **나이에 비하여** 아주 젊어 보이는데 특별한 비결이라도 있어요?
나: 아뇨, 특별한 것은 없어요. 그냥 평소에 물을 많이 마셔요. 그리고 일주일에 세 번 정도 운동을 해요.
가: 그렇군요. 그게 바로 비결이네요.

(3) 가: 마이클 씨, 한국의 여름 날씨가 어때요?
나: 더워요.
가: 마이클 씨 고향은 여름에 덥지 않아요?
나: 제 고향은 **한국에 비하여** 여름이 덥지 않아요.

노력에 비하여 성과가 적다.

그 물건은 **값에 비하여** 품질이 좋다.

그 사람은 **아는 것에 비하여** 표현을 잘 못해요.

유학생들은 대부분 말하기 **실력에 비하여** 쓰기 실력이 부족합니다.

미도리 씨는 많이 **먹는 것에 비하여** 살이 찌지 않네요.

그는 **나이에 비하여** 조숙한 편이에요.

햄버거에 비하여 샌드위치는 칼로리가 낮은 편이에요.

우리 회사는 **다른 회사에 비해** 월급이 많은 편이에요.

시골은 **도시에 비해** 공기가 좋아요.

우리 할아버지는 **연세에 비하면** 젊어 보이세요.

+ '에 비하여'는 명사에 붙어 그 명사가 기준이나 비교 대상이 되어 뒤 절의 내용이 어떠함을 나타낼 때 사용한다. '다른 과목에 비하여 쓰기가 어렵다.'는 앞에 나온 다른 과목이 비교 대상이 되어 쓰기가 어려움을 나타내고 '나이에 비하여 어려 보인다.'는 나이가 기준이 될 때 어려 보임을 표현한다. 이와 마찬가지로 '노력에 비하여/값에 비하여/다른 회사에 비하여' 등에서도 '노력/값/다른 회사'가 기준이 되어 뒤 절에 비교하거나 평가하는 내용이 나온다.

+ '에 비하여'는 줄여서 '에 비해'로 사용하기도 하고, '에 비해서'로 사용하기도 한다. '에 비하면'도 큰 의미 차이 없이 '에 비하여' 대신에 사용할 수 있다.

형태 정보

① 명사 끝음절의 받침 유무에 관계없이 '에 비하여'를 쓴다. '에 비하여'는 줄여서 '에 비해'로 쓴다.

예) 노력 + 에 비하여 → 노력에 비하여
시간 + 에 비하여 → 시간에 비하여
한국 + 에 비하여 → 한국에 비하여
가격 + 에 비하여 → 가격에 비하여
외모 + 에 비하여 → 외모에 비하여
인기 + 에 비하여 → 인기에 비하여
나이 + 에 비하여 → 나이에 비하여
솜씨 + 에 비하여 → 솜씨에 비하여

①	받침 ○	+ 에 비하여	노력에 비하여, 시간에 비하여, 한국에 비하여, 가격에 비하여
	받침 ×	+ 에 비하여	외모에 비하여, 인기에 비하여, 나이에 비하여, 솜씨에 비하여

문장 구성 정보

① '에 비하여'는 비교의 의미를 강조하기 위해 '더', '덜', '훨씬', '훨씬 더'와 같은 부사가 자주 함께 사용된다.

예) 이번 시험은 **공부한 것에 비하여** 성적이 더 잘 나왔다.
우리 할머니는 **연세에 비하여** 훨씬 건강한 편이세요.
저녁은 **점심에 비하여** 덜 먹는 것이 건강에 좋다.

② '에 비하여'의 뒤 절은 현재, 과거, 미래 시제가 모두 가능하다.

예) 올여름은 작년 **여름에 비하여** 더 더워요.
지난 학기에는 **이번 학기에 비하여** 성적이 좋지 않았어요.
내년에는 **올해에 비하여** 책을 더 많이 읽을 거예요.

③ 큰 의미 차이 없이 '에 비하면', '에 비해서', '에 비해'로 바꾸어 쓸 수 있다.

예) 그는 **나이에 비하면/비해서/비해** 어려 보인다.
제 **고향에 비해서/비하면/비해** 한국의 겨울이 더 추워요.
이 식당은 **가격에 비해서/비하면/비해** 별로 맛이 없네요.

유사 문법

① '에 비하여', '보다'

<table>
<tr><th>에 비하여</th><th>보다</th></tr>
<tr><td colspan="2">· 둘을 비교하여 기술할 때 사용한다.
예) 철수가 영희에 비하여 키가 크다.
철수가 영희보다 키가 크다.</td></tr>
<tr><td>· 비교 대상뿐만 아니라 비교 기준을 나타내기도 한다.
예) 미도리 씨는 먹는 것에 비하여 살이 찌지 않아요.
철수는 뚱뚱한 몸집에 비하여 날렵한 편이다.
이 컴퓨터는 성능에 비해 비싼 편은 아니다.</td><td>· 비교 대상일 경우만 쓰인다.
예) 미도리 씨는 먹는 것보다 살이 찌지 않아요. (x)
철수는 뚱뚱한 몸집보다 날렵한 편이다. (x)
이 컴퓨터는 성능보다 비싼 편은 아니다. (x)</td></tr>
</table>

+ '먹는 것, 몸집, 성능' 등을 비교 기준으로 뒤의 내용을 기술할 때 사용하는 '에 비하여' 대신 '보다'를 사용하면 어색하다. 이는 '보다'가 비교 대상 뒤에만 사용되기 때문이다.

이렇게 도입해 보세요

(1) 교사: (키가 각각 다른 세 사람의 사진이나 크기가 다른 사물을 보여 주며) 흐엉 씨와 미도리 씨 중에 누가 키가 더 커요?

학생: 흐엉 씨가 더 커요.

교사: 그럼 흐엉 씨와 왕명 씨 중에 누가 더 커요?

학생: 왕명 씨요.

교사: 흐엉 씨는 **미도리 씨에 비하여** 키가 커요. 흐엉 씨는 **왕명 씨에 비하여** 키가 작아요.

(2) 교사: 소피아 씨, 영어를 잘해요?

학생: 네, 조금 해요.

교사: 와! 그럼 소피아 씨는 한국어도 잘하고 영어도 잘해요?

학생: 아니에요. 영어는 한국어만큼 잘하지 못해요.

교사: 소피아 씨는 영어를 잘해요. 하지만 한국어를 더 잘해요. 소피아 씨는 **영어에 비하여** 한국어를 더 잘해요.

+ (1)에서는 세 학생을 비교하여 '에 비하여'의 앞에 오는 명사가 비교의 대상이 됨을 보여 준다. '미도리 씨'를 기준으로 하면 흐엉 씨의 키가 크고 '왕명 씨'를 기준으로 하면 흐엉 씨의 키가 작다고 표현하게 되는 것을 통해 '에 비하여'는 절대적인 사실에 대해 기술하는 것이 아니라 비교의 기준에 따라 다르게 나타남을 표현할 때 사용함을 보여 준다.

+ (2)는 한 대상의 세부적인 특성들을 비교하는 상황을 제시하여 '에 비하여'를 사용하도록 유도하는 예이다. 영어와 한국어를 모두 구사할 수 있지만 두 언어를 비교할 때 '에 비하여' 앞에 오는 비교 대상보다 잘하거나 못하는 상황을 제시하였다. 이 외에도 우리 반에서 나이에 비해서 어려 보이는 친구 찾기, 먹는 것에 비해서 날씬한 친구 찾기 등을 통해 '에 비하여'의 의미를 인식하고 실제 사용에 적용시킬 수 있다.

에 의하면

어떤 **상황**이나 **사실**, **기준**에 **근거함**을 나타내는 표현.

에 의하면 (명사에 붙어) 어떤 상황이나 사실, 기준을 근거로 정보의 출처를 밝히거나 인용할 때 사용한다.

예문

(1) 가: 아침 먹었어요?
나: 아니요. 요즘 다이어트를 해서 아침을 안 먹어요.
가: 어제 본 뉴스**에 의하면** 아침을 먹는 것이 다이어트에 더 도움이 된다고 해요.
나: 정말요? 그럼 내일부터는 아침을 꼭 먹어야겠네요.

(2) 가: 어쩌다가 팔을 다치셨어요?
나: 계단을 내려가다가 넘어졌어요.
가: 깁스를 오래 해야 해요?
나: 의사 선생님 말씀**에 의하면** 2주 정도 깁스를 해야 한대요.

(3) 가: 이번 주말 날씨가 어떨까요?
나: 일기예보**에 의하면** 주말 내내 비가 온대요.
가: 주말에 등산 가려고 했는데 못 가겠네요.

할머니 말씀**에 의하면** 제가 아버지의 어릴 때 모습과 많이 닮았다고 해요.

선배들 말**에 의하면** 그 시험이 아주 어렵대요.

어제 토픽 시험을 본 친구의 소식**에 의하면** 읽기 시험이 쉬운 편이었대요.

일기예보**에 의하면** 올 여름은 무척 덥다고 해요.

뉴스**에 의하면** 내년부터 집값이 오를 거라고 해요.

많은 연구 결과**에 의하면** 비만이 여러 가지 질병의 원인이 된다고 합니다.

이번 여론 조사**에 의하면** 시민들의 절반 이상이 현 정부를 지지하고 있었다.

오늘의 성공은 철저한 준비**에 의한** 결과입니다.

+ '에 의하면'은 기댈 만하거나 기준이 될 만한 명사와 결합하여 그것을 근거로 함을 표현할 때 사용한다. 이때 앞에 오는 명사는 사람뿐만 아니라 '뉴스나 이론, 실험 결과' 등 근거가 될 수 있는 것은 모두 가능하다. 뒤 절에는 인용하는 내용이 오고 문장의 끝은 주로 간접 화법의 형태가 많이 사용된다. 아침을 먹는 것이 다이어트에 도움이 된다는 내용은 뉴스를 근거로 한 것이고, 2주 정도 깁스를 해야 한다는 것은 의사 선생님의 진단에 기댄 것이다. 할머니 말씀, 일기예보, 선배의 말, 뉴스, 연구 결과 등이 출처가 되어 그것을 인용하여 근거로 삼고 있다.

+ '에 의한, 에 의하여' 형태도 사용되는데, 이 형태는 '에 의하면' 대신에 쓸 수 없다.

형태 정보

① 명사 끝음절의 받침 유무에 관계없이 '에 의하면'을 쓴다.

예) 선생님 + 에 의하면 → 선생님에 의하면
소문 + 에 의하면 → 소문에 의하면
뉴스 + 에 의하면 → 뉴스에 의하면
신문 + 에 의하면 → 신문에 의하면
전문가 + 에 의하면 → 전문가에 의하면
기자 + 에 의하면 → 기자에 의하면

①	받침 ○	+ 에 의하면	선생님에 의하면, 신문에 의하면, 소문에 의하면
	받침 ×	+ 에 의하면	전문가에 의하면, 뉴스에 의하면, 기자에 의하면

문장 구성 정보

① 주로 간접 화법과 함께 나타난다.

예) 전문가의 의견**에 의하면** 이번 태풍이 부산을 지나간다고 해요.
의사 선생님의 말씀**에 의하면** 건강을 위해서 반드시 금연을 해야 한대요.
목격자**에 의하면** 범인이 운동장 쪽으로 도망갔대요.

+ '에 의하면'은 기댈 수 있는 근거임을 나타낼 때 사용하는 표현이다. 그러므로 말하는 사람의 주관적인 의견이 아니라 의지할 만한 사실이나 정보를 인용하여 '-대요'나 '-래요'와 같은 간접 화법과 결합된다.

제약 정보

① 뒤 절에 명령문이나 청유문이 올 수 없다.

예) 전문가**에 의하면** 아침을 꼭 먹어라. (x)
과 대표**에 의하면** 다음 주 주말에 엠티를 가자. (x)

+ 명령이나 청유의 근거가 말하는 사람에게서 나온 것이 아니므로 당위를 나타내는 표현 '아침을 꼭 먹어야 한다'는 올 수 있지만 직접적인 명령이나 청유의 형태는 올 수 없다.

확장

① 큰 의미 차이 없이 '에 따르면'으로 바꾸어 쓸 수 있다.

예) 선생님 말씀**에 의하면/따르면** 성실한 학생이 꿈을 이룹니다.
전문가의 의견**에 의하면/따르면** 꾸준히 운동해야 건강을 지킬 수 있다고 합니다.
보도 자료**에 의하면/따르면** 올여름 5만 명이 해외로 휴가를 떠났다고 합니다.

유사 문법

① '에 의하면', '에 의하여'

에 의하면	에 의하여
· 기댈 만하거나 기준이 될 만한 것을 근거로 함을 나타낸다. 예) 일기예보**에 의하면** 올 겨울에는 눈이 많이 내릴 거라고 합니다. 선행 연구**에 의하면** 이 실험 결과는 일반화될 수 없다고 한다.	· 뒤에 오는 상황이 이루어지게 되는 방법이나 수단, 상황이나 기준임을 나타낸다. 예) 아버지의 결정**에 의하여** 우리 가족은 미국으로 이민을 가게 되었다. 의사 선생님의 판단**에 의하여** 수술이 확정되었다.

이렇게 도입해 보세요

(1) 교사: 미도리 씨, 고향의 날씨는 어때요?

미도리: 제 고향은 비가 많이 와요.

교사: 여러분, 미도리 씨의 고향 날씨는 어때요?

학생: 비가 많이 와요.

교사: 네. 비가 많이 와요. 어떻게 알았어요?

학생: 미도리 씨가 말했어요.

교사: 네. 미도리 씨가 말했어요. 미도리 씨 고향에는 비가 많이 와요. **미도리 씨에 의하면** 미도리 씨 고향에 비가 많이 와요.

(2) 교사: 왕밍 씨, 어제 저녁에 뉴스를 봤어요?

학생: 네, 봤어요.

교사: 기억나는 기사가 있어요?

학생: 일기예보에서 이번 주말부터 태풍이 시작된다고 했어요.

교사: 일기예보에서 말했어요. 이번 주말부터 태풍이 시작될 거예요. **일기예보에 의하면** 이번 주말부터 태풍이 시작될 거라고 했어요.

+ '에 의하면'은 어떤 사실이나 상황을 어떻게 알게 되었는지, 왜 그렇게 생각하게 되었는지에 대한 이유를 물어 봄으로써 '에 의하면'의 사용 상황을 유도해 낼 수 있다. 주의할 점은 어떤 사실을 알게 된 경로나 생각의 근거가 충분히 기댈 만할 때 사용할 수 있다는 것이다. 예를 들어 '어떤 지역에 비가 많이 온다'는 것은 그곳이 고향인 사람이 경험한 사실이므로 충분히 기댈 수 있는 근거가 된다. 그리고 태풍이 오는 사실 또한 일기예보를 통해 알았고 믿을 만한 사실이기 때문에 '일기예보에 의하면'이라는 표현을 사용할 수 있음을 인식하도록 지도한다.

-으라니[-라니]

다른 사람에게서 명령 또는 요청 받은 것을 1) **상대방에게 묻거나 확인함**, 2) **판단의 근거로 삼음**을 나타내는 표현.

-으라니1) (동사, '이다, 아니다'에 붙어) 다른 사람에게 들었을 것이라고 여기는 명령이나 요청의 내용을 상대에게 확인하거나 물어볼 때 사용한다.

예문

(1) 가: 내일은 늦잠을 자도 되겠다.
나: 왜? 무슨 일이 있어?
가: 너 못 들었어? 내일 오전에 학교에 행사가 있어서 오후에 오래.
나: 정말? 그럼 오후에 몇 시까지 학교에 **오라니**?

(2) 가: 너 요즘 살이 좀 빠진 것 같아.
나: 어, 운동으로 5킬로그램이나 뺐어.
가: 근데 왜 살을 뺀 거야? 혹시 남자 친구가 살을 **빼라니**?
나: 그게 아니라 남자 친구랑 헤어져서 살을 빼려고 결심했어.

의사 선생님이 이 약을 다 **먹으라니**?
사회자가 자리에 언제 **앉으라니**?
내일은 쉬는 날이 **아니라니**?
오늘은 집에 몇 시에 **가라니**?
언제까지 등록금을 **내라니**?
엄마가 너도 일찍 **자라니**?
선생님께서 너도 왕밍이 청소하는 걸 **도우라니**?
언제부터 **방학이라니**?
이 옷이 맘에 안 든대? 바꿔 **오라니**?
숙제 끝나면 텔레비전을 **보라니**?

+ '-으라니1)'은 '동사, 이다, 아니다' 뒤에 붙어 다른 사람에게 들었을 것이라고 여기는 명령이나 요청의 내용을 상대에게 확인하거나 물어볼 때 사용한다. '-으라고 하니'가 줄어든 말이다. '의사 선생님이 이 약을 다 먹으라니?'는 의사 선생님이 이 약을 먹으라고 말했는지를 상대방에게 확인하기 위해 묻고 있는 것이다. '엄마가 너도 일찍 자라니?'는 엄마가 일찍 자라고 말했는지를 역시 상대방, 청자에게 확인하기 위해 물어보는 것이다. 이와 같이 '-으라니1)'은 말하는 사람이 직접 들은 내용이 아니라 청자(상대)가 들었다고 생각하는 것을 청자(상대)에게 확인하거나 알기 위해 물어볼 때 사용하는 표현으로, 문장의 끝에 사용된다.

형태 정보

① 동사 어간 끝음절에 받침이 있으면 '-으라니'를 쓴다.

예) 먹- + -으라니 → 먹으라니 / 읽- + -으라니 → 읽으라니
잡- + -으라니 → 잡으라니 / 받- + -으라니 → 받으라니
놓- + -으라니 → 놓으라니 / 찾- + -으라니 → 찾으라니

② 동사 어간 끝음절에 받침이 없거나 'ㄹ' 받침으로 끝나면 '-라니'를 쓴다. 단, 'ㄹ' 받침으로 끝날 때는 '-라니'와 결합한다.

예) 가- + -라니 → 가라니 / 주- + -라니 → 주라니
자- + -라니 → 자라니 / 오- + -라니 → 오라니
살- + -라니 → 살라니 / 만들- + -라니 → 만들라니

①	받침 ○	+ -으라니	먹으라니, 읽으라니, 잡으라니, 받으라니, 놓으라니, 찾으라니
②	받침 ×	+ -라니	가라니, 주라니, 자라니, 오라니
	ㄹ 받침	+ -라니	살라니, 만들라니

③ 불규칙

듣- 예) 선생님께서 매일 라디오를 **들으라니**?
눕- 예) 피곤하다고 하니까 좀 **누우라니**?
붓- 예) 여기에 물을 **부으라니**?

문장 구성 정보

① 부정문은 '-지 말라니'로 쓴다.

예) 의사 선생님이 저녁을 **먹지 말라니**?
이 책상을 여기에 **놓지 말라니**?
여자 친구가 술을 **마시지 말라니**?
추우니까 밖에 **나가지 말라니**?

제약 정보

① 형용사와 결합하지 않는다.

예) 이 옷을 입고 **따뜻하라니**? (x)
찌개가 **맛있으라니**? (x)
드라마가 **슬프라니**? (x)
기분이 **우울하라니**? (x)

+ '-으라니'는 '-으라고 하니'가 줄어든 말로 명령한 내용을 전달할 때 사용한다. 따라서 형용사와는 결합할 수 없다.

② 과거 '-었-', 미래 · 추측의 '-겠-'과 결합하지 않는다.

예) 이 일을 **마쳤으라니**? (x)
어제까지 청소를 **했으라니**? (x)
5시까지 **기다리겠으라니**? (x)
열심히 **공부하겠으라니**? (x)

이렇게 도입해 보세요

(1) (학생들에게 대화문을 주거나 칠판에 적어 놓고 역할을 나누어 읽게 한다.)

학생1: 줄리아, 요즘 예뻐졌어. 옷도 예쁘게 입고, 화장도 하고…. 혹시 남자 친구가 생겼어?

학생2: 응, 남자 친구가 생겼어.

학생1: 축하해. 그런데 혹시 남자 친구가 치마만 입으라고 해? 요즘 치마만 입는 것 같아.

학생2: 응, 남자 친구가 치마 입은 게 예쁘다고 치마만 입으라고 해.

학생1: 정말 치마만 **입으라니**? 다른 건 안 되고 치마만?

교사: 여러분, '남자 친구가 치마를 입으라고 해?'를 '치마를 **입으라니**?'로 바꿔 말할 수 있어요. '-으라니'는 다른 사람이 한 말을 확인하려고 물어볼 때 써요.

(2) (학생들에게 대화문을 주거나 칠판에 적어 놓고 역할을 나누어 읽게 한다.)

학생1: 왕밍, 어제 동아리 모임 못 갔는데 별일 없었어?

학생2: 응. 이번 주말에 동아리 엠티 갈 계획이래. 회장이 미리 숙소 예약하래.

학생1: 엠티? 방을 몇 개나 예약하라고 하니?

교사: 여러분, '방을 몇 개나 예약하라고 하니?'라는 말은 '방을 몇 개나 **예약하라니**?'로 바꿔 말할 수 있어요.

+ '-으라니1)'은 반말(해라체)이므로 교사가 암시적으로 상황을 제시하기에는 어려움이 있다. 따라서 명시적으로 상황을 제시하여 그 뜻을 파악하도록 하는 것이 좋다.

-으라니2) (동사, '이다, 아니다'에 붙어) 다른 사람에게 명령 또는 요청 받은 것을 근거로 삼아 뒤의 내용을 이어서 말할 때 사용한다.

예문

(1) 가: 수지 씨, 왜 이렇게 힘이 없어요?
나: 어제 텔레비전을 늦게까지 보느라 잠을 못 잤어요.
가: 몇 시까지 봤는데요?
나: 새벽 3시까지 봤어요.
가: 다음 주부터 시험인데 그러다가는 시험도 망치겠어요. 오늘부터 텔레비전은 절대로 보지 말고 책만 보세요.
나: 텔레비전은 보지 말고 책만 **보라니** 듣기만 해도 끔찍해요.

(2) 가: 줄리아, 뭐 하고 있었어요?
나: 뭘 좀 쓰고 있었어요.
가: 뭔데요? 숨기지 말고 좀 보여 줘요.
나: 사실 소설을 쓰려고 연습 중이에요.
가: 줄리아 씨가 소설을 쓰다니. 한번 보고 싶은데요? 좀 보여 주세요.
나: 아직 연습 중인데 보여 **달라니** 보여 주는데 흉보지는 마세요.

선물을 **받으라니** 받았는데 괜히 받은 것 같다. 이 책을 다 **외우라니** 말도 안 돼.
시험을 보려면 이 책을 다 **읽으라니** 힘들어도 다 읽는 게 좋겠어요.
잠이 안 와도 침대에 **누우라니** 누워 있어 봐야겠다.
그런 사람이 **선생님이라니** 믿을 수가 없다.
오늘이 쉬는 날이 **아니라니** 너무 실망이야.
이곳에서 **기다리라니** 기다리고 있을게.
할아버지께서 밥을 남기지 말고 다 **먹으라니** 먹을 수밖에 없었다.
설명도 안 해주고 무조건 **따라오라니** 따라가긴 하는데 도대체 어디를 가는 거야?
엄마가 일찍 **자라니** 일찍 자려고요.

+ '-으라니2)'는 다른 사람에게 들은 명령이나 요청의 내용을 판단의 근거로 삼아 뒤의 내용을 이어서 말할 때 사용한다. '선물을 받으라니 받았는데~'는 선물을 주는 사람이 받으라고 한 것에 근거하여

받았다는 뜻으로 받은 것의 근거가 받으라고 한 것에 있음을 뜻한다. '이 책을 다 외우라니 말도 안 돼.'는 어떤 사람이 책을 다 외우라고 말한 것에 대해 말도 안 된다는 판단을 내리고 있다. 이처럼 '-으라니2)'는 다른 사람에게 들은 말을 기반으로 하여 판단을 내릴 때 사용하여 연결어미와 같은 기능을 한다.

형태 정보

① 동사 어간 끝음절에 받침이 있으면 '-으라니'를 쓴다.

예) 먹- + -으라니 → 먹으라니　　읽- + -으라니 → 읽으라니
잡- + -으라니 → 잡으라니　　받- + -으라니 → 받으라니
놓- + -으라니 → 놓으라니　　찾- + -으라니 → 찾으라니

② 동사 어간 끝음절에 받침이 없거나 'ㄹ' 받침으로 끝나면 '-라니'를 쓴다. 단, 'ㄹ' 받침으로 끝날 때는 '-라니'와 결합한다.

예) 가- + -라니 → 가라니　　주- + -라니 → 주라니
자- + -라니 → 자라니　　오- + -라니 → 오라니
살- + -라니 → 살라니　　만들- + -라니 → 만들라니

①	받침 ○	+ -으라니	먹으라니, 읽으라니, 잡으라니, 받으라니, 놓으라니, 찾으라니
②	받침 ×	+ -라니	가라니, 주라니, 자라니, 오라니
	ㄹ 받침	+ -라니	살라니, 만들라니

③ 불규칙

듣-　　예) 방송으로만 강의를 **들으라니** 재미가 없어요.
눕-　　예) 피곤하면 방에 가서 **누우라니** 누웠겠지만 아예 잠을 잘 줄은 몰랐어요.
붓-　　예) 국에 물을 더 **부으라니** 붓긴 했는데 그래도 국이 짠 것 같아요.

문장 구성 정보

① 부정문은 '-지 말라니'로 쓴다.

예) 수업 시간에 **지각하지 말라니** 앞으로는 절대로 지각하지 않겠습니다.
건강을 위해 야식을 **먹지 말라니** 먹지 말아야죠.
술을 **마시지 말라니** 마시지 않겠습니다.

② '-으라니'와 결합하는 동사가 뒤에 반복하여 나타나는 구성으로 자주 쓰인다.

예) 엄마가 이 공책을 **쓰라니** <u>썼을</u> 뿐이지, 네 것인 줄 몰랐어.
선생님께서 이 책을 **읽으라니** <u>읽었지요</u>.
열심히 **공부하라니** 열심히 <u>공부했는데</u> 시험에 합격하게 될 줄은 몰랐어요.
이 많은 걸 **먹으라니** <u>먹겠는데</u> 다 먹지는 못하겠어요.

제약 정보

① 형용사와 결합하지 않는다.

예) 길이 **미끄러우라니** 미끄러워야지요. (x)
찌개가 **맛있으라니** 맛있겠지요. (x)
날씨가 **더우라니** 더워야겠습니다. (x)

② 과거 '-었-', 미래 · 추측의 '-겠-'과 결합하지 않는다.

예) 이 일을 **마쳤으라니** 마쳤습니다. (x)
이 일을 **마치라니** 마쳤습니다. (o)
주말까지 숙제를 다 **하겠으라니** 하겠다. (x)
주말까지 숙제를 다 **하라니** 하겠다. (o)

이렇게 도입해 보세요

(1) 교사: 왕밍 씨, 이 커피 좀 마셔요.
학생: 왜요?
교사: 일단 커피를 마셔요.
학생: 마셨어요. 그런데 왜요?
교사: 왕밍 씨가 피곤해 보여서요. 왕밍 씨는 커피를 마시라고 하니 마셨는데 왜 마셨는지 몰라요. **마시라니** 마셨는데 왜 마셨는지 몰라요. '-으라니'는 '다른 사람이 어떤 행동을 하라고 해서'라는 뜻이에요.

(2) 교사: 줄리아 씨, 일어나세요. 흐엉 씨, 창문을 닫으세요.
학생: (요청 받은 행동을 한다.)
교사: 줄리아 씨가 **일어나라니** 일어났어요. 흐엉 씨가 창문을 **닫으라니** 닫았어요. '-으라니'는 '으라고 하니'가 줄어든 말이에요.

+ '-으라니2)'는 '-으라고 해서'의 의미로 설명하는 것이 좋다. '-으라니'가 판단의 근거가 되기 때문이다. 학습자에게 어떤 행동을 하게 한 후 그 이유에 대해 설명해 준다. 그리고 나서 '-으라니'를 활용해 이러한 상황을 문장으로 만들어 제시하는 방식으로 '-으라니'의 두 번째 의미를 파악하게 할 수 있겠다.

으로 인하여[로 인하여/으로 인해/로 인해] {으로 인해서[로 인해서]}{으로 인한[로 인한]}

앞에 나오는 상황이나 행동이 **원인**이나 **이유**가 됨을 나타내는 표현.

으로 인하여 (명사에 붙어) 어떤 행위나 상태를 발생시키는 원인이나 이유가 되어 뒤의 결과가 이루어짐을 나타낸다. 주로 격식적인 상황에서 사용한다.

예문

(1) 가: 흐엉 씨, 어제 뉴스를 봤어요?
나: 아니요, 못 봤어요. 무슨 일이 있어요?
가: 지진**으로 인해** 많은 사람들이 죽었다고 해요.

(2) 가: 왕밍 씨, 피곤해 보여요. 무슨 일이 있어요?
나: 요즘 잠을 잘 수가 없어요. 그래서 피곤해요.
가: 왜요? 무슨 걱정이 있어요?
나: 다음 주가 시험이에요. 시험**으로 인한** 스트레스가 많아서 잠이 잘 오지 않아요.

(3) 안녕하십니까? 이번 주 날씨에 대해 알려 드리겠습니다. 오늘부터 태풍의 영향**으로 인해** 제주도에 많은 비와 강한 바람이 불 것으로 전망됩니다.

어제부터 내린 폭설**로 인하여** 출근길에 교통이 너무 혼잡했어요.

조기 교육**으로 인하여** 아이들의 외국어 실력이 향상되었습니다.

줄리아 씨가 교통사고**로 인해** 학교에 지각했어요.

어머니께서 저**로 인해** 그동안 많이 고생하셨어요.

방송**으로 인해** 그 식당이 정말 유명해졌어요.

취업난**으로 인해** 졸업을 늦추는 대학생들이 늘어나고 있다.

지구 온난화**로 인해서** 날씨가 점점 따뜻해지고 있어요.

산불**로 인한** 이재민의 발생과 재산 피해가 예상됩니다.

직장인들이 과중한 업무**로 인한** 스트레스가 심각한 상태입니다.

최근 흡연**으로 인한** 사망률이 크게 증가하고 있습니다.

+ '으로 인하여'는 앞의 행위나 상태가 원인이나 이유로 작용하여 뒤의 결과를 발생시킴을 나타낸다. '으로 인하여'는 어떤 일의 원인이나 이유를 나타내는 조사 '으로'와 '어떤 사실로 말미암다'의 뜻을 나타내는 동사 '인하다'의 활용형이 결합하여 만들어진 표현이다. '줄리아 씨가 교통사고로 인해 학교에 지각했어요.'에서 '교통사고'가 '학교에 지각을 하게 된' 원인임을 뜻한다.

+ '으로 인하여'는 줄여서 '으로 인해'로 사용하기도 하고, '으로 인해서'로 사용하기도 한다. 뒤에 오는 명사를 수식하는 구성으로 '으로 인한'을 사용하기도 한다.

+ 주로 구어보다는 문어에 많이 사용되고, 구어에 사용될 경우에는 격식적인 상황이나 뉴스 보도와 같이 인과 관계를 분명하게 드러내야 하는 공식적인 상황에서 주로 사용된다.

형태 정보

① 명사의 끝음절에 받침이 있으면 '으로 인하여'를 쓴다.

예) 지진 + 으로 인하여 → 지진으로 인하여
사건 + 으로 인하여 → 사건으로 인하여
오염 + 으로 인하여 → 오염으로 인하여
방송 + 으로 인하여 → 방송으로 인하여
태풍 + 으로 인하여 → 태풍으로 인하여
교육 + 으로 인하여 → 교육으로 인하여

② 명사의 끝음절에 받침이 없거나 'ㄹ' 받침으로 끝나면 '로 인하여'를 쓴다.

예) 사고 + 로 인하여 → 사고로 인하여
오해 + 로 인하여 → 오해로 인하여
몸살 + 로 인하여 → 몸살로 인하여
감기 + 로 인하여 → 감기로 인하여
날씨 + 로 인하여 → 날씨로 인하여
산불 + 로 인하여 → 산불로 인하여

①	받침 ○	+ 으로 인하여	지진으로 인하여, 방송으로 인하여, 사건으로 인하여, 태풍으로 인하여, 오염으로 인하여, 교육으로 인하여
②	받침 ×	+ 로 인하여	사고로 인하여, 감기로 인하여, 오해로 인하여, 날씨로 인하여
	ㄹ 받침	+ 로 인하여	몸살로 인하여, 산불로 인하여

문장 구성 정보

① 큰 의미 차이 없이 '으로 인해서'로 바꾸어 쓸 수 있다.

예) 음주 운전**으로 인하여** 교통사고가 증가하고 있다. = 음주 운전**으로 인해서** 교통사고가 증가하고 있다.

② '으로 인한'은 '으로 인한 N'의 구성으로 사용한다.

예) 음주 운전**으로 인한** 교통사고가 매년 증가하고 있다.
가뭄**으로 인한** 농작물 피해를 줄이기 위해 대책을 마련해야 한다.
도로 곳곳에는 과속**으로 인한** 교통사고를 방지하기 위해 카메라가 설치되어 있다.

③ 공식적인 말이나 글에 주로 사용한다.

예) 출산율 저하**로 인하여** 2050년에는 세계 인구가 줄어들 것으로 전망돼요. (?)
출산율 저하**로 인하여** 2050년에는 세계 인구가 줄어들 것으로 전망됩니다. (o)
올해는 가뭄**으로 인하여** 농작물이 많은 피해를 입었어. (?)
올해는 가뭄**으로 인하여** 농작물이 많은 피해를 입었습니다. (o)

확장

① 어떤 상황이나 행위에 대한 원인이나 이유를 뜻하는 '으로'로 줄여 쓸 수 있다.

예) 잘못된 **식습관으로 인해** 민수 씨가 요즘 살이 많이 쪘어요.
= 잘못된 **식습관으로** 민수 씨가 요즘 살이 많이 쪘어요.
국제 결혼으로 인해 다문화 가정이 점점 늘어나고 있어요.
= **국제 결혼으로** 다문화 가정이 점점 늘어나고 있어요.

+ '인하다'는 '생기다, 발생하다'와 동일한 의미를 나타내므로, '으로 인한'은 '으로 생긴, 으로 발생한'의 구성으로 바꿔 쓸 수 있다.

예) **환경 오염으로 인한** 생태계 파괴가 증가하고 있다.
= **환경 오염으로 생긴** 생태계 파괴가 증가하고 있다.
= **환경 오염으로 발생한** 생태계 파괴가 증가하고 있다.
화재로 인한 문화재의 피해가 생각보다 심각하다.
= **화재로 생긴** 문화재의 피해가 생각보다 심각하다.
= **화재로 발생한** 문화재의 피해가 생각보다 심각하다.

② '으로 해서'와 바꿔 쓸 수 있다.

예) 선생님께서 **몸살로 인하여** 병원에 입원하셨어요.
= 선생님께서 **몸살로 해서** 병원에 입원하셨어요.
저는 무리한 **다이어트로 인하여** 두통이 심해졌어요.
= 저는 무리한 **다이어트로 해서** 두통이 심해졌어요.

이렇게 도입해 보세요

(1) 교사: 안녕하세요? 좋은 아침이에요. 친구들이 모두 왔어요?
학생: 아니요. 왕밍 씨가 안 왔어요.
교사: 왕밍 씨가 왜 안 왔어요?
학생: 감기 걸렸어요.
교사: 왕밍 씨가 감기가 걸려 학교에 못 왔어요. '왕밍 씨가 **감기로 인하여** 학교에 못 왔어요.'라고 말할 수 있어요. '으로 인하여'는 주로 글을 쓸 때 많이 써요.

(2) 교사: 여러분, 요즘 날씨가 어때요?
학생: 추워요. 갑자기 날씨가 추워졌어요.
교사: 맞아요. 날씨가 추워졌어요. 거리에 사람들이 많이 다녀요?
학생: 아니요. 거리에 사람들이 별로 없어요.
교사: 갑자기 날씨가 추워졌어요. 그래서 거리에 사람들이 별로 없어요. 갑자기 추워진 **날씨로 인해** 거리에 사람들이 별로 없어요.

+ '으로 인하여'를 도입할 때는 어떤 상황의 결과가 발생하게 된 원인을 물어보는 질문을 통해 그 의미를 인식할 수 있도록 유도하는 것이 좋다. (1)에서와 같이 교실에서 학생들이 쉽게 이해할 수 있는 상황을 설정하여 의미를 유도할 수 있다. (2)에서도 '갑자기 추워진 날씨'가 이유가 되어 '거리에 사람들이 별로 없어요.'와 같은 결과가 나타남을 '으로 인해'를 사용하여 표현할 수 있음을 보인 것이다.

-으면 안 되다[-면 안 되다]

1) **금지나 제한**을 **서술**하거나 2) **허락이나 요청**을 **질문함**을 나타내는 표현.

-으면 안 되다1) (동사나 형용사, '이다, 아니다'에 붙어) 어떤 행위를 하지 못하게 하거나 어떤 상태가 되는 것을 금지함을 서술할 때 사용한다.

예문

(1) 가: 나가서 놀아도 돼요?
나: 숙제는 다했니?
가: 아니요. 조금 남았어요.
나: 숙제도 하지 않고 나가서 **놀면 안 돼**.

(2) 가: 영미 씨, 두 시 이후에 사무실로 갈게요.
나: 공항에 가야 해서 그 시간에는 사무실에 없을 거예요.
가: 그럼 휴대전화로 전화할게요.
나: 비행기에서 휴대전화를 **사용하면 안 되니까** 연락이 어려울 것 같아요.

(3) 가: 수영장에 갈 때 무엇이 필요해요?
나: 수영복과 수영 모자를 가지고 오세요.
가: 수영 모자는 없는데 수영 모자도 꼭 필요해요?
나: 네, 수영 모자가 **없으면 안 된다고** 들었어요.

(4) 가: 이 영화는 15세 이상 관람가입니다. 15세 **미만이면 안 됩니다**.
나: 그럼 다른 영화를 봅시다.

(5) 가: 배가 아프고 자꾸 설사를 해요.
나: 날씨가 덥다고 차가운 음식을 너무 많이 **드시면 안 됩니다**.

(6) 가: 이 가방은 어때요? 요즘 인기 있는 디자인이에요.
나: 예쁘긴 한데…. 여행갈 때 사용할 거라서 너무 **작으면 안 돼요**.

이 요리는 너무 많이 **끓이면 안 돼요**.

라면을 끓일 때 물을 너무 많이 **넣으면 안 돼요.**

사람이 많은 곳에서는 엄마 손을 **놓으면 안 된단다.**

출장을 다녀와서 보고하지 **않으면 안 됩니다.**

수업 시간에 친구하고 **이야기하면 안 돼요.**

술을 마신 후에 **운전하면 안 되니까** 차를 두고 가세요.

이번 패션쇼의 모델은 키가 너무 **크면 안 돼요.**

밥을 먹지 않고 약을 **먹으면 안 된다고** 해서 입맛이 없어도 밥을 먹었어요.

+ '-으면 안 되다1)'은 어떤 행동이나 상황이 금지되어 허락하지 않음을 나타낸다. 숙제를 하지 않고 나가서 노는 것, 비행기에서 휴대전화를 사용하는 것, 차가운 음식을 많이 먹는 것은 해서는 안 되는 행동임을 표현할 때 '놀면 안 돼요, 사용하면 안 돼요, 드시면 안 돼요'의 형태로 쓸 수 있다. 또한 '15세 미만이면 안 돼요.', '키가 너무 크면 안 돼요.' 등은 15세 미만인 상태, 키가 너무 큰 상태가 허락되지 않음을 나타내고 있다.

+ '-으면 안 되다1)'은 의무의 뜻을 가진 '-어야 하다'와 관계가 있는데 '밥을 먹지 않고 약을 먹으면 안 된다.'는 금지의 표현은 '밥을 먹고 약을 먹어야 한다.'는 의무의 표현으로 나타낼 수 있다. 또한 '출장을 다녀와서 보고하지 않으면 안 된다.'는 '출장을 다녀와서 보고해야 한다.'로 쓸 수 있다.

형태 정보

① 동사와 형용사의 어간 끝음절에 받침이 있으면 '-으면 안 되다'를 쓴다.

예) 찾- + -으면 안 되다 → 찾으면 안 되다
작- + -으면 안 되다 → 작으면 안 되다
먹- + -으면 안 되다 → 먹으면 안 되다
깊- + -으면 안 되다 → 깊으면 안 되다

② 동사와 형용사의 어간 끝음절에 받침이 없거나 'ㄹ' 받침으로 끝나면 '-면 안 되다'를 쓴다.

예) 자- + -면 안 되다 → 자면 안 되다
크- + -면 안 되다 → 크면 안 되다
놀- + -면 안 되다 → 놀면 안 되다
보- + -면 안 되다 → 보면 안 되다
예쁘- + -면 안 되다 → 예쁘면 안 되다
길- + -면 안 되다 → 길면 안 되다

①	받침 ○	+ -으면 안 되다	찾으면 안 되다, 먹으면 안 되다, 작으면 안 되다, 깊으면 안 되다
②	받침 ×	+ -면 안 되다	자면 안 되다, 보면 안 되다, 크면 안 되다, 예쁘면 안 되다
	ㄹ 받침	+ -면 안 되다	놀면 안 되다, 길면 안 되다

③ '이다, 아니다'는 '-면 안 되다'를 쓴다. 단, '이다' 앞의 명사에 받침이 없으면 '명사+-면 안 되다'라고 쓴다.

예) 학생이- + -면 안 되다 → 학생이면 안 되다
선생님이- + -면 안 되다 → 선생님이면 안 되다
가수이- + -면 안 되다 → 가수면 안 되다
자동차이- + -면 안 되다 → 자동차면 안 되다

+ 'N+-면 안 되다'는 격식적인 문어에서 사용하지 않는다.

④ 불규칙

듣- 예) 선생님 말씀을 안 **들으면 안 돼요.**

눕- 예) 이무 데나 **누우면 안 돼요.**

짓- 예) 급하다고 건물을 대충 **지으면 안 됩니다.**

문장 구성 정보

① '-으면 안 되다'는 '-으면 되지 않는다'의 형태로 쓰이지 않는다.

예) 거실에 신발을 신고 **들어가면 되지 않는다.** (x)
식사를 할 때 어른보다 먼저 수저를 **들면 되지 않는다.** (x)
한국어를 배울 때 **영어를 쓰면 되지 않는다.** (x)

+ '-으면 안 되다'가 하나의 단위로서 지위를 갖기 때문에 '-으면 되지 않는다'의 형태로 사용할 수 없다.

+ '지 않으면 안 되다'는 '-어야 하다'와 같은 뜻으로 쓴다.

예) 지금 **만나지 않으면 안 됩니다.** = 지금 **만나야 합니다.**
이 약을 **드시지 않으면 안 됩니다.** = 이 약을 꼭 **드셔야 합니다.**

제약 정보

① 과거 '-었-', 미래 · 추측의 '-겠-'과 결합하지 않는다.

예) 어제 눈이 **왔으면 안 돼요**. (x)
영화를 이미 **봤으면 안 돼요**. (x)
오늘 비가 **오겠으면 안 돼요**. (x)
밤에 위험한 곳으로 **다니겠으면 안 돼요**. (x)

확장

① 연결어미 '-는데'와 결합하여 '으면 안 되는데' 또는 '-었으면 안 되는데'의 형태로 사용되면 금지의 행동을 나타내는 표현이 아니라 '바람, 우려' 또는 '희망'을 나타낸다.

예) 영화표가 **매진되면 안 되는데.**
내일 비가 **오면 안 되는데.**
그가 벌써 **도착했으면 안 되는데.**

+ '영화표가 매진되면 안 되는데'는 영화표가 매진되는 데 대한 말하는 사람의 우려와 그렇게 되지 않기를 바라는 희망을 나타내고 있다.

유사 문법

① '-으면 안 되다1)', '-어서는 안 되다'

-으면 안 되다1)	-어서는 안 되다
· 금지나 제한을 나타내는 표현이다. 예) 길에 쓰레기를 **버리면 안 됩니다.** 길에 쓰레기를 **버려서는 안 됩니다.**	
· '-어서는 안 되다'보다 금지의 뜻이 약해서 가벼운 금지를 나타낼 때 사용된다. 예) 도둑질한 것을 **용서하면 안 돼요.**	· 금지의 뜻을 더 강조하는 느낌이 있다. 의미를 강력하게 전달하거나 설득할 때 또는 경고할 때 쓴다. 예) 도둑질한 것을 **용서해서는 안 됩니다.**
· 비격식적인 구어에서 많이 사용된다. 예) 길에 쓰레기를 **버리면 안 돼요.**	· 격식적인 문어에서 많이 사용된다. 예) 이 법안이 **통과되어서는 안 됩니다.**

이렇게 도입해 보세요

(1) 교사: 극장에서 영화를 봅니다. 그런데 전화가 와요. 어떻게 해요?
학생: 휴대전화를 꺼요.
교사: 네, 영화를 볼 때 휴대전화를 꺼요. 영화를 볼 때 휴대전화를 사용하지 마세요. 휴대전화를 **사용하면 안 돼요.**

(2) 교사: ('주차 금지' 표지판을 보여준다) 주차를 할 수 있어요?
학생: 할 수 없어요.
교사: 네, 주차할 수 없어요. **주차하면 안 돼요.**

+ (1)은 어떤 장소나 상황에서 특정 행위를 금지할 때 '-으면 안 되다'가 사용되는 것을 보여 주고 있다. 이 밖에도 도서관에서의 예절, 교실에서 지켜야 할 예절 등을 예로 들어 '-으면 안 되다'가 사용되는 상황을 제시할 수 있다.

+ (2)는 '주차 금지' 표지판을 이용해서 '-으면 안 되다'가 금지를 나타낼 때 사용하는 표현임을 보여 주고 있다. 이 밖에도 '출입 금지', '사진 촬영 금지' 등 다양한 금지 표지판을 이용할 수 있다.

-으면 안 되다2)	(동사나 형용사, '이다, 아니다'에 붙어) 허락을 구할 때나 요청할 때 의문문 형식으로 사용한다.

예문

(1) 가: 유진 씨, 수업시간에 이야기하지 마세요.
나: 친구에게 모르는 것을 **물어보면 안 돼요**?
가: 목소리가 너무 크면 다른 친구들에게 방해가 돼요.
나: 네, 알겠습니다.

(2) 가: 내일 소풍 갈 때 김밥 대신 빵을 가지고 **가면 안 돼요**?
나: 네, 빵을 가지고 가도 괜찮아요.
가: 그럼 돈을 가지고 와서 **사 먹으면 안 돼요**?
나: 사먹는 것은 안 돼요.

(3) 가: 밥을 다 먹었으니까 아이스크림 한 개만 **먹으면 안 돼요**?
나: 그래, 딱 하나만 먹도록 해.

(4) 가: 내일 모두 흰 색 반팔 티셔츠를 입고 오세요.
나: 저는 반팔 흰색 티셔츠가 없어요. **긴팔이면 안 돼요**?

선생님, 궁금한 게 있는데 **여쭤보면 안 돼요**?
제가 좋아하는 반찬만 **먹으면 안 돼요**?
숙제를 하면서 음악을 **들으면 안 돼요**?
오늘 국이 싱겁게 되었는데 좀 싱겁게 **드시면 안 돼요**?
이 놀이기구를 타려면 키가 **작으면 안 돼요**?
입맛이 없는데 밥을 먹지 않고 약을 **먹으면 안 됩니까**?
제 결혼식에 오실 때 한복을 입고 **오시면 안 될까요**?
전달 사항이 있는데 아래층으로 **내려오시면 안 되겠습니까**?

+ '-으면 안 되다'가 질문하는 형태로 듣는 사람에게 어떤 행동에 대한 허락을 구하거나 요청할 때 쓰인다. 수업 시간에 친구와 이야기하는 것, 빵을 가져오는 것, 사먹는 것 등에 대한 허락을 구할 때 '-으면 안 되다'를 사용할 수 있다. 어떤 상황이나 상태에 대한 허락을 구할 때도 사용되는데 '티셔츠가

긴팔이면 안 돼요?', '키가 작으면 안 돼요?'는 긴팔을 입어도 되는지, 키가 작아도 되는지에 대해 허락을 묻는 예이다.

형태 정보

① 동사와 형용사의 어간 끝음절에 받침이 있으면 '-으면 안 되다'를 쓴다.

예) 찾- + -으면 안 되다 → 찾으면 안 되다
작- + -으면 안 되다 → 작으면 안 되다
먹- + -으면 안 되다 → 먹으면 안 되다
깊- + -으면 안 되다 → 깊으면 안 되다

② 동사와 형용사의 어간 끝음절에 받침이 없거나 'ㄹ' 받침으로 끝나면 '-면 안 되다'를 쓴다.

예) 자- + -면 안 되다 → 자면 안 되다
크- + -면 안 되다 → 크면 안 되다
놀- + -면 안 되다 → 놀면 안 되다
보- + -면 안 되다 → 보면 안 되다
예쁘- + -면 안 되다 → 예쁘면 안 되다
길- + -면 안 되다 → 길면 안 되다

①	받침 ○	+ -으면 안 되다	찾으면 안 되다, 먹으면 안 되다, 작으면 안 되다, 깊으면 안 되다
②	받침 ×	+ -면 안 되다	자면 안 되다, 보면 안 되다, 크면 안 되다, 예쁘면 안 되다
	ㄹ 받침	+ -면 안 되다	놀면 안 되다, 길면 안 되다

③ '이다, 아니다'는 '-면 안 되다'를 쓴다. 단, '이다' 앞의 명사에 받침이 없으면 '명사+ -면 안 되다'라고 쓴다.

예) 학생이- + -면 안 되다 → 학생이면 안 되다
가수이- + -면 안 되다 → 가수면 안 되다
선생님이- + -면 안 되다 → 선생님이면 안 되다
자동차이- + -면 안 되다 → 자동차면 안 되다

+ 'N+-면 안 되다'는 격식적인 문어에서 사용하지 않는다.

④ 불규칙

듣- 예) 오늘 수업을 안 **들으면 안 돼요**?
눕- 예) 이 침대에 **누우면 안 돼요**?
짓- 예) 이곳에 집을 **지으면 안 될까요**?

제약 정보

① 과거 '-었-', 미래 · 추측의 '-겠-'과 결합하지 않는다.

예) 짧은 치마를 **입었으면 안 돼요**? (x)
옷이 더 **컸으면 안 돼요**? (x)
짧은 치마를 **입겠으면 안 돼요**? (x)
옷이 더 **크겠으면 안 돼요**? (x)

확장

① '-으면 안 되다'의 대답이 부정이면 조건과 금지의 뜻을 가진 '-으면 안 되다'를 쓰고, 긍정이면 허락이나 허용을 나타내는 '-어도 되다'를 쓴다.

예) 가: 들어가면 안 돼요?
나: 네, **들어가면 안 돼요**./아니요, **들어가도 돼요**.
가: 칠판 글씨를 **지우면 안 돼요**?
나: 네, **지우면 안 돼요**./아니요, **지워도 돼요**.

이렇게 도입해 보세요

(1) 교사: 여러분, 더워요?
학생: 네, 더워요.
교사: 선생님은 감기에 걸려서 추워요. 에어컨을 끄면 좋겠어요. 여러분, 에어컨을 **끄면 안 돼요?**
학생: 네, 괜찮아요. 끄세요.

(2) 교사: 수업 시간에 화장실에 갈 수 있어요? 없어요?
학생: 없어요.
교사: 그런데 수업 시간에 화장실에 가고 싶어요. 선생님께 어떻게 말해요?
학생: 화장실에 갈 수 있어요?
교사: 네, 좋아요. 이렇게 말하면 더 좋아요.
"선생님, 화장실에 **가면 안 돼요?**"
자, 그럼 여러분이 교실에서 노래하고 싶어요. 어떻게 말해요?
학생: 노래할 수 있어요? 노래하면 안 돼요?
교사: 네, 좋아요. "선생님, **노래하면 안 돼요?**"
이렇게 말해요. 어떤 일을 하고 싶을 때 '-면 안 돼요?' 이렇게 물어봐요.

+ (1)은 선생님이 학생들에게 허락을 구하는 상황을 제시하여 '-으면 안 되다'의 의미를 이해하도록 유도하는 방법이다. 선생님이 먼저 학생들에게 질문을 하면서 해당 표현이 사용되는 예를 보여준다. 이 밖에도 반 친구들에게 '창문을 열면 안 돼요?', '문을 닫으면 안 돼요?' 등 상대방의 동의나 협조가 필요한 일을 요청하는 상황을 통해 '-으면 안 되다'의 쓰임을 알려줄 수 있다.

+ (2)는 (1)과 반대로 학생들이 선생님께 허락을 구하는 상황을 제시하는 방법이다. 수업 시간에 화장실에 갈 때는 선생님의 허락을 구해야 하는 것은 학생들이 모두 알고 있는 행동이기 때문에 이에 대한 허락을 구할 때 '-으면 안 되다'가 사용되는 것을 보여준다. 이 밖에도 음식을 먹는 것, 큰 소리로 이야기하는 것, 잠을 자는 것 등 수업 시간에 하면 안 되는 행동을 소재로 '-으면 안 되다'의 의미를 파악하도록 할 수 있다.

-으면 좋겠다[-면 좋겠다]

말하는 사람의 **희망**이나 **현실과 다른 상황의 바람**, 또는 **가정**을 나타내는 표현.

-으면 좋겠다 (동사나 형용사, '이다, 아니다'에 붙어) 앞으로 어떤 일이 일어나거나 어떤 상황이 되기를 바랄 때, 또는 현실과 반대되는 상황을 소망하거나 불가능한 상황의 가정을 표현할 때 사용한다.

예문

(1) 가: 유진 씨, 생일 선물로 받고 싶은 것이 있어요?
나: 예쁜 우산을 **받으면 좋겠어요.**

(2) 가: 요스케 씨에게 그 옷은 좀 짧은 것 같아요.
나: 키가 5센티미터만 **작으면 좋겠어요.**

(3) 가: 지영 씨, 오늘 뉴스 봤어요?
나: 비가 많이 와서 피해가 아주 크다고 해요.
가: 올 여름에는 비가 정말 많이 왔어요.
나: 이제 비가 그만 **내리면 좋겠어요.**

(4) 가: 앤디 씨, 올해 꼭 하고 싶은 일이 뭐예요?
나: 토픽 시험에 꼭 **합격하면 좋겠어요.**
가: 앤디 씨는 공부를 열심히 하니까 꼭 합격할 거예요.
나: 고마워요.

(5) 가: 레이첼 씨, 곧 개학이지요?
나: 네, 새 담임 선생님이 여자 **선생님이면 좋겠어요.**

한국어능력시험에서 좋은 점수를 **받으면 좋겠어요.**

아이에게 친구들과 싸우지 **않으면 좋겠다고** 말했어요.

바지가 조금 **짧으면 좋겠어요.**

수지가 내년에 대학에 **가면 좋겠어요.**

아들이 키가 좀 더 **크면 좋겠어요.**

한국이 월드컵 경기에서 16강에 **진출하면 좋겠어요.**

생일 선물이 **우산이면 좋겠어요.**

기말고사가 **다음 주면 좋겠어요.**

동생이 부모님 말씀을 잘 **들으면 좋겠는데** 아직 철이 없어요.

할아버지의 병이 빨리 **나으시면 좋겠지만** 연세가 많으셔서 회복이 느려요.

+ '-으면 좋겠다'는 아직 일어나지 않은 일에 대한 소망이나 현재와는 다른 상황을 바라거나 가정할 때 쓰인다. '예쁜 우산을 받으면 좋겠어요.', '토픽 시험에 꼭 합격하면 좋겠어요.', '내년에 대학에 가면 좋겠어요.'처럼 앞으로 일어날 일에 대한 희망을 나타내거나, '이제 비가 그만 내리면 좋겠어요.', '키가 더 크면 좋겠다.'와 같이 현재 사실과 반대되거나 이루어질 수 없는 일에 대한 바람을 나타낼 때 사용한다. '기말고사가 다음 주면 좋겠어요.'처럼 기말고사가 다음 주가 아닌 현실에 대한 아쉬움을 나타내기도 한다.

형태 정보

① 동사와 형용사의 어간 끝음절에 받침이 있으면 '-으면 좋겠다'를 쓴다.

예) 찾- + -으면 좋겠다 → 찾으면 좋겠다　　먹- + -으면 좋겠다 → 먹으면 좋겠다
　　작- + -으면 좋겠다 → 작으면 좋겠다　　깊- + -으면 좋겠다 → 깊으면 좋겠다

② 동사와 형용사의 어간 끝음절에 받침이 없거나 'ㄹ' 받침으로 끝나면 '-면 좋겠다'를 쓴다.

예) 자- + -면 좋겠다 → 자면 좋겠다　　보- + -면 좋겠다 → 보면 좋겠다
　　크- + -면 좋겠다 → 크면 좋겠다　　예쁘- + -면 좋겠다 → 예쁘면 좋겠다
　　만들- + -면 좋겠다 → 만들면 좋겠다　　길- + -면 좋겠다 → 길면 좋겠다

①	받침 ○	+ -으면 좋겠다	찾으면 좋겠다, 먹으면 좋겠다, 작으면 좋겠다, 깊으면 좋겠다
②	받침 ×	+ -면 좋겠다	자면 좋겠다, 보면 좋겠다, 크면 좋겠다, 예쁘면 좋겠다
	ㄹ 받침	+ -면 좋겠다	만들면 좋겠다, 길면 좋겠다

③ '이다', '아니다'는 '-면'을 쓴다. 단, '이다' 앞의 명사에 받침이 없으면 '명사+-면 좋겠다'라고 쓴다.

예) 학생이- + -면 좋겠다 → 학생이면 좋겠다　　선생님이- + -면 좋겠다 → 선생님이면 좋겠다
　　선물이- + -면 좋겠다 → 선물이면 좋겠다　　가수이- + -면 좋겠다 → 가수면 좋겠다
　　자동차이- + -면 좋겠다 → 자동차면 좋겠다

+ 'N+ -면 좋겠다'는 격식적인 문어에서 사용하지 않는다.

④ 불규칙

걷-　　예) 조용한 산길을 **걸으면 좋겠다**.
돕-　　예) 재벌들이 가난한 사람을 많이 **도우면 좋겠다**.
낫-　　예) 할아버지께서 빨리 병이 **나으시면 좋겠다**.

문장 구성 정보

① 부정문은 '안 -으면 좋겠다', '-지 않으면 좋겠다'로 쓴다.

예) 이 옷을 입으면 **안 좋겠어요.** (?)
이 옷을 안 **입으면 좋겠어요.** (o)
이 옷을 **입으면 좋지 않겠어요.** (?)
이 옷을 **입지 않으면 좋겠어요.** (o)

+ '-으면 좋겠다'는 하나의 단위로 쓰이므로 '-으면'과 '좋겠다' 사이에 '안'이 들어가지 않는다. '이 옷을 입으면 좋지 않겠어요?'처럼 의문문으로는 사용이 가능하다.

제약 정보

① 청유형, 명령형과 결합하지 않는다.

예) 옷이 더 **크면 좋겠자.** (x)
옷이 더 **크면 좋겠어라.** (x)

+ '좋다'가 형용사이므로 청유형이나 명령형과 결합하지 않는다.

확장

① 희망의 의미 외에 요청의 기능을 수행하기도 한다.

예) 조용히 해 **주시면 좋겠는데요.**
내일 좀 일찍 와 **주시면 좋겠습니다.**

+ 말하는 사람의 바람이라기보다는 '조용히 해 주세요.', '일찍 와 주세요.'라는 요청을 완곡하게 표현할 때 사용한다.

유사 문법

① '-으면 좋겠다', '-었으면 좋겠다'

<table>
<tr><th>-으면 좋겠다</th><th>-었으면 좋겠다</th></tr>
<tr><td colspan="2">· 말하는 사람이 현재와 반대 상황을 가정하여 희망함을 나타낸다.</td></tr>
<tr><td>· 반대 상황을 희망함에 초점을 둔다.
예) 키가 좀 더 크면 좋겠다. 그럼 모델이 될 수 있을 텐데. (o)
키가 좀 더 크면 좋겠다. 그럼 모델이 될 수 있었을 텐데. (x)
(앞으로의 반대 상황을 희망하는 데 초점이 있으므로 과거 사실에 대한 아쉬움을 표현할 수 없음.)</td><td>· 반대 상황을 가정함에 초점을 둔다.
예) 키가 좀 더 컸으면 좋겠다. 그럼 모델이 될 수 있을 텐데. (o)
키가 좀 더 컸으면 좋겠다. 그럼 모델이 될 수 있었을 텐데. (o)
(반대 상황을 가정하는 데 초점이 있으므로 미래에 대한 희망이나 과거 사실에 대한 아쉬움을 모두 표현할 수 있음.)</td></tr>
<tr><td>· 화자가 요구하는 사항이 현재 혹은 빠른 시간 내에 이루어지기를 바랄 때 사용하므로 더 직접적이고 강한 표현이다.
예) 철수 씨가 가면 좋겠어요.</td><td>· 화자가 청자에게 비교적 완곡하게 요구할 때 사용하는 표현이다.
예) 철수 씨가 갔으면 좋겠어요.</td></tr>
</table>

+ '-으면 좋겠다'는 주로 아직 일어나지 않은 상황에 대한 희망인 데 반해 '-었으면 좋겠다'는 이미 일어난 일과 반대되는 내용, 현재 사실과 반대되는 상황을 가정할 때 많이 쓴다. '-었으면 좋겠다'는 현실이 달라지기를 희망하거나 현실이 그렇지 않음을 아쉬워함을 나타낸다.

이렇게 도입해 보세요

(1) 교사: 남자 친구 있어요?
학생: 아니요. 없어요.
교사: 어떤 남자 친구를 만나고 싶어요?
학생: 착한 남자 친구를 만나고 싶어요.
교사: 착한 남자 친구를 **만나면 좋겠어요.**

(2) 교사: (잠을 자면서 꿈을 꾸는 그림을 보여 준다. 꿈에서 슈퍼맨이 되어 하늘을 날고 있다.) 누구예요?
학생: 슈퍼맨이에요.
교사: 슈퍼맨이 되고 싶어요?
학생: 네!
교사: 슈퍼맨이 될 수 있어요?
학생: 아니요.
교사: 슈퍼맨이 될 수 없어요. 그렇지만 슈퍼맨이 되고 싶어요. 슈퍼맨이 **되면 좋겠어요.** 불가능한 일이지만 되고 싶어요. 희망을 말할 때, '-면 좋겠어요'라고 말해요.

+ (1)은 학생들에게 앞으로 일어날 일에 대한 바람을 질문함으로써 '-으면 좋겠다'의 사용을 유도하는 방법이다. '어떤 남자 친구를 만나고 싶어요?'와 같이 학생들의 관심사를 소재로 제시하면 해당 문법의 지도가 좀 더 흥미롭게 이루어질 수 있다. 이 외에도 바라는 직업이나 여행하고 싶은 곳, 주말에 하고 싶은 일, 방학 때 하고 싶은 일 등을 소재로 할 수 있다.

+ (2)는 현실과 반대되거나 불가능한 일을 가정하는 상황을 제시하여 도입하는 방법이다. '슈퍼맨이 되는 것'은 현실에서 결코 이루어질 수 없는 불가능한 상황인데 이를 가정할 때 '-으면 좋겠다'를 사용함을 보여준다. 과거나 미래로 가는 것과 같이 자신의 현재와 반대되는 소망을 말해 봄으로써 '-으면 좋겠다'의 쓰임을 연습해 볼 수 있다.

–은 결과[–ㄴ 결과]

어떤 일을 한 후에 생긴 **결말**을 나타내는 표현.

–은 결과 (동사에 붙어) 어떤 행위를 함으로써 생긴 일을 나타낸다. 어떤 원인에 의해 발생한 결말임을 명시적으로 나타낼 때 사용한다. 주로 공식적인 상황에서 사용되는 문어적 표현이다.

예문

(1) (기자와 인터뷰)

가: 감독님, 우승을 축하드립니다.

나: 감사합니다.

가: 이번 대회에서 우승하게 된 원인이 무엇이라고 생각합니까?

나: 모든 선수들이 함께 열심히 노력했기 때문이라고 생각합니다.

가: 네, 선수들이 모두 열심히 **노력한 결과** 우승을 하게 되었군요. 우승을 정말 축하드립니다.

(2) (기자와 인터뷰)

가: 이번에 시행된 토픽 시험에서 어떤 점이 가장 어려웠습니까?

나: 전문적인 어휘가 많이 나와서 좀 어려웠습니다.

가: 그렇군요. 줄리아 씨는 어떻게 공부해서 합격할 수 있었나요?

나: 매일 신문을 읽고 기사에 나오는 모르는 어휘들을 열심히 **암기한 결과** 이번 시험에 합격할 수 있었다고 생각합니다.

매일 라면을 **먹은 결과** 건강이 나빠졌어요.

3년 동안 한국어를 **배운 결과** 한국 대학에 합격할 수 있었어요.

한 달 동안 비가 **내리지 않은 결과** 농사가 잘 되지 않았다.

매일 한국어 뉴스를 **들은 결과** 듣기가 많이 좋아졌다.

열심히 운동을 **한 결과** 살이 빠졌다.

오랫동안 치료를 **받은 결과** 병이 다 나았다.

포기하지 않고 끝까지 **노력한 결과** 시험에 합격했다.

추위가 **계속된 결과** 감기 환자가 많아졌다.

어머니께서 정성껏 음식을 **만드신 결과** 맛있는 저녁이 완성되었다.

새벽에 출발하는 첫 기차를 **탄 결과** 아침 일찍 부산에 도착할 수 있었다.

+ '-은 결과'는 원인을 나타내는 앞 절과 결과를 나타내는 뒤 절로 구성된다. 따라서 '오랫동안 치료를 받은 결과 병이 다 나았다, 열심히 운동한 결과 살이 빠졌다, 끝까지 노력한 결과 시험에 합격했다, 추위가 계속된 결과 감기 환자가 많아졌다'와 같은 문장에서 오랫동안 치료를 받은 것과 열심히 운동을 한 것, 끝까지 노력한 것과 추위가 계속된 것이 모두 원인에 해당하며, 병이 다 나은 것과 살이 빠진 것, 시험에 합격한 것과 감기 환자가 많아진 것은 결과에 해당한다.

+ '-은 결과'라는 표현 자체에 어떤 사건이 원인과 결과임을 명시적으로 지시하고 있기에 이 표현은 주로 인터뷰나 뉴스 보도와 같이 인과 관계를 확실하게 드러내야 하는 공식적인 상황이나 문어에서 주로 사용된다.

형태 정보

① 동사 어간 끝음절에 받침이 있으면 '-은 결과'를 쓴다.

예) 먹- + -은 결과 → 먹은 결과　　씻- + -은 결과 → 씻은 결과
찾- + -은 결과 → 찾은 결과　　녹- + -은 결과 → 녹은 결과
입- + -은 결과 → 입은 결과　　읽- + -은 결과 → 읽은 결과

② 동사 어간 끝음절에 받침이 없거나 'ㄹ' 받침으로 끝나면 '-ㄴ 결과'를 쓴다. 단, 'ㄹ' 받침으로 끝날 때는 'ㄹ'이 탈락한다.

예) 가- + -ㄴ 결과 → 간 결과　　만나- + -ㄴ 결과 → 만난 결과
떠나- + -ㄴ 결과 → 떠난 결과　　일하- + -ㄴ 결과 → 일한 결과
팔- + -ㄴ 결과 → 판 결과　　만들- + -ㄴ 결과 → 만든 결과

①	받침 ○	+ -은 결과	먹은 결과, 씻은 결과, 찾은 결과, 녹은 결과, 입은 결과, 읽은 결과
②	받침 ×	+ -ㄴ 결과	간 결과, 만난 결과, 떠난 결과, 일한 결과
	ㄹ 받침	+ -ㄴ 결과 (어간 'ㄹ' 탈락)	판 결과, 만든 결과

③ 불규칙

듣-　예) 선생님 말씀을 잘 **들은 결과** 대학에 합격했어요.
돕-　예) 모든 사람이 **도운 결과** 아이가 구조될 수 있었다.
잇-　예) 자식들이 가업을 **이은 결과** 떡 가게가 더욱 잘되었다.

문장 구성 정보

① 앞 절과 뒤 절의 주어가 같아도 되고 달라도 된다.

예) 어제 (내가) 오랜 시간 영수와 **이야기한 결과** (내가) 잘못했다는 것을 알게 되었습니다.
비가 **내린 결과** 가뭄이 해소됐다.
학자들이 **연구한 결과** 암을 치료할 수 있는 약이 개발되었다.

+ 첫 예문의 앞 절과 뒤 절의 주어는 말하는 사람이면서 동일하다. 이때 주어는 구어에서 주로 생략된다. 두 번째 예문의 앞 절은 '비', 뒤 절은 '가뭄', 즉 말하는 사람이 주어가 아닌 예이다. 세 번째 예문은 앞 절과 뒤 절의 주어가 다른 예이다. 이처럼 '-은 결과'로 연결되는 두 문장의 주어는 같아도 되고 달라도 된다.

② 부정은 '-지 않은 결과', '안 -은 결과'로 쓴다. '안 -은 결과'는 주로 구어에서 쓴다.

예) 예방 주사를 **맞지 않은 결과** 전염병에 걸리고 말았다.
예방 주사를 **안 맞은 결과** 전염병에 걸리고 말았다.
컴퓨터를 **고치지 않은 결과** 보고서를 쓸 수 없었다.
컴퓨터를 **안 고친 결과** 보고서를 쓸 수 없었다.

제약 정보

① 형용사와 결합하지 않는다.

예) 날씨가 **추운 결과** 감기 환자가 늘어났다. (x)
건강이 **좋은 결과** 여행을 가게 되었다. (x)

+ 형용사는 '-어지다'가 붙으면 자동사가 되어 '-은 결과'와 결합이 가능하다.
예) 날씨가 **추워진 결과** 감기 환자가 늘어났다. (o)
건강이 **좋아진 결과** 여행을 가게 되었다. (o)

② 과거 '-었-'과 결합하지 않는다.

예) 택시를 **탔은 결과** 지각을 하지 않았어요. (x)
택시를 **탄 결과** 지각을 하지 않았어요. (o)
그 드라마를 **봤은 결과** 한국을 좋아하게 되었어요. (x)
그 드라마를 **본 결과** 한국을 좋아하게 되었어요. (o)

+ '-은 결과'의 '-은'은 과거 시제를 나타내기 때문에 과거 시제를 나타내는 '-었-'이 결합할 필요가 없다. 앞 절의 내용은 과거에 해당하는 것만 올 수 있다.

확장

① '-은 결과로', '-은 결과이다'의 구성으로 자주 사용된다.

예) 한국어를 **배운 결과로** 한국 회사에 취직할 수 있었다.
환경이 **오염된 결과로** 기온 변화가 생겼다.
대학원에 합격한 것은 열심히 **공부한 결과이다**.
저의 꿈을 이룬 것은 꿈을 **버리지 않은 결과입니다**.

+ '-은 결과이다'를 사용하면 결과가 앞 절에 온다.
예) 한국 드라마의 인기가 **높아진 결과** 한국어의 인기도 높아졌다.
= 한국어의 인기가 높아진 것은 한국 드라마의 인기가 **높아진 결과이다**.

유사 문법

① '-은 결과', '-기 때문에', '-어서1)', '-으니까1)'

-은 결과	-기 때문에	-어서1)	-으니까1)
· 어떤 일의 원인이라는 의미를 나타낸다.			
· 과거 '-었-'과 결합하지 않는다. 예) 비가 **왔은 결과** 여행이 취소됐다. (x)	· 과거 '-었-'과 결합한다. 예) 비가 **왔기 때문에** 여행을 취소했다. (o)	· 과거 '-었-'과 결합하지 않는다. 예) 비가 **왔어서** 여행을 취소했다. (x)	· 과거 '-었-'과 결합한다. 예) 비가 **왔으니까** 여행을 취소했다. (o)
· 형용사와 결합하지 않는다. 예) 날씨가 **흐린 결과** 여행이 취소됐다. (x)	· 형용사와 결합할 수 있다. 예) 날씨가 **흐리기 때문에** 여행이 취소됐다. (o)	· 형용사와 결합할 수 있다. 예) 날씨가 **흐려서** 여행이 취소됐다. (o)	· 형용사와 결합할 수 있다. 예) 날씨가 **흐리니까** 여행이 취소됐다. (o)
· 뒤 절에 청유문이나 명령문이 올 수 없다. 예) 비가 **온 결과** 여행을 취소하자. (x)	· 뒤 절에 청유문이나 명령문이 올 수 없다. 예) 비가 **오기 때문에** 여행을 취소하자. (x)	· 뒤 절에 청유문이나 명령문이 올 수 없다. 예) 비가 **와서** 여행을 취소하자. (x)	· 뒤 절에 청유문이나 명령문이 올 수 있다. 예) 비가 **오니까** 여행을 취소하자. (o)

+ '-은 결과'는 '-기 때문에', '-어서', '-니까'에 비해 결과를 더 분명하게 표현하는 효과가 있다. '-은 결과'라는 표현에서 이미 '결과'라는 단어가 명시적으로 제시됨으로써 뒤 절에 초점을 두는 표현이 되기 때문이다.
예) 저는 한국 문화를 **좋아한 결과** 한국어를 배우게 되었습니다.
저는 한국 문화를 **좋아하기 때문에** 한국어를 배우게 되었습니다.
저는 한국 문화를 **좋아해서** 한국어를 배우게 되었습니다.
저는 한국 문화를 **좋아하니까** 한국어를 배우게 되었습니다.

+ '-은 결과'는 구어보다 문어에서 더 자연스럽게 사용한다.

이렇게 도입해 보세요

(1) 교사: 왕밍 씨, 어떻게 시험에 합격했어요?
학생: 열심히 공부했어요.
교사: 왕밍 씨는 열심히 공부를 해서 시험에 합격했어요. 열심히 **공부한 결과** 시험에 합격했어요.

(2) 교사: 앤디 씨, 어떻게 키가 커졌어요?
학생: 열심히 운동했어요.
교사: 앤디 씨는 열심히 운동을 해서 키가 커졌어요. 열심히 **운동한 결과** 키가 커졌어요.

+ '-은 결과'를 도입할 때에는 어떤 일의 결과에 대해 그 원인을 물어봄으로써 의미를 인식하도록 유도한다. 이유를 나타내는 다른 표현인 '-어서, -니까, -기 때문에'와의 차이를 도입 부분부터 제시하면 혼란스러우므로 주의하다. 원인과 결과에 대한 다양한 예시를 제시하여 의미의 이해를 돕는 게 좋다.

-은 다음에[-ㄴ 다음에]

어떤 일이나 과정이 **끝난 후**를 나타내는 표현.

-은 다음에 (동사에 붙어) 어떤 행위를 먼저 한 후에 뒤의 행위를 함을 나타낼 때 사용한다. 시간 순서에 따라 행위를 나열하거나, 특정 시점이 지난 후에 일어날 행위에 대해 강조할 때 사용한다.

예문

(1) 가: 왕밍 씨, 어제 저녁에 뭐 했어요?
나: 수지 씨랑 저녁에 산책을 했어요.
가: 몇 시쯤에요? 저도 저녁에 산책을 했거든요.
나: 정확한 시간은 잘 모르겠어요. 드라마를 **본 다음에** 산책하러 나갔으니까 8시쯤이었을 거예요.

(2) 가: 왕밍 씨, 주말에 어디 갈까요?
나: 동대문에 가서 옷을 사고 싶어요.
가: 그럼 옷을 **산 다음에 뭐 할까요**?
나: 영화를 보는 건 어때요?
가: 그것보다 식사 먼저 하는 건 어때요?
나: 그래요. 먼저 **식사한 다음에** 영화를 봅시다.

친구의 전화를 **받은 다음에** 바로 집에서 나왔어요.
신문을 다 **읽은 다음에** 외출을 할 거예요.
강의를 **들은 다음에** 도서관에 갑시다.
번개가 **친 다음에** 천둥이 칩니다.
눈이 **내린 다음에** 날씨가 추워질 거예요.
숙제를 **끝낸 다음에** 게임을 할 거예요.
화분에 물을 **준 다음에** 설거지도 하세요.
미도리는 선생님이 **된 다음에** 결혼을 했습니다.
한국어를 **배운 다음에** 한국에 여행을 갈 거예요.
모든 학생이 강당에 **들어간 다음에** 문을 닫겠습니다.

+ '-은 다음에'는 시간의 선후에 따른 행위를 나타낼 때 사용한다. 따라서 여러 가지의 행위를 시간 순서대로 나열할 때 사용하거나 특정 행위가 끝난 이후에 일어날 행위를 나타낼 때 사용할 수 있다. 예를 들어 '어제 저녁에 뭐 했어요?'와 같은 질문에 선후 관계에 있는 두 행위, 즉 드라마를 본 행위와 산책을

한 행위가 있을 때에 '드라마를 본 다음에 산책을 했어요.'와 같이 대답할 수 있다. 이에 비해 '옷을 산 다음에 뭐 할까요?'처럼 특정 행위 이후에 일어날 행위에 대해 말하기 위해 '-은 다음에'를 사용할 수도 있다. 이러한 경우에는 뒤 절의 행위가 내용의 중심이 된다.

+ '눈이 내린 다음에 날씨가 추워질 거예요.'와 같은 문장에서는 앞 절과 뒤 절의 내용이 단순히 시간상의 선후만을 나타내는 것이 아니라 앞 절의 행위에 의한 결과적 행위로 뒤 절이 올 수 있음을 보여주고 있다.

+ 구어에서는 '에'를 생략하고 '-은 다음'으로 쓰기도 한다.

형태 정보

① 동사 어간 끝음절에 받침이 있으면 '-은 다음에'를 쓴다.

예) 씻- + -은 다음에 → 씻은 다음에　　받- + -은 다음에 → 받은 다음에
찾- + -은 다음에 → 찾은 다음에　　읽- + -은 다음에 → 읽은 다음에
먹- + -은 다음에 → 먹은 다음에　　잡- + -은 다음에 → 잡은 다음에

② 동사 어간 끝음절에 받침이 없거나 'ㄹ' 받침이 오면 '-ㄴ 다음에'를 쓴다. 단, 'ㄹ' 받침으로 끝날 때는 'ㄹ'이 탈락한다.

예) 타- + -ㄴ 다음에 → 탄 다음에　　배우- + -ㄴ 다음에 → 배운 다음에
보- + -ㄴ 다음에 → 본 다음에　　쓰- + -ㄴ 다음에 → 쓴 다음에
놀- + -ㄴ 다음에 → 논 다음에　　만들- + -ㄴ 다음에 → 만든 다음에

①	받침 ○	+ -은 다음에	씻은 다음에, 받은 다음에, 찾은 다음에, 읽은 다음에, 먹은 다음에, 잡은 다음에
②	받침 ×	+ -ㄴ 다음에	탄 다음에, 배운 다음에, 본 다음에, 쓴 다음에
	ㄹ 받침	+ -ㄴ 다음에(어간 'ㄹ' 탈락)	논 다음에, 만든 다음에

③ 불규칙

묻-　예) 왕밍 씨의 생각을 **물은 다음에** 시간을 정할까요?
줍-　예) 쓰레기를 **주운 다음에** 쓰레기통에 버려 주세요.
낫-　예) 감기가 **나은 다음에** 공부를 하고 싶어요.

제약 정보

① 형용사와 결합하지 않는다.

예) 날씨가 **더운 다음에** 비가 올 거예요. (x)
건강이 **좋은 다음에** 학교에 다닐 거예요. (x)

+ 형용사는 '-어지다'가 붙으면 '-은 다음에'와 결합이 가능하다.

예) 날씨가 **추워진 다음에** 눈이 올 거예요. (o)
건강이 **좋아진 다음에** 학교에 다닐 거예요. (o)

+ 어떤 행위의 시간적 앞섬을 뜻하므로 상태를 나타내는 형용사와는 결합하지 않는다.

② 과거 '-었-'이나 미래 · 추측의 '-겠-'이 결합하지 않는다.

예) 책을 **읽었은 다음에** 토론을 했어요. (x)
식사를 **했은 다음에** 운동을 했어요. (x)
책을 **읽은 다음에** 토론을 했어요. (o)
식사를 **한 다음에** 운동을 했어요. (o)
책을 **읽겠는 다음에** 토론을 할 거예요. (x)
식사를 **하겠는 다음에** 운동을 할 거예요. (x)
책을 **읽은 다음에** 토론을 할 거예요. (o)
식사를 **한 다음에** 토론을 할 거예요. (o)

+ '-은'은 과거를 나타내기 때문에 과거를 나타내는 '-었-'이 이중으로 결합할 필요가 없다.

확장

① 조사 '에'를 생략하여 '-은 다음/-ㄴ 다음'의 구성으로 쓰기도 한다. 주로 구어에서 사용한다.

예) 저는 대학을 **졸업한 다음** 대학원에 진학하고 싶어요.
수지는 숙제를 **마친 다음** 놀 거예요.
저는 한국에 **온 다음** 한국 음식을 좋아하게 됐어요.
철수 씨는 미도리 씨를 **만난 다음** 사랑에 빠졌어요.
비가 **온 다음** 날씨가 추워졌어요.

② '-은 다음에야, -은 다음에는, -은 다음에도' 등의 구성으로 쓰기도 한다.

예) 약을 **먹은 다음에야** 두통이 사라졌다.
대학을 **졸업한 다음에는** 반드시 취직을 하고 싶어요.
밥을 **먹은 다음에도** 계속 배가 고파서 빵을 먹었어요.
숙제를 다 **마친 다음에야** 편히 쉴 수 있을 것 같아요.
커피를 **마신 다음에도** 계속 졸리면 어쩌지요?

③ '-은 뒤에', '-은 후에', '-고 나서'와 바꿔 쓸 수 있다.

예) 철수는 아침에 일어나서 세수를 **한 뒤(에)** 밥을 먹어요.
철수는 아침에 일어나서 세수를 **한 후(에)** 밥을 먹어요.
철수는 아침에 일어나서 세수를 **하고 나서** 밥을 먹어요.
철수는 아침에 일어나서 세수를 **한 다음(에)** 밥을 먹어요.

+ '-은 뒤에, -은 후에'는 '-은 다음에'와 의미적 차이가 거의 없으며, 이때 조사 '에'는 모두 생략될 수 있다.

④ '-은 다음이다'의 구성으로 쓰여 앞 절과 뒤 절의 시간적 선후 관계를 강조하는 의미로 사용한다.

예) 한국을 좋아하게 된 것은 한국어를 **배운 다음입니다.**
요리를 잘하게 된 건 **결혼한 다음이에요.**
제가 이사를 한 건 고등학교를 **졸업한 다음이에요.**
왕밍 씨를 만난 건 대학교를 **입학한 다음이었어요.**

⑤ 행위의 단순 나열의 의미로 사용될 때 부정 형태 '-지 않은 다음에', '안 -은 다음에'가 사용되면 의미적으로 어색한 경우가 많다.

예) 샤워를 **한 다음에** 잠을 잤다.
샤워를 **안 한 다음에** 잠을 잤다. (?)
손을 **씻지 않은 다음에** 밥을 먹었다. (?)
손을 **안 씻은 다음에** 밥을 안 먹었다. (??)

유사 문법

① '-은 다음에', '-고[1]2)'

<table>
<tr><th>-은 다음에</th><th>-고[1]2)</th></tr>
<tr><td colspan="2">· 어떤 행위를 한 뒤에라는 의미를 나타낸다.
예) 학교를 졸업한 다음에 취직을 했어요.
학교를 졸업하고 취직을 했어요.</td></tr>
<tr><td>· 앞 절의 행위가 뒤 절의 행위보다 앞섬을 나타내며, 앞 행위의 완료에 초점을 둔다.
예) 수지는 숙제를 한 다음에 친구를 만났다.</td><td>· 앞 절의 행위가 끝났다는 완료의 의미를 나타내며, 단순히 행동의 연결에 초점을 둔다.
예) 수지는 숙제를 하고 친구를 만났다.</td></tr>
</table>

\+ '-은 다음에'는 시간적 선후 관계를 나타내는 연결어미 '-고[1]2)'와 기본 의미는 유사하지만 '-은 다음에'는 앞 행위를 완료했음을 강조하기 위해 사용된다.

② '-은 다음에', '-은 후에'

<table>
<tr><th>-은 다음에</th><th>-은 후에</th></tr>
<tr><td colspan="2">· 앞 절의 행위가 뒤 절의 행위보다 먼저임을 나타낸다.
예) 준비 운동을 한 다음에 수영을 하세요.
준비 운동을 한 후에 수영을 하세요.</td></tr>
<tr><td>· '명사+다음에'의 구성으로 쓰지 않는다.
예) 샤워 다음에 식사를 합시다. (x)
저는 출근 다음에 신문을 봅니다. (x)</td><td>· '명사+후에'의 구성으로 쓸 수 있다.
예) 샤워 후에 식사를 합시다. (o)
저는 출근 후에 신문을 봅니다. (o)</td></tr>
</table>

\+ '명사+후에'에서 명사는 시간을 나타내거나 행위와 관련된 의미, 즉 서술성을 가지고 있어야 한다.

예) 어머니는 밥 **후에** 텔레비전을 봐요. (x)
남자친구는 학교 **후에** 아르바이트를 갑니다. (x)
어머니는 식사 **후에** 텔레비전을 봐요. (o)
남자친구와 졸업 **후에** 결혼할 거예요. (o)

③ '-은 다음에', '-은 뒤에', '-은 후에', '-은 지'

<table>
<tr><th>-은 다음에, -은 뒤에, -은 후에</th><th>-은 지</th></tr>
<tr><td colspan="2">· 어떤 행위를 한 후라는 의미를 나타낸다.</td></tr>
<tr><td>· 시간의 선후를 나타내므로 뒤 절에는 앞 절의 행위 후 이루어진 행위를 제시해야 한다.
예) 결혼한 다음에/뒤에/후에 유학을 갔어요. (o)
결혼한 다음에/뒤에/후에 2년이 됐어요. (x)</td><td>· 뒤 절에는 시간이 얼마나 경과했는지를 나타내는 표현만 올 수 있다.
예) 결혼한 지 2년이 됐어요. (o)
결혼한 지 유학을 갔어요. (x)</td></tr>
</table>

이렇게 도입해 보세요

(1) 교사: 왕밍 씨, 아침에 일어나면 뭐 해요?
　학생: 세수해요.
　교사: 세수를 한 후에 뭐 했어요?
　학생: 밥을 먹어요.
　교사: 왕밍 씨는 세수를 한 후에 밥을 먹어요. 세수를 **한 다음에** 밥을 먹어요. 줄리아 씨는요?
　학생: 저는 커피를 마신 후에 세수를 해요.
　교사: 줄리아 씨는 커피를 **마신 다음에** 세수를 해요. 저는 밥을 **먹은 다음에** 세수를 해요. '-은 다음에'는 어떤 일을 하고 난 후에 다른 일을 할 때 사용해요.

(2) 교사: 줄리아 씨, 수업이 끝나면 뭐 할 거예요?
　학생: 미도리 씨랑 백화점에 가서 쇼핑할 거예요.
　교사: 수업이 끝나요. 그 후에 미도리 씨랑 쇼핑할 거예요. 수업이 **끝난 다음에** 미도리 씨랑 쇼핑할 거예요. 그리고 **쇼핑한 다음에** 뭐 할 거예요?
　학생: 집에 와서 숙제를 할 거예요.
　교사: 줄리아 씨는 미도리 씨와 백화점에 가서 **쇼핑한 다음에** 집에 돌아와서 숙제를 할 거예요.

+ '-은 다음에'의 도입은 어떤 행위의 시간적 선후 관계를 알 수 있는 상황을 제시하는 게 좋다. 먼저 한 일을 문장으로 만들어 '-은 다음에'와 결합하여 제시해 주고, 다음에는 앞으로 할 일을 연결하여 순차적으로 제시한다. (2)에서는 목표 문법을 도입한 후 학습자들에게 '줄리아 씨는 수업이 끝난 다음에 쇼핑을 할 거예요? 쇼핑한 다음에 집에 가서 숙제를 할 거예요?'라는 확인 질문을 하여, '-은 다음에'가 시간의 선후를 나타내므로 행위의 순서 배열에 따라 앞 절과 뒤 절이 달라짐을 알 수 있도록 유도하면 좋다.

+ 도입을 통해 시간에 따른 행위를 순차적으로 판서하고 설명을 하면 시간의 선후 관계를 나타내는 목표 문법에 대한 인식을 도울 수 있다.

-을 따름이다[-ㄹ 따름이다]{-을 뿐이다/-ㄹ 뿐이다}

다른 **선택**의 **가능성**이 **없음**을 나타내는 표현.

-을 따름이다 (동사나 형용사, '이다, 아니다'에 붙어) 다른 선택의 가능성이 없음을 나타낸다. 오직 한 가지만 선택할 수밖에 없는 상황에서 사용한다.

예문

(1) 가: 왕밍 씨, 무슨 일이 있어요?
나: 아니요, 왜요?
가: 화가 난 것처럼 보여서요.
나: 그냥 좀 **피곤할 따름이에요**.

(2) 가: 흐엉 씨는 샌드위치를 정말 좋아하나 봐요.
나: 네? 특별히 좋아하지는 않아요.
가: 흐엉 씨가 항상 샌드위치만 먹길래 진짜 좋아하는 줄 알았어요.
나: 시간 없을 때 편하게 사 먹을 수 있어서 자주 **먹을 따름이에요**.

(3) 가: 그렇게 원하던 대학에 합격한 기분이 어때요?
나: 아무 생각도 안 나고 그저 **감사할 따름이에요**.

(4) 가: 라면을 두 개나 끓였는데 혼자 다 먹었어요? 많이 배고팠나 봐요.
나: 그런 게 아니라 그냥 버리기 아까워서 **먹었을 따름이에요**.

제 생일을 기억해 주시다니 **고마울 따름이에요**.

저는 큰 욕심 내지 않고 시합을 **준비할 따름이에요**.

당신과 함께하는 이 시간이 그저 **감사할 따름이에요**.

훌쩍 자란 아이를 보면 그저 **기쁠 따름입니다**.

2년 동안이나 한국어 공부를 했지만 저에게는 아직도 한국어가 **어려울 따름이에요**.

이렇게 빨리 헤어지게 돼서 **아쉬울 따름입니다**.

저는 한국 드라마를 좋아하는 **팬일 따름이에요**.

저는 아직 한국어를 잘 못하는 **유학생일 따름입니다**.

저는 말하라고 해서 **말했을 따름입니다.**

길이 막혀서 좀 **늦었을 따름인데** 왜 이렇게 화를 많이 내요?

+ '-을 따름이다'는 선택의 가능성이나 여지가 없음을 의미한다. '시합을 준비할 따름이에요.'는 시합을 준비하는 것밖에 방법이 없음을 의미한다. '훌쩍 자란 아이를 보면 그저 기쁠 따름이다.'는 훌쩍 자란 아이를 보며 뿌듯하여 기뻐할 뿐임을, 즉 기쁜 마음이 가득함을 의미한다. '2년 동안이나 한국어 공부를 했지만 저에게는 아직도 한국어가 어려울 따름이에요.'는 오랜 기간 한국어 공부를 했지만 어렵기만 함을 의미한다. '저는 말하라고 해서 말했을 따름입니다.'는 누군가가 말하라고 시켜서 말을 전했을 뿐, 다른 책임은 없음을 의미한다. 이처럼 '-을 따름이다'는 어떤 행위나 상태가 선택의 여지가 없다는 의미를 기본으로 가지지만, 오직 그것뿐이므로 그것으로 가득하게 되어 매우 그러하다는 의미로 확장되어 나타나기도 한다.

형태 정보

① 동사 및 형용사 어간 끝음절에 받침이 있으면 '-을 따름이다'를 쓴다.

예) 찾- + -을 따름이다 → 찾을 따름이다　　먹- + -을 따름이다 → 먹을 따름이다
입- + -을 따름이다 → 입을 따름이다　　좋- + -을 따름이다 → 좋을 따름이다
신- + -을 따름이다 → 신을 따름이다　　넓- + -을 따름이다 → 넓을 따름이다

② 동사 및 형용사 어간 끝음절에 받침이 없으면 '-ㄹ 따름이다'를 쓴다. 단, 'ㄹ' 받침으로 끝날 때는 'ㄹ'이 탈락한다.

예) 배우- + -ㄹ 따름이다 → 배울 따름이다　　가- + -ㄹ 따름이다 → 갈 따름이다
예쁘- + -ㄹ 따름이다 → 예쁠 따름이다　　크- + -ㄹ 따름이다 → 클 따름이다
만들- + -ㄹ 따름이다 → 만들 따름이다　　졸- + -ㄹ 따름이다 → 졸 따름이다

①	받침 ○	+ -을 따름이다	찾을 따름이다, 먹을 따름이다, 입을 따름이다, 좋을 따름이다, 신을 따름이다, 넓을 따름이다
②	받침 ×	+ -ㄹ 따름이다	배울 따름이다, 갈 따름이다, 예쁠 따름이다, 클 따름이다
	ㄹ 받침	+ -ㄹ 따름이다 (어간 'ㄹ' 탈락)	만들 따름이다, 졸 따름이다

③ '이다, 아니다'는 '-ㄹ 따름이다'를 쓴다.

예) 외국 사람이- + -ㄹ 따름이다 → 외국 사람일 따름이다
선생님이- + -ㄹ 따름이다 → 선생님일 따름이다
배우이- + -ㄹ 따름이다 → 배우일 따름이다
운동선수이- + -ㄹ 따름이다 → 운동선수일 따름이다
아니- + -ㄹ 따름이다 → 아닐 따름이다

④ 불규칙

듣- 예) 저는 뉴스를 **들을 따름입니다**.

덥- 예) 날씨가 좀 **더울 따름인데** 땀이 나요.

잇- 예) 저는 묵묵히 가업을 **이을 따름입니다**.

문장 구성 정보

① 부정문은 '-지 않을 따름이다, 안 -을 따름이다'로 쓴다. '안 -을 따름이다'는 주로 구어에서 쓴다.

예) 피곤해서 **안 나갈 따름이다**. (o)
피곤해서 **나가지 않을 따름이다**. (o)
피곤해서 **나갈 따름이지 않다**. (x)
피곤해서 **나갈 안 따름이다**. (x)

② 높임은 '-으실 따름이다', '-을 따름이시다'로 쓴다.

예) 할머니께서도 그저 **기뻐하실 따름이다**. (o)
할머니께서도 그저 **기뻐할 따름이시다**. (o)
할머니께서도 그저 **기뻐하실 따름이시다**. (o)

제약 정보

① 과거 '-었-'과는 결합하지만 미래 · 추측의 '-겠-'과는 결합하지 않는다.

예) 다리가 좀 **아팠을 따름이에요.** (o)
다리가 좀 **아플 따름이었어요.** (o)
다리가 좀 **아프겠을 따름이에요.** (x)
다리가 좀 **아플 따름이겠어요.** (x)

② '-은/ㄴ 따름이다, -는 따름이다'의 형태로 쓰지 않는다.

예) 어제는 기분이 좀 **나쁜 따름이었다.** (x)
이제 집에 가고 **있는 따름이다.** (x)
아까 이 책을 **읽은 따름이다.** (x)
피곤해서 잠깐 **조는 따름이다.** (x)

+ 형용사와 결합할 때에도 '-을 따름이다'를 사용한다.

유사 문법

① **'-을 따름이다', '-을 뿐이다'**

<table>
<tr><th>-을 따름이다</th><th>-을 뿐이다</th></tr>
<tr><td colspan="2">· 선택의 여지가 없음을 나타낸다.
예) 저는 들은 대로 말씀드릴 따름입니다.
저는 들은 대로 말씀드릴 뿐입니다.
이 사람은 제가 시키는 대로 한 것일 따름입니다.
이 사람은 제가 시키는 대로 한 것일 뿐입니다.</td></tr>
<tr><td>· '-을 따름 아니라'의 형태로 사용될 수 없다.
예) 배가 고플 따름 아니라 졸리기도 해요. (x)
여행을 갈 시간이 없을 따름 아니라 돈도 없어요. (x)</td><td>· '-을 뿐 아니라'의 형태로 사용될 수 있다.
예) 배가 고플 뿐 아니라 졸리기도 해요. (o)
여행을 갈 시간이 없을 뿐 아니라 돈도 없어요. (o)</td></tr>
</table>

이렇게 도입해 보세요

(1) 교사: 왕밍 씨, 주말에 주로 뭐 해요?

학생: 저는 영화를 봐요.

교사: 그래요? 왕밍 씨는 영화를 정말 좋아하나 봐요. 선생님은 주로 청소를 해요. 그렇지만 청소를 정말 좋아해서 하는 건 아니에요. 주말이 아니면 청소를 할 수 없어요. 그래서 주로 주말에는 청소를 해요. 다른 건 잘 못 해요. 주말에는 청소를 **할 따름이에요**. '-을 따름이다'는 이것만 선택할 수 있다는 뜻이에요. 다른 선택이 별로 없다는 뜻이에요.

(2) (신랑, 신부는 활짝 웃고 있고, 신부 어머니는 웃으면서 눈물을 흘리고 있는 결혼식 사진을 보여 주며)

교사: 결혼식을 하고 있어요. 신부의 엄마는 기분이 어떨 것 같아요?

학생: 기쁘기도 하고 슬프기도 해요.

교사: 맞아요. 아이가 커서 결혼을 하니 기쁘겠지만, 이제 헤어져서 살아야 하니 슬프기도 할 거예요. 그러면 신부는 기분이 어때 보여요?

학생: 신부는 웃고 있어요. 행복해 보여요.

교사: 신부는 슬퍼 보이지 않아요. 활짝 웃고 있어요. 오직 행복하기만 해요. **행복할 따름이에요.**

+ (1)은 주말에 하는 활동이 좋아서 하는 것이 아니라 주말에 할 수밖에 없는 일이라는 내용을 이해하게 한 후, 이와 같이 선택의 여지가 없을 때 '-을 따름이다'를 사용할 수 있음을 설명하는 것이다. 이와 같이 제시할 때에는 최고의 것이 아니라 방법이 그것밖에 없는 상황으로 설정하여 '-을 따름이다'의 의미를 이해하게 할 수 있다.

+ (2)에서 '-을 따름이다'는 오직 그것뿐이라는 의미로 사용되어, 그것 이외에 다른 것이 없기에 위의 (1)의 상황과 조금 다르게 매우 그렇다는 최고의 의미를 가지게 된다. 두 경우 모두 '-을 따름이다'의 기본 의미는 변함이 없으나 주어지는 상황에 따라 의미가 다르게 확장되었음에 주의할 필요가 있다.

-을 테니[-ㄹ 테니]{-을 테니까[-ㄹ 테니까]}

말하는 사람의 1) **의지**, 2) **추측**을 나타내는 표현.

-을 테니1) (동사에 붙어) 말하는 사람의 의지를 나타낸다. 말하는 사람의 의지를 나타내는 앞 절의 내용에 근거하여 듣는 사람에게 뒤 절의 내용을 요청할 때 사용한다.

예문

(1) 가: 왕밍 씨, 어디 아파요? 왜 이렇게 힘이 없어요?
나: 그게 아니라 어제 늦게까지 게임을 하느라 잠을 못 자서 그래요.
가: 그러면 안 돼요. 그러다가 정말 건강이 안 좋아질 수 있어요.
나: 네, 알겠어요. 오늘은 게임을 하지 **않을 테니** 걱정하지 마세요.

(2) 가: 흐엉 씨, 뭐 먹을까요?
나: 김밥, 라면, 떡볶이, 순대, 튀김이요.
가: 그렇게 많이 시켜요? 다 먹을 수 있어요?
나: 그럼요. 제가 다 **먹을 테니** 주문해 주세요.

제가 반드시 범인을 **잡을 테니** 기다려 주세요. 약국에 **다녀올 테니** 아파도 조금만 참아.
방에서 책을 **읽을 테니** 시끄럽게 하지 마.
피곤해서 침대에 **누울 테니** 5시에 깨워 주세요.
자동차를 사 **줄 테니** 면허증부터 따.
약속을 **지킬 테니** 이번 한 번만 용서해 주세요.
내가 설거지를 **할 테니** 너는 빨래를 할래?
엄마, 한국어를 열심히 **공부할 테니** 한국으로 유학을 보내 주세요.
지금부터 1시간만 **잘 테니** 조용히 해 주세요.
제가 **도와드릴 테니** 일을 빨리 끝냅시다.

+ '-을 테니1)'은 말하는 사람의 의지에 근거하여 듣는 사람에게 어떤 것을 요청하거나 명령함을 나타낸다. '제가 반드시 범인을 잡을 테니 기다려 주세요.'는 말하는 사람이 범인을 잡겠다는 의지를 드러내며,

그렇기에 기다려 줄 것을 요청하고 있다. '약국에 다녀올 테니 아파도 조금만 참아.'는 약국에 다녀오겠으니 조금만 참고 있으라고 요청하고 있다. '방에서 책을 읽을 테니 시끄럽게 하지 마'는 책을 읽겠다는 의지와 시끄럽게 하지 말라는 요청이 나타난다. '피곤해서 침대에 누울 테니 5시에 깨워 주세요.'는 침대에 눕겠다는 의지와 깨워 달라는 요청이 나타난다. 이와 같이 '-을 테니1)'은 앞 절에는 말하는 사람의 의지, 뒤 절에는 듣는 사람에 대한 요청으로 구성된다.

형태 정보

① 동사 어간 끝음절에 받침이 있으면 '-을 테니'를 쓴다.

예) 찾- + -을 테니 → 찾을 테니　　먹- + -을 테니 → 먹을 테니
입- + -을 테니 → 입을 테니　　받- + -을 테니 → 받을 테니
놓- + -을 테니 → 놓을 테니　　잡- + -을 테니 → 잡을 테니

② 동사 어간 끝음절에 받침이 없으면 '-ㄹ 테니'를 쓴다. 단, 'ㄹ' 받침으로 끝날 때는 'ㄹ'이 탈락한다.

예) 그리- + -ㄹ 테니 → 그릴 테니　　가- + -ㄹ 테니 → 갈 테니
배우- + -ㄹ 테니 → 배울 테니　　자- + -ㄹ 테니 → 잘 테니
만들- + -ㄹ 테니 → 만들 테니　　불- + -ㄹ 테니 → 불 테니

①	받침 ○	+ -을 테니	찾을 테니, 먹을 테니, 입을 테니, 받을 테니, 놓을 테니, 잡을 테니
②	받침 ×	+ -ㄹ 테니	그릴 테니, 갈 테니, 배울 테니, 잘 테니
	ㄹ 받침	+ -ㄹ 테니(어간 'ㄹ' 탈락)	만들 테니, 불 테니

③ 불규칙

싣-　　예) 제가 짐을 **실을 테니** 저쪽에 가서 좀 쉬고 계세요.
굽-　　예) 내가 고기를 **구울 테니** 너는 상추를 씻을래?
잇-　　예) 화가가 되어 부모님의 뒤를 **이을 테니** 걱정하지 마세요.

문장 구성 정보

① '-을 테니'는 말하는 사람의 의지를 나타내므로, 말하는 사람(1인칭)이 주어로 온다.

예) 내가 고기를 **구울 테니** 넌 상추 좀 씻어 줘. (o)
네가 고기를 **구울 테니** 나는 상추를 씻을게. (x)
철수가 고기를 **구울 테니** 넌 상추를 좀 씻어 줘. ('-을 테니2)'의 뜻)

② 부정문은 '-지 않을 테니, 안 -을 테니'로 쓴다. '안 -을 테니'는 주로 구어에서 쓴다.

예) 저는 저녁을 **먹지 않을 테니** 제 것은 준비하지 않아도 돼요.
저는 저녁을 **안 먹을 테니** 제 것은 준비하지 않아도 돼요.
저는 술을 **마시지 않을 테니** 술을 권하지 마세요.
저는 술을 **안 마실 테니** 술을 권하지 마세요.

③ 뒤 절에는 주로 명령이나 요청의 내용이 온다.

예) 커피를 **마실 테니** 물을 끓여라. (o)
커피를 **마실 테니** 물을 끓이세요. (o)
커피를 **마실 테니** 물을 끓여 줄래? (o)
커피를 **마실 테니** 물을 끓인다. (x)

제약 정보

① 형용사와 결합하지 않는다.

예) (제가) 다리가 **아플 테니** 의자에 앉겠습니다. (x)
(내가) 기분이 **우울할 테니** 푹 자야겠어요. (x)
다리가 **아플 테니** 의자에 앉으세요. ('-을 테니2)'의 뜻)
기분이 **우울할 테니** 푹 자세요. ('-을 테니2)'의 뜻)

+ 형용사와 결합할 때는 추측의 의미인 '-을 테니2)'의 의미가 된다.

② 과거 '-었-', 미래 · 추측의 '-겠-'과 결합하지 않는다.

예) 내일까지 이 일을 **마쳤을 테니** 걱정하지 마세요. (x)
오늘은 반드시 청소를 **했을 테니** 걱정하지 마세요. (x)
내일까지 이 일을 **마치겠을 테니** 걱정하지 마세요. (x)
오늘은 반드시 청소를 **하겠을 테니** 걱정하지 마세요. (x)

③ '-은/ㄴ 테니, -는 테니'의 형태로 쓰지 않는다.

예) 오늘은 가게 문을 일찍 **닫은 테니** 너도 집에 일찍 돌아가서 쉬어. (x)
피곤해서 잠깐 **자는 테니** 깨우지 마. (x)
이 책을 **읽은 테니** 조용히 해 줘. (x)
커피를 **마신 테니** 물을 끓여 줄래? (x)

확장

① '-을 테니까'와 특별한 구분 없이 바꿔 쓸 수 있다.

예) 저는 밥을 **할 테니** 왕밍 씨는 찌개를 끓이세요.
= 저는 밥을 **할 테니까** 왕밍 씨는 찌개를 끓이세요.
제가 나갔다 오면서 약을 사다 **드릴 테니** 좀 쉬고 계세요.
= 제가 나갔다 오면서 약을 사다 **드릴 테니까** 좀 쉬고 계세요.

이렇게 도입해 보세요

(1) 교사: (전화를 받으며) 여보세요? 여러분, 저 전화 받을 거예요. 그러니까 조용히 해 주세요.
학생: 네.
교사: (전화를 끊으며) 고마워요. 선생님이 아까 뭐라고 말했어요?
학생: '전화를 받을 거예요. 그러니까 조용히 해 주세요.'라고 말했어요.
교사: 네, '전화를 받을 거예요. 그러니까 조용히 해 주세요.'는 '전화를 **받을 테니** 조용히 해 주세요.'라고 말할 수 있어요. (목소리를 작게 하며) 목이 아파서 작게 말할 거예요. 그러니까 조용히 해 주세요. 작게 **말할 테니** 조용히 해 주세요. '-을 테니'는 '내가 어떤 걸 할 거니까'라는 뜻이에요.

(2) 교사: 내일 시험을 보려고 해요. 열심히 공부해 오세요.
학생: 정말요? 갑자기 시험을 본다고요?
교사: 네, 내일 오늘 배운 것만 시험을 보려고 해요. 그러니까 열심히 공부해 오세요. 내일 시험을 **볼 테니** 열심히 공부해 오세요.

+ (1)과 (2)는 교사가 의지를 나타내는 상황으로 유도하여 '-을 테니1)'을 사용하는 것을 보여 주고 있다. (1)은 '-을 테니1)'을 '-을 거예요'로, (2)는 '-려고 해요'를 사용하여 '-을 테니1)'이 의지를 나타내고 있음을 인식하도록 한다.

-을 테니2) (동사나 형용사, '이다, 아니다'에 붙어) 말하는 사람의 추측을 나타낸다. 말하는 사람의 추측을 나타내는 앞 절의 내용에 근거하여 듣는 사람에게 뒤 절의 내용을 요청할 때 사용한다.

예문

(1) 가: 수지야, 오늘 옷 사러 갈 건데 같이 갈래?
나: 그래. 마침 나도 신발을 사러 백화점에 가려고 했거든.
가: 잘 됐다. 어디로 갈까?
나: 백화점은 **비쌀 테니** 동대문 시장으로 가자.

(2) 가: 흐엉, 뭐 먹을까?
나: 김밥, 라면, 떡볶이, 순대, 튀김 시킬래?
가: 그렇게 많이 시켜? 다 먹을 수 있겠어?
나: 아니, 우리 둘이서는 다 못 먹지. 왕밍이랑 수지도 온다고 했거든.
가: 그래? 네 명이면 그 정도는 **먹을 테니** 다 시키자.

비가 **올 테니** 우산을 가져가세요.

길이 **막힐 테니** 지하철을 탑시다.

휴대폰을 찾게 **될 테니** 걱정하지 마세요.

저녁에 손님이 **오실 테니** 일찍 들어 와.

날씨가 **좋을 테니** 걱정하지 마세요.

주말이라 영화관에 사람이 **많을 테니** 가지 말자.

이 영화는 **무서울 테니** 다른 영화를 보는 건 어때요?

날씨가 **추울 테니** 따뜻하게 입으세요.

배가 **고플 테니** 어서 식사를 하세요.

영화가 **시작했을 테니** 다음 영화를 보자.

민규는 **초등학생일 테니** 아이스크림을 사 주면 될 거예요.

+ '-을 테니2)'는 말하는 사람의 추측에 근거하여 듣는 사람에게 어떤 것을 요청하거나 명령함을 나타낸다. '날씨가 좋을 테니 걱정하지 마세요.'는 날씨가 좋을 것 같으니 걱정하지 말라는 의미이다. '비가 올 테니 우산을 가져가세요.'는 비가 올 것 같으니 우산을 가져가라고 명령하고 있다. '주말이라 영화관에 사람이 많을 테니 가지 말자.'는 주말이라 영화관에 사람이 많을 것 같으니 가지 말 것을 제안하고 있다. '이 영화는 무서울 테니 다른 영화를 보는 건 어때요?'는 영화가 무서울 것으로 추측이 되니 다른 영화

를 볼 것을 제안하는 것이다. 이와 같이 '-을 테니2)'는 앞 절에는 말하는 사람의 추측, 뒤 절에는 듣는 사람에 대한 요청으로 구성된다.

형태 정보

① 동사 및 형용사 어간 끝음절에 받침이 있으면 '-을 테니'를 쓴다.

예) 찾- + -을 테니 → 찾을 테니　　먹- + -을 테니 → 먹을 테니
많- + -을 테니 → 많을 테니　　좋- + -을 테니 → 좋을 테니

② 동사 및 형용사 어간 끝음절에 받침이 없으면 '-ㄹ 테니'를 쓴다. 단, 'ㄹ' 받침으로 끝날 때는 'ㄹ'이 탈락한다.

예) 그리- + -ㄹ 테니 → 그릴 테니　　가- + -ㄹ 테니 → 갈 테니
예쁘- + -ㄹ 테니 → 예쁠 테니　　깨끗하- + -ㄹ 테니 → 깨끗할 테니
만들- + -ㄹ 테니 → 만들 테니　　길- + -ㄹ 테니 → 길 테니

①	받침 ○	+ -을 테니	찾을 테니, 먹을 테니, 많을 테니, 좋을 테니
②	받침 ×	+ -ㄹ 테니	그릴 테니, 갈 테니, 예쁠 테니, 깨끗할 테니
	ㄹ 받침	+ -ㄹ 테니 (어간 'ㄹ' 탈락)	만들 테니, 길 테니

+ 앞의 '-을 테니1)'과 달리 '-을 테니2)'는 형용사와도 결합함에 주의한다.

③ '이다, 아니다'는 '-ㄹ 테니'를 쓴다. 단, '이다' 앞의 명사에 받침이 없으면 '가술 테니, 자동찰 테니'와 같이 'ㄹ'을 앞말에 붙여 쓴다.

예) 학생이- + -ㄹ 테니 → 학생일 테니
선생님이- + -ㄹ 테니 → 선생님일 테니
가수이- + -ㄹ 테니 → 가수일 테니/가술 테니
자동차이- + -ㄹ 테니 → 자동차일 테니/자동찰 테니
아니- + -ㄹ 테니 → 아닐 테니

+ '가술 테니, 자동찰 테니'는 격식적인 문어에서 사용하지 않는다.

문장 구성 정보

① 앞 절과 뒤 절의 주어가 같아도 되고 달라도 된다.

예) (네가) 오후가 되면 **배고플 테니** (네가) 도시락을 싸 가세요.
(네가) 오후가 되면 **배고플 테니** (내가) 도시락을 싸 줄까요?
수지 씨는 **늦을 테니** 왕밍 씨가 먼저 출발하세요.

+ 첫 예문의 앞 절과 뒤 절의 주어는 듣는 사람이고, 동일하다. 두 번째 예문의 앞 절은 듣는 사람, 뒤 절은 말하는 사람이 주어인 예이다. 세 번째 예문은 앞 절과 뒤 절의 주어가 다르며 앞 절의 주어가 말하는 사람도 듣는 사람도 아닌 예이다. 이처럼 '-을 테니'로 연결되는 두 문장의 주어는 같아도 되고 달라도 된다.

+ 앞 절의 주어가 1인칭이면 '-을 테니2)'의 의미로 해석된다.

② 부정문은 '-지 않을 테니, 안 -을 테니'로 쓴다. '안 -을 테니'는 주로 구어에서 쓴다.

예) 왕밍 씨는 커피를 **마시지 않을 테니** 녹차로 사 올까요?
왕밍 씨는 커피를 **안 마실 테니** 녹차로 사 올까요?
날씨가 맑아서 비가 **오지 않을 테니** 우산을 놓고 가세요.
날씨가 맑아서 비가 **안 올 테니** 우산을 놓고 가세요.

③ 높임은 '-으실 테니'로 쓴다.

예) 할머니께서 너를 보면 **기뻐하실 테니** 같이 가자.
선생님께서 **바쁘실 테니** 다음에 찾아 갑시다.
지금 교수님께서 식사하고 **계실 테니** 나중에 전화 드리자.

제약 정보

① 앞 절에는 말하는 사람이 추측하는 내용이 나오지만 말하는 사람이 주어로 나올 수 없다.

예) 내가 **늦을 테니** 기다리지 마세요. (x)
왕밍 씨가 **늦을 테니** 기다리지 마세요. (o)
나는 커피를 **마시지 않을 테니** 다른 차로 사 오세요. ('-을 테니1)'의 뜻)
왕밍 씨는 커피를 **마시지 않을 테니** 다른 차로 사 오세요. (o)

② 과거 '-었-'과는 결합하지만 미래 · 추측의 '-겠-'과는 결합하지 않는다.

예) 왕밍이 한국에 **도착했을 테니** 전화해 보세요. (o)
왕밍이 한국에 **도착하겠을 테니** 전화해 보세요. (x)
커피가 **식었을 테니** 마셔도 돼요. (o)
커피가 **식겠을 테니** 마셔도 돼요. (x)

③ '-은/ㄴ 테니, -는 테니'의 형태로 쓰지 않는다.

예) 이 영화를 **본 테니** 같이 가세요. (x)
피곤해서 **조는 테니** 깨우지 않는 게 좋겠어요. (x)
이제 집에 가고 **있는 테니** 조금 있다가 전화해 봐요. (x)

확장

① '-을 테니까'와 특별한 구분 없이 바꿔 쓸 수 있다.

예) 제 컴퓨터는 **고장났을 테니** 왕밍 씨 컴퓨터를 쓰세요.
= 제 컴퓨터는 **고장났을 테니까** 왕밍 씨 컴퓨터를 쓰세요.
눈이 와서 길이 **미끄러울 테니** 조심하세요.
= 눈이 와서 길이 **미끄러울 테니까** 조심하세요.

유사 문법

① '-을 테니2)', '-을 텐데'

-을 테니2)	-을 텐데
· 추측을 나타낸다.	
· 뒤 절의 조건이나 근거가 된다. 예) 잠을 못 자서 **피곤할 테니** 어서 들어가 쉬세요. (o) 잠을 못 자서 **피곤할 테니** 빨리 안 자고 뭐 해요? (x) 저녁을 먹어서 배가 **부를 테니** 그만 드세요. (o) 저녁을 먹어서 배가 **부를 테니** 또 먹어요? (x)	· 뒤 절을 제시하는 배경 상황이 된다. 예) 잠을 못 자서 **피곤할 텐데** 어서 들어가 쉬세요. (o) 잠을 못 자서 **피곤할 텐데** 빨리 안 자고 뭐 해요? (o) 저녁을 먹어서 배가 **부를 텐데** 그만 드세요. (o) 저녁을 먹어서 배가 **부를 텐데** 또 먹어요? (o)

+ '-을 테니2)'와 '-을 텐데'는 모두 추측의 의미를 나타낸다. 그렇지만 '-을 텐데'는 뒤 절의 제안이나 명령에 대한 배경을 제시하는 기능을 하는 데 비해 '-을 테니2)'는 직접적인 근거가 된다. 따라서 '잠을 못 자서 피곤할 테니 어서 들어가 쉬세요.'는 앞 절이 뒤 절의 근거가 되어 자연스러운 문장이 되지만 '잠을 못 자서 피곤할 테니 빨리 안 자고 뭐 해요?'는 뒤 절의 근거가 아닌 뒤 절의 제안에 대한 배경의 의미를 나타내므로 비문이 된다.

이렇게 도입해 보세요

(1) 교사: 여러분, 다음 주에 시험을 보려고 해요.
학생: 정말요? 무슨 시험이요?
교사: 이번 주에 배운 것을 가지고 시험을 볼 거예요. 시험 문제는 아마 어려울 거예요. 그러니까 공부를 열심히 하세요. 시험 문제가 **어려울 테니** 공부를 열심히 하세요.
학생: 시험 문제를 쉽게 내 주시면 안 돼요?
교사: 공부를 열심히 하지 않은 학생에게는 아마 시험 문제가 어려울 거예요. 그러니까 열심히 공부하세요. 공부를 열심히 하지 않은 학생에게는 시험 문제가 **어려울 테니** 열심히 공부하세요.

(2) 교사: 왕밍 씨는 어디로 여행을 가고 싶어요?
학생: 제주도요.
교사: 언제 제주도로 여행을 가고 싶어요?
학생: 여름에 가고 싶어요.
교사: 그런데 여름에는 너무 더울 것 같아요. 그래서 여행하기 좋지 않을 거예요. 여름에는 너무 **더울 테니** 봄이나 가을에 가는 게 좋을 거예요.

+ (1)은 시험 문제가 어려울 것으로 생각되니 열심히 공부하라는 내용을 통하여 '-을 테니2)'가 가지는 추측의 의미를 제시하고 있다. 학생들에게 시험 문제가 어려울 것이라고 말할 때 단순히 미래가 아닌 추측임을 나타내기 위해 '아마', '확실하지는 않지만', '선생님 생각에는' 등과 같은 표현을 같이 사용하는 게 효과적이다. (2)는 날씨에 대한 예상을 통해 '-을 테니2)'의 의미를 인식하도록 하는 것이다. 날씨를 보여주는 다양한 그림 카드를 활용하여 상황을 보다 확장하여 제시할 수 있겠다.

-을 텐데[-ㄹ 텐데]{-을 텐데요/-ㄹ 텐데요}

말하는 사람의 추측을 나타내는 표현.

-을 텐데 (동사나 형용사, '이다, 아니다'에 붙어) 어떤 내용에 대한 말하는 사람의 추측을 나타낸다. 뒤 절에는 추측한 내용과 관련되거나 반대되는 내용을 제시한다.

예문

(1) 가: 왕밍 씨, 어디 아파요?
나: 네, 요즘 계속 밤을 새워 일을 해서요.
가: **피곤할 텐데** 얼른 집에 가서 쉬세요.
나: 네, 알겠어요.

(2) 가: 앤디 씨, 밥 먹으러 갈래요?
나: 좋아요. 어디로 갈까요?
가: 학생 식당으로 가요. 흐엉 씨도 도서관에 **있을 텐데** 같이 갈까요?
나: 그래요. 제가 전화해 볼게요.

눈이 **내릴 텐데** 따뜻하게 입고 가세요.

동생이 엄마에게 제 성적을 **말할 텐데** 어쩌지요?

왕밍 씨, 커피를 많이 **마셨을 텐데** 주스를 드세요.

아무리 서둘러도 6시까지 도착하지 **못할 텐데** 다른 영화를 보는 건 어때요?

제가 오늘 많이 **늦을 텐데** 제가 올 때까지 기다릴 수 있겠어요?

주말에는 사람이 **많을 텐데** 명동에서 만나도 괜찮겠어요?

한국어가 **어려울 텐데** 어떻게 그렇게 한국어를 잘해요?

선생님, **바쁘실 텐데** 시간 내 주셔서 감사합니다.

너도 돈이 **없을 텐데** 이렇게 나를 도와주다니 정말 고마워.

돌아가신 할머니께 받은 거면 소중한 **책일 텐데** 잘 보관하세요.

+ '-을 텐데'는 말하는 사람의 추측을 나타낸다. '제가 오늘 많이 늦을 텐데 제가 올 때까지 기다릴 수 있겠어요?'는 말하는 사람이 스스로가 늦을 것이라고 추측하여 듣는 사람에게 그것을 고려하여 기다릴 수 있겠는지를 묻고 있다. '눈이 내릴 텐데 따뜻하게 입고 가세요.'는 눈이 내릴 것 같다는 추측에 근거

하여 따뜻하게 입고 갈 것을 권유하고 있다. '주말에는 사람이 많을 텐데 명동에서 만나도 괜찮겠어요?'는 주말에는 사람이 많을 것이라 추측하여 명동에서 만나도 되겠는지를 묻고 있다. '한국어가 어려울 텐데 어떻게 그렇게 한국어를 잘해요?'는 듣는 사람에게 한국어가 어려울 것이라 추측이 되는데도 어떻게 한국어를 잘할 수 있는지에 대해 묻거나 또는 감탄하고 있는 문장이다.

형태 정보

① 동사 및 형용사 어간 끝음절에 받침이 있으면 '-을 텐데'를 쓴다.

예) 찾- + -을 텐데 → 찾을 텐데　　먹- + -을 텐데 → 먹을 텐데　　입- + -을 텐데 → 입을 텐데
좋- + -을 텐데 → 좋을 텐데　　작- + -을 텐데 → 작을 텐데　　넓- + -을 텐데 → 넓을 텐데

② 동사 및 형용사 어간 끝음절에 받침이 없으면 '-ㄹ 텐데'를 쓴다. 단, 'ㄹ' 받침으로 끝날 때는 'ㄹ'이 탈락한다.

예) 예쁘- + -ㄹ 텐데 → 예쁠 텐데　　가- + -ㄹ 텐데 → 갈 텐데
배우- + -ㄹ 텐데 → 배울 텐데　　크- + -ㄹ 텐데 → 클 텐데
만들- + -ㄹ 텐데 → 만들 텐데　　졸- + -ㄹ 텐데 → 졸 텐데

①	받침 ○	+ -을 텐데	찾을 텐데, 먹을 텐데, 입을 텐데, 좋을 텐데, 작을 텐데, 넓을 텐데
②	받침 ×	+ -ㄹ 텐데	예쁠 텐데, 갈 텐데, 배울 텐데, 클 텐데
	ㄹ 받침	+ -ㄹ 텐데(어간 'ㄹ' 탈락)	만들 텐데, 졸 텐데

③ '이다, 아니다'는 '-ㄹ 텐데'를 쓴다. 단, '이다' 앞의 명사에 받침이 없으면 '배울 텐데, 운동선술 텐데'와 같이 'ㄹ'을 앞말에 붙여 쓴다.

예) 외국 사람이- + -ㄹ 텐데 → 외국 사람일 텐데　　선생님이- + -ㄹ 텐데 → 선생님일 텐데
배우이- + -ㄹ 텐데 → 배우일 텐데/배울 텐데　　운동선수이- + -ㄹ 텐데 → 운동선수일 텐데/운동선술 텐데
아니- + -ㄹ 텐데 → 아닐 텐데

+ '배울 텐데, 운동선술 텐데'는 격식적인 문어에서 사용하지 않는다.

④ 불규칙

듣-　　예) 흐엉 씨도 뉴스를 **들을 텐데** 사고 소식을 알게 되겠지요.
덥-　　예) 날씨가 좀 **더울 텐데** 옷을 얇게 입으세요.
짓-　　예) 겨울에 집을 **지을 텐데** 힘들지 않을까요?
이렇-　　예) 주말이라 길이 많이 막히네요. 다음 주도 **이럴 텐데** 주중에 만나는 게 어때요?

문장 구성 정보

① 앞 절과 뒤 절의 주어가 같아도 되고 달라도 된다.

예) (네가) 아침을 안 먹어서 **배고플 텐데** (네가) 빵이라도 먹을래?
(네가) 시험 기간이라 **바쁠 텐데** (내가) 시간 뺏는 것 아니에요?
수지네 엄마는 몸이 약해서 등산을 **힘들어할 텐데** 수지는 자꾸 산에 가자고 해요.

+ 첫 예문의 앞 절과 뒤 절의 주어는 듣는 사람이고, 동일하다. 두 번째 예문은 앞 절은 듣는 사람, 뒤 절은 말하는 사람이 주어인 예이다. 세 번째 예문은 앞 절과 뒤 절의 주어가 다르며 말하는 사람이 주어가 아닌 예이다. 이처럼 '-을 텐데'로 연결되는 두 문장의 주어는 같아도 되고 달라도 된다.

② 부정문은 '-지 않을 텐데, 안 -을 텐데'로 쓴다. '안 -을 텐데'는 주로 구어에서 쓴다.

예) 왕밍은 피곤해서 영화 보러 **가지 않을 텐데** 어쩌지요?
왕밍은 피곤해서 영화 보러 **안 갈 텐데** 어쩌지요?
날씨가 맑아서 비가 **오지 않을 텐데** 우산을 놓고 가세요.
날씨가 맑아서 비가 **안 올 텐데** 우산을 놓고 가세요.

③ 높임은 '-으실 텐데'로 쓴다.

예) 할머니께서 너를 보면 **기뻐하실 텐데** 같이 가자.
선생님께서 **바쁘실 텐데** 다음에 찾아 갑시다.
지금 교수님께서 식사하시고 **계실 텐데** 기다릴 수 있어요?

제약 정보

① 과거 '-었-'과는 결합하지만 미래 · 추측의 '-겠-'과는 결합하지 않는다.

예) 다리가 좀 **아팠을 텐데** 어떻게 여기까지 걸어왔어요? (o)
다리가 좀 **아프겠을 텐데** 걸어갈 생각이에요? (x)
저녁을 **먹었을 텐데** 배가 또 고프다고요? (o)
저녁을 **먹겠을 텐데** 간식을 먹지 말자. (x)

② '-은/ㄴ 텐데, -는 텐데'의 형태로 쓰지 않는다.

예) 어제는 날씨가 **나쁜 텐데** 운동을 하러 나갔다고요? (x)
이제 집에 가고 **있는 텐데** 다시 돌아오라고 할까요? (x)
저번에 이 책을 **읽은 텐데** 또 읽는 거예요? (x)
피곤해서 **자는 텐데** 깨우지 마세요. (x)

확장

① '-을 텐데'의 뒤 절이 생략되어 추측만 나타내기도 한다.

예) (1) 가: 앤디야, 같이 저녁 먹을래?
나: 그래, 좋아.
가: 왕밍한테도 같이 먹자고 할까?
나: 왕밍은 저녁을 일찍 먹잖아. 아마 저녁을 **먹었을 텐데**.
(2) 가: 여기 좀 앉으세요.
나: 아니에요. 서 있는 게 편해요.
가: 그래도 계속 서 있어서 다리가 **아플 텐데요**.
나: 괜찮아요. 다음 역에서 내릴 거예요. 감사해요.

+ 문장 종결에 사용되는 '-을 텐데'에 조사 '-요'가 붙어 '-을 텐데요'로 쓸 수 있다.
예) 어떻게 여기까지 걸어왔어요? 다리가 좀 **아팠을 텐데요**.
배가 또 고프다고요? 아까 저녁을 **먹었을 텐데요**?
우산을 가져가는 게 어때요? 오늘 비가 **올 텐데요**.

유사 문법

① '-을 텐데', '-을 테니2)'

-을 텐데	-을 테니2)
· 추측을 나타낸다.	
· 뒤 절을 제시하는 배경이나 상황이 된다. 예) 잠을 못 자서 **피곤할 텐데** 어서 들어가 쉬세요. (o) 잠을 못 자서 **피곤할 텐데** 빨리 안 자고 뭐 해요? (o) 저녁을 먹어서 배가 **부를 텐데** 그만 드세요. (o) 저녁을 먹어서 배가 **부를 텐데** 또 먹어요? (o)	· 뒤 절의 조건이나 근거가 된다. 예) 잠을 못 자서 **피곤할 테니** 어서 들어가 쉬세요. (o) 잠을 못 자서 **피곤할 테니** 빨리 안 자고 뭐 해요? (x) 저녁을 먹어서 배가 **부를 테니** 그만 드세요. (o) 저녁을 먹어서 배가 **부를 테니** 또 먹어요? (x)

+ '-을 텐데'와 '-을 테니2)'는 모두 추측의 의미를 나타낸다. 그렇지만 '-을 텐데'는 뒤 절의 제안이나 명령에 대한 배경을 제시하는 기능을 하는 데 비해 '-을 테니2)'는 직접적인 근거가 된다. 따라서 '잠을 못 자서 피곤할 테니 어서 들어가 쉬세요.'는 앞 절이 뒤 절의 근거가 되어 자연스러운 문장이 되지만 '잠을 못 자서 피곤할 테니 빨리 안 자고 뭐 해요?'는 뒤 절의 근거가 아닌 뒤 절의 제안에 대한 배경의 의미를 나타내므로 비문이 된다.

이렇게 도입해 보세요

(1) 교사: 왕밍 씨, 주말에 영화 보러 갈까요?
학생: 네, 좋아요.
교사: 액션 영화, 코미디 영화, 로맨스 영화가 있어요. 저는 로맨스 영화를 보고 싶어요. 그런데 선생님 생각에 왕밍 씨는 액션 영화를 **좋아할 텐데** 로맨스 영화를 봐도 괜찮겠어요?
학생: 저는 액션 영화를 좋아해요. 로맨스 영화를 좋아하지 않아요.
교사: 선생님 생각이 맞았어요. 왕밍 씨는 액션 영화를 좋아해요. 그럼 액션 영화를 같이 봐요. 그런데 여러분, '아마 왕밍 씨는 액션 영화를 좋아할 거야. 로맨스 영화를 봐도 괜찮을까?'라고 선생님이 생각했어요. 그래서 이렇게 말했어요. '왕밍 씨는 액션 영화를 **좋아할 텐데** 로맨스 영화를 봐도 괜찮아요?' 이렇게 '-을 텐데'는 말하는 사람이 추측하는 것을 말할 때 써요.

(2) 교사: 줄리아 씨, 아침 먹었어요?
학생: 아니요, 못 먹었어요.
교사: 아침에 밥을 못 먹었어요? 그러면 배가 고프겠어요. 배가 **고플 텐데** 이 초콜릿 좀 드세요. 흐엉 씨는 아침 먹었어요?
학생: 저도 아침 못 먹었어요.
교사: 그럼 흐엉 씨도 아마 배가 많이 고프겠어요. 배가 **고플 텐데** 이 초콜릿 좀 드세요. 여러분, 저도 아침을 못 먹었어요. 어떨 것 같아요?
학생: 선생님도 배가 고플 것 같아요. 선생님도 초콜릿을 드세요.
교사: 고마워요. 이때도 여러분이 '선생님도 배가 **고플 텐데** 초콜릿을 드세요.'라고 말할 수 있어요.

+ (1)은 동사 '좋아하다'와 '-을 텐데'가 결합하는 것을 보여주고 있다. '-을 텐데'를 사용하여 학생이 좋아하는 것을 추측하여 제시함으로써 의미를 이해하도록 하는 것이다. (2)는 형용사와 결합하는 '-을 텐데'를 보여주고 있다. 학생들에게 밥을 먹었는지 먼저 물어봄으로써 배가 고픈 상태를 추측할 수 있는 근거를 마련한 후에 '-을 텐데'를 사용하여 추측하는 문장을 제시하도록 한다.

선어말어미

-었었-[-았었-/-였었-]

현재와 다르거나 **단절되어 있는 과거의 사건**을 나타내는 어미.

-었었- (동사나 형용사, '이다, 아니다'에 붙어) 어떤 동작이나 작용이 과거의 어느 시점에 완료되었음을 나타낸다. 과거의 사건 내용이 현재와 다르거나 단절되어 있을 때 사용한다.

예문

(1) 가: 이 사진의 아이는 누구예요?
나: 저예요.
가: 그래요? 몰라보겠는데요. 지금과는 많이 다르네요.
나: 네, 어렸을 때는 키가 **작았었어요**. 고등학교 때 갑자기 키가 훌쩍 컸어요.

(2) 가: 흐엉 씨, 한국말 정말 잘하시네요.
나: 아니에요. 아직 배울 게 많아요.
가: 베트남에서 한국말을 공부하고 한국에 왔어요?
나: 아니요. 처음 한국에 왔을 때는 한국어를 하나도 **몰랐었어요**. 한국에 와서 한국어를 배웠어요.

2년 전까지 부산에 **살았었어요**.
예전에는 고기가 없으면 밥을 안 **먹었었죠**.
그때는 이루고 싶은 꿈이 **많았었어요**.
작년 여름 방학에는 제주도에 여행을 **갔었어요**.
지난겨울에는 눈이 많이 **왔었어요**.
아기를 낳기 전에는 **날씬했었어요**.
그는 왕년에 씨름 **선수였었다**.
그 당시에는 친한 친구가 **아니었었다**.
얼마 전까지 여기에 포스터가 붙어 **있었었어요**.
어렸을 때는 쌍꺼풀이 **없었었어요**.

+ '-었었-'은 어떤 동작이나 작용이 과거의 어느 시점에 완료되어 현재까지 이어지지 않고 단절됨을 나타낸다. '2년 전까지 부산에 살았었어요.'는 그 이전부터 2년 전까지는 부산에 살았지만 지금은 부산에 살지 않음을 의미한다. '예전에는 고기가 없으면 밥을 안 먹었었죠.'는 예전에는 고기가 없으면 밥을 안 먹었지만 현재는 그렇지 않음을 의미한다.

형태 정보

① 동사 및 형용사 어간 끝음절 모음이 'ㅏ, ㅗ'인 경우 '-았었-'을 쓴다.

예) 찾- + -았었- + -다 → 찾았었다
가- + -았었- + -다 → 갔었다
아프- + -았었- + -다 → 아팠었다
작- + -았었- + -다 → 작았었다
보- + -았었- + -다 → 보았었다/봤었다
고프- + -았었- + -다 → 고팠었다

+ 어간 음절이 'ㅏ'로 끝나면 '갔었-'과 같이 반드시 줄여서 쓴다.

+ 어간 음절이 'ㅗ'로 끝나면 '봤었-'과 같이 쓴다. '오- + -았었-'은 반드시 '왔었-'으로 쓴다.

+ 이음절 이상의 어간 끝음절 모음이 'ㅡ'일 때는 'ㅡ' 앞의 끝음절 모음에 따라 교체한다. 이때 'ㅡ' 모음은 탈락한다.

② 동사 및 형용사 어간 끝음절 모음이 'ㅏ, ㅗ'가 아닌 경우 '-었었-'을 쓴다.

예) 먹- + -었었- + -다 → 먹었었다
서- + -었었- + -다 → 섰었다
쓰- + -었었- + -다 → 썼었다
막히- + -었었- + -다 → 막히었었다/막혔었다
보내- + -었었- + -다 → 보내었었다/보냈었다
베- +-었었- + -다 → 베었었다/벴었다
없- + -었었- + -다 → 없었었다
싫- + -었었- + -다 → 싫었었다
주- + -었었- + -다 → 주었었다/줬었다
예쁘- + -었었- + -다 → 예뻤었다
마시- + -었었- + -다 → 마시었었다/마셨었다
세- + -었었- + -다 → 세었었다/셌었다
있- + -었었- + -다 → 있었었다

+ 어간 음절이 'ㅓ'로 끝나면 '섰었-'과 같이 반드시 줄여서 쓴다.

+ 어간 음절이 'ㅜ'로 끝나면 '줬었-'과 같이 줄여서 쓴다.

+ 이음절 이상의 어간 끝음절 모음이 'ㅡ'일 때는 'ㅡ' 앞의 끝음절 모음에 따라 교체한다. 이때 'ㅡ' 모음은 탈락한다.

+ 어간 음절이 'ㅣ'로 끝나면 흔히 줄여서 '막혔었-, 마셨었-'과 같이 쓴다. 어간 음절이 'ㅐ, ㅔ'로 끝나면 '보냈었-, 셌었-, 벴었-'과 같이 줄여서 쓴다.

③ '-하다'가 붙은 동사 및 형용사 어간에는 '-였었-'을 쓰는데, 흔히 줄여서 '-했었-'으로 쓴다.

예) 하- + -였었- + -다 → 하였었다/했었다
일하- + -였었- + -다 → 일하였었다/일했었다
도착하- + -였었- + -다 → 도착하였었다/도착했었다
운동하- + -였었- + -다 → 운동하였었다/운동했었다
시원하- + -였었- + -다 → 시원하였었다/시원했었다
똑똑하- + -였었- + -다 → 똑똑하였었다/똑똑했었다

①	ㅏ, ㅗ	+ -았-	찾았었다, 작았었다, 갔었다, 봤었다, 아팠었다, 고팠었다
②	ㅏ, ㅗ 이외	+ -었-	먹었었다, 싫었었다, 섰었다, 줬었다, 썼었다, 예뻤었다, 막혔었다, 마셨었다, 보냈었다, 셌었다, 벴었다, 있었었다, 없었었다
③	-하다	+ -였-(-했-)	했었다, 일했었다, 도착했었다, 운동했었다, 시원했었다, 똑똑했었다

④ '이다', '아니다'는 '-었었-'을 쓴다. '이다' 앞의 명사에 받침이 있으면, '-이었었-', 받침이 없으면 주로 '-였었-'이라고 쓴다.

예) 학생이- + -었었- + -다 → 학생이었었다
의사이- + -었었- + -다 → 의사이었었다/의사였었다
아니- + -었었- + -다 → 아니었었다

⑤ 불규칙

걷- 예) 지난번에 차가 끊겨서 집까지 2시간이나 **걸었었어요.**
춥- 예) 겨울 방학에 강원도에 갔는데 서울보다 훨씬 **추웠었어요.**
낫- 예) 옛날에는 배 아플 때 엄마가 배를 쓰다듬어 주면 **나았었어요.**
파랗- 예) 비가 온 후라서 그런지 하늘이 아주 **파랬었어요.**
부르- 예) 예전에는 혼자 노래방에 가서 자주 노래를 **불렀었어요.**

문장 구성 정보

① 미래 · 추측의 '-겠-'과 결합할 수 있다.

예) 차라리 모르는 게 **좋았었겠다.**
일하면서 공부하느라 **힘들었었겠다.**
학창 시절에 공부를 **잘했었겠네요.**

② '-고', '-지만', '-는데'와 같은, 문장을 연결하는 어미와 결합할 수 있다.

예) 초등학교 때는 우표를 **모았었고** 중학교 때부터 엽서를 모으기 시작했다.
부모님이 반대를 **했었지만** 두 사람은 결혼을 했다.
어렸을 때는 김치를 안 **먹었었는데** 지금은 잘 먹어요.

제약 정보

① '-고서', '-어서', '-느라고'와 같은 어미와는 결합하지 않는다.

예) 동생이 군대에 갔다 **왔었고서** 남자다워졌다. (x)
동생이 군대에 갔다 **왔었어서** 남자다워졌다. (x)
어젯밤에 TV를 **봤었느라고** 공부를 못했다. (x)

유사 문법

① '-었었-', '-었-'

-었었-	-었-
· 과거 시제를 나타낸다.	
· 현재와 다르거나 단절된 과거의 사건을 나타낸다. 예) 그는 **결혼했었다.** 부장님, 댁에서 전화가 **왔었어요.**	· 단순히 어떤 동작이나 작용이 과거에 일어났음을 나타내거나 행위가 완료되어 그 결과 상태가 유지되고 있음을 나타낸다. 예) 그는 **결혼했다.** 부장님, 댁에서 전화 **왔어요.**

+ '그는 결혼했었다.'는 그가 과거에 결혼을 했으나 현재는 결혼한 상태에 있지 않음을 의미한다. 그러나 '그는 결혼했다.'는 단순히 과거에 일어난 일에 이야기하는 것이거나 과거에 결혼을 했고 지금도 결혼한 상태에 있음을 주로 나타낸다.

+ '댁에서 전화가 왔었어요.'는 과거에 전화가 왔으나 부장님이 받지 못하였을 때 말한다. 그러나 '댁에서 전화 왔어요.'는 전화가 왔고 지금 연결을 기다리는 상황에서도 말할 수 있다.

이렇게 도입해 보세요

(1) 교사: 고등학교 때 외국어를 배웠어요?
학생: 네.
교사: ('네'라고 대답한 학생에게) 미도리 씨는 어떤 외국어를 배웠어요?
학생: 영어를 배웠어요.
교사: 지금도 영어를 배워요?
학생: 아니요, 지금은 안 배워요.
교사: 미도리 씨는 고등학교 때 영어를 배웠어요. 지금은 배우지 않아요. 미도리 씨는 고등학교 때 영어를 **배웠었어요**. 현재까지 이어지지 않고 과거에 끝난 상황을 말할 때 '-었었-'을 사용해요.

(2) 교사: (휴대용 카세트 플레이어 사진을 보여 주며) 여러분, 이게 뭔지 알아요?
학생: 카세트 플레이어요.
교사: 카세트 플레이어로 뭘 해요?
학생: 음악을 들어요.
교사: 요즘도 카세트 플레이어로 음악을 들어요?
학생: 아니요.
교사: 맞아요. 요즘에는 휴대전화나 MP3로 음악을 들어요. 하지만 예전에는 카세트 플레이어로 음악을 **들었었어요**.

+ '-었었-'은 (1), (2)와 같이 과거의 동작이나 작용이 현재까지 이어지지 않고 단절됨을 나타내므로 현재와 과거를 비교하며 제시하는 것이 효과적이다.

연결어미

-거니와

앞 절의 사실을 인정하면서 뒤의 사실을 **덧붙임**을 나타내는 연결어미.

-거니와 (동사나 형용사, '이다, 아니다'에 붙어) '~은 물론이고 더 나아가'와 같이 앞의 사실에 더해 뒤의 사실이 어떠함을 나타낸다. 앞의 내용을 인정하면서 뒤의 내용을 덧붙일 때 사용한다.

예문

(1) 가: 월드컵이 시작돼서 응원 열기가 정말 뜨겁네요.
나: 선생님도 축구 좋아하세요?
가: 그럼요. 축구 선수 김민준 씨 팬이에요. 앤디 씨는 축구 선수 중에 누구를 좋아하세요?
나: 전 김영수 선수를 정말 좋아해요. 공격도 **잘하거니와** 수비도 정말 완벽하게 잘하거든요.

(2) 가: 현우 씨 형님께서 결혼하신다면서요?
나: 네. 다음 달에 하세요.
가: 형수 되실 분은 어떤 분이세요?
나: 성격도 정말 **좋거니와** 음식 솜씨도 좋으세요.

(3) (텔레비전 뉴스)
가: 사고 현장에 김영수 기자 불러 보겠습니다. 김영수 기자.
나: 네, 현장에 나와 있는 김영수입니다.
가: 이번 사고로 인명 피해도 상당히 컸다고 들었습니다.
나: 네. 인명 피해도 상당히 **컸거니와** 지역 주민들의 물질적 피해도 상당했습니다.

민준이는 노래도 **잘하거니와** 춤도 잘 춘다.

이번 사고로 손해를 본 돈도 **돈이거니와** 인명 피해도 컸다.

날도 **어둡거니와** 비까지 내리고 있으니 내일 떠나는 게 좋겠다.

그는 일도 **잘하거니와** 성격도 좋아서 어디를 가나 환영을 받는다.

경주는 박물관 구경을 할 수 **있거니와** 왕의 무덤도 볼 수 있어서 여행하기 좋다.

사형 제도는 범죄자의 인권을 존중하지 않는 **행위이거니와** 비인도적인 행위이기 때문에 금지되어야 한다.

비빔밥은 열량이 낮아 다이어트에도 도움이 **되거니와** 채소가 많아 건강에도 좋다.

다시 한 번 **말하거니와** 내일은 절대 늦으시면 안 됩니다.

거듭 **부탁드리거니와** 이번 회의는 매우 중요하니 모두 참석해 주시면 감사하겠습니다.

저는 의사도 **아니거니와** 이 병에 대해 아무것도 모릅니다.

그는 알찬 대학 시절을 보냈다. 그는 학과 공부도 열심히 **했거니와** 자원봉사 등의 활동도 활발히 했다.

+ '-거니와'는 구어보다는 문어에 주로 사용되고 구어에 사용될 경우에는 격식적인 상황이나 뉴스 등에서 주로 사용된다. '민준이는 노래도 잘하거니와 춤도 잘 춰요.'보다는 '민준이는 노래도 잘하거니와 춤도 잘 춘다.' 또는 '김민준 씨는 노래도 잘하거니와 춤도 잘 춥니다.'와 같이 문어나 격식적인 문장에서 자주 사용된다.

형태 정보

① 동사 및 형용사 어간 끝음절의 받침 유무에 관계없이 '-거니와'를 쓴다.

예) 먹- + -거니와 → 먹거니와
춥- + -거니와 → 춥거니와
길- + -거니와 → 길거니와
가- + -거니와 → 가거니와
사- + -거니와 → 사거니와
읽- + -거니와 → 읽거니와
돕- + -거니와 → 돕거니와
만들- + -거니와 → 만들거니와
보- + -거니와 → 보거니와
일하- + -거니와 → 일하거니와

①	받침 ○	+ -거니와	먹거니와, 읽거니와, 춥거니와, 돕거니와, 길거니와, 만들거니와
	받침 ×	+ -거니와	가거니와, 보거니와, 사거니와, 일하거니와

② '이다, 아니다'는 '-거니와'를 쓴다. 단, '이다' 앞의 명사에 받침이 없으면 주로 '이'를 생략하여 '명사+-거니와'라고 쓴다.

예) 학생 + -이거니와 → 학생이거니와
친구 + -이거니와 → 친구이거니와/친구거니와

문장 구성 정보

① 보조사 '도'와 함께 쓰이거나, 부사 '또한'이나 '물론'과 함께 쓰일 수 있다. '-거니와'와 결합하는 명사나 '-거니와'에 후행하는 명사에 모두 주격 조사나 목적격 조사가 결합하면 어색할 수 있다.

예) 이 식당은 가격이 **싸거니와** 음식 맛이 좋다. (?)
이 식당은 가격도 **싸거니와** 음식 맛도 좋다. (o)
이 식당은 가격도 **싸거니와** 또한 음식 맛도 좋다. (o)
이 식당은 가격도 **싸거니와** 물론 음식 맛도 좋다. (o)
철수는 수학을 **잘하거니와** 영어를 잘합니다. (?)
철수는 수학도 **잘하거니와** 영어도 잘합니다. (o)

② 비격식적인 구어보다 토론, 뉴스 등의 격식적인 문어에서 주로 사용된다.

예) 이 가방은 디자인도 **예쁘거니와** 가격도 싸. (?)
이 가방은 디자인도 **아름답거니와** 가격도 저렴하다. (o)
이 가방은 디자인도 **아름답거니와** 가격도 저렴합니다. (o)

+ '-거니와'는 격식적인 문어의 느낌이 강해서 뒤 절의 어미가 '-는다' 혹은 '-습니다' 형태와의 결합이 우세하며 함께 사용되는 어휘도 격식적인 문어에 사용되는 어휘와의 결합이 우세하다. 비격식적인 종결어미와 결합한 문장은 완전히 비문법적이지는 않지만 부자연스럽다.

제약 정보

① 앞 절과 뒤 절의 주어가 같거나, 주제(화제)가 같아야 한다.

예) 저는 몸도 아프**거니와** (저는) 기분도 좋지 않습니다. (o)
수지는 하는 일마다 열심히 **하거니와** (수지에게) 운도 따라서 늘 성공합니다. (o)
저는 수학을 **잘하거니와** 제 동생은 영어를 잘합니다. (x)

② 과거 '-었-', 미래 · 추측의 '-겠-'과 결합할 수 있다.

예) 내가 어렸을 때 부모님이 **돌아가셨거니와** 유일한 동생마저 죽었다. (o)
이제 술도 **끊겠거니와** 담배도 피우지 않겠습니다. (o)

③ 뒤 절에 명령문이나 청유문, 의문문이 올 수 없다.

예) 노래도 **부르거니와** 춤도 추세요. (x)
회의 후에 식사도 같이 **하거니와** 차도 한잔 마십시다. (x)
오늘 경주에 가서 박물관도 **가거니와** 왕의 무덤에도 갈 거예요? (x)

확장

① '-거니와'가 '다시 말하다, 다시 설명하다, 거듭 덧붙이다' 등에 붙어서 담화 표지로 사용될 때는 앞 절과 뒤 절을 연결하는 의미가 약화된다. 이때 '-거니와'는 뒤의 말을 끌어내기 위해 사용되는 것으로, '-는데' 정도로 바꿔서 표현할 수 있다.

예) 다시 한 번 **말하거니와** 오늘 10시까지 귀가하셔야 합니다.
거듭 **강조하거니와** 이번 시험은 대단히 중요하니까 신경을 많이 쓰셔야 합니다.
거듭 **말하거니와** 저는 이 일과 전혀 관계가 없습니다.

② 'N+도 N+이거니와' 구성으로 사용하여, 앞 내용을 인정하면서 뒤의 내용을 더욱 강조한다.

예) 내 여자 친구는 노래도 노래**거니와** 춤도 잘 춘다.
성형 수술을 잘못 하면 돈도 돈**이거니와** 부작용으로 인한 심리적 상처도 적지 않다.
이번 일로 선생님께서는 체면도 체면**이거니와** 경제적 손실을 많이 보셨다.

이렇게 도입해 보세요

(1) 교사: 마이클 씨, 지난 방학에 제주도에 다녀왔지요? 제주도는 어땠어요?
학생: 경치가 정말 아름다웠어요.
교사: 그래요. 경치가 정말 아름답지요? 그리고 사람들도 아주 친절해요.
학생: 아, 정말 그랬어요.
교사: 제주도는 경치도 아름답고 사람들도 친절해요. 제주도는 경치도 **아름답거니와** 사람들도 친절해요. '-거니와'는 앞의 사실을 인정하면서 뒤의 사실을 더할 때 사용해요.

(2) 교사: 히로 씨는 술 마셔요?
학생: 아니요. 안 마셔요.
교사: 담배는요?
학생: 담배도 안 피워요. 건강에 안 좋거든요.
교사: 그렇군요. 여러분, 히로 씨는 술은 안 마시고 담배도 안 피워요. 히로 씨는 술도 안 **마시거니와** 담배도 안 피워요.

+ '-거니와'를 도입하기 위해 학습자들의 여행 경험이나 한국에 대한 인상에 대해 묻는 것도 좋다. 혹은 학습자의 습관이나 어떤 대상에 대한 좋은 점을 물어 두 개 이상의 사실을 덧붙여서 말하도록 유도한다. '-고'는 두 사실을 단순히 나열하거나 연결하지만 '-거니와'는 앞의 사실을 인정하면서 뒤의 사실을 더하는 의미가 있다는 설명을 덧붙일 수 있다.

-거든{거들랑}

앞 절이 뒤 절에 대해 **조건**이나 **가정**을 나타내는 연결어미.

-거든	(동사나 형용사, '이다, 아니다'에 붙어) 어떤 일을 가정하여 조건으로 삼을 때 사용한다. 이때 뒤 절에는 이러한 가정하에 청자에게 명령, 요청, 부탁하는 내용이 오거나 미래에 행하게 될 일이 온다.

예문

(1) 가: 선생님, 그동안 고마웠습니다.
나: 아키라 씨, 고향에 돌아가셔서 좋은 일만 있으면 좋겠어요.
가: 네, 감사합니다.
나: 고향에 **도착하거든** 전화해 주세요.
가: 네, 그렇게 할게요.

(2) 가: 흐엉 씨, 한국에 살아 보니까 어때요?
나: 문화가 달라서 좀 힘들어요. 예절이 복잡해서 실수도 많이 해요.
가: 그래요? 무슨 실수를 했는데요?
나: 한국 친구 집에 초대를 받아서 부모님과 식사하는데 제가 먼저 먹었어요. 그때 친구가 "부모님이 식사를 **시작하시거든** 그때 먹읍시다."라고 말했어요. 창피했어요.

(3) 가: 왕밍 씨, 퇴근 안 해요?
나: 일을 아직 못 끝냈어요.
가: 연말이라 일이 많지요?
나: 네, 일이 많아서 혼자 다 할 수 있을지 모르겠어요.
가: 하다가 **힘들거든** 전화하세요. 제가 도와 드릴게요.
나: 네, 감사합니다.

너무 **비싸거든** 사지 마세요.

오후에 날씨가 **좋지 않거든** 내일 오세요.

대학원을 **졸업하거든** 휴식을 좀 가져야겠어요.

장학금을 **받거든** 너한테 빌린 돈이나 먼저 갚아야겠다.

쑤완 씨를 **만나거든** 안부 좀 전해 주세요.

지금은 눈이 내리니까 이따 **그치거든** 나갑시다.

중요한 일이 **있거든** 이제 그만하고 나가 보세요.

날씨가 **춥거든** 제 점퍼를 입으세요.

첫 월급을 **받거든** 고생하신 부모님께 모두 드리겠어요.

찌개가 **짜거든** 말씀하세요. 다시 끓여 드릴게요.

조금 더 기다렸다가 줄리아 씨가 **오거든** 그때 같이 먹어요.

지하철에서 몸이 불편한 사람을 **보거든** 자리를 양보하세요.

+ '-거든'은 '어떤 일이 사실이거나 사실로 실현되면'의 뜻을 지닌 연결어미이다. '도착하거든 전화해 주세요.'에서 '도착하거든'은 '도착하는 것이 실현되면'의 뜻으로, 앞 절의 조건이 성립되면 전화를 해 달라는 뒤의 절이 접속되어 있다. '부모님이 식사를 시작하시거든 그때 먹읍시다.'에서 '먹읍시다'의 조건은 앞 절인 '부모님이 식사를 시작하다'이다. 주로 뒤 절에는 명령, 요청, 부탁의 내용이 오거나 아직 실현되지 않은 미래의 일이 온다.

형태 정보

① 동사 및 형용사 어간 끝음절의 받침 유무에 관계없이 '-거든'을 쓴다.

예) 먹- + -거든 → 먹거든
가- + -거든 → 가거든
춥- + -거든 → 춥거든
길- + -거든 → 길거든
읽- + -거든 → 읽거든
보- + -거든 → 보거든
돕- + -거든 → 돕거든
만들- + -거든 → 만들거든

①	받침 ○	+ -거든	먹거든, 읽거든, 춥거든, 돕거든, 길거든, 만들거든
	받침 ×	+ -거든	가거든, 보거든

② '이다, 아니다'는 '-거든'을 쓴다. 단, '이다' 앞의 명사에 받침이 없으면 주로 '명사+ -거든'을 쓴다.

예) 학생이 + -거든 → 학생이거든
친구이 + -거든 → 친구이거든/친구거든
아니- + -거든 → 아니거든
선생님이 + -거든 → 선생님이거든
부자이 + -거든 → 부자이거든/부자거든

문장 구성 정보

① 현실적이고 실현 가능한 일에 더 자주 사용한다. 즉 막연한 가정보다는 조건의 의미가 더 두드러진다.

예) 내가 억만장자가 **되거든** 너한테 자동차 사 줄게. (??)
내가 부자가 **되거든** 너한테 자동차 사 줄게. (o)
내가 월급 **받거든** 너한테 맛있는 저녁 사 줄게. (o)

제약 정보

① 과거는 '-었거든'으로 쓴다.

예) 다 **먹었거든** 이제 출발하자.
친구하고 다 **놀았거든** 집에 들어와서 숙제해라.

+ '-거든'은 조건을 덧붙여 명령, 청유, 화자의 약속을 나타내므로 화자보다 상위자에게는 강한 느낌의 '-거든'보다는 '-으면'을 쓰면 부드러운 느낌이 있다. 다음 ㄱ과 ㄷ보다는 ㄴ과 ㄹ이 더 부드럽고 공손한 느낌을 준다.

예) ㄱ. 할아버지, **도착하시거든** 전화주세요.
ㄴ. 할아버지, 도착하시면 전화주세요.
ㄷ. 할머니, 제가 첫 월급 **타거든** 맛있는 거 사 드릴게요.
ㄹ. 할머니, 제가 첫 월급 타면 맛있는 거 사 드릴게요.

② 뒤 절에 평서문과 감탄문이 잘 결합하지 못한다.

예) 비가 **오거든** 바람도 붑니다. (x)
봄에 꽃이 **피거든** 정말 아름답구나. (x)

+ 뒤 절에 명령문, 청유문이 주로 온다.

+ 뒤 절이 평서문이라도 '-겠-', '-을 것이다' 혹은 '-을게요' 등이 결합할 경우에는 쓸 수 있다.

예) 먹기 **싫거든** 먹지 마라.
비가 **오거든** 가지 마라.
아버지가 **오시거든** 같이 놀이공원에 놀러 가자.
비가 **그치거든** 산책할 거예요.
시험에 **붙거든** 한턱낼게요.
고향에 **돌아가거든** 꼭 전화드리겠습니다.

+ 비슷한 의미의 '-으면'은 뒤 절에 평서문이나 감탄문을 쓸 수 있다.

예) 비가 **오거든** 바람도 붑니다. (x)
비가 오면 바람도 붑니다. (o)
봄에 꽃이 **피거든** 정말 아름답겠구나. (x)
봄에 꽃이 피면 정말 아름답겠구나. (o)

확장

① 예스러운 표현으로 수사의문문 용법으로 사용되는 '-거든'의 의미도 있다. 이때의 '-거든'은 주로 '어찌, 하물며' 등의 부사와 함께 쓰여 서술의 의미를 강조한다.

예) 짐승도 부모의 은혜를 **알거든** 하물며 사람은 말해서 무엇하랴.
나이가 어린 아이도 도우려 **하거든** 어찌 그는 이 상황을 모른 척하고 있는가.

유사 문법

① '-거든', '-으면'

<table>
<tr><th>-거든</th><th>-으면</th></tr>
<tr><td colspan="2">· 앞 절이 뒤 절에 대해 조건이나 가정의 의미를 나타낸다.
예) 고향에 돌아가거든 연락해.
고향에 돌아가면 연락해.</td></tr>
<tr><td>· 실현될 가능성이 비교적 높은 조건에 사용된다.
예) 내가 대통령이 되거든 너한테 큰 집을 사 줄게. (?)</td><td>· 실현될 가능성과 관계없이 모든 가정과 조건에 사용된다.
예) 내가 대통령이 되면 너한테 좋은 집을 사 줄게. (o)</td></tr>
<tr><td>· 뒤 절에 명령문, 청유문 등이 오고 평서문, 감탄문은 올 수 없다.
예) 시험에 합격하거든 저녁을 살게. (x)
시험에 합격하거든 저녁을 같이 먹자. (o)
시험에 합격하거든 저녁을 사라. (o)
시험에 합격하거든 저녁을 삽니다. (x)</td><td>· 뒤 절의 문장의 유형에 제약이 없다.
예) 시험에 합격하면 저녁을 살게.
시험에 합격하면 저녁을 같이 먹자.
시험에 합격하면 저녁 사라.
시험에 합격하면 저녁을 삽니다.</td></tr>
</table>

+ '-거든'과 '-으면'은 두 행위가 연결될 때 앞 절이 뒤 절의 조건이나 가정의 의미를 지닌다는 점에서 공통점이 있다. 그러나 '-거든'은 실현 가능성이 어느 정도 있어야 한다는 점, 또한 뒤 절의 문장 종결에 제약이 있다는 점에서 '-으면'과 차이가 있다.

② '-거든', '-거들랑', '-걸랑'

-거든	-거들랑	-걸랑
· 앞 절이 뒤 절에 대해 조건이나 가정의 의미를 나타낸다. 예) 고향에 **돌아가거든** 연락해. 고향에 **돌아가거들랑/돌아가걸랑** 연락해.		
· 말할 때나 글을 쓸 때 모두 쓰인다. 예) 집에 도착하**거든** 전화하세요.	· 주로 말할 때 쓰인다. 예) 집에 도착하**거들랑** 전화하세요.	· '-거들랑'의 준말로, '거들랑'보다 구어의 느낌이 더 강하다. 예) 집에 도착하**걸랑** 전화하세요.

+ '-거들랑'은 '-거든'에 조사 '을랑'이 결합된 형태이고, '-걸랑'은 '-거들랑'의 준말로 '-거들랑'보다 구어의 느낌이 더 강하다. '-거들랑', '-걸랑'은 나이가 든 사람이나 지방에 거주하는 사람이 더 자주 사용하는 경향이 있으며 반말이나 해요체와 잘 어울린다.

이렇게 도입해 보세요

(1) 교사: 미도리 씨, 한국어 문법을 모르면 어떻게 해요?
학생: 학교에 와서 선생님께 여쭤 봐요.
교사: 미도리 씨는 문법을 모르면 선생님한테 물어봐요.
여러분도 공부하다가 모르는 것이 **있거든** 저한테 물어보세요.

(2) 교사: (옷 가게에서 고민하며 옷을 사는 여자의 그림 보여 주며) 레이첼 씨가 지금 옷을 사고 있어요. 친구 생일이라서 예쁜 치마를 선물할 거예요. 이 옷이 친구한테 안 맞으면 어떻게 할까요?
학생: 치마를 바꿔야 해요.
교사: 맞아요. 사이즈가 안 맞으면 바꿔요. 레이첼 씨가 친구한테 선물을 주면서 말해요. "영수증이 있으니까 치마가 안 **맞거든** 바꾸세요."

+ '-거든'이 조건의 의미가 있음을 전달하기 위해 '-으면'과 유사한 상황을 예문으로 들어 학습자에게 의미를 추측해 보도록 유도한다. '음식이 맵거든 드시지 마세요.'나 '바쁘거든 내일 만납시다.'처럼 일상적으로 자주 사용하는 예문과 상황을 풍부하게 많이 들어 주면서 의미를 자연스럽게 유추하게 한다. 그 후 '-거든'과 '-으면'을 대비하여 제약 면에서 차이가 있음을 언급하여 준다.

–고도

앞 절의 내용과 **반대**되거나 앞 절의 내용과 유사한 **다른 특성이 있음**을 나타내는 연결어미.

–고도	(동사나 형용사, '이다, 아니다'에 붙어) 앞 절의 사실이나 내용과 반대가 되는 말이 뒤에 오거나, 뒤 절의 사실이나 내용이 앞 절의 사실이나 내용과 비슷한 또 다른 특성이 있음을 나타낼 때 사용한다.

예문

(1) 가: 주말에 친구들하고 춘천 남이섬에 갔어요.
그리고 맛있는 것도 먹었어요.
나: 뭐 먹었어요?
가: 이름을 잘 몰라요. 이름이 어려워서 맛있게 **먹고도** 몰라요.
나: 혹시 닭갈비하고 막국수 아니에요?

(2) 가: 소설 '소나기'를 읽어 봤어요?
나: 네. 지난주에 읽었어요.
가: 어떤 내용이었어요?
나: 소년과 소녀의 첫사랑 이야기예요.
나중에는 소녀가 죽게 되는데, 참 **슬프고도** 아름다운 이야기였어요.

(3) 가: 유진 씨, 피곤해 보여요.
나: 네, 어제 새벽까지 쇼트트랙 경기를 봤어요.
가: 한국 선수가 금메달 땄어요?
나: 아니요. 1등이었는데 마지막에 넘어져서 메달을 못 땄어요.
가: 아쉽네요.
나: 네, **재밌고도** 아쉬운 경기였어요.

젊어서 하는 고생은 돈 **주고도** 못 산다.

너는 선생님한테 그렇게 야단을 **맞고도** 정신을 못 차리니?

어린 아이인데 매운 고추를 **먹고도** 울지 않는다.

동생은 내가 부르는 소리를 **듣고도** 못 들은 척했다.

그 가수는 콘서트에서 2시간을 **노래하고도** 지칠 줄 모른다.

아까 그렇게 많이 **놀고도** 또 놀고 싶니?

그 소설은 **잔인하고도** 끔찍한 백성들의 현실을 담았다.

아침에 궁궐에 가면 **아름답고도** 평온한 느낌을 받는다.

나는 영화감독이 돼서 **슬프고도** 아름다운 사랑 이야기를 만들고 싶다.

언니와 나는 **가족이고도** 서로 공감하지 못하는 부분이 많다.

+ '-고도'는 동사와 결합될 때에는 주로 앞 절과 상반된 내용이 결합되고, '이다'나 형용사와 결합될 때에는 주로 앞 절과 유사하거나 다른 특징을 덧붙이는 내용이 결합된다. 즉 동사가 결합된 '젊어서 하는 고생은 돈 주고도 못 산다.'는 앞 절의 내용과 반대되는 혹은 앞 절에서 기대하는 내용과 다른 내용이 연결된다. 반면 형용사가 결합된 '슬프고도 아름다운 사랑 이야기를 만들고 싶다.'는 앞 절의 내용에 더 덧붙이되 '슬프다'와는 다른 '아름답다'는 특성을 덧붙이게 된다.

형태 정보

① 동사 및 형용사 어간 끝음절의 받침 유무에 관계없이 '-고도'를 쓴다.

예) 먹- + -고도 → 먹고도
춥- + -고도 → 춥고도
길- + -고도 → 길고도
가- + -고도 → 가고도
싸- + -고도 → 싸고도
읽- + -고도 → 읽고도
돕- + -고도 → 돕고도
만들- + -고도 → 만들고도
보- + -고도 → 보고도
예쁘- + -고도 → 예쁘고도

①	받침 ○	+ -고도	먹고도, 읽고도, 춥고도, 돕고도, 길고도, 만들고도
	받침 ×	+ -고도	가고도, 보고도, 싸고도, 예쁘고도

문장 구성 정보

① 보통은 앞 절과 뒤 절에 동사와 동사, 혹은 동사와 형용사가 연결되면 상반되는 의미를 지니고, 앞 절과 뒤 절에 형용사와 형용사가 연결되면 유사한 내용을 덧붙이는 의미를 지닌다.

예) 영수 씨는 대학을 **졸업하고도** 취직을 하지 못했다.
그 가수는 돈을 많이 **벌고도** 행복하지 않았다.
이 영화는 **재미있고도** 감동적이다.
이 음식은 **고소하고도** 담백하다.
시장은 **활기차고도** 생동감이 있는 곳이다.

② 앞 절과 반대되는 내용이 연결될 때 뒤 절에 '못'이나 '안' 등의 부정을 나타내는 말과 주로 함께 쓰인다.

예) 영희는 슬픈 영화를 **보고도** 울지 않는다.
현우는 시험에 **떨어지고도** 여전히 공부를 안 한다.
동생은 아버지가 부르시는 소리를 **듣고도** 못 들은 척했다.

③ 앞 절과 반대되는 내용이 연결될 때 뒤 절에 의문문이나 의미상의 강조를 위한 반어법이 자주 나타난다.

예) 아까 그렇게 많이 **먹고도** 배가 고파?
그렇게 **고생하고도** 또 배낭여행을 가고 싶니?
김영수 씨, 본인이 이런 문제를 **만들고도** 책임을 안 지십니까?

제약 정보

① 앞 절과 뒤 절의 주어가 같거나 주제(화제)가 같아야 한다.

예) 그 영화는 **아름답고도** (그 영화는) 슬펐습니다. (o)
흐엉 씨는 토픽 공부를 열심히 **하고도** (흐엉 씨는) 시험에 떨어졌어요. (o)
미도리 씨는 실수를 **하고도** 히로 씨는 사과하지 않았어요. (x)
경주가 역사가 **깊고도** 제주도가 아름다웠어요. (x)

② 과거의 '-었-', 미래 · 추측의 '-겠-'과 결합할 수 없다.

예) 그는 많은 돈을 **벌고도** 자신을 위해 돈을 쓰지 않았다. (o)
그는 많은 돈을 **벌었고도** 자신을 위해 돈을 쓰지 않았다. (x)
페이페이 씨는 고향에 **도착하고도** 나에게 연락하지 않을 것이다. (o)
페이페이 씨는 고향에 **도착하겠고도** 나에게 연락하지 않을 것이다. (x)

③ 뒤 절에 명령문, 청유문이 올 수 없다.

예) 공부를 열심히 **하고도** 시험에 떨어지세요. (x) 오래간만에 **만나고도** 인사하지 맙시다. (x)

유사 문법

① '-고도', '-지만'

<table>
<tr><th>-고도</th><th>-지만</th></tr>
<tr><td colspan="2">· 앞 절의 내용과 반대되는 내용이 뒤에 올 때 사용된다.
예) 공부를 열심히 하고도 시험을 못 봤다. (o)
공부를 열심히 했지만 시험을 못 봤다. (o)
그 영화는 아름답고도 슬펐다. (o)
그 영화는 아름답지만 슬펐다. (o)</td></tr>
<tr><td>· 앞 절의 내용과 유사한 내용이 뒤 절에 이어지면서 전체적으로 강조하는 의미를 나타낼 수 있다.
예) 그는 부지런하고도 성실하다. (o)
수지는 똑똑하고도 지혜롭다. (o)</td><td>· 앞 절의 내용과 유사한 내용이 뒤 절에 이어질 수 없다.
예) 그는 부지런하지만 성실하다. (x)
수지는 똑똑하지만 지혜롭다. (x)</td></tr>
</table>

+ 앞 절과 뒤 절의 내용이 대조적으로 이어질 때는 구별 없이 사용할 수 있다. 그러나 앞 절과 뒤 절의 내용이 유사하게 이어지면서 강조나 의미의 더해짐을 나타낼 때는 '-지만'을 사용할 수 없다.

② '-고도', '-기도 하고 -기도 하다'

<table>
<tr><th>-고도</th><th>-기도 하고 -기도 하다</th></tr>
<tr><td colspan="2">· 앞 절의 내용과 유사하거나 반대되는 특징이 뒤에 올 때 사용된다.
예) 그 영화는 아름답고도 슬펐다. (o)
그 영화는 아름답기도 하고 슬프기도 했다. (o)</td></tr>
<tr><td>· 앞 절의 행위와 상반되는 결과가 뒤 절에 올 때 사용한다.
예) 그는 열심히 일하고도 인정을 받지 못했다. (o)</td><td>· 앞 절의 내용과 상반되는 결과가 뒤 절에 올 때 사용할 수 없다.
예) 그는 열심히 일하기도 하고 인정을 받지 못하기도 했다. (x)</td></tr>
<tr><td>· 앞 절의 행위와 뒤 절의 행위가 둘 다 일어날 때 사용할 수 없다.
예) 아키라 씨는 시험 기간에 공부를 하고도 게임을 했다. (x)
수지는 방학 때 여행을 가고도 아르바이트를 한다. (x)</td><td>· 앞 절의 행위와 뒤 절의 행위가 둘 다 일어날 때 사용한다.
예) 아키라 씨는 시험 기간에 공부를 하기도 하고 게임을 하기도 한다. (o)
수지는 방학 때 여행을 가기도 하고 아르바이트를 하기도 한다. (o)</td></tr>
</table>

+ '-고도'는 앞의 행위와 반대되는 결과가 뒤에 올 때 사용되는 반면 '-기도 하고 -기도 하다'는 그런 의미가 없기 때문에 이때의 '-고도'는 '-기도 하고 -기도 하다'로 대체하여 사용할 수 없다.

+ '-고도'는 앞 절과 뒤 절의 행위가 둘 다 일어날 때(절의 내용과 상관없이) 사용할 수 없는 반면 '-기도 하고 -기도 하다'는 가능하다.

이렇게 도입해 보세요

(1) 교사: 왕밍 씨, 이번 시험 잘 봤어요?
학생: 아니요. 잘 못 봤어요.
교사: 시험 준비를 많이 못 했어요?
학생: 아니요. 공부를 많이 했는데 잘 못 봐서 속상해요.
교사: 속상하겠어요.
여러분, 왕밍 씨는 시험공부를 많이 했어요. 그런데도 시험을 잘 못 봤어요.
왕밍 씨는 시험공부를 많이 **하고도** 시험을 잘 못 봤어요.

(2) 교사: 아사코 씨는 요즘 아르바이트를 시작했지요?
학생: 네. 지난주에 시작했어요.
교사: 한국에서 아르바이트 해 보니까 어때요?
학생: 좀 힘들지만 아르바이트 하면서 한국 사람을 만날 수 있어서 재미있어요.
교사: 그렇군요. 아사코 씨는 아르바이트가 **힘들고도** 재미있군요.

+ '-고도'의 의미를 유추할 수 있는 상황을 들어 학습자에게 의미를 이해시키도록 한다. '왕밍'이 공부를 많이 하였으면 시험을 잘 보았을 것으로 예상되지만 시험공부를 많이 했음에도 시험을 잘 못 본 상반된 상황처럼 학습자들에게 친숙하면서도 흔히 발생할 법한 상황을 예로 들어 설명한다. 형용사를 예로 들 때는 상반된 상황도 좋고 '물건 값이 싸다/질이 좋다'나 '영화가 아름답다/슬프다'와 같이 반대되는 두 속성이 모두 들어 있는 예문을 들어도 좋다. 또한 '-지만'과의 차이를 드러내기 위해서 같은 의미를 강조하기 위해서 사용되는 예인 '철수는 착하다/성실하다'(철수는 착하고도 성실하다)나 '그의 행동은 잔인하다/끔찍하다'(그의 행동은 잔인하고도 끔찍하다) 등으로 단계적으로 예문을 확장해 가는 것이 도움이 된다.

-고서

시간적 선후 관계를 나타내는 연결어미.

-고서 (동사에 붙어) 앞 절의 동작과 뒤 절의 동작이 시간의 순서대로 일어난 것임을 나타낸다. 앞 절의 동작이 뒤 절의 동작보다 먼저 일어났음을 강조할 때 사용한다.

예문

(1) 가: 영수 씨, 벌써 8시인데 퇴근 안 하세요?
나: 지금 하던 일을 마저 **끝내고서** 퇴근하려고요.
가: 네. 그럼 저 먼저 퇴근할게요. 수고하세요.
나: 네. 조심히 들어가세요. 내일 봬요.

(2) (인터뷰)
가: 영화감독이 되겠다고 결심을 하게 된 계기가 있나요?
나: 어렸을 때 '시네마 천국'이라는 영화를 **보고서** 나도 저런 영화를 만들고 싶다는 생각을 했어요. 그것이 계기가 되었던 것 같아요.
가: '시네마 천국'이 어떤 영화길래 영화감독이라는 꿈을 갖게 했나요?
나: 영화를 좋아하는 소년 '토토'와 마을의 낡은 영화관의 영사 기사의 우정을 그린 영화인데 몇 번을 봐도 미소를 짓게 하는 영화예요. 제가 '시네마 천국'을 보고 그런 것처럼 제 영화를 **보고서** 사람들이 행복한 미소를 지을 수 있었으면 좋겠다고 생각을 했어요.

그는 전화를 **받고서** 밖으로 나갔다.

다음 주까지 이 책을 **읽고서** 독후감을 써 오세요.

컵라면 용기에 끓는 물을 **붓고서** 3분만 기다리면 컵라면을 먹을 수 있어요.

눈을 **감고서** 눈 주위를 가볍게 눌러 주면 피로가 풀려요.

흐엉 씨는 **결혼하고서** 사람이 완전히 달라졌어요.

비가 **오고서** 갑자기 날씨가 추워졌어요.

취직을 **하고서** 첫 월급을 타면 뭘 할 거예요?

그녀는 아침마다 커피를 한 잔 **마시고서** 일을 시작한다.

세계 시장에 **진출하지 않고서** 경제 성장을 이루기는 어렵다.

옛날에는 서로 얼굴도 **보지 못하고서** 결혼하기도 했어요.

+ '-고서'는 동사 뒤에 붙어 먼저 하는 동작과 나중에 하는 동작을 순서대로 연결하여 한 문장으로 만들 때 사용하는 연결어미이다. 위 예문 '그는 전화를 받고서 밖으로 나갔다.'는 앞 절의 전화를 받는 동작이 먼저 이루어진 다음에 뒤 절의 밖으로 나가는 동작이 이어진 것이다. '다음 주까지 이 책을 읽고서 독후감을 써 오세요.'는 앞 절의 책을 읽는 동작이 이루어진 후에 뒤 절의 독후감을 쓰는 동작이 이어지는 것이다.

형태 정보

① 동사 어간 끝음절의 받침 유무에 관계없이 '-고서'를 쓴다.

예) 읽- + -고서 → 읽고서　　잡- + -고서 → 잡고서　　받- + -고서 → 받고서
낳- + -고서 → 낳고서　　가- + -고서 → 가고서　　보- + -고서 → 보고서
만나- + -고서 → 만나고서　　모르- + -고서 → 모르고서　　알- + -고서 → 알고서
만들- + -고서 → 만들고서

①	받침 ○	+ -고서	읽고서, 잡고서, 받고서, 낳고서, 알고서, 만들고서
	받침 ×	+ -고서	가고서, 보고서, 만나고서, 모르고서

제약 정보

① 형용사, '이다'와 결합하지 않는다.

예) 수지가 **귀엽고서** 예쁘다. (x)　　배가 **고프고서** 밥을 먹었다. (x)
그는 **미국인이고서** 한국어를 배웠다. (x)

② 과거의 '-었-', 미래 · 추측의 '-겠-'과 결합하지 않는다.

예) 선희가 밥을 **먹고서** 학교에 갔다. (o)
선희가 밥을 **먹었고서** 학교에 갔다. (x)
선희가 밥을 **먹고서** 학교에 갈 것이다. (o)
선희가 밥을 **먹겠고서** 학교에 갈 것이다. (x)

③ 앞 절과 뒤 절의 주어가 다른 경우 앞 절의 주어에는 주격 조사 '이/가'를 써야 한다. 보조사 '은/는'은 올 수 없다.

예) 아이가 학교에 **가고서** 어머니는 청소를 시작했다. (o)
아이는 학교에 **가고서** 어머니는 청소를 시작했다. (x)
부모님이 **이혼하고서** 아이가 비뚤어졌다. (o)
부모님은 **이혼하고서** 아이가 비뚤어졌다. (x)

확장

① 여러 개의 행위를 연결하는 경우 앞 행위에는 '-고'만 쓰고 마지막 행위에만 '-고서'를 쓰는 것이 자연스럽다.

예) 남편이 넥타이를 매고 양복을 **입고서** 회사에 갔다.
그녀는 항상 저녁을 먹고 운동을 **하고서** 잠을 잔다.
결혼을 하고 아이를 **낳고서** 비로소 부모님의 마음을 깊이 이해하게 되었다.

② '-고서' 뒤에는 '까지', '는', '도', '야' 등의 보조사가 올 수 있다.

예) 위험을 **무릅쓰고서까지** 여행을 갈 필요가 있을까요?
이 돈 **갖고서는** 서울에서 방 한 칸 얻기 힘들다.
그녀는 아이를 둘이나 **낳고서도** 날씬한 몸매를 유지하고 있다.
아기는 젖을 실컷 **먹고서야** 잠이 들었다.

③ 앞 절의 내용이 뒤 절의 내용의 이유나 근거임을 나타낼 때 사용할 수 있다.

예) 동생이 상한 음식을 **먹고서** 배탈이 났어요.
영철이는 어머니가 **돌아가시고서** 방황하기 시작했어요.
아이는 선생님께 꾸중을 **듣고서** 울음을 터뜨렸다.

④ 앞 절의 행위나 동작의 결과가 지속되면서 뒤 절의 내용이 진행될 때 사용할 수 있다.

예) 언니가 새 정장을 **입고서** 면접을 보러 나갔다.
한국에서는 신발을 **벗고서** 집에 들어가요.
어머니가 아픈 동생을 **업고서** 병원까지 뛰어갔어요.

⑤ 앞 절의 내용이 뒤 절의 내용의 수단이나 방법을 나타낼 때 사용할 수 있다.

예) 인천에서 배를 **타고서** 제주도에 갈 수 있어요.
자신의 목숨을 **걸고서** 물에 빠진 아이를 구했어요.
벽에 귀를 **대고서** 옆방에서 나는 소리를 들었어요.

⑥ 앞과 뒤의 내용이 서로 대립 관계에 있음을 나타낼 때 사용할 수 있다. 이때 대립의 뜻을 강조하기 위해 보조사 '도'를 덧붙일 수 있다.

예) 그는 자기가 잘못을 **하고서(도)** 도리어 화를 냈다.
어머니가 부르는 소리를 **듣고서(도)** 못 들은 체했다.
아이는 나쁜 짓을 **하고서(도)** 천진하기만 하다.

유사 문법

① '-고서', '-고2)'

-고서	-고2)
· 동작의 시간적 순서를 나타낸다.	
· 동작의 시간적 순서를 나타낸다. 단순한 나열의 의미를 가지지 않는다. 예) 노래를 **하고서** 춤을 췄어요. (o) 장미는 **예쁘고서** 향기로워요. (x) 그는 **의사이고서** 한국 사람이에요. (x)	· 동작의 시간적 순서뿐만 아니라 단순한 나열의 의미도 가진다. 예) 노래를 **하고** 춤을 췄어요. (o) 장미는 **예쁘고** 향기로워요. (o) 그는 **의사이고** 한국 사람이에요. (o)
· 과거의 '-었-', 미래·추측의 '-겠-'과 결합하지 않는다. 예) 아이가 학교에 **갔고서** 어머니는 청소를 시작했다. (x) 내일 서울의 날씨는 비가 **오겠고서** 춥겠습니다. (x)	· 단순한 나열의 의미인 경우 과거의 '-었-', 미래·추측의 '-겠-'과 결합할 수 있다. 예) 아이는 학교에 **갔고** 어머니는 청소를 시작했다. (o) 내일 서울의 날씨는 비가 **오겠고** 춥겠습니다. (o)

+ '-고서'는 동작의 시간적 순서만을 나타낼 뿐 단순한 나열의 의미는 가지지 않는다. 따라서 '노래를 하고서 춤을 췄어요.'는 '노래를 한 후에 춤을 췄다.'라는 의미이다. 이와 달리 '노래를 하고 춤을 췄어요.'는 시간적 순서를 나타낼 수도 있고 단순한 나열을 나타낼 수도 있다. 단순한 나열의 경우는 앞과 뒤의 절을 바꾸어도 의미가 같다.

이렇게 도입해 보세요

(1) 교사: 중국에서는 밥을 먹으면서 차를 마시는 것 같던데 맞아요?
학생: 네. 맞아요.
교사: 한국에서는 어떤 것 같아요?
학생: 한국에서는 밥을 먹은 후에 차를 마시는 것 같아요.
교사: 맞아요. 보통 한국에서는 밥을 **먹고서** 차를 마셔요. 앞에는 먼저 하는 것, 뒤에는 나중에 하는 것을 말할 때 '-고서'를 써요.

(2) 교사: 여러분은 아침에 이를 먼저 닦아요? 세수를 먼저 해요?
학생1: 저는 이를 먼저 닦아요.
학생2: 저는 세수를 먼저 해요.
교사: 네, 요스케는 이를 **닦고서** 세수를 해요. 쑤완은 세수를 **하고서** 이를 닦아요.

+ 시간적 순서에 따라 행하는 일상생활의 예를 들어 '-고서'를 도입하면 '-고서'의 의미를 인지시키기가 쉽다.

-고자

어떤 행동의 **목적**이나 **의도**, **희망**을 나타내는 연결어미.

-고자 (동사나 '이다, 아니다'에 붙어) 말하는 이가 어떤 행위를 하는 목적이나 의도를 드러내기 위해 사용한다. 주로 문어에 쓰인다.

예문

(1) (방송 대담)

가: 요즘 취업난이 심각합니다.
나: 최근 취직 문제로 고민하는 대학생들이 많이 늘었습니다.
가: 취업을 앞두고 있는 대학생들에게 조언의 한 말씀 부탁드립니다.
나: 막연히 취직을 꿈꾸지 말고 자신이 **들어가고자** 하는 회사를 우선 정해야 합니다. 그리고 그 회사가 원하는 인재가 되도록 노력해 보십시오.

(2) (강연)

가: 오늘 강연을 해 주실 분은 한국대학교의 김민준 교수님입니다.
나: 안녕하십니까? 좋은 부모가 **되고자** '자녀 사랑 학교'에 오신 여러분을 환영합니다.
가: 교수님, 우선 좋은 부모가 되기 위해 어떻게 해야 할까요?
나: 우선 자녀의 눈높이로 세상을 바라보아야 합니다. 즉 자녀를 이해하는 것이 중요하다는 말이지요.

그는 **성공하고자** 열심히 노력했다.

우리는 되도록 빨리 **도착하고자** 서둘렀다.

정부는 일자리를 **늘리고자** 대책을 세웠습니다.

김민준 씨는 대통령이 **되고자** 결심했습니다.

샤오잉은 김 선생님을 **만나고자** 사무실에 갔다.

좋은 **작가이고자** 한다면 꾸준히 좋은 글을 써야 한다.

저희는 앞으로 좋은 교사가 **되고자** 노력하겠습니다.

나는 대학에 **합격하고자** 밤낮없이 열심히 공부했다.

저는 그 일을 박 선생님과 의논을 **하고자** 찾아갔습니다.

수지는 체중을 **줄이고자** 열심히 운동을 했다.

+ '-고자'는 뒤 절의 행동에 대한 의도나 목적을 앞 절에서 나타낼 때 사용하는 연결어미이다. '성공하기' 위해, 그러한 의도를 가지고 '열심히 노력하다'와 같은 행동을 하는 것을 말할 때 '-고자'를 사용한다.

형태 정보

① 동사 어간의 끝음절의 받침 유무에 관계없이 '-고자'를 쓴다.

예) 먹- + -고자 → 먹고자　　읽- + -고자 → 읽고자　　돕- + -고자 → 돕고자
만들- + -고자 → 만들고자　　가- + -고자 → 가고자　　보- + -고자 → 보고자
쓰- + -고자 → 쓰고자　　일하- + -고자 → 일하고자

①	받침 ○	+ -고자	먹고자, 읽고자, 돕고자, 만들고자
	받침 ×	+ -고자	가고자, 보고자, 쓰고자, 일하고자

② '이다, 아니다'는 '-고자'를 쓴다. '이다' 앞의 명사에 받침이 없어도 '이'를 생략하지 않는다.

예) 학생이- + -고자 → 학생이고자　　사람이- + -고자 → 사람이고자
친구이- + -고자 → 친구이고자　　의사이- + -고자 → 의사이고자
아니- + -고자 → 아니고자

+ '친구이고자'를 '친구고자'로 쓰지 않는다.

문장 구성 정보

① 부정문보다는 긍정문에 더 많이 사용된다.

예) 그는 상사로부터 칭찬을 **받고자** 열심히 노력했다.
그는 상사로부터 칭찬을 **받지 않고자** 일부러 노력하지 않았다.
영수는 의논을 **하고자** 사무실로 찾아왔다.
영수는 의논을 **안 하고자** 사람들을 피했다.

+ '-고자'는 화자의 의도를 드러내는 문법이므로 칭찬을 받거나 의논을 하는 사건의 발생을 의도하는 것이 자주 생기는 일인 반면, 어떤 일을 하지 않거나 발생되지 않게 하려고 의도하는 것은 덜 자주 생기는 일이므로 뒤의 상황을 나타내는 문장은 덜 자주 쓴다.

② 일상 구어에서 빈번히 사용되지 않으며, 연설이나 보고와 같은 공식적인 말이나 글에 주로 쓰인다.

예) ㄱ. 우리는 일찍 **도착하고자** 되도록 빨리 출발했어. (?)
ㄱ'. 우리는 일찍 **도착하고자** 되도록 빨리 출발했다. (o)
ㄴ. 직원들은 이 일을 빨리 **끝내고자** 열심히 했어요. (?)
ㄴ'. 직원들은 이 일을 빨리 **끝내고자** 열심히 했습니다. (o)

+ '-고자'는 격식적인 문어체의 느낌이 강해서 뒤 절의 어미가 '-다' 혹은 '-습니다'와의 결합이 자연스럽다. 함께 사용되는 어휘도 격식적인 문어체와 어울리는 어휘와의 결합이 우세하다. ㄱ, ㄴ이 비문법적이지는 않지만 ㄱ', ㄴ'이 더 자연스럽다.

제약 정보

① 의지가 없는 주어(무생물 주어)와 결합하지 않는다.

예) 비가 내리**고자** 날씨가 흐렸다. (x)
충직한 개는 주인을 만나**고자** 20km를 걸어서 집으로 돌아왔다. (o)

+ 의도를 드러내려면 주어가 의지나 사유를 할 수 있는 존재로 상정되어야 하므로 '날씨'와 같은 기상 현상 등의 무생물은 주어로 올 수 없다.

② 앞 절과 뒤 절의 주어가 같거나, 주제(화제)가 같아야 한다.

예) 민준이는 체중을 **줄이고자** (민준이는) 운동을 열심히 했습니다. (o)
미도리는 토픽(TOPIK) 시험에서 **합격하고자** (미도리는) 열심히 공부했습니다. (o)
민준이는 체중을 **줄이고자** 꾸엉은 운동을 열심히 했습니다. (x)
미도리는 토픽(TOPIK) 시험에서 **합격하고자** 아사코는 열심히 공부했습니다. (x)

③ 형용사와 결합하지 않는다.

예) **춥고자** 밖으로 나왔어요. (x)
수지는 건강이 **좋고자** 아침마다 운동을 합니다. (x)

④ 과거 '-었-', 미래 · 추측의 '-겠-'과 결합할 수 없다.

예) 그는 많은 돈을 **벌고자** 밤늦게까지 일했다. (o)
그는 많은 돈을 **벌었고자** 밤늦게까지 일했다. (x)
쑤완 씨는 한국어를 **잘하고자** 노력할 것이다. (o)
쑤완 씨는 한국어를 **잘하겠고자** 노력할 것이다. (x)

⑤ 뒤 절에 청유문이나 명령문이 올 수 없다.

예) 시험에 **합격하고자** 노력하세요. (x)
건강을 **유지하고자** 같이 운동합시다. (x)

확장

① '-고자 하다' 구성으로 쓰여서 말하는 이가 어떤 행위를 하려는 의도나 희망을 가지고 있거나 어떤 상태를 원함을 나타낸다.

예) 이것이 제가 **말하고자 하는** 것입니다.
우리는 계획대로 이곳을 **떠나고자 합니다**.
저는 앞으로 좋은 **부모이고자 합니다**.

유사 문법

① '-고자', '-으려고'

<table>
<tr><th>-고자</th><th>-으려고</th></tr>
<tr><td colspan="2">· 어떤 행동의 목적이나 의도, 희망의 의미를 나타낸다.
예) 한국어를 잘하고자 열심히 공부합니다.
한국어를 잘하려고 열심히 공부합니다.</td></tr>
<tr><td>· '이다'와 쓸 수 있다.
예) 나는 훌륭한 선생님이고자 한다. (o)
저희들은 좋은 부모이고자 노력합니다. (o)</td><td>· '이다'와 쓸 수 없다.
예) 나는 훌륭한 선생님이려고 한다. (x)
저희들은 좋은 부모이려고 노력합니다. (x)</td></tr>
<tr><td>· 주로 격식을 갖춘 말이나 공식적인 장소에서의 대화, 글에서 많이 사용한다.
예) 여러분께 중요한 공지 사항을 알려 드리고자 합니다.
너를 만나고자 왔어. (?)</td><td>· 공식적·비공식적 말이나 글에서 모두 사용한다.
예) 지금부터 개표를 시작하려고 합니다.
너를 만나려고 왔어.</td></tr>
</table>

+ '-고자'와 '-으려고'는 말하는 이의 목적이나 의도 및 희망을 나타낸다는 점에서 공통점이 있다. 그러나 '-고자'는 '이다'와 결합할 수 있고 연설이나 보고와 같은 공식적인 말이나 글에 주로 쓰인다는 점에서 '-으려고'와 차이가 있다.

② '-고자', '-기 위해'

-고자	-기 위해
· 어떤 행동의 목적이나 의도를 나타낸다. 예) 한국어를 **잘하고자** 열심히 공부합니다. 한국어를 **잘하기 위해** 열심히 공부합니다. 한국어를 **잘하려고** 열심히 공부합니다.	
· '이다'와 쓸 수 있다. 예) 나는 훌륭한 **선생님이고자** 한다. (o) 저희들은 좋은 **부모이고자** 노력합니다. (o)	· '이다'와 쓸 수 없다. 예) 나는 훌륭한 **선생님이기 위해** 한다. (x) 저희들은 좋은 **부모이기 위해** 노력합니다. (x)
· 의도를 가지고 있음을 나타내므로 청유문이나 명령문, 당위 표현과는 잘 쓰지 않는다. 예) 불우 이웃을 **돕고자** 무슨 일이든 시작하자. (?) 불우 이웃을 **돕고자** 무슨 일이든 시작해라. (?) 불우 이웃을 **돕고자** 무슨 일이든 시작해야 한다. (?)	· 어떤 목적을 이루려고 하는 행동이 있어야 하므로 청유문이나 명령문, 당위 표현과 함께 쓸 수 있다. 예) 불우 이웃을 **돕기 위해** 무슨 일이든 시작하자. (o) 불우 이웃을 **돕기 위해** 무슨 일이든 시작해라. (o) 불우 이웃을 **돕기 위해** 무슨 일이든 시작해야 한다. (o)
· 단순히 의도만을 나타낼 수 있다. 예) 지금부터 회의를 **시작하고자** 한다. (o)	· 의도만을 나타낼 경우 쓰지 않는다. 예) 지금부터 회의를 **시작하기 위해** 한다. (x)
· 주로 격식을 갖춘 말이나 공식적인 장소에서의 대화, 글에서 많이 사용한다. 예) 여러분께 중요한 공지 사항을 **알려 드리고자** 합니다. 너를 **만나고자** 왔어. (?)	· 격식적·비격식적 말이나 글에서 모두 사용한다. 예) 회장님께서 인사 말씀을 해 **주시기 위해** 회의장으로 들어오고 계십니다. 너를 **만나기 위해** 왔어.

이렇게 도입해 보세요

(1) 교사: 샤오잉 씨, 어제 김 선생님을 만났지요?

학생: 네.

교사: 왜 김 선생님을 만났어요?

학생: 대학교 추천서를 받으려고 전화드렸어요.

교사: 아, 네. 샤오잉 씨는 추천서를 받으려고 김 선생님을 만났어요. 샤오잉 씨는 추천서를 **받고자** 김 선생님을 만났습니다. '-고자'는 '-으려고'하고 비슷해요. 하지만 인터뷰나 토론, 연설할 때 혹은 글을 쓸 때 자주 써요.

(2) 교사: 한국어로 이야기할 때 발음이 중요해요. 미도리 씨는 발음 연습을 어떻게 해요?

학생: CD를 많이 들어요.

교사: 아키라 씨는요?

학생: 저는 드라마 보면서 따라 해요.

교사: 그렇군요. 미도리 씨는 발음 연습을 **하고자** CD를 많이 듣습니다. 그리고 아키라 씨는 발음 연습을 **하고자** 드라마 대사를 따라합니다.

+ 학습자들이 의미와 문법적 제약이 유사한 '-으려고'를 이미 학습하였기 때문에 '-으려고'를 이용하여 의미 도입을 한 다음, '-으려고'와 '-고자'의 차이에 대해 제시 단계에서 상세히 설명하도록 한다.

-기에

어떤 행위나 일의 **원인**이나 **근거**를 나타내는 연결어미.

-기에 (동사나 형용사, '이다, 아니다'에 붙어) 앞 절이 뒤 절의 원인이나 이유, 근거를 나타낼 때 사용한다. 주로 문어에 쓰인다.

예문

(1) 형이나 누나, 동생이 없는 외동아들인 나는 명절 때 친척 집에 가는 것을 좋아했다. 부모님도 내가 늘 외로움을 많이 탄다는 것을 알고 **계셨기에** 명절이면 친척들과 함께 보내려고 하셨다. 나는 특히 큰집에 가는 것을 좋아한다. 우리 가족끼리 보내는 조용한 명절보다는 큰집에서 보내는 떠들썩한 명절이 좋았기 때문이다. 큰집에 가면 명절 음식 준비로 분주한 친척들, 기름 냄새로 가득한 집안 공기, 소리를 지르며 몰려다니는 어린 아이들, 이런 것이 진짜 **명절이기에** 큰집에서 명절을 보내는 것을 좋아했다.

(2) (방송 대담)

가: 청소년들이 교우 관계를 유지하기 위해서 스마트폰은 꼭 필요합니다.

나: 교우 관계라는 것이 스마트폰만 있으면 된다고 보십니까?

가: 스마트폰만 있으면 원만한 교우 관계가 유지된다는 뜻으로 드린 말씀은 아닙니다. 그렇지만 친구들에게 연락하거나 의견을 교환할 때 스마트폰을 주로 사용하기 때문에 스마트폰이 반드시 필요하다고 보는 것입니다.

나: 전 오히려 스마트폰이 청소년들의 교우 관계를 망치고 있다고 봅니다. 청소년들은 **학생이기에** 무엇보다도 학업에 집중해야 합니다. 그런데 무분별한 스마트폰 사용으로 학생들의 학업과 학교생활, 교우 관계에 악영향을 주고 있습니다.

그가 **부탁하기에** 나도 한번 서점에 가 보았다. 밖에서 큰 소리가 **나기에** 모두 밖으로 나갔다.

꽃이 정말 싸고 **예쁘기에** 한 송이 샀다.

바람이 불고 큰비가 **오기에** 참석하지 못한다고 연락했다.

다른 사람들이 모두 신발을 신고 **들어가기에** 나도 그렇게 했다.

빵이 맛있어 **보이기에** 하나 사 왔어요.

도대체 뭘 그렇게 **잘못했기에** 집에도 못 들어가고 있니?

어젯밤에 얼마나 **울었기에** 눈이 퉁퉁 부었니?

약속한 사람이 **누구기에** 이렇게 서두르세요?

오해가 **없어야겠기에** 오늘 일을 설명드리러 왔습니다.

+ '-기에'는 뒤 절의 일이나 행동에 대한 원인, 이유, 근거를 앞 절에 나타낼 때 사용하는 연결어미이다. '서점에 한번 가 보거나', '사람들이 모두 밖으로 나간' 것의 원인이나 이유를 앞 절에 드러내기 위해 '그가 부탁하기에, 밖에서 큰 소리가 나기에'와 같이 '-기에'를 사용한다.

형태 정보

① 동사 및 형용사 어간의 끝음절의 받침 유무에 관계없이 '-기에'를 쓴다.

예) 먹- + -기에 → 먹기에
작- + -기에 → 작기에
돕- + -기에 → 돕기에
가- + -기에 → 가기에
싸- + -기에 → 싸기에
읽- + -기에 → 읽기에
춥- + -기에 → 춥기에
만들- + -기에 → 만들기에
보- + -기에 → 보기에
예쁘- + -기에 → 예쁘기에

①	받침 ○	+ -기에	먹기에, 읽기에, 작기에, 춥기에, 돕기에, 만들기에
	받침 ×	+ -기에	가기에, 보기에, 싸기에, 예쁘기에

② '이다, 아니다'는 '-기에'를 쓴다. 단, '이다' 앞의 명사에 받침이 없으면 주로 '명사+-기에' 라고 쓴다.

예) 학생이 + -기에 → 학생이기에
친구이 + -기에 → 친구이기에/친구기에
책이- + -기에 → 책이기에
아니- + -기에 → 아니기에

문장 구성 정보

① '-기에'는 비격식적인 구어보다는 연설이나 보고, 내레이션 등과 같은 격식적인 문어에 주로 쓰인다.

예) ㄱ. 날씨가 **덥기에** 내가 문을 열어 뒀어. (?)
ㄴ. 날씨가 **덥기에** 제가 문을 열어 두었습니다.

+ '-기에'는 격식적인 문어에 주로 쓰이므로 어미 '-다' 혹은 '-습니다' 형태와 잘 어울린다. ㄱ이 비문법적이지는 않지만 ㄱ보다는 ㄴ이 더 자연스럽다.

② 앞 절이 뒤 절의 행위를 하는 근거로서 작용되어야 한다. 뒤 절에 주로 형용사보다는 동사가 결합된다.

예) ㄱ. 친구가 **부탁하기에** 나는 마음이 무거웠다. (?)
ㄴ. 날씨가 **시원하기에** 나는 기분이 좋았다. (?)
ㄷ. 아이가 **까불기에** 나는 기분이 나빴다. (??)

ㄱ'. 친구가 **부탁하기에** 나는 그곳에 한번 가 보았다. (o)
ㄴ'. 날씨가 **시원하기에** 나는 캠핑 갈 준비를 했다. (o)
ㄷ'. 아이가 **까불기에** 나는 아이를 혼내 주었다. (o)

+ '-기에'와 결합한 앞 절을 이유나 근거로, 어떠한 일이 일어나거나 행위를 했다는 내용이 뒤 절에 연결될 때 가장 자연스럽다. ㄱ, ㄴ, ㄷ과 같이 뒤 절에 기분이나 느낌이 나타나면 다소 어색하다.

③ 평서문일 경우 부사 '마침'과 잘 어울리며, 수사 의문문일 경우(의문사와 함께 쓰였을 경우)에는 '도대체, 대체'와 자주 쓰인다.

예) 시장에서 마침 세일을 **하기에** 나는 구두를 하나 구입했다.
동생이 마침 **들어오기에** 나는 동생에게 심부름을 시켰다.
도대체 돈이 **뭐기에** 나는 돈에 매달리는 것일까?
대체 그가 어떤 **존재기에** 나는 그에게 꼼짝을 못 할까?

제약 정보

① 뒤 절의 주어가 의지가 없는 무생물 주어일 경우에 잘 결합하지 않는다.

예) 비가 **내리기에** 상황이 더욱 안 좋아졌다. (x)
동생이 **들어오기에** 방 안 분위기가 갑자기 이상해졌다. (x)

② 앞 절과 뒤 절의 주어가 같지 않아야 한다. 그리고 앞 절에는 1인칭 주어가 오지 않는다.

예) ㄱ. 날씨가 **춥기에** (내가) 옷을 많이 입었습니다. (o)
ㄴ. 형이 늦게 **오기에** 어머니가 늘 기다리십니다. (o)
ㄷ. 철수가 체중이 **늘기에** (철수가) 운동을 시작했습니다. (x)
ㄹ. 내가 토픽(TOPIK) 시험에 **합격했기에** (어머니가) 정말 기뻐하셨습니다. (x)

+ '-기에'는 ㄷ처럼 앞 절과 뒤 절의 주어가 동일하면 비문법적이고, ㄱ, ㄴ과 같이 앞 절과 뒤 절의 주어가 동일하지 않을 때 문법적이다. ㄹ이 앞 절과 뒤 절의 주어가 다름에도 비문이 되는 것은 앞 절의 주어로 1인칭이 결합되었기 때문이다.

③ 뒤 절에 명령문이나 청유문, 감탄문이 올 수 없다.

예) ㄱ. 날씨가 **덥기에** 창문을 열어라. (x)
ㄴ. 날씨가 **덥기에** 창문을 엽시다. (x)
ㄷ. 시원한 바람이 **불기에** 창문을 여는군요. (x)
ㄹ. 시원한 바람이 **불기에** 창문을 열었습니다. (o)
ㅁ. 시원한 바람이 **부니까** 창문을 열어라/엽시다. (o)

+ 뒤 절에 명령문이나 청유문을 결합하여 쓰고자 하면 ㅁ과 같이 앞 절에 '-으니까'를 사용하여야 한다.

확장

① '-기에'는 앞 절에 1인칭 주어가 결합되어서는 안 되지만, '심심하다, 슬프다, 외롭다' 등의 심리 형용사와 결합하는 경우 혹은 자신도 인지하지 못하고 있는 행위를 하는 경우에는 1인칭 주어를 쓸 수 있다.

예) (내가) 너무 **심심하기에** (내가) 혼자 영화를 보러 나갔다.
(내가) 영화를 보다가 나도 모르게 소리를 지르고 **있기에** (내가) 얼른 손으로 입을 막았다.

+ ㄱ과 ㄴ의 앞 절에는 모두 '-기에'가 사용되었지만 올바른 문장으로 성립한다. ㄱ에서는 '심심하다'와 같은 심리 형용사가 사용되었기 때문이고, ㄴ에서는 무의식적인 행위에 사용되었기 때문에 1인칭 주어 제약이 해소되었다.

유사 문법

① '-기에', '-길래'

<table>
<tr><th>-기에</th><th>-길래</th></tr>
<tr><td colspan="2">· 앞 절이 뒤 절의 원인이나 이유, 근거를 나타낸다.
예) 아이가 울기에 어머니가 가서 달래 주었다.
아이가 울길래 어머니가 가서 달래 주었다.</td></tr>
<tr><td>· 주로 글을 쓸 때나 격식적인 상황에서 쓰인다.
예) 청소년은 학생이기에 학업에 충실해야 합니다.
차가 고장났기에 지하철을 타고 병원에 갔습니다.</td><td>· 주로 말할 때 쓰인다.
예) 수지가 학교에 간다길래 책을 반납해 달라고 했어요.
차가 고장났길래 지하철을 타고 병원에 갔지.</td></tr>
<tr><td>· 앞 절과 뒤 절의 주어가 달라야 하며, 앞 절의 주어로 1인칭이 잘 오지 않는다.
예) 수지가 울기에 내가 달래 줬다. (o)
수지가 울기에 어머니가 달래 줬다. (o)
내가 장학금을 받았기에 부모님이 기뻐하셨다. (x)</td><td>· 뒤 절의 주어로 1인칭이 와야 한다. 단, 화자가 공동 관찰자이거나 추측한 내용일 경우에는 뒤 절의 주어로 3인칭도 올 수 있다.
예) 수지가 울길래 내가 달래 줬다. (o)
수지가 울길래 민수가 달래 줬다. (x)
동생은 어머니 생신이길래 (동생은) 선물을 샀어요. (o)
(화자가 이러한 상황을 모두 관찰하였을 경우 성립이 가능함.)
동생이 까불길래 형이 때렸겠지. (o)</td></tr>
</table>

+ '-기에'와 '-길래'는 의미와 용법 면에서 유의 관계에 있지만 '-길래'가 구어에 더 많이 사용되고 '-기에'가 문어나 격식적인 구어에 더 많이 사용된다는 점에서 큰 차이를 보인다.

+ 결합 제약에서 보면 앞 절의 주어가 1인칭이 결합될 수 없다는 제약은 '-기에'와 '-길래'가 모두 동일하게 가지고 있다.(이 제약은 '슬프다, 심심하다' 등의 일부 용언과 결합하면 해소된다.) 반면 '-길래'에는 뒤 절의 주어로 1인칭만 결합된다는 제약이 있다. 이 제약은 추측이나 공동 관찰자적 시각이 개입되면 역시 해소될 수 있다.

② '-기에', '-기 때문에'

-기에	-기 때문에
· 앞 절이 뒤 절의 원인이나 이유, 근거를 나타낸다. 예) 비가 **오기에** 우산을 들고 나갔다. 비가 **오기 때문에** 우산을 들고 나갔다. 일이 **많기에** 시간을 낼 수 없다. 일이 **많기 때문에** 시간을 낼 수 없다.	
· 수사 의문문과 잘 어울린다. 예) 어제 어디를 **갔기에** 하루 종일 볼 수가 없었어? (o) 돈이 **뭐기에** 사람들이 그렇게 돈을 좋아하는 걸까? (o)	· 수사 의문문과 어울려 쓰지 않는다. 예) 어제 어디를 **갔기 때문에** 하루 종일 볼 수가 없었어? (x) 돈이 **뭐기 때문에** 사람들이 그렇게 돈을 좋아하는 걸까? (x)
· 앞 절이 뒤 절의 근거로 사용될 때, 앞 절의 과거 '-었-'이 생략되는 것이 자연스럽다. 예) 친구가 **부탁하기에** 그곳에 한번 가 보았다. (o) 날씨가 **시원하기에** 캠핑 갈 준비를 했다. (o) 아이가 **까불기에** 아이를 혼내 주었다. (o)	· 앞 절이 뒤 절의 근거로 사용될 때, 앞 절의 과거 '-었-'이 생략되지 않는 것이 자연스럽다. 예) 친구가 **부탁했기 때문에** 그곳에 한번 가 보았다. (o) 날씨가 **시원했기 때문에** 캠핑 갈 준비를 했다. (o) 아이가 **까불었기 때문에** 아이를 혼내 주었다. (o)

③ '-기에', '-어서1)', '-으니까1)'

<table>
<tr><th>-기에</th><th>-어서1)</th><th>-으니까1)</th></tr>
<tr><td colspan="3">· 앞 절이 뒤 절의 원인이나 이유, 근거임을 나타낸다.
예) 아이가 울기에 어머니가 가서 달래 주었다.
아이가 울어서 어머니가 가서 달래 주었다.
아이가 우니까 어머니가 가서 달래 주었다.</td></tr>
<tr><td>· 주로 글을 쓸 때 쓰인다.
예) 비가 오기에 행사를 취소했습니다.</td><td>· 말할 때나 글을 쓸 때 쓰인다.
예) 비가 와서 행사를 취소했습니다.
비가 와서 행사를 취소했어.</td><td>· 말할 때나 글을 쓸 때 쓰인다.
예) 비가 오니까 행사를 취소했습니다.
비가 오니까 행사를 취소했어.</td></tr>
<tr><td>· 뒤 절에 청유문이나 명령문이 올 수 없다.
예) 시간이 없기에 서두르세요. (x)
시간이 없기에 서두릅시다. (x)</td><td>· 뒤 절에 청유문이나 명령문이 올 수 없다.
예) 시간이 없어서 서두르세요. (x)
시간이 없어서 서두릅시다. (x)</td><td>· 뒤 절에 청유문이나 명령문이 올 수 있다.
예) 시간이 없으니까 서두르세요. (o)
시간이 없으니까 서두릅시다. (o)</td></tr>
<tr><td>· 과거 '-었-', 미래·추측 '-겠-'과 결합한다.
예) 꽃이 아름다웠기에 꽃을 한 송이 샀어요. (o)
꽃이 향기롭겠기에 꽃을 한 송이 샀어요. (o)</td><td>· 과거 '-었-', 미래·추측 '-겠-'과 결합하지 않는다.
예) 꽃을 좋아했어서 꽃을 선물해요. (x)
꽃을 좋아하겠어서 꽃을 선물해요. (x)</td><td>· 과거 '-었-', 미래·추측 '-겠-'과 결합한다.
예) 꽃을 좋아했으니까 꽃을 선물해요. (o)
꽃을 좋아하겠으니까 꽃을 선물해요. (o)</td></tr>
<tr><td>· 주로 앞 절이 뒤 절의 행위를 하게 된 근거나 이유를 제시하는 경우에 사용한다.
예) 아이가 울기에 아이에게 사탕을 하나 주었다.
자꾸 까불기에 아이를 혼 내 주었다.</td><td>· 보편적인 결과에 대한 원인을 밝히는 의미가 강하다. 따라서 일반적인 자연의 현상이나 사물의 변화로 발생한 결과를 설명할 때 '-어서'를 주로 사용한다.
예) 비행기가 추락해서 사람들이 많이 죽었다.
비가 많이 내려서 홍수가 났다.</td><td>· 주로 주관적인 행동의 동기, 주장이나 추론의 전제, 명령 따위의 근거를 나타낸다.
예) 배가 고프니까 빨리 집에 돌아가요.
집에서 책만 읽으니까 친구가 없지.</td></tr>
</table>

+ 사용 측면에서 빈도가 높은 것은 '-으니까'와 '-어서'이다. '-기에'는 뒤 절에 명령문이나 청유문이 올 수 없다는 제약에서 볼 때 '-어서'와 비슷하다. 반면 '-었-'과 '-겠-'과의 결합에 제약이 없다는 점에서 보면 '-으니까'와 비슷한 면이 있다.

이렇게 도입해 보세요

(1) 교사: 여러분, 오늘 노래 한 곡 들을까요?

학생들: 네, 좋아요.

교사: 선생님이 좋아하는 노래예요. 한번 들어 보세요.
(이정석의 '사랑하기에' 20초 정도 듣기)

(♬) **사랑하기에** 떠나신다는 그 말 나는 믿을 수 없어
사랑한다면 왜 헤어져야 해 그 말 나는 믿을 수 없어 (♬)

여러분 이 노래 들으니까 어때요?

학생: 슬퍼요. 헤어지는 노래인 것 같아요.

교사: 맞아요. 사랑하는 사람이 떠나는 것을 믿을 수 없어요. 왜 믿을 수 없다고 해요?

학생: 사랑해서요.

교사: 그래요. 사랑하기 때문에 떠난다는 말을 믿을 수 없어요. **사랑하기에** 떠난다는 말을 믿을 수 없어요.

(2) 교사: 이 영화 보셨습니까?

학생: 아닙니다. 재미있습니까?

교사: 저도 예매만 하고 아직 안 봐서 재미있는지 모르겠습니다.

학생: 인기가 많습니까?

교사: 잘 모르겠습니다. 영화 평이 **좋기에** 예매했습니다.

+ 학습자들이 의미와 문법적 제약이 유사한 '-어서, -기 때문에'를 이미 학습하였기 때문에 '-어서'나 '-기 때문에'를 이용하여 의미 도입을 한 다음 '-기에'를 도입한다. 이후 '-기에'와 '-어서', '-기 때문에'의 차이에 대해 문어와 구어, 제약 등에 대해 제시 단계에서 상세히 설명하도록 한다.

-느라고(-느라)

앞 절이 뒤 절의 **이유**나 **원인**이 됨을 나타내는 연결어미.

-느라고 (동사에 붙어) 앞 절의 어떤 행위로 뒤 절의 행위를 하지 못함을 나타내거나, 혹은 뒤 절에 발생한 부정적인 결과에 대한 원인이나 이유를 나타내는 데에 사용한다. '-느라고'는 구어에서 '-느라'로 더 많이 쓰인다.

예문

(1) 가: 요즘 힘들어 보여요.
나: 회사 일이 너무 많아요.
가: **일하느라고** 쉬지도 못하나 봐요. 일도 좋지만 좀 쉬면서 하세요.
나: 일이 너무 많아서 쉴 수가 있어야지요.

(2) 가: 민준 씨, 아까부터 불렀는데 못 들었어요?
나: 그래요? 책을 **읽느라** 못 들었어요.
가: 무슨 책이에요?
나: 한국 역사책인데 재미있어요. 한번 읽어 볼래요?

영화를 **보느라고** 민준 씨의 전화를 못 받았어요.
숙제를 **하느라고** 좋아하는 드라마를 못 봤어요.
쇼핑을 **하느라고** 시간 가는 줄 몰랐어요.
콘서트 **가느라고** 친구와의 약속도 잊어버렸어요.
어제 **이사하느라고** 정말 힘들었어요.
아이를 **돌보느라고** 고생이 많았지요?
시험공부를 **하느라고** 요즘 친구를 못 만나요.
책을 **읽느라고** 지하철에서 못 내렸어요.
친구하고 **노느라고** 숙제를 못했어요.
정신없이 밥을 **먹느라고** 뉴스를 못 들었어요.
영화를 **보느라고** 밤을 새웠어요.

+ '영화를 보느라고 민준 씨의 전화를 못 받았어요.'에서 민준이가 전화를 못 받은 이유는 전화를 받을 시간에 영화를 보았기 때문이다. 또한 '시험공부를 하느라고 요즘 친구를 못 만나요.'에서 요즘 친구를 못 만나는 이유는 시험공부를 하는 행위와 친구를 만나는 행위를 동시에 하기 어렵기 때문이다. 이와 같이 '-느라고'는 앞 절의 행위가 원인이 되어 뒤 절의 행위가 초래되거나 어떤 상태에 이를 때 사용한다.

+ 구어에서는 '-느라고'보다는 '-느라'가 더 많이 쓰인다.

형태 정보

① 동사 어간 끝음절의 받침 유무에 관계없이 '-느라고'를 쓴다. 단, 'ㄹ' 받침으로 끝날 때는 'ㄹ'이 탈락한다.

예) 먹- + -느라고 → 먹느라고　읽- + -느라고 → 읽느라고　듣- + -느라고 → 듣느라고
돕- + -느라고 → 돕느라고　가- + -느라고 → 가느라고　쉬- + -느라고 → 쉬느라고
자- + -느라고 → 자느라고　놀- + -느라고 → 노느라고　살- + -느라고 → 사느라고
만들- + -느라고 → 만드느라고

①	받침 ○	+ -느라고	먹느라고, 읽느라고, 듣느라고, 돕느라고
	받침 ×	+ -느라고	가느라고, 쉬느라고, 자느라고
	ㄹ 받침	+ -느라고(어간 'ㄹ' 탈락)	노느라고, 사느라고, 만드느라고

문장 구성 정보

① '-느라고'는 문어와 구어에 모두 사용되고, 구어일 경우에 '-느라'가 더 많이 사용된다.

예) 친구의 전화를 **받느라고** 드라마를 못 봤어요.　친구의 전화를 **받느라** 드라마를 못 봤어요.
텔레비전을 **보느라고** 숙제를 못 했어요.　텔레비전을 **보느라** 숙제를 못 했어요.

② '-느라고'의 '-느-'가 행위의 진행을 의미하므로 동사가 결합된다. 뒤 절에도 동사가 결합되는 것이 자연스럽다. 경우에 따라 뒤 절에 '있다, 없다'나 '바쁘다, 힘들다, 피곤하다' 등의 형용사가 사용되기도 한다. 이런 예외를 제외하고는 앞 절과 뒤 절에 모두 동사가 사용됨이 자연스럽다.

예) 수지는 **공부하느라고** 요즘 운동을 못 해요. (o)　수지는 **예쁘느라고** 숙제할 시간이 없어요. (x)
수지는 **공부하느라고** 요즘 데이트할 시간이 없어요. (o)
수지는 **공부하느라고** 요즘 정말 바빠요/피곤해요/힘들어요. (o)

③ 담화 상황으로 볼 때 단순한 이유나 원인을 말하기보다는 변명이나 공치사로 사용된다.

예) 동생을 **돌보느라** 시험공부를 못 했어요.
요즘 계속 병원에 **다니느라고** 전혀 일을 못하고 있어요.
일하시느라 고생이 많으십니다.
제가 어머니 **모시느라고** 힘들어요.

+ 예에서 보듯 '-느라고'는 일반적으로 이유를 나타내기보다는 변명하는 상황에서 사용된다. 즉 시험공부를 못한 것을 동생을 돌보았기 때문으로 변명하고 있으며, 전혀 일을 못하고 있음을 계속 병원에 다니기 때문으로 변명하고 있다. '일하시느라 고생이 많으십니다.', '제가 어머니 모시느라고 힘들어요.'는 공치사로 사용된 예이다. 상대의 고생이나 자신의 고생에 대해 이유를 설명함으로써 공치사하고 있다.

제약 정보

① 앞 절과 뒤 절의 주어가 같아야 하고, 주로 뒤 절의 주어는 생략한다.

예) 민수가 **노래하느라고** (민수가) 공부를 못 했어요. (o)
민수가 **노래하느라고** 수지가 공부를 못 했어요. (x)
앤디 씨가 밥을 **먹느라고** (앤디 씨가) 전화를 못 받았어요. (o)
앤디 씨가 밥을 **먹느라고** 수지 씨가 전화를 못 받았어요. (x)
고양이가 **자느라고** (고양이가) 주인이 오는 줄도 모른다. (o)
개가 주인을 만나 **반기느라고** (개가) 배고픈 줄도 모른다. (o)

② 과거 '-었-', 미래 · 추측의 '-겠-'과 결합하지 않는다.

예) 숙제를 **하느라고** 친구 생일 파티에 못 갔어요. (o)
숙제를 **했느라고** 친구 생일 파티에 못 갔어요. (x)
숙제를 **하겠느라고** 친구 생일 파티에 못 갈 거예요. (x)

③ 뒤 절에 명령문이나 청유문이 올 수 없다.

예) **자느라고** 전화 못 받아라. (x)
자느라고 전화를 받지 말자. (x)
공부하느라고 드라마를 보지 마세요. (x)
공부하느라고 드라마를 보지 맙시다. (x)

확장

① 일반적으로 기상이나 자연 현상과 관련된 경우에는 앞 절과 뒤 절의 주어가 달라도 무방하다.

예) 비가 **오느라고** 구름이 꼈다.
잎이 **돋느라고** 꽃이 먼저 떨어졌다.

+ 앞 절과 뒤 절이 '비'와 '구름', '잎'과 '꽃'으로 주어가 다르지만 문법적으로 올바른 문장이다. 자연의 변화나 기상과 관련된 경우에는 주어 제약이 해소가 된다고 보거나 혹은 '기상 현상'이라는 같은 주제(화제)를 말하는 것이기 때문에 여전히 동일 주어 제약이 지켜진다고 볼 수도 있다.

② '-느라고'는 '목적'의 의미로도 사용된다. 이때는 '-으려고'나 '-기 위해서'로 바꾸어 쓸 수 있다.

예) 아들 **공부시키느라** 집까지 팔았다. = 아들 **공부시키려고** 집까지 팔았다.
회사 살리느라 아내의 보석이며 결혼반지까지 팔았다.
= 회사 살리려고 아내의 보석이며 결혼반지까지 팔았다.
회사에 **출근하느라** 아침 일찍 일어났어요. = 회사에 **출근하기 위해** 아침 일찍 일어났어요.

+ 앞 절이 목적이나 목표가 되어 이 목적이나 목표를 이루기 위해 뒤 절의 행위가 일어나게 되었다. 즉 아들 공부시키기 위해 집을 팔았음을, 회사를 살리기 위해 아내의 보석과 결혼반지를 팔았음을, 회사에 출근하기 위해 아침 일찍 일어났음을 의미한다.

유사 문법

① '-느라고', '-어서1)'

-느라고	-어서1)
· 앞의 내용이 뒤의 내용에 대한 이유나 원인임을 나타낸다.	
· 앞 절의 행동을 하는 과정에서 뒤의 상황이 일어남을 나타낸다. 예) 첫사랑을 다시 **만나느라고** 기뻤다. (x) 늦게 **일어나느라고** 지각을 했어요. (x) 어려운 문제를 **푸느라고** 고생했다. (o)	· 앞 절의 결과로 뒤 절의 상황이 일어남을 나타낸다. 예) 첫사랑을 다시 **만나서** 기뻤다. (o) 늦게 **일어나서** 지각을 했어요. (o) 어려운 문제를 **풀어서** 고생했다. (x)
· 동사와만 결합한다. 예) 데이트를 **하느라고** 시간이 없어요. (o) 머리가 **기느라고** 바람에 자주 날린다. (x) 이것은 내 동생의 **책이느라고** 너에게 빌려줄 수 없다. (x)	· 동사, 형용사, '이다, 아니다'와 모두 결합한다. 예) 데이트를 **해서** 기분이 좋아요. (o) 머리가 **길어서** 바람에 자주 날린다. (o) 이것은 내 동생의 **책이어서** 너에게 빌려줄 수 없다. (o)
· 앞 절과 뒤 절의 주어가 같아야 한다. 예) 나는 술을 **마시느라고** 돈을 다 썼어요. (o) 나는 술을 **마시느라고** 앤디 씨가 돈을 다 썼어요. (x)	· 앞 절과 뒤 절의 주어가 달라도 된다. 예) 나는 술을 **마셔서** 운전을 할 수 없어요. (o) 나는 술을 **마셔서** 앤디 씨가 운전을 했어요. (o)
· 주로 어떤 일을 못 하거나 부정적인 결과가 나온 이유일 경우 사용한다. 예) 나는 잠을 **자느라고** 전화를 못 받았어요. (o) 어젯밤에 많이 **자느라고** 피곤이 풀렸어요. (x)	· 뒤 절의 내용에 의미적 제약이 없다. 예) 나는 술을 **마셔서** 운전을 할 수 없어요. (o) 어젯밤에 많이 **자서** 피곤이 풀렸어요. (o)

② '-느라고', '-어서1)', '-으니까1)

-느라고	-어서1)	-으니까1)
· 앞의 내용이 뒤의 내용에 대한 원인이나 이유, 근거임을 나타낸다.		
· 뒤 절에 명령문과 청유문이 올 수 없다. 예) **숙제하느라고** 드라마 보지 마세요. (x) **숙제하느라고** 드라마 보지 맙시다. (x)	· 뒤 절에 명령문과 청유문이 올 수 없다. 예) 시간이 **없어서** 서두르세요. (x) 시간이 **없어서** 서두릅시다. (x)	· 뒤 절에 명령문과 청유문이 올 수 있다. 예) 배가 **고프니까** 식사부터 하세요. (o) 배가 **고프니까** 식사부터 합시다. (o)
· 동사와 결합한다. 예) **공부하느라** 약속을 못 지켰어요. (o) 머리가 **아프느라고** 시험공부를 못 했어요. (x) 학생**이느라고** 돈이 없어요. (x)	· 동사, 형용사, '이다'와 결합한다. 예) 공부를 많이 **해서** 시험을 잘 봤어요. 날씨가 **추워서** 집에 있었어요. **학생이라서** 돈이 없어요.	· 동사, 형용사, '이다'와 결합한다. 예) 공부를 많이 **했으니까** 시험을 잘 봤어요. 날씨가 **추우니까** 집에 있자. **학생이니까** 돈이 없어요.
· 앞 절과 뒤 절의 주어가 같아야 한다. 예) 민준이가 **공부하느라** (민준이가) 전화를 못 받았어요. (o) 민준이가 **공부하느라** 수지가 전화를 못 받았어요. (x)	· 앞 절과 뒤 절의 주어가 달라도 된다. 예) 민준이가 배가 **아파서** 병원에 갔어요. (o) 민준이가 **아파서** 어머니가 오셨어요. (o)	· 앞 절과 뒤 절의 주어가 달라도 된다. 예) 민준이가 배가 **아프니까** 병원에 갔어요. (o) 민준이가 **아프니까** 어머니가 오셨어요. (o)
· 과거 '-었-', 미래·추측의 '-겠-'과 결합하지 않는다. 예) 숙제를 **했느라고** 친구 생일 파티에 못 갔어요. (x) 숙제를 **하겠느라고** 친구 생일 파티에 못 갈 거예요. (x)	· 과거 '-었-' 미래·추측의 '-겠-'과 결합하지 않는다. 예) 꽃을 **좋아했어서** 꽃을 선물해요. (x) 꽃을 **좋아하겠어서** 꽃을 선물해요. (x)	· 과거 '-었-', 미래·추측의 '-겠-'과 결합한다. 예) 꽃을 **좋아했으니까** 꽃을 선물해요. (o) 꽃을 **좋아하겠으니까** 꽃을 선물해요. (o)
· 주로 앞 절이 뒤 절의 결과에 대해 원인이나 근거의 역할을 하면서도 변명 혹은 공치사의 의미를 드러내기 위해 '-느라고'를 사용한다. 예) 동생을 **돌보느라** 시험공부를 못 했어요. **일하시느라** 고생이 많으십니다.	· 보편적인 결과에 대한 원인을 밝히는 의미가 강하다. 따라서 일반적인 자연의 현상이나 사물의 변화로 발생한 결과를 설명할 때 '-어서'를 주로 사용한다. 예) 비행기가 **추락해서** 사람들이 많이 죽었다. 비가 많이 **내려서** 홍수가 났다.	· 주로 주관적인 행동의 동기, 주장이나 추론의 전제, 명령 따위의 근거를 나타낸다. 예) 배가 **고프니까** 빨리 집에 돌아가요. 집에서 책만 **읽으니까** 친구가 없지.

+ '-느라고'는 앞 절이 뒤 절의 근거나 원인이 된다는 점에서 '-으니까', '-어서'와 유사한 의미를 드러낸다. 이유의 연결어미 중에서도 '-느라고'는 제약이 심한 편이다. 동사만을 취하는 서술어 제약, 앞 절과 뒤 절의 동일 주어 제약, 시제 선어말어미 '-었-'과 '-겠-'과의 결합 제약 등이 있다. 또한 '-느라고'는 의미 면에서도 단순한 인과 관계를 넘어서 자신의 입장에서 어떤 행위를 하지 못했거나 부정적인 결과가 초래됨에 대한 변명의 기능이 주를 이룬다.

이렇게 도입해 보세요

(1) 교사: (영화관에서 전화가 오는데 받지 않는 그림을 보여 주며)
지금 여기는 영화관이에요. 전화를 받을 수 있어요?
학생: 아니요.
교사: 왜요?
학생: 영화를 보니까 전화를 받을 수 없어요.
교사: 맞아요. 영화를 다 보고 친구에게 전화해서 말해요.
"전화를 못 받아서 미안해요. 영화를 **보느라고** 전화를 못 받았어요."
'-느라고'는 '-아서/어서'와 '-으니까'처럼 '이유'의 의미가 있어요.

(2) 교사: (숙제를 하다가 잠을 자 버리는 학생 그림을 보여 주며)
숙제를 다 했어요?
학생: 아니요. 다 못 했어요. 그냥 자요.
교사: 맞아요.
학생: 잠을 자서 숙제 다 못 끝냈어요.
교사: **자느라고** 숙제를 못 했어요.

+ 앞의 행위가 원인이나 이유가 되어 뒤 절의 사실이 일어났음을 드러내기 위해 '영화를 보다/전화를 못 받다', '자다/숙제를 못 하다' 등 같이 하지 못한 행위를 연결하여 '-느라고'의 의미를 인지시킨다.

-는다거나[1][-ㄴ다거나[1], -다거나[1], -라거나[1]]

두 가지 이상의 사실을 **나열**함을 나타내는 연결어미.

-는다거나[1] (동사나 형용사, '이다, 아니다'에 붙어) '-는다거나 -는다거나'의 구성으로 쓰여 두 가지 이상의 사실을 나열하는 데에 사용한다. 발생할 수 있는 사건을 가정하여 나열하거나 실제 존재하는 명제의 내용을 나열하는 데에 사용한다.

예문

(1) (방송 대담)

가: 심각한 우울증을 앓고 있는 노인들이 많은데요. 우울증을 극복할 수 있는 해결책은 없을까요?

나: 우선 전문의와 상담을 하시고 되도록 바깥 활동을 많이 하실 것을 권장합니다.

가: 우울증에 좋은 음식이나 약이 있을까요?

나: 비타민이 풍부한 채소와 과일을 **섭취한다거나** 약을 **섭취한다거나** 하면 우울증 증세가 좋아질 수 있습니다.

(2) 가: 히로 씨는 주말을 어떻게 보내세요?

나: 책을 **읽는다거나** 영화를 **본다거나** 하면서 주말을 보내요.

가: 저는 주말에도 일이 많아서 좀 바빠요.

나: 힘드시겠어요. 그래도 가벼운 운동을 **한다거나** 음악을 **듣는다거나** 하면서 스트레스를 풀어 보세요.

아이들은 적절하게 칭찬을 **한다거나 꾸짖는다거나** 해야 예절을 익힐 수 있다.

평소에는 식당에서 밥을 사 **먹는다거나** 간단히 샌드위치를 사 **먹는다거나** 하면서 점심을 해결해요.

명절에는 가족과 여행을 **한다거나** 친척을 만나러 **간다거나** 해요.

할아버지께서는 스마트폰으로 음악을 **듣는다거나** 드라마를 **본다거나** 하는 말을 믿지 않으세요.

한국어를 잘하기 위해서 단어를 **공부한다거나** 문법을 **공부한다거나** 하는데 이것보다 한국 사람과 말할 기회를 많이 갖는 것이 더 중요하다.

날씨가 **춥다거나** 비가 **온다거나** 하면 일찍 들어가세요.

여름철에는 특히 음식이 **상했다거나** 맛이 **변했다거나** 하면 드시지 말고 버려야 해요.

아이들은 촉감이 좋지 **않다거나** 맛이 **없다거나** 하는 이유로 채소를 싫어한다.

부모님은 자신의 자식들이 **의사라거나 변호사라거나** 약사와 같은 경제적으로 안정된 직업을 갖기를 바란다.

범인은 자신은 절대 범인이 **아니라거나** 선량한 **시민일 뿐이라거나** 하는 말을 떠들어 댔다.

+ '-는다거나'는 여러 가지 사실을 나열하거나 예로서 덧붙일 때 사용하는 연결어미이다. '-는다거나 -는다거나 하-'의 형식으로 주로 사용된다. '아이들은 적절하게 칭찬을 한다거나 꾸짖는다거나 해야 예절을 익힐 수 있다.'에서 아이들에게 올바른 예절을 익힐 수 있는 방법으로 '적절하게 칭찬하기, 꾸짖기' 등의 방법을 나열하였다. 또한 '평소에는 식당에서 밥을 사 먹는다거나 간단히 샌드위치를 사 먹는다거나 하면서 점심을 해결해요.'에서 점심을 해결하는 방법으로 '식당에서 사 먹기, 샌드위치 사 먹기' 등의 방법을 예로서 나열하고 있다.

형태 정보

① 동사 어간 끝음절에 받침이 있으면 '-는다거나'를 쓴다.

예) 먹- + -는다거나 → 먹는다거나
읽- + -는다거나 → 읽는다거나
앉- + -는다거나 → 앉는다거나
잡- + -는다거나 → 잡는다거나
웃- + -는다거나 → 웃는다거나
신- + -는다거나 → 신는다거나

② 동사 어간 끝음절에 받침이 없거나 'ㄹ' 받침으로 끝나면 '-ㄴ다거나'를 쓴다. 단, 'ㄹ' 받침으로 끝날 때는 'ㄹ'이 탈락한다.

예) 가- + -ㄴ다거나 → 간다거나
오- + -ㄴ다거나 → 온다거나
공부하- + -ㄴ다거나 → 공부한다거나
자- + -ㄴ다거나 → 잔다거나
놀- + -ㄴ다거나 → 논다거나
만들- + -ㄴ다거나 → 만든다거나

+ '-는다거나/ㄴ다거나'는 어간의 받침 유무에 따라 형태가 달라지며, 특히 'ㄹ' 받침으로 끝나는 경우는 'ㄹ'이 탈락하고 '-ㄴ다거나'가 결합한다.

①	받침 ○	+ -는다거나	먹는다거나, 읽는다거나, 앉는다거나, 잡는다거나, 웃는다거나, 신는다거나
②	받침 ×	+ -ㄴ다거나	간다거나, 온다거나, 공부한다거나, 잔다거나
	ㄹ 받침	+ -ㄴ다거나(어간 'ㄹ' 탈락)	논다거나, 만든다거나

③ 형용사 어간 뒤에는 '-다거나'를 쓴다.

예) 춥- + -다거나 → 춥다거나
예쁘- + -다거나 → 예쁘다거나
길- + -다거나 → 길다거나
높- + -다거나 → 높다거나
착하- + -다거나 → 착하다거나
따뜻하- + -다거나 → 따뜻하다거나

④ '이다, 아니다'는 '-라거나'를 쓴다. 단, '이다' 앞의 명사에 받침이 없으면 주로 '명사+ -라거나'라고 쓴다.

예) 외국인이- + -라거나 → 외국인이라거나
학교이- + -라거나 → 학교라거나
아니- + -라거나 → 아니라거나
꽃이- + -라거나 → 꽃이라거나
의사이- + -라거나 → 의사라거나

문장 구성 정보

① 주로 '-는다거나 -는다거나 하다'의 형식으로 사용된다.

예) 이번 명절에 해외여행을 **간다거나** 고향에 **내려간다거나 하는** 사람들이 대부분이었다.
스트레스를 받을 때 친구를 **만난다거나** 술을 **마신다거나 한다는** 대답이 많았다.

제약 정보

① 앞 절과 뒤 절의 주어가 같아도 되고 달라도 된다.

예) 나는 잠이 안 오면 목욕을 **한다거나** (나는) 따뜻한 우유를 마신다. (o)
힘들어하는 민수를 위해서 네가 민수를 **도와준다거나** 내가 민수를 도와준다거나 해야 한다. (o)

유사 문법

① '-는다거나[1]', '-거나2)'

<table>
<tr><th>-는다거나[1]</th><th>-거나2)</th></tr>
<tr><td colspan="2">· 둘 이상의 사건이나 행동을 나열한다.
예) 비가 온다거나 눈이 온다거나 하면 행사는 취소됩니다.
비가 오거나 눈이 오거나 하면 행사는 취소됩니다.
한국에서는 너무 춥다거나 덥다거나 하는 날에는 건강을 위해 챙겨 먹는 음식이 있어요.
한국에서는 너무 춥거나 덥거나 하는 날에는 건강을 위해 챙겨 먹는 음식이 있어요.</td></tr>
<tr><td>· '-는다거나'를 반복할 때 '하-'를 붙여 사용한다.
예) 시간이 있으면 노래한다거나 쉬면서 시간을 보내요. (x)
시간이 있으면 노래한다거나 쉰다거나 <u>하면서</u> 시간을 보내요. (o)</td><td>· '-거나'를 반복할 때 '하-'를 붙여 사용할 수도 있고 그렇지 않을 수도 있다.
예) 시간이 없거나 바쁘면 나중에 오세요. (o)
시간이 없거나 바쁘거나 <u>하면</u> 나중에 오세요. (o)</td></tr>
<tr><td>· 두 개 이상의 행위나 상태를 제시하여 어느 쪽이든 상관없음을 나타내지 않는다.
예) 주말에 밥을 먹는다거나 영화를 본다거나 해도 다 좋아요. (??)
친구가 기다린다거나 만다거나 항상 약속 시간을 지키지 않아요. (x)</td><td>· 두 개 이상의 행위나 상태를 제시하여 어느 쪽이든 상관없음을 나타낸다.
예) 주말에 밥을 먹거나 영화를 보거나 다 좋아요. (o)
친구가 기다리거나 말거나 항상 약속 시간을 지키지 않아요. (o)</td></tr>
</table>

+ '-거나'와 '-는다거나'는 둘 이상의 사건이나 행동, 예를 나열한다는 의미가 있다는 공통점이 있다. 그러나 '-거나'에는 어느 쪽을 선택해도 상관없다는 의미가 있어서 '-거나 말거나' 꼴로 쓰여 '-거나'와 결합하는 상태나 행동에 대해 긍정과 부정을 나열하고 그중 어느 것을 선택해도 상관없음을 나타낼 수 있다.

② '-는다거나[1]', '-는다거나[2]'

<table>
<tr><th>-는다거나[1]</th><th>-는다거나[2]</th></tr>
<tr><td colspan="2">· '어떤 일을 나열함'을 나타낸다.</td></tr>
<tr><td>· 둘 이상의 행위나 사실을 나열함을 나타내므로, 반대되는 상황이 연결되지 않는다.
예) 방학에 여행을 간다거나 아르바이트를 하느라 바쁘다.
철수는 주말에 책을 읽는다거나 텔레비전을 보며 휴식을 취한다.</td><td>· 반대되는 상황에서 한 가지를 선택함을 나타낸다.
예) 회의에 참석한다거나 못 한다고 미리 알려 주십시오.
머리가 아프다거나 안 아프다거나 하는 걸 정확히 말해 주세요.</td></tr>
</table>

+ '-는다거나[2]'는 대립되는 상황에서만 사용할 수 있으며, 나열의 의미는 연결어미 '-는다거나[1]'로 쓴다.

이렇게 도입해 보세요

(1) (아파트를 싫어하는 이유에 대한 그래프를 보여 주며)

교사: '아파트에 왜 살고 싶지 않습니까?'라는 질문에 대한 대답을 그래프로 만든 거예요. 사람들이 뭐라고 가장 많이 대답했어요?

학생: 층간 소음 문제 때문이라고 대답했어요.

교사: 그다음으로 어떤 대답이 가장 많아요?

학생: 이웃 간의 소통이 부족하다고 대답했어요.

교사: 사람들은 층간 소음이 **발생한다거나** 이웃 간의 소통이 **부족하다거나** 하는 이유로 아파트에 거주하고 싶지 않다고 말했어요.

(2) (한국어를 배우는 이유에 대한 그래프를 보여 주며)

교사: 히로 씨는 왜 한국어 배워요?

학생: 한국어와 한국 문화에 관심이 많아서 한국어를 배워요.

교사: 많은 학생들이 한국어를 배우는 이유에 대해 이렇게 대답했어요. 이 설문 조사 그래프를 보세요. 어떤 대답이 많아요?

학생: 히로 씨처럼 한국 문화에 대해 관심이 많다고 했어요.

교사: 그렇군요. 또 어떤 대답이 많아요?

학생: 한국에서 대학교를 다니고 싶다고 말했어요.

교사: 맞아요. 학생들은 한국 문화에 관심이 **있다거나** 한국에서 대학교를 다니고 **싶다거나** 하는 이유로 한국어를 배우는 것으로 나타났어요.

+ '-는다거나'는 어떤 예나 사건 및 행위를 열거할 때 사용하므로 그러한 용법이 드러날 수 있도록 이유를 여러 명에게 물어보고 그 이유를 열거하면서 정리하거나, 설문 조사에 나타난 다양한 대답을 열거하면서 정리하거나 설명하는 것을 보여 줌으로써 의미를 이해시킬 수 있다. '-거나'가 단순히 두 명제를 열거하여 그중 하나를 선택한다는 의미가 있지만 '-는다거나'는 명제 자체의 나열에 초점이 있다.

-는다고[-ㄴ다고, -다고, -라고]

근거나 이유, 목적 및 의도를 나타내는 연결어미.

-는다고 (동사나 형용사, '이다, 아니다'에 붙어) 앞 절이 뒤 절에 대해서 어떤 상황의 이유, 근거, 원인을 나타내거나 어떤 행위의 목적, 의도를 나타내는 데 쓴다.

예문

(1) 가: 엄마, 수지 어디 갔어요?
나: 도서관에 **간다고** 아침 일찍 나갔어.
가: 그래요? 같이 영화 보러 가기로 했는데….
나: 책 **빌린다고** 갔으니까 금방 돌아오겠지. 조금만 기다려 봐.

(2) 가: ('콜록콜록' 기침하는 소리)
나: 감기 걸렸니?
가: 네. 창문이 열려 있는 걸 모르고 잤더니 목이 좀 아파요.
나: 참, 어제 **환기시킨다고** 창문 열어 놓았는데 닫는 걸 잊어버렸네.

동생은 자기도 **간다고** 떼를 쓴다.

수지는 **덥다고** 아이스크림을 먹자고 했다.

어머니는 오늘은 김치를 **담그신다고** 바쁘실 거라고 하셨다.

수지가 영어 공부를 **한다고** 밤새 팝송을 들었다.

민준이는 책을 **읽는다고** 늦은 밤인데도 환히 불을 켰다.

아키라는 **데이트한다고** 2시간 전부터 멋을 부리고 있다.

입시를 앞둔 학생들은 **공부한다고** 늦게 집에 돌아가곤 했다.

떡국을 **먹는다고** 나이를 더 먹는 게 아니야.

동생은 키가 **작다고** 굽 높은 구두만 신는다.

친한 **친구라고** 함부로 말을 해서는 안 된다.

+ '-는다고'는 뒤 절의 상황에 대한 이유나 원인, 목적을 드러내는 연결어미이다. '수지는 덥다고 아이스크림을 먹자고 했다.'는 수지가 덥다는 이유로 아이스크림을 먹자고 했다는 뜻이다. '동생은 자기도 간다고 떼를 쓴다.'는 동생이 자기도 간다고 하면서 떼를 쓰고 있는 상황을 표현한 것이다.

형태 정보

① 동사 어간 끝음절에 받침이 있으면 '-는다고'를 쓴다.

예) 먹- + -는다고 → 먹는다고　　읽- + -는다고 → 읽는다고
앉- + -는다고 → 앉는다고　　잡- + -는다고 → 잡는다고
웃- + -는다고 → 웃는다고　　신- + -는다고 → 신는다고

② 동사 어간 끝음절에 받침이 없거나 'ㄹ' 받침으로 끝나면 '-ㄴ다고'를 쓴다. 단, 'ㄹ' 받침으로 끝날 때는 'ㄹ'이 탈락한다.

예) 가- + -ㄴ다고 → 간다고　　오- + -ㄴ다고 → 온다고
공부하- + -ㄴ다고 → 공부한다고　　자- + -ㄴ다고 → 잔다고
놀- + -ㄴ다고 → 논다고　　만들- + -ㄴ다고 → 만든다고

+ '-는다고/ㄴ다고'는 어간의 받침 유무에 따라 형태가 달라지며, 특히 'ㄹ' 받침으로 끝나는 경우는 'ㄹ'이 탈락하고 '-ㄴ다고'가 결합한다.

①	받침 ○	+ -는다고	먹는다고, 읽는다고, 앉는다고, 잡는다고, 웃는다고, 신는다고
②	받침 ×	+ -ㄴ다고	간다고, 온다고, 공부한다고, 잔다고
	ㄹ 받침	+ -ㄴ다고(어간 'ㄹ' 탈락)	논다고, 만든다고

③ 형용사 어간 뒤에는 '-다고'를 쓴다.

예) 춥- + -다고 → 춥다고　　높- + -다고 → 높다고
예쁘- + -다고 → 예쁘다고　　착하- + -다고 → 착하다고
길- + -다고 → 길다고　　따뜻하- + -다고 → 따뜻하다고

④ '이다, 아니다'에는 '-라고'를 쓴다. 단, '이다' 앞의 명사에 받침이 없으면 주로 '명사+ -라고'라고 쓴다.

예) 외국인이- + -라고 → 외국인이라고　　꽃이- + -라고 → 꽃이라고
학교이- + -라고 → 학교라고　　친구이- + -라고 → 친구라고
아니- + -라고 → 아니라고

문장 구성 정보

① 앞 절에 동사, 형용사, '이다, 아니다'가 자유롭게 결합한다.

예) 동생은 책을 **읽는다고** 잠을 안 잤다.
동생은 날씨가 **춥다고** 옷을 챙겨 입고 나갔다.
동생은 자신도 **어른이라고** 부모님께 간섭하지 말라고 했다.

② 문장의 주어를 높이는 '-으시-'는 '-ㄴ다고'와 결합한다.

예) 할머니께서는 집들이 요리를 **하신다고** 아주 바쁘시다.
할아버지께서는 신문을 **읽으신다고** 불을 켜셨다.

+ '-으시-' 뒤에 결합하는 연결어미 '-는다고'는 '-으시-'가 받침 없이 끝나기 때문에 '-ㄴ다고'가 결합한다.

제약 정보

① 과거 '-었-', 미래 · 추측의 '-겠-'과 결합하지 않는다. '-는-'이 없이 '-었-'이나 '-겠-'이 결합하면 간접인용 표지로서의 의미가 부가된다.

예) ㄱ. 동생은 어제 일을 많이 해서 정말 **피곤했다고** 오늘 회사에 안 갔다. (간접인용)
ㄴ. 수지는 자기도 함께 여행을 **가겠다고** 짐을 꾸렸다. (간접인용)
ㄱ'. 동생은 어제 일을 많이 해서 정말 **피곤하다고** 오늘 회사에 안 갔다. (o)
ㄴ'. 수지는 자기도 함께 여행을 **간다고** 짐을 꾸렸다. (o)

+ ㄱ', ㄴ'처럼 '-었-'과 '-겠-'이 사용되지 않더라도 과거나 미래의 의미를 충분히 드러낼 수 있다. 반면 ㄱ, ㄴ처럼 '-었-'이나 '-겠-'이 사용되면 타인의 말을 따온다는 간접인용의 의미가 더 두드러지게 부각된다.

② 뒤 절에 무정물이 주어로 올 수 없다.

예) 수지는 집들이 요리를 **한다고** (수지는) 아주 바빴다.
동생은 잠이 안 **온다고** (동생은) 따뜻한 우유를 한 잔 마셨다.
비가 **온다고** 땅이 다 젖었다. (x)
날씨가 **덥다고** 음식이 잘 상한다. (x)

확장

① 주로 속담이나 관용구와 함께 쓰여 어떠한 상황을 빗대어 제시할 때 쓰인다.

예) 돌다리도 두드려 보고 **건넌다고** 매사에 조심하세요.
낫 놓고 기역자도 **모른다고** 어떻게 이걸 모를 수 있니?
낮말은 새가 듣고 밤말은 쥐가 **듣는다고** 항상 말조심하세요.

+ 이미 있는 속담이나 말을 이용하여 그에 빗대어 다른 사실을 주장함을 나타낸다. '-는다는 말이 있듯이', '-는다고 하더니'의 뜻으로 사용된다. '돌다리도 두드려 보고 건넌다고 매사에 조심하세요.'는 속담을 인용하여 자신의 의견이나 어떠한 행동을 촉구할 때의 근거나 이유로 삼을 때 '-는다고'를 사용하였다. 즉 '돌다리도 두드려 보고 건넌다.'라는 말은 아무리 확실한 일도 반드시 점검하고 확인한 후 그 일에 임하라는 뜻이므로 그 말처럼 모든 일에 조심하고 신중을 기하라는 것이다.

유사 문법

① '-는다고', '-어서1)'

<table>
<tr><th>-는다고</th><th>-어서1)</th></tr>
<tr><td colspan="2">· 앞 절이 뒤 절에 대하여 이유를 나타낸다.
예) 수지가 아프다고 병원에 갔어요.
수지가 아파서 병원에 갔어요.</td></tr>
<tr><td>· 뒤 절에 무정물이 주어로 올 수 없다.
예) 학생들이 날씨가 춥다고 결석을 많이 했어요. (o)
날씨가 춥다고 얼음이 얼었다. (x)</td><td>· 뒤 절에 무정물이 주어로 올 수 있다.
예) 학생들이 날씨가 추워서 결석을 많이 했어요.
날씨가 추워서 얼음이 얼었다. (o)</td></tr>
<tr><td>· '-는다고'로 표현되는 사건은 앞으로의 일이거나 현재의 일을 가리킨다.
예) 수지가 외국으로 공부하러 간다고 어머니께서 걱정을 많이 하세요.
수지가 직장을 그만둔다고 어머니께서 걱정을 많이 하세요.</td><td>· '-어서'로 표현되는 사건은 현재의 일이거나 과거의 일을 가리킨다.
예) 수지가 외국으로 공부하러 가서 어머니께서 걱정을 많이 하세요.
수지가 직장을 그만둬서 어머니께서 걱정을 많이 하세요.</td></tr>
<tr><td>· 뒤 절에 청유문이나 명령문이 올 수 있다.
예) 많이 안다고 무시하지 마세요. (o)
많이 안다고 무시하지 맙시다. (o)</td><td>· 뒤 절에 청유문이나 명령문이 올 수 없다.
예) 비가 와서 택시를 타세요. (x)
비가 와서 택시를 탑시다. (x)</td></tr>
</table>

+ '-는다고'와 '-어서1)'은 앞 절이 뒤 절에 대한 이유나 근거를 나타낸다. '-는다고'는 형용사가 오면 이유나 근거로 자연스럽게 해석이 되고, 동사가 오면 간접인용과 이유 및 근거를 구별하기 어려운 경우가 많다. '-는다고'는 '-어서1)'에 비해 뒤 절에 대한 제약이 크지 않으나 '-는다고'가 기본적으로 간접인용에서 유래한 연결어미이므로 주어는 발화와 관련된 유정물 혹은 사람으로 제약된다.

이렇게 도입해 보세요

(1) (수지가 집에서 어머니께 '친구 만나고 올게요.'라고 인사하고 나가는 그림과 수지가 커피숍에 도착한 그림을 보여 주며)

교사: (먼저 첫 번째 그림을 가리키며) 지금 수지는 어머니께 뭐라고 했어요?

학생: 친구를 만나고 온다고 했어요.

교사: (두 번째 그림을 가리키며) 네, 여러분, 수지는 친구 만나러 어디에 갔어요?

학생: 커피숍이요.

교사: 네. 수지는 친구를 **만난다고** 커피숍에 갔어요.

(2) (수지가 비가 오는 것을 확인하고 집으로 뛰어가는 그림/수지가 눈이 와서 좋아하는 그림을 보여 주며)

교사: (먼저 첫 번째 그림을 가리키며) 여러분, 이 그림을 보세요. 날씨가 어때요?

학생: 날씨가 나빠요. 비가 와요.

교사: 맞아요. 수지 씨는 뭐해요?

학생: 비가 와서 뛰어가요.

교사: 맞아요. 수지 씨는 비가 **온다고** 뛰어가요.

(두 번째 그림을 가리키며) 여러분, 이 그림은 날씨가 어때요?

학생: 눈이 와요.

교사: 이 그림에서 수지 씨 기분은 어때요?

학생: 눈이 와서 수지 씨 기분이 좋아요.

교사: 맞아요. 수지 씨는 눈이 **온다고** 좋아하고 있어요.

+ '-는다고'는 어떤 행위의 근거, 이유 혹은 목적 등을 나타내는 의미가 있다. 이유의 어미 '-어서'나 '-으니까'를 도입하여 이유를 나타내는 의미임을 알려 줄 수 있다. (1)처럼 '-는다고'가 간접인용에서 유래한 것임을 보여 줌으로써 앞 절의 주어 혹은 주제(화제)가 뒤 절에도 사용되고 있음을 알려 주는 것이 좋다.

-는다면 [-ㄴ다면, -다면, -라면]

어떤 상황을 **가정**하여 뒤 절에 따르는 문장의 행위나 상태의 조건을 나열할 때 쓰는 연결어미.

-는다면 (동사나 형용사, '이다, 아니다'에 붙어) 어떤 상황을 가정한다는 뜻으로, 그 조건에 따라 다른 어떤 행위를 하거나 다른 어떤 상태에 있음을 나타낼 때 사용한다.

예문

(1) 가: 지금 가면 수지 생일 파티에 너무 늦을 것 같아.
나: 그래도 안 가는 것보다는 나을 것 같은데.
가: 지금 **간다면** 9시가 넘는데 괜찮을까?
나: 한 시간이라도 같이 시간을 보내는 게 좋을 것 같아. 빨리 가자.

(2) 가: 형, 오늘 어머님이 병원에 가신다고 그러셨지?
나: 그래? 난 못 들었는데.
가: 어머니께서 병원에 **가신다면** 내가 모셔다 드리려고.
나: 그럼, 내가 지금 전화로 여쭤 볼게.

어머니께서 **가신다면** 저도 가겠습니다.

아이가 밥을 많이 **먹는다면** 좋을 텐데.

동생이 지금이라도 정신을 차리고 공부를 열심히 **한다면** 어머니께서 좋아하실 것 같아요.

이 비밀을 영원히 **지켜 준다면** 그 은혜를 잊지 않겠습니다.

그런 말을 한 적이 없다고 오리발을 **내민다면** 어떻게 하지요?

민준이가 아버지 회사에 취직하기 **싫다면** 어쩌죠?

네가 **나라면** 어떻게 했을 것 같아?

손님들이 일찍 **오신다면** 어떻게 할까요?

너도 **먹겠다면** 라면을 두 개 끓일게.

어제 흐엉이 한국에 **왔다면** 오늘은 학교에 올 거예요.

+ '-는다면'은 어떤 사실이나 상황을 단순히 가정하거나 앞 절의 주어가 '그러하다고 말한다면'의 의미를 나타내는 연결어미이다. '네가 나라면 어떻게 했을 것 같아?'에서 '나라면'은 단순히 어떤 사실이나 상황을 가정하게 된다. '어머니께서 가신다면 저도 가겠습니다.'의 예에서 어머니가 간다는 가정 아래에서 혹은 어머니가 간다고 말한다면 화자도 가겠다고 자신의 의견을 밝히는 것으로 앞 절이 뒤 절의 조건이 된다.

형태 정보

① 동사 어간 끝음절에 받침이 있으면 '-는다면'을 쓴다.

예) 먹- + -는다면 → 먹는다면　　읽- + -는다면 → 읽는다면
앉- + -는다면 → 앉는다면　　잡- + -는다면 → 잡는다면
웃- + -는다면 → 웃는다면　　신- + -는다면 → 신는다면

② 동사 어간 끝음절에 받침이 없거나 'ㄹ' 받침으로 끝나면 '-ㄴ다면'을 쓴다. 단, 'ㄹ' 받침으로 끝날 때는 'ㄹ'이 탈락한다.

예) 가- + -ㄴ다면 → 간다면　　오- + -ㄴ다면 → 온다면
공부하- + -ㄴ다면 → 공부한다면　　자- + -ㄴ다면 → 잔다면
놀- + -ㄴ다면 → 논다면　　만들- + -ㄴ다면 → 만든다면

+ '-는다면/ㄴ다면'은 어간의 받침 유무에 따라 형태가 달라지며, 특히 'ㄹ' 받침으로 끝나는 경우는 'ㄹ'이 탈락하고 '-ㄴ다면'이 결합한다.

①	받침 ○	+ -는다면	먹는다면, 읽는다면, 앉는다면, 잡는다면, 웃는다면, 신는다면
②	받침 ×	+ -ㄴ다면	간다면, 온다면, 공부한다면, 잔다면
	ㄹ 받침	+ -ㄴ다면(어간 'ㄹ' 탈락)	논다면, 만든다면

③ 형용사 어간 뒤에는 '-다면'을 쓴다.

예) 춥- + -다면 → 춥다면　　높- + -다면 → 높다면
예쁘- + -다면 → 예쁘다면　　착하- + -다면 → 착하다면
길- + -다면 → 길다면　　따뜻하- + -다면 → 따뜻하다면

④ '이다, 아니다' 뒤에는 '-라면'을 쓴다. 단, '이다' 앞의 명사에 받침이 없으면 주로 '명사+-라면'이라고 쓴다.

예) 외국인이- + -라면 → 외국인이라면　　꽃이- + -라면 → 꽃이라면
학교이- + -라면 → 학교라면　　친구이- + -라면 → 친구라면
아니- + -라면 → 아니라면

문장 구성 정보

① 앞 절에 동사, 형용사, '이다, 아니다'가 자유롭게 결합한다.

예) 네가 안 **간다면** 나도 안 가겠다.
옷이 **작다면** 내가 바꿔 올게요.
내가 **학생이라면** 좋겠어요.
내가 학생이 **아니라면** 좋겠어요.

② 미래에 대한 가정을 나타내므로 뒤 절에 과거 시제가 못 온다.

예) 동생이 대학에 **입학한다면** 나는 동생에게 컴퓨터를 사 주었다. (x)
동생이 대학에 **입학한다면** 네가 동생에게 컴퓨터를 사 줘라. (o)
동생이 대학에 **입학한다면** 나는 동생에게 컴퓨터를 사 줄 거예요. (o)

③ 뒤 절에 평서문, 의문문, 청유문, 명령문이 올 수 있다.

예) 돈이 **없다면** 외출하지 않겠어요.
돈이 **없다면** 외출하지 마세요.
돈이 **없다면** 외출하지 맙시다.
그 문제를 해결 **못하면** 우리는 어떻게 되지요?

④ 문장의 주어를 높이는 '-으시-'는 동사의 경우 '-ㄴ다면', 형용사의 경우 '-다면', 명사의 경우에는 '-라면'과 결합한다.

예) 할머니께서 영화 보러 **가신다면** 제가 같이 갈게요.
아버지께서 **건강하시다면** 병원에 안 가셨을 거예요.

제약 정보

① 앞 절과 뒤 절의 주어가 같아도 되고 달라도 된다.

예) <u>내가</u> 선생님이 **된다면** (<u>내가</u>) 학생들에게 친절한 선생님이 될 거예요. (o)
<u>민준이가</u> 같이 여행을 가자고 **한다면** (<u>나는</u>) 같이 여행을 갈 거예요. (o)

② 과거 '-었-', 미래 · 추측의 '-겠-'과 결합하지 않는다.

예) 수지가 지난 주말에 생일 파티를 **했는다면** 우리가 갔다. (x)
수지가 다음 주말에 생일 파티를 **하겠는다면** 우리가 갈 것이다. (x)
수지가 다음 주말에 생일 파티를 **한다면** 우리가 갈 것이다. (o)
수지가 지난 주말에 생일 파티를 **했다면** 지금은 피곤해서 자고 있을 것이다. (o)
수지가 다음 주말에 생일 파티를 **하겠다면** 철수가 다음 주 초에는 한국에 돌아올 것이다. (o)

+ '-는다면'은 '-는-'이 현재를 나타내므로 '-었-'이나 '-겠-'과 결합하지 못한다. 그러나 '-는-'이 없으면 '했다면, 하겠다면'과 같이 '-었-'과 '-겠-'이 결합할 수 있다.

확장

① 예를 들어 설명하는 말이나 표현과 함께 쓰여 뒤 문장을 설명한다.

예) 제 논의를 **정리한다면**, 한마디로 이러한 논의 자체가 소모적이라는 것입니다.
참고로 설명을 **덧붙인다면**, 유해하다고 인식되어 온 소금이 우리의 신체 대사에 상당한 기여를 하고 있다고 말씀드릴 수 있습니다.
저는 어제 두 시간 동안 변호사님을 기다렸습니다. 좀 더 정확히 **말한다면** 두 시간 30분입니다.

+ '제 논의를 정리한다면, 한마디로 이러한 논의 자체가 소모적이라는 것입니다.'에서 논의를 정리한 내용이 뒤에 연이어 나오는 문장이라는 의미가 된다. '참고로 설명을 덧붙인다면, 유해하다고 인식되어 온 소금이 우리의 신체 대사에 상당한 기여를 하고 있다고 말씀드릴 수 있습니다.'라는 문장에서 참고로 덧붙인 설명이 그 뒤에 연이어 나오는 문장이라는 의미가 된다.

유사 문법

① '-는다면', '-으면'

-는다면	-으면
· 어떤 상황을 가정할 때 사용한다. 예) 내일 비가 **온다면** 소풍이 취소됩니다. 내일 비가 **오면** 소풍이 취소됩니다.	
· 일어날 가능성이 희박하거나 사실이 아닌 것을 가상하여 제시하는 의미가 강하다. 예) 외계인이 **있다면** 어떤 모습일까?	· 주로 현실 세계의 일이나 일어날 가능성이 있는 일을 조건으로 제시한다. 예) 나는 아이스크림을 **먹으면** 배가 아프다.
· 다른 사람이 어떤 말을 했다는 가정을 나타내는 의미가 있다. 즉 '누군가 어떠하다고 말한다면'의 의미가 있다. 예) 네가 김치를 잘 **먹는다면** 누가 그 말을 믿겠니? (o)	· 다른 사람이 어떤 말을 했다는 가정을 나타내는 의미가 없다. 예) 네가 김치를 잘 **먹으면** 누가 그 말을 믿겠니? (x)

+ '-으면'은 '-는다면'과 같이 어떠한 상황을 가정한다는 의미를 나타낸다. 그러나 '-으면'은 '어떤 사람이 어떠한 말을 했다고 가정하면'의 의미, 즉 누군가의 발화 상황(내용)을 가정하는 의미를 가지지 못하는 반면 '-는다면'은 '-는다고 하면'의 준말이므로 간접인용의 의미를 가지고 있어서 누군가의 발화 상황(내용)을 가정하는 의미가 있다. 이때 주어는 사람이 온다.

이렇게 도입해 보세요

(1) (먹구름이 끼어서 하늘이 흐리고 수지는 집 안에서 창밖을 내다보고 있는 그림을 보여 주며)

교사: 여러분, 지금 날씨가 어때요?

학생: 날씨가 안 좋아요. / 날씨가 흐려요.

교사: 맞아요. 오늘 수지는 놀이공원에 놀러 가기로 했어요. 오늘 갈 수 있을까요?

학생: 비가 오면 못 가요. 비가 안 오면 갈 수 있어요.

교사: 그래요. 비가 오면 놀이공원에 못 가요. 비가 **온다면** 놀이공원에 못 가요.

(2) 교사: 여러분은 한국어를 한국 사람처럼 잘하게 되면 뭐하고 싶어요?

학생: 저는 대학교에서 역사를 공부하고 싶어요.

교사: 아, 수지 씨는 한국어를 **잘한다면** 대학교에서 역사를 공부하고 싶군요. 아키라 씨는 어때요?

학생: 저는 한국 여행을 많이 하고 싶어요. 여행할 때 한국어를 잘 못하면 힘들거든요.

교사: 아키라 씨는 한국어를 잘하게 **된다면** 한국 여행을 많이 할 거예요.

+ '-는다면'은 어떠한 상황이나 사건이 일어난다는 가정을 나타내는 것이므로 미래에 일어날 가능성이 있는 가정 상황을 도입하여 자연스럽게 의미를 알게 한다. '-는다면'은 '-으면'보다 일어날 가능성이 낮은 상황이나 불가능한 상황에도 잘 쓰임을 주지시킨다.

-다가[2]{-다[3]}

앞 절의 상황이 뒤 절의 **원인**이나 **근거**, **조건**임을 나타내는 연결어미.

-다가[2] (동사나 형용사, '이다'에 붙어) 앞 절의 어떤 행위나 상태가 뒤 절의 부정적인 결과의 원인이나 이유임을 나타낼 때 사용한다. 구어에서는 '-다가'보다 '-다'가 더 많이 사용된다.

예문

(1) 가: 버스를 타고 **가다가** 약속 시간에 늦겠어요.
나: 그럼 지하철을 타고 갑시다.

(2) 가: 정말 비가 많이 와요.
나: 이렇게 비가 **내리다가** 홍수가 나겠어요.

(3) 가: 계속 **떠들다가** 도서관에서 쫓겨나겠어요.
나: 맞아요. 이제 조용히 합시다.

(4) 가: 영수야, 너무 춥다. 날씨가 따뜻한 줄 알고 얇게 입고 왔어.
나: 내 목도리 하고 있어. 추위에 **떨다가** 감기에 걸리겠어.

(5) 가: 수지야, 커피 한 잔 마시러 갈래?
나: 방금 마셨는데 커피를 또 마셔? 그렇게 **마시다가** 불면증이 생기겠어.

꾸엉은 야식을 너무 많이 **먹다가** 살이 쪘다.

친구를 **놀리다가** 선생님께 혼났어요.

과속을 **하다가** 교통사고가 났어요.

왕밍은 지하철에서 **졸다가** 역을 지나쳤다.

민준이는 계단에서 **뛰다가** 넘어졌다.

수지는 술 마시고 **운전하다가** 교통사고를 냈다.

어두운 곳에 책을 **읽다가** 시력이 나빠졌다.

영철이는 무리해서 테니스를 **치다가** 한쪽 팔을 다쳤다.

앤디는 늦게까지 밖에서 **놀다가** 어머니께 꾸중을 들었다.

마이클 씨는 **무리하다가** 결국 병에 걸리고 말았다.

+ '-다가'는 앞 절의 행동이 뒤 절의 원인이 됨을 나타낸다. '과속을 하다', '지하철에서 졸다', '친구를 놀리다', '무리하다'와 같은 원인의 결과로 '교통사고가 나다', '역을 지나치다', '선생님께 혼나다', '병에 걸리다' 같은 일이 생겼음을 알 수 있다.

+ 자연적, 객관적 인과 관계에 의한 원인이나 이유보다는 주어가 의도하지 않았으나 발생하는 원인과 결과를 나타내는 경우가 많다. 즉 '술을 마시고 운전해서 교통사고를 내려는' 의도나 '늦게까지 밖에서 놀아서 어머니께 꾸중을 들으려는' 의도가 없음이 드러난다.

+ 주로 부정적인 결과의 원인을 나타낼 때 사용된다.

형태 정보

① 동사나 형용사 어간의 끝음절의 받침 유무에 관계없이 '-다가'를 쓴다.

예) 먹- + -다가 → 먹다가
가- + -다가 → 가다가
작- + -다가 → 작다가
싸- + -다가 → 싸다가
돕- + -다가 → 돕다가
읽- + -다가 → 읽다가
보- + -다가 → 보다가
춥- + -다가 → 춥다가
예쁘- + -다가 → 예쁘다가
만들- + -다가 → 만들다가

①	받침 ○	+ -다가	먹다가, 읽다가, 작다가, 춥다가, 돕다가, 만들다가
	받침 ×	+ -다가	가다가, 보다가, 싸다가, 예쁘다가

② '이다, 아니다'는 '-다가'를 쓴다. '이다' 앞의 명사에 받침이 없어도 '이'를 생략하지 않는다.

예) 학생이- + -다가 → 학생이다가
친구이- + -다가 → 친구이다가
아니- + -다가 → 아니다가
사람이- + -다가 → 사람이다가
의사이- + -다가 → 의사이다가

+ '친구이다가'를 '친구다가'로 쓰지 않는다.

문장 구성 정보

① '-다가'는 주로 동사와 결합한다.

예) 이번 학기 내내 **놀다가** 성적이 떨어졌다. (o)
늦잠을 **자다가** 약속 시간에 늦었다. (o)
배가 고파 **과식하다가** 배탈이 났다. (o)
지영이는 **게으르다가** 엄마에게 혼났다. (??)

제약 정보

① 앞 절과 뒤 절의 주어가 같아야 하고, 주로 뒤 절의 주어는 생략한다.

예) 나는 비싼 옷을 **샀다가** 돈이 남지 않아서 (나는) 점심을 못 먹었다. (o)
나는 비싼 옷을 **샀다가** 돈이 남지 않아서 영수가 점심을 못 먹었다. (x)
앤디 씨가 급하게 밥을 **먹다가** (앤디 씨가) 배탈이 났어요. (o)
앤디 씨가 급하게 밥을 **먹다가** 친구가 배탈이 났어요. (x)

확장

① '-다가'는 '-다'로 줄여 쓸 수 있다.

예) 늦잠을 **자다가** 지각했어요.
= 늦잠을 **자다** 지각했어요.
담배를 많이 **피우다가** 병에 걸렸다.
= 담배를 많이 **피우다** 병에 걸렸다.

② '-다가'는 그 의미를 강조하기 위해 '-다가는'이나 그 준말인 '-다간', 또는 '-다간'의 줄임말인 '-단'으로 쓸 수 있다.

예) 욕심을 **내다가** 본전마저 잃게 될 수 있다.
= 욕심을 **내다가는** 본전마저 잃게 될 수 있다.
= 욕심을 **내다간** 본전마저 잃게 될 수 있다.
= 욕심을 **내단** 본전마저 잃게 될 수 있다.

유사 문법

① '-다가²', '-어서1)', '-으니까1)'

-다가²	-어서1)	-으니까1)
· 앞 절이 뒤 절의 원인, 이유, 근거임을 나타낸다.		
· 뒤 절에 청유문과 명령문이 올 수 없다. 예) 밤늦게까지 게임을 **하다가** 건강이 나빠졌다. (o) 밤늦게까지 게임을 **하다가** 건강이 나빠져라. (x)	· 뒤 절에 청유문과 명령문이 올 수 없다. 예) 시간이 **없어서** 서두르세요. (x) 시간이 **없어서** 서두릅시다. (x)	· 뒤 절에 청유문과 명령문이 올 수 있다. 예) 배가 **고프니까** 식사부터 하세요. (o) 배가 **고프니까** 식사부터 합시다. (o)
· 과거 '-었-'과 결합할 수 있으나, 미래·추측의 '-겠-'과는 결합하지 못한다. 예) 그 가수는 술을 마시고 **운전했다가** 경찰서에 가게 되었어요. (o) 그 가수는 술을 마시고 **운전하겠다가** 경찰서에 가게 될 거예요. (x)	· 과거 '-었-', 미래·추측의 '-겠-'과 결합하지 않는다. 예) 꽃을 **좋아했어서** 꽃을 선물해요. (x) 꽃을 **좋아하겠어서** 꽃을 선물해요. (x)	· 과거 '-었-', 미래·추측의 '-겠-'을 모두 사용할 수 있다. 예) 꽃을 **좋아했으니까** 꽃을 선물해요. (o) 꽃을 **좋아하겠으니까** 꽃을 선물해요. (o)
· 주로 앞 절이 뒤 절의 결과에 대해 의도하지 않게, 우연적으로 원인이나 근거가 된 경우에 사용한다. 예) 수지는 욕심을 **부리다가** 있던 재산도 모두 날렸다. 민수는 친구를 집에 데리고 **왔다가** 어머니께 꾸중을 들었다.	· 보편적인 결과에 대한 원인을 밝히는 의미가 강하다. 따라서 일반적인 자연의 현상이나 사물의 변화로 발생한 결과를 설명할 때는 '-어서'를 주로 사용한다. 예) 비행기가 **추락해서** 사람들이 많이 죽었다. 비가 많이 **내려서** 홍수가 났다.	· 주로 주관적인 행동의 동기, 주장이나 추론의 전제, 명령 따위의 근거를 제시하는 이유를 나타낸다. 예) 배가 **고프니까** 빨리 집에 돌아가요. 집에서 책만 **읽으니까** 친구가 없지.

+ '-다가²'의 뒤 절에 청유문과 명령문이 올 수 있는 '여기에서 놀다가 가라.'와 같은 문장의 '-다가²'는 어떠한 행위나 상태가 중단되고 다른 행위나 상태로 전환됨을 나타내는 초급의 '-다가¹'에 해당한다.

+ '-다가²'는 주어가 의도하지 않은 우연적인 인과 관계를 드러낼 때 사용한다. 원인이나 근거를 나타내는 연결어미 중에서 사용 빈도가 높은 것은 '-으니까1)'과 '-어서1)'이다.

이렇게 도입해 보세요

(1) 교사: (밤늦게까지 게임을 하고 있는 학생의 그림을 보여 주며)
이 학생이 지금 뭘 하고 있어요?
학생: 게임을 하고 있어요.
교사: (그 학생이 시험 시간에 문제를 풀지 못해 당황하는 그림을 보여 주며)
이 학생이 어떻게 됐어요?
학생: 시험을 잘 보지 못했어요.
교사: 맞아요. 공부를 열심히 하지 않았어요. 밤늦게까지 게임만 했어요. 그래서 시험을 잘 못 봤어요.
이 학생은 공부를 하지 않고 게임을 **하다가** 시험을 잘 못 봤어요.

(2) 교사: (늦잠을 자는 그림을 보여 주며)
지금 몇 시예요? 이 사람은 뭐 해요?
학생: 지금 11시예요. 잠을 자고 있어요.
교사: 네, 이 사람은 아침 11시인데 계속 잠을 자고 있어요. 어떻게 될까요?
학생: 지각해요.
교사: 맞아요. 이렇게 늦잠을 **자다가** 지각할 거예요.

+ 학습자들이 '-다가'의 의미 즉, 앞의 행위가 뒤의 행위의 원인이 된다는 의미를 이해하기 위해서 원인과 결과가 뚜렷이 들어나는 문장을 예로 들어야 하며, 상황을 잘 설명할 수 있는 그림을 제공하여 의미를 이해할 수 있도록 한다.

-다시피

듣는 사람이 지각하고 있는 것과 **같음**이나 어떤 동작과 **유사함**을 나타내는 연결어미.

-다시피 (동사, '있다'와 '없다'에 붙어) 앞 절의 내용이 듣는 사람이 이미 알고 있는 것임을 나타내거나 앞 절의 동작에 가까움을 나타낸다.

예문

(1) 가: 오늘은 한국대학교 경제학과 김영수 교수님을 모시고 물가 이야기를 해 보겠습니다. 안녕하십니까? 교수님.
나: 네, 안녕하십니까?
가: 최근 과일이나 채소와 같은 농산물 가격이 크게 오르고 있는데요. 앞으로도 계속 오를 것으로 보십니까?
나: **아시다시피** 계속되는 가뭄으로 농산물 생산량이 줄고 있습니다. 그렇기 때문에 앞으로 계속 농산물 가격이 오를 전망입니다.

(2) 가: 엄마, 아버지 벌써 나가셨어요?
나: 아침 일찍 급히 나가셨어.
가: 일요일인데 무슨 일이 있으세요?
나: 나도 몰라. 거의 **뛰다시피** 하면서 나가셨어.

보시다시피 이런 상황입니다.

아시다시피 이 문제는 아주 중요합니다.

아까 **보셨다시피** 영화관에는 자리가 없습니다.

들으셨다시피 이번 주에는 공사가 예정되어 있습니다.

하기 싫어서 **울다시피** 하면서 겨우 일을 끝냈어요.

여자들이 다이어트를 하면서 거의 **굶다시피** 해요.

일이 너무 많아서 거의 밤을 **새우다시피** 했어요.

너무 바빠서 거의 **날다시피** 해서 출근했어요.

수지는 게임을 좋아해서 PC방에서 거의 **살다시피** 해요.

민수는 아이스크림을 좋아해서 거의 매일 **먹다시피** 한다.

텔레비전을 거의 매일 **보다시피** 하면서 방학을 보낸다.

널리 알려져 **있다시피** 과일과 채소를 통해 비타민 C를 섭취할 수 있다.

+ '-다시피'는 듣는 사람이 이미 알고 있거나 지각하고 있는 일을 언급한다. '보시다시피 이런 상황입니다.'는 상대방이 이미 알고 있는 것과 같은 상황이라는 의미이다. '아시다시피 이 문제는 아주 중요합니다.'는 상대방이 이미 이 문제에 대해 중요함을 인식하고 있는 것과 같다는 의미이다.

+ '-다시피'는 앞서 언급한 것과 같이, 거의 그 동작에 가깝게 함을 의미하는데 '하기 싫어서 울다시피'나 '매일 굶다시피'는 '거의 우는 것처럼, 거의 매일 굶는 것처럼'의 의미를 나타낸다.

형태 정보

① 동사 어간의 끝음절의 받침 유무에 관계없이 '-다시피'를 쓴다.

예) 먹- + -다시피 → 먹다시피　　읽- + -다시피 → 읽다시피　　가- + -다시피 → 가다시피
보- + -다시피 → 보다시피　　있- + -다시피 → 있다시피　　없- + -다시피 → 없다시피
돕- + -다시피 → 돕다시피　　만들- + -다시피 → 만들디시피

①	받침 ○	+ -다시피	먹다시피, 읽다시피, 있다시피, 없다시피, 돕다시피, 만들다시피
	받침 ×	+ -다시피	가다시피, 보다시피, 느끼다시피, 공부하다시피

문장 구성 정보

① '-다시피'는 '듣는 사람이 이미 알거나 지각하는 것처럼'의 의미를 드러낼 경우 '알다, 보다, 느끼다, 짐작하다' 등의 동사와 잘 결합하여 듣는 사람에게 적극적인 동의를 구하며 화자 혹은 주어의 판단을 객관화한다.

예) **보시다시피** 내년 3월에는 건물이 완성될 예정입니다.
이미 **짐작하셨다시피** 그 사람은 다시 돌아오지 않을 거예요.
너도 **알다시피** 내가 좀 바쁘잖아.

+ '-다시피'는 문어와 구어에서 모두 사용될 수 있다. 지금의 상태를 나타내면 과거 시제 선어말어미 '-었-'이 결합하지 않고, 과거의 어떤 사건이나 상태만을 나타낼 때는 문맥에 따라 '-었-'이 결합하기도 한다.

② '-다시피'가 '앞선 행동과 거의 가깝게 함'의 의미를 나타낼 때에는 '-다시피 하다'의 형태로 사용된다.

예) 수지는 시험공부를 하느라고 도서관에서 살다시피 한다.
히로는 수영을 좋아해서 수영장에서 먹고 자다시피 한다.

+ 다음 예처럼 사실감을 강조하거나 과장하려는 의도로 사용되기도 한다.

예) 소방관들은 밤새 산불을 끄느라 강물을 모두 퍼올리다시피 했다.
쓴 약을 먹은 동생은 뒹굴다시피 하면서 몸부림을 쳤다.

제약 정보

① 형용사와 결합하지 않는다. 단, '있다, 없다'는 결합할 수 있다.

예) 매일 날씨가 **춥다시피** 해서 살 수가 없다. (x)
학생들이 모두 하나같이 **성실하다시피** 하니까 입학은 걱정하지 마세요. (x)
가뭄이 들어 저수지에 물이 거의 **없다시피** 했다. (o)

유사 문법

① '-다시피', '-듯이'

-다시피	-듯이
· 앞 절의 내용과 같거나 유사함을 나타낸다. 예) 앞에서 **이야기했다시피** 광고는 10초의 예술이다. 앞에서 **이야기했듯이** 광고는 10초의 예술이다.	
· 다음과 같은 관용적 용법으로 사용되지 않는다. 예) 비가 **오다시피** 땀이 쏟아진다. (x) 시험을 못 봤다고 아이를 쥐 **잡다시피** 잡았다. (x)	· 다음과 같은 관용적 용법으로 사용되어, 비슷한 사실을 비교하며 말할 때 쓰인다. 예) <u>비가 오듯이</u> 땀이 쏟아진다. (o) 시험을 못 봤다고 아이를 <u>쥐 잡듯이</u> 잡았다. (o)
· 형용사와 결합할 수 없다. 예) 외모가 꽃처럼 **예쁘다시피** 성격도 역시 고왔다. (x) 사람마다 얼굴이 **다르다시피** 나라마다 풍습도 다릅니다. (x)	· 형용사와 결합할 수 있다. 예) 외모가 꽃처럼 **예쁘듯이** 성격도 역시 고왔다. (o) 사람마다 얼굴이 **다르듯이** 나라마다 풍습도 다릅니다. (o)

+ '-다시피'는 연결어미로만 사용되어 '듣는 사람이 이미 알고 있는 정보와 같음' 혹은 '앞서 말한 내용과 같거나 유사함'을 드러낸다. 반면 '-듯이'는 '땀이 비가 오듯이, 나비가 춤을 추듯이'와 같이 비유적 의미가 더 강하다.

이렇게 도입해 보세요

(1) 교사: 수지 씨, 말하기 시험이 언제 있어요?
학생: 다음 주 월요일에 있어요.
교사: 샤오잉 씨, 시험이 언제 있어요?
학생: 말하기 시험은 월요일에 있고, 쓰기 시험은 화요일에 있어요.
교사: 네, 맞아요. 여러분이 모두 아는 것처럼, 모두 **알다시피** 다음 주에 시험이 있어요.

(2) 교사: 샤오잉 씨, 요즘 시험공부 많이 하고 있어요?
학생: 매일 새벽까지 공부해요. 그리고 가끔 잠도 자지 않고 공부하기도 했어요.
교사: 그래요? 잠을 많이 못 자는군요.
학생: 네. 그래서 늘 피곤해요.
교사: 여러분, 샤오잉 씨는 잠을 많이 안 자고 새벽까지 공부해요. 밤을 거의 새우는 것과 같아요. 밤을 거의 **새우다시피** 하면서 시험공부를 하고 있어요.

+ '이미 알고 있는 것과 같이(-는 바와 같이)'의 의미로 시작하여 '앞선 행동과 거의 가깝게 함'의 의미로 순차적으로 제시하는 것이 좋다. '-는 것과 같이'나 '-는 것처럼' 등으로 환언하여 학습자에게 제시하면서 그 의미를 자연스럽게 유추해 낼 수 있도록 유도한다.

-더니

과거에 관찰하여 알게 된 사실에 대해 1) **뒤이은 행위나 상황**, 2) **반대되는 사실**, 3) **결과**를 나타내는 연결어미.

-더니1) (동사나 형용사, '이다, 아니다'에 붙어) 말하는 사람이 과거에 관찰하여 알게 된 사실에 뒤이어 별로 예상하지 못한 다른 행위나 상황이 일어남을 나타낼 때 사용한다.

예문

(1) 가: 민준 씨, 혹시 영철 씨 어디 갔는지 아세요? 자리에 없네요.
나: 글쎄요. 전화를 **받더니** 사무실 밖으로 나가던데요.
가: 그래요? 어딜 갔지?
나: 회사 근처에 있겠죠. 전화 한번 해 보세요.

(2) (뉴스)
가: 어젯밤 타이어 공장에서 불이 났습니다. 창고에 있던 타이어가 타며 유독 가스를 내뿜고 있는데요. 현장에 나가 있는 취재 기자를 연결해 현재 상황을 알아보도록 하겠습니다. 김민준 기자, 불길이 잡혔나요?
나: 네, 밤사이 진화 작업으로 불길은 많이 잡힌 상황입니다. 하지만 여전히 연기와 함께 불꽃이 올라오고 있습니다.
가: 화재 원인은 밝혀졌나요?
나: 최초 목격자에 따르면 '펑' 하는 소리와 함께 불꽃이 **번쩍이더니** 시커먼 연기가 치솟았다고 합니다. 따라서 경찰과 소방 당국은 가스 폭발을 염두에 두고 정확한 화재 원인을 조사 중입니다.

영철이는 냉장고 문을 **열더니** 물을 꺼내 마셨다.

남편이 침대에 **눕더니** 금세 드르렁드르렁 코를 골더라고요.

갑자기 천둥 번개가 **치더니** 비가 쏟아졌다.

어제도 **지각하더니** 오늘도 또 늦는다고?

후배가 책을 빌려 **가더니** 감감무소식이에요.

아이의 눈에 눈물이 **고이더니** 하염없이 흘러내렸다.

그녀는 한참을 **망설이더니** 돈을 빌려 달라고 하였다.

동생이 집에 **들어오더니** 인사도 없이 자기 방으로 들어가 버렸어요.

소형차의 판매가 2012년부터 하락세를 **보이더니** 올해까지 3년 연속 마이너스 성장을 기록하고 있다.

할아버지께서 지갑에서 돈을 **꺼내시더니** 제 손에 쥐어 주셨어요.

+ '-더니1)'의 앞 절에는 말하는 사람이 과거에 직접 관찰한 사실이 나타나고 뒤 절에는 관찰한 사실에 뒤이어 일어난 행위나 상황이 표현된다. '영철이는 냉장고 문을 열더니 물을 꺼내 마셨다.'는 말하는 사람이 '영철이가 냉장고 문을 여는 것'을 보았고 그 후에 '영철이가 물을 꺼내 마시는' 행위를 했음을 나타낸다. '후배가 책을 빌려 가더니 감감무소식이에요.'는 말하는 사람의 후배가 책을 빌려 갔는데 그 후에 '후배에게서 아무 소식이 없는' 상황을 나타낸다.

형태 정보

① 동사 및 형용사 어간 끝음절의 받침 유무에 관계없이 '-더니'를 쓴다.

예) 먹- + -더니 → 먹더니
짓- + -더니 → 짓더니
좋- + -더니 → 좋더니
멀- + -더니 → 멀더니
보- + -더니 → 보더니
받- + -더니 → 받더니
덥- + -더니 → 덥더니
걸- + -더니 → 걸더니
가- + -더니 → 가더니
만나- + -더니 → 만나더니

①	받침 ○	+ -더니	먹더니, 받더니, 짓더니, 덥더니, 좋더니, 걸더니, 멀더니
	받침 ×	+ -더니	가더니, 보더니, 만나더니

② '이다, 아니다'는 '-더니'를 쓴다. 단, '이다' 앞의 명사에 받침이 없으면 주로 '명사+-더니'라고 쓴다.

예) 모양이- + -더니 → 모양이더니
야단이- + -더니 → 야단이더니
난리이- + -더니 → 난리이더니/난리더니
느낌이- + -더니 → 느낌이더니
눈치이- + -더니 → 눈치이더니/눈치더니
아니- + -더니 → 아니더니

제약 정보

① 앞 절과 뒤 절의 주어가 같거나, 주제(화제)가 동일해야 한다.

예) 수지가 가방을 **챙겨들더니** (수지가) 밖으로 나갔다. (o)
수지가 가방을 **챙겨들더니** 선희가 밖으로 나갔다. (x)
비가 **내리더니** 눈이 온다. (o)
비가 **내리더니** 잠이 온다. (x)

+ '비가 내리다'와 '눈이 오다'는 날씨에 관한 것으로 주제가 동일하므로 '-더니'로 연결할 수 있다. 그러나 '비가 내리다'와 '잠이 오다'는 주제가 동일하지 않으므로 '-더니'로 연결할 수 없다.

② 앞 절과 뒤 절의 주어는 대부분 3인칭이며 2인칭은 드물게 나타난다.

예) 선생님이 교실에 **들어오시더니** (선생님이) 반장을 찾으셨다.
자동차 보닛에서 연기가 **나더니** 자동차가 멈춰 버렸어요.
너는 지난번엔 시계를 **잃어버리더니** 이번엔 지갑이니?

+ 1인칭 주어의 행위가 객관화되어 관찰 대상이 될 수 있는 경우 또는 다른 사람이 말하는 사람을 관찰하여 한 이야기를 간접인용으로 표현하는 경우에는 1인칭 주어를 '-더니'와 함께 사용할 수 있다.

예) 꿈속에서 내가 두 손으로 날갯짓을 **하더니** 하늘을 날았어.
내가 술에 취해서 술값을 **계산하더니** 집으로 가더래.

③ '-더니'를 사람의 심리나 기분, 감정 또는 감각을 나타내는 형용사와 함께 쓸 때는 1인칭 주어를 사용한다.

예) 아침에 일어나면 (내가) **어지럽더니** 저혈압이래요. (o)
아침에 일어나면 지영이가 **어지럽더니** 저혈압이래요. (x)
아까부터 (내가) **배고프더니** 이제는 속이 쓰려요. (o)
아까부터 현우가 **배고프더니** 이제는 속이 쓰려요. (x)

+ 단, 간접인용문에서는 3인칭 주어가 형용사와 함께 사용될 수 있다. 이는 3인칭 주어가 자신에 대해 말한 내용을 그대로 옮기는 것이기 때문이다.

예) 지영이가 며칠 전부터 목이 **아프더니** 감기에 걸렸다고 해요/걸렸대요. (o)
아까부터 현우가 **배고프더니** 이제는 속이 쓰리다고 해요/쓰리대요. (o)

④ 뒤 절에 청유문이나 명령문이 올 수 없다.

예) 딸기를 **씻더니** 함께 먹읍시다. (x)
히로 씨는 책을 **펴더니** 56쪽을 읽으세요. (x)
이 자료를 **검토하더니** 보고서를 작성하십시오. (x)

⑤ 뒤 절에 미래 시제가 올 수 없다.

예) 마이클이 교실에 **들어오더니** 자리에 앉겠습니다. (x)
마이클이 교실에 **들어오더니** 자리에 앉을 것이다. (x)
마이클이 교실에 **들어오더니** 자리에 앉는다. (o)
마이클이 교실에 **들어오더니** 자리에 앉았다. (o)

확장

① '-더니'의 의미를 강조하기 위해 조사 '마는'을 결합시켜 '-더니마는' 또는 '더니만'으로 사용하기도 한다.

예) 형이 자기 과자를 다 **먹더니마는/먹더니만** 동생의 과자를 빼앗아 먹었다.
한 청년이 자리에서 벌떡 **일어나더니마는/일어나더니만** 할머니께 자리를 양보했어요.
아버지는 까만 양복을 꺼내 **입으시더니마는/입으시더니만** 말도 없이 나가셨다.

② 간접인용에 '-더니'를 붙여 다른 사람에게서 들어서 알고 있는 사실이나 속담, 격언처럼 잘 알려진 표현을 말할 때 사용할 수 있다.

예) 이번에는 자신 **있다더니** 정말 해 냈구나.
동아리 때문에 **바쁘디더니** 연애하느라고 바빴던 거네.
손에 물 한 방울 안 묻히고 살게 해 **준다더니** 손에 물 마를 날이 없어요.
옷이 **날개라더니** 좋은 옷을 입으니 사람이 달라 보인다.
재주는 곰이 넘고 돈은 누가 **받아 간다더니** 뼈 빠지게 일하면 뭐 해.

이렇게 도입해 보세요

(1) 교사: (많은 사람이 지하철에 낀 사람을 구출하는 동영상을 보여 준 후에) 이 동영상 보니까 어때요?

학생: 감동적이에요. / 여러 사람이 힘을 합치니까 뭐든지 할 수 있어요.

교사: 네, 맞아요. 이 동영상을 못 본 친구에게 이야기해 주려고 해요. 어떻게 할까요? 우선 한 사람이 지하철을 타다가 다리가 끼어서 움직일 수 없었어요. 그래서 사람들이 어떻게 했어요?

학생: 지하철 안에서 사람들이 모두 나왔어요. 그리고 지하철을 밀었어요. 그래서 다리가 낀 사람을 구출했어요.

교사: 네, 사람들이 모두 **나오더니** 지하철을 밀어서 다리가 낀 사람을 구출했어요. 이렇게 '-더니'는 여러분이 과거에 직접 보고 알게 된 일을 순서대로 이야기할 때 사용해요.

(2) (딸이 학교에서 온 그림과 방에 들어가는 그림을 보여 주며)

교사: (먼저 첫 번째 그림을 가리키며) 딸이 학교에서 집에 왔어요. 엄마에게 어떻게 해야 하죠?

학생: 인사해요.

교사: 네, (두 번째 그림을 보여 주며) 그런데 딸이 인사 안 하고 방에 들어갔어요. 둘을 연결해서 말해 보세요.

학생: 딸이 학교에서 와서 인사도 안 하고 방에 들어갔어요.

교사: 네, 맞아요. 여러분이 본 사실인데 딸이 예상과 달리 행동했어요. 이럴 때 이렇게 말할 수 있어요. 딸이 학교에서 **오더니** 인사도 안 하고 방에 들어갔어요.

+ '-더니'는 말하는 사람이 직접 관찰하여 알게 된 사실을 이야기할 때 사용하는 연결어미인데, '-더니1)'로 연결되는 두 사건은 인과 관계 없이 두 개의 사건이 우연적으로 연결되는 구조이다. (1)처럼 학습자에게 어떤 사건이 담긴 동영상을 보게 하고 관찰한 사실을 '-더니'로 연결하여 제시함으로 의미를 이해하도록 한다.

+ (2)처럼 인과 관계가 뚜렷하지 않은 일에 대해서는 두 개의 연결되는 그림을 이용하여 두 사건을 이어서 말하도록 한다. 이때 말하는 사람이 관찰한 사실을 이야기할 때 '-더니'를 사용한다는 것을 강조한다.

–더니2) (동사나 형용사, '이다, 아니다'에 붙어) 말하는 사람이 과거에 관찰하여 알게 된 사실과 대조적인 사실이나 상황이 있음을 나타낼 때 사용한다.

예문

(1) 가: 어서 오세요. 오래간만에 오셨네요.
나: 네. 잘 지내셨어요?
가: 저야 늘 그렇죠. 전에는 자주 **오시더니** 요즘은 얼굴 뵙기가 힘드네요.
나: 네, 요즘 너무 바빠서 수영장에 올 시간이 안 나더라고요.

(2) 가: 수진 씨, 몇 달 전부터 일본어를 배운다면서요? 어때요? 배울 만해요?
나: 처음에는 쉬운 것 **같더니** 배울수록 어렵네요.
가: 네. 외국어 배우는 게 쉽지 않은 것 같아요. 중 · 고등학교 합쳐서 6년이나 영어를 배웠어도 간단한 대화도 쉽지 않으니….
나: 그래도 일본어는 한국어하고 문법도 비슷하고 단어도 같은 한자어가 많아서 영어보다는 배우기 쉬워요.

선희는 늘 바지만 **입더니** 오늘은 치마를 입고 왔어요.

아이가 이 장난감을 잘 가지고 **놀더니** 지금은 쳐다보지도 않아요.

어제는 **덥더니** 오늘은 꽤 쌀쌀하네.

미셸은 매운 음식을 하나도 **못 먹더니** 이젠 잘 먹네요.

노래가 끝나는가 **싶더니** 다시 시작됐다.

감기가 **낫는 듯하더니** 또 기침이 나네요.

한동안 **잠잠하더니** 영철이가 또 사고를 쳤구나.

수지는 중학교 때는 공부를 **잘하더니** 왜 그렇게 성적이 떨어졌대요?

동생이 살 빼겠다고 다이어트에 **열심이더니** 며칠 만에 포기하고 말았어요.

제 아내는 연애할 때는 말이 별로 **없더니** 결혼 3년차인 지금은 잔소리가 끝이 없어요.

+ '-더니2)'는 앞 절에서 말하는 사람이 과거에 경험하거나 관찰하여 알게 된 사실을 말하고, 그 후에 나타나는 대조적인 사실이나 상황을 뒤 절에서 연결하여 말할 때 사용한다. '선희는 늘 바지만 입더니 오늘은 치마를 입고 왔어요.'는 말하는 사람이 '선희가 늘 바지만 입는다'는 것을 직접 보고 알았고, 이전과는 대조적으로 '오늘은 치마를 입었다'는 사실을 말하고 있다.

형태 정보

'-더니1)'을 참고한다.

제약 정보

① 앞 절과 뒤 절의 주어가 같거나, 화제(주제)가 동일하여야 한다.

예) 동생이 커피를 자주 **마시더니** (동생이) 안 마신다. (o)
동생이 커피를 자주 **마시더니** 형이 안 마신다. (x)
비가 **오더니** 어느새 해가 났다. (o)
비가 **오더니** 어느새 친구가 갔다. (x)

+ '비가 오다'와 '해가 나다'는 날씨에 관한 것으로 화제가 동일하므로 '-더니'로 연결할 수 있다. 그러나 '비가 오다'와 '친구가 가다'는 화제가 동일하지 않으므로 '-더니'로 연결할 수 없다.

② 앞 절과 뒤 절의 주어는 대부분 3인칭이며, 2인칭은 드물게 나타난다.

예) 남자 친구가 연애 초기에는 자주 **전화하더니** (남자 친구가) 요즘에는 잘 안 해요.
앤디 씨가 김치를 안 **먹더니** (앤디 씨가) 이제는 잘 먹어요.
너는 지각 한 번 안 **하더니** (너는) 웬 결석이야?

+ 1인칭 주어의 행위가 객관화되어 관찰 대상이 될 수 있는 경우 또는 다른 사람이 말하는 사람을 관찰하여 한 이야기를 간접인용으로 표현하는 경우에는 1인칭 주어를 '-더니'와 함께 사용할 수 있다.

예) 꿈에서 내가 잠깐 하늘을 **날더니** 바닥으로 뚝 떨어졌어.
내가 아주 어렸을 때는 물을 **좋아하더니** 7~8살부터 싫어했대.

③ '-더니'를 사람의 심리나 기분, 감정 또는 감각을 나타내는 형용사와 함께 쓸 때는 1인칭 주어를 사용한다.

예) (저는) 처음에는 **기쁘더니** 시간이 갈수록 부담스러워요. (o)
민준이는 처음에는 **기쁘더니** 시간이 갈수록 부담스러워요. (x)
(저는) 아토피 피부염 때문에 **가렵더니** 이젠 다 나아서 괜찮아요. (o)
지영이는 아토피 피부염 때문에 **가렵더니** 이젠 다 나아서 괜찮아요. (x)

+ 단, 간접인용문의 경우는 3인칭 주어가 형용사와 함께 사용될 수 있다. 이는 3인칭 주어가 한 자신의 이야기를 그대로 옮기는 것이기 때문이다.

예) 민준이는 처음에는 **기쁘더니** 시간이 갈수록 부담스럽다고 해요/부담스럽대요.
지영이는 아토피 피부염 때문에 **가렵더니** 이젠 다 나아서 괜찮다고 해요/괜찮대요.

④ 뒤 절에 청유문이나 명령문이 올 수 없다.

예) **피곤해하더니** 힘냅시다. (x)
아키라는 책을 **펴더니** 덮으세요. (x)
어머니는 텔레비전을 **켜더니** 끄십시오. (x)

⑤ 뒤 절에 미래 시제가 올 수 없다.

예) 앤디 씨가 사무실로 **들어오더니** 다시 나가겠습니다. (x)
앤디 씨가 사무실로 **들어오더니** 다시 나갈 것이다. (x)
앤디 씨가 사무실로 **들어오더니** 다시 나간다. (o)
앤디 씨가 사무실로 **들어오더니** 다시 나갔다. (o)

확장

① '-더니'의 의미를 강조하기 위해 조사 '마는'을 결합시켜 '-더니마는' 또는 '-더니만'으로 사용하기도 한다.

예) 밤새 눈이 **오더니마는/오더니만** 다 녹아 버렸다.
양 팀의 선수들이 유니폼을 **벗더니마는/벗더니만** 서로 바꿔 입었다.
형은 공부도 운동도 **잘하더니마는/잘하더니만** 동생은 시원치 않네.

이렇게 도입해 보세요

(1) 교사: 어제 날씨가 어땠어요?
학생: 비가 왔어요.
교사: 오늘 날씨는 어때요?
학생: 좋아요.
교사: 어제는 비가 **오더니** 오늘은 날씨가 좋네요. 이렇게 '-더니'는 내가 과거에 보고 안 사실이 앞에 오고, 그 후에 나타난 반대되는 일을 뒤에서 말할 때 써요.

(2) 교사: 선생님이 어제 오랜만에 친구를 만났어요. 그 친구는 결혼 전에는 아주 날씬했어요. 그런데 결혼하고 아기를 낳고 집에만 있었어요. 어떻게 변했을까요?
학생: 살이 쪘을 것 같아요.
교사: 네. 결혼 전에는 **날씬하더니** 이제는 살이 많이 쪘어요.

+ (1)과 같이 날씨에 대조적인 변화가 있는 경우 이를 도입에 이용할 수 있다. 가을에는 아침과 저녁에는 쌀쌀하고 낮에는 더우므로 이를 '아침에는 쌀쌀하더니 낮에는 덥네요.'와 같은 예문으로 도입할 수 있다.

-더니3) (동사나 형용사, '이다, 아니다'에 붙어) 말하는 사람이 과거에 관찰하여 알게 된 사실과 관련하여 어떤 결과가 나타났음을 말할 때 사용한다.

예문

(1) 가: 수지야, 취직 축하한다.
나: 감사합니다, 할머니.
가: 여행사에 취직했다면서? 수지가 여행 다니는 걸 **좋아하더니** 여행사에 취직했구나.
나: 네, 제가 돈 많이 벌어서 할머니도 여행 보내 드릴게요.

(2) 가: 영철 씨, 어디 갔어요?
나: 배 아프다고 약 사러 갔어요.
가: 아까 영철 씨가 밥을 급하게 **먹더니** 체했나 보네요. 많이 아프면 오늘은 조퇴하라고 하세요.
나: 네, 알겠습니다.

쑤완은 시간 날 때마다 그 노래를 **듣더니** 가사를 다 외웠어요.
민준이가 나쁜 친구들과 어울려 **놀더니** 공부를 열심히 안 해요.
그 선수는 날마다 꾸준히 **연습하더니** 좋은 기록을 냈어요.
분티안이 밤을 새워서 보고서를 **쓰더니** 지친 것 같아요.
언니가 커피를 많이 **마시더니** 잠이 안 오나 봐요.
아이들이 폭력적인 영화를 자주 **보더니** 성격이 거칠어지는 것 같아요.
병원에서 이것저것 검사를 **하더니** 양성 종양이래요.
후배가 이 회사 저 회사 면접을 보러 **다니더니** 다 떨어졌대요.
그녀가 한눈팔지 않고 한 우물만 **파더니** 결국 성공했구나.
영수가 그렇게 담배를 **피워 대더니** 결국 병이 나고 말았구나.

+ '-더니3)'은 말하는 사람이 과거에 경험하거나 관찰하여 알게 된 사실을 앞 절에서 말하고, 그에 대한 결과를 뒤 절에서 말할 때 사용한다. '여행 다니는 걸 좋아하더니 여행사에 취직했구나.'는 말하는 사람이 '수지가 여행 다니는 걸 좋아한다'는 사실을 과거에 관찰을 통해 알았고 그 결과로 현재 '여행사에 취직을 했다'고 생각하여 말한 것이다. '밥을 급하게 먹더니 체했나 보네요.'는 말하는 사람이 '영철이 밥을 급하게 먹는' 것을 보았고, '체했다'는 결과를 추측한 것이다. '-더니3)'의 뒤 절에는 흔히 '결국'과 같은 부사가 자주 쓰인다.

형태 정보

'-더니1)'을 참고한다.

제약 정보

① 앞 절과 뒤 절의 주어가 같거나, 주제(화제)가 동일해야 한다.

예) 동생이 군대에 갔다 **오더니** (동생이) 남자다워졌다. (o)
동생이 군대에 갔다 **오더니** 형이 남자다워졌다. (x)
비가 **오더니** 기온이 떨어졌다. (o)
비가 **오더니** 성적이 떨어졌다. (x)

+ '비가 오다'와 '기온이 떨어지다'는 날씨에 관한 것으로 주제가 동일하므로 '-더니'로 연결할 수 있다. 그러나 '비가 오다'와 '성적이 떨어지다'는 주제가 동일하지 않으므로 '-더니'로 연결할 수 없다.

② 앞 절과 뒤 절의 주어는 대부분 3인칭이며, 2인칭은 드물게 나타난다.

예) 미셸이 열심히 **운동하더니** 날씬해졌어요.
민준이가 공부는 안 하고 음악만 **듣더니** 음악 평론가가 되었어요.
너는 지각 한 번 안 **하더니** (너는) 역시 개근상을 받는구나.

+ 1인칭 주어의 행위가 객관화되어 관찰 대상이 될 수 있는 경우 또는 다른 사람이 말하는 사람을 관찰하여 말한 내용을 간접인용으로 표현하는 경우에는 1인칭 주어를 '-더니'와 함께 사용할 수 있다.

예) 꿈에서 내가 귀신한테 **쫓기더니** 잡히고 말았어.
내가 어렸을 때부터 동물을 **좋아하더니** 수의사가 되었다고 대견해 하시더라.

③ '-더니'를 사람의 심리나 기분, 감정 또는 감각을 나타내는 형용사와 함께 쓸 때는 1인칭 주어를 사용한다.

예) (저는) **불안하더니** 실수를 하고 말았어요. (o)
마이클 씨는 **불안하더니** 실수를 하고 말았어요. (x)
(저는) 자꾸 허리가 **아프더니** 디스크래요. (o)
마이클 씨는 자꾸 허리가 **아프더니** 디스크래요. (x)

④ 뒤 절에 청유문이나 명령문이 올 수 없다.

예) 날씨가 **좋더니** 여행을 갑시다. (x)
배탈이 **나더니** 병원에 가세요. (x)
비행기를 **타더니** 핸드폰을 끄십시오. (x)

⑤ 뒤 절에 미래 시제가 올 수 없다.

예) 앤디 씨가 한국 사람과 **결혼하더니** 한국말을 배우겠다. (x)
앤디 씨가 한국 사람과 **결혼하더니** 한국말을 배울 것이다. (x)
앤디 씨가 한국 사람과 **결혼하더니** 한국말을 배운다. (o)
앤디 씨가 한국 사람과 **결혼하더니** 한국말을 배웠다. (o)

확장

① '-더니'의 의미를 강조하기 위해 조사 '마는'을 결합시켜 '-더니마는' 또는 '-더니만'으로 사용하기도 한다.

예) 현우는 코피가 터지도록 **공부하더니마는/공부하더니만** 전교 1등을 했다.
동생이 기름진 음식을 많이 **먹더니마는/먹더니만** 살이 확 쪘어요.
아버지는 가족들이 말려도 안 **듣더니마는/듣더니만** 결국 주식으로 재산을 다 날려 버렸어요.

유사 문법

① '-더니3)', '-어서1)'

-더니3)	-어서1)
· 앞의 내용이 뒤의 내용에 대한 이유나 원인, 근거임을 나타낸다.	
· 앞 절에 주로 3인칭 주어가 나타난다. 예) 동생이 날짜 지난 우유를 **먹더니** 배탈이 났어요. (o) 제가 날짜 지난 우유를 **먹더니** 배탈이 났어요. (x) 딸이 그 노래를 여러 번 **듣더니** 가사를 다 외웠어요. (o) 제가 그 노래를 여러 번 **듣더니** 가사를 다 외웠어요. (x) 네가 **늦더니** 영화를 못 봤잖아. (x)	· 주어의 인칭 제약이 없다. 예) 동생이 날짜 지난 우유를 **먹어서** 배탈이 났어요. (o) 제가 날짜 지난 우유를 **먹어서** 배탈이 났어요. (o) 딸이 그 노래를 여러 번 **들어서** 가사를 다 외웠어요. (o) 제가 그 노래를 여러 번 **들어서** 가사를 다 외웠어요. (o) 네가 **늦어서** 영화를 못 봤잖아. (o)
· '미안하다, 죄송하다, 반갑다, 고맙다, 감사하다' 등과 어울려 자주 쓰이는 인사말처럼 관용적으로 사용하지 않는다. 예) **만나더니** 반가워요. (x) **도와주시더니** 감사합니다. (x)	· '미안하다, 죄송하다, 반갑다, 고맙다, 감사하다' 등과 어울려 자주 쓰이는 인사말처럼 관용적으로 사용할 수 있다. 예) **만나서** 반가웠어요. (o) **도와주셔서** 감사합니다. (o)

② '-더니3)', '-으므로'

-더니3)	-으므로
· 앞의 내용이 뒤의 내용에 대한 이유나 원인, 근거임을 나타낸다.	
· 격식적인 상황이나 글보다는 일반적인 대화에서 많이 사용한다. 예) 김 과장님이 결혼을 **하시더니** 일찍 집에 들어가시네요. 동생이 몇 달 동안 저녁을 **굶더니** 살이 많이 빠졌어요.	· 일반적인 대화보다는 주로 격식적인 상황이나 글에서 많이 사용한다. 예) 성적이 **우수하므로** 이 상장을 수여합니다. 그 친구는 열심히 **노력하므로** 곧 한국어 실력이 좋아질 것이라고 생각합니다.
· 앞 절에 주로 3인칭 주어가 나타난다. 예) 동생이 날짜 지난 우유를 **먹더니** 배탈이 났어요. (o) 제가 날짜 지난 우유를 **먹더니** 배탈이 났어요. (x) 딸이 그 노래를 여러 번 **듣더니** 가사를 다 외웠어요. (o) 제가 그 노래를 여러 번 **듣더니** 가사를 다 외웠어요. (x) 네가 **늦더니** 영화를 볼 수 없다. (x)	· 주어의 인칭 제약이 거의 없다. 예) 동생이 날짜 지난 우유를 **먹었으므로** 배탈이 났다. (o) 제가 날짜 지난 우유를 **먹었으므로** 배탈이 났다. (o) 딸이 그 노래를 여러 번 **들었으므로** 가사를 다 외웠다. (o) 제가 그 노래를 여러 번 **들었으므로** 가사를 다 외웠다. (o) 네가 **늦었으므로** 영화를 볼 수 없다. (o)
· 뒤 절에 미래 시제가 올 수 없다. 예) 영수는 성적이 **우수하더니** 좋은 학교에 입학했습니다. (o) 영수는 성적이 **우수하더니** 좋은 학교에 입학할 겁니다. (x)	· 뒤 절에 미래 시제가 올 수 있다. 예) 영수는 성적이 **우수하므로** 좋은 학교에 입학했습니다. (o) 영수는 성적이 **우수하므로** 좋은 학교에 입학할 겁니다. (o)

③ '-더니3)', '-으니1 1)'

-더니3)	-으니1 1)
· 앞의 내용이 뒤의 내용에 대한 이유나 원인, 근거임을 나타낸다.	
· 앞 절에 주로 3인칭 주어가 나타난다. 예) 동생이 날짜 지난 우유를 **먹더니** 배탈이 났죠. (o) 제가 날짜 지난 우유를 **먹더니** 배탈이 났죠. (x) 딸이 그 노래를 여러 번 **듣더니** 가사를 다 외웠죠. (o) 제가 그 노래를 여러 번 **듣더니** 가사를 다 외웠죠. (x) 네가 **늦더니** 영화를 못 봤지. (x)	· 주어의 인칭 제약이 없다. 예) 동생이 날짜 지난 우유를 **먹었으니** 배탈이 났죠. (o) 제가 날짜 지난 우유를 **먹었으니** 배탈이 났죠. (o) 딸이 여러 번 그 노래를 **들었으니** 가사를 다 외웠죠. (o) 제가 여러 번 그 노래를 **들었으니** 가사를 다 외웠죠. (o) 네가 **늦었으니** 영화를 못 봤지. (o)
· 뒤 절에 청유문이나 명령문이 올 수 없다. 예) 그가 어제 술을 많이 **마시더니** 탈이 났다. (o) 어제 술을 많이 **마시더니** 물을 많이 드세요. (x) 어제 술을 많이 **마시더니** 해장국 먹으러 갑시다. (x)	· 뒤 절에 청유문이나 명령문이 올 수 있다. 예) 그는 어제 술을 많이 **마셨으니** 탈이 났을 것이다. (o) 어제 술을 많이 **마셨으니** 물을 많이 드세요. (o) 어제 술을 많이 **마셨으니** 해장국 먹으러 갑시다. (o)
· 뒤 절에 미래 시제가 올 수 없다. 예) 영수는 성적이 **우수하더니** 좋은 학교에 입학했습니다. (o) 영수는 성적이 **우수하더니** 좋은 학교에 입학할 겁니다. (x)	· 뒤 절에 미래 시제가 올 수 있다. 예) 영수는 성적이 **우수하니** 좋은 학교에 입학했습니다. (o) 영수는 성적이 **우수하니** 좋은 학교에 입학할 겁니다. (o)

이렇게 도입해 보세요

(1) 교사: 여러분 동창회에 가서 오랜만에 친구를 만난 적이 있어요?
학생: 네, 있어요.
교사: 학교 다닐 때 공부를 잘하던 친구는 무슨 일을 하고 있어요?
학생: 의사가 되었어요. / 학생을 가르쳐요.
교사: 네, 그 친구는 공부를 **잘하더니** 의사가 되었어요. / 공부를 **잘하더니** 선생님이 되었어요. 이렇게 '-더니'는 앞에 내가 과거에 보고 안 사실이 오고, 그 후에 어떤 결과가 나타났는지 말할 때 써요.

(2) 교사: 선생님이 배탈이 났어요. 왜 그랬을까요?
학생: 밥을 많이 먹었어요. 찬 것을 많이 먹었어요.
교사: 맞아요, 찬 것을 많이 먹었어요. 선생님이 찬 것을 먹는 것을 흐엉 씨가 봤어요. 선생님이 배탈 난 것을 알고 흐엉 씨가 이렇게 말할 수 있어요. "선생님이 찬 것을 많이 **드시더니** 배탈이 나셨어요."

+ '-더니3)'을 도입하기 위해 말하는 사람이 과거에 안 사실과 그것과 관련한 결과를 연결하여 문장을 제시한다. (1)에서 공부를 잘하던 친구 또는 못하던 친구가 지금 어떻게 됐는지 이야기하며, '-더니3)'의 용법을 인지시키고, 더불어 앞서 배운 '-더니2)'의 용법도 복습시킨다.

-더라도

앞 절을 가정하거나 인정해도 뒤 절은 그 **기대에 어긋남**을 나타내는 연결어미.

-더라도 (동사나 형용사, '이다, 아니다'에 붙어) 앞 절의 내용을 가정하거나 인정하지만 뒤의 내용에는 관계가 없거나 영향을 끼치지 않음을 나타낼 때 사용한다. 앞 절의 내용으로 기대하는 바가 뒤 절에서 부정됨을 나타낸다.

예문

(1) 가: 내일 문화 체험 가는 거 다들 알고 있죠?
나: 네. 그런데 비가 오면 어떻게 해요?
가: 일기 예보에서 내일은 맑을 거라고 했어요. 그리고 혹시 비가 **오더라도** 갈 거예요.
나: 네, 알겠습니다.

(2) 가: 흐엉 씨, 왜 숙제 안 해 왔어요?
나: 어제 친구가 한국에 와서 숙제를 못 했어요.
가: 친구가 **왔더라도** 숙제는 해야죠.
나: 네, 죄송합니다.

저는 무슨 일이 **있더라도** 꿈을 포기하지 않을 거예요.

아무리 화가 **나더라도** 폭력은 안 된다.

바쁘더라도 식사는 꼭 챙겨 드세요.

수지는 집 앞 슈퍼에 **가더라도** 화장을 꼭 하고 나가요.

이 일은 기술적으로 **가능하더라도** 엄청난 비용이 발생할 것이다.

결혼식에는 안 **가더라도** 초상집에는 가야 한다.

잠을 이루지 **못하더라도** 누워 있는 것만으로도 피로는 어느 정도 풀린다.

그 배우는 주연은 **아니더라도** 인상 깊은 연기를 보여 주었다.

당뇨병은 완치는 **어렵더라도** 적절한 식이 요법과 약물 요법으로 쉽게 조절할 수 있다.

비록 지금 실패했다고 평가받는 **사람이더라도** 실패를 반전의 기회로 삼아 더 크게 성공하는 경우도 많다.

+ '-더라도'는 앞 절의 내용을 인정하거나 가정한다고 해도 앞 절의 내용으로 기대하는 바가 뒤 절에서 부정됨을 나타내는 연결어미이다. 즉 첫 번째 담화 예문은 내일 비가 온다고 가정을 해도 문화 체험을 간다는 것이다. 두 번째 담화 예문은 흐엉의 친구가 한국에 왔다는 사실은 인정하지만 그렇다고 해도 숙제는 해야 한다는 것이다.

형태 정보

① 동사 및 형용사 어간 끝음절의 받침 유무에 관계없이 '-더라도'를 쓴다.

예) 먹- + -더라도 → 먹더라도　　짓- + -더라도 → 짓더라도
멀- + -더라도 → 멀더라도　　무겁- + -더라도 → 무겁더라도
보- + -더라도 → 보더라도　　타- + -더라도 → 타더라도
만나- + -더라도 → 만나더라도　　예쁘- + -더라도 → 예쁘더라도

①			
	받침 ○	+ -더라도	먹더라도, 짓더라도, 멀더라도, 무겁더라도
	받침 ×	+ -더라도	보더라도, 타더라도, 만나더라도, 예쁘더라도

② '이다, 아니다'는 '-더라도'를 쓴다. 단, '이다' 앞의 명사에 받침이 없으면 주로 '명사+ -더라도'라고 쓴다.

예) 책이- + -더라도 → 책이더라도
선생님이- + -더라고 → 선생님이더라도
경우이- + -더라도 → 경우이더라도/경우더라도
의사이- + -더라도 → 의사이더라도/의사더라도
아니- + -더라도 → 아니더라도

문장 구성 정보

① 흔히 부사 '아무리', '비록'과 함께 쓰여 '-더라도'의 의미를 강조한다.

예) 아무리 **힘들더라도** 끝까지 해낼 거예요.
아무리 **급하더라도** 모든 일에는 순서가 있는 법이다.
비록 실패를 **하더라도** 그 실패를 통해서 얻는 것이 있다.

유사 문법

① '-더라도', '-어도'

<table>
<tr><th>-더라도</th><th>-어도</th></tr>
<tr><td colspan="2">· 앞의 내용에 대한 기대가 어긋난다는 뜻을 나타낸다.
예) 비가 오더라도 소풍을 갈 거예요.
비가 와도 소풍을 갈 거예요.</td></tr>
<tr><td>· '-어도'에 비해 더 가정적이며 실현 가능성이 낮다.
예) 비가 왔더라도 소풍을 갔을 것이다. (o)
이번 어린이날에는 비가 왔더라도 소풍을 갔다. (x)</td><td>· '-더라도'에 비해 덜 가정적이며 실현 가능성이 높다.
예) 비가 왔어도 소풍을 갔을 것이다. (o)
이번 어린이날에는 비가 왔어도 소풍을 갔다. (o)</td></tr>
</table>

+ '비가 왔더라도 소풍을 갔을 것이다.', '비가 왔어도 소풍을 갔을 것이다.'는 비가 안 와서 소풍을 갔지만 혹시 비가 왔다고 가정을 해도 소풍을 갔을 것이라는 공통된 의미를 갖는다. 그러나 '-더라도'는 가정의 의미가 강하기 때문에 실제로 실현된 것이 확실한 사건의 반대되는 가정에는 쓰지 않는다.

② '-더라도', '-을지라도'

<table>
<tr><th>-더라도</th><th>-을지라도</th></tr>
<tr><td colspan="2">· 앞의 내용에 대한 기대가 어긋난다는 뜻을 나타낸다.</td></tr>
<tr><td>· '-을지라도'에 비해 덜 가정적이다.

예) 실패로 끝나더라도 끝까지 최선을 다할 것이다.
나에게 억만금이 있더라도 자식에게는 한 푼도 물려주지 않을 것이다.</td><td>· '-더라도'에 비해 더 가정적이며 화자의 강한 의지, 결심을 나타낸다.
예) 실패로 끝날지라도 끝까지 최선을 다할 것이다.
나에게 억만금이 있을지라도 자식에게는 한 푼도 물려주지 않을 것이다.</td></tr>
</table>

이렇게 도입해 보세요

(1) 교사: 여러분 한국어 공부가 어때요?
학생: 재미있지만 어려워요.
교사: 그럼 어려우니까 포기할 거예요?
학생: 아니요. 포기하지 않을 거예요.
교사: 그래요. 여러분은 한국어 공부가 **어렵더라도** 포기하지 않을 거예요.

(2) 교사: 여러분이 결혼하고 싶은 사람을 부모님께 소개했는데 부모님이 반대하시면 어떻게 할 거예요?
학생: 부모님을 설득해야죠.
교사: 그래도 계속 반대하시면요?
학생: 정말 사랑하는 사람이라면 결혼할 것 같아요.
교사: 네. 분티안 씨는 부모님께서 결혼을 **반대하시더라도** 사랑하는 사람과 결혼할 거예요.

+ '-더라도'는 현재나 미래의 사건이나 상황을 가정했을 때 그 가정이 기대하는 내용과 상관없이 또는 반대로 행위함을 나타낼 때 쓴다. 공부가 어려우면 일반적으로 공부를 포기하는데 포기하지 않는다든지 부모님이 결혼을 반대하면 일반적으로 결혼을 포기하는데 결혼을 한다든지 하는 가정한 사실과 반대되는 상황을 제시하여 '-더라도'를 인지시킨다. 같은 양보의 의미를 갖는 '-어도'와 다른 점은 가정한 내용이 미래의 어느 시점에 화자가 경험한 사실로 가정되기 때문에 실현 가능성이 '-어도'보다 낮다.

-던데

뒤 절과 관련하여 말하는 사람이 **과거에 경험**하거나 **관찰한 사실**을 나타내는 연결어미.

-던데 (동사나 형용사, '이다, 아니다'에 붙어) 뒤 절에서 어떤 일을 설명하거나 묻거나 시키거나 제안하기 위하여, 그와 상관있는 과거에 경험하거나 관찰한 사실을 나타낸다. 주로 구어에서 사용한다.

예문

(1) 가: 아, 추워. 날씨가 너무 춥네요. 이러다 얼어 죽겠어요.
나: 그러게요. 일기 예보에서 이번 주말까지 강추위가 지속될 거라고 하네요.
가: 아이고, 그래요? 더 두꺼운 코트를 사야겠어요.
나: 요즘 백화점에서 세일을 많이 **하던데** 이번에 한 벌 사세요.

(2) 가: 해외 온라인 쇼핑몰에서 직접 물건을 사면 싸다면서?
나: 응. 물건을 받는 데 시간이 좀 걸리긴 하지만 가격은 훨씬 싸.
가: 주문하기 어렵지 않아? 난 영어 잘 못해.
나: 별로 **어렵지 않던데** 내가 알려 줄게.

요즘 지각이 **잦던데** 무슨 일 있어요?

좋은 사람인 것 **같던데** 한번 만나 보는 게 어때요?

영철 씨는 사람은 아주 **좋던데** 일처리는 좀 꼼꼼하지 못해요.

불고기가 정말 **맛있던데** 어떻게 만드신 거예요?

다른 팀은 점심 먹으러 **가던데** 우리도 식사하고 합시다.

요즘 감기 때문에 고생하는 사람들이 **많던데** 감기 조심하세요.

지난번에 보니까 중국어를 **잘하시던데** 중국어를 전공하셨어요?

과장님이 자리에 **안 계시던데** 어디 가셨는지 아세요?

그 식당 앞에는 항상 사람들이 줄을 서 **있던데** 정말 맛있나 봐요.

저는 그 영화 **별로던데** 요즘 인기가 많은 것 같더라고요.

+ '-던데'는 과거 회상을 나타내는 '-더'와 연결어미 '-는데'가 결합한 형태로 뒤 절에서 말하려는 내용과 관련하여 말하는 사람이 과거에 경험하거나 관찰한 사실을 말할 때 사용하는 연결어미이다. 주로 뒤 절에는 질문이나 제안, 설명 등이 온다. '요즘 지각이 잦던데 무슨 일 있어요?'는 무슨 일이 있냐는 질문에 관련하여 말하는 이가 과거에 관찰하여 알게 된 사실 즉, '지각이 잦다'는 것을 말한다. '좋은 사람인 것 같던데 한번 만나 보는 게 어때요?'는 한번 만나 보는 게 어떻겠냐는 제안에 관련하여 말하는 이가 과거에 경험하여 알게 된 사실, 즉 '좋은 사람인 것 같다'는 것을 말한다.

형태 정보

① 동사 및 형용사 어간 끝음절의 받침 유무에 관계없이 '-던데'를 쓴다.

예) 먹- + -던데 → 먹던데　　받- + -던데 → 받던데
걸- + -던데 → 걸던데　　짓- + -던데 → 짓던데
덥- + -던데 → 덥던데　　좋- + -던데 → 좋던데
가- + -던데 → 가던데　　보- + -던데 → 보던데
예쁘- + -던데 → 예쁘던데　　모르- + -던데 → 모르던데

①	받침 ○	+ -던데	먹던데, 받던데, 걸던데, 짓던데, 덥던데, 좋던데
	받침 ×	+ -던데	가던데, 보던데, 예쁘던데, 모르던데

② '이다, 아니다'는 '-던데'를 쓴다. 단, '이다' 앞의 명사에 받침이 없으면 주로 '명사+-던데'라고 쓴다.

예) 모양이- + -던데 → 모양이던데　　기색이- + -던데 → 기색이던데
야단이- + -던데 → 야단이던데　　눈치이- + -던데 → 눈치이던데/눈치던데
난리- + -던데 → 난리이던데/난리던데　　아니- + -던데 → 아니던데

문장 구성 정보

① '-던데'의 뒤 절에는 말하는 이가 직접 경험하거나 관찰한 사실을 근거로 한 질문, 제안, 명령, 설명이 주로 온다.

예) 불고기가 정말 **맛있던데** 어떻게 만드신 거예요?
불고기가 정말 **맛있던데** 한번 드셔 보세요.
불고기가 정말 **맛있던데** 먹어 봐.
불고기가 정말 **맛있던데** 한우로 만들어서 그런가 봐.

제약 정보

① '-던데'를 사람의 심리나 기분, 감정 또는 감각을 나타내는 형용사와 함께 쓸 때는 1인칭 주어를 사용해야 한다.

예) 나는 국수를 먹으면 금방 **배고프던데** 너는 안 그래?
조카가 생기니까 저는 정말 **기쁘던데** 제 동생은 별 관심이 없더라고요.
남인 나도 **섭섭하던데** 가족들은 얼마나 섭섭했을까요?

확장

① '-던데'는 완료를 나타내는 '-었-'과 결합하여 과거에 어떤 사건을 경험하거나 관찰할 당시 이미 그 사건이 끝났음을 나타낸다.

예) 다른 직원들은 다들 **퇴근했던데** 김 대리는 퇴근 안 해?
분당까지 지하철이 **뚫렸던데** 지하철로 갑시다.
밤새 눈이 많이 **내렸던데** 미끄러지지 않게 조심하세요.

+ 다른 직원들이 이미 퇴근해서 없는 것을 봤을 때 '다른 직원들은 다들 퇴근했던데 김 대리는 퇴근 안 해?'라고 말한다. 다른 직원들이 퇴근하고 있는 것을 봤을 때는 '다른 직원들은 다들 퇴근하던데 김 대리는 퇴근 안 해?'라고 말해야 한다.

② 간접인용에 '-던데'를 붙여 말하는 이가 과거에 다른 사람으로부터 들어서 알게 된 사실에 대해 말할 때 사용한다.

예) 모레가 수지 씨 **생일이라고 하던데/생일이라던데** 선물 샀어요?
내일부터 날씨가 **추워진다고 하던데/추워진다던데** 감기 조심하세요.
영수 씨가 주말에 집들이한다고 **오라고 하던데/오라던데** 같이 가요.

이렇게 도입해 보세요

(1) 교사: 여러분, 영화 좋아해요? 요즘 본 영화 중에서 재미있었던 영화가 뭐예요?

학생: '스파이더맨'이 재미있었어요.

교사: 선생님이 주말에 영화를 보려고 하는데 무슨 영화가 좋을까요?

학생: '스파이더맨'이 재미있어요. '스파이더맨'을 보세요.

교사: 이럴 때 마이클 씨가 "스파이더맨이 **재미있던데** 스파이더맨을 보세요." 라고 말할 수 있어요. '-던데'는 자신이 경험해서 알게 된 것을 이야기하면서 제안, 명령, 질문, 설명할 때 사용해요.

(2) (두 남녀 히로와 미도리가 손을 잡고 걸어가는 모습을 한 사람이 보고 있는 그림을 보여 준다.)

교사: 여기 히로 씨와 미도리 씨가 있어요. 두 사람이 어떻게 하고 있어요?

학생: 손을 잡고 걸어가고 있어요.

교사: 선생님이 어제 그 모습을 봤어요. 그래서 다음날 히로 씨에게 질문해요. 뭐라고 질문할까요?

학생: 히로 씨, 어제 미도리 씨하고 손잡고 걸어가는 것을 봤어요. 미도리 씨하고 사귀어요?

교사: 이럴 때 "어제 히로 씨가 미도리 씨하고 손잡고 **걸어가던데** 미도리 씨하고 사귀어요?"라고 말할 수 있어요. '-던데'는 자신이 관찰한 사실을 이야기하면서 질문, 제안, 명령, 설명할 때 사용해요.

+ '-던데'를 도입하기 위해 말하는 이가 직접 경험하거나 관찰한 사실을 근거로 제안이나 명령, 질문, 설명 등을 하는 상황을 설정한다. '-던데'는 말하는 이가 직접 경험하거나 관찰한 사실을 근거로 이야기할 때 사용한다는 점을 강조한다.

-도록

1) 행위의 **목적**, 2) 동작이나 작용의 **정도나 한계**를 나타내는 연결어미.

-도록1) (동사와 일부 형용사에 붙어) 뒤에 나오는 행위의 목적을 나타낼 때 사용한다.

예문

(1) (방송 인터뷰에서)
가: 올림픽에 처음으로 참가하게 되었는데 기분이 어떠세요?
나: 어렸을 때부터 올림픽에 나가는 게 꿈이었는데 꿈을 이루게 되어 아주 기쁩니다.
가: 내일부터 경기를 치를 텐데 각오 한 말씀해 주세요.
나: 좋은 성적을 **거두도록** 최선을 다하겠습니다.

(2) 가: 요즘 건망증이 심해서 걱정이에요.
나: 무슨 일 있었어요?
가: 어제가 어머니 생신이었는데 까맣게 잊어버렸지 뭐예요.
나: 어머니가 서운해하셨겠네요. 그래서 저는 가족의 생일을 **잊지 않도록** 달력에 표시를 해 놔요.
가: 저도 그래야겠어요.

아이들이 자신감을 **갖도록** 칭찬을 많이 해줘야 합니다.

여름에는 더위로 지치지 **않도록** 휴식을 충분히 취하는 것이 중요해요.

구급차가 **지나가도록** 길을 비켜 주었다.

관광객이 많이 **찾아오도록** 적극적으로 홍보를 하고 있다.

노약자와 장애인이 이용하기 **편하도록** 육교에 승강기를 설치했다.

실수하지 않도록 꾸준히 연습해야 해요.

중요한 회의니까 **늦지 않도록** 조심하세요.

병이 더 **악화되지 않도록** 술과 담배는 삼가세요.

유리로 만든 제품이니까 **깨지지 않도록** 조심히 다루세요.

선생님께서는 어려운 내용을 누구나 이해할 수 **있도록** 쉽게 설명해 주셨다.

+ '-도록1)'은 동사와 일부 형용사에 붙어 뒤에 나오는 행위의 목적을 나타낸다. '아이들이 자신감을 갖도록 칭찬을 많이 해 줘야 합니다.'에서 칭찬을 많이 해 줘야 하는 것은 아이들이 자신감을 갖게 하기 위해서이다. 목적을 나타내는 '-도록1)'은 대부분 '-게'로 대체하여 사용할 수 있다.

형태 정보

① 동사 어간 끝음절의 받침 유무에 관계없이 '-도록'을 쓴다.

예) 먹- + -도록 → 먹도록
살- + -도록 → 살도록
짓- + -도록 → 짓도록
가- + -도록 → 가도록
만나- + -도록 → 만나도록
받- + -도록 → 받도록
돕- + -도록 → 돕도록
낳- + -도록 → 낳도록
보- + -도록 → 보도록
모르- + -도록 → 모르도록

①	받침 ○	+ -도록	먹도록, 받도록, 살도록, 돕도록, 짓도록, 낳도록
	받침 ×	+ -도록	가도록, 보도록, 만나도록, 모르도록

제약 정보

① 형용사와는 결합하지 않으나 일부 형용사의 부정형과는 결합할 수 있다.

예) 펭귄은 영하의 날씨에도 생존이 **가능하도록** 진화하였다. (o)
이 에어컨은 자연 바람에 **가깝도록** 만든 제품입니다. (o)
신부가 **예쁘도록** 화장을 곱게 했다. (x)
음식이 **맛있도록** 여러 가지 양념을 넣었다. (x)
내일 **힘들지 않도록** 많이 자 두어라. (o)

② 과거 '-었-', 미래 · 추측의 '-겠-'과 결합하지 않는다.

예) 나무가 잘 **자라도록** 비료를 줘요. (o)
나무가 잘 **자랐도록** 비료를 줬어요. (x)
나무가 잘 **자라겠도록** 비료를 줄 거예요. (x)

확장

① '-도록' 뒤에 '은', '만', '까지' 따위의 보조사가 올 수 있다.

예) 가족의 생사만이라도 알 수 **있도록**은 해야 한다.
화초가 겨울에 얼어 죽지 **않도록**만 주의해 주세요.

② '-도록' 다음에 주로 '하다', '만들다'와 같은 서술어가 붙어 다른 사람에게 어떤 일을 하게 하거나 시킴을 나타내기도 한다.

예) 선생님이 학생들에게 작문을 하나씩 써 **오도록 하였다**.
건강을 위해 짠 음식은 **삼가도록 하세요**.
그녀는 그가 **질투하도록 만들었다**.

③ 뒤 절이 없이 단정적으로 명령함을 나타내는 종결어미로 쓰이기도 한다.

예) 조용히 **자습하도록**.
30분간 휴식 후 다시 이 자리에 **모이도록**.
이상 상황이 발생할 시 바로 **보고하도록**.

+ '-어라' 보다는 단호한 느낌이 있으며 군대나 학교 등과 같이 단정적인 명령이 전달되는 집단에서 주로 사용한다.

유사 문법

① '-도록 하다', '-게 하다1)'

<table>
<tr><th>-도록 하다</th><th>-게 하다1)</th></tr>
<tr><td colspan="2">· 다른 사람에게 어떤 일을 하게 하거나 시킴을 나타낸다.
예) 선생님이 학생을 자리에 앉도록 하였다.
선생님이 학생을 자리에 앉게 하였다.</td></tr>
<tr><td>· 시킴을 당하는 사람이 표면에 드러나지 않으면 사동의 의미가 사라진다.
예) 제가 학생을 자리에 앉도록 하겠습니다.
제가 자리에 앉도록 하겠습니다.
(피사동자인 학생이 생략되면 주어인 '제'가 스스로 '앉겠다'는 의지를 표현하게 되며 따라서 사동의 의미가 사라진다.)</td><td>· 시킴을 당하는 사람이 표면에 드러나지 않아도 사동의 의미가 유지된다. 이때 시킴을 당하는 사람은 문맥상 생략된 것으로 이해된다.
예) 제가 학생을 자리에 앉게 하겠습니다.
제가 자리에 앉게 하겠습니다.
(피사동자인 학생이 생략되어도 주어인 '제'가 누군가를 앉게 만든다는 의미를 갖는다.)</td></tr>
<tr><td>· 듣는 사람에게 어떠한 행동을 직접 시키는 경우에도 사용한다.
예) 식사 후에 약을 먹도록 해라.
(듣는 사람 스스로가 식사 후에 약을 먹어야 함을 의미한다.)</td><td>· 듣는 사람에게 어떠한 행동을 직접 시키는 경우에는 사용할 수 없다.
예) 식사 후에 약을 먹게 해라.
(듣는 사람이 다른 누군가에게 식사 후 약을 먹게 해야 함을 의미한다.)</td></tr>
</table>

이렇게 도입해 보세요

(1) 교사: 여러분이 음식을 해서 먹었는데 많이 남았어요. 남은 음식을 어떻게 해요?
학생: 냉장고에 넣어요.
교사: 왜 냉장고에 넣어요?
학생: 냉장고에 안 넣으면 음식이 상해요.
교사: 네, 맞아요. 음식이 **상하지 않도록** 남은 음식은 냉장고에 넣어야 해요.
행위의 목적을 말할 때 '-도록'을 써요.

(2) 교사: 아이들이 약 먹는 것을 좋아할까요?
학생: 아니요.
교사: 왜 싫어할 것 같아요?
학생: 약이 써서요.
교사: 맞아요. 그런데 딸기 맛이 나는 감기약을 주면 아이들이 먹을까요?
학생: 네, 아이들이 잘 먹을 거예요.
교사: 네, 아이들이 잘 먹을 수 **있도록** 딸기 맛이 나는 감기약을 만들었어요.

–도록2) 뒤에 나오는 동작이나 작용의 정도나 한계를 나타낼 때 사용한다.

예문

(1) 가: 목소리가 왜 그래요? 감기 걸렸어요?
나: 아니에요. 어젯밤에 우리나라 팀 월드컵 경기가 있었잖아요.
가: 아, 그래서 응원을 했어요?
나: 네, 목이 **쉬도록** 응원했는데 져서 너무 아쉬워요.

(2) 가: 너 어제 몇 시에 들어왔어?
나: 어제 회식이 있어서 좀 늦게 들어왔어.
가: 12시가 **넘도록** 네가 안 들어와서 어제 엄마가 얼마나 걱정하셨는지 알아?
나: 그랬어? 전화하려고 했는데 배터리가 없어서 못 했어.

이마에 멍이 **들도록** 세게 부딪쳤어요.

마흔이 **넘도록** 결혼할 생각을 안 해요.

취하도록 술을 마시는 것은 건강에 좋지 않아요.

발에 물집이 **잡히도록** 걸어 다녔어요.

손가락에 굳은살이 **박이도록** 기타 연습을 했다.

흰 셔츠가 **누레지도록** 오래 입어요.

배가 **터지도록** 먹었어요.

아토피에 걸리면 **미치도록** 가려워서 밤에 잠도 못 자요.

1년이 다 **되도록** 연락이 없어요.

몇 달이 **지나도록** 도주한 범인을 못 찾고 있어요.

+ '–도록2)'는 동작이나 작용의 방식이나 한계를 나타낸다. '목이 쉬도록'은 응원을 하는 정도를 표현하고, '12시가 넘도록'은 '그 시간에 이를 때까지'의 의미로 시간의 한계를 나타낸다.

+ '배가 터지도록 먹었어요.', '아토피에 걸리면 미치도록 가려워서 밤에 잠도 못 자요.'와 같은 예문에서는 실제로 배가 터지거나 미치는 것은 아니지만 배가 부른 정도나 가려운 정도를 과장되게 비유하여 표현한 것이다.

형태 정보

앞의 '-도록1)'을 참고한다.

제약 정보

① 일반적으로 형용사와는 결합하지 않으나 일부 형용사와는 결합할 수 있다.

예) 신부의 모습이 눈이 **부시도록** 아름다웠어요. (o)
숨이 **가쁘도록** 달렸는데도 버스를 놓쳤어요. (o)
얼굴이 **빨갛도록** 부끄러웠어요. (x)
그 드라마를 **재미있도록** 봤어요. (x)

② 과거 '-었-', 미래 · 추측의 '-겠-'과 결합하지 않는다.

예) **밤늦도록** 발표 준비를 했어요. (o)
밤늦었도록 발표 준비를 했어요. (x)
밤늦겠도록 발표 준비를 할 거예요. (x)

확장

① '-도록' 뒤에 '은', '만', '까지' 따위의 보조사가 올 수 있다.

예) 10km가 **지나도록**은 사람이 한 명도 보이지 않았습니다.
코피가 **터지도록**만 공부하면 어느 대학이든 갈 수 있어.
밤늦도록까지 방에 불이 켜져 있었어요.

② '-도록'이 사용된, 뒤 절의 행위의 정도를 나타내는 관용적인 표현이 많다.

예) 목이 **빠지도록** 기다린다.
문지방이 **닳도록** 드나든다.
귀에 못이 **박히도록** 듣는다.
입에 침이 **마르도록** 칭찬을 했습니다.
코가 **삐뚤어지도록** 술을 마셨어요.
뼈가 **빠지도록** 일했어요.

유사 문법

① '-도록2)', '-게1)'

<table>
<tr><th>-도록2)</th><th>-게1)</th></tr>
<tr><td colspan="2">· 정도나 방식을 나타내는 연결어미이다.
예) 목이 터지도록 응원했어요.
목이 터지게 응원했어요.</td></tr>
<tr><td>· 주로 동사와 결합한다.
예) 선생님이 어려운 문제를 쉽도록 설명해 주십니다. (x)
친구가 종이를 길도록 잘라서 나에게 주었어요. (x)
목이 빠지도록 기다렸어요. (o)</td><td>· 형용사와 동사 모두 결합이 자유롭다.
예) 선생님이 어려운 문제를 쉽게 설명해 주십니다. (o)
친구가 종이를 길게 잘라서 나에게 주었어요. (o)
목이 빠지게 기다렸어요. (o)</td></tr>
<tr><td>· 시간의 한계를 나타낼 때 사용한다.
예) 친구는 12시가 되도록 오지 않았다.
3년이 지나도록 그는 소식이 없다.
그는 (낮부터) 밤늦도록 잤다.
(그가 이전부터 밤늦게까지 잤다는 의미로 시간적 한계를 나타낸다.)</td><td>· 시간의 한계를 나타낼 때는 사용할 수 없다.
예) 친구는 12시가 되게 오지 않았다. (x)
3년이 지나게 그는 소식이 없다. (x)
그는 밤늦게 잤다.
(그가 밤늦은 시간에 잤다는 의미로 잠이 든 시점을 나타내며 따라서 시간적 한계를 나타내지는 않는다.)</td></tr>
</table>

이렇게 도입해 보세요

(1) 교사: 여러분이 본 영화 중에서 가장 슬펐던 영화는 뭐예요?
학생: '내 머릿속의 지우개'요.
교사: 그 영화를 보고 많이 울었어요?
학생: 네, 많이 울어서 눈이 빨개졌어요.
교사: 많이 울면 눈이 빨개지고 퉁퉁 붓죠? 그렇게 될 때까지 울었을 때 '눈이 퉁퉁 **붓도록** 울었어요.'라고 해요.

(2) 교사: 여러분은 시험공부를 미리 해요?
학생: 네. / 아니요.
교사: ('아니요.'라고 대답한 학생에게 묻는다.) 그럼 언제 시험공부를 해요?
학생: 시험 보기 전날에 해요. 잠을 안 자고 공부해요.
교사: 맞아요. 시험 보기 전날에 잠을 안자고 아침까지, 밤을 새워 가면서 공부해요. **밤새도록** 공부를 했어요.

-든지(-든)

나열된 동작이나 상태, 대상들 중에서 어느 것이든 **선택**될 수 있음을 나타내는 연결어미.

-든지 (동사나 형용사에 붙어) 나열된 동작이나 상태, 대상들 중에서 어느 하나를 선택함을 나타낼 때 사용한다. 제시된 것 중 어느 것을 선택해도 상관은 없다.

예문

(1) 가: 여보세요? 거기 한국대학교지요?
나: 네, 맞습니다.
가: 그 대학에 입학 원서를 내려고 하는데 이메일로 제출해도 되나요?
나: 이메일로는 접수가 불가능합니다. 직접 **방문하시든지** 우편으로 접수하셔야 합니다.
가: 네, 알겠습니다.

(2) 가: 수신 씨, 결혼 날짜 잡으셨다면서요? 축하해요.
나: 네, 감사합니다.
가: 신혼여행은 어디로 갈지 정하셨어요?
나: 아직요. 제주도를 **가든지** 아니면 해외로 가려고요.
가: 사랑하는 사람과 함께라면 어디든 좋을 거예요.

음악을 **듣든지** 영화를 **보든지** 하루에 2시간은 혼자만의 시간을 갖고 싶다.
시끄러우니까 조용히 **하든지** 나가 줬으면 좋겠어요.
너는 자는 거니? 공부를 하는 거니? **자든지** 공부를 **하든지** 둘 중 하나만 해.
내게 연락하고 싶으면 이메일을 **보내든지** 아니면 문자 보내.
식당 음식은 보통 **맵든지** 아니면 짜다.
나보다 나이가 **많든지 적든지** 빨리 남자 친구가 생기면 좋겠다.
이미 결정된 일이니 **좋든지 싫든지** 간에 따를 수밖에 없어요.
대학에 **가든지 말든지** 내 인생이니까 참견하지 마세요.
누가 **보든지 안 보든지** 자기 할 일은 해야지.
영수 씨는 워낙 성실해서 무엇을 **하든지** 성공할 거예요.
어느 곳을 **가든지** 고향을 잊지는 마라.

+ '-든지'는 선택할 수 있는 여러 가지 중 어느 것을 선택해도 상관이 없음을 나타낸다. '음악을 듣든지 영화를 보든지 하루에 2시간은 혼자만의 시간을 갖고 싶다.'는 '음악을 듣는 것', '영화를 보는 것' 가운데 어느 것을 선택해도 좋으니 '하루에 2시간은 혼자만의 시간을 갖는 것이 좋다'는 것이다.

+ 주로 둘 중 하나를 선택한다는 의미가 있기 때문에 '많든지 적든지'나 '가든지 말든지'처럼 반의어나 긍정·부정의 쌍으로 사용되는 예가 많다.

+ '어디, 무엇, 언제, 누구' 등의 대명사는 지시 대상이 일정하지 않고 포괄적으로 여러 가지를 지시할 수 있으므로 '-든지'와 함께 쓰인다.

형태 정보

① 동사 및 형용사 어간 끝음절의 받침 유무에 관계없이 '-든지'를 쓴다.

예) 먹- + -든지 → 먹든지
입- + -든지 → 입든지
싫- + -든지 → 싫든지
가- + -든지 → 가든지
만나- + -든지 → 만나든지
듣- + -든지 → 듣든지
앉- + -든지 → 앉든지
멀- + -든지 → 멀든지
보- + -든지 → 보든지
예쁘- + -든지 → 예쁘든지

①	받침 ○	+ -든지	먹든지, 듣든지, 입든지, 앉든지, 싫든지, 멀든지
	받침 ×	+ -든지	가든지, 보든지, 만나든지, 예쁘든지

문장 구성 정보

① '-든지 -든지 하다'의 형태로 자주 쓰인다.

예) **취직하든지 진학하든지 해야지**.
내일 영화를 **보든지** 드라이브를 **가든지 하자**.
예산이 부족하니 축제를 **미루든지 취소하든지 합시다**.

② '-든지 -든지'의 형태로 서로 대립되거나 반대되는 것을 나열할 때 사용한다.

예) 그가 **오든지 가든지** 나와는 전혀 상관없는 일이다.
제가 결혼을 **하든지 말든지** 관심 끄세요.
유학을 **가든지 안 가든지** 그것은 네가 결정할 문제이다.
학벌이 **좋든지 나쁘든지** 실력만 있으면 성공할 수 있어요.
그 사람은 다른 사람이 옆에 **있든지 없든지** 신경을 안 쓴다.

③ '어디, 무엇, 언제, 누구' 등의 대명사와 함께 쓰인다.

예) <u>어디</u>에 **가든지** 연락 자주 해.
<u>무엇</u>을 **하든지** 마음가짐이 중요해요.
<u>언제</u> **만나든지** 반가운 친구예요.
<u>누구</u>와 **살든지** 기본적인 예절은 지켜야 해요.

+ 이러한 대명사는 지시 대상이 일정하지 않으므로 흔히 '-든지'와 함께 쓰여 포괄적으로 모든 것을 지시하는 의미를 지닌다.

제약 정보

① 과거의 '-었-'과는 결합하나 미래 · 추측의 '-겠-'과는 결합하지 않는다.

예) 그가 이미 퇴근을 **했든지** 외근을 나간 것 같아요. (o)
그가 이따가 퇴근을 **하겠든지** 외근을 나갈 거예요. (x)
그녀가 전에 누구와 **사귀었든지** 관심 없어요. (o)
그녀가 앞으로 누구와 **사귀겠든지** 관심 없어요. (x)

확장

① '-든지'는 종결어미처럼 문장의 끝에 와서 제안이나 명령의 의미로 사용된다.

예) 시간이 남으니까 게임을 좀 **하든지**.
좋아하면 좋아한다고 말을 **하든지**.
그렇게 힘들면 **그만두든지**.
많이 아프시면 약을 좀 **드시든지요**.

+ 비꼬듯이 말할 때 사용하기도 한다.

예) 아니꼬우면 네가 **사장하든지**.
한 대 쳐 **보시든지**.

② '-든지'는 조사 '는'과 함께 쓰여 의미를 강조한다.

예) 영수가 **가든지 오든지는** 나와 아무 상관없다.
키가 **크든지 작든지는** 중요하지 않아요.
대학을 **가든지 말든지는** 자신이 결정할 문제예요.

③ '-든지 -든지' 또는 '부정대명사+든지'의 문형은 보통 축약형 '-든'으로 교체할 수 있다.

예) 영수가 **가든지 오든지** 나와 아무 상관없다. = 영수가 **가든 오든** 나와 아무 상관없다.
키가 **크든지 작든지** 중요하지 않아요. = 키가 **크든 작든** 중요하지 않아요.
어디에 **가든지** 자주 연락하세요. = 어디에 **가든** 자주 연락하세요.

+ 단, 부정대명사와 결합하지 않고 '-든지'가 한 번만 나타날 때 또는 문장의 끝에 올 때는 '-든'으로 교체할 수 없다.

예) 메일로 **보내든지** 팩스로 보내요. (o)
메일로 **보내든** 팩스로 보내요. (x)
그렇게 힘들면 **그만두든지**. (o)
그렇게 힘들면 **그만두든**. (x)

④ '-든지'는 보통 '-든가'로 교체할 수 있다. 단, '-든가'를 '누구, 무엇, 언제, 어디' 등의 대명사와 함께 사용하는 것은 매우 어색하다.

예) 영수가 **가든지 오든지** 나와 아무 상관없다. = 영수가 **가든가 오든가** 나와 아무 상관없다.
키가 **크든지 작든지** 중요하지 않아요. = 키가 **크든가 작든가** 중요하지 않아요.
메일로 **보내든지** 팩스로 보내세요. = 메일로 **보내든가** 팩스로 보내세요.
그렇게 힘들면 **그만두든지**. = 그렇게 힘들면 **그만두든가**.

어디에 **가든지** 자주 연락하세요. (o)　어디에 **가든가** 자주 연락하세요. (x)

유사 문법

① '-든지[1]', '-거나1)'

-든지[1]	-거나1)
· 선택을 나타내는 연결어미이다. 예) 노래를 **하든지 춤을 추든지** 해야 한다. 노래를 **하거나 춤을 추거나** 해야 한다.	
· 자연스럽게 '무엇, 누구, 어디, 언제' 등의 대명사와 함께 사용할 수 있다. 예) 무엇을 **먹든지** 잘 먹는다. 언제 **가든지** 아름다운 곳이다.	· '무엇, 누구, 어디, 언제' 등의 대명사와 함께 사용하는 것이 가능하기는 하나 어색하다. 예) 무엇을 **먹거나** 잘 먹는다. (?) 언제 **가거나** 아름다운 곳이다. (?)
· 문장의 끝에 올 수 있다. 예) 심심하면 나 좀 **도와주든지**. (o) 시간이 남으면 게임을 좀 **하든지**. (o)	· 문장의 끝에 올 수 없다. 예) 심심하면 나 좀 **도와주거나**. (x) 시간이 남으면 게임을 좀 **하거나**. (x)

이렇게 도입해 보세요

(1) 교사: 여러분 딸꾹질이 날 때 어떻게 해요?
학생1: 물을 마셔요.
학생2: 숨을 참아요.
교사: 네, 맞아요. 딸꾹질이 나면 물을 **마시든지** 숨을 참아요. 딸꾹질이 날 때 물을 마셔도 되고, 숨을 참아도 돼요. 둘 중에 어떤 것을 해도 상관없을 때 '-든지'를 써요.

(2) 교사: 여러분이 며칠 동안 아무 것도 못 먹었다면 어떨까요? 맛없는 음식이 있을까요?
학생: 아니요. 다 맛있을 것 같아요.
교사: 샌드위치를 먹어도 맛있고, 김치를 먹어도 맛있고, 평소에 싫어하던 음식도 맛있을 거예요. 너무 배가 고파서 무엇을 **먹든지** 다 맛있겠죠.

+ (1)처럼 두 가지 이상의 해법이 있는 상황을 제시하여 그중 어느 하나를 선택해도 상관없을 때 '-든지'가 사용될 수 있음을 보인다. (2)는 여러 가지 중에 어느 것을 선택해도 결과가 같을 때 '-든지'가 '무엇, 누구, 어디, 언제'와 같은 대명사와 잘 어울려 쓰임을 알 수 있다.

–듯이

앞의 내용과 뒤의 내용이 **거의 같음**을 나타내는 연결어미.

–듯이	(동사나 형용사, '이다, 아니다'에 붙어) 앞 절의 내용이 뒤 절의 내용과 거의 같음을 나타낸다. 주로 비유적으로 사용한다.

예문

(1) 가: 차를 사든지 해야지, 원!
나: 왜요? 차에 무슨 문제라도 있어요?
가: 10년을 탔더니 자꾸 고장이 나네요. 지난달에 수리했는데 또 말썽이에요.
나: 사람도 나이가 들면 이곳저곳이 **아프듯이** 기계도 마찬가지죠.

(2) 가: 여보, 지난달에 받은 보너스 어디다 썼어?
나: 그냥 좀 쓸 데가 있어서 썼어.
가: 아니, 그렇게 구렁이 담 **넘어가듯이** 넘어가려고 하지 말고 얘길 좀 해 봐.
나: 아니, 그게 사실 친구가 돈이 필요하다고 해서 빌려줬어.

반신욕을 하면 피로가 눈 **녹듯이** 사라져요.

고인 물이 **썩듯이** 변화를 두려워하면 도태되기 마련이다.

신문 사회 면에서 **보듯이** 흉악한 범죄가 나날이 늘어가고 있다.

사람마다 생김새가 **다르듯이** 성격도 천차만별이에요.

가을에서 겨울로 접어들 때 낙엽이 **떨어지듯이** 사람도 나이가 들면 신체의 기능이 떨어진다.

부부간에도 서로에 대한 배려, 믿음, 애정이 **기본이듯이** 기업 간에도 마찬가지이다.

베스트셀러가 곧 좋은 책을 의미하는 것이 **아니듯이** 최다 관객을 동원했다고 해서 꼭 좋은 영화라고는 할 수 없어요.

'세 살 버릇 여든까지 간다.'라는 말이 **있듯이** 어릴 때 어떤 습관을 기르느냐가 무엇보다 중요해요.

지금까지 **그래 왔듯이** 이번에도 좋은 결과를 얻으시기 바랍니다.

연초에 **약속했듯이** 건강을 위해서 한 달에 한 번 등산을 가기로 했어요.

+ '–듯이'는 앞 절의 내용과 뒤 절의 내용이 유사함을 바탕으로 비유적으로 표현할 때 주로 사용한다. 첫 번째 담화 예문은 '사람이 나이가 들어서 이곳저곳 아픈 것'과 '기계가 오래돼서 자꾸 고장이 나는 것'이 유사함을 나타낸다. 두 번째 담화 예문은 '구렁이 담 넘어가는 것'과 '어떤 일을 정확히 짚고 넘어가는 것이 아니라 대충 얼버무리며 넘어가는 것'이 유사함을 나타낸다.

형태 정보

① 동사 및 형용사 끝음절의 받침 유무에 관계없이 '-듯이'를 쓴다.

예) 먹- + -듯이 → 먹듯이　　받- + -듯이 → 받듯이　　걸- + -듯이 → 걸듯이
덥- + -듯이 → 덥듯이　　짓- + -듯이 → 짓듯이　　좋- + -듯이 → 좋듯이
가- + -듯이 → 가듯이　　보- + -듯이 → 보듯이　　귀하- + -듯이 → 귀하듯이
모르- + -듯이 → 모르듯이

①	받침 ○	+ -듯이	먹듯이, 받듯이, 걸듯이, 덥듯이, 짓듯이, 좋듯이
	받침 ×	+ -듯이	가듯이, 보듯이, 귀하듯이, 모르듯이

문장 구성 정보

① '-듯이'를 넣어 다음과 같은 관용 표현으로 자주 사용한다.

예) 밥 **먹듯(이)** 하다.　　이 **잡듯(이)** 뒤지다.
제 집 **드나들듯(이)** 하다.　　가뭄에 콩 **나듯(이)** 하다.
물 **쓰듯(이)** 돈을 쓰다.　　불 **보듯(이)** 뻔하다.
땀이 비 **오듯(이)** 쏟아지다.

② '-듯이'는 속담을 인용할 때 자주 사용한다.

예) 번갯불에 콩 **볶아 먹듯이** 과제를 해치웠어요.
열 손가락 깨물어 안 아픈 손가락 **없듯이** 부모에게 자식은 모두 소중한 거예요.
백지장도 맞들면 **낫듯이** 모두가 힘을 합치면 어떤 난관도 이겨낼 수 있어요.
바늘 가는 데 실 **가듯이** 실적이 오르면 주가는 자연스럽게 따라온다.

③ 과거 '-었-', 미래 · 추측의 '-겠-'과 결합하여 쓰인다.

예) 독일이 통일을 **이루었듯이** 우리도 하루 빨리 통일을 이루었으면 좋겠어요.
우리 부모님 세대가 **하셨듯이** 엄하게 자식을 키우고 싶지는 않아요.
제목만 봐도 **짐작하겠듯이** 이 책은 칭찬의 효과에 대한 내용을 담고 있다.

유사 문법

① '-듯이', '-는 듯이', '-은 듯이', '-을 듯이'

-듯이	-는 듯이, -은 듯이, -을 듯이
· 유사성을 나타낸다.	
· 앞의 내용과 뒤의 내용이 유사함을 나타낸다. 예) 비가 **오듯(이)** 땀이 쏟아진다.	· 뒤의 상황이 앞의 상황과 유사하다고 짐작하거나 추측함을 나타낸다. 예) 비가 **온 듯(이)** 땅이 젖어 있다. 비가 **오는 듯(이)** 소리가 난다. 비가 **올 듯(이)** 하늘이 흐리다.
· 어미이므로 앞말의 어간에 붙여 쓴다.	· '-듯이'가 의존명사이므로 관형사형 어미 '-는/은/을'과 '듯이'를 띄어 쓴다.

+ '비가 오듯이 땀이 쏟아진다.'는 땀이 쏟아지는 모습이 비가 오는 것과 유사함을 나타낸다. '비가 온 듯이 땅이 젖어 있다.'는 땅이 젖어 있는 모습을 보고 비가 온 것 같다고 추측하여 말할 때 사용한다. '비가 오는 듯이 소리가 난다.'는 들리는 소리가 빗소리와 같다고 추측하여 말하는 것이다. '비가 올 듯이 하늘이 흐리다.'는 하늘이 흐린 것이 마치 비가 올 것 같다는 추측을 하게 한 것이다.

+ '-는/은/을 듯이'는 사실이 아닌 것을 사실처럼 꾸미는 것을 말할 때 사용하기도 한다.
  예) 마치 자기가 직접 **본 듯이** 말했다.
  그는 **부자인 듯이** 돈을 펑펑 쓰고 다닌다.
  '마치 자기가 직접 본 듯이 말했다.'는 실제로는 보지 않았으나 본 것처럼 말했다는 의미이고, '그는 부자인 듯이 돈을 펑펑 쓰고 다닌다.'는 실제로는 부자가 아님에도 부자처럼 돈을 쓴다는 의미이다.

② '-듯이', '-다시피'

-듯이	-다시피
· 앞 절의 내용과 같거나 유사함을 나타낸다. 예) 앞에서 **이야기했듯이** 광고는 10초의 예술이다. 앞에서 **이야기했다시피** 광고는 10초의 예술이다.	
· 다음과 같은 관용적 용법으로 사용되어, 비슷한 사실을 비교하며 말할 때 쓰인다. 예) 비가 오듯이 땀이 쏟아진다. (o) 시험을 못 봤다고 아이를 쥐 잡듯이 잡았다. (o)	· 다음과 같은 관용적 용법으로 사용되지 않는다. 예) 비가 **오다시피** 땀이 쏟아진다. (x) 시험을 못 봤다고 아이를 쥐 **잡다시피** 잡았다. (x)
· 형용사와 결합할 수 있다. 예) 외모가 꽃처럼 **예쁘듯이** 성격도 역시 고왔다. (o) 사람마다 얼굴이 **다르듯이** 나라마다 풍습도 다릅니다. (o)	· 형용사와 결합할 수 없다. 예) 외모가 꽃처럼 **예쁘다시피** 성격도 역시 고왔다. (x) 사람마다 얼굴이 **다르다시피** 나라마다 풍습도 다릅니다. (x)

+ '-다시피'는 연결어미로만 사용되어 '듣는 사람이 이미 알고 있는 정보와 같음' 혹은 '앞서 말한 내용과 같거나 유사함'을 드러낸다. 반면 '-듯이'는 '땀이 비가 오듯이, 나비가 춤을 추듯이'와 같이 비유적 의미가 더 강하다.

이렇게 도입해 보세요

(1) 교사: (벚꽃이 흩날리는 사진을 보여 주며) 이 꽃 본 적이 있어요?
학생: 네, 있어요.
교사: 이 꽃 이름 알아요?
학생: 몰라요.
교사: 벚꽃이에요. 벚꽃이 떨어지는 모습이 눈 내리는 모습하고 비슷하죠?
학생: 네.
교사: 눈이 **내리듯이** 벚꽃이 떨어지고 있어요. 이렇게 문장의 앞부분과 뒷부분의 모습이나 내용이 비슷할 때 '-듯이'를 사용해요.

(2) 교사: 여러분, 부모님과 전화 통화해요?
학생: 네, 가끔 해요.
교사: 부모님이 여러분한테 무슨 말씀을 하세요?
학생: 공부 열심히 하라고 하세요.
교사: 여러분은 한국에 공부하러 왔어요. 그러니까 부모님이 **말씀하셨듯이** 공부를 열심히 해야 해요. 부모님이 말씀하신 것과 '공부를 열심히 하는 것'은 같은 내용이에요. 앞과 뒤의 내용이 거의 같을 때 '-듯이'를 사용해요.

-어다가[-아다가/-여다가]{-어다/-아다/-여다}

앞선 행위의 대상을 가지고 다른 장소에서 뒤의 행위를 함을 나타내는 어미.

-어다가 (동사에 붙어) 앞서 어떤 행위를 하고 난 뒤에 그 행위의 대상을 가지고 뒤의 행위를 함을 나타낸다. 앞 절의 행위와 뒤 절의 행위가 일어난 장소가 다를 때 사용한다.

예문

(1) 가: 교수님께서 말씀하신 책 샀어요?
나: 아니요. 서점에 가서 물어봤는데 절판됐대요.
가: 그래요? 그럼 어떡하죠?
나: 도서관에서 **빌려다가** 읽어야죠.

(2) 가: 부침개에 꽃이 있네요. 이게 뭐예요?
나: '화전'이라는 거예요. 옛날부터 봄이 되면 산에서 꽃을 **따다가** 화전을 만들어 먹곤 했어요.
가: 참 예쁘네요. 맛있겠어요.
나: 네, 드셔 보세요.

차에서 잠든 아이를 **안아다가** 방에 눕혔어요. 물고기를 **잡아다가** 매운탕을 끓여 먹었어요.
이달 말까지 추천서를 **받아다가** 제출해야 해요.
동대문에서 옷감을 **끊어다가** 치마를 만들었어요.
들꽃을 **꺾어다가** 꽃병에 꽂아 내 방 창가에 두었다.
아이가 발로 차 버린 이불을 **끌어다가** 덮어 주었다.
어버이날에 부모님께 카네이션을 **사다가** 드려요.
그 부부는 부모가 없는 아이를 **데려다가** 키우고 있다.
대형 마트에서 외국 농산물을 싼 가격에 **수입해다가** 판매하고 있다.
할머니께서 장독에서 된장을 **꺼내다가** 싸 주셨다.

+ '차에서 잠든 아이를 안아다가 방에 눕혔어요.'는 차에서 잠든 아이를 안았고 그 행위의 대상인 아이를 옮겨 방에 눕혔다는 것이다. '물고기를 잡아다가 매운탕을 끓여 먹었어요.'는 강이나 바다에서 물고기를 잡았고 그 행위의 대상인 물고기를 다른 장소에서 매운탕으로 끓였다는 것이다.

형태 정보

① 동사 어간 끝음절 모음이 'ㅏ, ㅗ'인 경우 '-아다가'를 쓴다.

예) 안- + -아다가 → 안아다가
사- + -아다가 → 사다가
고- + -아다가 → 고아다가/과다가
잡- + -아다가 → 잡아다가
짜- + -아다가 → 짜다가
담그- + -아다가 → 담가다가

+ 어간 음절이 'ㅏ'로 끝나면 '사다가, 짜다가'와 같이 줄여서 쓴다.

+ 어간 음절이 'ㅗ'로 끝나면 '과다가'와 같이 줄여서 쓴다.

+ 이음절 이상의 어간 끝음절 모음이 'ㅡ'일 때는 'ㅡ' 앞의 끝음절 모음에 따라 교체한다. 이때 'ㅡ' 모음은 탈락한다.

② 동사 어간 끝음절 모음이 'ㅏ, ㅗ'가 아닌 경우 '-어다가'를 쓴다.

예) 얻- + -어다가 → 얻어다가
꾸- + -어다가 → 꾸어다가/꿔다가
빌리- + -어다가 → 빌리어다가/빌려다가
꺼내- + -어다가 → 꺼내어다가/꺼내다가
이러- + -어다가 → 이러다가
쓰- + -어다가 → 써다가
끓이- + -어다가 → 끓이어다가/끓여다가
세- + -어다가 → 세어다가/세다가

+ 어간 음절이 'ㅓ'로 끝나면 반드시 '이러다가'와 같이 줄여서 쓴다.

+ 어간 음절이 'ㅜ'로 끝나면 '꿔다가'와 같이 줄여서 쓴다.

+ 이음절 이상의 어간 끝음절 모음이 'ㅡ'일 때는 'ㅡ' 앞의 끝음절 모음에 따라 교체한다. 이때 'ㅡ' 모음은 탈락한다.

+ 어간 음절이 'ㅣ'로 끝나면 흔히 줄여서 '빌려다가, 끓여다가'와 같이 쓴다. 어간 음절이 'ㅐ, ㅔ'로 끝나면 '꺼내다가, 세다가'와 같이 줄여서 쓴다.

③ '-하다'가 붙은 동사 어간에는 '-여다가'를 쓰는데, 흔히 줄여서 '-해다가'로 쓴다.

예) 구하- + -여다가 → 구하여다가/구해다가
전하- + -여다가 → 전하여다가/전해다가
대출하- + -여다가 → 대출하여다가/대출해다가
수입하- + -여다가 → 수입하여다가/수입해다가
복사하- + -여다가 → 복사하여다가/복사해다가
준비하- + -여다가 → 준비하여다가/준비해다가

①	ㅏ, ㅗ	+ -아다가	안아다가, 잡아다가, 사다가, 짜다가, 과다가, 담가다가
②	ㅏ, ㅗ 이외	+ -어다가	얻어다가, 이러다가, 꿔다가, 써다가, 빌려다가, 끓여다가, 꺼내다가, 세다가
③	-하다	+ -여다가(-해다가)	구해다가, 전해다가, 대출해다가, 수입해다가, 복사해다가, 준비해다가

④ 불규칙

싣- 예) 산지에서 바로 **실어다가** 팔고 있어요.

짓- 예) 시를 **지어다가** 연인에게 바쳤어요.

부르- 예) 선생님이 학생을 **불러다가** 야단을 쳤다.

문장 구성 정보

① '-어다가'의 앞 절과 뒤 절에는 타동사가 쓰인다.

예) 냉장고에서 주스를 **꺼내다가** 친구에게 주었다.
버려진 새끼 고양이를 **주워다가** 기르고 있어요.

제약 정보

① '-어다가'의 앞 절에 쓰이는 타동사의 목적어는 동작을 한 이후에도 남아 있어야 한다. 동작을 한 이후에 목적어가 남아 있지 않다면 '-어다가'와 결합할 수 없다.

예) 밥을 **먹어다가** 설거지를 했어요. (x)
접시를 **깨다가** 치웠어요. (x)

② 앞 절과 뒤 절의 주어가 같아야 한다.

예) 앤디가 꽃을 **사다가** (앤디가) 여자 친구에게 주었어요. (o)
앤디가 꽃을 **사다가** 마이클이 여자 친구에게 주었어요. (x)

③ 과거 '-었-', 미래 · 추측의 '-겠-'과 결합하지 않는다.

예) 은행에서 돈을 **찾아다가** 선물을 샀어요. (o)
은행에서 돈을 **찾았아다가** 선물을 샀어요. (x)
은행에서 돈을 **찾아다가** 선물을 살 거예요. (o)
은행에서 돈을 **찾겠어다가** 선물을 살 거예요. (x)

④ 높임을 나타내는 선어말어미 '-으시'와 결합하지 않는다.

예) 어머니께서 쑥을 **뜯어다가** 떡을 만드셨어요. (o)
어머니께서 쑥을 **뜯으셔다가** 떡을 만드셨어요. (x)

확장

① '-어다가'는 '-어다'로 줄여 쓸 수 있다.

예) 샌드위치를 **만들어다가** 공원에서 남자 친구하고 같이 먹었어요.
= 도시락을 **만들어다** 공원에서 남자 친구하고 같이 먹었어요.
길에 떨어진 낙엽을 **주워다가** 책갈피를 만들었어요.
= 길에 떨어진 낙엽을 **주워다** 책갈피를 만들었어요.

② '-어다 주다'의 구성으로 쓰이기도 한다.

예) 선배가 집 앞까지 **태워다 줬어요.** 어머니께서 김치를 **담가다 주셨어요.**
제가 공항까지 **바래다 드릴까요**?

유사 문법

① '-어다가', '-어서2)'

<table>
<tr><th>-어다가</th><th>-어서2)</th></tr>
<tr><td colspan="2">· 앞 절과 뒤 절의 행위를 시간 순서에 따라 연결한다.
예) 편의점에서 라면을 사다가 먹었어요.
편의점에서 라면을 사서 먹었어요.</td></tr>
<tr><td>· 앞 절과 뒤 절의 행위가 일어나는 장소가 다르다.
예) 편의점에서 라면을 사다가 집에서 먹었어요. (o)
편의점에서 라면을 사다가 (편의점에서) 먹었어요. (x)</td><td>· 앞 절과 뒤 절의 행위가 일어나는 장소에 제약이 없다.
예) 편의점에서 라면을 사서 집에서 먹었어요. (o)
편의점에서 라면을 사서 (편의점에서) 먹었어요. (o)</td></tr>
</table>

② '-어다가', '-어 가지고1)'

<table>
<tr><th>-어다가</th><th>-어 가지고1)</th></tr>
<tr><td colspan="2">· 앞과 뒤의 행위가 시간 순서에 따라 이루어짐을 나타낸다.
예) 은행에서 돈을 찾아 가지고 쇼핑하러 가요.
은행에서 돈을 찾아다가 쇼핑하러 가요.</td></tr>
<tr><td>· 앞 절의 행위가 뒤 절의 행위가 이루어지는 방법이나 수단의 의미를 나타내지 않는다.
예) 삼겹살을 구워다가 상추에 싸서 먹으면 더 맛있어요. (x)
냄비에 물을 한 컵만 넣어다가 끓입니다. (x)</td><td>· 앞 절의 행위가 뒤 절의 행위가 이루어지는 방법이나 수단을 나타낸다.
예) 삼겹살을 구워 가지고 상추에 싸서 먹으면 더 맛있어요. (o)
냄비에 물을 한 컵만 넣어 가지고 끓입니다. (o)</td></tr>
</table>

+ '-어 가지고'와 '-어다가'는 두 행위가 시간적 선후 관계에 따라 이루어짐을 보여 준다는 점에서 공통점을 지닌다. 하지만 '-어다가'는 단순히 앞 절과 뒤 절의 순서를 보여 주는 것일 뿐, '-어 가지고'처럼 방법의 의미로 사용되지 않는다는 점에서 차이가 있다.

이렇게 도입해 보세요

(1) 교사: 미도리 씨, 김치를 담글 줄 알아요?
학생: 아니요.
교사: 김치를 먹고 싶으면 어떻게 해요?
학생: 마트에서 사 와요.
교사: 미도리 씨는 마트에서 김치를 사요. 그리고 집에서 그 김치를 먹어요. 미도리 씨는 김치를 마트에서 **사다가** (집에서) 먹어요. '-어다가'는 앞서 한 행위에 이어 뒤의 행위를 할 때 사용하는데, 같은 대상에 대해 행위의 장소가 달라질 때 써요.

(2) 교사: 책을 읽고 싶은데 책을 살 돈이 없으면 어떻게 해요?
학생: 도서관에 가서 책을 빌려요.
교사: 맞아요. 도서관에서 책을 빌려요. 그리고 집에서 읽어요. 도서관에서 책을 **빌려다가** (집에서) 읽어요.

+ '-어다가'는 앞 절의 행위가 일어나는 장소와 뒤 절의 행위가 일어나는 장소가 다를 때 사용함을 주지시키도록 한다.

-어도[-아도/-여도]

사실이나 가정에 대한 **기대가 어긋남**을 나타내는 연결어미

-어도 (동사나 형용사, '이다, 아니다'에 붙어) 앞 절에서 말하는 사실이나 가정에 대해 기대하는 것이 뒤 절에서 어긋남을 나타낸다.

예문

(1) 가: 여보세요? 거기 보일러 에이에스 센터지요?
나: 네, 맞습니다. 고객님, 무엇을 도와드릴까요?
가: 보일러를 **켜도** 찬물만 나와서요. 지난번에 고쳤는데 또 그러네요.
나: 아, 그러세요? 불편을 드려 죄송합니다. 저희 기사가 오늘 3시 이후에 방문할 수 있는데 접수해 드릴까요?
가: 네, 되도록 빨리 와 주세요.

(2) 가: 요즘에는 커피숍에서 공부하는 사람이 참 많아요. 시끄러워서 집중을 못 할 것 같은데 신기해요.
나: 얼마 전에 신문에서 봤는데 카페의 소음은 다른 소음들과 달리 귀에 쉽게 익숙해져서 신경이 쓰이지 않는대요. 오히려 다른 소음을 중화하는 효과도 있다고 하더라고요.
가: 아, 그래서 **시끄러워도** 집중을 할 수 있는 거구나.
나: 카페의 소음을 녹음해서 인터넷으로 들려주는 사이트도 생겼대요.

그는 키가 **작아도** 농구를 잘해요.
몇 번을 **읽어도** 무슨 말인지 모르겠어요.
자식에게는 무엇을 **줘도** 아깝지 않아요.
이 은혜는 **죽어도** 잊지 않겠습니다.
저는 물만 **마셔도** 살이 쪄요.
호랑이에게 **물려 가도** 정신만 차리면 산다.
아무리 **피곤해도** 화장은 깨끗하게 지우고 자요.
자식이 맛있게 먹는 모습을 보면 부모는 **먹지 않아도** 배가 불러요.
아무리 가까운 **사이라도** 최소한의 예의는 지켜야 한다.
영수는 미남은 **아니어도** 인기가 많아요.
그는 세상을 **떠났어도** 그의 음악은 여전히 많은 사람에게 사랑을 받고 있다.

+ '-어도'는 동사나 형용사, '명사+이다' 뒤에 붙어 앞 절에서 말하는 사실이나 가정에 대해 기대하는 것이 뒤 절에서 어긋남을 나타내는 연결어미이다.

형태 정보

① 동사 및 형용사 어간 끝음절 모음이 'ㅏ, ㅗ'인 경우 '-아도'를 쓴다.

예) 찾- + -아도 → 찾아도
좋- + -아도 → 좋아도
사- + -아도 → 사도
아프- + -아도 → 아파도
좁- + -아도 → 좁아도
가- + -아도 → 가도
오- + -아도 → 와도
고프- + -아도 → 고파도

+ 어간 음절이 'ㅏ'로 끝나면 '가도, 사도'와 같이 줄여서 쓴다.

+ 어간 음절이 'ㅗ'로 끝나면 '와도'와 같이 줄여서 쓴다.

+ 이음절 이상의 어간 끝음절 모음이 'ㅡ'일 때는 'ㅡ' 앞의 끝음절 모음에 따라 교체한다. 이때 'ㅡ' 모음은 탈락한다.

② 동사 및 형용사 어간 끝음절 모음이 'ㅏ, ㅗ'가 아닌 경우 '-어도'를 쓴다.

예) 먹- + -어도 → 먹어도
서- + -어도 → 서도
슬프- + -어도 → 슬퍼도
막히- + -어도 → 막히어도/막혀도
보내- + -어도 → 보내어도/보내도
있- + -어도 → 있어도
울- + -어도 → 울어도
두- + -어도 → 두어도/둬도
기쁘- + -어도 → 기뻐도
마시- + -어도 → 마시어도/마셔도
세- + -어도 → 세어도/세도
없- + -어도 → 없어도

+ 어간 음절이 'ㅓ'로 끝나면 반드시 '서도'와 같이 줄여서 쓴다.

+ 어간 음절이 'ㅜ'로 끝나면 '둬도'와 같이 줄여서 쓴다.

+ 이음절 이상의 어간 끝음절 모음이 'ㅡ'일 때는 'ㅡ' 앞의 끝음절 모음에 따라 교체한다. 이때 'ㅡ' 모음은 탈락한다.

+ 어간 음절이 'ㅣ'로 끝나면 흔히 줄여서 '막혀도, 마셔도'와 같이 쓴다. 어간 음절이 'ㅐ, ㅔ'로 끝나면 '보내도, 세도'와 같이 줄여서 쓴다.

③ '-하다'가 붙은 동사 및 형용사 어간에는 '-여도'를 쓰는데, 흔히 줄여서 '해도'로 쓴다.

예) 하- + -여도 → 하여도/해도
공부하- + -여도 → 공부하여도/공부해도
날씬하- + -여도 → 날씬하여도/날씬해도
말하- + -여도 → 말하여도/말해도
사랑하- + -여도 → 사랑하여도/사랑해도
친절하- + -여도 → 친절하여도/친절해도

①	ㅏ, ㅗ	+ -아도	찾아도, 좁아도, 좋아도, 가도, 사도, 와도, 아파도, 고파도
②	ㅏ, ㅗ 이외	+ -어도	먹어도, 울어도, 서도, 둬도, 슬퍼도, 기뻐도, 막혀도, 마셔도, 보내도, 세도, 있어도, 없어도
③	-하다	+ -여도(-해도)	해도, 말해도, 공부해도, 사랑해도, 날씬해도, 친절해도

④ '이다, 아니다'는 '-어도'를 쓴다. 단, '이다' 앞의 명사에 받침이 없으면 '명사+-여도'라고 쓴다.

예) 책이- + -어도 → 책이어도
장마이- + -어도 → 장마여도
남자이- + -어도 → 남자여도
학생이- + -어도 → 학생이어도
의사이- + -어도 → 의사여도
아니- + -어도 → 아니어도

+ '이다' 앞의 명사는 말할 때 '-어도'보다 '-라도'와 결합하여 사용하는 경우도 많다. '책이라도', '학생이라도', '장마라도', '의사라도'처럼 사용할 수 있다.

+ '아니다'는 말할 때 '아니어도'보다 '아니라도'로 사용하는 경우가 많다.

⑤ 불규칙

듣- 예) 그 아이는 머리가 좋아서 한 번만 **들어도** 다 외워요.
춥- 예) 날씨가 **추워도** 짧은 치마만 입어요.
낫- 예) 병이 다 **나아도** 정기적으로 검사를 받아야 해요.
빨갛- 예) 이 떡볶이는 보기에는 **빨개도** 별로 맵지 않아요.
부르- 예) 배가 **불러도** 디저트는 먹을 수 있어요.

문장 구성 정보

① 흔히 부사 '아무리'와 함께 쓰여 기대 부정의 의미를 강하게 나타낸다.

예) 아무리 **찾아도** 없어요.
아무리 **바빠도** 식사는 꼭 챙겨 드세요.
아무리 화가 **나도** 사람을 때려서는 안 돼요.
아무리 **생각해도** 제가 뭘 잘못했는지 모르겠어요.

확장

① '-어도 되다/좋다/괜찮다/상관없다'의 구성으로 쓰여 허락이나 허용의 의미를 나타낸다.

예) 여기 **앉아도** 돼요?
시험지를 제출한 학생은 집에 **가도** 좋아요.
노래를 잘 **못해도** 괜찮아요.
말만 통한다면 10살 **연상이어도** 상관없어요.

+ '-어도 좋다'는 다음의 예와 같이 의문형으로 사용할 수는 있으나 부자연스럽다. '-어도 돼요?'로 쓰는 것이 일반적이다.

예) 저 집에 **가도** 좋아요? (?)
이거 **먹어도** 좋아요? (?)
에어컨을 **켜도** 좋아요? (?)

② 동일한 동사나 형용사를 반복적으로 사용하여 '-어도 -어도'의 구성으로 써서 강조의 뜻을 나타낸다.

예) 양이 하도 많아서 **먹어도 먹어도** 줄지 않아요.
가도 가도 끝이 없는 사막이에요.
미워도 미워도 그렇게 미울 수가 없어요.
어떻게 그럴 수가 있어요? **해도 해도** 너무 하네요.

③ '~만 -어도'의 구성으로 쓰여 최소한의 조건을 과장하여 말할 때 사용한다.

예) **눈빛만 봐도** 무슨 생각을 하는지 알 수 있어요.
레몬은 너무 시어서 **생각만 해도** 입에 침이 고인다.
우리 집 강아지는 **발소리만 들어도** 주인인지 아닌지 알아요.
바로 **병원에만 갔어도** 살았을 텐데.

유사 문법

① '-어도', '-더라도'

-어도	-더라도
· 앞의 내용에 대한 기대가 어긋남을 나타낸다. 예) 비가 **와도** 소풍을 갈 거예요. 비가 **오더라도** 소풍을 갈 거예요.	
· '-더라도'에 비해 덜 가정적이며 실현 가능성이 높다. 예) 비가 **왔어도** 소풍을 갔을 것이다. (o) 이번 어린이날에는 비가 **왔어도** 소풍을 갔다. (o)	· '-어도'에 비해 더 가정적이며 실현 가능성이 낮다. 예) 비가 **왔더라도** 소풍을 갔을 것이다. (o) 이번 어린이날에는 비가 **왔더라도** 소풍을 갔다. (x)

+ '비가 왔더라도 소풍을 갔을 것이다.', '비가 왔어도 소풍을 갔을 것이다.'는 비가 안 와서 소풍을 갔지만 혹시 비가 왔다고 가정을 해도 소풍을 갔을 것이라는 공통된 의미를 갖는다. 그러나 '-더라도'는 가정의 의미가 강하기 때문에 실제로 실현된 것이 확실한 사건의 반대되는 가정에는 쓰지 않는다.

② '-어도', '-어야2)'

-어도	-어야2)
· 뒤 절의 내용이 기대에 어긋난다는 뜻을 나타낸다. 예) 이제 와서 **후회해야** 바뀌는 건 없어요. 이제 와서 **후회해도** 바뀌는 건 없어요.	
· 뒤 절에 긍정적인 내용과 부정적인 내용이 모두 올 수 있다. 예) 아무리 **졸라도** 꿈쩍도 안 해요. 비가 **와도** 등산을 갈 거예요. 공부를 많이 안 **해도** 성적이 좋아요.	· 뒤 절에는 주로 부정적인 내용이 온다. 뒤 절에 긍정적인 내용이 올 경우 양보의 의미는 사라지고 조건의 의미를 갖는다. 예) 아무리 **졸라야** 꿈쩍도 안 해요. 비가 **와야** 등산을 갈 거예요. (조건의 의미) 공부를 많이 안 **해야** 성적이 좋아요. (조건의 의미)

+ '비가 와야 등산을 갈 거예요.'는 비가 오지 않으면 등산을 가지 않겠다는 뜻으로서, 등산을 가기 위한 조건으로 비가 와야 함을 의미한다. '공부를 많이 안 해야 성적이 좋아요.'도 공부를 많이 안 하면 성적이 좋다는 뜻으로서, 좋은 성적을 받기 위한 조건으로 공부를 많이 안 해야 함을 의미한다.

+ '-어야2)'와 '-어도'는 뒤 절의 내용이 기대 또는 예상과 다름을 나타낸다. 그러나 '-어야2)'의 경우는 앞 절의 내용이 맞는다고 인정한다고 해도 효과나 영향이 없음을 나타내므로 뒤 절에 부정적인 내용이 온다. 그러나 '-어도'는 '-어야2)'와 같은 뒤 절 내용에 제약이 없다.

이렇게 도입해 보세요

(1) 교사: 좋아하는 한국 음식이 있어요?
학생: 네, 불고기요.
교사: 그럼 불고기를 아침에도 먹고, 점심에도 먹고, 저녁에도 먹고 날마다 먹으면 어떨까요?
학생: 싫어요.
교사: 네, 좋아하는 음식도 너무 자주 먹으면 질려요. 하지만 선생님은 김치를 날마다 **먹어도** 질리지 않아요. 보통 날마다 먹으면 질린다고 생각해요. 그런 보통의 생각과 다를 때 '-어도'를 써요.

(2) 교사: (다이아몬드 반지 그림을 보여 주며) 이게 뭐예요?
학생: 다이아몬드요.
교사: 네, 영화나 드라마에서 남자 주인공이 사랑하는 여자에게 프러포즈할 때 다이아몬드 반지를 선물하는 장면이 자주 나오죠? 왜 다이아몬드 반지를 선물할까요?
학생: 예뻐서요. / 여자들이 좋아해서요.
교사: 네, 그런 이유도 있어요. 하지만 다른 이유도 있어요. 보통 시간이 지나면 물건들은 낡고 썩지만 다이아몬드는 그렇지 않아요. 다이아몬드는 시간이 **지나도** 변하지 않아요. 변하지 않는 사랑을 약속하려고 다이아몬드를 선물하는 거예요.

-어야[-아야/-여야]

1) **필수 조건** 2) **가정을 해도 효과나 영향이 없음**을 나타내는 연결어미.

-어야1) (동사나 형용사, '이다, 아니다'에 붙어) 앞의 내용이 뒤에 오는 내용의 필수 조건임을 나타낸다.

예문

(1) 가: 제 발음이 이상한가 봐요. 사람들이 제가 하는 말을 잘 못 알아들어요.
나: 그랬어요? 속상했겠네요.
가: 무슨 좋은 방법이 없을까요?
나: 발음은 듣기가 중요해요. 많이 **들어야** 정확히 따라 할 수 있거든요.
가: 이제부터라도 듣기를 더 많이 해야겠어요.

(2) 가: 요즘 다이어트를 하고 있는데 살이 잘 안 빠져요.
나: 어떻게 다이어트를 하고 있는데요?
가: 아침, 저녁은 안 먹고 점심에 한 끼만 먹고 있어요.
나: 그러면 안 돼요. 식사를 잘 챙겨 먹으면서 **운동해야** 살을 뺄 수 있어요.

술, 담배를 **끊어야** 건강해져요.

자신을 사랑할 줄 **알아야** 남도 사랑할 수 있는 법이에요.

밤이 **깊어야** 새벽이 온다.

감기는 잘 **쉬어야** 빨리 나아요.

이제 초가집은 민속촌에나 **가야** 볼 수 있지.

한국어능력시험에서 4급을 **따야** 대학교를 졸업할 수 있어요.

내 눈으로 직접 **봐야** 믿을 수 있을 것 같아요.

어떡해야 내 마음을 알겠니?

외국어는 자꾸 **써야** 잊어버리지 않아요.

땀을 흘려 번 **돈이어야** 함부로 쓰지 못한다.

+ '-어야1)'은 동사나 형용사, '이다, 아니다'에 붙어 뒤 절의 내용을 이루기 위해서 앞의 절의 내용이 반드시 필요한 조건임을 나타내는 연결어미이다. '술, 담배를 끊어야 건강해져요.'는 건강해지기 위해서 술, 담배를 끊는 것이 꼭 필요하다는 뜻이고, '자신을 사랑할 줄 알아야 남도 사랑할 수 있는 법이에요.'는 남을 사랑하기 위해서 자신을 사랑하는 것이 꼭 필요하다는 뜻이다.

형태 정보

① 동사 및 형용사 어간 끝음절 모음이 'ㅏ, ㅗ'인 경우 '-아야'를 쓴다.

예) 앉- + -아야 → 앉아야   자- + -아야 → 자야
사- + -아야 → 사야   보- + -아야 → 보아야/봐야
아프- + -아야 → 아파야   고프- + -아야 → 고파야

+ 어간 음절이 'ㅏ'로 끝나면 '사야, 자야'와 같이 줄여서 쓴다.

+ 어간 음절이 'ㅗ'로 끝나면 '봐야'와 같이 줄여서 쓴다.

+ 이음절 이상의 어간 끝음절 모음이 'ㅡ'일 때는 'ㅡ' 앞의 끝음절 모음에 따라 교체한다. 이때 'ㅡ' 모음은 탈락한다.

② 동사, 형용사 어간 끝음절 모음이 'ㅏ, ㅗ'가 아닌 경우 '-어야'를 쓴다.

예) 먹- + -어야 → 먹어야   서- + -어야 → 서야
두- + -어야 → 두어야/둬야   꾸- + -어야 → 꾸어야/꿔야
기쁘- + -어야 → 기뻐야   예쁘- + -어야 → 예뻐야
막히- + -어야 → 막히어야/막혀야   마시- + -어야 → 마시어야/마셔야
보내- + -어야 → 보내어야/보내야   세- + -어야 → 세어야/세야
있- + -어야 → 있어야   없- + -어야 → 없어야

+ 어간 음절이 'ㅓ'로 끝나면 반드시 '서야'와 같이 줄여서 쓴다.

+ 어간 음절이 'ㅜ'로 끝나면 '둬야, 꿔야'와 같이 줄여서 쓴다.

+ 이음절 이상의 어간 끝음절 모음이 'ㅡ'일 때는 'ㅡ' 앞의 끝음절 모음에 따라 교체한다. 이때 'ㅡ' 모음은 탈락한다.

+ 어간 음절이 'ㅣ'로 끝나면 흔히 줄여서 '막혀야, 마셔야'와 같이 쓴다. 어간 음절이 'ㅐ, ㅔ'로 끝나면 '보내야, 세야'와 같이 줄여서 쓴다.

③ '-하다'가 붙은 동사, 형용사 어간에는 '-여야'를 쓰는데, 흔히 줄여서 '-해야'로 쓴다.

예) 하- + -여야 → 하여야/해야　　말하- + -여야 → 말하여야/말해야
공부하- + -여야 → 공부하여야/공부해야　　시작하- + -여야 → 시작하여야/시작해야
건강하- + -여야 → 건강하여야/건강해야　　깨끗하- + -여야 → 깨끗하여야/깨끗해야

①	ㅏ, ㅗ	+ -아야	앉아야, 자야, 사야, 봐야, 아파야, 고파야
②	ㅏ, ㅗ 이외	+ -어야	먹어야, 서야, 둬야, 꿔야, 기뻐야, 예뻐야, 막혀야, 마셔야, 보내야, 세야, 있어야, 없어야
③	-하다	+ -여야(-해야)	해야, 말해야, 공부해야, 시작해야, 건강해야, 깨끗해야

④ '이다, 아니다'는 '어야'를 쓴다. 단, '이다' 앞의 명사에 받침이 없으면 주로 '명사+여야'라고 쓴다.

예) 사람이- + -어야 → 사람이어야　　방학이- + -어야 → 방학이어야
장소이- + -어야 → 장소이어야/장소여야　　휴가이- + -어야 → 휴가이어야/휴가여야
남자이- + -어야 → 남자이어야/남자여야　　아니- + -어야 → 아니어야

+ '이다' 앞의 명사는 말할 때 '-어야'보다 '-라야'와 결합하여 사용하는 경우도 많다. '사람이라야', '방학이라야', '장소라야', '휴가라야', '남자라야'처럼 사용할 수 있다.

+ '아니다'의 경우 '아니어야' 대신 '아니라야'를 쓰기도 한다.

⑤ 불규칙

걷-　예) 많이 **걸어야** 건강에 좋아요.
덥-　예) 날씨가 **더워야** 에어컨이 잘 팔려요.
짓-　예) 밥을 **지어야** 저녁을 먹지.
빨갛-　예) 사과는 **빨개야** 맛있어요.
부르-　예) 많이 **불러야** 노래 실력이 늘어요.

문장 구성 정보

① 뒤 절에 가능성을 나타내는 표현 '-을 수 있다'가 자주 쓰인다.

예) 키가 **커야** 농구 선수가 **될 수 있어요.**
욕심을 **버려야** 행복하게 **살 수 있어요.**
공부를 열심히 **해야** 좋은 대학에 **갈 수 있어요.**

② 과거의 '-었-'과 결합하여 현재의 부정적인 상황을 긍정적인 결과로 만들기 위한 필수 조건을 말할 때 사용한다.

예) 공부를 열심히 **했어야** 합격을 하지요.
지하철을 **탔어야** 늦지 않았을 거예요.
내가 **갔어야** 결판을 지었을 텐데.

+ '공부를 열심히 했어야 합격을 하지요.'는 합격을 하기 위해서는 공부를 열심히 했어야 했는데 공부를 열심히 하지 않아서 실제로는 합격을 못 했다는 뜻이다. '지하철을 탔어야 늦지 않았을 거예요.'는 늦지 않기 위해서는 지하철을 탔어야 했는데 지하철을 타지 않아서 늦었다는 뜻이다. '내가 갔어야 결판을 지었을 텐데.'는 결판을 짓기 위해서는 내가 갔어야 했는데 그렇지 않았기 때문에 결판이 나지 않았다는 뜻이다.

제약 정보

① 미래 · 추측의 '-겠-'과 결합하지 않는다.

예) 공부를 열심히 **하겠어야** 합격을 할 거예요. (x)
서두르겠어야 지각하지 않을 거예요. (x)
다음 주 금요일까지 **기다리겠어야** 결과가 나와요. (x)

+ 단 '-어야 하-'에 '-겠-'을 붙여 '-어야 하겠-'을 사용하여 어떤 행위를 하거나 어떤 상황이 아니면 안 된다고 강한 의지를 표현할 때 사용한다. 주로 축약형인 '-어야겠-'을 사용한다.

예) 아이를 위해 더 많은 시간을 **투자해야 하겠습니다/투자해야겠습니다.**
두통이 점점 심해져서 병원에 좀 **가봐야 하겠습니다/가봐야겠습니다.**
사회적 약자에 대한 인식의 전환이 **있어야 하겠습니다/있어야겠습니다.**

② 뒤 절에 명령문이나 청유문이 올 수 없다.

예) 9시가 **돼야** 수업을 시작합니다. (o)
9시가 **돼야** 수업을 시작하십시오. (x)
9시가 **돼야** 수업을 시작합시다. (x)

확장

① '-아야' 뒤에 보조사 '만'이 올 수 있다.

예) 사람은 사회를 **이루어야만** 사람답게 살 수 있다.
너는 꼭 화를 **내야만** 말을 듣더라.
소중한 것을 **잃어 봐야만** 그것이 얼마나 소중했는지 알게 된다.

② 연결어미 '-지'와 함께 '-어야지'로 쓰여 필수 조건의 의미를 강조할 수 있다.

예) 물을 많이 **마셔야지** 몸속 노폐물이 잘 배출돼요.
가정이 **편안해야지** 사회생활도 잘 할 수 있어요.
숙제를 해 **놓아야지** 마음 편히 놀지.

③ '-어야 하다', '-어야 되다'의 구성으로 쓰여 어떤 행위를 해야 할 의무가 있거나 어떤 상태로 되어야 할 필요가 있음을 나타낸다.

예) 약을 먹기 전에 꼭 밥을 **먹어야 해요.**
도서관에서 빌린 책을 내일까지 **반납해야 해요.**
약속은 반드시 **지켜야 돼요.**
건강을 위해서 매일 운동을 **해야 됩니다.**

유사 문법

① '-어야1)', '-으면'

-어야1)	-으면
· 조건의 뜻을 나타낸다. 예) 겨울이 **가야** 봄이 온다. 겨울이 **가면** 봄이 온다.	
· 앞선 행위나 상태가 뒤 상황에 대한 필수적인 조건임을 나타낸다. 예) 매년 방학이 **되어야** 여행을 가요. 밥을 **먹어야** 학교에 가요. (여행을 가려면 반드시 방학이 되어야 하고, 학교에 가려면 반드시 밥을 먹어야 한다는 의미가 담겨 있다.)	· 앞선 행위나 상태가 뒤의 내용에 대한 조건임을 나타낸다. 반복되는 상황에 대한 조건을 나타낼 때도 사용한다. 예) 매년 방학이 **되면** 여행을 가요. 밥을 **먹으면** 학교에 가요. (반복되는 상황에 대한 조건을 나타낼 뿐, 여행을 가려면 반드시 방학이 되어야 한다든가 학교에 가려면 밥을 먹어야 한다는 의미는 가지지 않는다.)
· 뒤 절에 명령문이나 청유문이 올 수 없다. 예) 모두 **모여야** 회의를 시작합시다. (x) 수업이 **끝나야** 연락 주십시오. (x)	· 뒤 절에 명령문이나 청유문이 올 수 있다. 예) 모두 **모이면** 회의를 시작합시다. (o) 수업이 **끝나면** 연락 주십시오. (o)

이렇게 도입해 보세요

(1) 교사: 여러분 해외여행을 갈 때 꼭 필요한 것이 뭐예요?
학생: 여권이요.
교사: 여권 없이 해외여행을 갈 수 있어요?
학생: 아니요. 못 가요.
교사: 네, 맞아요. 여권이 없으면 해외여행을 갈 수 없어요.
여권이 **있어야** 해외여행을 갈 수 있어요. 무엇을 하기 위해 꼭 필요한 조건을 말할 때 '-어야'를 써요.

(2) 교사: 수면제를 사고 싶으면 어떻게 해야 해요?
학생: 병원에서 처방전을 받아야 해요.
교사: 처방전 없이 살 수 있어요?
학생: 아니요. 살 수 없어요.
교사: 네. 맞아요. 처방전이 꼭 필요해요. 수면제는 병원에서 처방전을 **받아야** 살 수 있어요.

+ '-어야'를 도입할 때는 뒤 절의 내용을 이루기 위해 앞 절의 내용이 반드시 필요한 경우를 예로 드는 게 좋다.

–어야2) (동사나 형용사, '이다, 아니다'에 붙어) 아무리 가정하여도 뒤 절의 내용에 효과나 영향이 없음을 나타낸다.

예문

(1) 가: 오늘 날씨가 너무 덥네요.
나: 선풍기 좀 틀까요?
가: 이런 날씨에는 선풍기를 **틀어 봐야** 더운 바람만 나와요.
나: 그럼 우리 아이스커피라도 한 잔 마시러 가요.

(2) 가: 선배, 오늘은 제가 밥 살게요.
나: 학생이 무슨 돈이 있다고. 내가 낼게.
가: 아니에요. 아르바이트해서 번 돈이 있어요.
나: 아르바이트로 돈을 **벌어야** 얼마나 벌겠어? 나중에 취직하면 그때 한턱내.

밤새 **울어야** 소용없어.

호텔이 아무리 **좋아야** 자기 집만 하겠어요?

너무 멀어서 여기서 **소리쳐 봐야** 안 들릴 거야.

철수가 아무리 돈이 **많아야** 재벌만큼 많겠어?

유진이가 **와야** 도움도 안 돼요.

그 사람한테 **부탁해 봐야** 거절할 게 뻔하지.

말해 봐야 내 입만 아프지.

잔소리를 **해 봐야** 한 귀로 듣고 한 귀로 흘리는걸요.

이제 와서 **사과해야** 받아 줄 리가 없지.

밥도 안 먹고 **일해야** 누가 알아주지도 않아요.

+ '-아야2)'는 앞 절의 내용이 맞는다고 인정한다 해도 그 효과나 영향이 없음을 말할 때 사용한다. 즉 선풍기를 튼다고 해도 더운 바람만 나와서 아무 소용이 없다는 것이고, 아르바이트로 돈을 번다고 해도 큰돈을 벌 수는 없다는 의미이다.

형태 정보

앞의 '-어야1)'을 참고한다.

문장 구성 정보

① 흔히 부사 '아무리'와 함께 쓰여 양보의 의미를 강하게 나타낸다.

예) **아무리 졸라야** 소용없어.
아무리 후회해 봐야 지난 일을 되돌릴 수 없어요.
호텔이 **아무리 좋아야** 자기 집만 하겠어요?

② 뒤 절에는 항상 부정적인 내용이 온다.

예) 전화를 **걸어야** 받지도 않아요.
밤늦게까지 **일해 봐야** 월급을 더 주는 것도 아닌데요.
한국의 겨울이 **추워야** 시베리아만 하겠어요?

+ '한국의 겨울이 추워야 시베리아만 하겠어요?'는 한국의 겨울이 아무리 추워도 시베리아보다는 춥지 않다는 뜻으로, 뒤 절에 부정어가 쓰이지 않았지만 부정적인 의미가 들어 있다.

제약 정보

① 과거 '-었-', 미래 · 추측의 '-겠-'과 결합하지 않는다.

예) 호텔이 **좋았어야** 제 집만은 못했어요. (x)
밤새 **울었어야** 달라지는 건 없었어요. (x)
용서를 **빌겠어야** 받아 주지 않을 거예요. (x)
진실을 **말하겠어야** 믿어 주는 사람은 없을걸요. (x)

② 뒤 절에 명령문이나 청유문이 올 수 없다.

예) 메일을 **보내야** 읽지도 않습니다. (o)
메일을 **보내야** 읽지 마십시오. (x)
메일을 **보내야** 읽지 맙시다. (x)

확장

① '-어야2)'는 흔히 시도를 나타내는 '-어 보-'와 결합하여 사용된다.

예) 너무 늦어서 지금 **가 봐야** 다 끝났을 거예요.
억지로 **공부시켜 봐야** 성적이 오르지 않아요.
양이 적어서 **먹어 봐야** 배가 안 부를 것 같다.

② 수치나 수량을 짐작하여 말할 때 사용하기도 한다.

예) 베이징에서는 **길어야** 사흘 정도 머물 예정이에요.
그 호수의 수심은 **깊어야** 10미터이다.
그는 나이가 **많아야** 스물일곱쯤 돼 보인다.
한 학급에 학생이 적으면 7명, **많아야** 14명 정도예요.

유사 문법

① '-어야2)', '-어도'

<table>
<tr><th>-어야2)</th><th>-어도</th></tr>
<tr><td colspan="2">· 뒤 절의 내용이 기대에 어긋남을 나타낸다.
예) 이제 와서 후회해야 바뀌는 건 없어요.
이제 와서 후회해도 바뀌는 건 없어요.</td></tr>
<tr><td>· 뒤 절에는 주로 부정적인 내용이 온다. 뒤 절에 긍정적인 내용이 올 경우 양보의 의미는 사라지고 조건의 의미를 갖는다.
예) 아무리 졸라야 꿈쩍도 안 해요.
비가 와야 등산을 갈 거예요. (조건의 의미)
공부를 많이 안 해야 성적이 좋아요. (조건의 의미)</td><td>· 뒤 절에 긍정적인 내용과 부정적인 내용이 모두 올 수 있다.
예) 아무리 졸라도 꿈쩍도 안 해요.
비가 와도 등산을 갈 거예요.
공부를 많이 안 해도 성적이 좋아요.</td></tr>
</table>

+ '비가 와야 등산을 갈 거예요.'는 비가 오지 않으면 등산을 가지 않겠다는 뜻으로서, 등산을 가기 위한 조건으로 비가 와야 함을 의미한다. '공부를 많이 안 해야 성적이 좋아요.'도 공부를 많이 안 하면 성적이 좋다는 뜻으로서, 좋은 성적을 받기 위한 조건으로 공부를 많이 안 해야 함을 의미한다.

+ '-어야2)'와 '-어도'는 뒤 절의 내용이 기대 또는 예상과 다름을 나타낸다. 그러나 '-어야2)'의 경우는 앞 절의 내용이 맞는다고 인정한다고 해도 효과나 영향이 없음을 나타내므로 뒤 절에 부정적인 내용이 온다. 그러나 '-어도'는 '-어야2)'와 같은 뒤 절 내용에 제약이 없다.

이렇게 도입해 보세요

(1) 교사: 여러분은 후회되는 일이 있어요?
학생: 네.
교사: 어떤 일이 후회가 돼요?
학생: 고등학교 다닐 때 나쁜 친구들이랑 어울렸는데 지금은 후회가 돼요.
교사: 그래요. 후회가 된다고 그때로 돌아갈 수 있을까요?
학생: 아니요.
교사: 맞아요. 이제 와서 **후회해야** 과거를 바꿀 수는 없어요. 중요한 건 현재와 미래예요. 앞의 것을 해도 효과나 영향이 없을 때 '-어야'를 써요.

(2) 교사: 양치기 소년 이야기 알아요?
학생: 네.
교사: 양치기 소년은 어떤 사람이에요?
학생: 거짓말을 많이 하는 사람이에요.
교사: 맞아요. 그런데 마지막에는 진짜 늑대가 나타나도 사람들이 도와주지 않았어요. 왜 그랬을까요?
학생: 평소에 거짓말을 많이 해서 사람들이 믿지 않았어요.
교사: 맞아요. 평소에 거짓말을 많이 하니까 진실을 **말해 봐야** 믿어 주는 사람이 없었어요.

+ 학습자가 양치기 소년의 이야기를 모를 경우 간단하게 줄거리를 이야기해 주면서 설명한다. 그림책을 보여 주며 설명하는 것도 좋다.

-어야지[-아야지/-여야지]

필수 조건을 나타내는 연결어미.

-어야지 (동사나 형용사, '이다, 아니다'에 붙어) 앞의 내용이 뒤에 오는 내용의 필수 조건임을 나타낸다. 주로 구어에서 사용한다.

예문

(1) 가: 다음 주부터 휴가인데 뭐 할 거예요?
나: 그냥 집에 있으려고요.
가: 왜요? 모처럼 휴가인데 여행이라도 좀 가지 않고.
나: 돈이 **있어야지** 여행을 가죠.

(2) 가: 영수 씨는 아내한테 사랑한다는 말을 자주 해요?
나: 한국 남자들은 보통 말로 잘 표현을 안 해요.
가: 애정 표현을 **해야지** 상대방이 알 수 있죠. 표현을 안 하면 어떻게 알겠어요?
나: 쑥스러워서 잘 안 하기도 하고 말을 안 해도 마음이 통한다고 생각하는 것 같아요.

뭘 좀 **먹어야지** 약을 먹지.

한국에서 식사할 때는 어른이 먼저 수저를 **들어야지** 먹을 수 있어요.

푹 **쉬어야지** 피로가 풀리지.

겨울에 눈이 많이 **와야지** 다음 해에 풍년이 든대요.

많이 **봐야지** 그림을 보는 안목이 생겨요.

일을 **해야지** 먹고살죠.

제가 어떻게 **해야지** 아내의 화가 풀릴까요?

부지런해야지 성공할 수 있어요.

키가 크고 **날씬해야지** 모델이 될 수 있어요.

평균이 몇 점 이상**이어야지** 합격이에요?

+ '-어야지'는 동사나 형용사, '이다, 아니다'에 붙어 뒤 절의 내용을 이루기 위해서는 앞의 절의 내용이 반드시 필요한 조건임을 나타내는 연결어미이다. '일을 해야지 먹고살죠.'에서는 일을 하는 것이 먹고 살기 위한 필수적인 조건이고, '뭘 좀 먹어야지 약을 먹지.'에서는 뭘 좀 먹는 것이 약을 먹기 위한 필수 조건이라는 것이다. '-어야1)'보다 필수 조건의 뜻이 좀 더 강하다.

형태 정보

① 동사 및 형용사 어간 끝음절 모음이 'ㅏ, ㅗ'인 경우 '-아야지'를 쓴다.

예) 찾- + -아야지 → 찾아야지
좋- + -아야지 → 좋아야지
사- + -아야지 → 사야지
바쁘- + -아야지 → 바빠야지
좁- + -아야지 → 좁아야지
가- + -아야지 → 가야지
오- + -아야지 → 와야지
고프- + -아야지 → 고파야지

+ 어간 음절이 'ㅏ'로 끝나면 반드시 '가야지, 사야지'와 같이 줄여서 쓴다.

+ 어간 음절이 'ㅗ'로 끝나면 '와야지'와 같이 줄여서 쓴다.

+ 이음절 이상의 어간 끝음절 모음이 'ㅡ'일 때는 'ㅡ' 앞의 끝음절 모음에 따라 교체한다. 이때 'ㅡ' 모음은 탈락한다.

② 동사 및 형용사 어간 끝음절 모음이 'ㅏ, ㅗ'가 아닌 경우 '-어야지'를 쓴다.

예) 먹- + -어야지 → 먹어야지
서- + -어야지 → 서야지
슬프- + -어야지 → 슬퍼야지
막히- + -어야지 → 막히어야지/막혀야지
보내- + -어야지 → 보내어야지/보내야지
울- + -어야지 → 울어야지
두- + -어야지 → 두어야지/둬야지
기쁘- + -어야지 → 기뻐야지
마시- + -어야지 → 마시어야지/마셔야지
세- + -어야지 → 세어야지/세야지

+ 어간 음절이 'ㅓ'로 끝나면 반드시 '서야지'와 같이 줄여서 쓴다.

+ 어간 음절이 'ㅜ'로 끝나면 '둬야지'와 같이 줄여서 쓴다.

+ 이음절 이상의 어간 끝음절 모음이 'ㅡ'일 때는 'ㅡ' 앞의 끝음절 모음에 따라 교체한다. 이때 'ㅡ' 모음은 탈락한다.

+ 어간 음절이 'ㅣ'로 끝나면 흔히 줄여서 '막혀야지, 마셔야지'와 같이 쓴다. 어간 음절이 'ㅐ, ㅔ'로 끝나면 '보내야지, 세야지'와 같이 줄여서 쓴다.

③ '-하다'가 붙은 동사 및 형용사 어간에는 '-여야지'를 쓰는데, 흔히 줄여서 '해야지'로 쓴다.

예) 하- + -여야지 → 하여야지/해야지
말하- + -여야지 → 말하여야지/말해야지
공부하- + -여야지 → 공부하여야지/공부해야지
사랑하- + -여야지 → 사랑하여야지/사랑해야지
친절하- + -여야지 → 친절하여야지/친절해야지
따뜻하- + -여야지 → 따뜻하여야지/따뜻해야지

①	ㅏ, ㅗ	+ -아야지	찾아야지, 좁아야지, 좋아야지, 가야지, 사야지, 와야지, 바빠야지, 고파야지
②	ㅏ, ㅗ 이외	+ -어야지	먹어야지, 울어야지, 서야지, 둬야지, 슬퍼야지, 기뻐야지, 막혀야지, 마셔야지, 보내야지, 세야지
③	-하다	+ -여야지(-해야지)	해야지, 말해야지, 공부해야지, 사랑해야지, 친절해야지, 따뜻해야지

④ '이다, 아니다'는 '-어야지'를 쓴다. 단, '이다' 앞의 명사에 받침이 없으면 주로 '명사+여야지'라고 쓴다.

예) 책이- + -어야지 → 책이어야지
학생이- + -어야지 → 학생이어야지
채소이- + -어야지 → 채소이어야지/채소여야지
의사이- + -어야지 → 의사이어야지/의사여야지
남자이- + -어야지 → 남자이어야지/남자여야지
아니- + -어야지 → 아니어야지

+ '이다' 앞의 명사는 말할 때 '-어야지'보다 '-라야지'와 결합하여 사용하는 경우도 많다. '책이라야지', '학생이라야지', '채소라야지', '의사라야지', '남자라야지'처럼 사용할 수 있다.

+ '아니다'는 말할 때 '아니어야지'보다 '아니라야지'로 사용하는 경우가 많다.

⑤ 불규칙

듣- 예) 여러 번 **들어야지** 기억할 수 있어요.
춥- 예) 날씨가 **추워야지** 내복 판매량이 늘어요.
짓- 예) 밥을 **지어야지** 먹죠.
하얗- 예) 얼굴이 **하얘야지** 분홍색이 잘 어울려요.
부르- 예) 배가 **불러야지** 그만 먹어요.

문장 구성 정보

① 뒤 절에 가능성을 나타내는 표현 '-을 수 있다'가 자주 쓰인다.

예) 노래도 잘하고 춤도 잘 **춰야지** 아이돌 가수가 **될 수 있어요**.
꿈을 크게 **가져야지 성공할 수 있어요**.
열심히 **노력해야지** 좋은 평가를 **받을 수 있어요**.

② 과거의 '-었-'은 현재의 부정적인 상황이 일어난 것에 대해 긍정적인 결과를 얻기 위한 필수 조건을 말하고자 할 때 사용한다.

예) 뭘 좀 **먹었어야지** 힘을 쓰지요.
더 일찍 **일어났어야지** 늦지 않았을 거예요.
사장님이 **갔어야지** 결판이 났을 텐데.

+ '뭘 좀 먹었어야지 힘을 쓰지요.'는 힘을 쓰기 위해서는 뭘 좀 먹어야 하는데 실제로는 먹지 못해서 힘을 쓸 수 없었다는 의미이며, '더 일찍 일어났어야지 늦지 않았을 거예요.'는 더 일찍 일어났어야지 늦지 않았을 것인데 실제로는 일찍 일어나지 않아서 늦었다는 의미이며, '사장님이 갔어야지 결판이 났을 텐데.'는 결판이 나려면 사장님이 갔어야 하는데 실제로는 사장님이 가지 않아서 결판이 나지 않았다는 의미이다.

제약 정보

① 미래 · 추측의 '-겠-'과 결합하지 않는다.

예) 연습을 열심히 **하겠어야지** 좋은 성적을 거둘 수 있을 거예요. (x)
일찍 **일어나겠어야지** 지각하지 않을 거예요. (x)
다음 주는 **되겠어야지** 검사 결과가 나와요. (x)

② 뒤 절에 명령문이나 청유문이 올 수 없다.

예) 10시가 **돼야지** 문을 열어요. (o)
10시가 **돼야지** 문을 여십시오. (x)
10시가 **돼야지** 문을 엽시다. (x)

확장

① '-아야지' 뒤에 보조사 '만'이 올 수 있다.

예) 사람은 사회를 **이루어야지만** 사람답게 살 수 있다.
너는 꼭 화를 **내야지만** 말을 듣더라.
소중한 것을 **잃어 봐야지만** 그것이 얼마나 소중했는지 알게 된다.

② '-어야지 되다'의 구성으로 쓰여 어떤 행위를 해야 할 의무가 있거나 어떤 상태로 되어야 할 필요가 있음을 나타낸다. 주로 구어에서 사용한다.

예) 식후 30분 전에 약을 **먹어야지 돼요.**
은행에서 빌린 돈을 다음 달까지 **갚아야지 돼요.**
건강을 유지하려면 꾸준히 운동을 **해야지 돼.**

+ '-어야'는 '-어야 하다', '-어야 되다'를 모두 사용하지만 '-어야지'의 경우는 '-어야지 하다'를 쓸 수 없다.

유사 문법

① '-어야지', '-으면'

-어야지	-으면
· 조건의 뜻을 나타낸다. 예) 날씨가 **더워야지** 에어컨이 잘 팔린다. 날씨가 **더우면** 에어컨이 잘 팔린다.	
· 앞선 행위나 상태가 뒤 상황에 대한 필수적인 조건임을 나타낸다. 예) 봄이 **되어야지** 꽃이 피어요. 노래를 잘 **불러야지** 가수가 될 수 있다. (꽃이 피려면 반드시 봄이 되어야 하고, 가수가 되려면 반드시 노래를 잘 불러야 한다는 의미가 담겨 있다.)	· 뒤의 내용에 대한 조검임을 나타낸다. 반복되는 상황에 대한 조건을 나타낼 때도 사용한다. 예) 봄이 **되면** 꽃이 피어요. 노래를 잘 **부르면** 가수가 될 수 있다. (어떤 상황에 대한 조건을 나타낼 뿐, 봄이 되면 자연스럽게 꽃이 피는 것이지 꽃이 피려면 반드시 봄이 되어야 한다든가 가수가 되려면 노래를 반드시 잘 불러야 한다는 의미는 가지지 않는다.)
· 뒤 절에 명령문이나 청유문이 올 수 없다. 예) 모두 **모여야지** 출발합시다. (x) 회의가 **끝나야지** 연락 주십시오. (x)	· 뒤 절에 명령문이나 청유문이 올 수 있다. 예) 모두 **모이면** 출발합시다. (o) 회의가 **끝나면** 연락 주십시오. (o)

+ '-어야지'는 '-어야'로 바꾸어도 의미상 차이가 없다. '-어야지'가 좀 더 강조하는 의미가 강하고 주로 구어에서 사용된다.

이렇게 도입해 보세요

(1) 교사: (운전면허증을 보여 주며) 이게 뭐예요?

학생: 운전면허증이요.

교사: 운전면허증이 있으면 운전을 할 수 있어요. 운전면허증이 없어도 운전을 할 수 있어요?

학생: 아니요, 운전면허증이 없으면 운전을 할 수 없어요.

교사: 맞아요. 운전을 하려면 운전면허증이 꼭 필요해요. 운전면허증이 **있어야지** 운전을 할 수 있어요. 꼭 필요한 조건을 말할 때 '-어야지'를 써요.

(2) 교사: 중학생, 고등학생이 술이나 담배를 살 수 있어요?

학생: 아니요, 못 사요.

교사: 그럼 언제부터 술이나 담배를 살 수 있어요?

학생: 스무 살부터요.

교사: 스무 살이 되지 않으면 술이나 담배를 살 수 없어요. 스무 살이 **돼야지** 술이나 담배를 살 수 있어요.

+ '-어야지'를 도입할 때는 뒤 절의 내용을 이루기 위해 반드시 앞의 절의 내용이 필수 조건인 경우를 예로 들어 그 의미를 인지시킨다. 앞에서 '-어야'를 배운 학습자들에게는 '어야'보다 조건의 의미가 더 강함을 설명한다.

-었더니[-았더니/-였더니]

과거에 직접 **관찰**한 사실이나 **경험**한 것에 이은 1) **반응** 2) **발견** 3) **결과**를 나타내는 연결어미.

-었더니1) (동사에 붙어) 앞 절에는 과거에 직접 관찰하거나 경험한 행위를, 뒤 절에는 그 행위에 대한 반응을 나타낼 때 사용한다.

예문

(1) 가: 어쩌다가 손을 다치셨어요?
나: 우리 집 개가 신발을 물고 있길래 **빼앗았더니** 제 손을 물더라고요.
가: 많이 아프셨겠어요. 소독은 하셨죠?
나: 그럼요. 바로 소독하고 약 발라서 괜찮아요.

(2) 대도시 초등학교 4~5학년 153명에게 '주말에 주로 하는 일'에 대해 **물었더니**(복수 응답), '컴퓨터 게임 및 오락'이라는 응답이 68명(21%)으로 가장 많았다. 그다음으로 '텔레비전 및 비디오 시청'(52명, 17%)이었으며, '학습지나 숙제', '친구와 놀기'가 각각 44명(14%)으로 뒤를 이었다. '독서'와 '운동'은 각각 27명(9%)에 불과했다.

머리를 짧게 **잘랐더니** 사람들이 무슨 일 있냐고 물어보았다.

내가 재채기를 **했더니** 수지가 휴지를 건네주었다.

교수님이 어려운 질문을 **했더니** 학생들이 고개를 숙이고 눈을 마주치지 않았다.

여자 친구에게 **프러포즈했더니** 감동의 눈물을 흘리더라고요.

제가 잔소리를 좀 **했더니** 동생이 자기 방으로 들어가 버렸어요.

여자가 '불이야.' 하고 소리를 **질렀더니** 사람들이 밖으로 나오기 시작했다.

게시판에 글을 **올렸더니** 친구들이 댓글을 많이 달았어요.

오랜만에 갈비찜을 **해 줬더니** 식구들이 정말 맛있게 밥을 먹었다.

아기에게 자장가를 **들려주었더니** 스르르 잠이 들었다.

+ '-었더니'는 동사에 붙어 과거에 경험하거나 관찰한, 완료된 사실에 대한 반응을 이야기할 때 사용한다. '머리를 짧게 잘랐더니 사람들이 무슨 일 있냐고 물어보았다.'는 말하는 사람이 '머리를 짧게 자른' 행동에 대한 사람들의 반응(무슨 일 있냐고 물었다)을 이야기하고 있다. '내가 재채기를 했더니 수지가 휴지를 건네주었다.'도 '내가 재채기를 한' 행동에 대한 수지의 반응(휴지를 건네주었다)을 나타내는 것이다.

형태 정보

① 동사 어간 끝음절 모음이 'ㅏ, ㅗ'인 경우 '-았더니'를 쓴다.

예) 찾- + -았더니 → 찾았더니　　앉- + -았더니 → 앉았더니　　가- + -았더니 → 갔더니
타- + -았더니 → 탔더니　　오- + -았더니 → 왔더니　　보- + -았더니 → 보았더니/봤더니
담그- + -았더니 → 담갔더니　　잠그- + -았더니 → 잠갔더니

+ 어간 음절이 'ㅏ'로 끝나면 반드시 '갔더니, 탔더니'와 같이 줄여서 쓴다.
+ 어간 음절이 'ㅗ'로 끝나면 '왔더니, 봤더니'와 같이 줄여서 쓴다.
+ 이음절 이상의 어간 끝음절 모음이 'ㅡ'일 때는 'ㅡ' 앞의 끝음절 모음에 따라 교체한다. 이때 'ㅡ' 모음은 탈락한다.

② 동사 어간 끝음절 모음이 'ㅏ, ㅗ'가 아닌 경우 '-었더니'를 쓴다.

예) 먹- + -었더니 → 먹었더니　　울- + -었더니 → 울었더니
서- + -었더니 → 섰더니　　두- + -었더니 → 두었더니/뒀더니
쓰- + -었더니 → 썼더니　　끄- + -었더니 → 껐더니
마시- + -었더니 → 마시었더니/마셨더니　　옮기- + -었더니 → 옮기었더니/옮겼더니
보내- + -었더니 → 보내었더니/보냈더니　　세- + -었더니 → 세었더니/셌더니

+ 어간 음절이 'ㅓ'로 끝나면 반드시 '섰더니'와 같이 줄여서 쓴다.
+ 어간 음절이 'ㅜ'로 끝나면 '뒀더니'와 같이 줄여서 쓴다.
+ 이음절 이상의 어간 끝음절 모음이 'ㅡ'일 때는 'ㅡ' 앞의 끝음절 모음에 따라 교체한다. 이때 'ㅡ' 모음은 탈락한다.
+ 어간 음절이 'ㅣ'로 끝나면 흔히 줄여서 '마셨더니, 옮겼더니'와 같이 쓴다. 어간 음절이 'ㅐ, ㅔ'로 끝나면 '보냈더니, 셌더니'와 같이 줄여서 쓴다.

③ '-하다'가 붙은 동사 어간에는 '-였더니'를 쓰는데, 흔히 줄여서 '했더니'로 쓴다.

예) 하- + -였더니 → 하였더니/했더니　　말하- + -였더니 → 말하였더니/말했더니
공부하- + -였더니 → 공부하였더니/공부했더니　　대답하- + -였더니 → 대답하였더니/대답했더니
시작하- + -였더니 → 시작하였더니/시작했더니　　전화하- + -였더니 → 전화하였더니/전화했더니

①	ㅏ, ㅗ	+ -았더니	찾았더니, 앉았더니, 갔더니, 탔더니, 왔더니, 봤더니, 담갔더니, 잠갔더니
②	ㅏ, ㅗ 이외	+ -었더니	먹었더니, 울었더니, 섰더니, 두었더니, 썼더니, 껐더니, 마셨더니, 옮겼더니, 보냈더니, 셌더니
③	-하다	+ -였더니(-했더니)	했더니, 말했더니, 공부했더니, 대답했더니, 시작했더니, 전화했더니

④ 불규칙

건- 예) 텔레비전 출연 후에 길을 **걸었더니** 사람들이 알아보더라고요.

돕- 예) 선배의 과제를 좀 **도왔더니** 선배가 밥을 사겠다고 하네요.

짓- 예) 유명 연예인이 시골에 집을 **지었더니** 사람들이 많이 찾아와요.

누르- 예) 초인종을 **눌렀더니** 집주인이 나왔어요.

문장 구성 정보

① '-었더니'가 간접인용절에 쓰이면 뒤에는 주로 말한 내용에 대한 상대의 반응이 나온다.

예) 예쁘**다고 했더니** 여자의 얼굴이 붉어졌다.
얼마**냐고 물었더니** 그건 파는 물건이 아니라고 했다.
아이한테 그만 울**라고 했더니** 더 크게 운다.
주말에 만나**자고 했더니** 바쁘단다.

제약 정보

① 앞 절의 주어와 뒤 절의 주어가 다르며, 주로 앞 절에는 1인칭 주어가 나타난다. 단, 타인의 행위를 시작부터 끝까지 관찰했을 때는 3인칭 주어를 쓸 수 있다.

예) <u>내가</u> 계산을 **했더니** <u>선배가</u> 한사코 내 손에 돈을 쥐어주었다.
<u>내가</u> 그녀에게 나이를 **물었더니** <u>그녀는</u> 비밀이라고 하였다.
<u>선생님이</u> 숙제를 많이 내 **주셨더니** <u>학생들의 얼굴이</u> 어두워졌다.

② 뒤 절에 미래 시제가 올 수 없다.

예) 선생님이 교실에 **들어왔더니** 학생들이 자리에 앉겠습니다. (x)
선생님이 교실에 **들어왔더니** 학생들이 자리에 앉을 거예요. (x)
선생님이 교실에 **들어왔더니** 학생들이 자리에 앉아요. (o)
선생님이 교실에 **들어왔더니** 학생들이 자리에 앉았어요. (o)

확장

① '-었더니'의 의미를 강조하기 위해 조사 '마는'을 결합시켜 '-었더니마는' 또는 '-었더니만'으로 사용하기도 한다.

예) 고객센터에 전화해서 **따졌더니마는/따졌더니만** 핸드폰을 교환해 준다고 한다.
연예인이 차에서 **내렸더니마는/내렸더니만** 순식간에 팬들이 몰려들었다.
바빠서 한동안 연락을 **못 했더니마는/했더니만** 어머니께서 전화를 하셨다.

이렇게 도입해 보세요

(1) 교사: 여러분이 어디 가는데 길을 잘 몰라서 지나가는 사람에게 물은 적이 있어요?
학생: 네. / 아니요.
교사: ('네'라고 대답한 학생에게) 줄리아가 길을 **물었더니** 지나가던 사람이 어떻게 했어요?
학생: 친절하게 대답해 줬어요.
교사: 줄리아가 길을 물었어요. 지나가던 사람이 친절하게 대답해 줬어요. 줄리아가 길을 **물었더니** 지나가던 사람이 친절하게 대답해 줬어요. 이렇게 '-었더니'는 과거에 어떤 행동을 하고 그 행동에 대한 다른 사람의 반응을 이야기할 때 사용해요.

(2) 교사: 인터넷으로 물건을 산 적이 있어요?
학생: 네. / 아니요.
교사: ('네'라고 대답한 학생에게) 무엇을 샀어요?
학생: 구두요.
교사: 얼마 만에 집에 도착했어요?
학생: 하루 만에 도착했어요.
교사: 인터넷으로 구두를 **주문했더니** 하루 만에 도착했어요.

+ '-었더니'를 도입하기 위해 학생들에게 과거의 경험을 묻고 그것에 이어 어떤 일이 일어났는지를 다시 질문하여 얻은 두 대답을 '-었더니'로 연결하여 제시해 준다.

–었더니2) (동사에 붙어) 과거에 직접 경험한 것에 이어 알게 된 사실을 나타낸다.

예문

(1) 가: 모임에 마이클 씨도 온대요?
나: 아니요. 아까 **전화했더니** 갑자기 배탈이 나서 못 온대요.
가: 마이클 씨가 와야 재미있는데.
나: 글쎄 말이에요. 다음 모임 때는 꼭 오면 좋겠어요.

(2) 가: 여보세요? 선희 씨, 오늘 세미나 203호 강의실에서 하는 거 아니에요? 203호에 **갔더니** 아무도 없던데요.
나: 강의실이 203호에서 305호로 바뀌었어요.
가: 그래요? 왜 저한테는 연락을 안 해 주셨어요?
나: 메일 보냈는데 확인 안 하셨어요? 아무튼 이제 세미나 시작하니까 빨리 오세요.

수도꼭지를 **틀었더니** 누런 물이 나왔다. 시계를 **봤더니** 벌써 12시다.

값을 치르려고 지갑을 **열었더니** 천 원짜리 지폐 한 장밖에 없었다.

경찰이 연예인 관련 허위 사실을 유포한 사람을 **잡았더니** 초등학생이었다.

유명한 맛집을 **찾아갔더니** 정기 휴일이었다.

오랜만에 조카를 **만났더니** 몰라보게 예뻐졌어요.

집에 **들어갔더니** 어머니가 저녁밥을 짓고 계셨다.

텔레비전을 **켰더니** 올림픽 개막식을 방송하고 있었다.

아침에 **일어났더니** 가족들은 모두 나가고 아무도 없었다.

뒤를 **돌아보았더니** 어머니가 아직도 서 계시는 것이었다.

+ '-었더니2)'는 동사에 붙어 과거에 직접 어떤 행동을 하고 그로 인해 알게 된 사실을 이야기할 때 사용한다. '수도꼭지를 틀었더니 누런 물이 나왔다.'는 '수도꼭지를 트는' 행위를 하였고 그로 인해 '누런 물이 나온다'는 사실을 알게 된 것이다. '값을 치르려고 지갑을 열었더니 천 원짜리 지폐 한 장밖에 없었다.'는 '지갑을 여는' 행위를 한 후에 '천 원짜리 지폐 한 장밖에 없다'는 사실을 알게 된 것이다.

형태 정보

앞의 '-었더니1)'을 참고한다.

문장 구성 정보

① '-어 보다'와 결합하여 '-어 봤더니'의 형태로 자주 사용한다.

예) 소포가 와서 **열어 봤더니** 먹을거리들이 한가득 들어 있었어요.
배가 아파서 **만져 봤더니** 차갑더라고요.
그 가수의 신곡을 **들어 봤더니** 좋던데요.
수돗물을 생수와 **비교해 봤더니** 물맛은 수돗물이 더 좋은 것으로 나타났다.

+ '-어 보다'는 경험, 시도를 나타내는 표현으로 경험이나 시도로 인해 알게 된 것을 표현하기 위해 '었더니2)'와 자주 함께 쓰인다.

제약 정보

① 앞 절의 주어와 뒤 절의 주어가 다르며, 주로 앞 절에는 1인칭 주어가 나타난다. 단, 타인의 행위를 시작부터 끝까지 관찰했을 때는 3인칭 주어를 쓸 수 있다.

예) (내가) 무심코 창문을 **봤더니** 둥근 보름달이 떠 있었다.
(내가) 오랜만에 고향에 **갔더니** 고향이 몰라보게 변해 있었다.
(내가) 일찍 **출근했더니** 아주머니들이 청소를 하고 있었다.
어머니가 창문을 **열었더니** 벌레들이 들어오기 시작했다.

② 뒤 절에 미래 시제가 올 수 없다.

예) 집에 **들어갔더니** 어머니가 요리를 하겠습니다. (x)
집에 **들어갔더니** 어머니가 요리를 할 거예요. (x)
집에 **들어갔더니** 어머니가 요리를 해요. (o)
집에 **들어갔더니** 어머니가 요리를 하고 있었어요. (o)

확장

① '-었더니'의 의미를 강조하기 위해 조사 '마는'을 결합시켜 '-었더니마는' 또는 '-었더니만'으로 사용하기도 한다.

예) 다리가 아파서 **봤더니마는/봤더니만** 멍이 들어 있었다.
초인종이 울려서 **나갔더니마는/나갔더니만** 아무도 없었다.
잠결에 눈을 **떴더니마는/떴더니만** 벽시계가 3시를 가리키고 있었다.

이렇게 도입해 보세요

(1) 교사: 동대문 시장에 가 본 적이 있어요?
학생: 네. / 아니요.
교사: ('네'라고 대답한 학생에게) 어땠어요?
학생: 예쁘고 싼 옷이 많았어요.
교사: 그럴 때 '동대문 시장에 **갔더니** 예쁘고 싼 옷이 많았어요.'라고 말해요. 과거에 직접 어떤 행동을 하고 그 후에 알게 된 사실을 이야기할 때 '-었더니'를 사용해요.

(2) 교사: 여러분 순대 먹어 봤어요?
학생: 네. / 아니요.
교사: ('네'라고 대답한 학생에게) 어땠어요?
학생: 생각보다 맛있었어요.
교사: 그럴 때 '순대를 **먹어 봤더니** 생각보다 맛있었어요.'라고 말해요.

+ '-었더니2)'를 도입하기 위해 학생들에게 경험을 질문하고 그 경험을 통해 알게 된 사실을 말하도록 한 다음 '-었더니'를 사용하여 그 둘을 연결하여 제시해 준다. (2)처럼 보조동사 '-어 보다'가 '-었더니2)'와 결합하여 자주 사용됨을 알려 준다.

–었더니3) (동사에 붙어) 과거에 직접 관찰하거나 경험한 사실에 대한 결과를 나타낸다.

예문

(1) 가: 아, 배고프다. 마이클 씨, 우리 점심 먹으러 가요.
나: 네, 좋아요. 뭐 먹을까요?
가: 마이클 씨는 불고기를 좋아한다고 했죠? 불고기 먹으러 갈까요?
나: 오늘은 다른 거 먹어요. 며칠 동안 계속 불고기를 **먹었더니** 질렸어요.

(2) 가: 유진 씨, 얼굴이 좀 부은 것 같아요.
나: 어젯밤에 라면을 끓여 먹고 **잤더니** 얼굴이 부었어요. 티가 많이 나요?
가: 그럴 때는 차가운 녹차 티백을 얼굴에 올려놓거나 차가운 숟가락으로 마사지를 해 주면 부기가 금방 빠져요.
나: 아, 그런 방법이 있었군요.

몇 시간 동안 수다를 **떨었더니** 배고파요.

커피를 많이 **마셨더니** 잠이 안 오네요.

며칠 잠을 **설쳤더니** 피곤해요.

오랜만에 운동을 **했더니** 몸이 쑤신다.

너무 바빠서 하루 종일 **굶었더니** 속이 쓰려요.

야외 수영장에서 장시간 햇빛을 **쬐었더니** 피부가 빨갛게 되었다.

조카가 휴대 전화를 **떨어뜨렸더니** 액정이 깨졌어요.

고깃집에서 회식을 **했더니** 온몸에 냄새가 뱄어요.

한동안 집안일에 신경을 **못 썼더니** 집안이 엉망이에요.

깜빡하고 펜 뚜껑을 **닫지 않았더니** 잉크가 다 말라서 안 나와요.

+ '-었더니3)'은 말하는 사람이 과거에 관찰하거나 경험한 사실에 대한 결과를 말할 때 사용한다. '몇 시간 동안 수다를 떨었더니 배고파요.'는 말하는 사람이 '몇 시간 동안 수다를 떨었고' 그 때문에 '배고프다'는 것이다. '너무 바빠서 하루 종일 굶었더니 속이 쓰려요.'는 말하는 사람이 '하루 종일 굶었고' 그 때문에 '속이 쓰리다'는 것이다.

형태 정보

앞의 '-었더니1)'을 참고한다.

제약 정보

① 주로 앞 절에는 1인칭 주어가 나타난다. 단, 타인의 행위를 시작부터 끝까지 관찰했을 때는 3인칭 주어를 쓸 수 있다.

예) (내가) 아침을 안 **먹었더니** 배가 고파요.
(내가) 꾸준히 운동을 **했더니** 살이 쏙 빠졌어요.
동생이 컴퓨터에 물을 **쏟았더니** 컴퓨터 전원이 안 들어와요.

+ 뒤 절에 심리나 감각을 나타내는 형용사가 오는 경우 앞 절에는 1인칭 주어가 온다.

예) (내가) 남자 친구하고 **헤어졌더니** 너무 슬퍼요.
(내가) 어제 술을 많이 **마셨더니** 머리가 아파요.
(내가) 동창을 오랜만에 **만났더니** 정말 반갑더라고요.

② 뒤 절에 미래 시제가 올 수 없다. 주로 과거 시제가 온다.

예) 밤을 **새웠더니** 과제를 다 끝내겠습니다. (x)
밤을 **새웠더니** 과제를 다 끝낼 거예요. (x)
밤을 **새웠더니** 과제를 다 끝냈어요. (o)

③ 뒤 절에 청유문이나 명령문이 올 수 없다.

예) 술을 많이 **마셨더니** 물을 많이 드세요. (x)
어제 늦게까지 **일했더니** 오늘은 일찍 들어가세요. (x)
술을 많이 **마셨더니** 같이 해장국 먹으러 갑시다. (x)
어제 늦게까지 **일했더니** 오늘은 일찍 들어갑시다. (x)

확장

① '-었더니'의 의미를 강조하기 위해 조사 '마는'을 결합시켜 '-었더니마는' 또는 '-었더니만'으로 사용하기도 한다.

예) 날짜 지난 우유를 **먹었더니마는/먹었더니만** 배탈이 났어요.
에어컨을 켜 놓고 **잤더니마는/잤더니만** 감기에 걸렸어요.
열심히 **공부했더니마는/공부했더니만** 성적이 쑥 올랐어요.

유사 문법

① '-었더니3)', '-어서1)'

-었더니3)	-어서1)
· 앞의 내용이 뒤의 내용에 대한 이유나 원인, 근거임을 나타낸다.	
· 앞 절에 과거 또는 완료를 나타내는 '-었-'과 함께 사용한다. 예) (제가) 날짜 지난 우유를 **먹었더니** 배탈이 났어요. (제가) 오랜만에 운동을 **했더니** 몸이 쑤셔요.	· 앞 절에 과거 또는 완료를 나타내는 '-었-'을 사용할 수 없다. 예) 날짜 지난 우유를 **마셔서** 배탈이 났어요. 오랜만에 운동을 **해서** 몸이 쑤셔요.
· 앞 절에 주로 1인칭 주어가 나타난다. 예) (제가) 날짜 지난 우유를 **먹었더니** 배탈이 났어요. (o) 동생이 날짜 지난 우유를 **먹었더니** 배탈이 났어요. (x) (제가) 여러 번 그 노래를 **들었더니** 가사를 다 외웠어요. (o) 동생이 여러 번 그 노래를 **들었더니** 가사를 다 외웠어요. (x) 네가 **늦었더니** 영화를 못 봤어. (x)	· 주어의 인칭 제약이 없다. 예) (제가) 날짜 지난 우유를 **먹어서** 배탈이 났어요. (o) 동생이 날짜 지난 우유를 **먹어서** 배탈이 났어요. (o) (제가) 여러 번 그 노래를 **들어서** 가사를 다 외웠어요. (o) 동생이 여러 번 그 노래를 **들어서** 가사를 다 외웠어요. (o) 네가 **늦어서** 영화를 못 봤어. (o)
· '미안하다, 죄송하다, 반갑다, 고맙다, 감사하다' 등과 어울려 자주 쓰이는 인사말처럼 관용적으로 사용하지 않는다. 예) **만났더니** 반가워요. (x) **도와주셨더니** 감사합니다. (x)	· '미안하다, 죄송하다, 반갑다, 고맙다, 감사하다' 등과 어울려 자주 쓰이는 인사말처럼 관용적으로 사용할 수 있다. 예) **만나서** 반가웠어요. (o) **도와주셔서** 감사합니다. (o)

② '-었더니3)', '-으므로'

-었더니3)	-으므로
· 앞의 내용이 뒤의 내용에 대한 이유나 원인, 근거임을 나타낸다.	
· 격식적인 상황이나 글보다는 주로 구어에서 사용한다. 예) 결혼을 **했더니** 제 시간이 너무 없더라고요. 선크림을 **발랐더니** 피부가 잘 안 타던데요.	· 일반적인 대화보다는 주로 격식적인 상황이나 문어에서 사용한다. 예) 성적이 **우수하므로** 이 상장을 수여합니다. 그 친구는 열심히 **노력하므로** 곧 한국어 실력이 좋아질 것이라고 생각합니다.
· 앞 절에 주로 1인칭 주어가 나타난다. 예) (제가) 날짜 지난 우유를 **먹었더니** 배탈이 났어요. (o) 동생이 날짜 지난 우유를 **먹었더니** 배탈이 났어요. (x) (제가) 여러 번 그 노래를 **들었더니** 가사를 다 외웠어요. (o) 동생이 여러 번 그 노래를 **들었더니** 가사를 다 외웠어요. (x) 네가 **늦었더니** 영화를 못 봤어. (x)	· 주어의 인칭 제약이 없다. 예) (제가) 날짜 지난 우유를 **먹었으므로** 배탈이 났다. (o) 동생이 날짜 지난 우유를 **먹었으므로** 배탈이 났다. (o) (제가) 여러 번 그 노래를 **들었으므로** 가사를 다 외웠다. (o) 동생이 여러 번 그 노래를 **들었으므로** 가사를 다 외웠다. (o) 네가 **늦었으므로** 영화를 볼 수 없다. (o)
· 뒤 절에 미래 시제가 올 수 없다. 예) 성적이 **올랐더니** 학교에서 상을 주었다. (o) 성적이 **올랐더니** 학교에서 상을 주겠다. (x) 성적이 **올랐더니** 학교에서 상을 줄 것이다. (x)	· 뒤 절에 미래 시제가 올 수 있다. 예) 성적이 **올랐으므로** 학교에서 상을 주었다. (o) 성적이 **올랐으므로** 학교에서 상을 주겠다. (o) 성적이 **올랐으므로** 학교에서 상을 줄 것이다. (o)

③ '-었더니3)', '-었으니'

<table>
<tr><th>-었더니3)</th><th>-었으니</th></tr>
<tr><td colspan="2">· 앞의 내용이 뒤의 내용에 대한 이유나 원인, 근거임을 나타낸다.</td></tr>
<tr><td>· 앞 절에 주로 1인칭 주어가 나타난다.
예) (제가) 날짜 지난 우유를 먹었더니 배탈이 났죠. (o)
동생이 날짜 지난 우유를 먹었더니 배탈이 났죠. (x)
(제가) 여러 번 그 노래를 들었더니 가사를 다 외웠죠. (o)
동생이 여러 번 그 노래를 들었더니 가사를 다 외웠죠. (x)
네가 늦었더니 영화를 못 봤지. (x)</td><td>· 주어의 인칭 제약이 없다.
예) (제가) 날짜 지난 우유를 먹었으니 배탈이 났죠. (o)
동생이 날짜 지난 우유를 먹었으니 배탈이 났죠. (o)
(제가) 여러 번 그 노래를 들었으니 가사를 다 외웠죠. (o)
동생이 여러 번 그 노래를 들었으니 가사를 다 외웠죠. (o)
네가 늦었으니 영화를 못 봤지. (o)</td></tr>
<tr><td>· 뒤 절에 명령문이나 청유문이 올 수 없다.
예) 어제 술을 많이 마셨더니 물을 많이 드세요. (x)
어제 술을 많이 마셨더니 해장국 먹으러 갑시다. (x)</td><td>· 뒤 절에 명령문이나 청유문이 올 수 있다.
예) 어제 술을 많이 마셨으니 물을 많이 드세요. (o)
어제 술을 많이 마셨으니 해장국 먹으러 갑시다. (o)</td></tr>
<tr><td>· 뒤 절에 미래 시제가 올 수 없다.
예) 성적이 올랐더니 학교에서 상을 주었다. (o)
성적이 올랐더니 학교에서 상을 주겠다. (x)
성적이 올랐더니 학교에서 상을 줄 것이다. (x)</td><td>· 뒤 절에 미래 시제가 올 수 있다.
예) 성적이 올랐으니 학교에서 상을 주었다. (o)
성적이 올랐으니 학교에서 상을 주겠다. (o)
성적이 올랐으니 학교에서 상을 줄 것이다. (o)</td></tr>
</table>

이렇게 도입해 보세요

(1) 교사: 여러분은 우유를 마시기 전에 유통 기한을 잘 확인해요?
학생: 네. / 아니요.
교사: 선생님이 지난번에 냉장고에서 우유를 꺼내 마시고 날짜를 보니까 일주일이나 지났더라고요. 그 후에 선생님이 어떻게 됐을까요?
학생: 배탈이 났어요.
교사: 네, 맞았어요. '날짜 지난 우유를 **먹었더니** 배탈이 났어요.' 이렇게 말하는 사람이 과거에 직접 경험한 사실에 대한 결과를 이야기할 때 '-었더니'를 써요.

(2) 교사: 숙제를 안 해 간 적이 있어요?
학생: 네. / 아니요.
교사: ('네'라고 대답한 학생에게) 선생님이 어떻게 하셨어요?
학생: 수업 후에 남아서 숙제하라고 하셨어요.
교사: 그럴 때 '숙제를 안 해 **갔더니** 선생님께서 수업 후에 남아서 숙제하라고 하셨어요.'라고 말해요.

+ '-었더니3)'을 도입하기 위해 학생들에게 과거의 자신의 경험 때문에 생긴 결과를 이야기할 수 있도록 질문을 한 다음 '-었더니'를 사용하여 두 사건을 연결하여 제시해 준다.

-으나[-나]

앞 절이 뒤 절과 **반대**되는 내용임을 나타내는 연결어미.

-으나	(동사나 형용사, '이다, 아니다'에 붙어) 앞 절의 내용과 반대되는 내용을 뒤 절에서 말할 때 사용한다. 주로 문어에서 더 많이 쓴다.

예문

(1) (공적 인터뷰)

가: 저희 고려기획에 지원하게 된 동기를 말씀해 주시겠습니까?

나: 저는 어렸을 때부터 광고에 관심이 많았습니다. 그래서 고려기획에 지원하게 되었습니다.

가: 그래요? 객관적인 입장에서 저희 회사의 장점과 단점을 말씀해 주시겠습니까?

나: 감성을 자극하는 광고가 많이 소비자에게 깊은 인상을 주고 **있으나** 사업이 음료나 식료품 생산에 국한되어 있으므로 다양한 분야로 사업을 확대할 필요가 있다고 봅니다.

(2) (수필)

곁에 가까이 두고 사귀는 사람, 오래 두고 가까이 교류하는 사람이 바로 친구이다. 친구란 상대의 환경이나 형편에 관계없이 늘 변함이 없는 사람들이다. 괴로운 일이 있더라도, 좋은 일이 있더라도 늘 함께하는 인생의 동지이다. 자신의 삶도 **힘드나** 상대에게 내색하지 않고 조건 없이 도울 수 있는 사람이며 상대의 행복을 질투나 시기심 없이 함께 기뻐해 줄 수 있는 사람이다.

눈은 **내리나** 그리 춥지 않다.

철수는 키는 **작으나** 믿음직하다.

수지는 내 **친구이나** 그를 믿지 않습니다.

아내는 **직장인이나** 나는 아직 학생입니다.

어제 고등학교 동창을 **만났으나** 반갑지가 않았다.

어제는 날씨가 **좋았으나** 오늘은 날씨가 흐리다.

동생은 노래를 잘 **부르나** 저는 잘 부르지 못합니다.

오늘은 새벽까지 **공부하겠으나** 내일은 언제까지 할지 모르겠다.

대학 합격 소식을 **들었으나** 기쁘지 않았습니다.

그 모임에는 가기 **싫으나** 갈 수밖에 없었습니다.

+ '눈이 내리나 그리 춥지 않다.'는 눈이 내리는 것을 말하고 눈이 내리면 추울 것을 예상하지만 그것과 반대로 춥지 않다는 내용이 연결되고 있다. 또한 '어제 고등학교 동창을 만났으나 반갑지가 않았다.'에서는 동창을 오랜만에 만나면 응당 반가워야 하나 그와 반대로 반갑지가 않음을 대조하여 말하고 있다. 모두 의미상 큰 차이가 없이 '-지만'과 바꾸어 쓸 수 있다.

형태 정보

① 동사 및 형용사 어간 끝음절에 받침이 있으면 '-으나'를 쓴다.

예) 먹- + -으나 → 먹으나　　읽- + -으나 → 읽으나　　입- + -으나 → 입으나
앉- + -으나 → 앉으나　　있- + -으나 → 있으나　　없- + -으나 → 없으나

② 동사 및 형용사 어간 끝음절에 받침이 없거나 'ㄹ' 받침으로 끝나면 '-나'를 쓴다. 단, 'ㄹ' 받침으로 끝날 때는 'ㄹ'이 탈락한다.

예) 가- + -나 → 가나　　보- + -나 → 보나　　사- + -나 → 사나
쉬- + -나 → 쉬나　　살- + -나 → 사나　　만들- + -나 → 만드나
멀- + -나 → 머나　　길- + -나 → 기나

+ '-으나'는 어간의 받침 유무에 따라 형태가 달라진다. 특히 'ㄹ' 받침으로 끝나는 경우는 'ㄹ'이 탈락하고 '-나'가 결합함에 주의한다.

①	받침 ○	+ -으나	먹으나, 읽으나, 입으나, 앉으나
②	받침 ×	+ -나	가나, 보나, 사나, 쉬나
	ㄹ 받침	+ -나(어간 'ㄹ' 탈락)	사나, 만드나, 머나, 기나

③ '이다, 아니다'는 '-나'를 쓴다. 단, '이다' 앞의 명사에 받침이 없으면 주로 '명사+-나'라고 쓴다.

예) 여름이- + -나 → 여름이나　　학생이- + -나 → 학생이나
친구이- + -나 → 친구이나/친구나　　편지이- + -나 → 편지이나/편지나
아니- + -나 → 아니나

④ 불규칙

걷-　예) 어두운 산 속을 **걸으나** 무섭지 않다.
덥-　예) 민준이는 날씨가 **더우나** 뜨거운 커피를 시켰다.
짓-　예) 철수가 미소를 **지으나** 기분이 좋은 것 같지는 않다.
하얗-　예) 수지는 얼굴은 **하야나** 건강한 편이다.

문장 구성 정보

① '-으나'는 문어 혹은 발표와 같은 공식적 구어에 사용되는 것이 자연스럽다.

예) **여름이나** 덥지 않았다.
여름이나 덥지 않아요. (??)
동생은 키가 **작으나** 나는 키가 크다.
동생은 키가 **작으나** 저는 키가 커요. (??)

제약 정보

① 과거 '-었-', 미래 · 추측의 '-겠-'과 결합한다.

예) 이 식당은 가격은 **비싸나** 맛은 하나도 없다. (o)
비가 **왔으나** 우리 학교는 운동회를 했다. (o)
오늘은 **참겠으나** 다음에는 참지 않을 것이다. (o)

확장

① 서로 반대되는 동사나 형용사를 함께 반복하여 사용하여 어떤 경우에도 결과나 행동이 동일함을 나타낸다. 구어에서 자주 사용된다.

예) **앉으나 서나** 당신 생각.
싫으나 좋으나 우리는 일을 함께 해야 해.
들으나 마나 한 이야기는 그만 하세요.

+ '앉으나 서나'는 서로 반대되는 동사를 '-으나'로 연결하여 '앉아도 당신을 생각하며 서도 당신을 생각한다.'는 의미로 어떻게 있든 결과는 동일함을 드러낸다. '들으나 마나'처럼 동사나 형용사 뒤에 동사 '말다'의 활용형 '마나'가 사용되어 동일한 의미를 나타낼 수 있다.

② '어디, 어느, 누구, 무엇' 등과 함께 쓰여 어느 경우에도 마찬가지임을 나타낸다. 구어에서 자주 사용한다.

예) 여름에는 어디를 **가나** 더워요.
그 식당에서는 뭘 **먹으나** 맛이 없다.
세계 어느 도시를 **가나** 비슷한 느낌을 받는다.

유사 문법

① '-으나', '-지만'

<table>
<tr><th>-으나</th><th>-지만</th></tr>
<tr><td colspan="2">· 앞 절과 뒤 절의 내용이 대조됨을 나타낸다.
예) 저는 키가 크나 동생은 키가 작습니다.
저는 키가 크지만 동생은 키가 작아요.</td></tr>
<tr><td>· 주로 문어, 격식적 구어에 사용된다.
예) 저는 수학은 잘하나 영어는 못해요. (?)
그 친구는 수학은 잘하나 영어는 못한다. (o)</td><td>· 문어와 구어에 모두 쓰인다.
예) 저는 수학은 잘하지만 영어는 못해요. (o)
그 친구는 수학은 잘하지만 영어는 못한다. (o)</td></tr>
<tr><td>· 앞 절의 내용을 긍정하면서 뒤 절에 또 다른 긍정의 사실을 덧붙일 때 사용하는 것은 매우 어색하다.
예) 이 회사는 월급도 많이 주나 집에서도 무척 가까워서 좋다. (??)
참외 맛도 좋으나 수박 맛은 더 좋다. (??)
수지는 수학도 잘하나 영어는 더 잘한다. (??)</td><td>· 앞 절의 내용을 긍정하면서 뒤 절에 또 다른 긍정의 내용을 덧붙일 때 사용할 수 있다.
예) 이 회사는 월급도 많이 주지만 집에서도 무척 가까워서 좋다. (o)
참외 맛도 좋지만 수박 맛은 더 좋다. (o)
수지는 수학도 잘하지만 영어는 더 잘해요. (o)</td></tr>
<tr><td>· '미안하다, 죄송하다' 등과 함께 쓰는 관용적 용법이 없다.
예) 미안하나 그 책 좀 나한테 줘. (x)
죄송하나 저는 가지 않겠습니다. (x)
실례이나 지금 어디 계세요? (x)</td><td>· '미안하다, 죄송하다, 실례하다' 등에 붙어, 부탁하거나 양해를 구하는 상황에서 관용적으로 쓰인다.
예) 미안하지만 그 책 좀 나한테 줘.
죄송하지만 저는 가지 않겠습니다.
실례지만 지금 어디 계세요?
바쁘시겠지만 같이 좀 갑시다.</td></tr>
<tr><td>· 서로 반대되는 동사나 형용사를 '-으나 -으나' 구성으로 사용하여, 어떤 경우에도 결과나 행동이 동일함을 나타낸다.
예) 앉으나 서나 당신 생각. (o)
하나 마나 한 이야기는 하지 마세요. (o)</td><td>· '-지만 -지만' 구성으로 사용되는 용법이 없다.
예) 앉지만 서지만 당신 생각. (x)
하지만 말지만 한 이야기는 하지 마세요. (x)</td></tr>
</table>

+ '-으나'와 '-지만'은 앞 절의 내용과 반대되는 내용을 뒤 절에 이어서 말할 때 사용한다. 주로 '-으나'는 문어나 격식적 구어에 사용되며 '-지만'은 문어나 구어에 상관없이 자주 사용된다. 특히 '-지만'은 앞 절의 내용을 인정하면서 그것에 다른 내용을 덧붙일 때 사용한다는 점에서 '-으나'와 차이를 보인다.

② '-으나', '-는데2)'

<table>
<tr><th>-으나</th><th>-는데2)</th></tr>
<tr><td colspan="2">· 앞의 내용과 반대되거나 다른 이야기가 이어짐을 나타낸다.
예) 날씨가 나쁘나 사람들이 등산을 간다.
날씨가 나쁜데 사람들이 등산을 간다.</td></tr>
<tr><td>· 앞 절과 뒤 절의 내용이 대등하며, 대립의 의미를 가진다.
예) 수지 씨는 쇼핑을 좋아하나 샤오잉 씨는 안 좋아해요.</td><td>· 앞 절은 뒤 절의 배경 상황이 되며, 대립되는 배경 상황 제시의 의미를 가진다.
예) 수지 씨는 수영을 좋아하는데 잘하지 못해요.</td></tr>
<tr><td>· '대립'의 의미를 이미 가지고 있는 연결어미로서 뒤 절이 생략되어도 대립되는 결과를 쉽게 짐작할 수 있다.
예) 열심히 공부했으나 시험을 잘 못 봤어요.
열심히 공부했으나… (시험을 잘 못 봤어요.)</td><td>· 비교적 중립적인 연결 기능을 담당하는 연결어미로서 '-으나'보다 '대립'의 의미가 약하다. 따라서 뒤 절이 생략되면 대립의 의미뿐만 아니라 여러 가지 다른 의미를 생각할 수 있다.
예) 열심히 공부했는데 시험을 잘 못 봤어요.
열심히 공부했는데… (시험을 잘 못 봤어요. / 시험이 취소됐어요. / 시험 문제가 잘못 나왔어요.)</td></tr>
</table>

+ '-으나'와 '-는데2)'는 반대되거나 대조되는 상황을 이야기할 때 사용할 수 있다. '-는데2)'의 기본적인 용법은 배경 제시이므로 앞 절과 뒤 절이 대등함을 드러내지 못하고 앞 절이 뒤 절의 상황이나 진술의 배경이 된다. 그렇기 때문에 생략되면 뒤의 내용을 하나로 명확히 드러내지 못하고 다양한 가능성이 열리게 된다. 반면 '-으나'는 대립의 의미를 잘 드러내므로 뒤 절이 생략이 되어도 쉽게 의미를 찾아낼 수 있다.

③ '-으나', '-는 반면에'

<table>
<tr><th>-으나</th><th>-는 반면에</th></tr>
<tr><td colspan="2">· 앞의 내용과 반대되거나 다른 이야기를 이음을 나타낸다.</td></tr>
<tr><td>· 과거 '-었-', 미래·추측의 '-겠-'과 결합한다.
예) 서울은 눈이 왔으나 부산에는 눈이 오지 않았다. (o)
서울은 눈이 오겠으나 부산에는 눈이 오지 않을 거예요. (o)</td><td>· 과거 '-었-', 미래·추측의 '-겠-'과 결합하지 않는다.
예) 서울은 눈이 왔는 반면에 부산에는 눈이 오지 않았다. (x)
서울은 눈이 오겠는 반면에 부산에는 눈이 오지 않을 거예요. (x)</td></tr>
<tr><td>· 앞의 내용에 대한 조건이나 다른 추가적인 정보를 이야기하는 의미로 사용할 수 없다.
예) 그 휴대폰은 모양도 예쁘나 가격도 아주 싸다. (x)</td><td>· 앞의 내용에 대한 조건이나 다른 추가적인 정보를 이야기하는 의미로 사용하기 어렵다.
예) 그 휴대폰은 모양도 예쁜 반면에 가격도 아주 싸다. (?)</td></tr>
<tr><td>· 구어에서는 잘 사용되지 않는다.
예) 한국어는 재미있으나 어려워요. (?)</td><td>· 구어에서도 사용되나 격식적인 문어에서 주로 사용된다.
예) 오늘 날씨는 오전에는 쌀쌀한 반면에 오후부터는 따뜻해지겠습니다.</td></tr>
</table>

이렇게 도입해 보세요

(1) 교사: (가족사진을 보여 주며)
선생님 가족사진이에요. 제 동생이에요. 누구 닮았어요?
학생: 아버지, 어머니.
교사: 동생은 아버지를 닮았어요. 선생님은 누구 닮은 것 같아요?
학생: 어머니, 아버지.
교사: 맞아요. 저는 어머니를 닮았어요. 저는 어머니를 **닮았으나** 동생은 아버지를 닮았습니다. '-으나'는 '-지만'과 비슷한 의미인데, '-지만'은 글이나 말에서 다 자주 쓰이지만 '-으나'는 주로 글을 쓰거나 공식적 발표를 할 때 써요.

(2) 교사: (학생 식당의 오늘의 메뉴를 보여 주며)
학생 식당 음식은 맛있어요?
학생: 아니요. 맛이 없어요.
교사: 네, 비싸요?
학생: 아니요, 비싸지는 않아요.
교사: 맞아요. 학생 식당 음식은 **싸나** 맛이 없습니다. '-으나'는 '-지만'하고 비슷한 의미입니다. '-으나'는 주로 신문이나 소설에서 나오는 '-다', 인터뷰에서 나오는 '-습니다'와 함께 쓰입니다. '그 식당은 맛은 없지만 음식 값이 싸요.'는 '그 식당은 맛은 **없으나** 음식 값이 쌉니다.'처럼 쓸 수 있어요. 바꿔 보세요. '김치는 맵지만 맛있어요.'
학생: 김치는 **매우나** 맛있습니다.
교사: 좋아요. 인터뷰나 발표할 때, 글을 쓸 때 '-으나'를 사용하면 좋습니다.

+ 앞 절과 뒤 절의 내용이 대조되거나 반대되는 내용을 도입하여 '-으나'의 의미를 알려 준다. 경우에 따라서는 '-지만'이 들어간 문장으로 도입해 볼 수 있다.

-으니[-니]

1) **이유나 근거** 2) **발견** 3) **부가적인 설명**을 나타내는 연결어미.

-으니1) (동사나 형용사, '이다, 아니다'에 붙어) 앞 절의 내용이 뒤 절의 내용에 대한 이유나 원인, 판단의 근거임을 나타낸다. 앞 절에 나타난 이유나 원인으로 인해 뒤 절에 그에 따른 결과나 판단이 나오게 될 때 사용한다.

예문

(1) 가: 어, 비가 와요.
나: 그래요? 야외 음악회가 취소되겠죠?
가: 아마 비가 **오니** 취소될 것 같아요.
나: 아쉽네요. 정말 오랫동안 기다렸던 공연인데.
가: 너무 아쉬워하지 마세요. 다음에 또 좋은 기회가 있겠죠.

(2) 기상대 관계자는 "내일부터 당분간 기온이 평년과 비슷하거나 조금 낮겠고 낮과 밤의 기온차가 **있겠으니** 건강 관리에 유의하기 바랍니다."라고 말했다.

여름이 **되니** 자꾸 시원한 게 먹고 싶다.

그 영화는 **무서우니** 보지 않는 것이 좋겠다.

오랜만에 영화를 **보니** 정말 재미있었다.

이 음식은 맛이 **없으니** 다른 음식을 시키자.

바람이 심하게 **부니** 창문을 좀 닫지 그러니?

민준 씨는 **부지런하니** 반드시 성공할 거예요.

그렇게 아이스크림을 많이 **먹었으니** 배탈이 나지.

늘 책상에 앉아 컴퓨터만 **들여다보니** 어깨가 굽지.

친구와 약속이 **있으니** 다음에 같이 식사합시다.

육류보다는 채소가 좋다고 **하니** 야채를 많이 먹어야겠다.

+ '-으니1)'은 앞 절의 동작이나 상태로 인하여 뒤의 상황이 일어나게 될 때 사용하는 연결어미이다. '민준 씨는 부지런하다', '아이스크림을 많이 먹다'와 같이 이유나 원인이 먼저 제시되면서 뒤 절에 '반드시 성공하다', '배탈이 나다'와 같은 결과가 따라온다.

형태 정보

① 동사 및 형용사 어간 끝음절에 받침이 있으면 '-으니'를 쓴다.

예) 먹- + -으니 → 먹으니 / 읽- + -으니 → 읽으니
입- + -으니 → 입으니 / 앉- + -으니 → 앉으니
있- + -으니 → 있으니 / 없- + -으니 → 없으니

② 동사 및 형용사 어간 끝음절에 받침이 없거나 'ㄹ' 받침으로 끝나면 '-니'를 쓴다. 단, 'ㄹ' 받침으로 끝날 때는 'ㄹ'이 탈락한다.

예) 가- + -니 → 가니 / 보- + -니 → 보니
사- + -니 → 사니 / 쉬- + -니 → 쉬니
살- + -니 → 사니 / 만들- + -니 → 만드니
멀- + -니 → 머니 / 길- + -니 → 기니

+ '-으니'는 어간의 받침 유무에 따라 형태가 달라진다. 특히 'ㄹ' 받침으로 끝나는 경우는 'ㄹ'이 탈락하고 '-니'가 결합함에 주의한다.

①	받침 ○	+ -으니	먹으니, 읽으니, 입으니, 앉으니
②	받침 ×	+ -니	가니, 보니, 사니, 쉬니
	ㄹ 받침	+ -니(어간 'ㄹ' 탈락)	사니, 만드니, 머니, 기니

③ '이다, 아니다'는 '-니'를 쓴다. 단, '이다' 앞의 명사에 받침이 없으면 주로 '명사+-니'라고 쓴다.

예) 여름이- + -니 → 여름이니 / 학생이- + -니 → 학생이니
친구이- + -니 → 친구이니/친구니 / 편지이- + -니 → 편지이니/편지니
아니- + -니 → 아니니

④ 불규칙

걷- 예) 어두운 산 속을 **걸으니** 너무 무서웠다.
덥- 예) 날씨가 **더우니** 시원한 커피를 마시자.
짓- 예) 아키라가 미소를 **지으니** 오늘 좋은 일이 있을 것 같다.
하얗- 예) 옷이 **하야니** 밥 먹을 때 조심하는 게 좋겠다.

제약 정보

① 앞 절과 뒤 절의 주어가 같아도 되고 달라도 된다.

예) (나는) 음식을 많이 **먹었으니** (나는) 이제 더 이상 못 먹겠어요.
나는 거기에 **없었으니** 그 이야기에 대해 (나는) 아무것도 모른다.
(네가) 그런 말을 **하니** 사람들이 너를 싫어하는 거야.
수지 씨가 **재미있으니** 나는 수지 씨와 이야기하는 것이 좋아요.

② 미래를 나타낼 때 '-겠-'을 쓰는 것보다 '-을 테니'를 쓰는 것이 더 자연스럽다.

예) 제가 청소를 해 **놓겠으니** 걱정하지 마세요. (?)
제가 청소를 해 **놓을 테니** 걱정하지 마세요. (o)
지금 퇴근 시간이라 길이 **막히겠으니** 조금 이따가 출발하세요. (?)
지금 퇴근 시간이라 길이 **막힐 테니** 조금 이따가 출발하세요. (o)

③ '반갑다, 고맙다, 감사하다, 미안하다' 등과 함께 관용적으로 쓰이는 인사말에서 이유를 말할 때는 '-으니'를 쓰기 어렵거나 불가능하다. '-어서'를 쓴다.

예) **만나니** 반가워요. (??)
만나서 반가워요. (o)
초대해 **주시니** 감사합니다. (?)
초대해 **주셔서** 감사합니다. (o)
늦으니 미안합니다. (x)
늦어서 미안합니다. (o)

확장

① '-으니'는 '-으니까'로 형태를 바꾸어 사용할 수 있다.

예) 비가 오고 **나니** 풍경이 달라졌어요.
= 비가 오고 **나니까** 풍경이 달라졌어요.
오늘은 만나기 **힘드니** 내일 만납시다.
= 오늘은 만나기 **힘드니까** 내일 만납시다.

+ '-으니'는 문어와 구어에서 두루 사용될 수 있으며 특히 '-으니'를 구어에서 사용할 경우에 '-으니까'로 바꾸어 사용하는 일이 많다.

유사 문법

① '-으니1)', '-는데1)'

-으니1)	-는데1)
· 이유나 근거를 나타낸다. 예) 비가 **오니** 오늘은 집에서 쉽시다. 비가 **오는데** 오늘은 집에서 쉽시다.	
· 앞 절의 내용이 뒤 절의 제안이나 명령의 직접적인 이유로 사용된다. 예) 날씨가 **좋으니** 공원에 갑시다. (공원에 가자고 하는 이유를 강조. 다소 딱딱하고 강한 권유.)	· 이유나 근거를 직접적으로 드러내지 않고 배경 설명을 통해 듣는 사람이 생각하고 판단할 수 있게 한다. '-으니'보다 더 부드러운 권유를 나타낸다. 예) 날씨가 **좋은데** 공원에 갑시다. (공원에 가자고 하는 권유를 꺼낸 배경 설명. 부드러운 권유.)

+ '-으니1)'과 '-는데1)'은 모두 이유나 근거의 의미를 나타낼 수 있다. 특히 제안의 의미나 근거를 나타낼 때 '-는데1)'이 '-으니1)'보다는 주관적으로 강한 주장을 나타내는 의미가 적어 더 부드럽게 느껴진다.

② '-으니1)', '-어서1)'

<table>
<tr><th>-으니1)</th><th>-어서1)</th></tr>
<tr><td colspan="2">· 앞의 내용이 뒤의 내용에 대한 이유나 원인, 근거임을 나타낸다.
예) 머리가 아프니 학교에 못 갑니다.
머리가 아파서 학교에 못 갑니다.</td></tr>
<tr><td>· 문장의 종결 제약이 없다.
예) 시간이 없으니 서두르세요. (o)
시간이 없으니 서두릅시다. (o)</td><td>· 뒤 절에 청유문과 명령문을 사용할 수 없다.
예) 시간이 없어서 서두르세요. (x)
시간이 없어서 서두릅시다. (x)</td></tr>
<tr><td>· 과거 '-었-', 미래·추측의 '-겠-'을 사용할 수 있다. '-겠-'을 쓸 자리에는 '-을 테니'를 쓰는 것이 더 자연스럽다.
예) 꽃을 좋아했으니 꽃을 선물해요. (o)
꽃을 좋아하니 꽃을 선물해요. (o)
꽃을 좋아하겠으니 꽃을 선물해요. (??)
꽃을 좋아할 테니 꽃을 선물해요. (o)</td><td>· 과거 '-었-', 미래·추측의 '-겠-'을 사용할 수 없다.
예) 꽃을 좋아했어서 꽃을 선물해요. (x)
꽃을 좋아해서 꽃을 선물해요. (o)
꽃을 좋아하겠어서 꽃을 선물해요. (x)</td></tr>
<tr><td>· 주로 주관적인 행동의 동기, 주장이나 추론의 전제, 명령 따위의 근거를 제시하는 때의 이유를 나타낸다.
예) 배가 고프니 빨리 집에 돌아가요.
집에서 책만 읽으니 친구가 없지.</td><td>· 보편적인 결과에 대한 원인을 밝히는 의미가 강하다. 따라서 일반적인 자연의 현상이나 사물의 변화로 발생한 결과를 설명할 때 '-어서'를 주로 사용한다.
예) 비행기가 추락해서 사람들이 많이 죽었다.
비가 많이 내려서 홍수가 났다.</td></tr>
<tr><td>· 관용적인 인사말로 쓸 때, 문법적으로는 가능하지만 거의 사용하지 않는다.
예) 만나니 반가워요. (??)
도와주시니 감사합니다. (?)</td><td>· '미안하다, 죄송하다, 반갑다, 고맙다, 감사하다' 등과 어울려 자주 쓰이는 인사말처럼 관용적으로 사용할 수 있다.
예) 만나서 반가워요. (o)
도와주셔서 감사합니다. (o)</td></tr>
</table>

+ '-으니1)'과 '-어서1)'은 모두 이유나 근거를 나타내는 의미가 있다. 주관적인 행동의 이유일 때는 '-으니1)'을, 객관적인 사실이나 보편적인 원인일 때는 '-어서1)'을 사용하는 것이 일반적이며, 관용적 인사말일 경우에 '-어서1)'을 쓰는 것이 보통이다.

③ '-으니1)', '-으므로'

<table>
<tr><th>-으니1)</th><th>-으므로</th></tr>
<tr><td colspan="2">· 앞의 내용이 뒤의 내용에 대한 이유나 원인, 근거임을 나타낸다.
예) 그 사람은 착하게 살았으니 꼭 성공할 것입니다.
그 사람은 착하게 살았으므로 꼭 성공할 것입니다.</td></tr>
<tr><td>· 문어나 구어에서 두루 쓰인다.
예) (친구에게) 넌 공부를 잘하니 상을 받는구나!
그 친구는 열심히 노력하니 한국어 실력이 좋아질 것입니다.</td><td>· 일반적인 대화보다는 주로 격식적인 상황이나 글에서 많이 사용한다.
예) 성적이 우수하므로 이 상장을 수여합니다.
그 친구는 열심히 노력하므로 곧 한국어 실력이 좋아질 거라고 생각합니다.</td></tr>
<tr><td>· 뒤 절에 청유문과 명령문이 올 수 있다.
예) 많이 일했으니 이제 쉬세요. (o)
비가 오니 택시를 탑시다. (o)</td><td>· 구어 혹은 비격식적 상황에서 뒤 절에 청유문과 명령문이 올 수 없다.
예) 많이 일했으므로 이제 쉬세요. (x)
비가 오므로 택시를 탑시다. (x)</td></tr>
</table>

+ '-으니1)'과 '-으므로'는 모두 이유나 원인, 근거를 나타낸다. '-으므로'는 문어나 격식적인 구어 상황에서 주로 사용되나 '-으니1)'은 그러한 제약이 없다. 또한 뒤 절의 제약 면에서도 '-으니1)'이 자유롭다.

④ '-으니1)', '-더니3)'

<table>
<tr><th>-으니1)</th><th>-더니3)</th></tr>
<tr><td colspan="2">· 앞의 내용이 뒤의 내용에 대한 이유나 원인, 근거임을 나타낸다.</td></tr>
<tr><td>· 주어의 인칭 제약이 없다.
예) 동생이 날짜 지난 우유를 먹었으니 배탈이 났죠. (o)
제가 날짜 지난 우유를 먹었으니 배탈이 났죠. (o)
딸이 여러 번 그 노래를 들었으니 가사를 다 외웠죠. (o)
제가 여러 번 그 노래를 들었으니 가사를 다 외웠죠. (o)
네가 늦었으니 영화를 못 봤지. (o)</td><td>· 앞 절에 주로 3인칭 주어가 나타난다.
예) 동생이 날짜 지난 우유를 먹더니 배탈이 났죠. (o)
제가 날짜 지난 우유를 먹더니 배탈이 났죠. (x)
딸이 그 노래를 여러 번 듣더니 가사를 다 외웠죠. (o)
제가 그 노래를 여러 번 듣더니 가사를 다 외웠죠. (x)
네가 늦더니 영화를 못 봤지. (x)</td></tr>
<tr><td>· 뒤 절에 청유문이나 명령문이 올 수 있다.
예) 어제 술을 많이 마셨으니 머리가 아프죠? (o)
어제 술을 많이 마셨으니 물을 많이 드세요. (o)
어제 술을 많이 마셨으니 해장국 먹으러 갑시다. (o)</td><td>· 뒤 절에 청유문이나 명령문이 올 수 없다.
예) 어제 술을 많이 마시더니 머리가 아프죠? (o)
어제 술을 많이 마시더니 물을 많이 드세요. (x)
어제 술을 많이 마시더니 해장국 먹으러 갑시다. (x)</td></tr>
<tr><td>· 뒤 절에 미래 시제가 올 수 있다.
예) 영수는 성적이 우수하니 좋은 학교에 입학했습니다. (o)
영수는 성적이 우수하니 좋은 학교에 입학할 겁니다. (o)</td><td>· 뒤 절에 미래 시제가 올 수 없다.
예) 영수는 성적이 우수하더니 좋은 학교에 입학했습니다. (o)
영수는 성적이 우수하더니 좋은 학교에 입학할 겁니다. (x)</td></tr>
</table>

이렇게 도입해 보세요

(1) 교사: (달력을 보여 주며)

여러분, 다음 주 수요일이 수지 씨 생일이에요.

학생: 우리 같이 생일 파티를 해요.

교사: 네, 집에서 같이 생일 파티를 해요. 모두 집에 모여 주세요. 수지 씨 생일 파티를 해야 **하니** 모두 참석하세요.

(2) 교사: (그림을 보여 주며)

이 아이가 아이스크림을 많이 먹고 있어요. 어머니가 뭐라고 말씀하실까요?

학생: 배가 아프니까 아이스크림을 많이 먹지 마.

교사: 맞아요. 여기는 병원이에요. 의사 선생님이 말해요.

"배가 **아프니** 아이스크림을 많이 먹지 마십시오."

(그림을 보여 주며) 비가 오고 있어요. 창문이 열려 있어요. 친구에게 뭐라고 말해요?

학생: 비가 오니까 문을 닫아 줘.

교사: 맞아요. 이 그림을 보세요. 선생님이 말해요.

"비가 **오니** 문을 닫아 주세요." 이렇게 말해요. '-으니'는 '-으니까'와 비슷한데 더 격식적인 상황이나 문어에서 자주 사용해요.

+ '-으니1)'을 도입할 때 (1)처럼 행위의 이유와 결과를 끌어내어 문장을 만들어 제시하도록 한다. (2)에서 보듯 그림을 이용하여 학생들이 각자 생각하는 이유나 원인을 이야기하도록 유도한다. 초급에서 '-으니까'를 배웠으므로 '-으니까'의 상황을 활용하여 '-으니'를 도입할 수 있다.

-으니2) (동사에 붙어) 앞 절의 내용이 진행된 결과 뒤 절의 내용처럼 되거나 그런 일이 일어남을 나타낸다. 즉 앞 절의 행위 후에 뒤 절에서 새롭게 알게 된 내용 즉 발견의 의미로 사용된다.

예문

(1) 가: 웬 고양이예요?
나: 밖에서 울고 있는 고양이를 데리고 왔어요.
가: 그래요? 어떻게 찾았어요?
나: 아침에 자고 일어났는데 밖에서 이상한 소리가 들렸어요. 그래서 창문을 열어 **보니** 고양이 한 마리가 울고 있잖아요. 그래서 데리고 왔어요.

(2) 가: 방학 때 뭐 했어요?
나: 제주도에 갔다 왔어요.
가: 여행이 재미있었어요?
나: 제주도에 **가니** 바다도 아름답고 사람들도 친절했어요.
가: 제주도는 생선회가 유명한데 먹어 봤어요?
나: 네. 생선회를 먹어 **보니** 생각보다 맛있었어요.

친구와 놀다 **보니** 시간 가는 줄 몰랐어요.
동네 서점에 **가니** 휴일이라서 문을 닫았다.
아침에 **일어나니** 동생이 벌써 나가고 없었다.
봄이 **되니** 예쁜 꽃이 많이 피었어요.
학교에 **가니** 친구들이 한 명도 오지 않았다.
백화점에 가서 쇼핑을 해 **보니** 시장에 가고 싶은 마음이 없어졌다.
한 시간 정도 **기다리니** 주문한 음식이 왔어요.
한국어를 배워 **보니** 정말 재미있어요.
한국에 살아 **보니** 한국 사람들을 더 잘 이해할 수 있게 되었어요.
경주에 가 **보니** 정말 아름다웠어요.

+ '-으니2)'는 동사 뒤에 붙어 앞의 행동을 한 결과 뒤의 사실을 발견할 때 사용하는 연결어미이다. '친구와 놀면서' '시간이 많이 간 것 몰랐다는 것'을 알게 되었고, '동네 서점에 가서' '휴일이라 문을 닫은 것'을 알게 되었다.

+ '-으니2)'는 내가 이미 했던 경험이나 행동을 통해 새로 알게 된 사실을 이야기하거나, 어떤 사실을 전하기 위해 그 사실을 알게 된 배경을 설명할 때 사용한다. 따라서 문장 예문에서 볼 수 있듯이 주어는 대부분 말하는 사람 자신이 되며 뒤 절은 주로 과거형이 온다.

+ '-으니1)'의 의미와 혼동하지 않도록 주의해야 한다.

+ '-으니2)'는 주로 경험, 시도를 나타내는 '-어 보다'와 함께 사용된다.

형태 정보

'-으니1)'을 참고하되, '-으니1)'과 다르게 동사와만 결합함에 주의한다.

문장 구성 정보

① 앞 절의 주어는 주로 말하는 사람이고, 뒤 절의 주어는 대부분 앞 절의 주어와 다르다.

예) (내가) 한국어를 배워 **보니** 한국어는 어려워요.
(내가) 창밖을 **보니** 고양이 한 마리가 울고 있었어요.
(내가) 친구한테 **전화하니** 친구가 전화를 받지 않았어요.
(내가) 제주도를 **여행하니** 경치가 정말 아름다웠어요.

② '-어 보다, -고 보다, -다가 보다'와 결합하여 '-어 보니, -고 보니, -다가 보니'의 형태로 많이 사용한다.

예) 가까이 가 **보니** 선생님은 생각보다 많이 늙으셨다.
그 말을 듣고 **보니** 그 사람이 더 좋은 사람 같았다.
이야기하다 **보니** 그 친구가 내 고등학교 동창이었어요.

+ '-어 보다'는 경험, 시도를 나타내는 표현으로 이러한 경험이나 시도에 따라 뒤 절에 어떠한 발견을 하게 되는 상황을 이야기하기 위해 '-으니2)'와 함께 자주 사용된다.

제약 정보

① 형용사와 결합하지 않는다. '-으니2)'는 형용사와의 결합이 제약되는데 만약 형용사가 결합되면 이유나 근거의 의미로 해석된다.

예) 음식이 맛이 **없으니** 사람들이 먹지 않는다. ('-으니1)'의 의미로 해석)
그 사람은 **부지런하니** 성공했다. ('-으니1)'의 의미로 해석)
부산에 **도착하니** 동생이 기차역에 나와 있었어요. ('-으니2)'의 의미로 해석)
옛날 노래를 **들으니** 어렸을 때 생각이 났어요. ('-으니2)'의 의미로 해석)

② 뒤 절에 미래 시제가 오지 않는다.

예) 백화점에 **가니** 세일을 하겠어요. (x)
백화점에 **가니** 세일을 할 거예요. (x)
백화점에 **가니** 세일을 해요. (o)
백화점에 **가니** 세일을 했어요. (o)

③ 과거 '-었-'과 결합하지 않는다.

예) 밖에 **나갔으니** 비가 오고 있었어요. (x)
회의를 **마쳤으니** 6시였어요. (x)

확장

① '-어 보니, -고 보니, -다가 보니'는 '-어 보니까, -고 보니까, -다가 보니까'의 형태로 바꾸어 쓸 수 있다.

예) 가까이 **가 보니** 그 집은 아주 컸습니다. = 가까이 **가 보니까** 그 집은 아주 컸습니다.
그 말을 **듣고 보니** 더 좋은 그림 같습니다. = 그 말을 **듣고 보니까** 더 좋은 그림 같습니다.
이야기하다 보니 그 사람은 내 친구의 형이었습니다.
= **이야기하다 보니까** 그 사람은 내 친구의 형이었습니다.

+ '-으니'는 문어와 구어에서 두루 사용될 수 있으며 특히 구어의 경우에 '-으니까'로 바꾸어 사용할 수 있다.

이렇게 도입해 보세요

(1) 교사: 여러분, 한국어를 공부해 보니까 어때요?
학생1: 좀 어려워요.
학생2: 재미있어요.
교사: 그래요. 한국어 공부가 어려워요. 재미있어요.
학생: 한국어 공부가 어렵지만 재미있어요.
교사: 맞아요. 한국어를 공부했어요. 어렵지만 재미있어요.
한국어를 공부해 **보니** 어렵지만 재미있어요.

(2) 교사: 주말에 뭐 했어요?
학생: 친구하고 〈난타〉 공연을 봤어요.
교사: 난타 공연을 보니까 어땠어요?
학생: 신기하고 재미있었어요.
교사: 난타 공연을 봤어요. 공연이 신기하고 재미있었어요.
난타 공연을 **보니** 신기하고 재미있었어요.

+ 학습자들이 '-으니까'를 학습한 후에 '-으니'를 배우게 되니 자연스럽게 이전에 학습한 '-으니까'를 이용하는 것이 좋다. '-으니2)'를 도입할 때 학습자나 교사가 공유하는 경험이나 학생들의 경험을 이야기하도록 하고 그 경험을 통해 알게 된 사실이 무엇인지 자유롭게 대답하도록 한다. 그리고 경험을 토대로 새로 알게 된 사실을 '-으니'를 사용하여 제시한다.

-으니3)	(동사나 형용사, '이다, 아니다'에 붙어) 앞 절의 내용과 관련한 부가적인 설명을 뒤 절에 덧붙일 때 사용한다.

예문

(1) 총명하고 활을 잘 쏘는 사람이 **있으니** 사람들은 그를 주몽이라 불렀다. 주몽은 해모수와 유화 사이에서 태어났는데 그의 용맹함과 총명함을 시기하는 일곱 명의 왕자들이 그를 죽이려고 하자 어머니 유화의 권유로 남쪽으로 도망치게 된다. 남쪽에 나라를 **세우니** 그 나라가 고구려가 된다.

(2) 가: 박사님, 생선에는 우리 몸에 필요한 영양분이 많다고 하던데요.
나: 네. 오메가3나 몸에 좋은 지방이 많이 들어 있어서 우리 몸에 좋은 음식입니다.
가: 특히 아이들에게 좋은 생선이 있을까요?
나: 등 푸른 생선은 아이들에게 좋은 **생선이니** 이런 생선으로는 고등어와 삼치가 있습니다. 이런 생선을 아이들에게 많이 먹이면 아이들의 성장과 두뇌 발달에도 도움이 됩니다.

이 건물은 매우 **크니** 그 규모가 아시아 최대라 할 만한다.

그때 나타난 사람이 **있었으니** 우리 반 친구 수지였다.

주말마다 가는 곳이 **있으니** 그곳은 작은 자원봉사 단체였다.

그는 다른 사람보다 더 열심히 **일했으니** 하루에 10시간은 보통이었다.

주몽이 고구려의 시조가 **되니** 고구려의 역사가 시작된다.

요구르트는 몸에 좋은 **음식이니** 동물의 젖을 발효시켜 만든 것이다.

아버지는 여행 가서 내 선물을 사 **오시니** 그것은 보통 작은 소품이거나 초콜릿이었다.

수지는 똑똑하다는 소문이 **있으니** 어떤 것이라도 한 번 들으면 모두 외워 버린다.

과일은 비타민 C를 많이 함유하고 **있으니** 특히 키위, 딸기, 오렌지, 레몬 등에 비타민 C가 많다.

+ '이 건물은 매우 크니 그 규모가 아시아 최대라 할 만하다.'에서 뒤 절 '그 규모가 아시아 최대라 할 만하다'는 내용이 앞 절 '이 건물은 매우 크다'에 대한 부가적인 설명을 덧붙이고 있다.

+ '-으니3)'은 구어보다는 문어, 혹은 강연, 방송의 내레이션 등의 격식적인 말하기에 자주 사용된다.

형태 정보

'-으니1)'을 참고한다.

문장 구성 정보

① 앞 절의 주어와 뒤 절의 주어가 같아도 되고 달라도 된다.

예) 한강은 아주 큰 **강이니** 세계 어느 강도 이만 못하다.
그가 국회의원에 **당선되니** 그때 나이가 서른셋이었다.
이번에 미스코리아에 뽑힌 여학생이 **있으니** (그 학생은) 바로 우리 학교 학생이다.

② 질문과 대답을 '-으니'로 연결하여 한 문장을 구성할 수 있다.

예) 거기가 어딘가 **하니** 바로 천국이다.
이게 누군가 **하니** 바로 네 동생이다.

③ 앞에 기술된 사실을 뒤에서 다시 부연하여 설명함(덧붙임)을 나타낼 때에는 '-으니3)'을 '-으니까'와 바꾸어 쓸 수 없다.

예) 그가 국회의원에 **당선되니** 그때 나이가 서른셋이었다. (o)
그가 국회의원에 **당선되니까** 그때 나이가 서른셋이었다. (x)
한강은 아주 큰 **강이니** 세계 어느 강도 이만 못하다. (o)
한강은 아주 큰 **강이니까** 세계 어느 강도 이만 못하다. (x)

제약 정보

① 미래 · 추측의 '-겠-'과 결합하지 않는다.

예) 한강은 아주 큰 **강이겠으니** 세계 어느 강도 이만 못할 것이다. (x)
그가 국회의원에 **당선되겠으니** 그 나이가 서른셋일 것이다. (x)

이렇게 도입해 보세요

(1) 교사: 샤오밍 씨, 중국에서 유명한 곳이 어디입니까?
학생: 만리장성이 가장 유명합니다.
교사: 그렇습니까? 또 유명한 곳이 어디입니까?
학생: 음, 천안문요. 그리고 남쪽에도 좋은 곳이 아주 많아요.
교사: 여러분, 중국에 유명한 곳이 아주 많이 있습니다. 그중에서 가장 유명한 곳이 만리장성입니다. 중국에서 유명한 곳이 많이 **있으니** 그중에서 가장 유명한 곳이 만리장성입니다.

(2) 교사: 한국에 살면서 뭐가 가장 그립습니까?
학생1: 고향 친구하고 가족입니다.
학생2: 가족하고 어머니가 만들어 주시는 음식입니다.
교사: 아키라 씨는 뭐가 가장 그립습니까?
학생3: 가족이 가장 그립습니다.
교사: 외국에 살면 그리운 것이 있는데 그중 가족이 가장 그리운 것 같습니다. 외국에 살면 그리운 것이 **많으니** 그중 가족이 가장 그리운 것 같습니다.

+ '-으니3)'은 앞서 언급한 내용에 대해 부가적인 설명이 필요한 경우 사용한다. '-으니3)'을 도입할 때 앞 절의 내용에 대하여 예를 덧붙이거나 내용을 보충하는 기능을 함을 충분히 보여 준다. 어떤 질문을 하고 그것에 대한 예나 상세한 설명을 덧붙이도록 유도하여 의미를 이해시킨다.

-으므로[-므로]

이유나 근거를 나타내는 연결어미.

-으므로 (동사나 형용사, '이다, 아니다'에 붙어) 앞의 내용이 뒤에 오는 내용의 이유나 근거임을 나타낸다. 주로 문어에서 사용한다.

예문

(1) (보건 안내문)

독감은 접촉을 통해 **전파되므로** 외출 후에는 손과 발을 반드시 씻는 등 개인위생을 철저히 지켜야 한다. 특히 어린이나 노인은 면역력이 **약하므로** 예방 접종을 받고 가급적 사람들이 많이 모이는 장소는 피하는 것이 좋다.

(2) (방송 인터뷰)

가: 여름철에는 어떻게 피부 관리를 하는 것이 좋을까요?

나: 여름철에는 자외선으로 피부가 손상될 수 **있으므로** 자외선 차단제를 꼭 발라 주어야 합니다.

가: 여름에는 땀을 많이 **흘리므로** 수분 보충도 중요할 것 같은데요.

나: 네, 맞습니다. 제철 채소나 과일을 먹으면 수분뿐만 아니라 비타민도 함께 보충할 수 있을 겁니다.

돼지는 먹이를 가리지 않고 **먹으므로** 농산 부산물이나 채소 찌꺼기 등을 이용하여 기를 수 있다.

상업 방송은 시청률에 따라 광고 수입이 **결정되므로** 시청자의 반응에 민감할 수밖에 없다.

아이들은 어른들의 행동을 그대로 **따라하므로** 어른들은 아이들에게 모범을 보여야 한다.

감자는 햇빛을 받으면 초록색으로 **변하므로** 그늘에 보관해야 한다.

오늘은 황사가 **심하므로** 노약자 및 어린이는 외출을 삼가는 것이 좋겠습니다.

전문 지식이 부족한 일반인이 창업할 경우 성공 확률이 **높지 않으므로** 전문가의 조언이 필요하다.

인간은 사회적 **동물이므로** 사회를 떠나서는 인간답게 살 수 없다.

앞으로 관광에 대한 수요가 더욱 늘어날 **것이므로** 적극적인 관광 상품 개발이 필요하다.

내일부터 장마에 접어들게 **되겠으므로** 전국적으로 비가 오겠습니다.

법을 **위반하였으므로** 처벌을 받는 것이 당연하다.

+ '-으므로'는 동사나 형용사, '이다, 아니다' 뒤에 붙어 뒤 절의 행위나 상태의 이유, 근거를 나타낼 때 사용하는 연결어미이다. 앞 절에 이유나 근거가 나타나며 뒤 절에는 그로 인한 결과나 결론이 나타난다. '개인위생을 철저히 해야 한다.'는 주장의 이유나 근거로 '독감은 접촉을 통해 전파됨'을, '어린이나 노인이 예방 접종을 받고 사람들이 모이는 장소는 피하는 것이 좋다.'는 의견의 근거로 '면역력이 약함'을 나타낸다.

형태 정보

① 동사 및 형용사 어간 끝음절에 받침이 있으면 '-으므로'를 쓴다.

예) 먹- + -으므로 → 먹으므로　　읽- + -으므로 → 읽으므로
작- + -으므로 → 작으므로　　좋- + -으므로 → 좋으므로
있- + -으므로 → 있으므로　　없- + -으므로 → 없으므로

② 동사 및 형용사 어간 끝음절에 받침이 없거나 'ㄹ' 받침으로 끝나면 '-므로'를 쓴다.

예) 가- + -므로 → 가므로　　주- + -므로 → 주므로
크- + -므로 → 크므로　　예쁘- + -므로 → 예쁘므로
살- + -므로 → 살므로　　만들- + -므로 → 만들므로
멀- + -므로 → 멀므로　　길- + -므로 → 길므로

①	받침 ○	+ -으므로	먹으므로, 읽으므로, 작으므로, 좋으므로, 있으므로, 없으므로
②	받침 ×	+ -므로	가므로, 주므로, 크므로, 예쁘므로,
	ㄹ 받침	+ -므로	살므로, 만들므로, 멀므로, 길므로

③ '이다, 아니다'는 '-므로'를 쓴다.

예) 주말이- + -므로 → 주말이므로　　가족이- + -므로 → 가족이므로
경우이- + -므로 → 경우이므로　　회사이- + -므로 → 회사이므로
아니- + -므로 → 아니므로

④ 불규칙

듣-　예) 그는 매일 라디오를 **들으므로** 오늘도 들었을 것이다.
춥-　예) 겨울에는 밖이 **추우므로** 실내에 머무는 시간이 길다.
붓-　예) 밤에 짠 음식을 먹으면 몸이 **부으므로** 먹지 않는 것이 좋다.
빨갛-　예) 아이의 얼굴이 **빨가므로** 열이 나는지 체온을 재 보았다.

문장 구성 정보

① 주로 격식적 상황이나 문어에서 사용한다. 일상적인 대화보다는 공문서, 연설문, 발표문, 설명문 등과 같이 격식적이고 논리적인 상황에서 주로 사용된다.

예) 주차 금지 구역에 **주차하였으므로** 과태료를 부과합니다.
우리나라는 물 부족 **국가이므로** 물을 아껴 씁시다.
길이 **미끄러우므로** 주의하십시오.

유사 문법

① '-으므로', '-어서1)'

-으므로	-어서1)
· 이유나 근거를 나타낸다. 예) 길이 **미끄러우므로** 조심해야 한다. 길이 **미끄러워서** 조심해야 한다.	
· 문어 혹은 격식적 상황에서 뒤 절에 명령문이나 청유문이 올 수 있다. 예) 교통이 **혼잡하므로** 대중교통을 이용하십시오. (o) 교통이 **혼잡하므로** 대중교통을 이용합시다. (o)	· 뒤 절에 명령문이나 청유문이 올 수 없다. 예) 교통이 **혼잡해서** 대중교통을 이용하십시오. (x) 교통이 **혼잡해서** 대중교통을 이용합시다. (x)
· 과거의 '-었-', 미래·추측의 '-겠-'과 결합한다. 예) 추위가 **풀렸으므로** 야외 활동에 지장이 없었다. (o) 추위가 **풀리겠으므로** 야외 활동에 지장이 없겠습니다. (o)	· 과거의 '-었-', 미래·추측의 '-겠-'과 결합하지 않는다. 예) 추위가 **풀렸어서** 야외 활동에 지장이 없었다. (x) 추위가 **풀리겠어서** 야외 활동에 지장이 없겠습니다. (x)
· 주로 격식적인 상황에서 사용되며 공문서, 발표문 등에서 논리적 판단의 근거를 제시할 때 자주 사용된다. 예) 99.9% 유전자가 **일치하므로** 친자 관계가 성립함. 죄를 깊이 뉘우치고 **있으므로** 형을 감한다.	· 보편적인 결과에 대한 이유를 밝히는 의미가 강하다. 따라서 일반적인 자연의 현상이나 사물의 변화로 발생한 결과를 설명할 때 주로 사용한다. 예) 밥을 많이 **먹어서** 배가 부르다. 비가 많이 **내려서** 홍수가 났다.

② '-으므로', '-으니까1)'

-으므로	-으니까1)
· 이유나 근거를 나타낸다. 예) 길이 **미끄러우므로** 조심해야 한다. 길이 **미끄러우니까** 조심해야 한다.	
· 주로 격식적인 상황에서 사용되며 공문서, 발표문 등의 문어에서 논리적 판단의 근거를 제시할 때 주로 사용된다. 주관적인 행동의 동기, 주장에는 사용하지 않는다. 예) 99.9% 유전자가 **일치하므로** 친자 관계가 성립함. (o) 죄를 깊이 뉘우치고 **있으므로** 형을 감한다. (o)	· 주로 주관적인 행동의 동기, 주장이나 추론의 전제, 명령 따위의 근거를 제시하는 이유를 나타내며 주로 구어에서 사용한다. 예) 배가 **고프니까** 빨리 집에 돌아가요. (o) 집에서 책만 **읽으니까** 친구가 없지. (o)

③ '-으므로', '-기 때문에'

-으므로	-기 때문에
· 이유나 근거를 나타낸다. 예) 길이 **미끄러우므로** 조심해야 한다. 길이 **미끄럽기 때문에** 조심해야 한다.	
· 문어 혹은 격식적 상황에서 뒤 절에 명령문이나 청유문이 올 수 있다. 예) 길이 **미끄러우므로** 조심하십시오. (o) 길이 **미끄러우므로** 조심합시다. (o)	· 뒤 절에 명령문이나 청유문이 올 수 없다. 예) 길이 **미끄럽기 때문에** 조심하십시오. (x) 길이 **미끄럽기 때문에** 조심합시다. (x)

④ '-으므로', '-으니1)'

-으므로	-으니1)
· 앞의 내용이 뒤의 내용에 대한 이유나 원인, 근거임을 나타낸다. 예) 그 사람은 착하게 **살았으므로** 꼭 성공할 것입니다. 그 사람은 착하게 **살았으니** 꼭 성공할 것입니다.	
· 일반적인 대화보다는 주로 격식적인 상황이나 문어에서 사용한다. 예) 성적이 **우수하므로** 이 상장을 수여합니다. 그 친구는 열심히 **노력하므로** 곧 한국어 실력이 좋아질 거라고 생각합니다.	· 문어와 구어에서 두루 쓰인다. 예) (친구에게) 넌 공부를 **잘하니** 상을 받는구나! 그 친구는 열심히 **노력하니** 한국어 실력이 좋아질 것입니다.
· 구어 혹은 비격식적 상황에서 뒤 절에 청유문이나 명령문이 올 수 없다. 예) 많이 **일했으므로** 이제 쉬세요. (x) 비가 **오므로** 택시를 탑시다. (x)	· 뒤 절에 청유문이나 명령문이 올 수 있다. 예) 많이 **일했으니** 이제 쉬세요. (o) 비가 **오니** 택시를 탑시다. (o)

+ '-으니1)'과 '-으므로'는 모두 이유나 원인, 근거를 나타낸다. '-으므로'는 주로 문어나 격식적인 구어에서 사용하나 '-으니1)'은 그러한 제약이 없다. 또한 뒤 절의 제약 면에서도 '-으니1)'이 자유롭다.

⑤ '-으므로', '-더니3)'

-으므로	-더니3)
· 앞의 내용이 뒤의 내용에 대한 이유나 원인, 근거임을 나타낸다.	
· 일반적인 대화보다는 주로 격식적인 상황이나 글에서 많이 사용한다. 예) 성적이 **우수하므로** 이 상장을 수여합니다. 그 친구는 열심히 **노력하므로** 곧 한국어 실력이 좋아질 것이라고 생각합니다.	· 격식적인 상황이나 글보다는 일반적인 대화에서 많이 사용한다. 예) 김 과장님이 결혼을 **하시더니** 일찍 집에 들어가시네요. 동생이 몇 달 동안 저녁을 **굶더니** 살이 많이 빠졌어요.
· 주어의 인칭 제약이 없다. 예) 동생이 날짜 지난 우유를 **먹었으므로** 배탈이 났다. (o) 제가 날짜 지난 우유를 **먹었으므로** 배탈이 났다. (o) 딸이 그 노래를 여러 번 **들었으므로** 가사를 다 외웠다. (o) 제가 그 노래를 여러 번 **들었으므로** 가사를 다 외웠다. (o) 네가 **늦었으므로** 영화를 볼 수 없다. (o)	· 앞 절에 주로 3인칭 주어가 나타난다. 예) 동생이 날짜 지난 우유를 **먹더니** 배탈이 났어요. (o) 제가 날짜 지난 우유를 **먹더니** 배탈이 났어요. (x) 딸이 그 노래를 여러 번 **듣더니** 가사를 다 외웠어요. (o) 제가 그 노래를 여러 번 **듣더니** 가사를 다 외웠어요. (x) 네가 **늦더니** 영화를 볼 수 없다. (x)
· 뒤 절에 미래 시제가 올 수 있다. 예) 영수는 성적이 **우수하므로** 좋은 학교에 입학했습니다. (o) 영수는 성적이 **우수하므로** 좋은 학교에 입학할 겁니다. (o)	· 뒤 절에 미래 시제가 올 수 없다. 예) 영수는 성적이 **우수하더니** 좋은 학교에 입학했습니다. (o) 영수는 성적이 **우수하더니** 좋은 학교에 입학할 겁니다. (x)

⑥ '-으므로', '-었더니3)'

<table>
<tr><th>-으므로</th><th>-었더니3)</th></tr>
<tr><td colspan="2">· 앞의 내용이 뒤의 내용에 대한 이유나 원인, 근거임을 나타낸다.</td></tr>
<tr><td>· 비격식적 구어보다는 주로 격식적 구어나 문어에서 사용한다.
예) 성적이 우수하므로 이 상장을 수여합니다.
그 친구는 열심히 노력하므로 곧 한국어 실력이 좋아질 것이라고 생각합니다.</td><td>· 격식적인 구어나 문어보다는 주로 구어에서 사용한다.
예) 결혼을 했더니 제 시간이 너무 없더라고요.
선크림을 발랐더니 피부가 잘 안 타던데요.</td></tr>
<tr><td>· 주어의 인칭 제약이 없다.
예) (제가) 날짜 지난 우유를 먹었으므로 배탈이 났다. (o)
동생이 날짜 지난 우유를 먹었으므로 배탈이 났다. (o)
(제가) 여러 번 그 노래를 들었으므로 가사를 다 외웠다. (o)
동생이 여러 번 그 노래를 들었으므로 가사를 다 외웠다. (o)
네가 늦었으므로 영화를 볼 수 없다. (o)</td><td>· 앞 절에 주로 1인칭 주어가 나타난다.
예) (제가) 날짜 지난 우유를 먹었더니 배탈이 났어요. (o)
동생이 날짜 지난 우유를 먹었더니 배탈이 났어요. (x)
(제가) 여러 번 그 노래를 들었더니 가사를 다 외웠어요. (o)
동생이 여러 번 그 노래를 들었더니 가사를 다 외웠어요. (x)
네가 늦었더니 영화를 못 봤어. (x)</td></tr>
<tr><td>· 뒤 절에 미래 시제가 올 수 있다.
예) 성적이 올랐으므로 학교에서 상을 주었다. (o)
성적이 올랐으므로 학교에서 상을 주겠다. (o)
성적이 올랐으므로 학교에서 상을 줄 것이다. (o)</td><td>· 뒤 절에 미래 시제가 올 수 없다.
예) 성적이 올랐더니 학교에서 상을 주었다. (o)
성적이 올랐더니 학교에서 상을 주겠다. (x)
성적이 올랐더니 학교에서 상을 줄 것이다. (x)</td></tr>
</table>

이렇게 도입해 보세요

(1) 교사: (상장을 보여 주며) 이 학생은 왜 상장을 받았을까요?
학생: 성적이 우수해요.
교사: 네, 맞아요. 어떻게 알았어요? 상장에 뭐라고 쓰여 있어요?
학생: '위 학생은 성적이 **우수하므로** 이에 상장을 수여함.'
교사: 네, 이 학생은 성적이 우수해서 상장을 받았어요. 이렇게 상장처럼 격식적인 글이나 상황에서 이유를 말할 때 '-으므로'를 사용해요.

(2) 교사: 선생님 아버지는 O형이에요. 선생님 어머니도 O형이에요. 그럼 선생님의 혈액형은 뭘까요?
학생: O형이요.
교사: 어떻게 알았어요?
학생: 선생님 부모님이 모두 O형이에요.
교사: 맞아요. 부모님이 모두 **O형이므로** 저도 O형이에요.

+ '-으므로'는 일상적인 말보다는 글이나 연설, 발표 때 주로 사용되므로 (1)의 경우 실제적인 자료, 상장을 보여 주며 도입을 한다. 학생들이 상장의 내용을 읽으며 '-으므로'의 의미를 파악할 수 있도록 도와준다. 또한 (2)와 같이 '-으므로'는 논리적인 근거를 나타낼 때 자주 사용되므로 논리적인 예시를 통해 도입할 수 있다.

-을래야[-ㄹ래야]

의도를 나타내는 연결어미.

-을래야 (동사에 붙어) 어떤 행위를 하고자 하는 의도가 있음을 나타낸다. 뒤에 의도와는 반대되는 내용이 와서 어떤 의도를 가지고 어떤 행위를 하려고 아무리 노력해도 그렇게 되지 않을 때 사용한다. 주로 구어에서 사용한다.

예문

(1) 가: 민준 씨, 또 커피 드세요? 도대체 하루에 몇 잔이나 마시는 거예요?
나: 보통 4~5잔은 마시는 것 같아요.
가: 너무 많이 마시는 거 아니에요? 건강에 안 좋을 텐데요.
나: 저도 알고는 있는데 중독이 되어서 **끊을래야** 끊을 수가 없어요.

(2) 가: 유진 씨, 명절에 고향에 가세요?
나: 아니요, 저희 가족은 명절에 할아버지를 모시고 통일 전망대에 가요.
가: 거긴 왜요?
나: 우리 할아버지 고향이 평양이거든요. 분단이 되어서 고향에는 **갈래야** 갈 수가 없어요.

여행을 **갈래야** 갈 시간이 있어야 말이죠.

사랑과 재채기는 **숨길래야** 숨길 수 없대요.

그 사람은 하도 거짓말을 잘해서 **믿을래야** 믿을 수 없어요.

어릴 때 살던 집을 찾아갔지만 동네가 너무 많이 변해 집을 **찾을래야** 찾을 수가 없었다.

지하철에 사람이 많아서 **앉을래야** 앉을 자리가 없어요.

그 사고는 **잊을래야** 잊을 수 없는 악몽과도 같아요.

그런 짓을 하다니 도저히 **용서할래야** 할 수가 없어요.

매일 얼굴을 보니까 안 **친해질래야** 안 친해질 수 없었죠.

친구는 예전 모습을 **찾아볼래야** 찾아볼 수 없을 정도로 많이 변했다.

그 영화는 너무 슬퍼서 **울지 않을래야** 울지 않을 수 없어요.

+ '-을래야'는 '-으려고 하다'와 '-어야'가 결합한 '-으려고 해야'의 준말로 말하는 이의 의도를 나타낸다. 뒤에는 주로 그 의도를 실현시킬 수 없는 상황이 와서 결국 그렇게 할 수 없음을 나타낸다. '중독이 되어서 커피를 끊으려고' 노력을 해도 '끊을 수 없음'을, '분단이 되어서 고향에 가려고' 해도 '갈 수 없음'을 나타낼 때 '-을래야'를 사용한다.

형태 정보

① 동사 어간 끝음절에 받침이 있으면 '-을래야'를 쓴다.

예) 먹- + -을래야 → 먹을래야　　입- + -을래야 → 입을래야
앉- + -을래야 → 앉을래야　　읽- + -을래야 → 읽을래야

② 동사 어간 끝음절에 받침이 없거나 'ㄹ' 받침으로 끝나면 '-ㄹ래야'를 쓴다. 단, 'ㄹ' 받침으로 끝날 때는 'ㄹ'이 탈락한다.

예) 가- + -ㄹ래야 → 갈래야　　주- + -ㄹ래야 → 줄래야
보- + -ㄹ래야 → 볼래야　　하- + -ㄹ래야 → 할래야
살- + -ㄹ래야 → 살래야　　만들- + -ㄹ래야 → 만들래야

+ '-을래야'는 어간의 받침 유무에 따라 형태가 달라진다. 특히 'ㄹ' 받침으로 끝나는 경우는 'ㄹ'이 탈락하고 '-ㄹ래야'가 결합함에 주의한다.

①	받침 ○	+ -을래야	먹을래야, 입을래야, 앉을래야, 읽을래야
②	받침 ×	+ -ㄹ래야	갈래야, 줄래야, 볼래야, 할래야
	ㄹ 받침	+ -ㄹ래야(어간 'ㄹ' 탈락)	살래야, 만들래야

③ 불규칙

듣-　예) 목소리가 너무 작아서 **들을래야** 들을 수가 없다.

돕-　예) 당사자가 원치 않으니 **도울래야** 도울 방법이 없다.

짓-　예) 허가가 떨어지지 않으니 공장을 **지을래야** 지을 수가 없다.

문장 구성 정보

① 뒤 절에는 부정 형태의 문형인 '이/가 없다', '-을 수가 없다'가 주로 오며 앞 절의 동사를 반복해서 사용한다.

예) 여권을 어디에 두었는지 잊어버려서 **찾을래야** 찾을 길이 없어요.
살이 너무 쪄서 전에 입던 옷을 **입을래야** 입을 수가 없어요.
우리 집은 아파트라서 강아지를 **키울래야** 키울 수 없어요.
이 핸드폰은 품절되어서 **살래야** 살 수가 없습니다.
말을 잘 해서 **믿지 않을래야** 믿지 않을 수 없어요.

② 부사 '도저히'와 함께 쓰여 어떤 행위를 아무리 하려고 해도 그렇게 되지 않음을 강조하여 나타낸다.

예) 화가 나서 도저히 **참을래야** 참을 수가 없어요.
다음 이야기가 너무 궁금해서 도저히 **기다릴래야** 기다릴 수 없어요.
도저히 **이해할래야** 이해할 수 없는 사람이에요.

제약 정보

① 과거의 '-었-', 미래 · 추측의 '-겠-'과 결합하지 않는다.

예) 시간이 안 맞아서 **만날래야** 만날 수가 없어요. (o)
시간이 안 맞아서 **만났을래야** 만날 수가 없었어요. (x)
시간이 안 맞아서 **만나겠을래야** 만날 수가 없겠어요. (x)

확장

① '-을래야'는 자주 쓰이지만 표준어는 아니다. 표준어는 '-으려야'이며, '-으려야'는 '-으려고 하여야'의 준말이다. 그러나 '-으려고 하여야'는 거의 사용하지 않는다.

예) 그 사람은 도저히 **미워할래야** 미워할 수 없는 사람이다.
= 그 사람은 도저히 **미워하려야** 미워할 수 없는 사람이다.
너무 배가 불러서 더 **먹을래야** 먹을 수가 없다.
= 너무 배가 불러서 더 **먹으려야** 먹을 수가 없다.

② 어떤 것이 서로 밀접한 관계를 가지고 있음을 나타낼 때 관용적으로 '뗄래야 뗄 수 없다'를 사용한다.

예) 육체와 정신은 **뗄래야 뗄 수 없는** 관계에 있다.
김치는 한국인에게 **뗄래야 뗄 수 없는** 먹거리이다.

이렇게 도입해 보세요

(1) 교사: (청국장 사진을 보여 주며) 여러분, 청국장을 알아요?
학생: 네.
교사: 청국장을 좋아해요?
학생: 네. / 아니요.
교사: ('아니요.'라고 대답한 학생에게 묻는다.) 줄리아 씨는 청국장을 왜 싫어해요?
학생: 특이한 냄새가 나서요.
교사: 청국장을 먹으려고 해 봤어요?
학생: 네, 먹으려고 해 봤지만 냄새 때문에 못 먹었어요.
교사: 네. 줄리아 씨는 청국장을 먹으려고 했어요. 그런데 청국장 냄새가 너무 강해서 **먹을래야** 먹을 수 없었어요. '-을래야'는 어떤 일을 하려고 했지만 잘 안 됐을 때 사용해요.

(2) 교사: (출퇴근 시간에 지하철역 사진을 보여 주며) 출퇴근 시간에 지하철을 탄 적이 있어요?
학생: 네, 있어요.
교사: 이 사진처럼 지하철에 사람이 정말 많죠? 바로 탔어요?
학생: 아니요, 사람이 너무 많아서 바로 못 탔어요.
교사: 네. 요스케 씨는 지하철을 타려고 했어요. 그런데 사람이 너무 많아서 **탈래야** 탈 수가 없었어요.

+ '-을래야'를 도입할 때는 말하는 이가 어떤 행동을 하려고 했으나 결국 하지 못하는 상황을 예를 들어 설명하도록 한다.

-자마자{-자}

연달아 일어나는 사건이나 동작을 나타내는 연결어미.

-자마자	(동사에 붙어) 앞 절의 동작이 이루어진 후, 바로 뒤이어 다음 절의 사건이나 동작이 일어남을 나타낼 때 사용한다.

예문

(1) 가: 요즘 날씨가 너무 덥죠?
나: 네, 전 집에 **들어가자마자** 에어컨부터 켜요.
가: 정말 요즘에는 에어컨 없이는 못 살 것 같아요.
나: 그러게요.

(2) 가: 첫눈에 반한 적이 있어요?
나: **만나자마자** 사랑에 빠진다는 것은 영화에만 있는 거 아니에요?
가: 그렇지만은 않은 것 같아요. 제 친구는 첫눈에 반해서 한 달 만에 결혼한걸요.
나: 와, 대단하네요.

빌린 돈은 월급을 **받자마자** 갚을게요.

지하철을 **타자마자** 문이 닫혔어요.

도둑이 경찰을 **보자마자** 도망을 갔어요.

집에 **오자마자** 손발을 깨끗이 씻으세요.

우리 **졸업하자마자** 결혼하자.

어머니의 목소리를 **듣자마자** 눈물이 왈칵 쏟아졌어요.

로미오와 줄리엣은 처음 **만나자마자** 사랑에 빠졌어요.

학생들은 수업이 **끝나자마자** 매점으로 달려갑니다.

신제품이 **나오자마자** 불티나게 팔려 나갔다.

동생이 집에 **도착하자마자** 화장실로 들어갔어요.

+ '-자마자'는 어떤 일이 바로 연이어 일어날 때 사용하는 연결어미이다. '집에 들어가자마자 에어컨부터 켜요.'는 집에 들어가서 바로 에어컨을 켠다는 의미이다. '만나자마자 사랑에 빠진다.'는 (누군가를) 만나고 바로 사랑에 빠진다는 뜻이다.

형태 정보

① 동사 어간 끝음절의 받침 유무에 관계없이 '-자마자'를 쓴다.

예) 먹- + -자마자 → 먹자마자
돕- + -자마자 → 돕자마자
타- + -자마자 → 타자마자
마시- + -자마자 → 마시자마자
읽- + -자마자 → 읽자마자
만들- + -자마자 → 만들자마자
보- + -자마자 → 보자마자
도착하- + -자마자 → 도착하자마자

①	받침 ○	+ -자마자	먹자마자, 읽자마자, 돕자마자, 만들자마자
	받침 ×	+ -자마자	타자마자, 보자마자, 마시자마자, 도착하자마자

문장 구성 정보

① 앞 절과 뒤 절의 행위에 시간의 차이가 거의 없이 일어남을 강조하기 위해 흔히 '곧', '바로'와 같은 부사와 함께 사용된다.

예) 침대에 **눕자마자** 곧 잠이 들었어요.
합격 소식을 **듣자마자** 바로 부모님께 전화했어요.

② '-자마자'로 연결되는 문장의 앞 절에는 부정 표현이 올 수 없다.

예) 철수가 **오자마자** 영희가 갔습니다.(o)
철수가 **안 오자마자** 영희가 갔습니다. (x)
철수가 **오지 않자마자** 영희가 갔습니다. (x)
여자는 그 사실을 **알자마자** 눈물을 흘렸다. (o)
여자는 그 사실을 **모르자마자** 눈물을 흘렸다. (x)

+ 앞 절의 동작이 이루어지고 나서 곧이어 뒤 절의 동작이 이루어지거나 상황이 일어나는 것이므로 앞 절에는 이루어지지 않은 동작이나 상황이 올 수 없다.

제약 정보

① 형용사와 결합하지 않는다.

예) 날씨가 **춥자마자** 코트를 입었어요. (x)
예쁘자마자 남자 친구가 생겼어요. (x)

+ 형용사 뒤에 '-어지다'가 결합하여 동사가 되면 '-자마자'가 결합할 수 있다.

예) 날씨가 **추워지자마자** 코트를 입었어요. (o)
예뻐지자마자 남자 친구가 생겼어요. (o)

② 앞 절과 뒤 절의 주어가 같아도 되고 달라도 된다.

예) 저는 **출근하자마자** (저는) 커피를 한 잔 마셔요. (o)
아들이 식탁에 **앉자마자** 어머니는 음식을 내왔다. (o)
총소리가 **나자마자** 사람들이 흩어지기 시작했다. (o)

③ 과거 '-었-', 미래 · 추측의 '-겠-'과 결합하지 않는다.

예) 전화를 **받자마자** 밖으로 나갔어요. (o)
전화를 **받았자마자** 밖으로 나갔어요. (x)
오늘은 일이 **끝나자마자** 집에 가야 해요. (o)
오늘은 일이 **끝나겠자마자** 집에 가야 해요. (x)

유사 문법

① '-자마자', '자'

<table>
<tr><th>-자마자</th><th>-자</th></tr>
<tr><td colspan="2">· 연달아 일어나는 사건이나 동작을 나타낸다.
예) 선생님이 교실에 들어오자마자 학생들이 제자리에 앉았다.
선생님이 교실에 들어오자 학생들이 제자리에 앉았다.</td></tr>
<tr><td>· 뒤 절에 명령문이나 청유문이 올 수 있다.
예) 회의가 끝나자마자 연락하세요. (o)
회의가 끝나자마자 밥 먹으러 가자. (o)</td><td>· 뒤 절에 명령문이나 청유문이 올 수 없다.
예) 회의가 끝나자 연락하세요. (x)
회의가 끝나자 밥 먹으러 가자. (x)</td></tr>
<tr><td>· 앞 절의 주어와 뒤 절의 주어가 같아도 되고 달라도 된다.
예) 나는 집에 가자마자 (나는) 손을 씻었다. (o)
내가 집에 도착하자마자 강아지가 달려 나왔다. (o)</td><td>· 앞 절의 주어와 뒤 절의 주어가 달라야 한다.
예) 나는 집에 가자 (나는) 손을 씻었다. (x)
내가 집에 도착하자 강아지가 달려 나왔다. (o)</td></tr>
</table>

② '-자마자', '-는 대로2)'

<table>
<tr><th>-자마자</th><th>-는 대로2)</th></tr>
<tr><td colspan="2">· 앞 절의 동작이 이루어지고 곧 다음 절의 동작이 일어남을 나타낸다.
예) 도착하자마자 연락드리겠습니다.
도착하는 대로 연락드리겠습니다.</td></tr>
<tr><td>· 앞뒤의 상황이 우연적인 경우에도 사용할 수 있다.
예) 집을 나서자마자 비가 왔다. (o)
수업이 끝나자마자 전화벨이 울렸다. (o)</td><td>· 앞뒤의 상황이 우연적인 경우에 사용할 수 없다.
예) 집을 나서는 대로 비가 왔다. (x)
수업이 끝나는 대로 전화벨이 울렸다. (x)</td></tr>
<tr><td>· 과거 상황에서도 많이 쓰인다.
예) 집에 들어가자마자 잤어요. (o)
밥을 먹자마자 이를 닦았어요. (o)</td><td>· 과거 상황에는 잘 쓰이지 않는다.
예) 집에 들어가는 대로 잤어요. (x)
밥을 먹는 대로 이를 닦았어요. (X)</td></tr>
</table>

이렇게 도입해 보세요

(1) 교사: 여러분 요즘 디지털카메라 많이 사용하죠?
학생: 네.
교사: 예전에는 필름 카메라를 사용했죠. 필름 카메라하고 비교했을 때 디지털카메라의 좋은 점은 뭘까요?
학생: 필름이 필요 없어요. / 편리해요. / …
교사: 맞아요. 여러 가지 좋은 점이 많아요. 그중에서도 디지털카메라는 사진을 찍고 바로 볼 수 있어요. 사진을 **찍자마자** 볼 수 있어요. 앞의 일이 있고 뒤의 일이 곧바로 일어날 때 '-자마자'를 사용해요.

(2) 교사: 밤에 침대에 누운 후에 잠들기까지 시간이 얼마나 걸려요?
학생: 20분요. / 30분요.
교사: 아주 피곤하면요?
학생: 바로 자요.
교사: 맞아요. 너무 피곤하면 침대에 **눕자마자** 잠이 들어요.

+ '-자마자'는 앞 절의 동작이나 작용이 끝나고 시간의 간격이 거의 없이 바로 뒤 절의 동작이나 작용이 이어지는 것임을 강조하여 알려 준다.

전성어미

-던

동사 등을 **관형사형**으로 바꾸어 명사를 수식하게 하며, 과거 상황을 **회상함**을 나타내거나 과거의 상황이 **완료되지 않았음**을 나타내는 전성어미.

-던 (동사나 형용사, '이다, 아니다'에 붙어) 여러 번 또는 한동안 계속된 과거의 사건이나 행위, 상태를 다시 떠올림을 나타내거나 과거의 사건, 행위, 상태가 완료되지 않고 중단되었음을 나타낸다. '-던' 앞에 오는 말과 결합하여 뒤에 오는 명사를 수식하는 관형어를 만드는 데 사용한다.

예문

(1) 오늘 낮 12시 30분경 부산의 한 사거리에서 정 모 씨(53)가 **몰던** 직행버스가 신호 대기 중**이던** 또 다른 버스와 택시를 잇따라 들이받아 안에 타고 **있던** 오 모 씨(22) 등 승객 27명이 부상을 입어 인근 병원에서 치료를 받았다.

(2) 가: 인사동에 오니까 난생 처음 보는 물건들이 많네요.
나: 인사동에는 골동품이나 오래된 책, 그림 등 진귀한 물건들이 많아요. 그래서 한국인들뿐만 아니라 관광객들도 많이 찾는 곳이에요.
가: 그런데 저건 뭐예요? 먹는 거예요?
나: 네. 그건 '달고나'라고 하는데 군것질거리가 많지 **않던** 시절에 아이들이 즐겨 **먹던** 거예요.

재미있게 **보던** 드라마가 끝나서 아쉬워요.

어제 **읽던** 책을 어디에 뒀는지 안 보이네요.

제가 **살던** 곳은 하루에 버스가 두 대밖에 오지 않는 시골이었어요.

예전에는 언니가 **입던** 옷을 물려받아 입어서 새 옷이 별로 없었어요.

어렸을 때부터 **기르던** 개가 죽어서 너무 슬퍼요.

다른 사람들이 **쓰던** 물건은 찝찝해서 중고는 안 사요.

그렇게 **얌전하던** 아이가 코미디언이 되다니 깜짝 놀랐어요.

앞에 **가던** 차가 갑자기 급브레이크를 밟아서 사고가 날 뻔했어요.

산업 발달로 인해 **깨끗하던** 강이 오염됐습니다.

대학 졸업 후에 아버지께서 **하시던** 사업을 이어받았습니다.

+ '-던'은 뒤에 오는 명사를 수식하게 하는 전성어미로, 여러 번 또는 한동안 계속된 과거의 사건이나 행위, 상태를 다시 떠올리는 의미를 나타내거나 과거의 사건, 행위, 상태가 완료되지 않고 중단되었다는 미완의 의미를 나타낸다. '어제 읽던 책'은 어제 책을 읽고 있었으나 아직 다 읽지 못하고 읽기가 중단되었음을 나타낸다. '제가 살던 곳'은 과거에 한동안 살았으나 지금은 살지 않는 곳을 다시 떠올리며 이야기할 때 사용한다.

형태 정보

① 동사 및 형용사 어간 끝음절의 받침 유무에 관계없이 '-던'을 쓴다.

예) 먹- + -던 → 먹던
입- + -던 → 입던
좋- + -던 → 좋던
가- + -던 → 가던
만나- + -던 → 만나던
예쁘- + -던 → 예쁘던
듣- + -던 → 듣던
살- + -던 → 살던
싫- + -던 → 싫던
보- + -던 → 보던
말하- + -던 → 말하던
날씬하- + -던 → 날씬하던

①	받침 ○	+ -던	먹던, 듣던, 입던, 살던, 좋던, 싫던
	받침 ×	+ -던	가던, 보던, 만나던, 말하던, 예쁘던, 날씬하던

② '이다, 아니다'는 '-던'을 쓴다.

예) 학생이- + -던 → 학생이던
의사이- + -던 → 의사이던
장난이 아니- + -던 → 장난이 아니던
중심이- + -던 → 중심이던
예의이- + -던 → 예의이던

문장 구성 정보

① 완료를 나타내는 어미 '-었-'과 함께 '-었던'으로 사용한다. 과거에 일어난 일이나 상태가 현재에는 지속되지 않고 단절되었음을 나타낸다.

예) 어제저녁에 **먹었던** 음식 이름이 뭐지요?
지난 시간에 **배웠던** 단어인데 뜻이 생각이 안 나요.
학교 다닐 때는 **조용했던** 영수가 연예인이 되다니 깜짝 놀랐어요.
몇 년 전까지만 해도 대학생**이었던** 수지가 벌써 한 아이의 엄마가 되었어요.

+ '-던'은 과거에 시작해서 아직 끝나지 않은 일, 혹은 과거에 자주 한 일에 쓰이는 데 반해, '-었던'은 과거에 시작해서 이미 과거에 끝났고 현재와는 단절된 경우에 쓰인다.

예) 어제 **먹던** 찌개를 오늘 또 먹었어요. → 어제 먹다가 남은 찌개를 오늘 또 먹었음을 뜻한다.
어제 **먹었던** 찌개를 오늘 또 먹었어요. → 어제 찌개를 먹었고, 오늘도 그것과 같은 새 찌개를 먹었음을 뜻한다.

유사 문법

① '-던', '-은'

-던	-은
· 명사를 수식하며 과거의 사실을 이야기한다.	
· 과거에 완료되지 않은 행위를 나타낸다. 예) 어제 **읽던** 책을 어디에 놓았는지 모르겠어요. 그는 다른 사람이 **먹던** 걸 아무렇지도 않게 먹어요. (o)	· 과거에 완료된 행위를 나타낸다. 예) 어제 **읽은** 책을 어디에 놓았는지 모르겠어요. 그는 다른 사람이 **먹은** 걸 아무렇지도 않게 먹어요. (x)
· 과거에 반복적으로 일어난 일에는 사용하지만 한 번만 일어난 일에는 사용하지 않는다. 예) 이곳은 제가 예전에 자주 **가던** 카페예요. 이곳은 제가 **결혼하던** 곳이에요. (x)	· 과거에 반복적으로 일어난 일에도 사용을 하고 한 번만 일어난 일에도 사용한다. 예) 이곳은 제가 예전에 자주 **간** 카페예요. 이곳은 제가 **결혼한** 곳이에요.

+ '어제 읽던 책'은 아직 다 읽지 않았다는 미완의 의미가 들어있으나 '어제 읽은 책'은 어제 다 읽었다는 의미가 들어 있다. '-던'에는 미완의 의미가 담겨 있으므로 '그는 다른 사람들이 먹던 걸 아무렇지도 않게 먹어요.'는 성립이 가능하다. 다른 사람이 먹다가 다 먹지 않았으므로 그 남은 음식을 아무렇지도 않게 먹는다는 것이다. 그러나 '-은'은 과거에 완료된 행위를 나타내므로 '그는 다른 사람이 먹은 걸 아무렇지도 않게 먹어요.'는 성립할 수 없다. 다른 사람이 먹어서 이미 없으므로 그가 먹을 것이 남아 있지 않기 때문이다.

+ '-던'은 과거에 완료되지 않은 행위나 과거에 반복적으로 일어난 일에 사용하므로 '제가 결혼하던 곳'은 '결혼을 하다가 끝내지 못한 곳'이나 '결혼을 여러 번 한 곳'이라는 의미가 된다.

이렇게 도입해 보세요

(1) 교사: (교사가 마시던 물을 보여 주며) 이게 뭐예요?
학생: 물이에요.
교사: 누가 이 물을 마시고 있어요?
학생: 선생님요.
교사: 선생님이 이 물을 다 마셨어요?
학생: 아니요. 아직 다 안 마셨어요.
교사: 네. 이것은 선생님이 **마시던** 물이에요. 뒤에 오는 명사에 대해 설명을 하는데, 과거에 시작했지만 아직 끝나지 않았다는 것을 말할 때 '-던'을 사용해요.

(2) 교사: (1960년대 강남의 사진을 보여 주며) 여러분, 여기가 어디인지 알겠어요?
학생: 몰라요.
교사: 여기는 1960년대 강남이에요. 어때요?
학생: 시골 같아요. / 지금의 강남이랑 너무 달라요.
교사: 네, 옛날에 강남은 논과 밭뿐이었어요. 그런데 70년대부터 개발을 해서 지금과 같은 모습이 되었어요. 논과 밭뿐**이던** 강남이 몰라보게 달라졌어요. 뒤에 오는 명사에 대해 설명을 하는데 과거에 여러 번 또는 한동안 계속되었던 것을 떠올리며 이야기할 때 '-던'을 사용해요.

종결어미

-거든(-거든요)

앞의 내용에 대한 **이유나 사실** 등을 **당연한 듯이** 말함을 나타내는 종결어미.

-거든 (동사나 형용사, '이다, 아니다'에 붙어) 어떤 이유나 사실을 당연한 듯이 말할 때에 사용한다. 주로 구어에서 사용하며, 듣는 사람은 말하는 내용을 잘 모를 것이라고 생각할 때 쓰인다.

예문

(1) 가: 어제 왜 늦게 들어왔니?
나: 엄마, 죄송해요. 앤디 씨가 아파서 병원에 같이 갔어요.
가: 그래? 어디가 아픈데?
나: 배가 아파서요. 앤디 씨는 매운 것을 먹으면 배가 **아프거든요**. 그래서 김치도 떡볶이도 잘 못 먹어요.

(2) 가: 미도리 씨, 오늘 많이 피곤해 보여요.
나: 어제 리포트 쓰느라 늦게 **잤거든요**.
가: 그래요? 공부를 정말 열심히 하시는군요.
나: 아니에요. 요즘 공부를 거의 못 했어요. 매일 아르바이트를 **했거든요**.

왕밍 씨가 왜 기분이 좋으냐면 지금 중국 음식을 **먹거든요**.

왜 커피를 안 마시느냐면 커피만 마시면 잠을 못 **자거든요**.

선희가 내일 왜 못 오느냐면 시험을 **치거든**.

현우는 인기가 많아. 친구들의 고민을 잘 **들어 주거든**.

꾸엉은 오늘 학교에 못 와. 어제 병원에 **입원했거든**.

우산을 왜 들고 왔느냐면 오늘 오후부터 비가 온다고 **했거든**.

어제 왜 집에 일찍 갔느냐 하면 머리가 많이 **아팠거든**.

왜 교복을 입느냐 하면 난 아직 학생**이거든**.

줄리아 씨는 영어를 못해요. 미국 사람이 **아니거든요**.

샤오밍 씨는 요즘 밥을 안 먹어요. 다이어트를 하고 **있거든요**.

+ '-거든'은 앞의 내용에 대한 이유나 사실을 당연한 듯이 말할 때에 대체로 사용한다. '매일 아르바이트를 한다'는 원인과 '요즘 공부를 거의 못 한다'는 결과가 있을 경우, 앞 문장에서 결과를 제시하면 뒤 문장에서 '-거든'을 사용하여 원인을 제시한다.

형태 정보

① 동사 및 형용사 어간 끝음절의 받침 유무에 관계없이 '-거든'을 쓴다.

예) 잡- + -거든 → 잡거든　　듣- + -거든 → 듣거든
멀- + -거든 → 멀거든　　놀- + -거든 → 놀거든
달리- + -거든 → 달리거든　　공부하- + -거든 → 공부하거든
착하- + -거든 → 착하거든　　예쁘- + -거든 → 예쁘거든

①	받침 ○	+ -거든	잡거든, 듣거든, 멀거든, 놀거든
	받침 ×	+ -거든	달리거든, 공부하거든, 착하거든, 예쁘거든

② '이다, 아니다'는 '-거든'을 쓴다. 단, '이다' 앞의 명사에 받침이 없으면 주로 '명사+-거든'이라고 쓴다.

예) 학생이- + -거든 → 학생이거든　　책이- + -거든 → 책이거든
과자이- + -거든 → 과자이거든/과자거든　　아니- + -거든 → 아니거든

문장 구성 정보

① 앞 절에 '왜 ~ -느냐면(느냐고 하면, 느냐 하면)'이 자주 쓰인다.

예) 왕밍 씨가 왜 기분이 좋으냐면 지금 중국 음식을 **먹거든요**.
왜 커피를 안 마시느냐면 커피만 마시면 잠을 못 **자거든**.
선희가 내일 왜 못 오느냐면 시험을 **치거든**.

② '-거든'은 구어적 상황에서 친구나 아랫사람에게 사용하며, 듣는 사람이 나이가 많거나 지위가 높을 때는 보조사 '요'를 덧붙여 '-거든요'로 쓴다.

예) 우산을 왜 들고 왔느냐면 오늘 오후부터 비가 온다고 **했거든요**.
어제 왜 집에 일찍 갔느냐 하면 머리가 많이 **아팠거든요**.

제약

① 회상 '-더-'와 결합할 수 없다.

예) 선희가 어제 한국에 **도착하더거든요**. (x)
조금 전에 학교에서 **출발하더거든**. (x)

② 미래 · 추측 '-겠-'은 '-거든'과 결합할 수 없다.

예) 내일 아침에 **지각하겠거든**. (x)
오늘 오후에 일찍 학교에 **가겠거든**. (x)

확장

① 어떤 사실이나 현상을 먼저 제시한 후, 뒤에 이야기가 지속됨을 나타낸다.

예) 어제 가방을 새로 **샀거든**. 근데 동생이 똑같은 가방을 사서 온 거야.
꾸엉 씨가 내년에 한국으로 갈 거**거든요**. 그래서 한국어를 열심히 공부해요.
경복궁은 한국에서 유명한 곳**이거든요**. 그래서 내일은 경복궁에 갈 거예요.
쑤완 씨가 어릴 때에는 **뚱뚱했거든요**. 그런데 지금은 아주 날씬해요.

② '-거든'과 '-거들랑'은 의미와 기능이 유사하여 교체가 가능하다. 다만, '-거들랑'은 더 구어적이며 여성이 많이 사용하고 '-거든'보다 사용 빈도가 낮다.

예) (1) 가: 어제 왜 그렇게 늦었어?
나: 미안해. 친구가 아파서 병원에 같이 **갔거들랑**.
(2) 가: 경주를 어떻게 잘 알아?
나: 작년에 경주에 여행을 **갔거들랑**.
(3) 가: 김치를 왜 못 먹어요?
나: 매운 것을 먹으면 배가 **아프거들랑요**.

이렇게 도입해 보세요

(1) 교사: (아이스크림을 많이 먹고 배가 아파서 우는 아이의 그림을 보여 주면서) 이 아이는 왜 울고 있어요?
학생: 배가 아파서요.
교사: 왜 배가 아파요?
학생: 아이스크림을 많이 먹어서요.
교사: 맞아요. 이때 '아이스크림을 많이 **먹었거든요**.'라고도 말할 수 있어요. '-거든'은 어떤 행동의 이유를 당연하다는 듯이 말할 때에 사용해요.

(2) 교사: (교사가 여러 번 하품을 하는 행동을 한다.) 오늘 오후는 많이 졸리네요.
학생: 선생님, 피곤하세요?
교사: 네, 조금 피곤해요. 어제 새벽까지 연구를 **했거든요**. 지금처럼 피곤한 이유를 설명할 때에 '-거든'을 사용할 수 있어요.

+ '-거든'을 도입하기 위해 원인의 문장과 결과의 문장을 각각 준비한다. 결과의 문장을 먼저 만든 후에 원인의 문장을 만들 때에 '-거든'을 사용할 수 있음을 가르친다. 예를 들어, '아이스크림을 많이 먹다.', '배가 아프다.'의 문장을 준비한 다음 '배가 아파요. 아이스크림을 많이 먹었거든요.'처럼 '-거든'을 활용하여 문장을 완성할 수 있음을 제시한다.

-게{-게요}

1) 상대방의 **의도를 묻거나** 2) 물은 **근거를 제시함**을 나타내는 종결어미.

-게1) (동사에 붙어) 말하는 사람이 듣는 사람의 의도를 물을 때에 사용한다. '-으려고'와 비슷한 의미를 지닌다. 주로 구어에서 사용한다.

예문

(1) 가: 누나 뭐 해요?
나: 반죽 만들고 있어.
가: 그걸로 뭐 **하게요**?
나: 부침개 만들려고.

(2) 가: 영수야, 이번 방학에 뭐 해?
나: 아직 계획을 못 잡았어.
가: 나랑 같이 갈래?
나: 어딜 **가게**?
가: 제주도에 자전거 여행 가려고.

다이어트를 한다더니 치킨을 **먹게**?
어떻게 고향에 **가게**?
벌써 집에 **오게**?
남은 음식을 다 **버리게요**?
10시도 안 되었는데 벌써 **자게**?
할 일이 이렇게도 많은데 **놀게요**?
좀 전에 빵을 샀는데 또 과자를 **사게**?
나무로 뭐 **하게요**?
시험이 끝났는데도 **공부하게**?
이제부터 매일 **운동하게요**?

+ '그걸로 뭐 하게요?'는 '그것으로 무엇을 하려고 합니까?'의 비격식적인 표현이다. 이처럼 '-게1)'은 비격식적 상황에서 듣는 사람의 의도를 묻고자 할 때에 사용한다.

형태 정보

① 동사 어간 끝음절의 받침 유무에 관계없이 '-게'를 쓴다.

예) 씻- + -게 → 씻게　　앉- + -게 → 앉게　　먹- + -게 → 먹게
보- + -게 → 보게　　가- + -게 → 가게　　사- + -게 → 사게

①	받침 ○	+ -게	씻게, 앉게, 먹게
	받침 ×	+ -게	보게, 가게, 사게

문장 구성 정보

① 부정문은 부정 부사 '안'을 주로 사용한다.

예) 내일까지는 다이어트 안 **하게**? (o)　　내일까지는 다이어트 하지 **않게**? (x)
12시가 넘었는데 안 **자게요**? (o)　　12시가 넘었는데 자지 **않게요**? (x)

② '-게'는 구어적 상황에서 친구나 아랫사람에게 사용하며, 듣는 사람이 윗사람이거나 높여야 할 사람인 경우에는 해요체의 '-게요'를 쓴다.

예) 또 치킨을 **먹게요**?
내일이 시험인데 **놀게요**?
고향에 **가게요**?

제약 정보

① '-게'는 형용사와 결합할 수 없다.

예) 운동을 싫어하더니 이제는 **운동하게**? (o)
자주 청소하니 집이 **깨끗하게**? (x)
동생은 어린이지만 키가 **크게**? (x)

② '-게'는 상대방의 의도를 물으므로 1인칭과 3인칭 주어와는 결합하지 못한다.

예) 난 오늘부터 매일 **운동하게**? (x)
너는 오늘부터 매일 **운동하게**? (o)
그/그녀는 오늘부터 매일 **운동하게**? (x)

③ '-게'는 과거 '-었-', 미래 · 추측의 '-겠-', 현재 '-는'과 결합하지 않는다.

예) 버스로 고향에 **갔게**? (x)
버스로 고향에 **가겠게**? (x)
버스로 고향에 **가는게**? (x)

확장

① '-게'는 한번 짐작해서 답해 볼 것을 권할 때에도 쓸 수 있다.

예) 내가 어느 나라에서 **왔게**?
그 친구의 별명이 **뭐게요**?

+ 이 경우에는 과거 '-었-'과 결합할 수 있다.

유사 문법

① '-게1)', '-으려고' (종결)

-게1)	-으려고 (종결)
· 의도를 물을 때 사용한다. 예) 지금 명동에 **가게**? 지금 명동에 **가려고**?	
· 뒤에 '하다'가 결합하지 않는다. 예) 지금 명동에 **가게 해요**? (x) 지금 명동에 **가게 해요**. (x) 오늘부터 휴가를 **가게 합니까**? (x)	· 뒤에 '하다'를 결합하여 사용할 수 있다. 예) 지금 명동에 **가려고 해요**? (o) 지금 명동에 **가려고 해요**. (o) 오늘부터 휴가를 **가려고 합니까**? (o)

+ 의도를 묻는 '-게1)'에는 '하다'가 결합되지 않지만, 의도를 묻는 '-으려고'에는 '하다'가 결합된다. 그 결과 '-으려고'는 의문형뿐 아니라 평서형에서도 사용이 가능하고, '-게'가 해체와 해요체로만 사용되는 데 반해, '-으려고'는 '하다'의 결합으로 '-으려고 합니까'처럼 합니다체로도 사용이 가능하다.

이렇게 도입해 보세요

(1) 교사: (칠판에 '주말의 계획'을 적은 뒤에) 마이클 씨, 주말에 뭐 할 거예요?

학생: 주말에는 친구들과 야외로 놀러 가려고 해요.

교사: 주말에 소풍을 가려고요? 주말에 소풍을 **가게요**?

학생: 네, 주말에 날씨가 좋다고 해요.

교사: 주말에 할 일을 물어보려고 할 때 '-게'를 쓸 수 있어요. '주말에 소풍을 **가게요?**', '집에서 **공부하게요**?'처럼 말할 수 있어요.

(2) 교사: (독서에 관한 이야기를 하면서) 쑤완 씨, 읽고 싶은 책이 있어요?

학생: 예, 한국 소설을 읽고 싶어요.

교사: 어떤 소설을 읽어 보려고요? 어떤 소설을 읽어 **보게요**? '-게'는 다른 사람의 생각을 물을 때 쓸 수 있어요. 어떤 소설을 읽어 **보게요?**(동일한 질문을 한 번 더 반복한다.)

학생: 쉽고 짧은 소설부터 읽고 싶어요.

교사: 황순원의 '소나기'라는 단편소설이 있어요. 읽어 보시겠어요?

학생: 예, 혹시 수업 마치고 연구실로 가면 잠깐 그 책을 볼 수 있을까요?

교사: 오늘부터 읽어 **보게요?**

학생: 예, 오늘은 수업이 끝나서요.

+ '-게1)'은 학생의 의도를 확인하거나 물을 수 있는 대화를 유도하여 사용한다. '-으려고 (하다)'를 학습한 뒤에 '하게'를 학습하면 좀 더 쉽게 이해할 수 있다. '주말에 소풍을 가려고요?'를 말한 다음, '주말에 소풍을 가게요?'로 바꾸어 다시 말하며 '-게'가 '-으려고'와 비슷한 의미임을 이해하도록 한다.

-게2) (동사나 형용사, '이다, 아니다'에 붙어) 말하는 사람이 듣는 사람에게 어떤 사건이나 상황을 추정하여 물은 뒤에 그 추정의 근거를 스스로 제시할 때에 사용한다. 주로 구어에서 사용한다.

예문

(1) 가: 영수 씨, 지금 어디예요?
나: 학교예요.
가: 무슨 일이에요? 아직까지 학교에 **있게요**.
나: 내일 오전에 시험이 있어요.

(2) 가: 지금 나갈 거니?
나: 응.
가: 근데 무슨 날이니? 화장을 다 **하게**.
나: 오늘 남자 친구와 첫 데이트해.

지금 먹을 게 없나 봐요? 만두를 **먹게**.

너 제정신이니? 이렇게 늦게까지 안 **들어오게**.

오늘 바쁜가 봐요? 아침 일찍 **나오게요**.

영희가 바지가 없나 봐요? 치마를 **입게요**.

어디 좋은 데 가시나 봐요? 곱게 **차려입으셨게**.

무슨 일 있어요? 오늘 따라 표정이 **어두우시게**.

내가 어떻게 이걸 만들어? 그러면 내가 건축가**이게**.

제가 왜 교복을 입어요? 제가 학생**이게요**.

주사를 못 놓는다고? 그러면 간호사가 **아니게**.

성적이 올랐나 봐? 웃고 **있게**.

+ '-게2)'는 말하는 사람이 어떤 상황이나 사건을 추정하여 질문한 뒤 그 추정의 근거를 스스로 제시할 때에 사용한다. '무슨 일이에요? 아직까지 학교에 있게요.'는 '아직까지 학교에 있으므로 특별한 일이 있을 것이다'의 의미를 지니며, '무슨 날이니? 화장을 하게.'는 '화장을 하는 것을 보니 특별한 날일 것이다'의 의미를 지닌다.

형태 정보

① 동사 및 형용사 어간 끝음절의 받침 유무에 관계없이 '-게'를 쓴다.

예) 먹- + -게 → 먹게　　듣- + -게 → 듣게　　작- + -게 → 작게
　　많- + -게 → 많게　　보- + -게 → 보게　　크- + -게 → 크게

①	받침 ○	+ -게	먹게, 듣게, 작게, 많게
	받침 ×	+ -게	보게, 크게

② '이다, 아니다'는 '-게'를 쓴다. 단, '이다' 앞의 명사에 받침이 없으면 주로 '명사+-게'라고 쓴다.

예) 책상이- + -게 → 책상이게　　의사이- + -게 → 의사이게/의사게
　　학교이- + -게 → 학교이게/학교게　　아니- + -게 → 아니게

문장 구성 정보

① 앞 문장은 의문문이며, 추측을 나타내는 '-은가 봐(요)', '-나 봐(요)'와 같은 표현과 자주 쓴다.

예) 무슨 고민이 있는가 봐요? 표정이 **어두우시게**.
　　지금 먹을 게 없나 봐요? 만두를 **먹게**.

② 부정문은 부사 '안'을 쓰는 것이 더 자연스럽다.

예) 오늘 바쁜가 봐요? 아침 일찍 안 **나오게요**. (o)
　　오늘 바쁜가 봐요? 아침 일찍 나오지 **않게요**. (x)
　　오늘 언니가 바쁜가 봐요? 아침 일찍 안 **나오게요**. (o)
　　오늘 언니가 바쁜가 봐요? 아침 일찍 나오지 **않게요**. (o)
　　성적이 안 올랐어? 혼자서 안 **웃게**. (o)
　　성적이 안 올랐어? 혼자서 웃지 **않게**. (x)
　　영희가 성적이 안 올랐어? 혼자서 안 **웃게**. (o)
　　영희가 성적이 안 올랐어? 혼자서 웃지 **않게**. (o)

+ 부정문은 문장의 주어가 생략되어 있으면 부사 '안'이 적절하지만, 3인칭 주어가 나타나면 부사 '안'과 부정 표현 '-지 않다'를 모두 사용할 수 있다.

③ '-게2)'는 구어적 상황에서 친구나 아랫사람에게 사용하며, 듣는 사람이 윗사람이거나 높여야 하는 사람일 경우에는 해요체의 '-게요'로 쓴다.

예) 어떻게 이걸 만들어요? 이걸 만들면 제가 요리사**게요**.
　　감기가 다 나으셨나 봐요. 운동을 하러 **나오셨게**.

제약 정보

① '-게2)'는 1인칭 주어와 결합하지 못한다.

예) 성적이 올랐나 봐? 내가 혼자서 **웃게**. (x)
성적이 올랐나 봐? 네가 혼자서 **웃게**. (o)
성적이 올랐나 봐? 동생이 혼자서 **웃게**. (o)

② '-게'는 현재 '-는-', 미래 · 추측 '-겠-'과 결합하지 못하고, 과거 '-었-'과 높임 '-시-'와는 결합한다.

예) 지금 먹을 게 없나 봐요? 만두를 **먹는게**. (x)
내일 먹을 게 없어요? 만두를 **먹겠게**. (x)
어제 먹을 게 없나 봐요? 만두를 **먹었게**. (o)
무슨 일 있어요? 표정이 **어두우시게**. (o)

확장

① '-게'는 어떤 사건이나 상태가 아님을 강하게 표현하는 수사의문문에서 쓸 수 있다.

예) 그걸 내가 알면 천재**게**?
제가 한국어를 열심히 공부했으면 4급 시험에 **합격했게요**?

+ 이 경우에는 과거 '-었-'과 결합할 수 있다.

이렇게 도입해 보세요

(1) 교사: (한국 음식을 소개한 뒤에) 흐엉 씨, 한국 음식은 맵지 않아요?
학생: 별로 안 매워요. 맛있어요.
교사: 베트남에도 매운 음식이 있나 봐요? 매운 음식을 잘 **먹게요**.
학생: 네, 있어요.
교사: 좀 전에 '베트남에도 매운 음식이 있나 봐요? 매운 음식을 잘 **먹게요**.' 라고 물었어요. 이때 '-게'는 어떤 사실을 추측하여 질문한 뒤, 그 사실의 근거를 말할 때 써요.

(2) 교사: (늦잠을 자는 그림, 일찍 일어난 그림을 보여 주면서) 이 친구는 매일 늦잠을 잤어요. 그런데 오늘 아침에 일찍 일어났어요. 이 친구는 왜 일찍 일어났을까요?
학생1: 시험이 있어요.
학생2: 여행을 가요.
교사: 아마 시험이 있거나 여행을 갈 거예요. '시험이 있어요? 일찍 일어나게요.', '여행을 가나 봐? 일찍 **일어나게**.'처럼 쓸 수 있어요. 이처럼 추측한 사실의 근거를 말할 때에 '-게'를 쓸 수 있어요.

+ '-게2)'의 경우, 교사는 원인과 결과에 해당하는 두 문장을 우선 작성한다. 원인에 해당하는 문장을 만들고, 결과에 해당하는 문장에 '-게2)'를 사용한다. '베트남에 매운 음식이 있나 봐요?'처럼 먼저 추정하는 질문을 한 뒤에 '매운 음식을 잘 먹게요.'처럼 추정의 근거를 제시할 때에 '-게2)'를 사용하는 것을 알려 준다.

-고{-고요}

앞의 말에 **이어서 질문함**을 나타내는 종결어미.

-고 (동사나 형용사, '이다, 아니다'에 붙어) 상대방이나 말하는 사람이 한 말에 어떤 내용을 계속 이어 질문함을 나타낸다. 주로 말할 때 사용한다.

예문

(1) 가: 안녕하세요?
나: 그래, 잘 지냈니? 부모님은 **안녕하시고**?

(2) 가: 책하고 공책도 다 넣었어요.
나: 펜은 **넣었고**?

(3) 가: 왕밍, 요즘 어떻게 지내?
나: 응, 잘 지내. 너도 잘 **지내고**?

(4) 가: 새끼 강아지 주셔서 감사해요.
나: 그래, 강아지는 잘 **자라고**?

(5) 가: 할아버지, 저 한국에서 잘 지내고 있어요.
나: 그래, 공부는 **재미있고**?

어서 오거라. 밥은 **먹었고**?

여행 가서 잠은 잘 **잤고**?

결혼 소식 들었어. 결혼 준비는 **잘 되고**?

결혼한 지 3년이 지났는데 아이는 **있고**?

그 영화 재미있었어요? 배우들의 연기도 **좋았고요**?

잘 지내셨어요? 어른들도 별고 **없으시고요**?

줄리아 씨요? 흐엉 씨가 **아니고요**?

미도리 씨의 엄마가 한국 사람이에요? 아버지는 일본 사람**이고요**?

시험 공부를 그렇게 열심히 했는데 시험에는 **합격했고**?

몸이 이렇게 아픈데 학교는 어떻게 **갔고**?

+ '-고'는 말하는 사람 자신이나 상대방이 언급한 내용에서 어떠한 내용을 계속 이어 말하여, 뜻을 덧붙여 질문함을 나타낼 때 사용하는 종결어미이다. '펜은 넣었고?'는 상대방이 책과 공책을 다 넣었다는 사실에 덧붙여 펜을 넣었는지에 대한 사실까지 이어서 질문한 것이다. 말할 때 주로 사용되며 [구]로 발음되기도 한다.

+ 주로 친구 관계나 그 밖에 아주 친한 사이에서, 또는 말하는 사람보다 아랫사람에게 일반적으로 쓴다. 높임 표현으로는 '요'가 결합한 '-고요'의 형태를 사용한다.

형태 정보

① 동사 및 형용사 어간 끝음절의 받침 유무에 관계없이 '-고'를 쓴다.

예) 찾- + -고 → 찾고　　읽- + -고 → 읽고　　놀- + -고 → 놀고
만들- + -고 → 만들고　　밝- + -고 → 밝고　　좁- + -고 → 좁고
가- + -고 → 가고　　다니- + -고 → 다니고　　크- + -고 → 크고
예쁘- + -고 → 예쁘고

①	받침 ○	+ -고	찾고, 읽고, 놀고, 만들고, 밝고, 좁고
	받침 ×	+ -고	가고, 다니고, 크고, 예쁘고

② '이다, 아니다'는 '-고'를 쓴다. 단, '이다' 앞의 명사에 받침이 없으면 주로 '명사+-고'로 쓴다.

예) 학생이- + -고 → 학생이고　　선생님이- + -고 → 선생님이고
가방이- + -고 → 가방이고　　종이이- + -고 → 종이이고/종이고
과자이- + -고 → 과자이고/과자고　　아니- + -고 → 아니고

문장 구성 정보

① '-고'는 말하는 사람보다 아랫사람이거나 친한 친구 사이에서 사용한다. 높임 표현으로는 '요'가 결합한 '-고요'의 형태를 사용한다.

예) 가: 한국어 문법은 너무 어려워요.
나: 문법만 어려워요? 말하기는 **쉽고요**?
가: 말하기도 물론 어려워요. 그렇지만 문법이 특히 어려워요.

확장

① 상대방의 말에 이미 언급되거나 알고 있는 내용에 관해 따져 묻거나 상황을 강조할 때 사용한다.

예) 네가 안 먹으면 이 많은 음식은 다 어떻게 **하고**?
이 돈을 다 쓰시면 저는 **어떡하고요**?
아르바이트가 새벽에 끝나는데 잠은 언제 **자고**?

+ '-고'는 상대방이 언급한 내용을 전제로 확인하거나 따져 묻고, 강조할 때 사용한다. 정보를 얻기 위한 질문이 아닌 수사의문문을 만들 때 사용되는 것이다. '이 많은 음식은 다 어떻게 하고?'는 음식을 어떻게 할 것인지에 대한 의견을 묻는 것이 아니라 음식을 어찌할 수 없으니 다 먹기를 강조하는 것이다. '이 돈을 다 쓰시면 저는 어떡하고요?' 역시 어떤 의견이나 정보를 구하는 것이 아니라 앞서 언급된 상황에 대해 따져 묻는 것이다.

+ 이때에는 질문 형식이지만 수사의문문으로 쓰였기 때문에 끝을 올리지 않아도 된다.

이렇게 도입해 보세요

(1) 교사: 여러분, 미도리 씨가 무엇을 잘해요?
학생: 노래를 잘해요.
교사: 미도리 씨가 노래를 잘해요? 또?
학생: 춤도 잘 춰요.
교사: 미도리 씨가 노래를 잘해요? 춤도 잘 춰요? 춤도 잘 **추고요**? 또 요리도 잘해요? 요리도 **잘하고요**?

(2) 교사: (여러 나라 사람이 그려진 그림을 보여 주며) 이 사람은 한국 사람이에요?
학생: 네, 한국 사람이에요.
교사: 그럼 이 사람은 프랑스 사람**이고요**?
학생: 네, 프랑스 사람이에요.
교사: 그럼 이 사람은 중국 사람**이고요**?
학생: 네, 중국 사람이에요.
교사: (그림을 동시에 보여 주며) 여러분, 이 사람은 한국 사람이에요? 이 사람은 프랑스 사람**이고요**? 이 사람은 중국 사람**이고요**?

+ '-고'를 도입할 때는 먼저 어떠한 질문을 먼저 하고 그 다음에 어떤 내용을 덧붙이는 것을 보여 준다. 학생들에게 앞에서 제시한 질문에 무언가 덧붙이거나 이어서 말할 때 '-고'를 사용한다고 알려 준다. '+' 기호를 사용해 앞의 내용과 덧붙이는 내용을 제시해 학생들의 이해를 도울 수 있다.

-나요

윗사람인 상대방에게 **질문**함을 나타내는 종결어미.

-나요 (동사나 형용사에 붙어) 격식을 차리지 않아도 되는 환경이거나 친한 사이에서 윗사람인 상대방에게 질문할 때에 사용한다. 주로 구어에서 사용한다.

예문

(1) 가: 요즘 아침에 무엇을 **먹나요**?
나: 요즘은 빵을 먹어요.

(2) 가: 어디에 **사나요**?
나: 방화동에 삽니다.

(3) 가: 그 방이 **좁나요**?
나: 네, 많이 좁아요.

(4) 가: 거기에는 사람이 얼마나 **많나요**?
나: 100명쯤 있는 것 같아요.

(5) 가: 공책이 **있나요**?
나: 네, 있어요.

오늘은 점심을 어디서 **먹나요**?
왕밍 씨는 기숙사에서 **사나요**?
이 문제를 어떻게 **생각하시나요**?
무슨 일이 **생겼나요**?
방은 **깨끗하나요**?
휴식 시간은 **없나요**?

누가 책을 **읽나요**?
내일 어디서 **모이나요**?
도둑을 누가 **잡았나요**?
모임이 끝나면 집에 가도 **되나요**?
질문 **있나요**?

+ '-나요'는 의문형 어미 '-나'에 높임의 보조사 '요'가 결합하여 형성된 종결어미이다. 부드럽고 친절한 느낌을 준다.

형태 정보

① 동사 및 형용사 어간 끝음절의 받침 유무에 관계없이 '-나요'를 쓴다.

예) 먹- + -나요 → 먹나요　　읽- + -나요 → 읽나요
좋- + -나요 → 좋나요　　좁- + -나요 → 좁나요
있- + -나요 → 있나요　　춥- + -나요 → 춥나요
가- + -나요 → 가나요　　자- + -나요 → 자나요
공부하- + -나요 → 공부하나요　　바쁘- + -나요 → 바쁘나요

② 동사 및 형용사 어간 끝음절이 'ㄹ' 받침으로 끝나면 'ㄹ'이 탈락하고 '-나요'를 쓴다.

예) 놀- + -나요 → 노나요　　만들- + -나요 → 만드나요
울- + -나요 → 우나요　　길- + -나요 → 기나요

①	받침 ○	+ -나요	먹나요, 읽나요, 좋나요, 좁나요, 있나요, 춥나요
	받침 ×	+ -나요	가나요, 자나요, 공부하나요, 바쁘나요
②	ㄹ 받침	+ -나요(어간 'ㄹ' 탈락)	노나요, 만드나요, 우나요, 기나요

+ '이다, 아니다'는 '-나요'를 쓰지 않고 '-ㄴ가요'를 쓴다. 단, '이다' 앞의 명사에 받침이 없으면 '이-'를 생략하고 '-ㄴ가요'의 'ㄴ'이 앞 모음과 결합할 수 있다.

예) 학생이- + -나요 → 학생이나요 (x)　　학생이- + -ㄴ가요 → 학생인가요 (o)
책이- + -나요 → 책이나요 (x)　　책이- + -ㄴ가요 → 책인가요 (o)
학교이- + -나요 → 학교이나요/학교나요 (x)　　학교이- + -ㄴ가요 → 학교인가요/학굔가요 (o)
아니- + -나요 → 아니나요 (x)　　아니- + -ㄴ가요 → 아닌가요 (o)

제약 정보

① '이다, 아니다'는 '-나요'가 결합되지 않지만, 과거 '-었-'과 결합할 때에는 '-었나요'로 사용한다.

예) 영수가 학생**이나요**? (x)
영수가 학생**이었나요**? (o)
영수가 학생이 **아니나요**? (x)
영수가 학생이 **아니었나요**? (o)

② '이다, 아니다'는 미래 · 추측 '-겠-'과는 결합하지 않는다.

예) 영수가 학생**이겠나요**? (x)
영수가 학생이 **아니겠나요**? (x)

③ 형용사 어간이 모음으로 끝날 경우에는 '-나요'의 결합이 부자연스럽다.

예) 그 건물이 **크나요**? (??)
그 친구가 **똑똑하나요**? (??)

④ 회상 '-더-'와 결합하지 않는다. 이때에는 '-ㄴ가요'를 쓴다.

예) 비가 **오더나요**? (x)	비가 **오던가요**? (o)
집이 **춥더나요**? (x)	집이 **춥던가요**? (o)
영수가 학생**이더나요**? (x)	영수가 학생**이던가요**? (o)
영수가 학생이 **아니더나요**? (x)	영수가 학생이 **아니던가요**? (o)

유사 문법

① **'-나요', '-어2)'**

-나요	-어2)
· 어떤 상황이나 사실을 질문하는 종결어미이다.	
· 격식을 차리지 않아도 될 만큼 가깝거나 친한 사이에서 사용하는 비격식체이다. 예) 롯데월드는 몇 시에 문을 **여나요**? 롯데월드는 몇 시에 문을 **열어요**?	
· '-나요'는 비격식체이며 부드럽다는 느낌을 준다. 예) 오늘 어디에서 **모이나요**?	· '-어요'도 비격식체이고 부드러운 느낌을 주지만 그 정도가 '-나요'보다는 덜하다. 예) 오늘 어디에서 **모여요**?
· '이다, 아니다'와 결합하지 못한다. 예) 아들이 벌써 대학생**이나요**? (x) 아들이 대학생이 **아니나요**? (x)	· '이다, 아니다'와 결합할 수 있다. 예) 아들이 벌써 대학생**이어요**/대학생**이에요**? (o) 아들이 대학생이 **아니어요**/**아니에요**? (o)
· '이다, 아니다'가 과거 '-겠-'과 결합하지 못한다. 예) 아들이 대학생**이겠나요**? (x) 아들이 대학생이 **아니겠나요**? (x)	· '이다, 아니다'가 과거 '-겠-'과 결합할 수 있다. 예) 아들이 대학생**이겠어요**? (o) 아들이 대학생이 **아니겠어요**? (o)

+ '-나요'와 '-어요'는 격식을 차리지 않아도 되는 환경이나 관계에서 듣는 사람을 높일 때에 사용한다. 의미적으로는 '-나요'가 좀 더 여성적이고 부드러운 의미를 지닌다는 차이가 있고, 통사적으로는 '이다, 아니다'와의 결합에 제약을 보인다는 차이가 있다.

이렇게 도입해 보세요

(1) 교사: (칠판에 동사 카드를 붙여 놓은 후, 걸어가는 행동을 보이면서) 동생이 학교에?

학생: 가요.

교사: '가다'를 이용해서 물어보세요.

학생: 동생이 학교에 가요?

교사: 잘했어요. 이때 좀 더 부드럽게 말하고 싶어요. 그러면 '-나요'를 사용해요. '동생이 학교에 **가나요**?'라고 말해요.

(2) 교사: 저는 여름방학 때 미국에 가요. (교실 안의 학생을 가리킨다.) 흐엉 씨는 여름방학 때 어디에 가요? 어디에 **가나요**?

학생: 저는 캄보디아에 가요.

교사: 언제 가요? 언제 **가나요**?

학생: 시험이 끝나면 가요.

교사: '가나요'가 좀 더 부드럽고 구어적인 표현이에요.

+ (1)처럼 '-나요'를 도입할 때 동사 카드를 활용하거나 (2)처럼 학생 개개인의 국적, 교실 내의 물건을 물어보는 상황을 연출하여 도입을 한다. '-어요?'와 병행하여 시작한 뒤 '-나요?'와의 차이를 설명하는 것도 하나의 방법이다.

-는구나[-구나]

새롭게 알게 된 사실에 대해 주목함을 나타내는 종결어미.

-는구나 (동사나 형용사, '이다, 아니다'에 붙어) 말하는 사람이 새로운 사실을 보거나 들은 것을 주목할 때에 사용한다. 말하는 사람이 혼자 말하거나 아랫사람이나 친한 친구에게 말할 때 사용하며, 흔히 감탄의 뜻을 갖는다.

예문

(1) 가: 샤오밍 씨는 매운 음식을 잘 먹어요?
나: 잘 먹지는 못하지만 좋아해요.
가: 김치찌개도 좋아해요?
나: 네, 맵지만 좋아해요.
가: 샤오밍 씨는 한국 음식을 정말 **좋아하는구나**.

(2) 가: 영수는 부산 사투리를 정말 잘해.
나: 영수 고향이 부산이 아니니?
가: 아니, 서울이야.
나: 서울 사람이지만 부산 사투리를 **잘하는구나**.

미도리 씨가 떡볶이를 잘 **먹는구나**.
미셸이 피아노를 잘 **치는구나**.
영수가 어릴 때 **귀여웠구나**.
기숙사 방이 **크구나**.
앤디 아버지는 의사**시구나**.

영수가 고기를 잘 **잡는구나**.
네 동생은 그림을 잘 **그리는구나**.
이 강의실은 다른 곳보다 **춥구나**.
동생이 아직 학생**이구나**.
분티안 씨는 베트남 사람이 **아니었구나**.

+ '샤오밍 씨가 한국 음식을 좋아하는구나.'는 말하는 사람이 샤오밍 씨가 한국 음식을 좋아한다는 새로운 사실을 알고 감탄할 때에 사용한다. '-는구나'는 감탄의 의미를 지닐 때에 사용하는 것이 일반적이다.

형태 정보

① 동사 어간 끝음절의 받침 유무에 관계없이 어간 뒤에 '-는구나'를 쓴다. 단, 어간이 'ㄹ' 받침으로 끝날 때는 'ㄹ'이 탈락한다.

예) 먹- + -는구나 → 먹는구나
보- + -는구나 → 보는구나
팔- + -는구나 → 파는구나
듣- + -는구나 → 듣는구나
가- + -는구나 → 가는구나
만들- + -는구나 → 만드는구나

+ 동사 뒤에 '-었-, -겠-'이 결합할 때는 '-구나'를 쓴다.

예) 먹- + -었-/-겠- + -구나 → 먹었구나/먹겠구나
찾- + -았-/-겠- + -구나 → 찾았구나/찾겠구나
만들- + -었-/-겠- + -구나 → 만들었구나/만들겠구나
보- + -았-/-겠- + -구나 → 보았구나/보겠구나
팔- + -았-/-겠- + -구나 → 팔았구나/팔겠구나

② 형용사 어간 끝음절의 받침 유무에 관계없이 어간 뒤에 '-구나'를 쓴다.

예) 작- + -구나 → 작구나
춥- + -구나 → 춥구나
바쁘- + -구나 → 바쁘구나
많- + -구나 → 많구나
크- + -구나 → 크구나
예쁘- + -구나 → 예쁘구나

①	동사	받침 ○, ×	+ -는구나	먹는구나, 듣는구나, 찾는구나, 보는구나, 가는구나
		ㄹ 받침	+ -는구나 (어간 'ㄹ' 탈락)	파는구나, 만드는구나
②	형용사	받침 ○, ×	+ -구나	작구나, 많구나, 춥구나, 크구나, 바쁘구나, 예쁘구나

③ '이다, 아니다'도 '-구나'를 쓴다. 단, '이다' 앞의 명사에 받침이 없으면 주로 '명사+-구나'로 쓴다.

예) 학생이- + -구나 → 학생이구나
책상이- + -구나 → 책상이구나
사과이- + -구나 → 사과이구나/사과구나
선생님이- + -구나 → 선생님이구나
의사이- + -구나 → 의사이구나/의사구나
아니- + -구나 → 아니구나

문장 구성 정보

① 정도를 나타내는 부사 '정말, 잘, 매우' 등과 자주 결합한다.

예) 미도리 씨가 과자를 정말 **먹는구나.**
동생이 고기를 잘 **잡는구나.**
옷이 매우 **예쁘구나.**

② '-는구나'는 아랫사람이나 친구에게 말하거나 혼잣말에 사용된다. 듣는 사람이 나보다 나이가 많거나 지위가 높을 때는 '-는구나'의 줄임말인 '-는군' 뒤에 보조사 '요'를 결합한 '-는군요'를 사용한다.

예) 동생이 공부를 **잘하는군요.**
영희가 피아노를 잘 **치는군요.**

③ 새롭게 알게 된 사실이 과거의 일이면 '-었구나'를, 미래의 일이거나 추측한 일이면 '-겠구나'를 사용한다. 과거의 일을 추측하는 경우 '-었겠구나'를 사용한다.

예) 오늘은 수업이 늦게 **끝났구나.**
수지가 어릴 때는 운동을 **좋아했었구나.**
내일은 휴일이니 수업이 **없겠구나.**
방학이라 학교에 학생들이 많지 **않겠구나.**
일요일이라 백화점에 사람이 **많았겠구나.**

제약 정보

① 주어가 2인칭 또는 3인칭일 때 주로 사용한다. '-는구나'는 새롭게 알게 된 사실을 나타내기 때문에 1인칭 주어를 쓸 수 없다.

예) <u>나는</u> 주말에 친구를 **만나는구나.** (x)
<u>왕밍 씨가</u> 주말에 친구를 **만나는구나.** (o)
<u>내가</u> 요즘 할 일이 **많구나.** (x)
<u>철수가</u> 요즘 할 일이 **많구나.** (o)

+ 다만, 주어가 1인칭이더라도 자신을 객관화하여 말할 때에는 '-는구나'를 쓸 수 있다.

예) 이번 시험에서 <u>내가</u> 1등을 **했구나.** (o) (1등인지 모르다가 1등인지를 새롭게 알게 된 경우)
<u>내가</u> 참 **어리석구나.** (o) (자신의 어리석음을 새롭게 깨달은 경우)

확장

① '-는구나'는 해라체에서 사용되고 '-는군'은 해체에서 사용된다. '-는군'에는 '요'를 붙여 듣는 사람을 높일 수 있다.

예) 오늘은 수업이 늦게 **끝나는구나**. (해라체)
오늘은 수업이 늦게 **끝나는군**. (해체)
오늘은 수업이 늦게 **끝나는군요**. (해요체)
너는 운동을 **좋아하는구나**. (해라체)
너는 운동을 **좋아하는군**. (해체)

② 말하는 사람이 새롭게 알게 된 사실에 대하여 상대에게 확인하려고 물을 때 사용한다.

예) 너도 이 수업 **듣는구나**?
진로 때문에 고민이 **많구나**?
김 선생님도 커피를 **좋아하시는구나**?

유사 문법

① '-는구나', '-네'

-는구나	-네
· 새롭게 알게 된 사실에 대하여 감탄함을 나타낸다.	
· 말하는 사람이 직접 경험하거나, 말하는 내용의 근거가 분명한 사실, 다른 사람에게서 들어 알게 된 사실, 추론한 사실에 대해 감탄하며 말할 때 모두 사용할 수 있다. 예) 이 약이 무척 **쓰구나.** 예) (약을 먹지 않고) 이 약이 무척 **쓰구나.** (o) 예) (미도리 씨의 빈자리를 보고) 미도리 씨가 집에 **갔구나.** 예) 가: 이 과일은 반쯤 익어야 **맛있구나.** 나: (먹지 않고) 이 과일은 반쯤 익어야 **맛있구나.** (o) 예) 가: 어제 선생님께서 계속 찾으셨어요. 나: **그랬구나.** (o) 예) 가: 어제 철수 씨가 계속 전화했어요. 나: 급한 일이 **있었구나.** (o)	· 말하는 사람의 직접적인 경험을 통하여 알게 된 사실, 말하는 내용의 근거가 분명한 사실에 대해 감탄하며 말할 때만 사용할 수 있다. 예) 이 약이 무척 **쓰네요.** 예) (먹지 않고) 이 약이 무척 **쓰네요.** (x) 예) (미도리 씨의 빈자리를 보고) 미도리 씨가 집에 **갔네요.** 예) 가: 이 과일은 반쯤 익어야 **맛있네요.** 나: (먹지 않고) 이 과일은 반쯤 익어야 **맛있네요.** (x) 예) 가: 어제 선생님께서 계속 찾으셨어요. 나: **그랬네요.** (x) 예) 가: 어제 철수 씨가 계속 전화했어요. 나: 급한 일이 **있었네요.** (x)
· 말하는 사람이 현재와 과거에 인식하게 된 어떤 사실에 대해 감탄하며 말할 때 사용한다. 예) 강아지가 집을 잘 **지키는구나.** (o) 강아지가 집을 잘 **지켰구나.** (o) 강아지가 집을 잘 **지켰더구나.** (o)	· 말하는 사람이 현재 인식하게 된 어떤 사실에 대해 감탄하며 말할 때 사용한다. 그러므로 과거 경험에 대한 과거의 인식을 나타내는 '-더-'와 함께 쓸 수 없다. 예) 강아지가 집을 잘 **지키네요.** (o) 강아지가 집을 잘 **지켰네요.** (o) 강아지가 집을 잘 **지켰더네요.** (x)
· 이유나 원인을 나타내는 연결어미 '-니까', '-어서'와 함께 쓸 수 있다. 예) 가: 철수 씨는 편식이 심해서 야채를 안 먹어요. 나: 그렇게 음식을 가려 먹으니까 키가 안 **크는구나.** (o) 그렇게 음식을 가려 먹어서 키가 안 **크는구나.** (o)	· 이유나 원인을 나타내는 연결어미 '-니까', '-어서'와 함께 쓰지 않는다. 예) 가: 철수 씨는 편식이 심해서 야채를 안 먹어요. 나: 그렇게 음식을 가려 먹으니까 키가 안 **크네요.** (x) 그렇게 음식을 가려 먹어서 키가 안 **크네요.** (x)
· 존대의 뜻을 나타내는 조사 '요'와 결합하여 사용할 수 없다. 예) 가을 날씨가 참 **좋구나.** (o) 가을 날씨가 참 **좋구나요.** (x)	· 존대의 뜻을 나타내는 조사 '요'와 결합하여 사용할 수 있다. 예) 가을 날씨가 참 **좋네.** (o) 가을 날씨가 참 **좋네요.** (o)

+ 말하는 사람이 직접 보지 않았으나 말하는 내용의 근거가 분명한 경우에도 '-네'와 '-는구나'를 사용할 수 있다. 이때 '-네'는 '-는구나'보다 확실성이 더 강하다. 예를 들어 말하는 사람이 친구의 얼굴을 보고 친구에게 좋지 않은 일이 있다는 것을 추론하는 경우에 "너 무슨 일 있네."는 "너 무슨 일 있구나." 보다 강한 추측을 나타낸다.

예) 가: (친구의 어두운 표정을 보고) 너 무슨 일 **있구나.**
나: 아냐, 아무 일 없어.
가: 무슨 일 **있네.** 말해. 무슨 일이야?

이렇게 도입해 보세요

(1) 교사: 누가 한국어를 제일 잘해요?
학생: 아키라 씨요.
교사: 누가 가장 열심히 공부하는 것 같아요?
학생: 아키라 씨요.
교사: **그렇군요**. 만약 제가 이 사실을 처음 알게 되었으면 '아키라 씨가 한국어를 제일 **잘하는구나**.', '아키라 씨가 공부를 가장 열심히 **하는구나**.'라고 말할 수 있어요. 새로운 사실을 알게 되어 이를 다른 사람에게 말하거나 아니면 알게 된 사실을 혼잣말을 할 때 '-는구나'를 써요.

(2) 교사: (한국어 시험에 떨어진 앤디를 현우가 위로해 주는 그림을 보여 주며) 앤디 씨가 한국어 시험에 합격했어요?
학생: 아뇨. 시험에 떨어졌어요.
교사: 앤디 씨에게는 한국어가 어려울까요? 쉬울까요?
학생: 어려워요.
교사: 앤디 씨는 이번 일을 통해 한국어가 어려운 언어라는 것을 처음 알았어요. 이때 앤디 씨는 '한국어가 정말 **어렵구나**.'라고 말할 수 있어요.

+ '-는구나'는 새롭게 알게 된 사실을 말할 때 사용한다. 새롭게 알게 되거나 깨달은 사실을 학생들에게서 이끌어 내고 이를 '-는구나'를 이용하여 문장을 만들어 제시한다. 동사 뒤에는 '-는구나', 형용사 뒤에는 '-구나'가 결합됨을 은연중에 보여 주고, '-는구나, -구나'가 감탄의 뜻을 동반하며, 혼잣말에도 사용됨을 알려 준다.

-는다[-ㄴ다, -다]

주로 **현재의 사실을 서술함**을 나타내는 종결어미.

-는다 (동사나 형용사, '이다, 아니다'에 붙어) 현재의 사실을 서술할 때 사용하며 문장을 끝맺는 역할을 한다. 신문, 서적 등 객관적인 글에 사용하며, 구어적 상황에서는 듣는 사람이 말하는 사람보다 아랫사람이거나 친한 친구 사이에 사용한다.

예문

(1) (고등학교 선생님이 졸업하는 학생들에게)
너희들은 이제 성인**이다**. 자신의 말과 행동에 책임을 지기 **바란다**. 그리고 시간도 정확하게 지켜야 **한다**. 그렇지 않으면 다른 사람에게 신뢰를 얻지 **못한다**.

(2) 가: 할아버지, 지금 어디 가세요?
나: 심심해서 친구들 만나러 **간다**.
가: 저도 지금 외출하려고 하는데, 태워 드릴까요?
나: 좋지.
가: 어디에서 만나기로 하셨어요?
나: 서울역에서 만나기로 했다. **고맙다**.

학생들이 도서관에서 책을 **찾는다**.
아버지는 닭고기를 제일 **좋아한다**.
시험공부 때문에 잠을 못 자서 머리가 **아프다**.
여름방학 동안 유럽을 여행할 **계획이다**.
꾸엉 씨는 중국 사람이 **아니다**.

이모는 시장에서 물건을 사면 값을 잘 **깎는다**.
어제 청소를 해서 오늘은 집이 매우 **깨끗하다**.
이번 주는 날씨가 계속 **흐리다**.
이태원으로 가는 지하철은 4호선**이다**.
지리산은 한국에서 제일 높은 산이 **아니다**.

+ '-는다/ㄴ다'는 격식체 '-습니다/ㅂ니다'의 낮춤말로서 신문이나 객관적인 글에 주로 사용되며, 구어적 상황에서는 듣는 사람이 말하는 사람보다 아랫사람이거나 친한 친구 사이에 사용할 수 있다.

+ '-는다'는 현재의 사실을 나타내지만 동사에 국한되며, 형용사나 '이다, 아니다'의 경우는 '-다'와 결합한다.

형태 정보

① 동사 어간 끝음절에 받침이 있으면 '-는다'를 쓴다.

예) 먹- + -는다 → 먹는다 읽- + -는다 → 읽는다
참- + -는다 → 참는다 잡- + -는다 → 잡는다
웃- + -는다 → 웃는다 신- + -는다 → 신는다

② 동사 어간 끝음절에 받침이 없거나 'ㄹ' 받침으로 끝나면 '-ㄴ다'를 쓴다. 단, 어간이 'ㄹ' 받침으로 끝날 때는 'ㄹ'이 탈락한다.

예) 가- + -ㄴ다 → 간다 오- + -ㄴ다 → 온다
공부하- + -ㄴ다 → 공부한다 기다리- + -ㄴ다 → 기다린다
놀- + -ㄴ다 → 논다 만들- + -ㄴ다 → 만든다

+ '-는다/ㄴ다'는 어간의 받침 유무에 따라 형태가 달라지며, 특히 'ㄹ' 받침으로 끝나는 경우는 'ㄹ'이 탈락하고 '-ㄴ다'가 결합한다.

①	받침 ○	+ -는다	먹는다, 읽는다, 참는다, 잡는다, 웃는다, 신는다
②	받침 ×	+ -ㄴ다	간다, 온다, 공부한다, 기다린다
	ㄹ 받침	+ -ㄴ다(어간 'ㄹ' 탈락)	논다, 만든다

③ 형용사는 어간 끝음절의 받침 유무에 관계없이 '-다'를 쓴다.

예) 깊- + -다 → 깊다 굵- + -다 → 굵다
예쁘- + -다 → 예쁘다 착하- + -다 → 착하다
둥글- + -다 → 둥글다 따뜻하- + -다 → 따뜻하다

④ '이다, 아니다'도 '-다'를 쓴다. 단, '이다' 앞의 명사에 받침이 없으면 주로 '명사+-다'로 쓴다.

예) 학생이- + -다 → 학생이다 학교이- + -다 → 학교이다/학교다
의사이- + -다 → 의사이다/의사다 아니- + -다 → 아니다

문장 구성 정보

① '-는다'는 듣는 사람이 나이가 많거나 지위가 높을 때는 '-습니다'로 쓴다.

예) 누나가 미국에 유학을 **갑니다**.
유명한 교수가 한국에서 발표를 **합니다**.

② 과거의 사실을 서술할 때는 '-었다'를, 미래 또는 추측한 사실이면 '-겠다'를 사용한다. 과거의 일을 추측하는 경우 '-었겠다'를 사용한다.

예) 오늘은 수업이 늦게 **끝났다**.
수지가 어릴 때는 운동을 **좋아했다**.
내일은 휴일이니 수업이 **없겠다**.
방학이라 학교에 학생들이 많지 **않겠다**.
일요일이라 백화점에 사람이 **많았겠다**.

확장

① 이미 확정된 계획이나 의지, 확실한 미래를 나타낸다.

예) 다음 주에 한국어 시험을 **친다**.
언니는 두 달 후에 결혼을 **한다**.
남동생은 내년에 중학교에 **입학한다**.

이렇게 도입해 보세요

(1) 교사: (신문의 연예인 관련 자료를 보여 주며) 여러분, 한국 가수 ○○○을 알아요?
학생: 네, 다음 주에 중국에서 공연을 해요.
교사: 이것은 ○○○에 대한 신문 기사예요. 읽어 볼까요?
학생: 한국의 유명한 가수가 중국에 **온다**. 그는 중국에서 인기가 매우 높아 이미 표가 매진되었다고 **한다**. 그는 노래도 잘하지만 연기도 **잘한다**.
교사: 신문이나 전공 서적 등에서는 '해요'를 쓰지 않고 '-는다'를 써요.

(2) 교사: 오늘 날씨는 어때요?
학생: 비가 와요.
교사: 리포트를 쓸 때에는 '비가 와요.'처럼 쓸 수 있을까요?
학생: 몰라요.
교사: 리포트를 쓸 때에는 '비가 와요.'가 아니라 '비가 **온다**.'로 써야 해요. '-는다'는 격식에 맞게 사실을 기술할 때 사용해요. 리포트를 쓸 때 '이 연구의 목적은 ~이에요'라고 쓰면 안 돼요. '이 연구의 목적은 ~**이다**'라고 써야 해요. '~입니다'라고도 쓰면 안 돼요.

+ '-는다'는 학습자가 이해할 수 있는 격식적인 글(신문 기사, 전공 서적 등)을 활용하여 그 쓰임을 학습할 수 있다. 동사 뒤에는 '-는다'가 결합하고, 형용사나 '이다, 아니다' 뒤에는 '-다'가 결합하여 쓰임을 자연스럽게 제시한다.

-는다니[-ㄴ다니, -다니, -라니]

뜻밖의 사실에 **놀라서 되묻거나** 감탄할 때 쓰는 종결어미.

-는다니 (동사나 형용사, '이다, 아니다'에 붙어) 뜻밖의 사실을 듣고 이에 놀라서 되묻거나 감탄할 때 사용한다. 듣는 사람이 말하는 사람보다 아랫사람이거나 서로 친한 사이일 때에 사용한다. 주로 구어에서 사용한다.

예문

(1) 가: 요즘 왕밍 씨와 자주 만나니?
나: 네, 어제도 만났어요. 이번 학기에는 학교에 못 온대요.
가: 왕밍 씨가 학교에 못 **온다니**? 무슨 일이 있니?
나: 장학금을 못 받아서 아르바이트를 해야 한대요.

(2) 가: 구두를 새로 샀구나. 정말 예쁘다.
나: 어제 수진이와 같이 백화점에 가서 샀어요.
가: 그렇구나. 수진이는 모자 샀니?
나: 아뇨. 수진이는 아무것도 안 샀어요.
가: 수진이가 모자를 안 **샀다니**! 모자가 꼭 필요하다고 했는데.
나: 마음에 드는 모자가 없대요.

남자가 치마를 **입는다니**?
아버지께서 **편찮으시다니**?
낮인데도 그 방은 왜 그렇게 **캄캄하다니**?
며칠 전에 사라진 강아지를 **찾았다니**?
히로 씨 말이 사실이 **아니라니**?
영수가 약속 시간을 **지키다니**!
이렇게 늦은 시간에 커피를 **마시다니**!
어쩜 걔는 그렇게 **착하다니**?
내일 휴강이라는 게 사실**이라니**?
선생님께서 사고가 난 거**라니**?

+ '-는다니'는 뜻밖의 사실을 듣거나 알게 되어 되묻거나 감탄할 때 사용한다. '왕밍 씨가 학교에 못 온다니?'에서처럼 왕밍 씨가 학교에 못 온다는 말을 상대에게 듣고 놀라 되물을 때 '-는다니'를 사용하고 있다.

+ 동사 어간 뒤에는 '-는다니'가 쓰이고 형용사 어간 뒤에는 '-다니'가 쓰이며 '이다, 아니다'의 어간 뒤에는 '-라니'가 쓰인다. 동사 어간 뒤에서 '-다니'를 사용하면 어떤 사실에 대한 놀람, 감탄, 분개 등의 의미를 나타낸다.

형태 정보

① 동사 어간 끝음절에 받침이 있으면 '-는다니'를 쓴다.

예) 먹- + -는다니 → 먹는다니　　　읽- + -는다니 → 읽는다니
참- + -는다니 → 참는다니　　　잡- + -는다니 → 잡는다니
웃- + -는다니 → 웃는다니　　　신- + -는다니 → 신는다니

② 동사 어간 끝음절에 받침이 없거나 'ㄹ' 받침으로 끝나면 '-ㄴ다니'를 쓴다. 단, 'ㄹ' 받침으로 끝날 때는 'ㄹ'이 탈락한다.

예) 가- + -ㄴ다니 → 간다니　　　오- + -ㄴ다니 → 온다니
공부하- + -ㄴ다니 → 공부한다니　　　기다리- + -ㄴ다니 → 기다린다니
놀- + -ㄴ다니 → 논다니　　　만들- + -ㄴ다니 → 만든다니

+ '-는다니/ㄴ다니'는 어간의 받침 유무에 따라 형태가 달라지며, 특히 'ㄹ' 받침으로 끝나는 경우는 'ㄹ'이 탈락하고 '-ㄴ다니'가 결합한다.

①	받침 ○	+ -는다니	먹는다니, 읽는다니, 참는다니, 잡는다니, 웃는다니, 신는다니
②	받침 ×	+ -ㄴ다니	간다니, 온다니, 공부한다니, 기다린다니
	ㄹ 받침	+ -ㄴ다니(어간 'ㄹ' 탈락)	논다니, 만든다니

③ 형용사 어간 끝음절의 받침 유무에 관계없이 어간 뒤에 '-다니'를 쓴다.

예) 깊- + -다니 → 깊다니　　　굵- + -다니 → 굵다니
예쁘- + -다니 → 예쁘다니　　　착하- + -다니 → 착하다니
둥글- + -다니 → 둥글다니　　　따뜻하- + -다니 → 따뜻하다니

④ '이다'나 '아니다'는 '이-'나 '아니-' 뒤에 '-라니'를 쓴다. 다만, 마지막 음절이 모음으로 끝나는 명사의 경우에는 '-라니'만 실현되고 '이-'는 생략된다.

예) 외국인이- + -라니 → 외국인이라니　　　꽃이- + -라니 → 꽃이라니
학교이- + -라니 → 학교라니　　　아니- + -라니 → 아니라니

문장 구성 정보

① 부정문은 '-지 않는다니', '안 -는다니'로 쓴다. '안 -는다니'는 주로 구어에서 쓴다.

예) 줄리아가 게임을 **하지 않는다니**?
줄리아가 게임을 **안 한다니**?
흐엉이 술을 **마시지 않는다니**?
흐엉이 술을 **안 마신다니**?

② 과거 '-었-', 미래 · 추측의 '-겠-'과 결합하여 '-었다니', '-겠다니'의 형태로 사용된다.

예) 수지 씨가 이틀 동안 잠만 **잤다니**?
여행 기간 내내 비가 **왔다니**?
왕밍 씨가 고향에 돌아가지 않고 한국에서 계속 **살겠다니**?
열심히 아르바이트를 해서 모은 돈을 전부 **기부하겠다니**?

확장

① 주어진 어떤 사실에 대해 의문을 갖고 물을 때 사용한다.

예) 이렇게 지저분한 방을 언제 다 **치운다니**?
형사들은 도망간 범인을 어떻게 **잡는다니**?
먹어 본 적도 없는 음식을 어떻게 **만든다니**?
이렇게 많은 책을 언제 다 **읽는다니**?
이건 어떻게 **읽는다니**?
그걸 쏟으면 언제 다 **줍는다니**?
어디다 두었는지 기억도 못 하는 물건을 어디서 **찾는다니**?

가: 엄마, 제 핸드폰이 어디에 있을까요?
나: 그걸 네가 알아야지. 왜 나한테 **묻는다니**?

② '-는다고 하니'로 교체하면 어색하거나 적절하지 못하다.

예) 가: 선생님께서 **중국에 가신다니**? (o) 이게 무슨 일이야?
나: 나도 오늘 들었어.
가: 선생님께서 **중국에 가신다고 하니**? (x) 이게 무슨 일이야?
나: 나도 오늘 들었어.

+ '선생님께서 중국에 가신다니?'는 사실에 대한 의아함이나 놀라움을 표현한 것이며, 상대방이 다른 사람에게 들은 내용을 묻는 것이 아니다. 그러므로 이런 경우에는 '-는다고 하니'로 교체하면 어색하다.

이렇게 도입해 보세요

(1) 교사: 수지는 공부를 열심히 하지 않아요. 수업 시간에 자주 지각을 해요. 또 졸기도 해요. 수지가 시험을 잘 볼 수 있을까요?

학생: 아니요.

교사: 그런데 수지가 시험을 잘 봐서 장학금을 받게 됐어요. 이 얘기를 들었을 때 어때요?

학생: 믿을 수가 없어요.

교사: 맞아요. 이 사실을 알고 놀랐을 때 다른 친구에게 이렇게 말할 수 있어요. '수지가 그렇게 공부를 안 했는데 장학금을 **받는다니**?' '-는다니'는 뜻밖의 사실을 듣거나 알게 되어 놀랄 때 써요.

(2) (천재라고 불리는 아이의 사진을 보여 주며)

교사: 이 사람 천재예요. 어떨까요?

학생: 한 번 들은 것은 다 기억해요. 계산을 잘해요.

교사: 맞아요. 이런 사람 보면 놀라요. 놀란 것을 표현할 때 이렇게 말할 수 있어요. '한 번 들은 것을 다 **기억한다니**!', '어려운 계산을 이렇게 **잘한다니**!' 자, 수지 씨가 생각보다 음식을 잘해요. 어떻게 말할 수 있어요?

학생: 수지가 음식을 **잘한다니**!

+ '-는다니'는 뜻밖의 사실을 듣거나 알고 이를 되물을 때 사용한다. 그러므로 '-는다니'를 도입할 때는 (1)처럼 뜻밖의 상황을 가정하여 '-는다니'를 제시하는 게 좋다. 의문문뿐 아니라 (2)처럼 감탄문으로도 사용됨을 함께 제시한다.

-는다면서[-ㄴ다면서, -다면서, -라면서] {-는다면서요, -다면서요, -라면서요}

다른 사람에게 **들은 내용**을 **확인**하여 **물음**을 나타내는 종결어미.

-는다면서 (동사나 형용사, '이다, 아니다'에 붙어) 다른 사람에게 들은 내용을 듣는 사람에게 물어서 확인할 때에 사용한다. '-는다면서'는 '-는다며'로 줄여서 사용할 수 있다. 주로 구어에서 사용한다.

예문

(1) 가: 히로 씨, 영희한테 들었는데 내일 일본에 **간다면서요**?
나: 네, 어머니가 갑자기 병원에 입원하셔서요.
가: 많이 편찮으세요?
나: 저도 아직 정확히는 모르겠어요.

(2) 가: 영수가 친구들과 이야기하는 것을 들었는데 영수와 수지가 **사귄다면서**?
나: 나도 좀 전에 들었어.
가: 어쩐지 두 사람이 자주 만나더라.

막내 동생이 라면을 **먹는다면서**?
유명한 연예인이 한국에 **온다면서요**?
집이 학교에서 **멀다면서**?
어머니가 젊었을 때에는 **예뻤다면서요**?
누나가 의사**라면서요**?
누나가 미국에 유학 **간다면서**?
빵을 집에서 **만든다면서요**?
어제 아침에 **지각했다면서요**?
조카가 벌써 고등학생**이라면서**?
여기가 호텔이 **아니라면서요**?

+ '-는다면서'는 다른 사람에게 들은 내용을 듣는 사람에게 물어서 확인할 때에 사용한다. '히로 씨, 내일 일본에 간다면서요?'에서처럼 히로 씨가 내일 일본에 간다는 것을 들었고, 듣는 사람인 히로 씨에게 확인하여 묻고자 할 때에 '-는다면서'를 사용한다.

형태 정보

① 동사 어간 끝음절에 받침이 있으면 '-는다면서'를 쓴다.

예) 먹- + -는다면서 → 먹는다면서　　읽- + -는다면서 → 읽는다면서
참- + -는다면서 → 참는다면서　　잡- + -는다면서 → 잡는다면서
웃- + -는다면서 → 웃는다면서　　신- + -는다면서 → 신는다면서

② 동사 어간 끝음절에 받침이 없거나 'ㄹ' 받침으로 끝나면 '-ㄴ다면서'를 쓴다. 단, 'ㄹ' 받침으로 끝날 때는 'ㄹ'이 탈락한다.

예) 가- + -ㄴ다면서 → 간다면서　　오- + -ㄴ다면서 → 온다면서
공부하- + -ㄴ다면서 → 공부한다면서　　자- + -ㄴ다면서 → 잔다면서
놀- + -ㄴ다면서 → 논다면서　　만들- + -ㄴ다면서 → 만든다면서

+ '-는다면서/ㄴ다면서'는 어간의 받침 유무에 따라 형태가 달라지며, 특히 'ㄹ' 받침으로 끝나는 경우는 'ㄹ'이 탈락하고 '-ㄴ다면서'가 결합한다.

①	받침 ○	+ -는다면서	먹는다면서, 읽는다면서, 참는다면서, 잡는다면서, 웃는다면서, 신는다면서
②	받침 ×	+ -ㄴ다면서	간다면서, 온다면서, 공부한다면서, 잔다면서
	ㄹ 받침	+ -ㄴ다면서(어간 'ㄹ' 탈락)	논다면서, 만든다면서

③ 형용사 어간 끝음절의 받침 유무에 관계없이 어간 뒤에 '-다면서'를 쓴다.

예) 깊- + -다면서 → 깊다면서　　굵- + -다면서 → 굵다면서
예쁘- + -다면서 → 예쁘다면서　　착하- + -다면서 → 착하다면서
둥글- + -다면서 → 둥글다면서　　따뜻하- + -다면서 → 따뜻하다면서

④ '이다'나 '아니다'의 어간 뒤에는 '-라면서'를 쓴다. 단, '이다' 앞의 명사에 받침이 없으면 주로 '명사+-라면서'로 쓴다.

예) 꽃이- + -라면서 → 꽃이라면서　　외국인이- + -라면서 → 외국인이라면서
학교이- + -라면서 → 학교이라면서/학교라면서　　아니- + -라면서 → 아니라면서

문장 구성 정보

① '-는다면서'는 구어적 상황에서 친구나 아랫사람에게 사용하며, 듣는 사람이 나이가 많거나 지위가 높을 때는 보조사 '요'를 덧붙여 '-는다면서요'로 쓴다.

예) 누나가 미국에 유학 **간다면서요**?
유명한 연예인이 한국에 **온다면서요**?

② 회상 '-더-'와 사용할 때에는 '-더라면서'로 나타난다. 남의 경험을 듣고 그것을 다시 인용하는 것이므로 사용하는 경우가 매우 드물다.

예) 엄마가 아침에 시장에 **가더라면서**?
동생이 유명한 사람이 **되었더라면서요**?

③ 들은 내용이 과거의 일이면 '-었다면서'를 사용한다.

예) 누나가 미국에 유학 **갔다면서요**?
유명한 연예인이 한국에 **왔다면서요**?

제약 정보

① '-는다면서'는 '-는다며'로 줄여 쓸 수 있다. 다만, '-는다며'는 해요체를 쓸 수 없다.

예) 막내 동생이 라면을 **좋아한다며**? (o)
막내 동생이 라면을 **좋아한다며요**? (x)
누나가 미국에 유학 **간다며**? (o)
누나가 미국에 유학 **간다며요**? (x)

확장

① 들은 내용을 비웃거나 빈정거리는 의도로 말할 때에 쓸 수도 있다.

예) 가: (밤에 라면을 먹는 친구를 보면서) 오늘부터 **다이어트한다면서**?
나: 내일부터 다시 시작하기로 했어.

유사 문법

① '-는다면서', '-는다지'

-는다면서	-는다지
· 다른 사람에게 들은 내용을 확인할 때 사용하는 종결어미이다.	
· 말하는 사람이 들어서 알고 있는 사실을 확인하고자 할 때에 쓴다. 예) 내일 비가 **온다면서**? (o) 이것을 언제 다 **만든다면서**? (x)	· 말하는 사람이 들어서 알고 있는 사실을 확인하고자 할 때에도 쓰이고, 어떤 상황이나 상태에 대해 걱정을 하거나 의아해할 때에도 쓴다. 예) 내일 비가 **온다지**? (o) 이것을 언제 다 **만든다지**? (o)

+ '-는다면서'보다 '-는다지'가 확인의 뜻이 더 강하다. 한편, 어떤 상황이나 상태에 대해 걱정하거나 의아해할 때에는 '-는다지'만 가능하다. '이것을 언제 다 만든다지?'처럼 말하는 사람이 어떤 일을 완료하기가 힘들 것으로 예상될 때에는 '-는다지'만 쓸 수 있다.

이렇게 도입해 보세요

(1) (한국어 말하기 대회 사진을 보여 주며)

교사: 한국어 말하기 대회가 있어요. 나가고 싶은 사람 있어요?

학생: 저요.

교사: ㅇㅇ 씨, 나가고 싶어요?

학생: 모르겠어요.

교사: 옆 반에서는 왕밍 씨가 대회에 나가요. 옆 반 선생님에게 들었어요. 왕밍 씨에게 확인하기 위해 이렇게 물어볼 수 있어요. '왕밍 씨, 한국어 말하기 대회에 **나간다면서요**?' '-는다면서'는 나른 사람에세 들은 내용을 확인하고 싶을 때 쓸 수 있어요.

(2) 교사: 오늘 ㅇㅇ 씨가 수업에 안 왔어요. ㅇㅇ 씨가 왜 수업에 안 왔는지 들은 사람 있어요?

학생: 부모님이 고향에서 오셔서 못 왔어요.

교사: 그렇군요. 내일 ㅇㅇ 씨가 오면 이렇게 물어봐야겠어요. '부모님께서 한국에 **오셨다면서요**?' '-는다면서'는 다른 사람에게 들은 내용을 확인하고 싶을 때 쓸 수 있어요.

+ (1)은 교사가 다른 사람으로부터 들은 내용을 학생들에게 물어서 확인할 때에 '-는다면서'를 사용한 것이다. 교사는 '왕밍 씨가 한국어 말하기 대회에 나간다'는 사실을 다른 사람으로부터 듣고 그 사실을 학생들에게 확인하여 묻고자 할 때에 '-는다면서'를 사용할 수 있다.

+ (2)는 '-는다면서'가 아닌 '-었다면서'의 사용을 보인 예이다. '-는다면서'는 현재나 가까운 미래의 일을 나타내며, '-었다면서'는 과거의 일을 나타낸다. 역시 들은 내용을 상대에게 확인할 때 사용한다.

-니[-으니]

질문함을 나타내는 종결어미.

-니 (동사나 형용사, '이다, 아니다'에 붙어) 친한 친구나 아랫사람에게 어떠한 사실이나 상황에 대해 물어볼 때 사용한다. 주로 구어에서 사용한다.

예문

(1) 가: 어디에 **사니**?
나: 방화동에 삽니다.

(2) 가: 영수증이 **필요하니**?
나: 네.

(3) 가: 저녁은 어디서 **먹니**?
나: 집에서 먹어요.

(4) 가: 어디에 **가니**?
나: 명동에 가.

(5) 가: 공책이 **있니**?
나: 응, 있어.

오늘은 점심 어디서 **먹니**?
왕밍 씨는 기숙사에서 **사니**?
저 옷이 **예쁘니**?
그 사람이 의사**니**?
질문 **있니**?

누가 책을 **읽니**?
어제는 어디서 **모였니**?
모임이 끝나면 집에 가도 **되니**?
김 선생님은 한국 사람이 **아니니**?
아무렴, 휴식 시간이 **없겠니**?

+ '-니'는 친한 친구끼리나 아랫사람에게 질문을 할 때 사용하는 의문형 어미이다. 주로 구어에서 사용되며, '-냐'보다 친근한 느낌을 준다.

형태 정보

① 동사 및 형용사 어간 끝음절의 받침 유무에 관계없이 '-니'를 쓴다.

예) 먹- + -니 → 먹니　　읽- + -니 → 읽니
참- + -니 → 참니　　좋- + -니 → 좋니
있- + -니 → 있니　　춥- + -니 → 춥니
가- + -니 → 가니　　자- + -니 → 자니
공부하- + -니 → 공부하니　　바쁘- + -니 → 바쁘니

② 동사 및 형용사 어간 끝음절이 'ㄹ' 받침으로 끝나면 'ㄹ'이 탈락하고 '-니'를 쓴다.

예) 놀- + -니 → 노니　　만들- + -니 → 만드니
살- + -니 → 사니　　길- + -니 → 기니

①	받침 ○	+ -니	먹니, 읽니, 참니, 좋니, 있니, 춥니
	받침 ×	+ -니	가니, 자니, 공부하니, 바쁘니
②	ㄹ 받침	+ -니(어간 'ㄹ' 탈락)	노니, 만드니, 사니, 기니

③ '이다, 아니다'는 '-니'를 쓴다. 단, '이다' 앞의 명사에 받침이 없으면 '이-'를 생략할 수 있다.

예) 학생이- + -니 → 학생이니　　학교이- + -니 → 학교이니/학교니
의사이- + -니 → 의사이니/의사니　　아니- + -니 → 아니니

문장 구성 정보

① '-니'의 높임은 '-습니까/ㅂ니까'로 쓴다.

예) 저 그림이 **좋습니까**?
저 그림이 **좋으십니까**?
어제 **지각했습니까**?
어제 **지각하셨습니까**?
그 사람이 **갑니까**?
그분이 **가십니까**?

제약 정보

① '-니'는 1인칭 주어와 사용할 수 없다.

예) 내가 지금 학교에 **가니**? (x)
네가 지금 학교에 **가니**? (o)
그/그녀가 지금 학교에 **가니**? (o)

+ 원칙적으로는 1인칭 주어와 결합할 수 없다. 그러나 나의 행동이나 상태에 대해 독백하거나 상대방에게 확인하는 의도로 질문할 때에는 사용할 수도 있다.

예) 나 지금 제대로 가고 **있니**?
나 좀 전에 밥 먹은 것 **맞니**?

② 'ㄹ'을 제외한 받침 있는 형용사 어간 뒤에서 '-으니'로도 나타날 수 있다.

예) 동생이 그렇게 **좋니**? (o)
동생이 그렇게 **좋으니**? (o)
여기는 물이 왜 이렇게 **깊니**? (o)
여기는 물이 왜 이렇게 **깊으니**? (o)

유사 문법

① '-니', '-어3)'

-니	-어3)
· 친한 친구나 아랫사람에게 어떤 상황이나 사실을 질문하는 종결어미이다.	
· 친한 친구나 아랫사람에게만 쓸 수 있다. 친밀하더라도 윗사람에게는 쓸 수 없다. 예) 영수야, 밥 **먹니**? (o) 영수 형, 밥 **먹니**? (x)	· 친한 친구나 아랫사람뿐 아니라 매우 친밀한 윗사람에게도 쓸 수 있다. 예) 영수야, 밥 **먹어**? (o) 영수 형, 밥 **먹어**? (o)

이렇게 도입해 보세요

(1) (학생들에게 보여 줄 카드를 몇 개 준비한다.)

교사: (동사 '가다'를 보여 주면서) '-니'를 사용하면 질문하는 거예요. '가다'는 '가니?'가 돼요. 그러면 '집에 가다'는 어떻게 돼요?

학생: 집에 **가니**?

교사: 맞아요. ('밥을 먹다'를 보여 주면서) '-니'를 사용해서 만들어 보세요.

학생: 밥을 **먹니**?

교사: ('도서관에서 공부하다'를 보여 주면서) 이것은 어떻게 돼요?

학생: 도서관에서 **공부하니**?

교사: '-니'는 아랫사람이나 친한 친구에게 물어볼 때에 사용할 수 있어요.

+ 중급 학습자들은 이미 의문형 어미를 학습했기 때문에 '-니'가 아랫사람이나 친한 친구에게 물어볼 때 사용하는 어미라는 것만 알려 줘도 좋다. 동사 카드를 활용하여 '-니'의 쓰임을 연습한다.

-더군{-더군요}

과거에 **직접 경험**하여 새롭게 알게 된 사실을 지금 상대방에게 말하면서 그 사실에 **주목**하거나 감탄함을 나타내는 종결어미.

-더군 (동사나 형용사, '이다, 아니다'에 붙어) 말하는 사람이 과거에 직접 경험하여 새롭게 알게 된 사실을 지금 상대방에게 말하면서 그 사실에 주목하거나 감탄함을 나타낼 때 사용한다. 주로 구어에서 사용한다.

예문

(1) 가: 어제 친구들과 재미있게 보냈어요?
나: 네. 영화도 보고 노래방에도 갔어요.
가: 누가 노래를 잘하던가요?
나: 앤디 씨가 노래를 잘 **부르더군요**.

(2) 가: 분티안 씨, 한국에 가 봤어요?
나: 작년 겨울에 가 봤어요. 한국은 겨울에 정말 춥**더군요**.
가: 작년 겨울은 덜 추웠어요.
나: 그래요? 저는 정말 추웠어요. 우리나라는 겨울이 없으니까요.

강아지가 음식을 전혀 안 **먹더군요**.

KTX는 정말 **빠르더군요**.

수진이가 생각보다 **착하더군요**.

이제 여기저기 꽃이 많이 **피었더군**.

외국인이 읽기에 좋은 책**이더군요**.

동생이 아침에 일찍 **일어나더군**.

영수가 벌써 중학생이 **되었더군요**.

부모님이 모두 **입원하셨더군요**.

그는 저번에 만났던 사람**이더군요**.

영수는 우리가 찾던 사람이 **아니더군요**.

+ '-더군'은 과거에 직접 경험하여 새롭게 알게 된 사실을 말할 때에 사용하므로 '앤디 씨가 노래를 잘 부르더군요.'는 앤디 씨가 노래를 잘 부른다는 새로운 사실을 직접 경험하고 그것을 듣는 사람에게 전달하는 것이다. 본말인 '-더구나'에 비해 감탄의 뜻이 강하지 않다.

형태 정보

① 동사 및 형용사 어간 끝음절의 받침 유무에 관계없이 '-더군'을 쓴다.

예) 먹- + -더군 → 먹더군
팔- + -더군 → 팔더군
많- + -더군 → 많더군
보- + -더군 → 보더군
듣- + -더군 → 듣더군
작- + -더군 → 작더군
춥- + -더군 → 춥더군
크- + -더군 → 크더군

①	받침 ○	+ -더군	먹더군, 듣더군, 팔더군, 작더군, 많더군, 춥더군
	받침 ×	+ -더군	보더군, 크더군

② '이다, 아니다'도 '-더군'을 쓴다. 단, '이다' 앞의 명사에 받침이 없으면 주로 '명사+-더군'이라고 쓴다.

예) 책상이- + -더군 → 책상이더군
학교이- + -더군 → 학교이더군/학교더군
의사이- + -더군 → 의사이더군/의사더군
아니- + -더군 → 아니더군

문장 구성 정보

① 경험하던 당시 이미 끝나거나 정해진 상황에 대해서는 '-었-'을 붙여 '-었더군'으로 쓴다.

예) 아침에 눈이 많이 **왔더군요**.
이번 시험에서 수지가 정말 열심히 **공부했더군**.
줄리아 씨가 어렸을 때는 정말 **귀여웠더군요**.

② 추측을 나타낼 때는 '-겠-'을 붙여 '-겠더군'으로 쓴다.

예) 동생은 이제 혼자서 **걷겠더군**.
엄마를 보니 딸도 **예쁘겠더군요**.
영수가 제주도에 혼자 **가겠더군요**.

③ '-더군'은 구어적 상황에서 친구나 아랫사람에게 사용하며, 듣는 사람이 나이가 많거나 지위가 높을 때는 보조사 '요'를 덧붙여 '-더군요'로 쓴다.

예) 선생님께서는 이제 점심을 **드시더군요**.
할아버지께서 제 방에서 **주무시더군요**.

제약 정보

① 주어가 2인칭이나 3인칭일 때 주로 사용한다. '-더군'은 말하는 사람이 새롭게 알게 된 사실을 나타내기 때문에 원칙적으로 1인칭 주어를 쓸 수 없다.

예) 나는 주말에 친구를 **만나더군**. (x)
왕밍 씨가 주말에 친구를 **만나더군**. (o)
나는 요즘 많이 **바쁘더군**. (x)
철수가 요즘 많이 **바쁘더군**. (o)

+ 주어가 1인칭이더라도 자신을 객관화하여 다른 사람에게 알려 주거나 자기에 대한 추측을 말할 때에는 사용할 수 있다.

예) 어제 게시판을 보니까 이번 시험은 내가 1등**이더군**. (o) (1등인지 모르다가 1등인지를 새롭게 알게 된 경우)
아무래도 그 일은 내가 **해야겠더군**. (o)

② 말하는 사람이 직접 경험한 일에만 쓸 수 있다.

예) 내가 보니까, 철수가 영희와 종로를 **걷더군**. (o)
민수에게 들으니까, 철수가 영희와 종로를 **걷더군**. (x)

확장

① '-더군'은 과거에 직접 경험하여 새로 알게 된 사실을 주목하여 전달할 때에도 쓰인다. 이때에는 감탄의 의미가 없거나 약화되어 있다.

예) 아침에 전화하니까 통화 중**이더군요**.
뚱뚱하다는 소리를 듣고 운동을 **시작했더군요**.

② '-더구나', '-더라', '-데'는 '-더군'과 형태 정보, 문장 구성 정보, 제약 정보 등이 유사하여 교체가 가능하다. 다만, '-더군'과 '-데'는 해체이므로 보조사 '요'를 붙여 해요체를 사용할 수 있으나, '-더구나'와 '-더라'는 해라체이므로 '요'를 붙일 수 없다.

예) KTX는 정말 **빠르더군**.	KTX는 정말 **빠르더구나**.
동생이 아침에 일찍 **일어났더군**.	동생이 아침에 일찍 **일어났더라**.
영수가 벌써 중학생이 **되었더군**.	영수가 벌써 중학생이 **되었데**.
그는 저번에 만났던 사람**이더군**.	그는 저번에 만났던 사람**이더구나**.
외국인이 읽기에 좋은 책**이더군**.	외국인이 읽기에 좋은 책**이더라**.
영수는 우리가 찾던 사람이 **아니더군**.	영수는 우리가 찾던 사람이 **아니데**.
수진이가 생각보다 **착하더군요**.	수진이가 생각보다 **착하더구나요**. (x)
부모님이 모두 **입원하셨더군요**.	부모님이 모두 **입원하셨더라요**. (x)
이제 여기저기 꽃이 많이 **피었더군요**.	이제 여기저기 꽃이 많이 **피었데요**. (o)

유사 문법

① '-더군', '-더라'

-더군	-더라
· 말하는 이가 과거에 직접 경험하여 알게 된 새로운 사실을 상대방에게 말하는 종결어미이다.	
· 말하는 사람이 직접 경험하여 알게 된 사실에 대해 감탄하며 말할 때 사용할 수 있다. 예) 철수 씨는 키가 **크더군**. 이 식당 비빔밥이 정말 **맛있더군요**.	· 말하는 사람이 직접 경험하여 알게 된 사실을 단순하게 전달할 때에 사용한다. 예) 철수 씨는 키가 **크더라**. 이 식당 비빔밥이 정말 **맛있더라**.
· 의문사와 같이 사용하지 못한다. 예) 그 사람 이름이 **뭐더군**? (x) 어제 갔던 식당이 **어디더군**? (x)	· 의문사와 함께 쓰여, 과거에 경험한 사실을 기억해 내기 위해 애쓰면서 혼잣말하듯이 할 때에 사용한다. 예) 그 사람 이름이 **뭐더라**? (o) 어제 갔던 식당이 **어디더라**? (o)
· '요'를 붙여 해요체로 사용할 수 있다. 예) 서울에서 부산까지 열 시간 **걸렸더군요**. (o)	· '요'를 붙여 해요체로 사용할 수 없다. 예) 서울에서 부산까지 열 시간 **걸렸더라요**. (x)

+ '-더라'와 '-더군'은 선어말어미 '-더-'로 인하여 유사한 특성을 보인다. 그러나 '-더군'은 '-더라'보다 감탄의 의미가 상대적으로 강하며, '-더라'는 사실을 전달하는 의미가 두드러질 때에 더 적절하다.

+ '-더라'와 '-더군'의 가장 큰 통사적 차이점은 의문사와의 같이 사용할 수 있느냐 없느냐 하는 것이다. '-더군'은 어떤 사실에 대한 감탄의 의미를 가지고 있으므로 의문사와 같이 쓰이지 못하나, '-더라'는 사실을 전달하는 의미가 있으므로 모르는 대상에 대해 의문사와 같이 쓰인다.

이렇게 도입해 보세요

(1) 교수: (한국의 지도를 보여 준 뒤에) 여기는 어디일까요?
학생: 제주도예요.
교사: 맞아요. 제주도에 가 본 적이 있어요?
학생: 전 작년 겨울에 가 봤어요.
교사: 제주도는 겨울에 추웠어요?
학생: 안 추웠어요.
교사: 이때에 '제주도는 안 **춥더군요**.'라고도 말할 수 있어요. '-더군'은 자신이 직접 경험하고 새로운 것에 감탄할 때에 쓸 수 있어요.

(2) 교사: (한 학생이 떡볶이를 먹으면서 웃고 있는 그림을 보여 주면서) 이 학생은 어떤 음식을 좋아해요?
학생: 떡볶이를 좋아해요.
교사: 이 학생이 떡볶이를 처음 먹었어요. 정말 맛있었어요. 이 학생이 나중에 친구에게 '떡볶이가 정말 **맛있더군**.'이라고 말할 수 있어요. '-더군'은 반드시 자신이 경험한 것이어야 해요. 감탄의 의미도 포함되어 있고요.

+ '-더군'은 말하는 사람이 반드시 직접 경험한 새로운 사실이어야 하며, 그 사실에 대해 감탄의 의미를 부여할 때에 사용한다. 그렇기 때문에 학생들의 경험한 사실을 화제로 하여 문장을 만들어 제시해 주는 것이 좋다.

-더라

과거에 **직접 경험**하여 새롭게 알게 된 사실을 지금 **전달**함을 나타내는 종결어미.

-더라 (동사나 형용사, '이다, 아니다'에 붙어) 말하는 사람이 과거에 직접 경험하여 새롭게 알게 된 사실을 지금 상대방에게 말할 때 사용한다. 듣는 사람이 말하는 사람보다 아랫사람이거나 친한 사이에서 사용하고 주로 구어에서 사용한다.

예문

(1) 가: 동생하고 그만 싸워.
나: 민준이가 먼저 저를 때렸어요.
가: 그래도 동생과 싸우면 되겠니? 네가 형이니까 이해해 줘야지.
나: 네, 민준이와 화해할게요. 민준이 어디 있어요?
가: 너랑 싸운 뒤 울면서 **나가더라**.

(2) 가: 삼촌, 한국에는 언제 들어오셨어요?
나: 일주일 정도 되었어.
가: 오랜만에 들어오니 한국도 많이 바뀌었죠?
나: 그래, 많이 **변했더라**.

앤디 씨가 김치찌개를 잘 **먹더라**.
서울이 베이징보다 가방이 더 **비싸더라**.
과자가 생각보다 **맛있더라**.
진달래가 여기저기 많이 **피었더라**.
그 사람은 한국에서 유명한 의사**더라**.
샤오밍 씨가 운동을 **좋아하더라**.
어제 먹은 국이 좀 **짜더라**.
아버지께서 자전거를 타고 **가시더라**.
어제 만났던 사람이 고향 선배**더라**.
영수는 한국 사람이 **아니더라**.

+ '-더라'는 말하는 사람이 과거에 직접 경험한 새로운 사실을, 지금 듣는 사람에게 전달할 때에 사용한다. '동생이 울면서 나가더라.'는 동생이 울면서 나간 사실을 직접 보았고, 그 사실을 듣는 사람에게 지금 전달하는 것이다.

형태 정보

① 동사 및 형용사 어간 끝음절의 받침 유무에 관계없이 '-더라'를 쓴다.

예) 먹- + -더라 → 먹더라　　듣- + -더라 → 듣더라　　보- + -더라 → 보더라
팔- + -더라 → 팔더라　　작- + -더라 → 작더라　　많- + -더라 → 많더라
춥- + -더라 → 춥더라　　크- + -더라 → 크더라

①	받침 ○	+ -더라	먹더라, 듣더라, 팔더라, 작더라, 많더라, 춥더라
	받침 ×	+ -더라	보더라, 크더라

② '이다, 아니다'도 '-더라'를 쓴다. 단, '이다' 앞의 명사에 받침이 없으면 주로 '명사+ -더라'라고 쓴다.

예) 책상이- + -더라 → 책상이더라　　의사이- + -더라 → 의사이더라/의사더라
학교이- + -더라 → 학교이더라/학교더라　　아니- + -더라 → 아니더라

제약 정보

① 보조사 '요'가 뒤에 올 수 없다.

예) 아침에 눈이 많이 **왔더라요**. (x)
어머니께서 어제부터 운동을 **하시더라요**. (x)
줄리아 씨가 어렸을 때는 정말 **귀여웠더라요**. (x)

② 주어가 2, 3인칭일 때 주로 사용한다. '-더라'는 말하는 이가 새롭게 알게 된 사실을 나타내기 때문에 원칙적으로 1인칭 주어를 쓸 수 없다.

예) 나는 주말에 친구를 **만나더라**. (x)
왕밍 씨가 주말에 친구를 **만나더라**. (o)
나는 요즘 많이 **바쁘더라**. (x)
철수가 요즘 많이 **바쁘더라**. (o)

+ 주어가 1인칭이더라도 자신을 객관화하여 다른 사람에게 알려 주거나 자기에 대한 추측을 말할 때에는 사용할 수 있다.

예) 어제 게시판을 보니까 이번 시험에서 내가 1등**이더라**. (o) (1등인지 모르다가 1등인지를 새롭게 알게 된 경우)
아무래도 그 일은 내가 **해야겠더라**. (o)

③ 사람의 심리나 기분, 감정을 나타내는 경우에는 반드시 주어가 말하는 사람이어야 한다.

예) 나는 친구를 만나 **반갑더라**. (o)
윤정이는 친구를 만나 **반갑더라**. (x)

④ 말하는 사람이 직접 경험한 일에만 쓸 수 있다.

예) 내가 보니까, 철수가 영희와 종로를 **걷더라.** (o)
민수에게 들으니까, 철수가 영희와 종로를 **걷더라.** (x)

확장

① '-더구나', '-데', '-더군'은 '-더라'와 형태 정보, 문장 구성 정보, 제약 정보 등이 유사하여 교체가 가능하다. 다만, '-더군'과 '-데'는 해체이므로 보조사 '요'를 붙여 해요체를 사용할 수 있으나, '-더구나'와 '-더라'는 해라체이므로 '요'를 붙일 수 없다.

예) 아버지께서 자전거를 타고 **가시더라.** / 아버지께서 자전거를 타고 **가시더구나.**
샤오밍 씨가 운동을 **좋아하더라.** / 샤오밍 씨가 운동을 **좋아하데.**
서울이 베이징보다 가방이 더 **비싸더라.** / 서울이 베이징보다 가방이 더 **비싸더군.**
과자가 생각보다 **맛있더라.** / 과자가 생각보다 **맛있더구나.**
그 사람은 한국에서 유명한 의사**더라.** / 그 사람은 한국에서 유명한 의사**데.**
철수 씨는 한국 사람이 **아니더라.** / 철수 씨는 한국 사람이 **아니더군.**
어제 먹은 찌개가 좀 **짜더라요.** (x) / 어제 먹은 찌개가 좀 **짜더구나요.** (x)
진달래가 여기저기 많이 **피었더라요.** (x) / 진달래가 여기저기 많이 **피었데요.** (o)
어제 만났던 사람이 고향 선배**더라요.** (x) / 어제 만났던 사람이 고향 선배**더군요.** (o)

② 의문사 '누구, 무엇, 언제, 어디' 등과 함께 쓰여, 과거 어느 시점에 경험한 사실을 기억해 내려고 애쓰면서 혼잣말하듯이 생각해 볼 때에 사용한다. 이 경우에는 감탄의 뜻이 없으므로 '-더군', '-더구나'를 쓰지 않는다.

예) 그 사람 이름이 **뭐더라**? (o)
그 사람 이름이 **뭐더구나**? (x)
어디서 그 사람을 **보았더라**? (o)
어디서 그 사람을 **보았더군**? (x)

③ '-더라'는 해라체 종결어미로서 보조사 '요'를 붙일 수 없다. 해체는 '-데'이고 해요체는 '-데요'이며 둘 다 사용 빈도가 낮다.

예) 동생이 자전거를 타고 **가데.** / 동생이 자전거를 타고 **가데요.**
샤오밍 씨가 운동을 **좋아하데.** / 샤오밍 씨가 운동을 **좋아하데요.**
서울이 베이징보다 가방이 더 **비싸데.** / 서울이 베이징보다 가방이 더 **비싸데요.**

유사 문법

① '-더라', '-더군'

-더라	-더군
· 말하는 이가 과거에 직접 경험하여 알게 된 새로운 사실을 상대방에게 말하는 종결어미이다.	
· 말하는 사람이 직접 경험하여 알게 된 사실을 단순하게 전달할 때에 사용한다. 예) 철수는 키가 **크더라.** 이 식당 비빔밥이 정말 **맛있더라.**	· 말하는 사람이 직접 경험하여 알게 된 사실에 대해 감탄하며 말할 때 사용할 수 있다. 예) 철수는 키가 **크더군.** 이 식당 비빔밥이 정말 **맛있더군요.**
· 의문사와 함께 쓰여, 과거에 경험한 사실을 기억해 내기 위해 애쓰면서 혼잣말하듯이 할 때에 사용한다. 예) 그 사람 이름이 **뭐더라**? (o) 어제 갔던 식당이 **어디더라**? (o)	· 의문사와 같이 사용하지 못한다. 예) 그 사람 이름이 **뭐더군**? (x) 어제 갔던 식당이 **어디더군**? (x)
· '요'를 붙여 해요체로 사용할 수 없다. 예) 서울에서 부산까지 열 시간 **걸렸더라요.** (x)	· '요'를 붙여 해요체로 사용할 수 있다. 예) 서울에서 부산까지 열 시간 **걸렸더군요.** (o)

+ '-더라'와 '-더군'은 선어말어미 '-더-'로 인하여 유사한 특성을 보인다. 그러나 '-더군'은 '-더라'보다 감탄의 의미가 상대적으로 강하며, '-더라'는 사실을 전달하는 의미가 두드러질 때에 더 적절하다.

+ '-더라'와 '-더군'의 가장 큰 통사적 차이점은 의문사와의 같이 사용할 수 있느냐 없느냐 하는 것이다. '-더군'은 어떤 사실에 대한 감탄의 의미를 가지고 있으므로 의문사와 같이 쓰이지 못하나, '-더라'는 사실을 전달하는 의미가 있으므로 모르는 대상에 대해 의문사와 같이 쓰인다.

이렇게 도입해 보세요

(1) 교사: 샤오밍 씨, 어제 저녁에 무엇을 했어요?
학생1: 도서관에서 공부했어요.
교사: 샤오밍 씨는 자주 도서관에서 공부하세요?
학생1: 아뇨. 시험 칠 때에만 도서관에 가요.
교사: 어제 샤오밍 씨가 도서관에서 공부하는 것을 본 사람이 있어요?
학생2: 제가 봤어요.
교사: 앤디 씨가 보았군요. 여러분 중에서 누가 앤디 씨와 친해요?
학생3: 아사코 씨예요.
교사: 그렇군요. (샤오밍, 앤디, 아사코의 관계를 칠판에 표시한다.) 만약 아사코 씨가 "앤디, 샤오밍 못 봤어?"라고 물으면, 앤디 씨는 "도서관에서 **공부하더라.**"라고 말할 수 있어요. '-더라'는 자신이 직접 경험한 것을 남에게 말할 때 쓸 수 있어요.

+ '-더라'는 말하는 사람, 듣는 사람, 주어가 서로 관련되어 있으므로 이들의 관계를 이해한 뒤에 사용할 수 있다. '샤오밍이 도서관에서 공부하더라.'는 말하는 사람인 앤디가 샤오밍이 도서관에서 공부하던 것을 직접 보았고, 그것을 친한 친구인 아사코에게 말할 때에 사용할 수 있다.

+ 과거 '-었-'과 회상 '-더-'를 학습한 뒤에 어미 '-더라'의 용법을 학습하는 것이 필요하다.

-던데{-던데요}

말하는 이가 과거에 **직접 경험**하여 새롭게 알게 된 사실을 지금 상대방에게 말하면서 듣는 사람의 **반응을 기대함**을 나타내는 종결어미.

-던데 (동사나 형용사, '이다, 아니다'에 붙어) 말하는 사람이 과거에 어떤 사실을 직접 경험하여 새롭게 알게 된 사실을 지금 상대방에게 말하면서 듣는 사람의 반응을 기대할 때에 사용한다. 주로 구어에서 사용한다.

예문

(1) 가: 어제 누가 이겼어?
나: 너희 팀이 이겼어. 모두 열심히 **하던데**.
가: 우리 팀은 매일 모여서 연습했거든.
나: 어쩐지 잘하더라.

(2) 가: 엄마, 방학이니까 늦잠을 자고 싶어요.
나: 영수는 일찍 **일어나던데**.
가: 영수는 일찍 자니까 일찍 일어나는 거겠죠.
나: 너는 일찍 자고 늦게 일어나잖아.

고양이가 오늘 음식을 전혀 안 **먹던데**.

수진이가 녹차를 **좋아하던데요**.

엄마가 음식을 많이 **하셨던데**.

여기저기 목련이 **피었던데요**.

버스가 정말 천천히 **가던데요**.

삼촌이 자전거를 잘 **타시던데요**.

동생이 벌써 대학생이 **되었던데요**.

그분은 저번에 만났던 사람**이던데요**.

어제 수지가 만든 음식은 외국인이 좋아할 음식**이던데**.

이 책은 교수님께서 찾던 책이 **아니던데요**.

+ '-던데'는 과거에 경험한 사실을 전달하면서 듣는 사람의 반응을 기대할 때에 사용한다. 예를 들어, '영수는 일찍 일어나던데.'는 영수가 일찍 일어난다는 사건을 전달하면서 자신의 자녀가 어떤 반응을 보일지 기대하고 있다.

형태 정보

① 동사 및 형용사 어간 끝음절의 받침 유무에 관계없이 '-던데'를 쓴다.

예) 먹- + -던데 → 먹던데
팔- + -던데 → 팔던데
많- + -던데 → 많던데
보- + -던데 → 보던데
듣- + -던데 → 듣던데
작- + -던데 → 작던데
춥- + -던데 → 춥던데
크- + -던데 → 크던데

①	받침 ○	+ -던데	먹던데, 듣던데, 팔던데, 작던데, 많던데, 춥던데
	받침 ×	+ -던데	보던데, 크던데

② '이다, 아니다'는 '-던데'를 쓴다. 단, '이다' 앞의 명사에 받침이 없으면 주로 '명사+-던데'라고 쓴다.

예) 책상이- + -던데 → 책상이던데
사과이- + -던데 → 사과이던데/사과던데
의사이- + -던데 → 의사이던데/의사던데
아니- + -던데 → 아니던데

문장 구성 정보

① '-던데'는 구어적 상황에서 친구나 아랫사람에게 사용하며, 듣는 사람이 나이가 많거나 지위가 높을 때는 보조사 '요'를 덧붙여 '-던데요'로 쓴다.

예) 수진이가 녹차를 **좋아하던데요**.
삼촌이 자전거를 잘 **타시던데요**.

제약 정보

① 주어가 2, 3인칭일 때 주로 사용한다. '-던데'는 말하는 사람이 새롭게 알게 된 사실을 나타내기 때문에 원칙적으로 1인칭 주어를 쓸 수 없다.

예) 나는 주말에 친구를 **만나던데**. (x)
왕밍 씨가 주말에 친구를 **만나던데**. (o)
나는 요즘 많이 **바쁘던데**. (x)
철수가 요즘 많이 **바쁘던데**. (o)

+ 주어가 1인칭이더라도 자신을 객관화하여 다른 사람에게 알려 주거나 자기에 대한 추측을 말할 때에는 사용할 수 있다.

예) 이번 시험에서 내가 1등**이던데**. (o) (1등인지 모르다가 1등인지를 새롭게 알게 된 경우)
아무래도 그 일은 내가 **해야겠던데**. (o)

② 말하는 사람이 직접 경험한 일에서만 쓸 수 있다.

예) 내가 보니까, 철수가 영희와 종로를 **걷던데**. (o)
현우에게 들었는데, 영수가 수지와 종로를 **걷던데**. (x)

확장

① '-던데'는 과거에 직접 경험하여 새로 알게 된 사실을 주목하여 전달할 때에도 쓰인다. 이때에는 감탄의 의미가 없거나 약화되어 있다.

예) 아침에 전화하니까 통화 중**이던데요**.
뚱뚱하다는 소리를 듣고 운동을 **시작했던데요**.

② '-더구나', '-더라', '-데'는 '-던데'와 형태 정보, 문장 구성 정보, 제약 정보 등이 유사하여 교체가 가능하다. 다만, '-던데'와 '-데'는 해체이므로 보조사 '요'를 붙여 해요체를 사용할 수 있으나, '-더구나'와 '-더라'는 해라체이므로 '요'를 붙일 수 없다.

예) KTX는 정말 **빠르던데**.	KTX는 정말 **빠르더구나**.
동생이 아침에 일찍 **일어났던데**.	동생이 아침에 일찍 **일어났더라**.
영수가 벌써 중학생이 **되었던데**.	영수가 벌써 중학생이 **되었데**.
그는 저번에 만났던 사람**이던데**.	그는 저번에 만났던 사람**이더구나**.
외국인이 읽기에 좋은 책**이던데요**.	외국인이 읽기에 좋은 책**이더라**.
영수는 우리가 찾던 사람이 **아니던데요**.	영수는 우리가 찾던 사람이 **아니데**.
수진이가 생각보다 **착하던데요**.	수진이가 생각보다 **착하더구나요**. (x)
부모님이 모두 **입원하셨던데요**.	부모님이 모두 **입원하셨더라요**. (x)
이제 여기저기 꽃이 많이 **피었던데요**.	이제 여기저기 꽃이 많이 **피었데요**. (o)

유사 문법

① '-던데', '-더군'

-던데	-더군
· 말하는 이가 과거에 직접 경험하여 새롭게 알게 된 사실을 지금 상대방에게 말하면서 그 사실에 주목함을 나타낼 때 사용하는 종결어미이다.	
· 말하는 사람이 과거의 어떤 상황을 전달하면서 듣는 사람의 반응을 기대할 때에 사용한다. 예) 가: 나 나간다. 나: 밖에 비가 **오던데**. (o) 가: 어, 그래?	· 말하는 사람이 과거의 어떤 상황을 전달하면서 듣는 사람의 반응을 기대하지 않는다. 예) 가: 나 나간다. 나: 밖에 비가 **오더군**. (??) 가: 어, 그래?
· 말하는 사람이 직접 경험하여 알게 된 사실에 대해 감탄하며 말할 때 사용할 수 있다. 감탄의 뜻이 강하지는 않다. 예) 철수 씨는 키가 **크던데**. (o) 이 식당 비빔밥이 정말 **맛있던데요**. (o)	· 말하는 사람이 직접 경험하여 알게 된 사실에 대해 감탄하며 말할 때 사용할 수 있다. 감탄의 뜻이 '-던데'보다 약간 더 강하다. 예) 철수 씨는 키가 정말 **크더군**. (o) 이 식당 비빔밥이 정말 **맛있더군요**. (o)
· '요'를 붙여 해요체로 사용할 수 있다. 예) 서울에서 부산까지 다섯 시간 **걸리던데요**. (o)	· '요'를 붙여 해요체로 사용할 수 있다. 예) 서울에서 부산까지 다섯 시간 **걸리더군요**. (o)

+ '-던데'와 '-더군'은 선어말어미 '-더-'로 인하여 유사한 특성을 보인다. 다만 '-던데'는 과거의 상황을 전달하면서 듣는 사람의 반응까지 기대함을 나타내지만 '-더군'은 과거의 상황을 감탄하면서 전달하는 것에 차이가 있다. '-더군'이 '-던데'보다 감탄의 의미가 약간 더 강하다.

이렇게 도입해 보세요

(1) 교사: (어떤 학생이 매일 불고기를 먹는 그림을 보여 주면서) 이 친구는 어떤 음식을 좋아해요?

학생: 불고기를 좋아해요.

교사: 네, 맞아요. 이 학생은 불고기를 좋아해요. 이 학생 어머니에게 제가 이렇게 말할 수 있어요. '○○은 불고기를 **좋아하던데요**.' 그럼 어머니가 이 말에 대해 뭐라고 말할까요? 뭐라고 말할 것 같아요.

학생: 어렸을 때부터 좋아했어요. 불고기 말고 다른 것도 좋아해요.

교수: 맞아요. '-던데'는 내가 직접 보거나 들은 것을 남한테 이야기할 때 쓰는데, 듣는 사람에게 뭔가 반응을 기대할 때 사용한다는 점이 '-더군'이나 '-더라'와 조금 달라요.

(2) 교사: (스키 타는 사진을 보여 주며) 스키 타려면 눈이 와야 하지요?

학생: 네.

교사: 지금 눈이 안 와요. 그런데 어제 평창에 눈이 왔어요. ○○ 씨가 그걸 보고 스키 타러 가려고 해요. 그러면 ○○ 씨가 선생님에게 이렇게 말할 수 있어요. '평창에 눈이 **왔던데요**.' 이게 무슨 뜻이에요?

학생: 스키 타러 가요.

교사: 맞아요. '-던데'는 어떤 반응을 기대하면서 내가 경험한 사실을 다른 사람에게 말할 때 사용해요.

+ '-던데'는 과거의 경험, 새로운 사실, 듣는 사람의 반응을 기대함을 갖출 때에 사용할 수 있다. '불고기를 좋아하던데요.'에서처럼 불고기를 좋아한다는 새로운 사실, 불고기를 좋아한다는 것을 직접 경험한 점, 새로운 정보에 대한 듣는 사람의 반응을 기대한다는 것을 갖추었을 때 '-던데'를 사용한다.

-어라[-아라/-여라]

어떤 일을 **명령**함을 나타내는 종결어미.

-어라 (동사에 붙어) 말하는 사람이 듣는 사람에게 어떤 행동을 할 것을 명령할 때에 사용한다.

예문

(1) 가: 지금 어디 가니?
나: 학교에 가요.
가: 길 건널 때 차 **조심해라**.

(2) 가: 왜 이렇게 급하게 먹니?
나: 친구랑 약속이 있거든요.
가: 급하게 먹으면 체한다. 천천히 **먹어라**.

(3) 가: 영수가 왜 다리를 다쳤니?
나: 혼자 걸어가다가 넘어졌어요.
가: 그렇구나. 밖에서는 동생 손을 꼭 잡고 **다녀라**.

밥 먹기 전에 손을 **씻어라**.
버스 안에서는 손잡이를 꼭 **잡아라**.
비가 오기 전에 빨리 집에 **가라**.
운동할 때에는 모자를 **써라**.
어른에게 꼭 인사를 **해라**.
건강을 위해 천천히 **먹어라**.
12시 전에 **자라**.
여름이니까 전기를 아껴 **써라**.
아침에 일찍 **일어나라**.
지각하지 **마라**.

+ '-어라'는 격식체이고 '-어'는 비격식체이다. 그러므로 대체로 '-어'보다는 '-어라'를 사용할 경우, 좀 더 명령의 내용을 분명히 전달하는 효과가 있고 명령의 정도도 강하게 느껴진다. 그러나 '-어라'보다 강한 어조와 큰 목소리로 '-어'를 사용하면 '-어'가 더 강한 명령으로 느껴질 수도 있다.

형태 정보

① 동사 어간 끝음절 모음이 'ㅏ, ㅗ'인 경우 '-아라'를 쓴다.

예) 앉- + -아라 → 앉아라　　잡- + -아라 → 잡아라　　자- + -아라 → 자라
가- + -아라 → 가라　　오- + -아라 → 와라　　잠그- + -아라 → 잠가라

+ 어간 음절이 'ㅏ'로 끝나면 '가라, 자라'와 같이 줄여서 쓴다.

+ 어간 음절이 'ㅗ'로 끝나면 '와라'와 같이 줄여서 쓴다.

+ 이음절 이상의 어간 끝음절 모음이 'ㅡ'일 때는 'ㅡ' 앞의 끝음절 모음에 따라 교체한다. 이때 'ㅡ' 모음은 탈락한다.

② 동사 어간 끝음절 모음이 'ㅏ, ㅗ'가 아닌 경우 '-어라'를 쓴다.

예) 먹- + -어라 → 먹어라　　읽- + -어라 → 읽어라　　서- + -어라 → 서라
주- + -어라 → 주어라/줘라　　쓰- + -어라 → 써라　　끄- + -어라 → 꺼라
마시- + -어라 → 마시어라/마셔라　　기다리- + -어라 → 기다리어라/기다려라
지내- + -어라 → 지내어라/지내라　　세- + -어라 → 세어라/세라

+ 어간 음절이 'ㅓ'로 끝나면 '서라'와 같이 반드시 줄여서 쓴다.

+ 어간 음절이 'ㅜ'로 끝나면 '줘라'와 같이 줄여서 쓴다.

+ 이음절 이상의 어간 끝음절 모음이 'ㅡ'일 때는 'ㅡ' 앞의 끝음절 모음에 따라 교체한다. 이때 'ㅡ' 모음은 탈락한다.

+ 어간 음절이 'ㅣ'로 끝나면 흔히 줄여서 '마셔라, 기다려라'와 같이 쓴다. 어간 음절이 'ㅐ, ㅔ'로 끝나면 '지내라, 세라'와 같이 줄여서 쓴다.

③ '-하다'가 붙은 동사 어간에는 '-여라'를 쓰는데, 흔히 줄여서 '해라'로 쓴다.

예) 하- + -여라 → 하여라/해라　　말하- + -여라 → 말하여라/말해라
청소하- + -여라 → 청소하여라/청소해라　　공부하- + -여라 → 공부하여라/공부해라

①	ㅏ, ㅗ	+ -아라	앉아라, 잡아라, 자라, 가라, 와라, 잠가라
②	ㅏ, ㅗ 이외	+ -어라	먹어라, 읽어라, 서라, 줘라, 써라, 꺼라, 마셔라, 기다려라, 지내라, 세라
③	-하다	+ -여라(해라)	해라, 말해라, 청소해라, 공부해라

④ 불규칙

듣-　예) 음악을 자주 **들어라**.

줍-　예) 휴지를 **주워라**.

짓-　예) 건물을 빨리 **지어라**.

부르-　예) 기분이 안 좋을 때에는 노래를 **불러라**.

문장 구성 정보

① 부정 표현은 '-지 마라'를 사용한다.

예) 앉- + -지 마라 → 앉지 마라　　잡- + -지 마라 → 잡지 마라
가- + -지 마라 → 가지 마라　　듣- + -지 마라 → 듣지 마라
공부하- + -지 마라 → 공부하지 마라

+ 비표준어이기는 하지만 '-지 말아라' 도 자주 쓰인다.

② '-어라'의 높임 표현은 '-으십시오'이다. 그러나 격식적이거나 사무적인 상황 외에는 윗사람에게 거의 쓰지 않는다. 명령보다 더 공손한 표현을 사용하여 간접적으로 요청한다.

예) 모두 여기로 **오십시오**.
선생님, 이쪽으로 **오시겠습니까**?
선생님, 이쪽으로 **와 주시면 감사하겠습니다**.

+ 매우 격식적이고 사무적인 환경에서는 '오십시오.'에서처럼 '-으십시오'를 사용할 수 있으나 개인적인 대화에서는 '오시겠습니까?'와 같은 의문문이나 '와 주시면 감사하겠습니다.'와 같은 간접적인 표현으로 요청하는 것이 더 일반적이다.

제약 정보

① '-어라'는 명령형이므로 1인칭 또는 3인칭 주어와 사용할 수 없다.

예) 나는 지금 집에 **가라**. (x)　　너는 지금 집에 **가라**. (o)
너희들은 지금 집에 **가라**. (o)　　우리는 지금 집에 **가라**. (x)
그/그녀는 지금 집에 **가라**. (x)　　그들은 지금 집에 **가라**. (x)

② 과거 '-었-', 미래 · 추측 '-겠-'과 결합하지 않는다.

예) 어제 버스를 **탔어라**. (x)
내일 버스를 **타겠어라**. (x)

확장

① '-어'와 '-어라'는 아랫사람이거나 친한 친구 사이에 명령할 때 사용할 수 있는 표현이지만 '-어라'가 '-어'보다 더 강한 명령형 표현이다. '-어'는 매우 친분이 있는 윗사람에게도 쓸 수 있을 정도로 사용 영역이 넓으나 '-어라'는 아주 가까운 사이라도 윗사람에게는 쓸 수 없다.

예) 민수 오빠, 빨리 내려 **와**. (o)
민수 오빠, 빨리 내려 **와라**. (x)

유사 문법

① '-어라', '-어3)', '-으십시오', '-으세요3)'

-어라	-어3)	-으십시오	-으세요3)
· 명령을 나타낸다.			
· 격식체로 반드시 말하는 사람보다 아랫사람이거나 친한 친구 사이에 강한 어조로 명령할 때 사용한다. 예) 밥 **먹어라**. 옷을 **입어라**.	· 비격식체로 다소 부드러운 느낌을 주며, 일상적인 대화에서 두루 편하게 쓰인다. 예) 다음으로 줄리아 씨가 **발표해요**. (줄리아 씨와 친하며, 비격식적 상황)	· 격식체로 다소 딱딱한 느낌을 주며, 공식적인 자리에서 말할 때 많이 쓰인다. 예) 다음 발표자, **발표하십시오**. (사회자가 발표자에게, 격식적 상황)	· 비격식체로 다소 친분이 있는 윗사람, 비슷한 지위지만 친하지 않아서 약간 높이거나 다소 부드럽게 높여야 하는 사람에게 두루 쓴다. 예) 다음으로 줄리아 씨가 **발표하세요**. (줄리아 씨가 친한 윗사람이거나 친하지 않은 비슷한 또래)
· '-어라'는 듣는 사람을 아주 낮추어 말할 때에 사용한다. 예) 이 손을 **잡아라**.	· '-어'는 듣는 사람을 친근하게 낮출 때 사용하고, '-어요'는 듣는 사람을 친근하게 높일 때 사용한다. 예) 수지야, 이쪽으로 **와**. 영수 씨, 이쪽으로 **와요**.	· 듣는 사람을 아주 높일 때 사용한다. 예) 과장님, 이쪽으로 **오십시오**.	· 듣는 사람을 친근하게 높일 때 사용한다. 예) 앤디 씨, 이쪽으로 **오세요**.

+ '-어라'와 '-으십시오'는 명령문으로만 사용할 수 있지만 '-으세요3)', '-어3)'은 평서, 의문, 명령, 청유로 모두 사용할 수 있음에 주의한다.

이렇게 도입해 보세요

(1) 교사: 다음은 엄마와 딸이 이야기하고 있는 글입니다. 같이 읽어 볼까요?

엄마: 왜 이렇게 늦잠을 자니?
딸: 죄송해요. 어젯밤에 늦게 잤어요.
엄마: 숙제는 다 했니?
딸: 아뇨, 다 못 했어요.
엄마: 앞으로는 일찍 **자라**. 그리고 숙제를 다 한 뒤에 텔레비전을 **봐라**.

교사: 엄마가 딸에게 무엇을 강하게 말해요?
학생: '일찍 **자라**.', '숙제를 다 한 뒤에 텔레비전을 **봐라**.'
교사: 맞아요. 이 문장의 '자라, 봐라'처럼 강하게 말하는 것이 명령이에요. 강하게 명령할 때에는 '-어라'를 사용해요. '-어'보다 더 강하고 격식적인 표현이에요.

+ 명령형 어미 '-어라'는 듣는 사람이 반드시 말하는 사람보다 아랫사람이거나 친한 친구 사이에서만 가능하다. 실제 대화에서는 격식체의 명령형 어미 '-어라'보다 비격식체의 명령형 어미 '-어'를 사용하는 것이 더 일반적이므로 '-어'를 병행하여 지도하면 유익하다.

-어야지[-아야지/-여야지]{-어야지요[-아야지요/-여야지요]}

어떤 행위에 대한 **의지**를 나타내는 종결어미.

-어야지	(동사에 붙어) 말하는 사람이 의지를 가지고 어떠한 행위를 하려고 할 때에 사용한다. 주로 구어에서 사용한다.

예문

(1) 가: 살이 많이 빠진 것 같아.
나: 방학 때 매일 운동했거든.
가: 그래? 나도 내일부터 **운동해야지**.

(2) 가: 지난주에 개봉한 영화 봤어?
나: 아니, 아직 못 봤어.
가: 너무 좋은 영화더라. 꼭 봐.
나: 그래? 주말에 꼭 **봐야지**.

(3) 가: 기말고사가 시작되었네. 공부 많이 했어?
나: 아니, 거의 못 했어. 너는?
가: 난 오늘부터 열심히 하려고 해.
나: 그러면 나도 오늘부터 열심히 **공부해야지**.

오늘 저녁에 이 책을 **읽어야지**.
올해에는 꼭 휴가를 **가야지**.
주말에 연극을 **봐야지**.
내가 언니니까 먼저 **사과해야지**.
내일은 비빔밥을 만들어 **먹어야지**.
신발은 백화점에 가서 **사야지**.
날이 더우니까 카페에서 친구를 **기다려야지**.
이제 매일 운동을 **해야지**.
할머니께서는 힘이 없으시니 내가 **도와 드려야지**.
주말에 머리를 **잘라야지**.
햇볕이 뜨거우니 모자를 **써야지**.

+ '-어야지'는 말하는 사람의 의지를 표현할 때에 사용한다. 말하는 사람이 내일부터 운동하겠다는 의지를 지닐 때에 '나도 내일부터 운동해야지.'와 같이 쓴다.

형태 정보

① 동사 어간 끝음절 모음이 'ㅏ, ㅗ'인 경우 '-아야지'를 쓴다.

예) 받- + -아야지 → 받아야지 / 찾- + -아야지 → 찾아야지
가- + -아야지 → 가야지 / 자- + -아야지 → 자야지
오- + -아야지 → 와야지 / 담그- + -아야지 → 담가야지

+ 어간 음절이 'ㅏ'로 끝나면 '가야지, 자야지'와 같이 줄여서 쓴다.

+ 어간 음절이 'ㅗ'로 끝나면 '와야지'와 같이 줄여서 쓴다.

+ 이음절 이상의 어간 끝음절 모음이 'ㅡ'일 때는 'ㅡ' 앞의 끝음절 모음에 따라 교체한다. 이때 'ㅡ' 모음은 탈락한다.

② 동사 어간 끝음절 모음이 'ㅏ, ㅗ'가 아닌 경우 '-어야지'를 쓴다.

예) 먹- + -어야지 → 먹어야지 / 읽- + -어야지 → 읽어야지
서- + -어야지 → 서야지 / 주- + -어야지 → 줘야지
쓰- + -어야지 → 써야지 / 끄- + -어야지 → 꺼야지
마시- + -어야지 → 마셔야지 / 지내- + -어야지 → 지내야지
세- + -어야지 → 세야지 / 만들- + -어야지 → 만들어야지

+ 어간 음절이 'ㅓ'로 끝나면 '서야지'와 같이 반드시 줄여서 쓴다.

+ 어간 음절이 'ㅜ'로 끝나면 '줘야지'와 같이 줄여서 쓴다.

+ 어간 끝음절 모음이 'ㅡ'일 때는 'ㅡ' 앞의 끝음절 모음에 따라 교체한다. 이때 'ㅡ' 모음은 탈락하여 '써야지, 꺼야지'와 같이 쓴다.

+ 어간 음절이 'ㅣ'로 끝나면 흔히 '마셔야지, 기다려야지'와 같이 줄여서 쓴다. 어간 음절이 'ㅐ, ㅔ'로 끝나면 '지내야지, 세야지'와 같이 줄여서 쓴다.

③ '-하다'가 붙은 동사 어간에는 '-여야지'를 쓰는데, 흔히 줄여서 '-해야지'로 쓴다.

예) 공부하- + -여야지 → 공부해야지 / 좋아하- + -여야지 → 좋아해야지
운동하- + -여야지 → 운동해야지 / 노래하- + -여야지 → 노래해야지

①	ㅏ, ㅗ	-아야지	받아야지, 찾아야지, 가야지, 자야지, 와야지, 담가야지
②	ㅏ, ㅗ 이외	-어야지	먹어야지, 읽어야지, 서야지, 줘야지, 써야지, 꺼야지, 마셔야지, 지내야지, 세야지, 만들어야지
③	-하다	-여야지(-해야지)	공부해야지, 좋아해야지, 운동해야지, 노래해야지

④ 불규칙

듣- 예) 이번에는 꼭 선생님의 말씀을 잘 **들어야지.**

눕- 예) 배가 아프니까 침대에 **누워야지.**

짓- 예) 아기가 태어났으니 좋은 이름을 **지어야지.**

부르- 예) 올해는 내가 노래를 **불러야지.**

문장 구성 정보

① '~으니까/으니 (꼭/반드시) ~어야지'의 구성으로 주로 사용한다.

예) 겨울 방학 동안에는 놀기만 <u>했으니까</u> 여름방학 동안에는 <u>꼭</u> **공부해야지.**
1학기에는 C학점을 <u>받았으니</u> 2학기에는 <u>반드시</u> A학점을 **받아야지.**
비가 온다고 <u>했으니까</u> 우산을 <u>꼭/반드시</u> **가져가야지.**

② 부정문은 부사 '안'을 쓰거나 '-지 말다'를 사용할 수 있다.

예) (1) 이제 컴퓨터 게임을 **안 해야지.**
이제 컴퓨터 게임을 **하지 말아야지.**
(2) 내일 수지 씨와의 약속을 **안 잊어야지.**
내일 수지 씨와의 약속을 **잊지 말아야지.**
(3) 오늘부터 백화점에 **안 가야지.**
오늘부터 백화점에 **가지 말아야지.**

③ '-어야지'는 구어적 상황에서 친구나 아랫사람에게 사용하며, 듣는 사람이 윗사람이나 높여야 할 사람인 경우에는 해요체의 '-어야지요'로 쓴다.

예) 오늘 저녁에는 이 책을 다 **읽어야지요.**
제가 언니니까 먼저 **사과해야지요.**

제약 정보

① 형용사와 결합하지 않는다.

예) 난 시험이 끝나면 기분이 **좋아야지.** (x)
난 점심을 먹은 후에 배가 **아파야지.** (x)
난 내일 새 옷을 입으니까 **예뻐야지.** (x)

+ 말하는 사람이 어떤 행위를 반드시 해야 한다고 생각할 때 사용하는 표현이므로 형용사는 의미상 적절하지 않다. '형용사+-어야지'는 당위의 뜻을 나타낼 때 사용됨을 주의한다.

② 말하는 사람의 의지를 표현하므로 과거 '-었-'과 결합하지 않는다.

예) 부모님께서 보내주신 소포를 우체국에 가서 받아 **왔어야지.** (x)
부모님께서 보내주신 소포를 우체국에 가서 받아 **와야지.** (o)
어제부터 감기에 걸려서 집에 가서 **쉬었어야지.** (x)
어제부터 감기에 걸려서 집에 가서 **쉬어야지.** (o)

+ 과거 '-었-'이 결합한 '-었어야지'는 말하는 사람이 어떤 행위나 상황을 후회하거나 핀잔을 주는 의미로 쓰인다. '-어야지'와는 의미가 다름을 주의한다.

③ 부정 표현 '-지 않다'는 어색하다.

예) (1) 이제 컴퓨터 게임을 **하지 않아야지.** (??)
이제 컴퓨터 게임을 **안 해야지.** (o)
(2) 내일 수지 씨와의 약속을 **잊지 않아야지.** (??)
내일 수지 씨와의 약속을 **안 잊어야지.** (o)
(3) 오늘부터 백화점에 **가지 않아야지.** (??)
오늘부터 백화점에 **안 가야지.** (o)

확장

① 듣는 사람 혹은 주어가 어떤 일을 해야 한다거나 어떤 상태여야 함을 나타낸다.

예) 너 내일부터 학원 가기로 했으니까 일찍 **자야지.**
몸이 안 좋으면 **쉬어야지요.**
다리를 다쳤으니까 조심히 **다녔어야지요.**
뛰어난 선수가 되고 싶었으면 열심히 **했어야지.**
매일 운동을 하려면 **부지런해야지.**
그 대학에 가고 싶으면 성적이 **좋아야지.**
탤런트가 되려면 연기를 **잘해야지요.**

+ 이때에는 형용사와 결합할 수도 있고 과거 '-었-'과도 결합할 수 있다.

+ 형용사는 '부지런해야겠지, 좋아야겠지, 예뻐야겠지'처럼 '-어야겠지'가 더 자연스럽다.

② '-어야지'는 원하는 상황이 되지 않아 아쉬워하거나 안타까워 할 때에도 쓴다.

예) 아들이 공부를 **해야지.** 매일 게임만 해.
피아노를 잘 치려면 연습을 많이 **해야지요.** 하루에 10분도 안 해요.

유사 문법

① '-어야지', '-을 거예요'

-어야지	-을 거예요
· 어떤 행위에 대한 말하는 사람의 의지를 나타낸다.	
· 말하는 사람의 의지를 나타내므로, 1인칭 주어가 사용된다. 예) 가: 내일 계획은 뭐니? 나: 내일은 영화를 **봐야지**. (o) 예) 가: 내일 오전에 영희가 오니? 나: 응, 영희가 **와야지**. (x)	· 말하는 사람의 의지뿐 아니라 추정 등을 나타내므로, 1인칭 주어가 오지 않을 수 있다. 예) 가: 내일 계획은 뭐예요? 나: 내일은 영화를 **볼 거예요**. (o) 예) 가: 내일 오전에 영희가 오니? 나: 응, 영희가 **올 거야**. (o)
· 말하는 사람의 의지가 강할 때 주로 쓴다. 예) 난 내일부터 한국어 공부를 **해야지**. (o) 아마 전 내일부터 한국어 공부를 **해야지요**. (x)	· 말하는 사람의 의지가 강하지 않아도 쓸 수 있다. 예) 난 내일부터 한국어 공부를 **할 거야**. (o) 아마 전 내일부터 한국어 공부를 **할 거예요**. (o)
· 주어가 2인칭 또는 3인칭이면 어떤 일을 해야 하거나 어떤 상태여야 함을 나타낸다. 예) 넌 내일부터 한국어 공부를 **해야지**. (o) 그/그녀는 내일부터 한국어 공부를 **해야지**. (o)	· 주어가 2인칭에서는 사용할 수 없으며 3인칭이면 추정의 의미를 지닌다. 예) 너는 내일부터 한국어 공부를 **할 거예요**. (x) 그/그녀는 내일부터 한국어 공부를 **할 거예요**. (o)
· 말하는 사람 혼자서 말할 때에 쓸 수 있다. 예) 피곤하니까 오늘은 빨리 **자야지**. (o)	· 말하는 사람 혼자서 말할 때에 쓸 수 없다. 예) 피곤하니까 오늘은 빨리 **잘 거예요**. (x)

+ '-어야지'는 '-을 거예요'와 같이 말하는 사람의 의지를 표현할 때에 사용할 수 있다. 그러나 '-을 거예요'보다 '-어야지'가 더 강한 의지를 표현하며, '-을 거예요'는 추정, 미래 계획 등 다양한 의미로 사용할 수 있다는 차이점이 있다.

이렇게 도입해 보세요

(1) 교사: (지저분한 영수의 방, 청소하는 영수의 그림을 순서대로 보여 준 뒤에) 영수 씨는 왜 청소하고 있어요?

학생1: 방이 깨끗하지 않아요.

학생2: 방이 더러워요.

교사: 영수는 방이 더러우니까 청소를 해야겠다고 생각해요. 이처럼 자신의 의지를 표현할 때에는 '-어야지'를 사용해서 '방을 **청소해야지**.'라고 말해요. '난 오늘부터 열심히 **공부해야지**.', '손을 **씻어야지**.'처럼 쓸 수 있어요.

(2) 교사: (몸무게가 5kg 늘어난 그림을 보여 준 뒤에) 이 학생은 한국에 온 후에 살이 많이 쪘어요. 이 학생은 어떤 생각을 할까요?

학생1: 살을 빼요.

학생2: 운동을 해요.

학생3: 다이어트를 해요.

교사: 이 학생은 살을 빼야겠다고 생각해요. 자신의 의지를 표현하고 싶을 때에는 '난 이제 살을 **빼야지**.', '난 오늘부터 운동을 **해야지**.', '나는 오늘부터 다이어트를 **해야지**.'처럼 '-어야지'를 쓸 수 있어요.

+ 연관성이 있는 두 개의 문장을 준비한다. '-어야지'는 첫 번째 문장으로 인하여 두 번째 문장을 하고자 하는 의지가 있을 때에 사용한다. '방이 더럽다.'와 '방을 청소하다.'의 두 문장을 이용하여 '-어야지'를 제시할 수 있다.

-을걸[-ㄹ걸]{-을걸요[-ㄹ걸요]}

어떤 사실에 대한 추측의 뜻을 나타내는 종결어미.

-을걸 (동사나 형용사, '이다, 아니다'에 붙어) 어떤 사실에 대한 추측의 뜻을 나타낸다. 주로 구어에서 사용한다.

예문

(1) 가: 줄리아 씨, 영수 씨가 지금 어디에 있는 줄 아세요?
나: 회사에 있어요. 왜 그러세요?
가: 전화를 안 받아서요.
나: 지금 회의 중이라 전화를 못 **받을걸요**.(↗)

(2) 가: 오늘 누가 모임에 와요?
나: 영수와 앤디 씨가 올 거예요. 근데 앤디 씨는 조금 늦을 거예요.
가: 그러면 앤디 씨는 몇 시쯤 올까요?
나: 저녁 7시쯤에 **올걸요**.(↗)

(3) 가: 어제 먹던 빵을 누가 먹었어요?
나: 아빠가 **먹었을걸**.(↗)

12시쯤 학생들이 점심을 **먹을걸요**.
영수는 이번 주말에 할머니 댁에 **갈걸요**.
오늘 청소해서 방이 **깨끗할걸**.
그 사람은 한국에서 유명한 의사**일걸**.
동생이 교실에 **있을걸**.
중학생이 되면 교복을 **입을걸요**.
아버지가 아이 이름을 **지을걸요**.
떡볶이가 **맛있을걸**.
그는 외국인이 **아닐걸**.
동물원에 소는 **없을걸요**.

+ '-을걸'은 어떤 사실에 대한 기본적인 정보나 지식을 바탕으로 추측이 가능한 경우에 사용하며 문장 끝에서 억양을 올린다. '지금 회의 중이라 전화 못 받을걸요.'에서는 영수 씨가 회의 중에 있다는 것을 줄리아 씨가 알고 있기 때문에 '-을걸'을 사용할 수 있다.

형태 정보

① 동사 및 형용사 어간의 끝음절에 받침이 있으면 '-을걸'을 쓴다.

예) 찾- + -을걸 → 찾을걸　　읽- + -을걸 → 읽을걸
먹- + -을걸 → 먹을걸　　작- + -을걸 → 작을걸
많- + -을걸 → 많을걸　　좋- + -을걸 → 좋을걸

② 동사 및 형용사 어간의 끝음절에 받침이 없거나 'ㄹ' 받침으로 끝나면 '-ㄹ걸'을 쓴다. 단, 'ㄹ' 받침으로 끝날 때는 'ㄹ'이 탈락한다.

예) 타- + -ㄹ걸 → 탈걸　　크- + -ㄹ걸 → 클걸
가- + -ㄹ걸 → 갈걸　　예쁘- + -ㄹ걸 → 예쁠걸
열- + -ㄹ걸 → 열걸　　멀- + -ㄹ걸 → 멀걸

+ '-을걸'은 동사 어간의 받침 유무에 따라 형태가 달라지며, 특히 'ㄹ' 받침으로 끝나는 동사나 형용사의 경우는 'ㄹ'이 탈락하고 '-ㄹ걸'이 결합한다.

①	받침 ○	+ -을걸	찾을걸, 읽을걸, 먹을걸, 작을걸, 많을걸, 좋을걸
②	받침 ×	+ -ㄹ걸	탈걸, 클걸, 갈걸, 예쁠걸
	ㄹ 받침	+ -ㄹ걸(어간 'ㄹ' 탈락)	열걸, 멀걸

③ 불규칙

듣-　　예) 수진 씨가 라디오를 **들을걸요**?
짓-　　예) 영수 씨가 집을 혼자 **지을걸요**?
춥-　　예) 주말에 날씨가 **추울걸요**?
파랗-　　예) 옷이 **파랄걸요**?

④ '이다, 아니다'는 '-ㄹ걸'을 쓴다. 단, '이다' 앞의 명사에 받침이 없으면 '이-'를 생략하고 '-ㄹ걸'의 'ㄹ'이 앞 모음과 결합할 수 있다.

예) 외국사람이- + -ㄹ걸 → 외국사람일걸　　학생이- + -ㄹ걸 → 학생일걸
배우이- + -ㄹ걸 → 배우일걸/배울걸　　선수이- + -ㄹ걸 → 선수일걸/선술걸
아니- + -ㄹ걸 → 아닐걸

문장 구성 정보

① '-을걸'은 구어적 상황에서 친구나 아랫사람에게 사용하며, 듣는 사람이 나이가 많거나 지위가 높을 때는 '-을걸요'로 쓴다.

예) 엄마는 비빔밥을 **먹을걸요**.
아이가 엄마 손을 **잡을걸요**.

제약 정보

① 1인칭 주어, 2인칭 주어와 결합할 수 없다.

예) 내가 김밥을 **먹을걸요**? (x)
네가 김밥을 **먹을걸요**? (x)
영희가 김밥을 **먹을걸요**? (o)

② 과거 '-었-'과만 결합할 수 있고, 미래 · 추측 '-겠-'과는 결합할 수 없다.

예) 동생은 라면을 **먹었을걸**. (o)
동생은 라면을 **먹겠을걸**. (x)

③ '-을걸'의 부정문에서는 부정 표현 '-지 말다'를 사용할 수 없다. 만약 '-지 말다'를 사용하면 후회의 의미로 쓰인다.

예) 사진을 **찍을걸**.(↗) (o)
사진을 **안 찍을걸**.(↗) (o)
사진을 **찍지 않을걸**.(↗) (o)
사진을 **찍지 말걸**.(↗) (x)
커피를 **마실걸**.(↗) (o)
커피를 **안 마실걸**.(↗) (o)
커피를 **마시지 않을걸**.(↗) (o)
커피를 **마시지 말걸**.(↗) (x)

+ '사진을 찍지 말걸.(↘)', '커피를 마시지 말걸.(↘)'은 후회의 의미를 나타낸다.

확장

① '-을걸'은 1인칭 주어의 후회나 아쉬움을 나타낼 때 사용할 수 있다. 이때에는 해요체를 사용할 수 없다.

예) 내가 같이 **갈걸.**(↘) (o) 　　　 내가 같이 **갈걸요.**(↘) (x)
　　네가 같이 **갈걸.**(↘) (x) 　　　 네가 같이 **갈걸요.**(↘) (x)
　　동생이 같이 **갈걸.**(↘) (x) 　　 동생이 같이 **갈걸요.**(↘) (x)

+ '-을걸'에 '요'가 붙으면 후회나 아쉬움의 의미가 아니라 추측의 의미로 쓰이게 된다.

+ 후회나 아쉬움의 '-을걸'은 '-을걸 그러다/하다'의 형태로도 쓰인다.
　예) 이럴 줄 알았으면 밥이라도 많이 먹고 **올걸 그랬어요.**

유사 문법

① '-을걸', '-을 것 같다'

-을걸	-을 것 같다
· 추측을 나타낸다.	
· 추측에 대한 확신이 강할 때에 사용한다. 예) 가: 내일은 비가 안 온다면서요? 나: 아뇨. 비가 **올걸요.**	· 추측에 대한 확신이 강하지 않을 때에 사용한다. 예) 가: 내일은 비가 안 온다면서요? 나: 아뇨. 비가 **올 것 같아요.**
· 격식적인 상황에서는 쓸 수 없다. 예) 가: 여러분, 오늘은 단체장들의 의견을 듣도록 하겠습니다. 나: 이 의견은 중요하게 들을 필요가 **있을걸요.** (x)	· 격식적인 상황에서도 사용할 수 있다. 예) 가: 여러분, 오늘은 단체장들의 의견을 듣도록 하겠습니다. 나: 이 의견은 중요하게 들을 필요가 **있을 것 같습니다.** (o)
· 듣는 사람에게 공손한 태도로 말할 때에는 사용할 수 없다. 예) 교수님, 희수는 오늘 일이 있어서 회의에 못 **갈걸요.** (x)	· 듣는 사람에게 공손한 태도로 말할 때에 사용할 수 있다. 예) 교수님, 희수는 오늘 일이 있어서 회의에 못 **갈 것 같습니다.** (o)

+ '-을걸'과 유사한 의미를 지닌 '-을 것 같다'는 말하는 사람이 듣는 사람에게 어떤 사실을 전달하면서 공손한 태도로 말할 때에 사용한다. '교수님, 오늘 일이 있어서 회의에 못 갑니다.'보다 '교수님, 오늘 일이 있어서 회의에 못 갈 것 같습니다.'가 더 공손한 의미로 사용된다. 다시 말해, 이때의 '-을 것 같다'는 추측의 의미가 아니라 공손성의 한 표현이다.

이렇게 도입해 보세요

(1) 교사: (세계 지도와 날씨 그림을 보여 준다. 그림 뒷면에는 단어를 적어 둔다.) 오늘은 날씨에 대해 공부해요. (베트남과 '덥다'를 보여 주면서) 여러분, 베트남 날씨는 어때요?

학생: 베트남은 더워요.

교사: (일본과 '따뜻하다'를 보여 주면서) 일본의 요즘 날씨는 어때요?

학생: 일본은 따뜻해요.

교사: (캐나다와 '쌀쌀하다'를 보여 주면서) 캐나다의 날씨는 어때요?

학생: 캐나다는 쌀쌀해요.

교사: 그러면 요즘 부산 날씨는 어떨까요?

학생: 아마 부산도 따뜻할 거예요.

교사: 서울이 지금 따뜻하니까 부산도 따뜻할 것 같아요. 이때 '부산도 **따뜻할걸요**.'처럼 말할 수 있어요. '-을걸'은 어떤 것을 추측할 때 쓸 수 있어요.

(2) 교사: (음식 이름이 적힌 메뉴를 보여 주며) 한국 음식 중에서 어떤 음식을 좋아해요?

학생1: 저는 떡볶이를 좋아해요.

학생2: 저는 김밥을 좋아해요.

학생3: 선생님은 어떤 음식을 좋아하세요?

교사: 저는 불고기를 좋아해요. 여러분, 앤디 씨는 어떤 음식을 좋아할까요?

학생: 피자요.

교사: 어떻게 알아요?

학생: 저번에 혼자서 피자 하나를 다 먹었어요.

교사: 앤디 씨가 혼자서 피자 한 판을 다 먹는 것을 보았군요. 그럴 때에 '-을걸'을 사용할 수 있어요. '앤디 씨는 피자를 **좋아할걸요**.'처럼 말할 수 있어요. '-을걸'은 추측이에요. 사실은 그런지 안 그런지 정확히 몰라요.

+ '-을걸'을 도입하기 위해 교사는 이미 알고 있는 정보로부터 추측하여 말할 수 있는 상황을 만든다. (1)에서 '부산은 서울보다 따뜻할걸요.'는 교사가 부산의 기본 정보를 듣거나 알고 있기 때문에 '-을걸'을 사용하여 부산의 날씨에 대해 추측한 것이다.

-자

듣는 사람에게 어떤 일을 **청유**하는 뜻을 나타내는 종결어미.

-자 (동사에 붙어) 말하는 사람이 듣는 사람에게 어떤 행동을 같이할 것을 권유, 제안, 요청할 때 사용한다. 듣는 사람이 말하는 사람보다 아랫사람이거나 친한 사이에서 사용하며, 주로 구어에서 사용한다.

예문

(1) 가: 지금 뭐 하고 있어?
나: 한국 드라마 보고 있어.
가: 나도 보고 싶었는데 같이 **보자**.
나: 그래. 여기 앉아.

(2) 가: 이번 주말에 약속 있니?
나: 아직 없어.
가: 그러면 같이 영화 보러 **가자**.
나: 좋아.

좀 더 천천히 **가자**.

음악을 같이 **듣자**.

집에 갈 때 과일 좀 **사자**.

물을 아껴 **쓰자**.

같이 빵을 **만들자**.

밥을 먹은 뒤에 아이스크림을 **먹자**.

빨리 집에 **가자**.

이제는 손을 잡고 **다니자**.

날씨가 더우니 에어컨 좀 **틀자**.

길을 건널 때에는 차를 **조심하자**.

+ '-자'는 듣는 사람에게 어떤 행동을 같이할 것을 요청할 때 사용하는 종결어미로, 동사와만 결합한다. 손아랫사람이나 친한 친구에게 쓰며, 윗사람에게는 절대 써서는 안 된다.

형태 정보

① 동사 어간 끝음절의 받침 유무에 관계없이 '-자'를 쓴다.

예) 앉- + -자 → 앉자　　잡- + -자 → 잡자
읽- + -자 → 읽자　　기다리- + -자 → 기다리자
마시- + -자 → 마시자　　자- + -자 → 자자
서- + -자 → 서자　　주- + -자 → 주자

+ '오다'는 '집에 오자.'처럼 청유형 어미와 결합하지 않는다.

+ '있다'는 '저기에 같이 있자.'와 같이 청유형 어미가 결합할 수 있으나, '없다'는 '저기에 같이 없자.'처럼 청유형을 사용할 수 없다.

①	받침 ○	+ -자	앉자, 잡자, 읽자
	받침 ×	+ -자	기다리자, 마시자, 자자, 서자, 주자

문장 구성 정보

① 부사 '같이, 함께'와 자주 쓴다.

예) 오늘 같이 학교에 **가자**.
함께 점심을 **먹자**.

② '-자'의 부정문은 '-지 말자'를 쓴다.

예) 오늘 학교에 **가지 말자**.
라면을 **먹지 말자**.

제약 정보

① 형용사와 결합할 수 없다.

예) 우리 같이 얼굴이 **예쁘자**. (x)
방이 **깨끗하자**. (x)

+ 형용사는 원칙적으로 제안, 권유, 요청을 나타내지 못하므로 '-자'와 결합할 수 없지만 일부 형용사는 '-자'와 결합하여 쓰이기도 한다. '침착하자, 부지런하자, 충실하자' 등 주로 의지를 가지고 행위를 하려는 상황을 언급할 때에는 형용사와도 결합하여 쓸 수 있다.

예) 우리 모두 자기의 일에 **충실하자**.
우리, 이제 **침착하자**.

② '이다, 아니다'와 결합할 수 없다.

예) 우리는 이제 학생**이자**. (x)
우리는 학생이 **아니자**. (x)

③ '-자'는 청유형이므로 1인칭 단수, 2인칭 복수, 3인칭 주어와 결합할 수 없다.

예) 나는 같이 라면을 **먹자**. (x)
너는 같이 라면을 **먹자**. (o)
그/그녀는 같이 라면을 **먹자**. (x)
우리는 같이 라면을 **먹자**. (o)
너희들은 같이 라면을 **먹자**. (x)
그들은 같이 라면을 **먹자**. (x)

④ 과거 '-었-', 미래 · 추측 '-겠-'과 결합할 수 없다.

예) 우리 같이 점심을 **먹겠자**. (x)
우리 같이 점심을 **먹었자**. (x)

확장

① '-자'는 어떤 행위를 함께 하자는 요청을 승낙할 때에도 자주 쓴다.

예) 가: 수업 마치고 아침 먹으러 갈래?
나: 그래, 같이 **가자**.

+ '아침을 먹으러 갈래?'라는 요청에 승낙할 때에 '가자'를 사용한 것이다.

② 논문이나 보고서 등의 글에서 '-자'는 어떤 행동이나 방향에 대해 앞으로 그렇게 할 것임을 미리 알려 주는 기능으로도 사용한다.

예) 이 장에서는 한국의 특성에 대해 **살펴보자**.
이제 세계 각국의 문화에 대해 검토해 **보자**.

+ 학술적 글쓰기에서 '살펴보다, 검토해 보다, 논의해 보다' 등과 결합하여 주로 쓰인다. 앞으로 논의할 대상이 무엇이며 어떤 방향으로 제시할 것인지를 나타낸다.

③ '-자'는 혼잣말의 경우, 일부 동사와 결합하여 말하는 사람의 다짐이나 결심을 나타내거나 혼자 생각하고 있음을 나타내기도 한다.

예) **가만있자**, 내가 어제 어디에 갔더라?
두고 보자, 다음에는 내가 반드시 이길 거야.

+ 혼잣말을 할 때 사용되는 표현은 '가만있자, 두고 보자, 가만있어 보자' 등 관습적으로 굳어진 소수의 표현에 국한된다.

유사 문법

① '-자', '-어4)', '-읍시다'

-자	-어4)	-읍시다
· 청유를 나타낸다.		
· 격식체로 어떤 행동을 같이 할 것을 요구할 때 사용하는 해라체의 종결어미이다. '같이, 함께'와 결합하지 않아도 청유의 의미를 분명히 드러낸다.	· 비격식체로 다소 부드러운 느낌을 주며, 일상적인 대화에서 두루두루 편하게 쓰인다. '같이, 함께'와 결합하지 않으면 청유의 의미가 분명히 드러나지 않는다.	· 격식적인 높임 표현의 청유형 어미로서 하오체의 종결어미이다. 자기와 비슷한 지위를 가진 사람을 존중하는 말이고, 윗사람에게는 사용할 수 없다. '같이, 함께'와 결합하지 않아도 청유의 의미를 분명히 드러낸다. 공식적이거나 일정한 대상을 지정하지 않을 때에도 쓸 수 있다.
예) 밥 **먹자**. 집에 **가자**.	예) 밥 같이 **먹어**. 다음엔 함께 **준비해요**.	예) 미안하지만 같이 집에 **갑시다**. 조용히 **합시다**. 쓰레기를 함부로 버리지 **맙시다**.

+ '-어4)'는 동사 뒤에 붙어 듣는 사람에게 말하는 사람과 함께 어떠한 행동을 하자고 제안할 때 사용하는 종결어미이다. 높임 표현으로는 '요'가 결합한 '-어요'의 형태를 사용한다. '같이, 함께' 등과 같은 부사와 자주 어울려 쓰인다.

이렇게 도입해 보세요

(1) 교사: 다음 글은 '토끼와 거북이'라는 유명한 동화예요. 같이 읽어 봐요.

옛날 옛날에 토끼와 거북이가 살고 있었어요. 토끼는 매우 빨랐으나 거북이는 매우 느렸어요. 토끼는 거북이가 느리다고 놀렸어요. 거북이는 토끼에게 "토끼야, 우리 저 산꼭대기까지 달리기 시합을 **하자**."라고 말했어요. 토끼는 달리기에는 자신이 있었기 때문에, "그래, 그렇게 **하자**."라고 말했어요. 경기가 시작되고 토끼는 산꼭대기 근처까지 갔어요. 그러나 거북이는 반도 못 갔지요. 그래서 토끼는 근처에서 낮잠을 잤어요. 그 사이 거북이가 쉬지 않고 기어가 결국 거북이가 이겼어요.

교사: 거북이가 토끼에게 뭐라고 말했어요?
학생: 우리 저 산꼭대기까지 달리기 시합을 **하자**.
교사: 맞아요. 친구에게 같이 행동할 것을 부탁할 때 '달리기 시합을 하자.'처럼 '-자'를 쓸 수 있어요. '같이 **가자**, 같이 **먹자**.'처럼 쓸 수 있어요.

+ '-자'를 도입하기 위해 '토끼와 거북이' 이야기를 활용하였다. 이처럼 '-자'가 사용된 짧은 읽기 자료를 활용할 수도 있고, 영화 시나리오나 드라마 대본 등을 활용해도 좋다.

-잖아{-잖아요}

말하는 사람이 어떤 상황이나 정보를 상대방에게 **확인**시키거나 **정정**해 주듯이 말함을 나타내는 종결어미.

-잖아 (동사나 형용사, '이다, 아니다'에 붙어) 말하는 사람이 듣는 사람에게 어떤 상황을 확인시키거나 그 상황을 고쳐 주려는 듯한 의도를 가질 때 사용한다. 주로 구어에서 쓰인다.

예문

(1) 가: 여보, 오늘 아침은 미역국이네. 누구 생일이야?
나: 당신 생신**이잖아요**.
가: 오늘이 내 생일이야?
다: 저녁에 생일 케이크 준비할 거니까 빨리 집에 오세요.

(2) 가: 빨리 나가자.
나: 왜 이렇게 서두르세요.
가: 지금 출발 안 하면 약속 시간에 **늦잖아**.
나: 토요일 아침이라 괜찮아요.
가: 오늘부터 연휴가 **시작되잖아**.
나: 어머, 그러면 막힐 수도 있겠네요.

영희가 라면을 **먹잖아요**.
비가 오니까 우산을 들고 **왔잖아**.
아이스크림을 많이 먹으면 배가 **아프잖아요**.
영희가 청소하고 **있잖아요**.
선배는 경상도 사람이 **아니잖아**.

내일은 태풍이 **오잖아**.
내 방에는 이제 들어오지 말라고 **했잖아요**.
어릴 때부터 성격이 **좋았잖아**.
그 사람이 범인**이잖아**.
동생이 혼자서 자고 **있잖아**.

+ '당신 생신이잖아요.'는 남편도 자신이 생일을 알고 있지만 오늘이 생일인 줄 잊어버렸기에 그것을 확인시키고자 할 때에 사용하였다. 이처럼 '-잖아'는 말하는 사람이 어떤 상황이나 정보를 확인시키거나 수정하고자 할 때에 사용한다. 그 내용은 듣는 사람이 이미 알고 있었던 경우가 대부분이다.

+ '-잖아'는 '-지 않아'가 줄어 만들어진 표현이지만 그 의미가 변하여 독립된 종결어미로 쓰인다.

형태 정보

① 동사 및 형용사 어간 끝음절의 받침 유무에 관계없이 '-잖아'를 쓴다.

예) 먹- + -잖아 → 먹잖아
웃- + -잖아 → 웃잖아
묻- + -잖아 → 묻잖아
만들- + -잖아 → 만들잖아
굵- + -잖아 → 굵잖아
가- + -잖아 → 가잖아
공부하- + -잖아 → 공부하잖아
착하- + -잖아 → 착하잖아
읽- + -잖아 → 읽잖아
신- + -잖아 → 신잖아
놀- + -잖아 → 놀잖아
깊- + -잖아 → 깊잖아
둥글- + -잖아 → 둥글잖아
오- + -잖아 → 오잖아
예쁘- + -잖아 → 예쁘잖아
따뜻하- + -잖아 → 따뜻하잖아

①	받침 ○	+ -잖아	먹잖아, 읽잖아, 웃잖아, 신잖아, 묻잖아, 놀잖아, 만들잖아, 깊잖아, 굵잖아, 둥글잖아
	받침 ×	+ -잖아	가잖아, 오잖아, 공부하잖아, 예쁘잖아, 착하잖아, 따뜻하잖아

② '이다, 아니다'는 '-잖아'를 붙여 쓴다. 단, '이다' 앞의 명사에 받침이 없으면 주로 '명사+-잖아'라고 쓴다.

예) 외국인이- + -잖아 → 외국인이잖아
학교이- + -잖아 → 학교이잖아/학교잖아
꽃이- + -잖아 → 꽃이잖아
아니- + -잖아 → 아니잖아

문장 구성 정보

① '-잖아'는 구어적 상황에서 친구나 아랫사람에게 사용하며, 듣는 사람이 나이가 많거나 지위가 높을 때는 '-잖아요'로 쓴다.

예) 누나가 미국에 유학을 **가잖아요**.
유명한 교수가 한국에서 **발표하잖아요**.

제약 정보

① 미래 · 추측 '-겠-'은 '-잖아'와 결합하지 않는다.

예) 내일 아침에 **지각하겠잖아**. (x)
오늘 오후에 일찍 학교에 **가겠잖아**. (x)

② 회상 '-더-'는 '-잖아'와 결합하지 않는다.

예) 선희가 어제 한국에 **도착하더잖아요**. (x)
조금 전에 학교에서 **출발하더잖아**. (x)

③ '-잖아요'는 격식체 '-잖습니다'로 나타나지 않는다.

예) (1) 아버지가 한국 사람**이잖아요**. (o)
아버지가 한국 사람**이잖습니다**. (x)
(2) 저기가 경찰서**잖아요**. (o)
저기가 경찰서**잖습니다**. (x)

확장

① '-잖아'는 평서문과 의문문에서 그 의미가 다르다. 평서문에서는 말하는 사람이 어떤 정보나 상황에 대해 강한 확신을 가지고 있고 듣는 사람도 그 정보를 알고 있을 것으로 예상하면서 그것을 확인시켜 주고자 할 때에 사용되지만, 의문문에서는 듣는 사람에게 동조를 요구하는 형식으로 쓰인다.

예) 서울이 **넓잖아요**.
서울이 **넓잖아요**?

+ 평서문 '서울이 넓잖아요.'는 말하는 사람이 듣는 사람도 이 정보를 알고 있을 것을 전제로 하고 그 사실에 대해 뚜렷한 확신을 가지고 있을 때 사용한다.

+ 의문문 '서울이 넓잖아요?'는 말하는 사람이 알고 있는 정보에 듣는 사람도 동조해 줄 것을 요청할 때 사용한다.

② '-잖아'는 부정 표현 '-지 않아'의 축약형에서 시작되었지만 '정보 전달, 사실 확인, 핀잔' 등의 의미를 지닌 독립된 어미로 사용된다.

예) 그 꽃이 **예뻐요**. (긍정)
그 꽃이 **예쁘지 않아요**. (부정)
그 꽃이 **예쁘잖아요**. (강한 긍정)

+ '-잖아'가 '-지 않아'의 축약형에서 발전하였으나 부정적 의미에서 긍정적 의미로 변하였고 주로 말하는 사람이 어떤 정보나 상황을 듣는 사람에게 전달할 때에 사용한다. 즉, 어미 '-잖아'는 부정적 표현으로 쓰이지 않는다.

③ 평서문의 격식체 '-잖습니다'는 부정 표현 '-지 않습니다'의 축약형으로만 쓰여 부정의 의미를 지니지만, 의문문의 격식체 '-잖습니까'는 긍정 표현 '-잖아'처럼 긍정의 의미를 지닐 수 있다.

예) 한국 사회는 느린 문화를 **좋아하잖습니다**. (부정 의미)
한국 사회는 느린 문화를 **좋아하잖습니까**? (긍정 의미)

이렇게 도입해 보세요

(1) 학생: (이번 달 달력을 보여 주며) 토요일, 일요일 말고 우리 이번 달에 수업 없는 날이 언제예요?

교사: (빨간색으로 표시된 날을 가리키며) 7일요.

교사: 맞아요. 7일은 공휴일이라 수업이 없어요. 학교에 오지 않아도 돼요. 7일은 왜 수업이 없어요?

학생: 공휴일이라서요.

교사: 네, 7일은 공휴일이에요. 그래서 수업이 없어요. 지금처럼 7일이 공휴일인 것을 확인시켜 줄 때 '7일은 공휴일**이잖아요.**'라고 말해요. '-잖아요'는 어떤 내용을 확인시켜 줄 때 사용해요.

(2) 교사: 한국 겨울 추워요?

학생: 네, 너무 추워요.

교사: 한국 겨울 추워요. 그래서 온돌 문화가 발달했어요. '그래서 온돌 문화가 **발달했잖아요**' '-잖아요'는 잘 모르는 사실을 알려 줄 때 쓸 수 있어요. ○○ 씨, ○○ 씨 고향이 겨울에 추워요?

학생: 아니요, 겨울에 따뜻해요.

교사: 겨울인데 왜 따뜻해요?

학생: 고향이 남쪽에 있어요.

교사: 네, 선생님도 ○○ 씨 고향이 남쪽에 있어 겨울이 따뜻하다는 것을 알고 있었어요. 그러면 ○○ 씨가 저에게 이렇게 대답할 수 있어요. '고향이 남쪽에 **있잖아요.**' '-잖아요'는 이처럼 상대가 잊고 있던 정보를 말할 때 사용해요.

+ '-잖아'를 도입하기 위해 (1)처럼 학생들이 잘 모르거나 잊고 있던 정보를 확인시켜 주는 상황을 만들어 '-잖아'를 설명한다. (2)처럼 '추워서 온돌 문화가 발달하다', '고향이 남쪽에 있어 겨울이 따뜻하다' 등의 인과 관계를 나타내는 문장을 만들어 '-잖아요'를 제시할 수 있다.

찾아보기

같이 2
-거니와 378
-거든{-거든요} 562
-거든{거들랑} 383
-게{-게요} 566
-게 하다 86
-고{-고요} 574
-고 나다 96
-고 말다 101
-고 보다 106
-고 싶어 하다 112
-고 해서 116
-고도 388
-고서 393
-고자 398
-기 위해{-기 위한} 122
-기에 404
-나 보다 128
-나 싶다 134
-나요 577
-느라고{-느라} 412
-는 김에{-은 김에[-ㄴ 김에]} 139
-는 대로[-은 대로[1][-ㄴ 대로[1]]]
{-은 대로[2][-ㄴ 대로[2]]} 149
-는 대신에[-은 대신에[1][-ㄴ 대신에[1]]]
{-은 대신에[2][-ㄴ 대신에[2]]} 160
-는 만큼 169
-는 바람에 179
-는 반면에[-은 반면에[1][-ㄴ 반면에[1]]]
{-은 반면에[2][-ㄴ 반면에[2]]} 186
-는 사이에[-은 사이에[-ㄴ 사이에]] 193
-는 줄[-은 줄[-ㄴ 줄]/-을 줄[-ㄹ 줄]] 199
-는 탓에[-은 탓에/-ㄴ 탓에] 204
-는 한{-은 한[-ㄴ 한]} 213
-는구나[-구나] 581
-는다[-ㄴ다, -다] 587
-는다거나[1][-ㄴ다거나[1], -다거나[1],
-라거나[1]] 418
-는다거나[2][-ㄴ다거나[2]/-다거나[2]/
-라거나[2]] 144
-는다고[-ㄴ다고, -다고, -라고] 423
-는다니[-ㄴ다니, -다니, -라니] 591
-는다면[-ㄴ다면, -다면, -라면] 428
-는다면서[-ㄴ다면서, -다면서, -라면서]
{-는다면서요, -다면서요, -라면서요} 595
-니[-으니] 600
-다가[2]{-다[3]} 433
-다시피 438
대로 7
-더군{-더군요} 604
-더니 442
-더라 609
-더라도 456
-던 556
-던데{-던데요} 614
-던데 460
-도록 464
-든지{-든} 471
-듯이 476
만 같아도 224

만 아니면 228
만큼 13
보고 17
뿐 21
아[야] 25
-어 가다[-아 가다/-여 가다] 231
-어 가지고[-아 가지고/-여 가지고] 236
-어 놓다[-아 놓다/-여 놓다] 246
-어 대다[-아 대다/-여 대다] 252
-어 두다[-아 두다/-여 두다] 256
-어 드리다[-아 드리다/-여 드리다] 261
-어 버리다[-아 버리다/-여 버리다] 266
-어 오다[-아 오다/-여 오다] 285
-어다가[-아다가/-여다가]{-어다/-아다/-여다} 480
-어도[-아도/-여도] 485
-어라[-아라/-여라] 619
-어서인지[-아서인지/-여서인지] 271
-어야[-아야/-여야] 491
-어야겠-[-아야겠-/-여야겠-] 276
-어야지[-아야지/-여야지]{-어야지요[-아야지요/-여야지요]} 624
-어야지[-아야지/-여야지] 501
-어지다[-아지다/-여지다] 289
-었더니[-았더니/-였더니] 507
-었었-[-았었-/-였었-] 372
에 대하여[에 대해]{에 대해서}{에 대한} 299
에 따라{에 따라서}{에 따른} 303
에 비하여[에 비해]{에 비해서}{에 비하면} 307
에 의하면 311
요 28
-으나[-나] 520
-으니[-니] 526
-으라니[-라니] 315
-으려고 들다[-려고 들다] 219
으로 인하여[로 인하여/으로 인해/로 인해]{으로 인해서[로 인해서]}{으로 인한[로 인한]} 323
으로부터[로부터] 31
-으면 안 되다[-면 안 되다] 327
-으면 좋겠다[-면 좋겠다] 336
-으므로[-므로] 539
-은 결과[-ㄴ 결과] 341
-은 다음에[-ㄴ 다음에] 346
-을 따름이다[-ㄹ 따름이다]{-을 뿐이다/-ㄹ 뿐이다} 352
-을 테니[-ㄹ 테니]{-을 테니까[-ㄹ 테니까]} 357
-을 텐데[-ㄹ 텐데]{-을 텐데요/-ㄹ 텐데요} 366
-을걸[-ㄹ걸]{-을걸요[-ㄹ걸요]} 630
-을래야[-ㄹ래야] 546
이고[고] 35
이나마[나마] 40
이든[든]{이든지[든지]} 44
이든가[든가] 50
이라고[라고]{이라[라]} 54
이란[란] 58
이며[며]{하며, 이다[다]} 62
이면[면] 66
이야[야] 70
-자 635
-자마자{-자} 550
-잖아{-잖아요} 640
치고 74
커녕{은커녕, 는커녕, ㄴ커녕} 80

저자 소개

양명희(Yang Myunghee)

중앙대학교 국어국문학과 교수

대표 논저 『현대국어 대용어에 대한 연구』(1998)

『한국어 듣기교육론』(2011, 공저)

『사회언어학: 언어와 사회, 그리고 문화』(2014, 공저)

『외국인을 위한 한국어 문법과 표현-초급』(2018, 공저)

이선웅(Yi Seonung)

경희대학교 외국어대학 한국어학과 교수

대표 논저 『국어 명사의 논항구조 연구』(2005)

『한국어 문법론의 개념어 연구』(2012)

『한국어 어휘 교육』(2010, 공저)

『한국어 문법 총론 Ⅰ·Ⅱ』(2015~6, 공저)

『외국인을 위한 한국어 문법과 표현-초급』(2018, 공저)

안경화(Ahn Kyunghwa)

서울대학교 언어교육원 대우부교수

대표 논저 『한국어 교육의 연구』(2007)

『영어 교육을 위한 화용론』(2011, 공저)

『외국인을 위한 한국 문화 30강』(2014, 공저)

『외국인을 위한 한국어 문법과 표현-초급』(2018, 공저)

김재욱(Kim Jaewook)

한국외국어대학교 교육대학원 외국어로서의 한국어교육 전공 교수

대표 논저 『한국어 문법형태 연구』(2003)

『외국어로서의 한국어 문법론』(2003, 공저)

『외국어로서의 한국어교육학 개론』(2005, 공저)

『한국어교수법』(2010, 공저)

『외국인을 위한 한국어 문법과 표현-초급』(2018, 공저)